普通高等教育“十二五”规划教材
21世纪全国高等院校财经管理系列实用规划教材

管理学实用教程

主　编　高爱霞　满广富
副主编　吉小燕　冯　黎
参　编　赵　雪　翟　璇
　　　　徐其东　李　恒

北京大学出版社
PEKING UNIVERSITY PRESS

内容简介

管理学是研究社会普遍存在的管理活动的本质规律和一般方法的科学。本书对管理活动的实践进行了归纳、概括和总结，揭示了管理活动的本质特征和一般运行规律，概括性介绍了管理活动所遵循的基本原理和根本原则，常用的管理职能、技术、方法及其一般操作流程。本书的主要内容包括管理与管理学、管理思想的发展、管理与环境、决策、计划、组织、领导、激励、沟通、控制、管理创新等管理职能的具体操作内容和流程等共 11 章内容。每章正文前列有教学目标和教学要求，章末附有本章小结、名人名言、相关案例及习题，每章中均根据相关内容安排了相应的案例、管理故事、案例点评、特别提示、知识链接等，形式新颖，不拘一格。

本书适合作为经济管理类本科、专科课程教学使用，也可作为各类企事业管理人员和社会自学者的参考用书。

图书在版编目(CIP)数据

管理学实用教程/高爱霞，满广富主编. —北京：北京大学出版社，2012.9

(21 世纪全国高等院校财经管理系列实用规划教材)

ISBN 978-7-301-21059-8

Ⅰ. ①管… Ⅱ. ①高… ②满… Ⅲ. ①管理学—高等学校—教材 Ⅳ. ①C93

中国版本图书馆 CIP 数据核字(2012)第 176939 号

书　　名：管理学实用教程

著作责任者：高爱霞　满广富　主编

策 划 编 辑：林章波　李　虎

责 任 编 辑：王显超

标 准 书 号：ISBN 978-7-301-21059-8/C・0780

出　版　者：北京大学出版社

地　　址：北京市海淀区成府路 205 号　100871

网　　址：http://www.pup.cn　http://www.pup6.cn

电　　话：邮购部 62752015　发行部 62750672　编辑部 62750667　出版部 62754962

电 子 邮 箱：pup_6@163.com

印　刷　者：三河市欣欣印刷有限公司

发　行　者：北京大学出版社

经　销　者：新华书店

787 毫米×1092 毫米　16 开本　22.75 印张　524 千字

2012 年 9 月第 1 版　2012 年 9 月第 1 次印刷

定　　价：42.00 元

丛 书 序

我国越来越多的高等院校设置了经济管理类学科专业，这是一个包括经济学、管理科学与工程、工商管理、公共管理、农业经济管理、图书档案学6个二级学科门类和22个专业的庞大学科体系。2006年教育部的数据表明在全国普通高校中经济类专业布点1518个，管理类专业布点4328个。其中除少量院校设置的经济管理专业偏重理论教学外，绝大部分属于应用型专业。经济管理类应用型专业主要着眼于培养社会主义国民经济发展所需要的德智体全面发展的高素质专门人才，要求既具有比较扎实的理论功底和良好的发展后劲，又具有较强的职业技能，并且又要求具有较好的创新精神和实践能力。

在当前开拓新型工业化道路，推进全面小康社会建设的新时期，进一步加强经济管理人才的培养，注重经济理论的系统化学习，特别是现代财经管理理论的学习，提高学生的专业理论素质和应用实践能力，培养出一大批高水平、高素质的经济管理人才，越来越成为提升我国经济竞争力、保证国民经济持续健康发展的重要前提。这就要求高等财经教育要更加注重依据国内外社会经济条件的变化适时变革和调整教育目标和教学内容；要求经济管理学科专业更加注重应用、注重实践、注重规范、注重国际交流；要求经济管理学科专业与其他学科专业相互交融与协调发展；要求高等财经教育培养的人才具有更加丰富的社会知识和较强的人文素质及创新精神。要完成上述任务，各所高等院校需要进行深入的教学改革和创新。特别是要搞好有较高质量的教材的编写和创新。

出版社的领导和编辑通过对国内大学经济管理学科教材实际情况的调研，在与众多专家学者讨论的基础上，决定编写和出版一套面向经济管理学科专业的应用型系列教材，这是一项有利于促进高校教学改革发展的重要措施。

本系列教材是按照高等学校经济类和管理类学科本科专业规范、培养方案，以及课程教学大纲的要求，合理定位，由长期在教学第一线从事教学工作的教师立足于21世纪经济管理类学科发展的需要，深入分析经济管理类专业本科学生现状及存在问题，探索经济管理类专业本科学生综合素质培养的途径，以科学性、先进性、系统性和实用性为目标，其编写的特色主要体现在以下几个方面：

(1) 关注经济管理学科发展的大背景，拓宽理论基础和专业知识，着眼于增强教学内容的联系实际和应用性，突出创造能力和创新意识。

(2) 体系完整、严密。系列涵盖经济类、管理类相关专业以及与经管相关的部分法律类课程，并把握相关课程之间的关系，整个系列丛书形成一套完整、严密的知识结构体系。

(3) 内容新颖。借鉴国外最新的教材，融会当前有关经济管理学科的最新理论和实践经验，用最新知识充实教材内容。

(4) 合作交流的成果。本系列教材是由全国上百所高校教师共同编写而成，在相互进行学术交流、经验借鉴、取长补短、集思广益的基础上，形成编写大纲。最终融合了各地特点，具有较强的适应性。

(5) 案例教学。教材具备大量案例研究分析，让学生在学习过程中理论联系实际，特别列举了我国经济管理工作中的大量实际案例，这可大大增强学生的实际操作能力。

(6) 注重能力培养。力求做到不断强化自我学习能力、思维能力、创造性解决问题的能力以及不断自我更新知识的能力，促进学生向着富有鲜明个性的方向发展。

作为高要求，财经管理类教材应在基本理论上做到以马克思主义为指导，结合我国财经工作的新实践，充分汲取中华民族优秀文化和西方科学管理思想，形成具有中国特色的创新教材。这一目标不可能一蹴而就，需要作者通过长期艰苦的学术劳动和不断地进行教材内容的更新才能达成。我希望这一系列教材的编写，将是我国拥有较高质量的高校财经管理学科应用型教材建设工程的新尝试和新起点。

我要感谢参加本系列教材编写和审稿的各位老师所付出的大量卓有成效的辛勤劳动。由于编写时间紧、相互协调难度大等原因，本系列教材肯定还存在一些不足和错漏。我相信，在各位老师的关心和帮助下，本系列教材一定能不断地改进和完善，并在我国大学经济管理类学科专业的教学改革和课程体系建设中起到应有的促进作用。

2007 年 8 月

刘诗白 刘诗白教授现任西南财经大学名誉校长、博士生导师，四川省社会科学联合会主席，《经济学家》杂志主编，全国高等财经院校资本论研究会会长，学术团体“新知研究院”院长。

前　言

随着世界经济的发展，人们越来越深刻地认识到经济发展需要的管理人才是复合型人才。而对复合型管理人才而言，必须具备一定的经济管理知识。管理学是一门系统研究管理活动的基本原理、基本理论、基本规律和基本方法的科学，是经济管理类专业的一门重要的专业基础课。虽然目前市场上各类管理学教材较多，但真正能满足培养经济管理类专业复合型人才的管理学教材并不多。管理面临的是一个组织规模日益庞大、组织成员日益增多、组织结构日益多样、组织任务日益复杂的新形势。基于这种情况，我们在对经济管理类专业复合型人才应具备的素质、能力和知识结构进行系统研究的基础上，组织编写了这本适合培养复合型特色人才的《管理学实用教程》。

在编写本书的过程中，我们在总结了多年教学和研究经验的基础上，力求系统全面和知识综合，注重理念培养和实践运用，从管理思想和管理理论的产生与发展及现代管理的一些基本的也是最重要的理念的形成，到管理学职能分析的展开和现代管理学内容与方法的介绍，系统地构建了本书的结构框架，体现了主流的管理学理论思想及最新的管理学理论与实践成果。本书的内容共包括 11 章：第 1 章管理与管理学、第 2 章管理思想的发展、第 3 章管理与环境、第 4 章决策、第 5 章计划、第 6 章组织、第 7 章领导、第 8 章激励、第 9 章沟通、第 10 章控制、第 11 章管理创新。每章正文前列有教学目标和教学要求，章末附有本章小结、名人名言、相关案例及习题，每章均根据相关内容安排了相应的案例、管理故事、案例点评、特别提示、知识链接等，形式新颖，不拘一格。

本书是集体智慧的结晶，具体编写分工：由高爱霞、满广富任主编，负责大纲的拟定和统稿工作；山东农业大学的满广富编写第 1 章；南阳理工学院的冯黎编写第 2 章、第 11 章；南京农业大学的吉小燕和洛阳理工学院的李恒共同编写第 3 章；山东财经大学东方学院的高爱霞编写第 4 章、第 5 章、第 6 章；南阳理工学院的翟璇编写第 7 章；南阳理工学院的赵雪编写第 8 章、第 9 章；周口师范学院的徐其东编写第 10 章。

在编写本书的过程中，我们参阅了国内外大量专家、同行的著作和文献，并从中吸取了符合本书编写要求的内容，在此，我们对这些参考文献的作者表示崇高的敬意和诚挚的感谢！

由于编者水平有限，书中疏漏和不当之处敬请专家和读者批评指正。

编　者

2011.5

目　录

第 1 章　管理与管理学 1

1.1　管理 2

1.1.1　管理的产生 2

1.1.2　管理的概念 3

1.1.3　管理的职能 7

1.2　管理者 10

1.2.1　管理者及其角色 10

1.2.2　管理者的分类 12

1.2.3　管理者的职权与责任 14

1.2.4　管理者的素质要求 15

1.3　管理学 18

1.3.1　管理学性质和研究对象 18

1.3.2　管理学的研究方法 19

1.3.3　管理学的学科特点 20

1.3.4　管理的基本原理 22

本章小结 24

习题 25

第 2 章　管理思想的发展 29

2.1　西方早期管理思想 31

2.1.1　人类早期的管理思想 31

2.1.2　早期管理思想的代表人物与其主要观点 32

2.2　古典管理理论 34

2.2.1　古典管理理论产生的历史背景 34

2.2.2　科学管理理论 35

2.2.3　经营管理理论 37

2.2.4　韦伯及其行政组织理论 39

2.3　中期管理思想 41

2.3.1　梅奥的人际关系学说 41

2.3.2　巴纳德的组织理论 45

2.4　当代管理思想的新发展 49

2.4.1　战略管理理论 49

2.4.2　企业文化理论 52

2.4.3　企业再造理论 53

2.4.4　全球化和知识经济时代的组织管理理论 54

本章小结 55

习题 55

第 3 章　管理与环境 58

3.1　管理环境概述 59

3.1.1　管理环境的概念与分类 59

3.1.2　组织与环境的关系 62

3.1.3　现代企业面临的环境 62

3.2　外部环境对管理的影响 63

3.2.1　一般环境对管理的影响 63

3.2.2　任务环境对管理的影响 68

3.2.3　管理组织环境 70

3.3　组织文化 71

3.3.1　组织文化概述 72

3.3.2　组织文化建设的途径 77

3.4　环境分析方法 79

3.4.1　五力竞争模型 79

3.4.2　SWOT 分析 81

3.5　组织的社会责任与管理伦理 83

3.5.1　伦理与道德 83

3.5.2　企业社会责任 85

本章小结 86

习题 87

第 4 章　决策 91

4.1　决策概述 92

4.1.1　决策的概念与特点 93

4.1.2　决策的重要性 95

4.1.3　决策的类型 96

4.2　决策过程 99

4.2.1　决策的原则 99

4.2.2　科学决策过程 100

4.2.3 决策的影响因素 103
4.3 决策方法 107
4.3.1 定性决策方法 107
4.3.2 定量决策方法 109
本章小结 117
习题 117
第5章 计划 123
5.1 计划概述 124
5.1.1 计划的含义及内容 125
5.1.2 计划的性质 127
5.1.3 计划的作用 128
5.1.4 计划的类型 129
5.2 计划过程 132
5.2.1 计划编制遵循的原理 132
5.2.2 计划编制过程 133
5.3 计划方法 135
5.3.1 滚动计划法 135
5.3.2 网络计划技术 137
5.3.3 投入产出法 141
5.4 目标管理 142
5.4.1 目标与目标管理 142
5.4.2 目标管理的含义及由来 144
5.4.3 目标管理的基本思想 145
5.4.4 目标管理的程序 146
5.4.5 目标管理的评价 146
本章小结 148
习题 148
第6章 组织 153
6.1 组织概述 154
6.1.1 组织的含义 154
6.1.2 组织的分类 156
6.1.3 组织工作的流程 157
6.1.4 组织理论的发展 158
6.2 组织结构设计 159
6.2.1 组织结构与组织结构图 159
6.2.2 组织设计的原则 160
6.2.3 组织设计的程序 161
6.2.4 影响组织结构设计的因素 167
6.3 常见组织结构形式 170
6.3.1 常见的组织结构形式 170
6.3.2 新型组织结构形式 176
6.4 人员配备 177
6.4.1 人员配备及其原则 178
6.4.2 人员招聘 180
6.4.3 人员培训 181
6.4.4 人员考评 186
6.5 职权配置 188
6.5.1 职权及其类型 188
6.5.2 授权 190
6.5.3 集权与分权 192
本章小结 193
习题 194
第7章 领导 197
7.1 领导概述 198
7.1.1 领导的含义 198
7.1.2 领导的功能 199
7.1.3 领导与管理者的区别 199
7.1.4 领导者的权力 200
7.2 领导素质理论 201
7.2.1 早期的素质理论 203
7.2.2 后期的素质理论 204
7.2.3 对素质理论的评价 205
7.3 领导行为理论 206
7.3.1 勒温理论 206
7.3.2 俄亥俄州立大学的研究 209
7.3.3 密歇根大学的研究 210
7.3.4 管理方格理论 211
7.4 领导权变理论 212
7.4.1 费德勒模型 212
7.4.2 领导生命周期理论 214
7.4.3 途径—目标理论 216
7.5 当代领导理论 218
7.5.1 领袖魅力型领导理论 218
7.5.2 变革型领导理论 220
本章小结 223
习题 223

第 8 章 激励 228
8.1 激励概述 229
8.1.1 激励的含义 229
8.1.2 激励的过程 231
8.1.3 关于人性的认识 232
8.2 内容型激励理论 232
8.2.1 需求层次理论 232
8.2.2 双因素理论 235
8.2.3 3 种需要理论 237
8.2.4 ERG 理论 238
8.3 过程型激励理论 239
8.3.1 期望理论 239
8.3.2 公平理论 242
8.3.3 波特—劳勒模型 244
8.3.4 强化理论 245
8.4 激励实务 247
8.4.1 员工需要的分析 247
8.4.2 激励手段的选择和运用 248
8.4.3 对员工团体的激励方法 252
8.4.4 激励理论的应用 253
本章小结 255
习题 255
第 9 章 沟通 260
9.1 沟通概述 261
9.1.1 沟通的含义 262
9.1.2 沟通的重要性 263
9.1.3 沟通过程 264
9.1.4 沟通的方式 266
9.2 人际沟通 268
9.2.1 人际沟通的特点 268
9.2.2 人际沟通的障碍 268
9.2.3 人际沟通的改善 271
9.3 组织沟通 274
9.3.1 组织沟通的类型 275
9.3.2 正式沟通 278
9.3.3 非正式沟通 279
9.4 冲突管理 281
9.4.1 冲突形成的原因 281
9.4.2 冲突观念的变迁 281
9.4.3 冲突管理策略 281
本章小结 283
习题 284
第 10 章 控制 288
10.1 控制概述 289
10.1.1 概述 289
10.1.2 控制的必要性 292
10.1.3 管理控制的类型 292
10.1.4 有效控制的原理与要求 295
10.2 控制的过程 300
10.2.1 制定控制标准 300
10.2.2 衡量实际绩效 301
10.2.3 采取纠偏措施 302
10.3 控制的方法 304
10.3.1 预算控制 304
10.3.2 财务控制 310
10.3.3 综合控制 315
本章小结 321
习题 321
第 11 章 管理创新 325
11.1 管理的创新职能 326
11.1.1 创新及其作用 326
11.1.2 创新职能的基本内容 327
11.1.3 创新过程及其管理 329
11.1.4 业务流程的再造 330
11.2 企业技术创新 334
11.2.1 技术创新的内涵和贡献 335
11.2.2 技术创新的源泉 335
11.2.3 技术创新的战略及其选择 336
11.2.4 技术创新与产品开发 337
11.3 企业组织创新 339
11.3.1 企业制度创新 339
11.3.2 企业层级结构创新 341
11.3.3 企业文化创新 343
本章小结 345
习题 345
参考文献 348

第 1 章　管理与管理学

教学目标

通过对本章的学习，学生要了解管理的产生、管理者的概念、管理学的学科特点；掌握管理的基本概念，管理的职能，管理者的类型、角色、职责以及管理者素质要求；掌握管理学的研究对象、研究方法及人本原理、系统原理、效益原理、权变原理 4 大原理的内含。

教学要求

知识要点	能力要求	相关知识
管理	(1) 了解管理的产生 (2) 理解并掌握管理的基本含义 (3) 掌握管理的职能	(1) 管理的产生 (2) 管理的含义 (3) 管理的职能
管理者	(1) 掌握管理者的角色 (2) 掌握管理者的类型 (3) 掌握管理者的职责 (4) 理解并掌握管理者具备的素质要求	(1) 管理者及其角色 (2) 管理者的分类 (3) 管理者的职责 (4) 管理者的素质
管理学	(1) 掌握管理学的研究对象 (2) 理解并掌握管理学的研究方法 (3) 掌握管理学的学科特点 (4) 掌握管理的基本原理	(1) 管理学的研究对象 (2) 管理学的研究方法 (3) 管理学的特点 (3) 管理的基本原理

管理就是把复杂的问题简单化，混乱的事情规划化。

——杰克·韦尔奇

基本概念

管理　管理的产生　管理职能　管理者　管理者特征　管理者分类　管理者角色　管理者技能　管理学研究对象　管理学管理方法　管理学特点　人本原理　系统原理　效益原理　权变原理

导入案例

七人分粥

有7个人住在一起，每天共喝一桶粥，粥每天都不够。一开始，他们抓阄决定谁来分粥，每天轮一个。于是每周下来，他们只有一天是饱的，就是自己分粥的那一天。后来，他们开始推选出一个道德高尚的人出来分粥。大家开始挖空心思去讨好他，贿赂他，搞得整个小团体乌烟瘴气。然后，大家开始组成三人的分粥委员会及四人的评选委员会，互相攻击扯皮下来，粥吃到嘴里全是凉的。最后想出来一个方法：轮流分粥，但分粥的人要等其他人都挑完后拿剩下的最后一碗。为了不让自己吃到最少的，每人都尽量分得平均，就算不平，也只能认了。大家快快乐乐，和和气气，日子越过越好。

案例点评

管理的真谛在“理”不在“管”。管理者的主要职责就是建立一个像“轮流分粥，分者后取”那样合理的游戏规则，让每个员工按照游戏规则自我管理。游戏规则要兼顾公司利益和个人利益，并且要让个人利益与公司整体利益统一起来，实现责、权和利三者的完美结合，缺一不可。

1.1 管　　理

管理作为人类社会协作劳动和共同生活的产物，其实践活动和人类历史一样悠久。管理是人类重要的活动，是保证组织有效运行所必不可少的条件。20世纪以来，随着社会的不断进步，科学技术的飞速发展，以及管理活动内容的日益丰富，管理在人们的实际生活中和在生产过程中的作用越来越重要。管理学是适应现代社会化大生产的需要产生的，管理学一经出现就显示了它的巨大的推动社会发展的功能，在当代社会，无论是生产经营，还是社会管理，如果不自觉地学习、研究管理学，用管理理论武装自己，是很难有所作为的。本章主要介绍管理、管理者及管理学的相关内容。

1.1.1 管理的产生

人生而有欲，而且人的欲望还会随着当前欲望的满足而不断产生出新的欲望。美国心理学家A·H·马斯洛(A.H.Maslow)于1943年提出需要层次理论，该理论将人的需要依次由较低层次到较高层次分为生理需求、安全需求、归属与爱的需求、尊重需求和自我实现需求五类。马斯洛认为，人主要是受欲望所驱使的需求动物，人类的需求是无止境的，上述五类需要是按次序逐级上升的，当下一级需要获得满足之后，追求上一级的需要就成为行动的动力。人的需求具有无限增长和扩大的趋势，为了满足这种需求就需要更多的资源，而在一定时间与空间范围内资源总是有限的，世界上又不存在任何可以不劳而获的东西，而每一个人所拥有的可以投入的资源却总是有限的，时间有限、知识有限、精力有限、能力有限，这就产生了一对矛盾，即欲望的无限性与所拥有的资源有限性之间的矛盾。

自从人类诞生以来，欲望无限与资源有限之间的矛盾就一直困扰着人类。从原始社会如何索取必要的食物以满足人类生存的需要，到奴隶社会如何获得更多的土地、财富和奴隶以满足奴隶主们奢侈的生活，一直到现在人类如何合理地配置有限的资源以保持人类与自然的和谐发展，人类致力于协调这一对矛盾的努力从来没有间断过。

为了协调这一对矛盾，人类先后采取了不同的协调方法。首先，人类想到的是通过劳动向大自然要资源，来拓展自己所拥有的资源，从而在一定程度上满足自身欲望，这就是最早的人类生产活动的起因。随着人类的繁衍，人的需求不断扩张，但是受制于当时的生产力发展水平，能向大自然要的资源不能满足人类不断增长的欲望时，就产生了以掠夺他人资源为主要目的的战争。但是战争本身也耗费资源，为此先贤们又提出了其他解决方法。在我国古代，古人主张“清净寡欲”，宣扬“欲为万恶之源”，借此“扬善抑恶”，希望通过约束人的欲望，使有限的资源能够满足人们有限的需求，由此就导致了伦理道德的形成。为了约束人的欲望，先人们提出了各种伦理道德规范，通过各种教育的手段教化社会成员，并由此形成了以“人治”为主的管理行为。而在西方，圣贤们认为人类的欲望是推动人类文明、社会进步的根本动力，人的欲望不能加以约束。他们提出了协调这一矛盾的第四种方法，那就是科学的管理，即通过科学的方法来提高资源的利用率，力求以有限的资源实现尽可能高的目标。以科学的方法，按照法律方法、行政方法、经济方法、教育方法等管理方法进行协调，在社会管理中形成了以“法治”为主的管理行为。人类的发展史，从某种程度上而言也是人类寻找这一对矛盾协调方法的历史，管理就是在人类寻求解决这一对矛盾的过程中产生和逐步发展起来的。

1.1.2 管理的概念

1. 国内外学者对管理概念的界定

汉高祖刘邦曾经说过：“攻城夺地，吾不如韩信；接济粮草，吾不如萧何；运筹帷幄，吾不如张良。但他们却能为我所用。”这是管理和管理者的成功典范。那什么是管理？19 世纪末 20 世纪初，管理理论最早出现在西方，国内外学者从不同的角度对管理的概念进行了不同的界定，我们选取几个有代表性的定义，见表 1-1。

表 1-1 学者们对管理的定义

代表人物	定义内容
彼得·德鲁克 (Peter F. Drucker)	“管理就是牟取剩余”，所谓“剩余”就是产出大于投入的部分。他认为，任何管理活动都是为了一个目的，就是要使产出大于投入
赫伯特·西蒙 (Herbert A. Simon)	“管理就是决策。”他认为，决策贯穿于管理的全过程和管理的所有方面，任何组织都离不开对目标的选择，任何工作都必须经过一系列的比较、评价、拍板后才能开始。如果决策错了，执行得越好，所造成的损失就越大。所以，只有说管理就是决策，才能真正反映管理的真谛

续表

代表人物	定义内容
G. D. 穆尼 (G. D. Mooney)	“管理就是领导。”穆尼认为，任何组织中的一切有目的的活动都是在不同层次的领导者的领导下进行的，组织活动的有效性取决于领导的有效性，所以管理就是领导
H. 法约尔 (H. Fayol)	“管理就是实行计划、组织、指挥、协调和控制。”法约尔认为，企业的全部活动可分为：技术活动、商业活动、财务活动、安全活动、会计活动和管理活动。管理就是实行计划、组织、指挥、协调和控制，并提出了管理的 14 条原则
H. 孔茨(H. Koonty)	“管理就是通过别人来使事情做成的一种职能。”为了达成管理的目的，要进行计划、组织、人事、指挥、控制，管理就是由这几项工作所组成的
斯蒂芬·P·罗宾斯 (Stephen P. Robbins)	“管理是指同别人一起并且通过别人更有效地完成组织活动的过程。”把管理视作一个过程，强调了人的因素，同时又强调了管理的双重目标：既关注效率，又关注效果
杨文士	“管理是指通过实施计划、组织、人员配备、领导和控制等职能来协调他人，使别人同自己一起实现既定目标的活动过程。”管理的职能活动包括计划、组织、人员配备、领导、控制，管理的目的是实现既定目标
徐国华	“管理是通过计划、组织、激励、领导和控制等环节来协调人力、财力和物力资源，以更好地达成组织目标的过程。”
周三多	“管理就是组织为了达到个人无法实现的目标，通过各项职能活动，合理分配、协调相关资源的过程。”
其他	把管理看做是一个由计划、组织、领导、控制所组成的过程，或是管理者组织他人工作的一项活动，也有认为管理就是用数学方法来表示计划、组织、控制、决策等合乎逻辑的程序，并求出最优答案的一项工作等

知识链接

德鲁克论管理的任务

为了使机构能执行其职能并做出贡献，管理必须完成以下 3 项同等重要而又极不相同的任务。

(1) 本机构的特殊目的和使命(无论本机构是工商企业还是医院或大学)。一个机构是为了某种特殊目的和使命、某种特殊的社会职能而存在的。在工商企业中，这就意味经济上的成就。工商企业的管理必须始终把经济上的成就放在首位，在每一项决策和行动中都这样。

(2) 使工作富有活力，并使职工有成就。工商企业(或其他任何机构)只有一项真正的资源——人。它必须使职工有成就以便激励他们完成工作，并通过完成工作来使企业富有活力。

(3) 处理本机构对社会的影响和对社会的责任。每一个机构都是社会的一个器官，而且是为社会而存在的，工商企业也不例外。企业不能由其本身来评定其好坏，只能由它对社会的影响来评定。

这 3 项任务常常是在同一时间和同一管理行为中去执行的，甚至不能讲某项任务占更优先的地位或要求更高的技巧或能力。

(资料来源：孙耀君. 西方管理学名著提要. 南昌：江西人民出版社，1995.)

管理学者们对于管理定义的多样性，既反映了人们研究立场、方法、角度的不同，也反映了人们对管理认识的逐步深入。

管理故事

管理与经营、经营与领导

在日常生活中，人们往往把管理与领导、管理和经营混为一谈，其实，经营、管理、领导这些概念是分别和不同范畴相联系的，彼此之间既相互联系，又相互区分，在概念上有相互交叉处，更有显著的不同之处。在本文中，我们将对经营和管理、领导与管理这两对概念进行分析，以便对管理这一概念有更深入的理解。

1. 经营与管理

经营是商品经济所特有的范畴，是商品生产者的职能。企业经营是指在企业活动过程中，为实现企业目标的一系列筹划营谋活动。例如，企业既要从事直接生产过程的活动，用最经济有效的方法把商品生产出来，又要从事流通过程的活动，以最有利的条件把商品销售出去，从而获得更多的利润，增加积累，扩大生产规模。

为了取得商品销售的最有利条件，企业在事前就要了解市场行情，了解消费者需要什么产品、消费者的构成、什么样的价格容易被消费者接受，而且还要了解有哪些竞争者向市场提供同类商品，他们的竞争能力如何。在销售过程中，还要做广告宣传，实行良好的销售服务，以便赢得顾客。为了最经济有效地把商品生产出来，企业又要根据市场条件、销售对象、价格等因素，选择材料、设备、工具和生产方法等。所有这些对市场的选择，对产品的选择，对材料和设备的选择，以及对消费者、市场行情的研究，对竞争者的研究等，都属于经营活动。

要把一个企业办好，除了做好管理工作外，还要根据企业内部和外部的实际情况，对企业的发展方向、奋斗目标以及采取的办法进行研究，把研究结果变成科学的决策和实际行动，尽量获得更大的经济效益，这些就是企业的经营。

就一般意义讲，经营与管理既有一致性，又有所区别。从它们的产生过程来看，管理是劳动社会化的产物，而经营则是商品经济的产物；从它们的应用范围来看，管理适用于一切组织，而经营则只适用于企业；从它们要达到的目的来看，管理旨在提高组织效率，而经营则以提高经济效益为目标。从企业的角度看，管理不包括经营，而经营包括管理。企业经营比企业管理范围更广、内容更复杂，层次也更高。

2. 管理与领导

在现代社会中，领导这一现象随处可见：每个国家都离不开执政党和政府机构的领导，企业离不开董事长、总裁、总经理和部门经理等各级领导者的领导，军队离不开各级军官的领导，即使是在非正式组织中，也存在一个相对权威的人领导着群体内的成员。

在现实生活中，不少人认为管理与领导是同一个概念，他们之间没有什么不同，似乎领导过程就是管理过程，两者之间没有明确的界限。实际上，管理和领导是两个不同的概念，两者既有联系又有区别。

管理学家对领导的定义虽有所不同，但实质内容是相同的，都认为领导是率领下属实现组织目标的过程。管理与领导两者的目的都是为了实现组织目的，但二者的区别却是显著的：

领导和管理并不完全属于同一范畴：领导是管理的一个职能，一般称为领导职能，但管理的其他职能则不属于领导。例如，组织中的参谋人员所从事的工作是管理工作，但不是领导工作。领导主要是对人的领导，主要是处理人与人的关系，特别是上下级关系，这是管理活动中的核心问题；除对人的管理之外，管理的对象还包括财、物，管理不仅要处理人与人之间的关系，还要处理财与物、物与人、人与财的关系。管理涉及的范围比领导要广泛得多。

领导和管理相互区别，但密切相关。领导的职责是指导、协调、激励，管理是计划、组织、控制，它们相辅相成，共同致力于目标的有效实现。

(资料来源：管理学理论研究网)

2. 管理的定义

(1) 从字面上理解“管理”。《说文解字》里的解释：管，六孔，十二月之音，物开地牙，故谓之管；理，治玉也，顺玉之文而剖析之。“管”字本义是指一种有六孔和一定的形状的可以产生音乐的管乐器。这就可以理解为“管”是表示通过一定的方法和规范、通过一定程序和控制手段，来达到产生音乐的功效和目的，它才是规则和制度，它才应该是科学性的；“理”本义是加工雕琢玉石，很明显意思就是根据不同的物质和事务，采取不同的方法而达治理、理顺之效果，没有一定之道，是艺术性的。

(2) 从内涵上理解“管理”。结合众多对“管理”定义的理解，管理的定义概括如下：管理就是在特定环境下，通过计划、组织、领导和控制，协调以人为中心的组织资源及其他，以有效完成既定组织目标的过程。

本概念的理解如下：

① 管理的载体——组织。管理总是存在于组织中的，管理不能脱离组织而单独存在。因为脱离组织的管理，就失去了管理的意义和内容。组织是指由两个或两个以上的人组成的，为一定目标而进行协作活动的集体。组织包括大到企事业单位、国家机关、政治党派、社会团体、宗教组织等，小到一个学院、学生会、足球队等。组织的特征：一是有一个明确的目标；二是由两个或两个以上的人组成；三是建立了一种系统性的结构用以规范和限制组织成员的行为。

② 管理的职能——计划、组织、领导和控制。计划、组织、领导和控制是管理的四大基本职能。决策和创新这两项职能也越来越受到重视，但严格地说，这两项职能并不是独立的管理职能，而是从四个基本职能中分离出来的，是对四项基本职能某些方面共同内容的专门强调。

③ 管理的对象——以人为中心的组织资源及其他。组织管理的对象是组织内外一切可协调的人、财、物、信息等资源，具体包括原材料、人力、资本、土地、厂房、机器设备、顾客、信息等。

④ 管理的核心——协调。管理的核心是协调，而且协调的中心是人，重视了人的因素，并考虑了其他资源因素的影响。

⑤ 管理的实质——管理是为实现组织目标服务的。管理不是目标，是一种手段，是为了实现一定的目标而采取的手段。

⑥ 管理的目的——实现组织既定目标。目标是所有管理活动的起点，同时也是管理活动追求的结果，更是管理工作成效的考核标准和依据。

⑦ 管理的作用——有效性。管理追求效率与效果的统一。

人们之所以需要管理，是因为管理得好有助于人们更好地实现目标，但有了管理并不等于就能实现管理的使命。根据管理产生的原因，管理理论认为，可用管理的有效性来衡量管理工作的好坏。有效性包括两个方面：效率与效益。效率是指产出与投入之比。一定的投入能取得多大的产出，主要取决于我们所采取的工作方式和方法。因此，讲求效率要求我们用比较经济的方法来达到预定的目标。由于人们所拥有的资源常常是短缺的，因此就必然关心资源的利用效率，因而有效的管理也就必然与资源成本的最少化有关。管理的目的是通过提高资源利用率以实现更高的目标，因此，光是效率高是不够的，管理还要讲究效益。所谓效益是指目标的达成度，也就是产出满足需求的程度。如果我们通过管理所获得的产出并不是我们所需要的，那么这种产出再多，对我们也毫无意义，相应地，这种管理就是无效的管理。只有当我们通过管理实现了既定的目标，我们的管理工作才是有效的。有效的管理，要求既讲求效益，又讲求效益。光注重效率而不注重效益，是碌碌无为；光注重效益而不注重效率，则会得不偿失。

知识链接

卓有成效是可以学会的

德鲁克在其《卓有成效的管理者》中指出，有效性是一种后天的习惯，是一种实践的综合，是可以学会的，并进一步指出，要成为一个卓有成效的管理者，必须在思想上养成五项习惯。

1. 知道自己的时间用在什么地方。会系统地工作，善用有限的时间。

2. 重视对外界的贡献。并非为工作而工作，而是为成果而工作。接到工作首先会自问：“别人期望我做出什么成果？”

3. 善于利用自己的、上司的、同事的和下属的长处。而不会把工作建立在自己的短处上，也绝不会去做自己做不了的事。

4. 集中精力于少数重要的领域。按照工作的轻重缓急设定优先次序，而且坚守次序，坚持要事第一。

5. 善于做有效决策。知道一项有效的决策总是在“不同意见讨论”的基础上作出的判断，它绝不会是“意见一致”的产物。知道快速的决策多为错误的决策，真正不可或缺的决策数量并不多，但一定是根本性的决策。

(资料来源：彼德·德鲁克. 卓有成效的管理者. 许是祥，译. 北京：机械工业出版社，2005.)

1.1.3 管理的职能

1. 管理职能的划分

在管理工作中，不同的管理者往往采取程序具有某些类似性、内容具有某些共性的管理行为，如计划、组织、控制等，人们对这些管理行为进行系统性归纳，逐渐形成了“管理职能”这一被普遍认同的概念。 所谓管理职能，是指管理过程中的要素或基本步骤、手段，是人们对管理工作应有的一般过程和基本内容所作的理论概括。

在20世纪初，法国的法约尔(1841—1925)第一次完整地阐述了管理的各种职能，把管理分解为计划、组织、指挥、协调和控制5种职能。在法约尔之后，许多学者对管理职能作了进一步的探讨，出现了许多不同的学派。西方管理学者关于管理职能划分的主要观点见表1-2。

表1-2 西方管理学者关于管理职能的划分

年代	管理学者	计划	组织	指挥	协调	控制	激励	调集资源	通信联系	决策	人事	创新
1916	H.法约尔(H. Fayol)	√	√	√	√	√						
1934	R. C 戴维斯(R. C. Davis)	√	√			√						
1937	L.古利克(L. Gulick)	√	√	√	√	√			√		√	
1947	A.布朗(A. Brown)	√	√	√		√		√				
1951	W.纽曼(W. Newman)	√	√	√	√	√		√				

续表

年代	管理学者	计划	组织	指挥	协调	控制	激励	调集资源	通信联系	决策	人事	创新
1955	H. 孔茨(H. Koontg)	√	√			√					√	
1956	乔治·特里(George Terry)	√	√	√	√	√	√					
1958	D. 麦克法兰(D. Mcfarland)	√	√	√		√						
1964	J. L. 梅西(J. L. Massie)	√	√			√				√	√	
1964	J. E 米(J. E. Mee)	√	√			√	√			√		√
1966	H. G. 希克斯(H. G. Hicks)	√	√			√	√		√			√

2. 管理职能及其相互关系

随着管理理论的不断发展，70年代以后，管理学家们通常认为基本的管理职能包括计划、组织、领导、控制。

计划工作。确立目标、制定行动方案，着眼于有限资源的合理配置。任何管理活动都是从计划工作开始的。为了使管理有效益，我们首先必须确立清楚的目标。只有确立了清楚的目标，我们才能判别什么事情应该做，什么事情不能做。而为了提高效率，以比较少的投入获得比较大的产出，我们就要对资源的投放、工作的开展事先进行研究、安排，为此就要进行计划的制订，明确实现目标的途径。因此，计划工作表现为确立目标和明确达到目标的必要步骤之过程，包括估量机会、建立目标、制定实现目标的战略方案、形成协调各种资源和活动的具体行动方案等。计划工作是管理的首要职能，其他工作都只有在计划工作明确了目标和计划后才能有目的地进行。

组织工作。组织设计、人员配备、权力配置，着重于合理的分工与明确的协作关系的建立。在制订出切实可行的计划后，为了将目标变成为现实，就要组织必要的人力和其他资源去执行既定的计划，也就是要进行组织工作。组织工作是为了有效地达成计划所确定的目标而进行分工协作、合理配置各种资源的过程。它是计划工作的自然延伸，一般包括任务的分解、权责的明确、资源的配置及协作关系的明确等内容。组织工作不当必然会影响工作成效。

领导工作。指导、协调、激励，致力于积极性的调动和方向的把握。任何活动的行为主体都是人，因此，指导和协调计划及实施过程中人与人之间的关系、激励和调动人的积极性是管理的基本工作之一。在一个组织中，领导工作就是管理者利用职权和威信施展影响，指导和激励各类人员努力去达成目标的过程。领导工作的重点在于调动相关人员的积极性，协调相关人员之间的关系。个人的力量是有限的，我们要注重在实现目标的过程中调动一切可以调动的因素，激励他人协助我们实现目标。

控制工作。检查和监督，着力于纠偏。控制是指在动态的环境中为保证既定目标的实现而进行的检查和纠偏活动或过程。控制是保证目标能按计划实现所必不可少的。由于环境的不确定性、组织活动的复杂性和管理失误的不可避免，为了保证有效地实现目标，我们就必须对环境、组织成员和组织活动等加以控制。控制工作具体包括确立控制标准、衡量实际业绩、进行差异分析、采取纠偏措施等内容。控制是管理的一项基本职能，也是较易出现问题的一项工作。在许多情况下，人们制订了良好的计划，也进行了很好的组织，但由于没有把握好控制这一环节，最后还是不能达到预期的目的。控制不力会引起计划无效和组织无效。

在上述各项职能中，计划工作主要着眼于有限资源的合理配置，组织工作主要致力于贯彻落实，领导工作着重于激发和鼓励人的积极性，控制的重点则在于纠正偏差。它们各自从不同的角度出发，相互配合，共同致力于管理效率和效益的提高，最终达到以有限的资源实现尽可能多或高的欲望的管理目的，即它们都是管理的有效手段。

管理的 4 个职能之间是相互包容的，每一个管理职能的履行过程中同样包含着其他 3 个管理职能的履行。例如，在进行计划工作时，不仅要为计划工作拟订计划，而且还要为计划工作落实资源，做好激励和控制等工作；同样地，在进行控制工作时，也要有计划、有组织、有领导地进行。管理正是通过计划、组织、领导、控制这 4 个基本环节来展开和实施的。

管理是由计划、组织、领导、控制等职能组成的一个系统的过程，人们首先要根据内外部环境条件，确立目标并制定出相应的行动方案；一旦目标明确，就要组织相应的力量去完成，为了落实计划，人们就要进行组织工作；由于目标的完成有赖于相关人员的共同努力，为了充分调动相关人员的积极性，在目标确定、计划落实下去以后，还要加强领导工作；在设立目标、形成计划、进行了任务分解和落实、培训和激励了相关人员之后，各种偏差仍有可能出现，为了纠正偏差，确保各项工作的顺利进行，还必须对整个活动过程进行控制。正因为管理是一个系统的过程，因此，要做好管理工作，就必须系统地开展计划、组织、领导、控制等各项工作。单纯地就计划谈计划、就组织论组织、为领导而领导、为控制而控制，是达不到应有的管理效果的。

管理故事

迪士尼的成功

享誉全球的迪士尼乐园，自 1995 年 7 月 17 日开园以来，每年接待着数百万慕名而来的游客。事实上，他们的成功之处，不仅在于高科技所提供的娱乐硬件，更在于其服务质量，核心部分在于迪士尼的经营理念和质量管理模式，包括给游客以欢乐，营造欢乐气氛，把握顾客的要求，提高员工素质和完善服务系统等。

管理者应具备创新能力和高超的领导艺术。领导对未来发展应规划全新的蓝图，并以此激励员工。迪士尼的管理者努力使员工们懂得：这里所做的一切，都将成为世界娱乐业的主流和里程碑。迪士尼制定了 5～10 年中长期人力资源规划，并每年更新一次。在经营管理中，每年都播出足够的经费预算进行人员培训。明确岗位职责。“迪士尼乐园”中的每一个工作岗位都有详尽的书面职务说明。工作要求明白无误，细致具体，环环相扣，有规可循，同时强调纪律、认真和努力工作。每隔一个周期，严格进行工作考评。

统一服务处事原则。基于迪士尼“使游客欢乐”的经营理念，公司需要 32 000 名员工学会如何正确与游客沟通处事，为此公司提出统一服务处事原则，其要素构成和重要顺序为安全、礼貌、严谨、效率。游客安全是第一位的，与安全相比礼貌则处于次一等的地位。同样，公司以此原则来考察员工的工作表现。

由游客评论服务质量的优劣。迪士尼认为，服务质量是可触摸、可感受、可体现的，并且游客掌握着服务质量优劣的最终评论权。公司指出，游客们根据事先的期望值和服务的体验，加以比较评论，然后确定服务质量。因此，迪士尼教育员工：一名员工所提供的服务水平必须努力超过游客的期望值，从而使“迪士尼乐园”真正成为创造奇迹和梦幻的乐园。

(资料来源：http://151.fosu.edu.cn/manangement/gl-al/glal-18.htm.)

1.2 管 理 者

1.2.1 管理者及其角色

1. 管理者的概念

管理者是指组织中从事管理工作的人的总称，如工厂的厂长，学校的校长，机关中的科长、处长、局长，公司的CEO(chief executive officer，首席执行官)、车间主任和部门经理等，其主要职责是指挥下属开展工作。与管理者相对应的是操作者。操作者是指在组织中直接从事具体业务的人，其主要职责是做好组织所分派的具体的操作性事务，如工厂的工人、饭店的厨师、学校的教师、医院的护士、超市的收银员等。在一个组织中之所以需要有管理者，是因为组织要发挥群体的力量，就需要有人来组织提出共同的目标、制定相应的行动方案，需要有人来分配各项工作和协调工作中可能出现的各类问题，需要有人来检查各项工作的进展情况、纠正可能发生的偏差。最初这些工作一小部分是由氏族首领、军事首长等负责进行，而大部分则是由每一个组织成员自己进行的，结果效率和效益十分低下。在亚当・斯密(Adam Smith，1723—1790)提出劳动分工理论以后，人们认识到了劳动分工的优越性，因此当大规模生产使管理的功能得到突现后，首先从生产劳动者中分离出了一部分专门从事生产管理的人员——生产管理者。然后，随着组织规模的扩大和生产经营活动的复杂化，在企业中出现了不同于其他活动的管理活动，如财务管理、营销管理、技术管理等，人们开始将各类管理者从操作者中分离出来，由管理者负责指挥，履行管理职能，操作者负责具体执行，由此提高了组织管理的效率和效益，并奠定了管理学科的发展基础。

2. 管理者与管理

每个组织中的管理者都必须重视管理。无论组织的规模是大是小，组织类型是营利性还是非营利性，也无论组织中的各种领域——制造、营销、人力资源、财务、研究开发等，组织中的各个层次——高层、中层、基层，都有特定的目标，都存在对资源的获取、开发和利用，并进行有效的计划、组织、领导和控制，也就是都存在管理问题。管理良好的组织能够奠定忠诚的顾客基础，能持续成长和不断繁荣；管理不善的组织，其顾客基础会不断萎缩，营业收入也在下降，最终会陷入困境。组织要兴旺，管理者必须认识不良的管理，并采取措施纠正它。

3. 管理者角色

管理者合格与否，在很大程度上取决于管理职能的履行情况。为了有效履行各种职能，管理者必须明确自己要扮演的角色。

对于管理者在一个组织中所充当的角色，亨利・明茨伯格(Henry Mintzberg，1939—)在其1973年出版的《管理工作的本质》一书中曾有过详细的描述。根据亨利・明茨伯格的研究，管理者做什么可以通过考察其在工作中扮演的角色来恰当描述。明茨伯格得出结论：管理者实际上扮演10种不同但又高度相关的角色，这些角色又进一步被组合成3种类型，见表1-3。

表 1-3 管理者角色

角色分类	具体角色	描述	特征活动举例
人际关系	挂名首脑	象征性的首脑，必须履行许多法律性或社会性的例行义务	迎接来访者，签署法律文件
	领导者	激励和动员下属，负责人员配备、培训和交往，对下属的工作进行协调	实际上从事所有的有下级参与的活动
	联络者	与组织外部的机构和人员交往，维护自行发展起来的外部接触和联络网络，以获取相关信息	发感谢信，从事外部委员会的工作，通过电话、信件等形式与外部保持联络
信息传递	监听者	接收和收集各种特定的信息，以便对组织和环境有彻底的了解	阅读报刊和报告，了解市场动态
	传播者	将从外部和内部获得的信息传递给组织的其他人员	召开信息沟通会议，通过报告、电话等方式进行信息传达
	发言人	向外界发布组织有关的信息，让组织以外的机构和人员了解组织的有关情况	举行新闻发布会，与供应商和顾客举行座谈会
决策活动	企业家	发现组织和环境中的机会，制订方案并对方案进行监督检查	制定公司的战略，检查决议的执行情况
	混乱驾驭者	当组织面临意外事件时，能及时采取相应的措施进行补救	采取措施应对外部的危机事件
	资源分配者	对组织拥有的资源进行分配，实际上就是作出组织层面的重要决策	批准各部门的预算，批准公司总的采购计划
	谈判者	作为组织的代表参加重大谈判	与供应商、销售商进行谈判

(1) 人际关系方面，包括人与人以及其他具有礼仪性和象征性的职责。任何一个组织都是一个社会存在体，与周围环境有着千丝万缕的联系，这种内外之间的联系主要由组织中的管理者来承担的。例如，一位公司的总经理领导着他的公司，并代表这一组织与外部相关的各个组织保持密切的联系，以求得社会各方面的理解与支持；一位部门经理领导着他所在的部门，并且要代表这一部门处理好与公司其他部门之间的关系。因此，管理者在人际关系方面，充当着挂名首脑角色、领导者角色和联络员角色。

(2) 信息传递方面，包括接受、收集和传播信息。管理者对于一个组织就像血液之于人体一样重要。管理者在各自组织内部信息传递过程中处于中心地位。管理者在信息传递方面，不仅要代表所在组织，作为组织发言人向上级组织或社会公众传递本组织的有关信息，而且要承担信息监督角色，通过对外联系者和对内领导者的身份，收集组织外部和内部各种有用的信息，并作为信息传递者，将组织或外界的有关信息通过会议等形式及时向下属传递，以便下属清楚地开展工作。因此，管理者在信息传递方面充当着监听者角色、传播者角色和发言人角色。

(3) 决策活动方面，涉及决策活动。在一个组织中，需要进行各种各样的决策。管理者在一个组织的决策活动中，充当着企业家角色，可以按其意志在上级组织或法律规章允许范围内自主地在组织内部进行变革，以适应环境的变化；充当着资源分配者角色，根据组织工作需要和本人的意志进行各种组织资源的分配；在组织内部出现各种矛盾时，管理者作为矛盾排除者出面排除各种冲突；在本组织与其他组织发生冲突时，管理者作为谈判者带领其队伍参加各种正式或非正式的谈判以协调纷争。因此，管理者在决策活动方面充当着企业家角色、混乱驾驭者角色、资源分配者角色和谈判者角色。

研究表明，大小企业不同，管理者角色的重要性不同。在小企业中重要的是发言人，而在大企业中是资源分配者。管理者的层次不同，管理者角色的重要性不同。对于基层管理者，领导者角色比较重要；而对于高层管理者，传播者、挂名首脑、谈判者、联络者和发言人角色比较重要。

1.2.2 管理者的分类

随着组织规模的扩大，单个管理者将越来越难以承担起所有的职责。因此，随着组织的发展，组织内部将出现越来越多的管理者。这些管理者要发挥其在组织中的作用，也必须进行合理的分工，由此就产生了管理者的分类。

一个组织中的管理者，既可以按其在组织中的地位或管理层次分类，也可以按其在组织中所从事的管理工作领域或所起的作用来分类。按管理层次分可将管理者分为高层管理者、中层管理者、基层管理者；按所从事的工作领域则可分为行政管理者、人事管理者、财务管理者、技术管理者、业务管理者和其他管理者等，如图 1.1 所示。

在一个组织中，有各个阶层的管理者，由于他们的责任和权限不同，因此，他们的具体工作内容也不同。管理者按其在组织中所处层次的不同，可分为高层管理者(top managers)、中层管理者(middle managers)和基层管理者(first-line managers)。他们各自的职责见表 1-4。

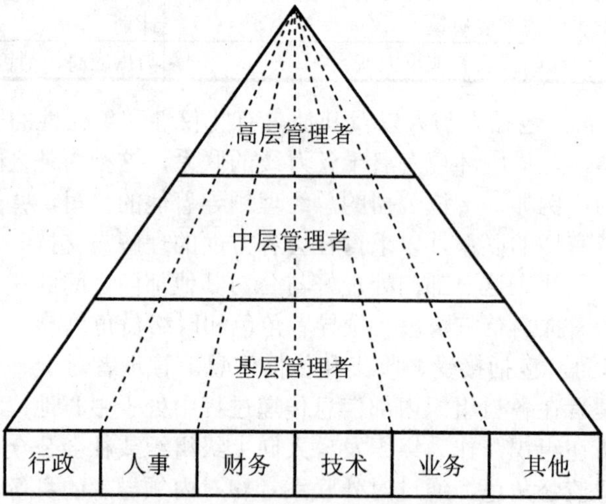

图 1.1　管理者分类示意图

表 1-4　不同层次管理者的职责

类别	实例	主要职责	关注点
高层管理者	学校的校长、医院的院长、机关行政首脑、公司总经理等	对组织负有全面责任，主要侧重于决定组织的大政方针和沟通组织与外界的交往联系，为组织创造良好的内外部环境	在很多情况下，组织的成败往往取决于高层管理者的一个判断、一个决策或一项安排，因此高层管理者很少从事具体事务性工作，而把主要精力和时间放在组织全局性或战略性问题的考虑上。他们最关心的应是重大问题决策的正确性和良好的组织环境的塑造

续表

类别	实例	主要职责	关注点
中层管理者	工厂里的车间主任、学校里的系主任、机关里的处长等	正确理解高层的指示精神，创造性地结合本部门的实际情况，贯彻落实高层所确定的大政方针，指挥各基层管理者开展工作。他们的主要管理对象是基层管理者	他们通常是根据上级的指示，把任务具体分配给各个基层单位，并了解基层管理者的要求，帮助其解决困难，检查并监督他们的工作，通过基层管理者的努力去带动第一线的操作者完成各项任务。他们注重的是日常管理事务
基层管理者	工厂里的班组长、运动队里的教练、学校里的教研室主任、机关里的科长等	直接指挥和监督现场作业人员，保证完成上级下达的各项计划和指令	他们几乎每天都要和下属打交道，明确下属的任务，组织下属开展工作，协调下属的行动，解决下属的困难，反映下属的要求。基层管理者是组织中最下层的管理者，他们主要关心的是具体任务的完成

1. 高层管理者

高层管理者是指组织中的高级领导人，如学校的正、副校长，企业的董事会成员，城市的正、副市长等。他们对组织负全责，主要侧重于沟通组织与外部的联系和决定组织的大政方针。高层管理者的决策是否科学，职权利用是否得当等直接关系到组织的存亡兴衰。他们的主要任务是制定战略目标、把握发展方向、对组织绩效负责、拥有资源分配权等。

2. 中层管理者

中层管理者介于高层和一线管理人员之间，如系主任，处长，企业中计划、生产、财务等部门的负责人,政府中的主任、局长等。他们的主要职责是正确领会高层的指示精神，创造性地结合本部门的工作实际，有效指挥各基层管理者开展工作。中层管理者在公司中起着承上启下的作用，对上下级之间的信息沟通、政令通行等负有重要责任。他们的主要任务是执行重大决策和管理意图、监督和协调基层管理人员的工作活动、具体工作的规划和参谋。

3. 基层管理者

基层管理者是最直接的一线管理人员，是直接监察实际作业人员的管理者，如工长、领班、小组长等。他们的主要职责是给下属的作业人员分派具体工作任务，直接指挥和监督现场作业，保证完成上级下达的各项计划和指令。他们的主要任务是直接给下属人员分派任务、直接指挥和监督现场作业活动、保证上级下达的各项计划和指令的完成。

上述 3 个不同层次的管理人员，其工作内容和性质存在很大的差别。一般而言，第一线管理人员所关心的主要是具体的战术性工作，而最高层管理人员所关心的则主要是抽象的战略性工作。

明确管理者的分类，对于搞好一个组织内部的管理是十分重要的。一方面，管理者可通过明确不同管理者的职责，推导不同管理者应该具备的素质，从而结合自己的实际情况，明确自己的努力方向；另一方面，管理者可以通过了解管理者的分类，清楚自己目前所处的地位和在组织中的角色分工，从而正确地履行自己的职责。

作为管理者，无论哪一层次，其工作的性质和内容基本上是一样的，都包括计划、组织、领导和控制几个方面。但不同层次的管理者，履行的各项管理职能的程度和重点是不同的，同时在每项职能上花费的时间也有所不同。从职能角度看，随着管理者在组织中地位的上升，他将从事更少的直接领导工作和更多的计划工作，见表 1-5。

表 1-5　不同层次的管理者的时间分布

层次/职能	计　划	组　织	领　导	控　制
高层管理者	28%	36%	22%	14%
中层管理者	18%	33%	36%	13%
基层管理者	15%	24%	51%	10%

(资料来源：T.A.Mahoney, T.H.Jerdee, S.J. Carroll: The Jobs of Management. Aindustrial Relations, 1965, 4(2): 103.)

管理故事

中层的尴尬

电影《早安越南》(*good morning vietnam*，1987 年出品)讲述了这样一个故事：越南战争期间，为了提高前线美军的士气，美国军方找到人气极旺的脱口秀主持人克鲁纳，到西贡(今天的胡志明市)作军方电台的主持人。他主持的节目妙语连珠、幽默诙谐，具有很独特的搞笑风格，深深吸引着美军士兵们，直升机上、吉普车上、工事里和丛林里，到处是全神贯注的听众。士兵的开怀大笑，抚平了枪林弹雨给他们心灵上造成的阴影。

按理说，前线电台能收到这样的效果，军方应当庆幸才对。但事情远不是这么简单。有才能的人往往也就是有主见的人，不会对上司唯命是从。克鲁纳只考虑士兵的心情，不免会拿将军们甚至总统来开涮。同时他还发现，官方的新闻稿有着官僚机构的通病，良心使他不愿传递谎言。这让他的上司觉得，这位深受士兵欢迎的主持人问题极大。他的幽默，是以讽刺“上司”而成功的；他在士兵中的威望越高，“上司”的声誉也就越差；更重要的是，他传递出的反战情感，很可能把“大局”搞砸。无能的上司从对克鲁纳心怀嫉妒，到变得反感，再后来就是厌恶。排挤、打击、刁难随之出现，幸亏有个赏识克鲁纳的将军罩着他。同时，基层的欢迎也使得上司难以下手，“西贡军方电台从来没有收到过这么多对节目表示赞扬的信件，那些打仗的小伙子实在是太喜欢他的节目了”。所以，面对克鲁纳的成功，上司只能生闷气，顶多给他个小鞋穿穿。但当克鲁纳拒绝播出官方稿件时，上司手里就有了尚方宝剑，可以砸他的饭碗了。于是，克鲁纳被革职。喜剧的表演最终完成了悲剧的宿命。

这种“上司讨厌的能人”在企业中并不少见。如果从更广阔、更全面的角度看，这部电影反映出了一种管理中的普遍现象，即“中层的尴尬”。

(资料来源：21 世纪商业评论，2008.11)

1.2.3　管理者的职权与责任

管理主体是由具有一定管理能力、从事现实管理活动的人或人群组成的，是管理行为过程的主体，一般拥有相应的职权和责任。组织中的管理主体主要由管理者组成，要使管理者在管理过程中能够起主动支配的作用，管理者必须拥有一定的权力，并依靠权力去命令、组织、领导、影响和指挥管理客体，从而完成组织的目标。

1. 管理者的职权

职权是指组织成员为了达到组织目标而拥有的开展工作或指挥他人行动的权力。管理者的职权是管理者从事管理活动的资格，管理者的职位越高，其权力越大。组织或团体必须赋予管理者一定的职权。如果一个管理者处在某一职位上，却没有相应的职权，那么他是无法进行管理工作的。

马克斯 • 韦伯(Max Weber)认为管理者有 3 种权力：传统权力指传统惯例或世袭得来，

如帝王的世袭制；超凡权力指来源于别人的崇拜与追随，完全依靠人们对领袖人物的信仰，管理者必须以不断的奇迹和英雄之举赢得追随者；法定权力指法律规定的权力，通过合法的程序所拥有的权力，如通过直接选举产生的总统。

韦伯认为，人们对传统权力的服从是在习惯义务领域内的个人忠诚。领导人的作用似乎只为了维护传统，因而效率较低，不宜作为组织体系的基础。超凡权力的合法性，完全依靠人们对于领袖人物的信仰，带有感情色彩并且是非理性的，所以，超凡的权力形式也不宜作为组织体系的基础。管理者的权力是应是法定的，与职位相关联，它不因人而异，谁处在那个职位上，谁就具有那个职位的相应法定权力，职位越高，责任越大，权力也越大。

2. 管理者的责任

任何组织或团体的管理者，都具有一定的职位，都要运用和行使相应的权力，同时也要承担一定的责任。权力和责任是一个矛盾的统一体，一定的权力又总是和一定的责任相联系的。当组织赋予了管理者一定的职务和地位，从而形成了一定的权力时，相应地，管理者同时也就担负了对组织一定的责任。在组织的各级管理人员中，责和权必须对称和明确，没有责任的权力，必然会导致管理者的用权不当，没有权力的责任是空泛的、难于承担的责任。有权无责或有责无权的人，都难以在工作中发挥应有的作用，都不能成为真正的管理者。

责任是对管理者的基本要求，管理者被授予权力的同时，也应该对组织或团体的命运负有相应的责任，对组织或团体的成员负有相应的义务。权力和责任应该同步消长，权力越大，责任越重。比较而言，责任比权力更本质，权力只是尽到责任的手段，责任才是管理者真正的象征。如果一个管理者仅有职权，而没有相应的责任，那么他是做不好管理工作的。管理者的与众不同之处在于他是一位责任者。如果管理者没有尽到自己的责任，就意味着失职，等于放弃了管理。

特别提示

管理者拥有指挥他人的特权，也负有对下属工作负责的责任。管理者不仅要对自己的工作负责，而且也要对下属的工作负责。下属在工作中出现任何问题，管理者都负有不可推卸的领导责任。对本部门主要职能的运作效果负责；对自己分管部门或分管工作的最终绩效负责；对下属人员的工作行为负责；对本部门所提供的信息的及时性和准确性负责。

管理故事

如何管理

A 是某建筑公司安装部经理，B 是安装部下属的管道安装队队长。上个月，A 吩咐 B 带领一些人员去某工地安装一套管道系统。在工程验收时，发现这套管道存在着严重的渗漏现象。公司经理认为 A 应该对此负责。A 为什么要对这一失误负责，究竟该负什么责任呢？

1.2.4 管理者的素质要求

从管理者的职责出发，并不是什么人都可以成为合格的管理者，管理者必须具备特有的素质才能履行好其各项职责。管理者素质，是指一个管理者应具备的各种条件在质量上的综合。孙子提出的为将“五德”标准：“将者，智、信、仁、勇、严也。”早在管理科学发展的初期，美国管理专家 F·W·泰勒(F. W. Taylor)在论及工段长的工作时就谈到：“要得到一个具备多种专门知识以及为完成其全部工作所必需的各方面的智力和道德品质的人极不容易，因为一个全才必须具有下列 9 种品德，即脑力、教育、专门知识或技术知识、手艺或体力、机智、充沛的精力、毅力、诚实、判断力或常识、良好的健康情况。”法约尔也认为：“每一种能力都以下面简述的几个方面的素质与知识为基础，即身体、智力、道德、一般文化、专业知识、经验。”由上可见，管理者应该具备的素质是多方面的，概括而言，将管理者素质分为品质、知识、能力 3 个方面。

1. 品质素质

管理者的品质素质是指管理者在行为、作风中表现出来的思想、认识和品性等方面的特质。管理者应具有强烈的事业心和高度的责任感，形成崇高的道德品质、高尚的道德情操和道德境界，具备良好的心理健康素质和良好的个性修养。

管理故事

牛根生语录

有才无德是歪才；	有德有才，破格重用；
有德无才乃庸才；	有德无才，培养使用；
无才无德即冗才；	有才无德，限制录用；
有德有才方人才。	无德无才，坚决不用。

2. 知识素质

管理的对象是多种多样的，这就要求管理者具有广博的知识才能应对各种各样的问题。因此，管理者的知识结构从总体上而言应该是讲政治、懂法律、精经济、强管理、精数字，了解人文历史和科学技术。博学才能多才，足智才能多谋，多谋才能善断。只有不断提高自己的专业知识水平，努力做业务上的内行、管理上的行家，才能视野开阔、深谋远虑，达到决策科学、管理科学的目的。

3. 能力素质

能力素质是企业经营管理者素质的核心。在其他条件具备的情况下，企业经营管理者能力素质如何往往关系到决策的成功和失败。管理者不仅应强于管理，即能做好计划、组织、控制，而且也应善于决策、领导、合作，选择做对的事并充分运用他人的力量。同时，好的管理者具有较强的学习能力，能够面对各种新问题，与时俱进。

管理者的职责是变化和复杂的，管理者需要特定的技能来履行其职责和活动。美国的管理学专家罗伯特·卡特兹(Robert L. Katz)在 1955 年发表的论文《有效管理者的技能》中，针地管理者的工作特点，提出了技术技能、人际技能和概念技能的概念。卡特兹认为，有效的管理者将依赖于这 3 种技能：

(1) 技术技能，指使用某一专业领域的有关程序、技术、知识和方法来完成任务的技能，如生产技能，财务技能、营销技能等。尽管管理者不必成为精通某一领域的技能专家，但还是需要了解并初步掌握与其管理的专业相关的基本技能，否则很难与组织内的专业技术人员进行有效沟通，从而无法对所辖业务范围的各项管理工作进行具体指导。

(2) 人际技能，指与处理人际关系有关的技能，即理解、激励他人并与他人共事的能力。管理者主要是要借他人之力把事情办好，其决策要得到他人的支持，管理者除了领导下属外，还要与上级领导和同级同事打交道，还得学会说服上级领导，领会领导意图，学会与同事合作等，所以人际技能对管理者也很关键。

(3) 概念技能，指综观全局、对复杂情况进行抽象化和概念化的技能。管理者必须能够将组织看做是一个整体，理解各部分之间的关系，在任何混乱、复杂的环境中，敏锐地辨清各种要素之间的相互关系，深刻了解组织中任何活动的后果，准确地抓住问题的实质，果断作出正确决策的能力。

对于不同层次的管理者而言，3 种技能的重要性是不同的。一般情况下，对于高层管理者而言，最重要的是概念技能；对于基层管理者而言，最重要的是技术技能；人际技能对于各个层次的管理者来说都是重要的。卡特兹有关管理人员技能的理论，不仅确立了管理者应具备的能力类型，并指出了在管理者地位变化的过程中技能要求的变化，也告诉了管理者在管理工作的生涯中，应如何科学地转换自我的能力结构，以适应工作和自我发展的需要。

管理者的职责不同，所需要的素质也有所侧重。但无论是哪一个层面的管理者，他们都应该具备一些基本的管理素质。除了以上的素质以外，管理者还应该具备服务的热情、合作的意识、管理的欲望、健康的身体、充沛的精力等，这样才能成为一名优秀的管理者。

管理故事

三株的管理

当史玉柱陷入走投无路的深刻危机时，60 岁的三株实业有限公司董事长吴炳新，亲自接待了这位惊魂未定的 30 岁年轻人。期间，吴炳新曾语重心长地说：“你的阅历还浅，驾驶这个庞大的舰队乘风破浪，仅有知识和技术尚显不足，在关键时刻，关键是经验。”

但是事实对这句话作了无情的否定!

比起史玉柱，吴炳新的的确确老谋深算。他本人是国有企业销售科长出身，并有一个灵气十足的大学毕业儿子相佐，父子俩从代理“851”生物制品和交大的昂立一号口服液后，毅然自立门户，并乘太阳神、飞龙和巨人脑黄金衰落之机，用经过精心策划的组合广告打响了三株的牌子。从公司成立第一年(1994 年)销售一个亿，到第 2 年的 20 个亿翻了 20 倍，第 3 年(1996 年)再增 4 倍，年销售额 80 亿，账面净资产高峰时期曾经达到 47 亿，在三株轰然倒下前夕，还斥资 5 个亿，一口气收购了 20 多家制药厂。

可是，这位自以为经验老到的吴炳新，创造这种辉煌绩效的手法，类似他好言安慰的史玉柱。吴炳新的三株集团王国也是以行政导向的八级干部军队建制，600 个子公司和 200 多个办事处由 5000 名签订“终身合同”的经理分别统帅 15 万销售大军。在“市场前线总指挥”的命令下，吴炳新在辉煌的 1996 年发动了夏季、秋季和冬季三大战役，抢占全国保健品市场三分之一，取得了 80 亿战绩。吴炳新描述当时实战情景说：“市场前线总指挥委员会相当于国家军委，各省机构变成市场前沿指挥部后，相当于前敌委。以军事化管理模式运筹商战，意味着军事化的行动，而军事化的特点，就是绝对服从命令。”

像巨人一样，用行政命令和形式上的“终身雇用”、“利益共同体”建立起来的 15 万大军，一旦碰到风吹草动，像一群乌合之众，都逃之夭夭。即使在平时，这种高度集权的军事化商业组织，比国有企业还要国有企业，一些胆大妄为之徒，钻法律不保护私有企业财产的空子，偷骗拐挪，胡作非为，三株总部账面上曾有过的“47 亿”净资产实际上也子虚乌有。对此，吴炳新也早有觉察，在一次总结会上，他气愤地说：“现在有一种恶劣现象，临时工哄执行经理，执行经理哄经理，经理哄地区经理，最后哄到总部来。”吴炳杰(吴炳新的弟弟)到农村去看了看，结果气得中风了，实际情况跟汇报的根本是两回事，在三株倒下之前，吴炳新父子用尽了中外管理经验和现代信息处理手段，全国营销网络实现了计算机联网，管理措施中注入了“鞍钢宪法”“三老四严”“四个一样”“把支部建在连上”“全员洗澡”“三查三反”“一打五反”等等新中国政治和企业管理先进经验几乎都贯彻使用，但由于根本的决策错误，三株帝国，这个由经验老到的总指挥呕心沥血经营的企业，还是在巨人倒下两年后同样走上了不归路。

1.3 管理学

1.3.1 管理学性质和研究对象

1. 管理学的学科性质

管理学是一门系统地研究管理活动过程的基本规律、基本原理和一般方法的科学。它的目的是研究在现有的条件下，如何通过合理的组织和配置人、财、物等因素，提高生产力的水平。它作为一门科学，是随着科技的进步和生产力的发展，直到 19 世纪末 20 世纪初才真正发展起来的。管理学是人们长期从事管理实践活动的理论总结。它是在管理实践经验的基础上，吸取和运用有关其他学科的研究成果，经归纳提高而形成的管理的系统知识，是一门综合性的交叉学科。管理学作为一门综合性的学科，不仅具有社会科学属性，而且具有自然科学属性。首先，在内容上它需要从社会生活的各个领域和方面，从各类组织的管理活动中，概括和抽象出对各门具体管理学科都具有普遍指导意义的管理思想、原理和方法；其次，在方法上它需要综合运用现代社会科学、自然科学和技术科学的成果，来研究管理活动过程中普遍存在的基本规律和方法。

现代管理学的诞生是以泰勒的名著《科学管理原理》(1911 年)以及法约尔的名著《工业管理与一般管理》(1916 年)为标志。现代管理学是在继承与发展管理历史经验与理论的基础上，运用现代社会科学、自然科学、技术科学的理论与方法，研究现代社会条件下，管理活动的基本规律和方法形成的综合性交叉科学。同时，它又是一门软科学和应用性科学，这一学科在不断发展、提高、充实和完善，管理学的研究者、管理学的学习者、管理学方面的著作文献等均呈指数上升，显示了作为一门年轻学科勃勃向上的生机和兴旺发达的景象。

2. 管理学的研究对象和内容

管理学的研究对象是管理活动和管理过程。管理学的研究内容很广泛，大体可以分 3 个层次：

(1) 根据管理活动总是在一定的社会生产方式下进行的，研究内容可分 3 个方面：①生产力方面，主要研究生产力的合理组织问题，即研究如何根据组织目标合理配置组织中的各项资源，以求获得最佳的经济、社会效益的问题；②生产关系方面，主要研究如何处理各类组织之间、组织内部人与人之间的经济关系、协作关系和分配关系，建立完善的管理体制，为实现组织目标服务；③上层建筑方面，即研究如何使组织内部环境和组织外部环境相适应的问题，研究如何使组织的各项规章制度、劳动纪律与社会的政治、哲学、法律、道德等上层建筑保持一致的问题，从而维持正常的生产关系，促进生产力的发展。

(2) 从历史的角度研究管理实践、管理思想及管理理论的形成与演变过程；管理学要研究管理思想及实践的发展历史，以便更好地继承和发展管理理论和方法。

(3) 着重从管理者的工作或职能出发来系统研究管理活动的原理、规律和方法问题，包括以下方面。①管理者。管理者是管理的主体，是能否实施有效管理的关键因素，管理者群体结构的优化及他们之间的关系，是管理学研究的重要课题。②管理原理。管理学首先研究管理的基本规律，即研究适用于一切社会和个别社会形态的各种基本规律，如管理的目的、过程、原则和内容等。③管理职能。管理的各项职能既体现管理的基本任务，又反映了管理的全过程。④管理的主要方法、技术和手段。管理功能的执行和完成，是靠管理方法、技术和手段来实现的。因此，对管理方法、技术和手段的研究是管理学的重要内容。

1.3.2 管理学的研究方法

同其他任何一门学科一样，管理学也有其自身的研究方法。从某种意义上讲，管理学领域产生的各种管理学派，实际上也可以说是因为采用了不同的研究方法的结果，管理学科的发展也就是研究方法的不断发展和进步。下面介绍几种常用的主要研究方法。

1. 比较研究法

通过对不同管理理论或管理方法异同点的研究，总结其优劣以借鉴或归纳出具有普遍指导意义的管理规律的方法。比较的方法是科学研究中较常用的一种研究方法。它把不同的或相似的事物放在一起作比较，用以鉴别事物之间的异同。从西方“古典管理理论”的形成到现在，出现了许多不同的管理理论和流派，观点各不相同，思想学说纷纭。这就需要应用比较法对这些纷繁的理论进行分析比较，以找出各学派的特色，区别其实质，真正做到兼收并蓄，丰富我国管理学的内容。从管理的实践来看，各国又有不同的实际情况，外国企业是如何管理的，我国公司在国外开展业务应如何进行管理，目前的管理措施是否适用，管理学理论是否具有普遍性，如何建立一套适合本国实际情况的有特色的管理理论等问题，也都需要应用比较研究方法进行探讨。

2. 定性和定量分析相结合的方法

管理分析中应用的诸多方法都可以从定性与定量角度进行归类。这两者结合起来应用的管理分析方法，在实际工作中应用得极其普遍，对它们的选择与应用的效果如何又会直接影响管理分析的质量。管理中所讲的定性，是指文字描述分析对象的性质；定量，是指以数量表示所分析的事物将来可能发展的范围与性能，可能产生何数值程度的影响。运用数理知识和方法，对管理现象及其发展趋势及与之相联系的各种因素，进行计算、测量、推导、预见等，是定量分析方法。基本情况加判断，粗略统计加估计是定性分析方法。

3. 历史研究法

运用管理理论与实践的历史文献，对前人的管理实践、管理思想和管理理论予以总结概括，从中找出带有规律性的东西，实现古为今用的方法。任何管理现象都不是孤立的，都有它产生的历史背景及其发生、发展的过程。因此，对管理学中的某一种管理理论某一种定义、某一个规律的研究，都应放在一定历史条件下，从其发生和发展的过程中去考察，才能掌握它的来龙去脉，了解它的实质所在，并给予恰当的评价。

4. 案例研究法

在学习研究管理学的过程中，通过对现实中发生的典型管理事例进行整理并展开系统分析，从中把握不同情况下处理问题的不同手段，以达到掌握管理原则，提高管理技能的方法。实践证明，案例分析法对于管理学的研究是行之有效的。这种方法的最大优点是能够体现理论联系实际的原则，使一般管理原理的抽象建立在大量的实际案例分析基础上。案例分析法是管理理论研究及提高人的管理能力的一种最基本、最常用的方法。

5. 系统分析法

系统的方法是指用系统的观点来分析、研究和学习管理的原理和管理活动的全过程。所谓系统，是指由相互作用、相互依赖的若干组成部分结合而成，具有特定功能的有机整体。根据这一定义，管理过程是一个系统，管理的概念、理论和技术方法也是一个系统。实际上，任何事物都是一个系统。要进行有效的管理活动，必须对影响管理过程的各种因素及其相互之间的关系进行总体的、系统的分析研究，才能形成管理的可行的基本理论和合理的管理活动。

6. 理论联系实际的方法

把现成的管理理论与方法运用到实践中去，通过实践来检验这些理论与方法的正确性与可行性，并在实践中不断概括总结新的理论与方法，可以采用案例的调查和分析、边学习边实践，以及带着问题学习等多种形式。通过这种方法，有助于提高学习者运用管理的基本理论和方法去发现问题、分析问题和解决问题的能力。同时，通过研究和学习，通过理论与实践相结合，可以使管理理论在实践中不断地得到检验，从而深化认识，发展理论。

除了以上几种常用方法以外，还有其他的方法，如归纳法、演绎法、试验法、数学分析法、结构分析法、自组织分析方法等。总之，要以马克思主义的唯物辩证法为总的方法论指导，从系统的观点出发，联系实际，实事求是。

1.3.3 管理学的学科特点

一般而言，管理学具有以下几个特点。

1. 综合性

管理活动是很复杂的活动，影响这一活动的因素多种多样。除生产力、生产关系的基本因素外，还有一些自然因素，以及政治、经济、法律、社会、文化、心理等社会性因素。因此，要搞好管理工作，必须考虑到组织内部和组织外部的多种错综复杂的因素，利用哲学、心理学、人类学、社会学、政治学、经济学、工程技术学、历史学、生理学、伦理学、数学、统计学、会计学、理财学、工艺学、仿真学、行为科学、教育学和法学等研究成果和运筹学、系统工程、信息论、控制论、电子计算机等最新成就，对管理进行定性的描述和定量的预测，从中研究出行之有效的管理理论，并用以指导管理的实际工作。它要在内容上和方法上综合利用上述多学科的成果，才能发挥自己的作用，这就充分地体现了该学科的综合性。

2. 一般性

管理学作为一般管理学，有别于其他种种专门管理学，它试图从各种不同的组织中概括、抽象、提炼出共同的东西，并形成系统的理论。它是研究所有管理活动的共性原理的基础理论学科。既然是一般原理，它适用于一切企业组织和事业单位，为了实现本单位的既定目标，都需要完成包括计划、组织、领导和控制等一系列的管理职能，协调各种关系。管理学是各门具体的或专门的管理学科的共同基础。

3. 历史性

任何一种理论都是实践和历史的产物，管理学尤其如是。管理学是对前人管理实践、经验和管理思想、理论的总结、扬弃和发展。割断历史，不了解管理历史发展和前人对管理经验的理论总结，不进行历史考察，就很难理解建立管理学的依据，就难以很好地理解、把握和运用管理学。

4. 应用性

管理学是为管理者提供管理的有用理论、原则、方法的实用学科，管理者要想实施有效的管理活动，不仅要掌握一定的管理知识和理论，而且要能熟练灵活地将所掌握的管理知识用于实践。如果仅仅对管理学停留在某些理论方面进行研究，就失去了学科本身的作用。管理学是一门应用性科学，它的理论与方法要通过实践来检验其有效性；同时，有效的管理理论与方法只有通过实践，才能带来实效，发挥其指导实际工作的作用，并在不断反复的实践中，完善管理学的理论和方法。

5. 不精确性

鉴于管理工作本身既有科学性的一面，又有艺术性的一面，实际工作中所遇到的复杂因素，使它在研究方法上不同于数学和自然科学，很难完全定量化，也难于在现实生活中找出绝对理想的最优管理方案，管理科学在整体上重视定性分析和定量分析相结合的方法，追求满意决策。因此，在某种程度上，它是一门不精确的科学。数学就是一门精确学科，只要给出一定的条件，按照一定的方法就能得出确定的结果。但是，管理学不同，在已知条件完全相同时，有可能产生截然不同的结果。这要求人们因时、因地、因人制宜地创造适合自身组织的管理方法。

6. 科学与艺术的统一性

管理是一门科学，是因为管理学的基本思想来源于人们的生产实践，是由一系列系统的管理概念、原理、原则和方法等组成的理论体系，是经过多年的探索和总结，逐渐形成的一套完整的知识体系，可供人们学习和传授的反映管理活动客观规律的管理理论和一般方法。管理首先是一门科学，管理活动必须按规律办事。

管理是一门艺术，是因为管理知识的运用只有通过实践才能真正掌握。管理具有很强的实践性，由于管理工作对象的复杂性，管理问题和管理环境的多变性，管理学所能提供的专业手段和方法又是极其有限的，因此，只有根据管理基本理论和基本方法，密切结合实际，根据实际情况的变化，运用自身的才智和丰富的实践经验，才能取得良好的管理成果。同时，现实生活中的管理问题千差万别，必须灵活运用管理理论，才能进行有效管理。所以，管理的艺术性就是强调管理活动除了要掌握一定的理论和方法外，还需要思维、智慧、谋略、技巧和情感，灵活运用这些知识的技巧和经验。

管理艺术是指管理者在认识客观规律的基础上灵活处理问题的一种创新能力和技巧。真正掌握了管理学知识的人，应该能够熟练、灵活地把这些知识应用于实践，并能根据自己的体会不断创新。机械地搬用管理原理，难以从实际出发有效地达到管理的目标，但是，管理人员如不掌握管理科学，只能是凭直觉或经验管理。因此，管理的科学性和艺术性反映了理论知识和灵活运用相结合的必要性。管理的科学性与艺术性并不相互排斥，而是相互补充的。所以，管理是科学性与艺术性的统一。

1.3.4 管理的基本原理

管理原理是从管理学中抽象出来的，作为管理理论的基础，它舍去了管理学中的具体方法、措施、制度等，而着重研究管理学的基本理论、基本原理、基本原则。任何一门科学，都有它的基础理论，用以指导本学科的实践和发展，管理学也不例外。管理学的基础理论是管理原理，研究管理学必须从研究其基础理论入手，并研究有关科学与管理科学的关系，为深入了解和掌握管理学其他方面的知识打下坚实的基础。

1. 人本原理

管理的人本原理，就是指组织的各项管理活动，都应以调动和激发人的积极性、主动性和创造性为根本，追求人的全面发展的一项管理原理。人本原理是管理的首要原理。人本管理原理体现了以人为中心、以人为目的的管理理念，强调人是管理中最主要的因素或决定因素，是管理活动的最终目的，管理既是“依靠人的管理”，也是“为了人的管理”。

人本原理特别强调人在管理中的主体地位，它不是把人看成是脱离其他管理对象的要素而孤立存在的人，而是强调在作为管理对象的整体系统中，人是其他构成要素的主宰，财、物、时间、信息等只有在为人所掌握、为人所利用时，才有管理的价值。具体地说，管理的核心和动力都来自于人的作用。

管理活动的目标、组织任务的制定和完成主要取决于人的作用，人的积极性、主动性和创造性的调动和发挥。没有人在组织中起作用，组织将不成为组织，各种资本物质也会因没有人去组织和使用而成为一堆无用之物。人本原理要求管理者研究人的行为规律，掌握激励、沟通和领导艺术，真正地做到了解人、关心人、尊重人、信任人和激励人，努力开发和利用人的创造力，充分实现人的社会价值，要从人的本质出发，分析、考虑和满足人的各种合理的需求，开发人的潜能，实现人的自我价值。

2. 系统原理

系统原理是指人们在从事管理工作时，运用系统的观点、理论和方法对管理活动进行充分的系统分析，以达到管理的优化目标，即从系统论的角度来认识和处理企业管理中出现的问题。系统是普遍存在的，它既可以应用于自然和社会事件，又可应用于大小单位组织的人际关系之中。因此，我们可以把任何一个管理对象都看成是特定的系统。组织管理者要实现管理的有效性，就必须对管理进行充分的系统分析，把握住管理的每一个要素及要素间的联系，实现系统化的管理。

系统原理认为，应将组织作为人造开放性系统来进行管理。它要求管理应从组织整体的系统性出发，按照系统特征的要求从整体上把握系统运行的规律，对管理各方面的前提作系统的分析，进行系统的优化，并按照组织活动的效果和社会环境的变化，及时调整和控制组织系统的运行，最终实现组织目标，这就是管理系统原理的基本涵义。管理的系统原理不仅为认识管理的本质和方法提供了新的视角，而且它所提供的观点和方法还广泛地渗透到其他各个管理原理及管理职能之中，从某种程度上说，它在管理原理体系中起着统帅的作用。

3. 效益原理

效益原理，是指组织的各项管理活动都要以实现有效性、追求高效益作为目标的一项管理原理。它表明现代社会中任何一种有目的的活动，都存在效益问题，它是组织活动的一个综合体现。影响企业效益的因素是多方面的，如科学技术水平、管理水平、资源消耗和占用的合理性等。从管理的这一具体因素来看，管理的目标就是追求高效益。有效地发挥管理功能，能够使企业的资源得到充分利用，带来企业的高效益。反之，落后的管理就会造成资源的损失和浪费，降低企业活动的效率，影响企业的效益。向管理要效益，管理出效率，已成为人们的共识。关于效果、效率、效益三者之间的区别与联系如下：

(1) 效果指人们或组织通过某种行为、力量、手段、方式而产生的结果。这种结果其中有的是有效益的，有的是无效益的。例如，有的企业生产的产品虽然质量合格，但产销不对路，在市场上卖不出去，积压在仓库里，最后甚至会变成废弃的物质。这些产品是不具有效益的。所以，只有那些为社会所接受的效果，才是有效益的。

(2) 效率是指特定的系统在单位时间内的投入与所取得的效果之间的比率。这个比率是一个经常用来衡量管理水平的标准。例如，要衡量企业管理的水平，就必须考察企业投入的资金、技术、人力、物力等因素与所获得的利润之间的比率。在一定的时间内，如果消耗的物资、能量等因素越少，而产生的效果越大，就意味着效率越高；反之，如果消耗的物资、能量等因素越多，而产生的效果越小，就意味着效率越低。

(3) 效益是某种活动所要产生的有益效果及其所达到的程度，是效果和利益的总称。它可分为经济效益和社会效益两类，其中经济效益是人们在社会经济活动中所取得的收益性成果；社会效益则是在经济效益之外的对社会生活有益的效果。经济效益和社会效益，两者既有联系又有区别。经济效益是讲求社会效益的基础，而追求社会效益又是促进经济效益提高的重要条件。两者的区别主要表现在，经济效益比社会效益更加直接些，显而易见，可以运用若干经济指标来计算，而社会效益则难以计量，必须借助于其他形式来间接考核。一般而言，企业组织所开展的诸多管理活动就是为取得经济效益而服务的，企业追求良好的经济效益，不仅是企业出于积累资金、自我发展的需要，而且更为重要的是能够促进社会进步、国民经济的发展以及社会生产力的提高，因此，经济效益与社会效益从根本上说应该是一致的。但是，当有的企业从局部考虑问题，或者采取不合理、不合法的手段获得经济效益时，二者就会产生矛盾，管理的作用就在于要消除这种矛盾，力求将经济效益与社会效益有机结合起来。

效率是追求效益的前提，效果则是实现效益的保证。因此，要提高管理活动的效益，管理者必须提高自己和下属的两种能力：做正确的事的能力和用正确的方法做事的能力。

4. 权变原理

权变原理是20世纪70年代西方管理学界提出的一种新的管理理论。所谓权变，就是随机应变、以变应变，即根据不同的情况和条件，灵活地区别对待某种事物的意思。西方管理学者中也有人将权变管理理论称作“管理情境论”或“形势管理论”。

现实中的管理不存在普遍适用的、一成不变的某种固定的模式，管理的有效性总是与特定的管理对象和环境条件相联系的。权变管理理论认为，由于组织系统复杂多变，管理者应当根据组织系统所处的内外环境条件来决定其管理方法和管理技术，即要按照不同的情境、不同的组织系统类型、不同的目标和价值，采取不同的管理方法和管理技术，以确保组织目标得以顺利实现。当组织和环境发生变化时，组织的管理也应相应地作出适度的调整。任何管理都要根据所处的内外条件随机应变，实行动态管理，管理者不能将某一场合下使用成功的管理模式简单地照搬到另一种场合，而应根据管理工作所面临的特定情境，开发或选用合适的管理模式，这就是管理中的权变原理。

权变管理原理同系统管理原理有着密切的联系。可以说，系统管理原理是权变管理原理的前提，权变管理原理则是系统管理原理在逻辑上发展的必然结果。系统管理原理指出，组织是一个开放的社会技术系统，它是由各个分系统构成，并同外部的环境超系统相联系。组织的各个分系统之间和组织与环境超系统之间都处于相互作用的关系中。在这里，系统管理原理使人们从总体的相互联系中把握管理对象，给人们研究问题提供了一个一般的方法论。然而，人们为了实现有效的管理，还必须弄清组织系统内部各个分系统之间及其与环境超系统之间相互适应的关系模式。权变管理原理的基本点，就是要求人们弄清这些系统的各个有关变量的特征及其相互关系的具体情况，以便找到组织的各个分系统之间以及组织与环境超系统之间的适当的关系模式，实现其一致性和适应性。于是，系统管理原理便发展为权变管理原理，并自然地合二为一了。在现实管理活动中，权变管理原理可以具体化、规范化为若干相应的管理原则，其中最为主要的是管理的弹性原则和创新原则。

本 章 小 结

本章主要介绍了管理、管理者与管理学等内容。管理主要介绍了管理的产生、管理的概念及管理的职能；管理者主要介绍了管理者的概念、管理者的角色、管理者的分类、管理者的技能、管理者的职责以及管理者的素质等；管理学主要介绍了管理学的研究对象、管理学的研究方法和管理学的学科特点、管理的4大原理等内容。

名人名言

管理被人们称之为是一门综合艺术——“综合”是因为管理涉及基本原理、自我认知、智慧和领导力；“艺术”是因为管理是实践和应用。

——德鲁克

管理者，就是把事情做得正确的人。企业家，就是做正确的事情的人。 ——德鲁克

管理就是做好无数小的细节工作。 ——国际战略管理顾问林正大

管理是一种严肃的爱。 ——美国国际农机商用公司董事长西洛斯·梅考克

新经济时代，不是大鱼吃小鱼，而是快鱼吃慢鱼。 ——美国思科公司总裁钱伯斯

把一件简单的事做好就不简单，把每一件平凡的事做好就不平凡。 ——海尔公司总裁张瑞敏

管理就是做好无数小的细节工作。 ——林正大

真正的管理人是去管理人的情绪。 ——“财富学之父”顾修全

管理无小事。 ——张瑞敏

首先要说的是，CEO要承担责任，而不是“权力”。你不能用工作所具有的权力来界定工作，而只能用你对这项工作所产生的结果来界定。CEO要对组织的使命和行动以及价值观和结果负责。 ——德鲁克

在我看来，管理就是“管”和“理”，要把整个流程理顺，并按要求去管。当然，先管再理还是先理再管，要看自己的具体情况。 ——娃哈哈集团公司董事长宗庆后

习　　题

一、复习题

1. 选择题

(1) 最早对管理的具体职能加以概括和系统论述的是(　　)。

A. 泰勒　　B. 法约尔　　C. 孔茨　　D. 韦伯

(2) 对于管理，下列说法中正确的是(　　)。

A. 管理适用于营利性组织　　B. 管理适用于任何类型组织

C. 管理只适用于工业企业　　D. 只适用于行政性组织

(3) 古人云：“凡事预则立，不预则废。”这是说哪一项管理职能的重要性(　　)。

A. 领导职能　　B. 计划职能　　C. 控制职能　　D. 组织职能

(4) 管理者在处理与组织成员和其他利益相关者的关系时，他们就在扮演(　　)。

A. 人际角色　　B. 信息角色　　C. 决策角色

(5) 在同不合作的供应商进行谈判的时候，管理者扮演的是(　　)。

A. 企业家角色　　B. 干扰应对者角色

C. 资源分配者

(6) 对于基层管理而言，最重要的是(　　)。

A. 技术技能　　B. 人际技能　　C. 概念技能

(7) (　　)对于高层管理最重要，对于中层管理较重要，对于基层管理不重要。

A. 技术技能　　B. 人际技能　　C. 概念技能

(8) (　　)对于所有层次管理的重要性大体相同。

A. 技术技能　　B. 人际技能　　C. 概念技能

(9) 企业管理者可以分成基层、中层、高层3种，高层管理者主要负责制定(　　)。

A. 日常程序性决策　　B. 长远全局性决策

C. 局部程序性决策　　D. 短期操作性决策

(10) 曾有某高技术企业的总裁，其个人并没有接受过相关高技术教育及从事过相关领域经营的背景，而只有接受过MBA教育并在其他非高技术企业成功经营的履历，但他上任后，在短短的不到3年时间里，就迅速扭转了该公司多年亏损的局面，完成了当初董事会提出的盈利目标。这一事例说明(　　)。

A．企业高层管理者不需要专业知识和技能，有管理经验就行了

B．成功的管理经验具有通用性，可以不分行业地加以成功移植

C．企业核心领导的管理水平会对企业的发展产生不可估量的作用

D．这只是一种偶然发生的现象，可能是该总裁正好遇到市场机会

(11) 管理的职能有(　　)。

A．计划　　B．组织　　C．领导　　D．控制

(12) 按管理者在组织中所处的地位划分，管理者可分为(　　)。

A．高层管理者　　B．中层管理者

C．基层管理者　　D．职能管理者

E．决策指挥者

2．判断题

(1) 技术技能是指综观全局、认清为什么要做某事的能力，也就是洞察企业与环境相互影响之复杂性的能力。　　(　　)

(2) 在实际工作中，管理工作的各项职能必须按一定顺序进行，绝不能顺序错乱或同时执行多项职能。　　(　　)

3．问答题

(1) 何谓管理？什么是管理者？

(2) 管理活动具有哪些基本职能？它们之间的关系是什么？

(3) 一个有效的管理者需要具备哪些技能？

(4) 管理活动对管理者的素质要求是什么？

(5) 管理学的研究对象是什么？

(6) 管理学的研究方法有哪些？

(7) 管理学的学科特点有哪些？

(8) 管理基本原理及内涵是什么？

4．论述题

(1) 请谈谈明茨伯格的管理者的角色理论及现实的意义。

(2) 联系实际，谈一下为什么说管理不仅是一门科学也是一门艺术。

二、案例应用分析

甜美的音乐

马丁吉他公司成立于1833年，位于宾夕法尼亚州拿撒勒市，被公认为是世界上最好的乐器制造商之一，就像Steinway的大钢琴、Rolls Royce的轿车，或者Buffet的单簧管一样，马丁吉他每把价格超过10 000美元，却是你能买到的最好的东西之一。这家家族式的企业历经艰难岁月，已经延续了六代。目前，该公司的首席执行官是克里斯琴·弗雷德里克·马丁四世，他秉承了吉他的制作手艺。他甚至遍访公司在全世界的经销商，为他们举办培训讲座。很少有哪家公司像马丁吉他一样有这么持久的声誉，那么，公司成功

的关键是什么？一个重要原因是公司的管理和杰出的领导技能，它使组织成员始终关注像质量这样的重要问题。马丁吉他公司自创办起做任何事都非常重视质量。即使近年来在产品设计、分销系统以及制造方法方面发生了很大变化，但公司始终坚持对质量的承诺。公司在坚守优质音乐标准和满足特定顾客需求方面的坚定性渗透到公司从上到下的每一个角落。不仅如此，公司在质量管理中长期坚持生态保护政策。因为制作吉他需要用到天然木材，公司非常审慎和负责地使用这些传统的天然材料，并鼓励引入可再生的替代木材品种。基于对顾客的研究，马丁公司向市场推出了采用表面有缺陷的天然木材制作的高档吉他，然而，这在其他厂家看来几乎是无法接受的。

马丁公司将新老传统有机地整合在了一起。虽然设备和工具逐年更新，雇员始终坚守着高标准的优质音乐原则。所制作的吉他要符合这些严格的标准，要求雇员极为专注和耐心。家庭成员弗兰克·亨利·马丁在1904年出版的公司产品目录的前言里向潜在的顾客解释道："怎么制作具有如此绝妙声音的吉他并不是一个秘密。它需要细心和耐心。细心是指要仔细选择材料，巧妙安排各种部件，关注每一个使演奏者感到惬意的细节。所谓耐心是指做任何一件事不要怕花时间。优质的吉他是不能用劣质产品的价格造出来的。但是谁会因为买了一把价格不菲的优质吉他而后悔呢？"虽然100年过去了，但这些话仍然是公司理念的表述。虽然公司深深地植根于过去的优良传统，现任首席执行官马丁却毫不迟疑地推动公司朝向新的方向。例如，在20世纪90年代末，他作出了一个大胆的决策，开始在低端市场上销售每件价格低于800美元的吉他。低端市场在整个吉他产业的销售额中占65%。公司DXM型吉他是1998年引入市场的，虽然这款产品无论外观、品位和感觉都不及公司的高档产品，但顾客认为它比其他同类价格的绝大多数吉他产品的音色都要好。马丁为他的决策解释道："如果马丁公司只是崇拜它的过去而不尝试任何新事物的话，那恐怕就不会有值得崇拜的马丁公司了。"

马丁公司现任首席执行官马丁的管理表现出色，销售收入持续增长，在2000年接近6亿美元。位于拿撒勒市的制造设施得到扩展，新的吉他品种不断推出。雇员们描述他的管理风格是友好的、事必躬亲的，但又是严格的和直截了当的。虽然马丁吉他公司不断将其触角伸向新的方向，但却从未放松过对尽其所能制作顶尖产品的承诺。在马丁的管理下，这种承诺绝不会动摇。

问题

(1) 根据卡特兹的3大技能理论，你认为哪种管理技能对马丁四世最重要？解释你的理由。

(2) 根据明茨伯格的管理者角色理论，说明马丁在分别扮演什么管理角色？解释你的选择。

① 当马丁访问马丁公司世界范围的经销商时。

② 当马丁评估新型吉他的有效性时。

③ 当马丁使员工坚守公司的长期原则时。

(3) 马丁宣布："如果马丁公司只是崇拜它的过去而不尝试任何新事物的话，那恐怕就不会有值得崇拜的马丁公司了。"这句话对全公司的管理者履行计划、组织、领导和控制职能意味着什么？

(4) 马丁的管理风格被员工描述为友好、事必躬亲，但是严格和直截了当。你认为这意味着他是以什么方式计划、组织、领导和控制的？你认为这种管理风格对其他类型的组织也有效吗？说明你的观点。

(资料来源：余敬，刁凤琴. 管理学案例精析. 北京：北京地质大学出版社. 2006.)

阅读材料

李嘉诚父子的胜利

亚洲的一些经济评论家认为，香港以李嘉诚为代表的那些靠地产、航运、港口致富的传统型富豪，将很快被知识经济时代所淘汰。但是，李嘉诚父子是个例外。

一、世纪之交的三大神话

第一大神话，一只"橙子"值千亿。1996年，李嘉诚控股的和记黄埔在英投资，组建了电讯公司ORANGE(橙子)并上市，总投资84亿港元。在此之前，ORANGE经营一直亏损，1998财政年度的亏损为

98 万镑，但电讯业务渐入轨道，客户基础不断扩大，成为英国排名第三的移动电话经营商。在此基础上，和记黄埔决定分拆上市，赚回 41 亿港元特殊收益，将以前投资收回过半。1999 年，又以 1 130 亿港元为代价，出售 ORANGE 四成多股份给德国电讯财团，并与该财团进行换股，成功入主德国电讯财团，成为单一持股的最大股东。在这笔交易中，李嘉诚的成本几乎是零，而回报是 1 000 多亿港元的现金和大笔的股权。

第二大神话，盈动演出“蛇吞象”。1999 年 5 月 3 日，李嘉诚的小儿子李泽楷旗下的盈科拓展集团收购了原来市值不足一亿港元的壳股“得信佳”，将其改名为盈科数码动力，复牌后，股价由 6.8 港元一路飙升，直至 28.5 港元。在短短 10 个月内，市值升至 2 200 亿港元，市值居全港第 6 位。其后，盈动在资本市场上动作频频，颇有呼风唤雨之势。不久前，盈动终于亮出大手笔，斥巨资收购香港电讯(一家上市公司，目前市值为 3 140 亿港元)，而盈动仅为 2063 亿港元，购并后的新公司市值将近 5 400 亿港元，成为香港第三大互联网公司。

第三大神话，“汤姆”出世，万人空巷。眼前父亲和弟弟成为了新的“网络英雄”，李家传统产业的接班人李泽钜也坐不住了。李泽钜早就想通过长江实业、和记黄埔投资 10 亿美元搞一个综合性门户网络。1999 年 12 月 7 日，他花了 2 000 万港元终于从美国 Vortexx 那里买到了他想要的域名：www.Tom.com。12 月 16 日正式推出，其注册用户短短两个月里就超过了 4 万人，新生的汤姆备受关爱，香港创业板为它预留了 8001 的号码，联交所先后还免了对该公司经营超过两年、上市申请满 25 个交易日等例行要求，将其公众股以最快的速度推向市场。2 月 23 日，汤姆出售 4.28 亿新股，香港上演了万人空巷认购汤姆的场面，认购人数超过 40 万人，超额认购约为 1 500 倍，超过了两年前疯狂抢购“北京控股”的水平，1.78 港元的招股价，被“一级半”市场狂炒到 10 港元，上市首日终盘价飙升了 335.4%，创下了创业板上市首日涨幅的纪录。

二、走向多元开放的家族资本

李氏家族的成功，主要并不是由于其家庭制的管理，恰恰相反，正是跳出家庭管理的公司制，才是不断提高产业层次、扩大产业规模、实现跳跃式发展的重要因素。李氏家庭的长江实业从开始募股，进而上市，成为社会公众性公司、已有数十年之久。现在李氏控股 8 家上市公司，在经营管理方面，发生了三大变化。

一是由传统的资产所有权和经营权同一的家庭管理，向两权分离的公司制管理转变。董事会集体决策，总经理负责日常管理，已形成制度。作为董事长，李嘉诚本人除从长江实业公司领取不到 5 000 港元的薪金之外，从不到其他上市公司领薪。当然，作为股东，碰上好年景，他一年从这些公司分到的红利，就达 1.6 亿美元。

二是高薪聘请高级管理人才，包括上市公司总经理、非出资人担任的独立董事，以提高公司的经营决策水平和管理效益。李氏资产庞大，经营项目林林总总，如果不是旗下不乏业务专才和管理专家，单凭其父子三人，是怎么也管不过来的，更何况从传统的产业层次转向以高科技为主的新型产业，更加离不开学有专才的科技精英。舍得出高薪借用外脑，是李嘉诚家庭资本得以蓬勃发展的要诀。

三是积极谋求向社会资本开放，这是李嘉诚家庭资本迅速扩张的重要途径，也是近期连续成功创造网络神话的关键因素。过去，一些华人家庭企业不愿意与人合资，更不愿意上市融资，主要是怕别人会来分享企业利润，肥水流向外人田。李嘉诚家庭不是这样。拿李泽楷来说，盈科数码借壳上市和并购香港电讯，无异于空中着陆，靠的是资本市场的支持。

(资料来源：代凯军. 管理案例博士评点. 北京：中华工商联合出版社，2004.)

第2章 管理思想的发展

教学目标

通过对本章的学习，学生要了解和掌握西方早期管理思想代表人物和主要观点，古典管理理论、行为科学理论、现代管理理论主要代表人物及其理论要点。

教学要求

知识要点	能力要求	相关知识
西方早期管理思想	了解西方早期管理思想的理论和代表观点	(1) 人类早期的管理思想 (2) 早期管理思想的代表人物与其主要观点
古典管理理论	理解并掌握古典管理思想的理论和代表观点	(1) 古典管理理论产生的历史背景 (2) 科学管理理论 (3) 一般管理理论 (4) 行政组织理论
中期管理思想	理解并掌握中期管理思想的理论和代表观点	(1) 梅奥的人际关系学说 (2) 巴纳德的组织理论
当代管理思想的新发展	了解当代管理思想的理论和代表观点	(1) 战略管理理论 (2) 企业文化理论 (3) 企业再造理论 (4) 全球化和知识经济时代的组织管理理论

"企业管理过去是沟通，现在是沟通，未来还是沟通"。管理离不开沟通，沟通已渗透于管理的各个方面。正如人体内的血液循环一样，如果没有沟通的话，企业就会趋于死亡。

——松下幸之助

基本概念

古典管理理论　科学管理理论　权力　霍桑实验　非正式组织　地位权威　领袖权威　战略管理　企业文化道法自然　无为而治　为政为德　和与中庸　以信为本　依法治国　义利统一　以德服人　天地为心　以人为本　不战而屈人之兵　仁政

导入案例

狮子、豹子与狼的寓言体现出的管理思想

狮子让一只豹子管理10只狼，并给他们分发食物。

第一天　豹子领到肉之后，把肉平均分成了11份，自己要了一份，其他给了10只狼。

这10只狼都感觉自己分的少，合起伙来跟豹子唱对台戏。虽然一只狼打不过豹子，但10只狼豹子却没法应付了。

豹子灰溜溜地找狮子辞职。狮子说，看我的。

狮子把肉分成了11份，大小不一，自己先挑了最大的一份，然后傲然对其他狼说：你们自己讨论这些肉怎么分。

为了争夺到大点的肉，狼群沸腾了，恶狠狠地互相攻击，全然不顾自己连平均的那点肉都没拿到。

豹子钦佩地问狮子，这是什么办法？狮子微微一笑，听说过人类的绩效工资吗？……

第二天　狮子依然把肉分成11块，自己却挑走了2块，然后傲然对其他狼说：你们自己讨论这些肉怎么分。

10只狼看了看9块肉，飞快地抢夺起来，一口肉，一口曾经的同伴，直到最后留下一只弱小的狼倒在地上奄奄一息。

豹子钦佩地问狮子，这是什么办法？

狮子微微一笑，听说过末位淘汰法吗？……

第三天　狮子把肉分成2块，自己却挑走了1块，然后傲然对其他狼说：你们自己讨论这些肉怎么分。

群狼争夺起来，最后一只最强壮的狼打败所有狼，大摇大摆地开始享用它的战利品。狼吃饱以后才允许其他狼再来吃，这些狼都成了它的小弟，恭敬地服从它的管理，按照顺序来享用它的残羹。

从此狮子只需管理一只狼，只需分配给它食物，其他的再不用操心。豹子钦佩地问狮子，这是什么办法？狮子微微一笑，听说过竞争上岗吗？……

最后一天　狮子把肉全占了，然后让狼去吃草。因为之前的竞争，狼群已经无力再战了，于是只好逆来顺受。

豹子钦佩地问狮子，这是什么办法？狮子微微一笑说，听说过和谐社会吗？

案例点评

思想决定命运。

管理思想是管理学的基础。本章主要介绍西方早期管理思想、古典管理理论、中期管理思想理论、现代管理理论、中国古代管理思想等。

2.1 西方早期管理思想

此阶段起始于18世纪中叶以前，这一阶段是从奴隶社会、封建社会到中世纪的管理思想，人们也习惯称之为前科学管理理论阶段。早期的管理思想大致可分为古代(6世纪以前)、中世纪及文艺复兴至19世纪末期之前。

2.1.1 人类早期的管理思想

在国外古代管理思想中，最具有代表性的管理思想是苏美尔人的管理思想、古埃及人的管理思想、古巴比伦人的管理思想、希伯来人的管理思想、古希腊人的管理思想、古罗马人的管理思想。早期的管理对象是国家、军队、部落、教会和家庭，也有对小规模、初级的经济活动的管理，早期的管理思想主要表现为以下几个方面。

1. 法律成为国家管理的重要工具

苏美尔人建立了最早的法律体系，《汉谟拉比法典》现在看来大体上是苏美尔法典的修订本，这部法典是几乎所有闪族人——巴比伦人、亚述人、加勒底人和希伯来人的法律的基础。古巴比伦人的《汉谟拉比法典》是古代历史上著名的法典。它涉及社会及商业管理的许多方面，如出售、契约、合伙、协议、期票、借贷、租赁、转让、抵押、遗产、奴隶等，对各种职业、各个层面上的人员责、权、利关系给予明确的规定，提出了民事控制、事故责任、生产控制与激励及最低工资的规定。巴比伦人首先认识到责任不能推诿给下级这一原则。希伯来人同样注重依法管理，其法典要比《汉谟拉比法典》开明进步一些。罗马的立法和司法的分权制则为后来的立宪政府的制约和平衡体制树立了一个典范。

2. 中央集权的专制政权是早期国家管理的基本特征

古埃及人建立起以法老为最高统治者的中央集权的专制政权。法老是全国土地的最高所有者，拥有对埃及国家财产的全部支配权，法老政权制定了土地制度、税收制度、档案制度，把权利和财富都集中在自己手上。古罗马人建立并实行一种连续授权的组织制度。这是一种行政授权与军事控制相结合的集权型等级制度。在税收上体现了管理智慧。苏美尔人庙宇中的祭司通过庞大的赋税制度积累了大量财物，如畜群、钱财和房地产等。为了管理这些财物，他们在泥板上用文字记载账目、文件等。

3. 利用宗教来控制人和管理国家

希伯来人很善于利用宗教来控制人和管理国家。大卫王统治时期，为适应政治统一的需要，将耶和华神的地位进一步提高。以西节为首的犹太祭司宣扬耶和华神是宇宙间的唯一真神，是犹太人的“救世主”，他将帮助犹太人复国，建立一个祭司宗教权力与贵族政治权力合一的统一的神权政体国家。

4. 在工程和军事管理方面表现出高超的组织管理能力

古埃及人在建造金字塔的过程中，精心计划、组织和控制，安排和解决食物、住房、运输问题，表现出了非凡的管理和组织能力。在工程管理中，每个监工大约管理10名奴仆，反映出他们已知道每个管理者所能监督人数的管理跨度是“以十为限”。罗马军队实行“10人编队制”。古希腊人的管理思想中充满着知识和思维的力量。他们崇尚民主管理，建立了有一定民主成分的政府。他们认识到了专业化与合理分工的原则及管理的普遍性原则，提出管理是一种独特的技艺。他们用音乐来调节艰苦、单调、重复性的工作，把财富是否得到增加作为检验管理水平高低的标准。认为加强人的管理是管理的中心任务。

2.1.2 早期管理思想的代表人物与其主要观点

1. 亚当·斯密

亚当·斯密，又译亚当·史密斯、亚当·史密夫，英国苏格兰哲学家和经济学家，他所著的《国富论》成为第一本试图阐述欧洲产业和商业发展历史的著作。这本书发展出了现代的经济学学科，也提供了现代自由贸易、资本主义和自由意志主义的理论基础。亚当·斯密的主要理论包括以下几方面。

1) 分工理论

亚当·斯密认为，分工的起源是人的才能具有自然差异，而人类独有交换与易货倾向，交换及易货属私利行为，其利益决定于分工，假定个人乐于专业化及提高生产力，经由剩余产品之交换行为，促使个人增加财富，此过程将扩大社会生产，促进社会繁荣，并达到私利与公益之调和。

他列举制针业来说明。“如果他们各自独立工作，不专习一种特殊业务，那么不论他们是谁，绝对不能一日制造20枚针，说不定一天连一枚也制造不出来。他们不但不能制出今日由适当分工合作而制成的数量的二百四十分之一，就连这数量的四千八百分之一恐怕也制造不出来。”

分工促进劳动生产力的原因：①劳动者的技巧因专业而日进；②由一种工作转到另一种工作，通常需损失不少时间，有了分工，就可以免除这种损失；③许多简化劳动和缩减劳动的机械发明，只有在分工的基础上方才可能。

2) 货币理论

货币的首要功能是流通手段，持有人持有货币是为了购买其他物品。当物物交换发展到以货币为媒介的交换后，商品的价值就用货币来衡量。这时，便产生了货币的另一功能——价值尺度。亚当·斯密也谈到货币的储藏功能、支付功能。但是，他特别强调货币的流通功能。

3) 价值论

提及价值问题，亚当·斯密指出，价值涵盖使用价值与交换价值，前者表示特定财货之效用，后者表示拥有此一财货取另一财货的购买力。进一步指出，具有最大使用价值之财货，往往不具交换价值，水及钻石是其著名的例子。不过，水与钻石价值之比较是百年之后边际效用学派圆满解决的问题。

4) 分配理论

亚当·斯密的分配论，即劳动工资、资本利润及土地地租自然率之决定理论。

亚当·斯密指出，尽管雇主拥有抑低工资的力量，工资仍有其最低水平，此一最低水平是劳动者必须能够维持基本生活，假定社会工人需求增加或工资基金提高，工资将高于最低水平。就另一角度而言，一国国富、资本或所得增加，都将促使工资上涨，工资上涨则促进人口增加。

资本利润之高低如同劳动工资，决定于社会财富之增减，资本增加固可促使工资上涨，却使利润为之下降。亚当·斯密指出，假定商人投资同一事业，因为彼此相互竞争，自然致使利润率降低。

地租指对土地使用所支付的价格。亚当·斯密认为，地租高低与土地肥沃程度及市场远近有关。

5) 资本积累理论

资本累积是大量进行分工必备的另一要素。分工的扩张与生产效率的提高跟资本的总额成正比。资本的累积必须在分工之前进行，因为分工需要使用许多特殊的设备与机械、原料，而这些都需要以资本来购取。分工越细，工具的需要越多，资本越显得重要。透过分工过程，可增加劳动生产量，提高国民所得，增强国民储蓄意愿与能力。

6) 赋税理论

亚当·斯密提出四大赋税原则，即公平、确定、便利、经济。

公平：一国国民应尽可能按其能力支持政府，亦即国民应按其在政府保护下所享有的利得比例纳税。

确定：各国民应当缴纳的税捐，须确定并不得随意变更，缴纳时期、缴纳方法、应付税额，都应对纳税人清楚宣示。

便利：一切税捐，都应在最适合于纳税人的时间与方法收之。

经济：每一税捐都应善加设计，务使公民缴付国库以外，财力上受到最小的损失。

2. 罗伯特·欧文

罗伯特·欧文(Robert Owen，1771—1858)是19世纪初有成就的实业家之一，是一位杰出的管理先驱者。欧文于1800—1828年在苏格兰自己的几个纺织厂内进行了空前的试验。人们有充分理由把他称为“现代人事管理之父”。欧文在新拉纳克的管理独具特色。首先，他在工厂内推行了一种新的管理制度，其核心是废除惩罚，强调人性化管理。欧文认为，好的环境可以使人形成良好的品行，坏的环境则会使人形成不好的品行。他对当时很多资本家过分注重机器而轻视人的做法提出了强烈批评，并采用多种办法致力于改善工人的工作环境和生活环境。在工厂里，欧文通过改善工厂设备的摆设和搞好清洁卫生等方法，为工人创造出一个在当时看来尽可能舒适的工作场所。欧文很注重绿化环境，还专门为工人建造了供他们娱乐的地方——晚间文娱中心，欧文非常重视儿童教育。他禁止他的工厂雇佣10岁以下的童工，除了学校外，欧文还举办劳工食堂，创建工人消费合作社，设立工人医疗和养老金制度等。

欧文的管理理论和实践突出了人的地位和作用，实际上是人际关系和行为科学理论的思想基础，对以后的管理产生相当大的影响，有人称他为“人事管理之父”。

3. 查尔斯·巴贝奇

查尔斯·巴贝奇(Charles Babbage，1792—1871)是英国剑桥大学数学教授，曾在英、法等国工厂调研。他在1832年出版的《论机器和制造业的节约》一书成为企业管理学的重要文献。巴比奇制定了一种“观察制造业的方法”，他进一步发展了亚当·斯密关于劳动分工的思想；在劳资关系方面，提出了一种固定工资和利润分享的制度。查尔斯·巴贝奇的管理思想可以归纳为几个方面。

(1) 巴贝奇制定了一种“观察制造业的方法”，这与对作业的科学而系统的研究方法很类似。观察者利用事先印好的标准提问表，表中的内容包括生产所用的材料、正常的耗费、工具、价格、最终市场、工人工资、工作周期等。经过严密调查而获得数据，并用来管理企业。

(2) 他进一步发展了亚当·斯密关于劳动分工的思想，分析了分工能提高效率的原因，即节省了学习所需要的时间；节省了学习中所耗费的材料；节省了一道工序转变到另一道工序所耗费的时间，肌肉得到了锻炼就更不容易疲劳；节省了改变工具所耗费的时间；由于经常重复同一操作，技术熟练，工人工作速度加快；促进了工具和机器的改进，从而提高了劳动生产率。他还指出脑力劳动和体力劳动一样可以进行劳动分工。

(3) 在劳资关系方面，巴贝奇是工厂制度的保护者，强调工人要认识到工厂制度对他们有利的地方，提出了一种固定工资和利润分享的制度。他认为这种制度有以下好处：每个工人的利益同工厂的发展和利润的多少直接挂钩；每个工人都会关心浪费和管理不善的问题；促使每个部门改进工作；鼓励工人提高技术和品德，表现不好者减少分享的利润；由于工人和雇主的利益是一致的，能够消除隔阂共同繁荣。

巴贝奇在对制造业的研究中采取了科学分析的方法，认识到为争取工人的合作必须提供新的刺激，他努力寻求在管理人员和工人之间建立新的和谐关系，所有这些使他在管理方面成为一个具有远见卓识的人。

2.2 古典管理理论

古典管理理论又称科学管理理论，在20世纪初，由弗雷德里克·温斯洛·泰勒(Frederick Winslow Taylor，1856—1915)发起的科学管理革命导致了古典管理理论的产生。古典管理理论代表人物弗雷德里克·温斯洛·泰勒、亨利·法约尔、马克斯·韦伯从3个不同角度，即车间工人、办公室总经理和组织，来解决企业和社会组织的管理问题，为当时的社会解决企业组织中的劳资关系、管理原理和原则、生产效率等方面的问题提供了管理思想的指导和科学理论方法。

2.2.1 古典管理理论产生的历史背景

1. 美国的工业化进程对管理提出了新的要求

19世纪末20世纪初，美国完成了从农业国向工业国的转变，许多工厂发展成为生产多种产品的大企业，出现了巨型企业——铁路公司。在当时，这些大企业的管理还相当落后，美国的经济发展速度和企业中劳动生产率的水平远远落后于科学技术成就和经济条件所提供的可能性。为了继续发展生产力，就必须在管理方面有一个较大的突破。

2. 经济危机的出现引发了一系列的矛盾

1873—1907年，主要资本主义国家经历了5次世界性的经济危机，3次都是从美国开始爆发的，每次危机都使资本主义国家的生产急剧下降，大批企业破产，失业人数猛增，劳资矛盾激化。为了提高抗危机的能力，大企业不断出现，逐渐形成了垄断组织，管理职能的专门化的需求变得非常迫切。为此，需要建立有效的管理体制，来维护资本主义的社会关系。

3. 外来移民的涌入

大量外来移民的涌入，既为美国提供了劳动力，也使培训和管理企业的员工成为人们必须面对的问题。随着美国经济的快速发展，来自世界各地的大批移民纷纷涌入美国，他们大多集中在沿海的工业城市，为美国的企业提供了劳动力来源。但这些移民大多来自农村，只会干体力活，无法适应大机器生产的要求。因此，美国迫切需要一种新的管理方法，能在较短的时间内，把这些劳动力培养成适应工业生产需要的熟练工人。

4. 工业革命以来管理思想的积累

阿克莱特(Richard Arkwright)等人发明和使用了一些在当时是先进的机器，并采用科学的方法进行管理；亚当·斯密在有关工作时间和工作方法问题上做了初步的考查，杜平、巴贝奇等人又做了进一步的探讨，巴贝奇还提出了进行作业研究的“观察制造业的方法”；丹尼尔·麦卡勒姆(Daniel Craig Mccallum)和普尔(Poor)对企业的组织结构和职能控制进行了研究。亨利·汤(Henry Towne)和弗雷德里克哈尔西(Frederick Halsey)对工资及收益的分配进行了分析和实验。这样“孕育着科学管理诞生的客观环境和物质条件都已具备，在社会需要和学科成熟的交叉点上泰勒站了出来，科学管理的时代到来了”。

2.2.2 科学管理理论

泰勒是西方古典管理理论的主要代表，是科学管理理论的创始人。早在米德维尔钢铁厂当工长时，泰勒就发现了工人“磨洋工”和效率低下的问题。因为工资是按是否上班以及地位高低而不是以做出的努力大小来决定的，即多劳不会多得，实际上是怂恿工人偷懒。计件工资制标准往往定得很乱，当工人得到的工资太高时，雇主们便会降低工资标准，因此，工人们为了保护自身利益，只把工作干到不被解雇的程度便不再继续提高产量了。对此，泰勒认识到，必须制订新的工业计划，确定一个大家都能接受的客观标准，才能避免管理部门同工人之间的激烈冲突。也就是从这个时候起，泰勒开始了他对科学管理的探索，出版了《计件工资制》(1895年)，《工厂管理》(1903年)，《论金属切削技术》(1906年)，《科学管理原理》(1911年)，《在美国国会听证会上的证词》(1912年)。

知识链接

泰勒生平

1856年，泰勒出生于美国宾夕法尼亚州。1878年，22岁的泰勒来到费城的米德维尔钢铁厂，在短短的6年时间里，泰勒从一个普通工人升为机工班长、车间工长、总技师，最后成为总工程师。1890年，泰勒离开米德维尔钢铁厂，先后担任过投资公司总经理，从事过工厂的管理咨询工作。1906年，泰勒担任了美国机械工程师协会的主席。1915年，在一次发表演讲的归途中，泰勒患了肺炎，在刚度过59岁生日的第二天于医院病逝。泰勒被埋葬在一座能俯视费城钢铁厂的小山上，墓碑上刻着“科学管理之父弗雷德里克温·泰勒”。

1. 科学管理理论的内容

1) 科学管理的目的

泰勒认为，科学管理的根本目的是提高劳动生产率。

2) 科学管理的原则

(1) 对工人操作的每个动作进行科学研究，用以替代老的单凭经验的办法。(以便于制定合理的工作定额)

(2) 科学地挑选工人，并进行培训和教育，使之成长；而在过去，则是由工人任意挑选自己的工作，并根据其各自的可能进行自我培训。(提高工人素质)

(3) 与工人亲密协作，以保证一切工作都按已发展起来的科学原则去办。(管理者与管理对象高度统一起来)

(4) 资方和工人之间在工作和职责上几乎是均分的，资方把自己比工人更胜任的那部分工作承揽下来；而在过去，几乎所有的工作和大部分的职责都推到了工人身上。

3) 作业管理

这是科学管理理论的一项重要内容，可分为以下几个方面：

(1) 为作业挑选“第一流的工人”。在泰勒看来，每个人都具有不同的天赋和才能，只要工作适合他，他就能成为第一流的工人。他经过观察发现，人与人之间的主要差别不是智能，而是意志上的差异。第一流的工人是适合于其作业而又努力工作的人，不是像有些人所理解的是一些体力和智力超过常人的“超人”。

(2) 制定科学的工作方法。采用科学的方法能够对工人的操作方法、使用的工具、劳动和休息的时间进行合理搭配，同时对机器安排和作业环境等进行改进，消除各种不合理的因素，把最好的因素结合起来，从而形成一种标准的作业条件。

(3) 实行激励性的工资制度。它包括 3 部分：①通过工时研究进行观察和分析，以确定工资率(工资标准)；②差别计件工资制，即按照工人是否完成定额而采用不同的工资率。如果工人达到或超过定额，就按高的工资率付给报酬，通常是正常工资的 125%，以表示鼓励；如果工人的生产没有达到定额，就将全部工作量按低的工资率付给，为正常工资的 80%，并发给一张黄色的工票以示警告，如不改进就将被解雇；③“把钱给人而不是职位”，即工资是根据工人的实际工作表现，而不是根据工人的工作类别支付。这样做的目的是克服工人磨洋工的现象，调动工人的生产积极性。

4) 组织管理

(1) 把计划职能与执行职能分开，用科学的工作方法取代传统的凭经验工作的方法。

泰勒认为，劳动生产率不仅受工人的劳动态度、工作定额、作业方法和工资制度等因素的影响，同时还受管理人员组织、指挥的影响。为此，泰勒主张明确划分计划职能和执行职能。计划职能归管理当局，设立专门的计划部门，其主要任务：①进行调查研究，以便为制定定额和操作方法提供依据；②制定有科学依据的定额和标准化的操作方法、工具；③拟订计划、发布指示和命令；④把标准和实际情况进行比较，以便进行有效的控制。执行的职能由工作现场的工人和工长从事，他们按照计划部门制定的操作方法和指示，使用标准工具，从事实际的操作。泰勒把这种职能的分工作为科学管理的基本原则，使分工理论进一步拓展到管理领域。

(2) 职能工长制。这是根据工人的具体操作过程，进一步对分工进行细化而形成的。在泰勒看来，一位“全面”的工长应该具备 9 种品质：智能；教育；专门的或者技术的知识，手脚灵巧和有力气；机智老练；有干劲；刚毅不屈；忠诚老实；判断力和一般常识；身体健康。要找到一个具备上述其中 3 种品质的人并不太困难，但要找到一个能具备上述其中 7 或 8 种品质的人，几乎是不可能的。所以，为了使工长能有效地履行自己的职责，还必须再把管理的工作细化，使一个工长只承担一种管理职能。

泰勒设计出 8 个职能工长，来代替原来的一个职能工长。这 8 个工长，4 个(工作命令工长、工时成本工长、工作程序工长、纪律工长)在计划部门，4 个(工作分派工长、速度工长、修理工长、检验工长)在车间。

在实际工作中，由于一个工人同时接受几个职能工长的多头领导，容易引起混乱，所以没有得到推广。但是泰勒的职能管理思想，是把总经理的权力交给低一级的专业管理人员承担的一种分权的尝试，为以后职能部门的建立和管理的专业化提供了启发和思路。

(3) 例外原则，指企业的高级管理人员把一般的日常事务授权给下级管理人员去处理，自己只保留对例外事项也就是重要事项的决策权和控制权，如有关重大的企业战略问题和重要人事的任免等。例外原则是泰勒做出的重要贡献之一，它至今仍是管理中极为重要的原则。

5) 心理革命

泰勒认为，真正的科学管理和只追求效率的一阵风式的做法是完全不同的，这种不同就在于雇主和工人之间都必须进行一场“心理革命”。这场伟大的革命就是双方把注意力从分配剩余的问题上移开，转向增加剩余上，以友好合作和互相帮助来代替对抗和斗争，共同使剩余额猛增，以致工人工资和制造商的利润都大大增加。

2.2.3 经营管理理论

经营管理理论又称一般管理理论。泰勒制在科学管理方面的局限性，主要是由法国的亨利·法约尔对其进行补充的。继泰勒之后，所形成的管理理论的中心问题是组织结构和管理原则的合理化，管理人员职责分工的合理化。

1. 亨利·法约尔和一般管理理论

法约尔(1841—1925)曾就读于里昂(Lyons)公立中等学校，1858—1860 年，他就读于圣艾蒂安国立矿业学院。1860 年毕业后，他进入科门特里富香博公司担任工程师，并显示出他的管理才能。随后加入弗阡巴特(Fourchambault)矿业公司(法国矿业公司的前身)，并在那里度过了余下的 65 年光阴。1888 年，当公司处于破产边缘时，他被任命为总经理，并按照自己关于管理的思想和理论对公司进行了改革和整顿，并克服了种种困难，把原来濒于破产的公司整顿得欣欣向荣。法约尔一直担任公司董事，直到 1925 年逝世。

法约尔的研究与泰勒的不同在于，泰勒的研究是从工厂管理的一端——“车床前的工人”开始实施，从中归纳出科学的一般结论，重点内容是企业内部具体工作的效率；而法约尔则是以企业整体作为研究对象，创立了他的一般管理理论。他认为，管理理论是“指有关管理的、得到普遍承认的理论，是经过普遍检验并得到论证的一套有关原则、标准、方法、程序等内容的完整体系；有关管理的理论和方法不仅适用于公私企业，也适用于军政机关和社会团体”。这正是其一般管理理论的基石。

法约尔是直到 20 世纪上半叶为止，欧洲贡献给管理运动的最杰出的大师，被后人尊称为“现代经营管理之父”。他最主要的贡献在于 3 个方面：从经营职能中独立出管理活动；提出管理活动所需的五大职能和 14 条管理原则。这 3 个方面也是其一般管理理论的核心。

法约尔的著述很多，1916 年出版的《工业管理和一般管理》是其代表作，标志着一般管理理论的形成。

2. 一般管理理论的主要内容

法约尔的一般管理理论关注的焦点是什么类型的专业化和等级制度才能使组织效率最大化，这两个概念的使用使组织设计变得僵化，较少关注人，只把人看成齿轮上的一环。一般管理思想的基础包括 4 个关键问题，分别是劳动分工、等级与职能过程、组织结构和控制范围。另外，还有一些概念，如纪律、统一指挥、统一领导、职工报酬原则、个人利益与整体利益的关系、集权和团队精神等。

管理必须善于预见未来。法约尔十分重视计划职能，尤其强调制订长期计划，这是他对管理思想做出的一个杰出贡献。他的这一主张，在今天看来仍像在他那个时代一样重要。面对剧烈变化的环境．计划职能更为关键。许多企业缺乏战略管理的思维，很少考虑长期的发展，不制定长期规划，其结果多为短期行为，丧失长远发展的后劲，埋下了不稳定的隐患。

管理人员的素质与管理教育。

在法约尔提出管理人员应具备的能力的同时，还提出了管理人员个人素质的问题。他认为，技术能力、商业能力、财务能力和管理能力等都以几方面的素质与知识为基础。

(1) 身体——健康、体力旺盛、敏捷。

(2) 智力——理解和学习能力、判断力、精力充沛、头脑灵活。

(3) 道德——有毅力、坚强、勇于负责任、有首创精神、忠诚、有自知之明、自尊。

(4) 一般文化——具有不限于从事职能工作范围的各方面知识。

(5) 经验——从业务实践中获得知识，这是人们从自己的行为中汲取教训的记忆。与泰勒否认专业管理训练对培养管理人员的作用，即认为管理人才是“天生”的观点明显不同，法约尔强调管理教育的必要性与可能性。鉴于当时学校中并不开设管理方面课程的情况，法约尔呼吁管理教育应该普及。法约尔担当起创立管理理论的重任。他提出了他的理论依据。

(1) 管理是一种可应用于一切机构的独立的活动。

(2) 一个人在某机构内地位越高，管理活动越加重要。

(3) 管理是可以教授的。法约尔创立的管理理论的核心是对管理的原则和管理的要素的论述。

3. 对法约尔管理理论的评价

法约尔的一般管理理论对管理学的发展产生了巨大的影响，后来成为管理过程学派的理论基础(该学派将法约尔尊奉为开山祖师)。因此，继泰勒的科学管理理论之后，一般管理理论被誉为管理学史上的第二座丰碑。

他的理论不仅是古典管理思想的重要代表和管理过程学派的理论基础，也是以后各种管理理论和管理实践的重要依据，对管理理论的发展和企业管理的历程均有着深刻的影响。

特别提示

机构里的规章制度不能经常变动。人人都应该清楚，如果他们努力工作，多少年后便可以达到相应的什么职位。这样才好让大家遵守所制定的有关规定。稍有一点违背原则，人们就会看得到。

2.2.4 韦伯及其行政组织理论

被称为“组织理论之父”的韦伯与泰勒、法约尔是西方古典管理理论的三位先驱。马克斯·韦伯(Max Weber，1864－1920)生于德国，是同泰勒和法约尔同一历史时期，并且对西方古典管理理论的确立做出杰出贡献的德国著名社会学家和哲学家。韦伯的主要著作有《新教伦理与资本主义精神》、《经济与历史》、《经济与社会》等，其中官僚组织模式(bureaucratic model)的理论(即行政组织理论)，对后世产生了最为深远的影响。马克斯·韦伯与卡尔·亨利希·马克思(Karl Heinrich Marx)和爱米尔·杜尔凯姆(Emile Durkheim)被并列为现代社会学的三大奠基人，尽管他在当时主要被视为是历史学家和经济学家。韦伯行政组织理论正是产生，于德国企业从小规模世袭管理到大规模专业管理转变的关键时期，了解韦伯的思想更具有重要的现实意义。

1. 马克斯·韦伯的理论思想精要

韦伯的理想行政组织结构可分为 3 层，其中最高领导层相当于组织的高级管理阶层，行政官员相当于中级管理阶层，一般工作人员相当于基层管理阶层。企业无论采用何种组织结构，都具有这 3 层基本的原始框架。其之所以是理想的，是因为它具有如下特性：

(1) 任何机构组织都应有确定的目标。机构是根据明文规定的规章制度组成的，并具有确定的组织目标。人员的一切活动，都必须遵守一定的程序，其目的是实现组织的目标。

(2) 组织目标的实现，必须实行劳动分工。组织为了达到目标，把实现目标的全部活动进行划分，然后落实到组织中的每一个成员。在组织中的每一个职位都有明文规定的权利和义务，这种权利和义务是合法化的，在组织工作的每个环节上，都是由专家来负责的。

(3) 按等级制度形成的一个指挥链。这种组织是一个井然有序且具有完整的权责相互对应的组织，各种职务和职位按等级制度的体系来进行划分，每一级的人员都必须接受其上级的控制和监督，下级服从上级。但是他也必须为自己的行动负责，这样，作为上级而言，必须对自己的下级拥有权力，能发出下级必须服从的命令。

(4) 在人员关系上，他们之间是一种指挥和服从的关系。这种关系不是由个人决定，而是由职位所赋予的权力所决定的，个人之间的关系不能影响到工作关系。

(5) 处于任何一个职位的人都是经过挑选的，也就是说必须经过考试和培训，接受一定的教育获得一定的资格，由需要的职位来确定需要什么样的人来承担。人员必须是称职的，同时也是不能随便免职的。

(6) 该人员实行委任制，所有的管理人员都是委任的，而不是选举的(有一些特殊的职位必须通过选举的除外)。

(7) 管理人员管理企业或其他组织，但他不是这些企业或组织的所有者。

(8) 管理人员有固定的薪金，并且有明文规定的升迁制度，有严格的考核制度。管理人员的升迁是完全由他的上级来决定的，下级不得表达任何意见，以防止破坏上下级的指挥系统，通过这种制度来培养组织成员的团队精神，要求他们忠于组织。

(9) 管理人员必须严格地遵守组织中的法规和纪律，这些规则不受个人感情的影响，而适用于一切情况。组织对每个成员的职权和协作范围都有明文规定，使其能正确地行使职权，从而减少内部的冲突和矛盾。

韦伯认为，合法型统治是官僚组织结构理论的基础，因为它为管理的连续性提供了基础，担任管理职务的人员是按照他对工作的胜任能力来挑选的，具有其合理性；领导人具有行使权力的法律手段；所有的权力都有明确的规定，任职者不能滥用其正式权力。合法型统治是以一种对正规形式的“法律性”以及对那些升上掌权地位者根据这些条例发布命令的权力的信任作为基础的。这种组织的管理制度不仅具有合法的公认权威性，并且具有“理性”，即能够实现最佳管理目标。

作为韦伯组织理论的基础，官僚制在19世纪已盛行于欧洲。韦伯从事实出发，把人类行为规律性地服从于一套规则作为社会学分析的基础。他认为，一套支配行为的特殊规则的存在，是组织概念的本质所在。没有它们，将无从判断组织性行为。这些规则对行政人员的作用是双重的：一方面他们自己的行为受其制约，另一方面他们有责任监督其他成员服从于这些规则。韦伯理论的主要创新之处源于他对有关官僚制效率争论的忽略，而把目光投向其准确性、连续性、纪律性、严整性与可靠性。韦伯这种强调规则、强调能力、强调知识的行政组织理论为社会发展提供了一种高效率、合乎理性的管理体制。现在，我们普遍采用的高、中、低3层次管理就是源于他的理论。行政组织化是人类社会不可避免的进程，韦伯的理想行政组织体系自出现以来得到了广泛的应用，它已经成为各类社会组织的主要形式。韦伯的行政组织理论虽然不是管理思想的全新开创，只是社会实践的理论总结，但我们在重温韦伯行政组织理论之时，不是为了赞美他在历史上的重大贡献，而是认同其思想对现代组织行为的现实指导意义。

管理故事

“热炉”法则

“热炉”法则形象地阐述了惩处原则。①热炉火红，不用手去摸也知道炉子是热的，是会灼伤人的——警告性原则。领导者要经常对下属进行规章制度教育，以警告或劝戒其不要触犯规章制度，否则会受到惩处。②每当你碰到热炉，肯定会被灼伤。也就是说只要触犯单位的规章制度，就一定会受到惩处。③当你碰到热炉时，立即就被灼伤——即时性原则。惩处必须在错误行为发生后立即进行，绝不拖泥带水，绝不能有时间差，以便达到及时改正错误行为的目的。④不管谁碰到热炉，都会被灼伤——公平性原则。

3. 对韦伯的理想的行政组织体系理论的评价

韦伯对组织管理理论的伟大贡献在于明确而系统地指出理想的组织应以合理合法权力为基础，这样才能有效地维系组织的连续和目标的达成。韦伯是现代社会学的奠基人之一，他在组织管理方面有关行政组织的观点对社会学家和政治学家都有着深远的影响。他不仅考查了组织的行政管理，而且广泛地分析了社会、经济和政治结构，深入地研究了工业化对组织结构的影响。他提出了所谓理想的行政组织体系理论，其核心是组织活动要通过职务或职位而不是通过个人或世袭地位来管理。他的理论是对泰勒和法约尔理论的一种补充，对后世的管理学家，尤其是组织理论学家有重大影响，因而在管理思想发展史上被人们称为“组织理论之父”。

2.3 中期管理思想

美国的文化体系的一个突出特点是理性主义。理性使他们注重严密的法规，崇尚教条、数据和实效。科学管理之父泰勒的思想及其制度便是理性主义的典型代表，把人看成是纯粹的经济人、机器的附属物，强调严格的操作程序。这种机械唯理主义的管理虽然短期内取得了高效率，但同时也促使阶级矛盾与劳资矛盾日益尖锐激化。面临严峻的现实，人们逐渐意识到纯理性文化的局限，人文主义开始抬头，在管理中注重人性、注重个人和群体的文化精神理念迅速获得了人们的认同。于是，行为科学理论便产生了，并逐步发展起来。

行为科学产生于 20 世纪二三十年代。它正式被命名为行为科学，是在 1949 年美国芝加哥的一次跨学科的科学会议上。现在管理学中所讲的行为科学专指狭义的行为科学，即应用心理学、社会学、人类学及其他相关学科的成果，来研究管理过程中人的行为和人与人之间关系规律的一门科学。狭义的理解把行为科学理解为运用心理学、社会学、经济学等学科的理论和方法来研究工作环境中个人和群体的行为的一门综合性学科，而不是一个学科群。

2.3.1 梅奥的人际关系学说

人际关系学说的代表人物是乔治·埃尔顿·梅奥(George Elton Mayo，1880—1949)，美国管理学家，原籍澳大利亚，早期的行为科学——人际关系学说的创始人，美国艺术与科学院院士。1927 年冬，梅奥应邀参加了开始于 1924 年但中途遇到困难的霍桑实验，从 1927—1936 年断断续续进行了为时 9 年的两阶段实验研究。在霍桑实验的基础上，梅奥分别于 1933 年和 1945 年出版了《工业文明的人类问题》和《工业文明的社会问题》两部名著。霍桑实验揭示出工业生产中的个体具有社会属性，生产率不仅同物质实体条件有关，而且同工人的心理、态度、动机，同群体中的人际关系以及领导者与被领导集体的关系密切相关。霍桑实验以及梅奥对霍桑实验结果的分析对西方管理理论的发展产生了重大而久远的影响，使西方管理思想在经历过早期管理理论和古典管理理论(包括泰勒的科学管理理论，法约尔的一般管理理论和韦伯的官僚组织理论)阶段之后进入到行为科学管理理论阶段。梅奥和他的合作者创立的人际关系理论对 20 世纪四五十年代的管理理论和实践产生了深远的影响，因此，他被称为“行为科学学派的开山鼻祖”。

1. 霍桑试验的内容

霍桑试验是 1924—1932 年在美国芝加哥城郊的西方电器公司所属的霍桑工厂中进行的一系列试验。霍桑工厂是一家拥有 25 000 名工人的生产电话机和电器设备的工厂。它设备完善，福利优越，具有良好的娱乐设施、医疗制度和养老金制度，但是工人仍有强烈的不满情绪，生产效率也很不理想。为了探究其中的原因，1924 年美国国家研究委员会组织了一个包括各方面的专家在内的研究小组对该厂的工作条件和生产效率的关系进行了全面的考察和多种试验。霍桑试验分 4 个阶段进行：车间照明变化对生产效率影响的各种试验；工作时间和其他条件对生产效率的影响和各种试验；了解职工工作态度的会见与交谈试验；影响职工积极性的群体试验。试验对人际关系学说和行为科学的创立有很大的作用，试验是在梅奥的主持下进行的。霍桑试验的结论是人际关系学说的基本要点，也是行为科学在以后发展的理论基础，并对以后的管理思想发展产生了重大影响。

1) 车间照明实验——“照明实验”

照明实验的目的是弄明白照明的强度对生产效率所产生的影响。这项实验前后共进行了两年半的时间。然而，照明实验进行得并不成功，其结果令人感到迷惑不解，因此有许多人都退出了实验。

2) 继电器装配实验——“福利实验”

1927 年，梅奥接受了邀请，并组织了一批哈佛大学的教授成立了一个新的研究小组，开始了霍桑的第二阶段的“福利实验”。

“福利实验”的目的是找到更有效地控制影响职工积极性的因素。梅奥他们对实验结果进行归纳，排除了 4 种假设：①在实验中改进物质条件和工作方法，可导致产量增加；②安排工间休息和缩短工作日，可以解除或减轻疲劳；③工间休息可减少工作的单调性；④个人计件工资能促进产量的增加。最后得出“改变监督与控制的方法能改善人际关系，能改进工人的工作态度，促进产量的提高”的结论。

3) 大规模的访谈计划——“访谈实验”

既然实验表明管理方式与职工的士气和劳动生产率有密切的关系，那么就应该了解职工对现有的管理方式有什么意见，为改进管理方式提供依据。于是，梅奥等人制订了一个征询职工意见的访谈计划，在 1928 年 9 月到 1930 年 5 月不到两年的时间内，研究人员与工厂中的两万名左右的职工进行了访谈。

在访谈计划的执行过程中，研究人员对工人在交谈中的怨言进行分析，发现引起他们不满的事实与他们所埋怨的事实并不是一回事，工人在表述自己的不满与隐藏在心理深层的不满情绪并不一致。例如，有位工人表现出对计件工资率过低不满意，但深入地了解以后发现，这位工人是在为支付妻子的医药费而担心。

根据这些分析，研究人员认识到，工人由于关心自己个人问题而会影响到工作的效率。所以，管理人员应该了解工人的这些问题，为此，需要对管理人员，特别是要对基层的管理人员进行训练，使他们成为能够倾听并理解工人的访谈者，能够重视人的因素，在与工人相处时更为热情、更为关心他们，这样能够促进人际关系的改善和职工士气的提高。

4) 继电器绕线组的工作室实验——“群体实验”

群体实验是一项关于工人群体的实验，其目的是要证实在以上的实验中研究人员似乎感觉到在工人当中存在着一种非正式的组织，而且这种非正式的组织对工人的态度有着极其重要的影响。

实验者为了系统地观察在实验群体中工人之间的相互影响，在车间中挑选了 14 名男职工，其中有 9 名是绕线工，3 名是焊接工，2 名是检验工，让他们在一个单独的房间内工作。

实验开始时，研究人员向工人说明，他们可以尽力地工作，因为在这里实行的是计件工资制。研究人员原以为，实行了这一套办法会使得职工更为努力地工作，然而结果却出乎意料。事实上，工人实际完成的产量只是保持在中等水平上，而且每个工人的日产量都是差不多的。根据动作和时间分析，每个工人应该完成标准的定额为 7312 个焊接点，但是工人每天只完成了 6000～6600 个焊接点就不干了，即使离下班还有较为宽裕的时间，他们也自行停工不干了。这是什么原因呢？研究者通过观察，了解到工人们自动限制产量的理由是如果他们过分努力地工作，就可能造成其他同伴的失业，或者公司会制定出更高的生产定额来。

研究者认为，这种自然形成的非正式组织(群体)，它的职能，对内在于控制其成员的行为，对外则为了保护其成员，使之不受来自管理阶层的干预。这种非正式的组织一般都存在自然形成的领袖人物。至于它形成的原因，并不完全取决于经济的发展，主要是与更大的社会组织相联系。

2. *霍桑试验的结论*

梅奥等人得出的结论是，生产效率不仅受物理的、生理的因素影响，而且受社会环境、社会心理的影响。这一点与科学管理的观点截然相反，他们的观点主要表现在如下方面。

(1) 人是“社会人”而不是“经济人”。梅奥认为，人们的行为并不单纯出自追求金钱的动机，还有社会方面的、心理方面的需要，即追求人与人之间的友情、安全感、归属感和受人尊敬等，而后者更为重要。每一个人都有自己的特点，个体的观点和个性都会影响个人对上级命令的反应和工作的表现。因此，应该把职工当做不同的个体来看待，当做社会人来对待，而不应将其视做无差别的机器或机器的一部分。因此，不能单纯从技术和物质条件着眼，而必须首先从社会心理方面考虑合理的组织与管理。

(2) 企业中存在着非正式组织。企业中除了存在为了实现企业目标而明确规定各成员相互关系和职责范围的正式组织之外，还存在着非正式组织。这种非正式组织的作用在于维护其成员的共同利益，使之免受因其内部个别成员的疏忽或外部人员的干涉所造成的损失。为此，非正式组织中有自己的核心人物和领袖，有大家共同遵循的观念、价值标准、行为准则和道德规范等。

非正式群体就是企业成员在共同工作的过程中，由于抱有共同的社会感情而形成的非正式团体。例如，在一家企业里，在同一车间的同事之间，或者在兴趣相同的人们之间，或者因职务关系接触较多的人们之间，有各种各样的来往，从而会形成各种各样的群体，这是很自然的事。这些人的往来，不是按照正常的隶属关系进行的，这是非正式群体的重要特征。

梅奥认为，任何一个机构里，在正式的法定关系掩盖下都存在大量非正式群体构成的更为复杂的社会关系体系。非正式组织对于生产效率、工作满意度都具有较大的影响。无论是正式的还是非正式的组织系统，对于一个团体的活动都是不可或缺的。

非正式组织是与正式组织相对而言的。梅奥指出，非正式组织与正式组织有重大差别，在正式组织中，以效率逻辑为其行为规范，而在非正式组织中，则以感情逻辑为其行为规范。如果管理人员只是根据效率逻辑来管理，而忽略工人的感情逻辑，必然会引起冲突，影响企业生产率的提高和目标的实现。因此，管理当局必须重视非正式组织的作用，注意在正式组织效率逻辑与非正式组织的感情逻辑之间保持平衡，以便管理人员与工人之间能够充分协作。

对于管理者来说，怎样才是对待非正式组织的正确态度呢？

① 要正视和重视非正式组织的存在。管理当局不能忽视和否认正式组织中存在的非正式组织，因为非正式组织的存在是一种客观现象，又是一种普遍现象。因此，管理当局对于正式组织中存在的各种非正式组织，只能重视和正视它的存在，而不能忽视和否认它的存在。

② 应对非正式组织及其成员的行为进行正确的引导，使之有利于正式组织目标的实现。如果管理人员懂得了工作中的社会力量，他在设计自己的正式组织及在进行计划、领导和控制的过程中就能做得更为巧妙些。

另外，如果管理人员在其总的工作中考虑了社会因素，那么他就能修正其组织设计。或者他也许还会采用能考虑其群体中的社会行为的任务小组或其他的一些形式；也可能当他在考虑变革已分配好的职责时，他会注意去熟悉新的社会关系中的各种阻力和推动力。

(3) 新的领导能力在于提高工人的满意度。在决定劳动生产率的诸因素中，置于首位的因素是工人的满意度，而生产条件、工资报酬只是第二位的。职工的满意度越高，其士气就越高，产生效率就越高。高的满意度来源于工人个人需求的有效满足，不仅包括物质需求，还包括精神需求。梅奥和弗里茨蒙特斯伯格(Fritzl. Roethlisberger)所建立的人际关系学说，提出了与当时流行的泰勒科学管理思想不同的一些新观点。

科学管理认为生产效率主要取决于作业方法、工作条件和工资制度。因此，只要采用恰当的工资制度、改善工作条件、制定科学的作业方法，就可以提高工人的劳动生产率。梅奥认为，生产效率的高低主要取决于工人的士气，而工人的士气则取决于他们感受到各种需要的满足程度。在这些需要中，金钱与物质方面的需要只占很少的一部分，更多的是获取友谊、得到尊重或保证安全等方面的社会需要。因此，要提高生产率，就要提高职工的士气，而提高职工士气就要努力提高职工的满足程度。所以，新型的管理人员应该认真地分析职工的需要，以便采取相应的措施。这样才能适时、充分地激励工人，达到提高劳动生产率的目的。

以上可以说是人际关系学说的基本要点，也是行为科学在以后发展的理论基础，并对以后的管理思想发展产生了重大影响。霍桑实验揭示出工业生产中的个体具有社会属性，生产率不仅同物质实体条件有关，而且同工人的心理、态度、动机，同群体中的人际关系以及领导者与被领导集体的关系密切相关。霍桑实验及梅奥对霍桑实验结果的分析对西方管理理论的发展产生了重大而久远的影响，使西方管理思想在经历过早期管理理论和古典管理理论(包括泰勒的科学管理理论，法约尔的一般管理理论和韦伯的官僚组织理论)阶段之后进入到行为科学管理理论阶段。因此，梅奥的理论也被称为“人际关系理论”或“社会人理论”

管理案例

牧羊人与野山羊

很久以前，在广阔的大草原上住着一个牧羊人。一天傍晚，牧羊人正赶着牧场的羊往回走，突然，他发现羊群里混着几只野羊，他也不声张，一起把它们赶回来关在羊圈里。

第二天，草原上下起了大雪，无法放牧，羊只能待在羊圈里。颇有心机的牧羊人喂羊时特别厚待几只野山羊，给它们很多精饲料，而对其他羊，只给了些刚够充饥的饲料。他打着如意算盘，希望能收服驯化几只野山羊，这样就能不费吹灰之力得到几只羊，多划算。

过了几天雪化了，天放晴了。牧羊人又把羊群赶到牧场去吃草，几只野山羊恢复了自由，立刻撒腿就跑。牧羊人气得大骂，说野山羊忘恩负义，一点也不念及下雪天他的恩惠。一头野山羊回敬他说：“我们要离开你正是这个原因，那些羊和你在一起那么久，你却冷落它们而厚待我们，如果我们留了下来，你岂不是马上冷落我们了？”

牧羊人留不住野山羊，同时也让跟随他很久的山羊感到心寒，真是两头不讨好。

企业有时会从外面引进一些人才，这时可要小心了，即便引进的人才是企业内部急需的，也要顾及企业内部员工的想法，做好他们的思想工作，不要让员工们觉得你有厚彼薄此的感受，否则，轻则造成新来者和老员工之间的对立，重则失去了员工们的忠诚，反而得不偿失。

3. 对人际关系学说的评价

(1) 行为科学理论是管理思想发展的一个重要的里程碑。行为科学理论解决的关键问题是号召人们掌握一种综合的管理技能。这些技能对于处理人际问题至关重要。这些技能包括①理解人类行为的诊断技能；②对工人进行咨询、激励、引导和信息交流的人际关系技能。梅奥等人创立的人际关系学说为行为科学的发展奠定了基础。他们提出的社会人、非正式组织等概念已为大多数行为科学家所接受。他们的成果使得管理者在对待下属问题上发生了巨大的变化，对管理思想的发展做出了巨大的贡献。

(2) 行为科学的有些术语、概念还不够确切和一致，还没有形成一个大家公认的严密的科学体系。他们过于强调人的作用，很可能会忽视对经济技术等方面的考虑。随着社会经济和科学技术的发展，单纯依靠梅奥等人在早期提出的一些理论和方法，已不能适应管理实践和学科发展的需要。可见，行为科学理论对管理思想的发展具有重要的促进作用的同时，也存在其不足的部分。正是这些不足，为引导管理思想的发展提出了新的课题。

2.3.2 巴纳德的组织理论

1. 切斯特 · 巴纳德

切斯特 •巴纳德(Chester Barnard，1886—1961)出生于美国一个贫穷的家庭。1906—1909年，他在哈佛大学攻读经济学。由于拿不到一项实验学科的学分，1909 年未拿到学位的巴纳德离开哈佛大学，进入美国电话电报公司开始了他的职业生涯。巴纳德不仅是一位优秀的企业管理者，还是一位出色的钢琴演奏家和社会活动家。他曾经担任过巴赫音乐学会的主席；帮助美国原子能委员会制定政策；在 20 世纪 30 年代大萧条时期担任新泽西州减灾委员会总监；1942 年，巴纳德创立了联合服务组织公司并出任总裁；1948—1952 年，他担任美国洛克菲勒基金会董事长。巴纳德在漫长的工作实践中，不仅积累了丰富的经营管理经验，而且还广泛地学习了社会科学的各个分支。1938 年，巴纳德出版了著名的《经理人员的职能》一书，此书被誉为美国现代管理科学的经典之作。1948 年，巴纳德又出版了另一重要的管理学著作《组织与管理》。巴纳德的这些著作为建立和发展现代管理学做出了重要贡献，也使巴纳德成为社会系统学派的创始人。

2. 巴纳德组织理论的主要内容

1) 组织是一个协作的系统

巴纳德认为，正式组织是有意识地协调两个以上的人的活动的一个体系。任何一个组织都是由许多具有社会心理需求的个人组成的，如果组织中的个人都不愿意相互协作，那么组织的目标就无法完成。好的组织是一个协作系统，组织成员有协作的意愿意味着个人要克制自己，交出自己的控制权、个人行为和非个人化等。没有这种意愿，就不可能将不同组织成员的行为有机地结合起来，协调一致地活动。如果个人认为通过自己的努力和牺牲，能使组织的目标得以实现，从而会有利于个人目标的实现。如果个人认为自己所做的努力和牺牲不会有利于个人目标的实现，他就可能不愿意做出努力和牺牲。因此，巴纳德提出了一个著名的关系式：诱因≥贡献。

所谓诱因是指组织给成员个人的报酬，这种报酬可以是物质的，也可以是精神的。所谓贡献是指个人为组织目标的实现而做出的贡献和牺牲。由于诱因和牺牲的尺度通常是由个人主观决定的，不是由客观决定的。因此，组织满足这些诱因也是有点困难的。有的人看重金钱，有的人则看中地位，有的人侧重于自我目标的实现，对于不同的人，组织要给予不同的激励。可以说，如果没有共同的目标协作的意愿是发展不起来的。如果组织成员不了解组织要求他们做什么，做成功以后他们会得到什么样的回报，就不可能诱导出协作的意愿来。

巴纳德认为，只有当组织给个人的报酬大于或等于个人为组织做出的贡献时，个人才可能愿意为组织目标的实现做出个人的努力和贡献。在管理中把组织目标与个人目标结合起来的思想，被认为是管理思想发展史上具有里程碑意义的思想。巴纳德强调个人目标与组织共同目标之间相互协调的问题，并指出管理人员必须能够协调个人目标与组织目标之间的矛盾。

巴纳德认为，在制定组织目标时，应具备综合性、总体性、清晰性、可分性和层次性等特点。个人协作意愿和组织共同目标只有通过信息沟通才能联系和统一起来，内部信息交流是实现组织目标的基础。

巴纳德规定了信息沟通的一些原则：信息交流的渠道要使组织成员能够明确了解；组织的每一个成员都有一个明确的、正式的信息交流渠道，即每一个成员必须向某个人作报告或从属于某人；信息交流的渠道必须尽可能直接和简捷。

特别提示

未经过商量，经理便自作主张乱下“指示”，这会带来什么麻烦？管理人员通情达理，工作人员就会接受任务。但是如果要下级服从你的指示，就必须在下指示之前先与有关的人商量一下。

巴纳德也非常重视非正式组织的作用。非正式组织即不属于正式组织的一部分，并且不与管辖它的有关的人员相互作用。非正式组织没有正式的结构，成员之间的联系非常松散，常常不能自觉地意识到共同的目的，而是通过同工作有关的接触或者是共同的兴趣爱好产生的，并因而确立了一定的习惯和规范。非正式组织常常为正式组织创造条件，反之亦然。企业的管理者如果也能是非正式组织的领导者，那么这个管理是非常成功的。

巴纳德发现，非正式组织起着 3 种作用：

(1) 信息交流。

(2) 通过对协作意愿的调节，维持正式组织内部的团结。

(3) 维护个人品德和自尊。

这些职能是普遍存在的，能使正式组织更有效率，并提高正式组织的效力，使非正式组织成为正式组织的不可缺少的部分。

2) 经理人的职能

在《经理人员的职能》的第 4 部分，巴纳德提出了经理人员的职能。他认为，在一个企业中，经理人员的作用就是作为一个信息相互联系的中心，并对组织中的各个成员的活动进行协调，以便使组织正常运转，实现组织的目标。他提出经理人员需具有 3 项基本职能：

(1) 建立和维持信息交流系统。巴纳德认为，正式组织的复杂性使得有必要建立一个信息交流系统。这是因为组织中的各个部分和要素必须联结为一个整体，共同的目标必须有明确的规定，并且让组织的成员都接受，使活动的进展维持正常的顺序，这些要求离开信息交流系统是不能很好地实现的。即使有沟通渠道，也应该是方便和直接的，这样的信息系统也就是经理人员组织。这样的经理人员应该具备一定的素质，他们要善于领会组织的整体性和复杂性，使组织中的各个部分协调地工作，这是经理人员最重要的品质；他们还必须领会到与组织有关的整个形势和组织所承担的责任，他们要忠于组织，要有勇气、有判断力，受到过专门的训练。由此可见，建立一个这样的信息系统是需要技巧的。

(2) 获取必要的服务职能，主要指的是以下内容。招募和选拔能力最好的、做出贡献并协调地进行工作的人员；采用巴纳德所说的维持组织的各种方法和手段，如士气的维持，诱因的维持，监督、监察、控制等的维持，通过这么多的维持，来保持组织系统的生命力。如果这些因素维持得不好的话，对组织的正常运转会非常不利。

(3) 提出和制定目标。巴纳德认为，规定组织的目标的职能由单个经理人员是不可能完成的，组织的整体的目标要由各个部门的单独的具体的目标来整合，这其实就是把组织的权力交给各个部门，让所有的部门都接受组织的目标，相互联系起来协调地实现组织的目标。这其实是“目标管理”思想的萌芽。

上面列出了经理人员的3项职能，显然这些职能并不是孤立的，而是整个组织的组成要素。所以，高层的经理们要有整体的系统观念，要在各个部门的利益之间找到最佳的平衡。

3) 经理人员的权威

经理人员作为企业组织的领导核心，必须具有权威。权威是存在于正式组织内部的一种“秩序”，是个人服从于协作体系要求的愿望和能力。要建立和维护一种既能树立上级权威，又能争取广大“不关心区域”群众的客观权威，关键在于能否在组织内部建立起上情下达、下情上达的有效的信息交流沟通(对话)系统，这一系统既能保证上级及时掌握作为决策基础的准确信息，又能保证指令的顺利下达和执行。要维护这种权威，身处领导地位的人必须随时掌握准确的信息，作出正确的判断，同时还需要组织内部人员的合作态度。巴纳德对信息交流沟通(对话)系统的主要要素进行了探讨，他们对于大型组织(企业集团)建立权威至关重要。

组织的有效性取决于个人接受命令的程度。巴纳德分析，个人承认指令的权威性并乐于接受指令的4个条件如下：

(1) 他能够并真正理解指令。

(2) 他相信指令与组织的宗旨是一致的。

(3) 他认为指令与他的个人利益是不矛盾的。

(4) 他在体力和精神上是胜任的。

经理人员不应滥用权威，发布无法执行或得不到执行的命令。

特别提示

“我是这儿的头儿!”这似乎是在示威，他要让所有的人知道他是当官的。实际上这样做什么效果也没有，下级只会认为他是一个自负的混账。一个人被提升后，最重要的是谦虚，千万不要要威风。

巴纳德认为，领导者的领导行为包括以下 4 项内容：

(1) 制定行动目标，即依据组织的宗旨或任务制定自己的行动目标。在制定目标以前，他应该集思广益，善于听取各个方面的意见。但是，一旦目标确定以后，就应该坚决实现。

(2) 发挥组织领导能力。技术和专业知识固然重要，但更应该注意发挥组织领导和人际关系方面的能力。

(3) 善于应用组织机构。领导者的重要职责是协调组织中的各项活动，而不是从事具体的技术工作或专业工作。

(4) 积极发挥全体组织成员的积极性。领导者的成绩主要不是表现在他个人干了多少，而是表现在能否把全体成员的积极性调动起来。

当一个人被提升为管理者时，他的权力就具有了，但权威的建立，还是要靠他们自己。首先，他们要具有领导者的基本的品质，巴纳德认为主要包括以下方面：

(1) 体力，特别是精神方面的活力和坚持力。这当然要有一定的身体健康为基础，但两者不能等同起来，主要还在于领导者精神和心理上的品质。领导者有了高度的活力和坚持力，才能承担繁重的领导工作，取得丰富的知识和经验，并表现出吸引群众的个人魅力。

(2) 决断力。作决策是领导者的主要职能，必须看准时机，当机立断，不能犹豫不决，耽误时机，而且决策还要正确。

(3) 处理人际关系的能力。领导者的主要职能之一是同人打交道。这首先就需要了解人，理解对方的思想、心理和需求，这样才能做好说服工作，使人愿意参加组织并发挥积极性。他们要善于同各种不同的人打交道，善于上下沟通。

特别提示

……这位管理人员会取得满意的效果是因为他不自以为比别人聪明，但他能发挥每个人的积极性。在做每件事之前，他都听取别人的意见。这样，他使得大家心往一处想，劲往一处用，因此能够听到许多好建议。

(4) 高度的责任心。领导者的权力很大，职责也很重，这些都要求领导者有高度的责任心，才能正确地使用权力，圆满地完成职责。高度的智力。领导者要指引整个组织前进和处理各种重大的事务，所以，必须有高度的智力才能胜任。

(5) 巴纳德把智力放在领导者基本品质的最后，这是他在《经理人员的职能》一书中反复强调的重视心理活动过程的必然表现。但放在最后，这并不意味着智力因素不重要，而是说首先要具备心理上的必要条件以后，再拥有高度的智力，才能做好领导。

3. 对巴纳德组织理论的评价

(1) 巴纳德最早把系统理论和社会学知识用于管理领域，创立了社会系统学派。

(2) 关于经理的职能，他与他的前人不同，他的前人多采用静态的、叙述的方式来说明，而他采用分析性和动态性的方式进行说明。

(3) 他首先对“沟通”、“动机”、“决策”、“目标”和“组织关系”等问题进行了开创性的专题研究。

(4) 巴纳德将法约尔等人的研究向前推进了一大步。

(5) 巴纳德的“权威接受论”对权威提出了全新的看法，对我们很有启发。

2.4 当代管理思想的新发展

2.4.1 战略管理理论

战略管理是指对企业战略的管理，包括战略制定/形成(strategy formulation/formation)与战略实施(strategy implementation)两个部分。战略并不是“空的东西”，也不是“虚无”，而是直接左右企业能否持续发展和持续盈利最重要的决策参照系。战略管理则是依据企业的战略规划，对企业的战略实施进行监督、分析与控制，特别是对企业的资源配置与事业方向进行约束，最终促使企业顺利达成企业目标的过程管理。

伊戈尔·安索夫(H. Igor Ansoff)——最初在其 1976 年出版的《从战略规划到战略管理》一书中提出了“企业战略管理”。他认为，企业的战略管理是指将企业的日常业务决策同长期计划决策相结合而形成的一系列经营管理业务。

斯坦纳——在他 1982 年出版的《企业政策与战略》一书中则认为，企业战略管理是确定企业使命，根据企业外部环境和内部经营要素确定企业目标，保证目标的正确落实并使企业使命最终得以实现的一个动态过程。

自从安索夫的战略定义提出以后，西方战略管理文献一般便将战略管理分为两大类：企业总体战略和经营战略。企业战略管理理论的发展，可以分为 4 个阶段：第 1 个阶段是早期战略思想阶段；第 2 个阶段是传统战略理论阶段；第 3 个阶段是竞争战略理论阶段；第 4 个阶段是动态战略理论阶段。

1. 早期战略思想阶段

在早期战略思想阶段，虽没有出现完整的战略理论体系，但已产生了很精彩的战略思想。美国哈佛大学的迈克尔·波特(Michael E. Porter)教授对此作了精辟的概括，总结了此阶段的 3 种观点。

企业战略思想的第一种观点。20 世纪初，法约尔对企业内部的管理活动进行整合，将工业企业中的各种活动划分成六大类：技术活动、商业活动、财务活动、安全活动、会计活动和管理活动，并提出了管理的 5 项职能：计划、组织、指挥、协调和控制，其中计划职能是企业管理的首要职能。这可以说是最早出现的企业战略思想。

企业战略思想的第 2 种观点。1938 年，美国经济学家巴纳德在《经理人员的职能》一书中，首次将组织理论从管理理论和战略理论中分离出来，认为管理和战略主要是与领导人有关的工作。此外，他还提出管理工作的重点在于创造组织的效率，其他的管理工作则应注重组织的效能，即如何使企业组织与环境相适应。这种关于组织与环境相“匹配”的主张成为现代战略分析方法的基础。

企业战略思想的第 3 种观点。19 世纪 60 年代，哈佛大学的安德鲁斯(Andrews)对战略进行了 4 个方面的界定，将战略划分为 4 个构成要素，即市场机会、公司实力、个人价值观和渴望、社会责任。其中，市场机会和社会责任是外部环境因素，公司实力与个人价值观和渴望则是企业内部因素。他还主张公司应通过更好地配置自己的资源，形成独特的能力，以获取竞争优势。

2. 传统战略理论阶段

1965 年，安索夫出版了一本有关战略的著作《企业战略》，成为现代企业战略理论研究的起点。从此以后，很多学者积极地参与企业战略理论的研究，在这一时期出现了多种不同的理论学派。

(1) 设计学派。这一学派以安德鲁斯教授及其同仁为代表。设计学派认为，企业战略的形成必须由企业高层经理负责，而且战略的形成应当是一个精心设计的过程，它既不是一个直觉思维的过程，也不是一个规范分析的过程；战略应当清晰、简明，易于理解和贯彻。

(2) 计划学派。计划学派以安索夫为杰出代表。计划学派认为，战略的形成是一个受到控制的、有意识的、规范化的过程。战略行为是对其环境的适应过程以及由此而导致的企业内部结构化的过程。

(3) 定位学派。其杰出代表人物是迈克尔·波特。定位学派认为，企业在制定战略的过程中必须要做好两个方面的工作：①企业所处行业的结构分析；②企业在行业内的相对竞争地位分析。

(4) 创意学派。其认为，战略形成过程是一个直觉思维、寻找灵感的过程。

(5) 认知学派。其认为，战略的形成是基于处理信息、获得知识和建立概念的认知过程——其中后者是战略产生的最直接、最重要的因素，而在哪一阶段取得进展并不重要。

(6) 学习学派。它与以往学派的不同之处在于，它认为战略是通过渐进学习、自然选择形成的，可以在组织上下出现，并且战略的形成与贯彻是相互交织在一起的。

(7) 权力学派。它认为，战略制定不仅要注意行业环境、竞争力量等经济因素，而且要注意利益团体、权力分享等政治因素。

(8) 文化学派。它认为，企业战略根植于企业文化及其背后的社会价值观念，其形成过程是一个将企业组织中各种有益的因素进行整合以发挥作用的过程。

(9) 环境学派。它强调的是企业组织在其所处的环境里如何获得生存和发展，其所起的作用不过是让人们关注环境因素。

(10) 结构学派。它把企业组织看成是一种结构——由一系列行为和特征组成的有机体；把战略制定看成是一种整合——由其他各种学派的观点综合而成的体系。

3. 竞争战略理论阶段

在企业战略理论的发展过程中，10 种战略学派都曾在一定时期内发挥过一定作用。但随着企业战略理论和企业经营实践的发展，企业战略理论的研究重点逐步转移到企业竞争方面。特别是 20 世纪 80 年代以来，西方经济学界和管理学界一直将企业竞争战略理论置于学术研究的前沿地位，从而有力地推动了企业竞争战略理论的发展。回顾近 20 年来的发展历程，企业竞争战略理论涌现出了 3 大主要战略学派：行业结构学派、核心能力学派和战略资源学派。

1) 行业结构学派

行业结构学派的创立者和代表人物是迈克尔·波特教授。波特认为，企业战略的核心是获取竞争优势，而影响竞争优势的因素有两个：①企业所处产业的盈利能力，即产业的吸引力；②企业在产业中的相对竞争地位。因此，竞争战略的选择应基于以下两点考虑。

①选择有吸引力的、高潜在利润的产业。不同产业所具有的吸引力以及带来的持续盈利机会是不同的，企业选择一个朝阳产业，要比选择夕阳产业更有利于提高自己的获利能力。②在已选择的产业中确定自己的优势竞争地位。在一个产业中，不管它的吸引力及提供的盈利机会如何，处于竞争优势地位的企业要比劣势企业具有较大的赢利可能性。而要正确选择有吸引力的产业以及给自己的竞争优势定位，必须对将要进入的一个或几个产业结构状况和竞争环境进行分析。

概括起来，波特的竞争战略管理理论的基本逻辑：①产业结构是决定企业盈利能力的关键因素；②企业可以通过选择和执行一种基本战略从而影响产业中的 5 种作用力量(即产业结构)，以改善和加强企业的相对竞争地位，获取市场竞争优势(低成本或差异化)；③价值链活动是竞争优势的来源，企业可以通过对价值链活动和价值链关系(包括一条价值链内的活动之间及两条或多条价值链之间的关系)的调整来实施其基本战略。

2) 核心能力学派

1990 年，C・K・普拉哈拉德(C. K. Prahalad)和加里・哈默(Pary Hamel)尔在《哈佛商业评论》上发表了《企业核心能力》一文。其后，越来越多的研究人员开始投入企业核心能力理论的研究。所谓核心能力，就是所有能力中最核心、最根本的部分，它可以通过向外辐射，作用于其他各种能力，影响着其他能力的发挥和效果。一般而言，核心能力具有如下特征：①核心能力可以使企业进入各种相关市场参与竞争；②核心能力能够使企业具有一定程度的竞争优势；③核心能力应当不会轻易地被竞争对手所模仿。核心能力学派认为，现代市场竞争与其说是基于产品的竞争，不如说是基于核心能力的竞争。企业的经营能否成功，已经不再取决于企业的产品、市场的结构，而取决于其行为反应能力，即对市场趋势的预测和对变化中的顾客需求的快速反应。因此，企业的战略目标就在于识别和开发竞争对手难以模仿的核心能力。另外，企业要获得和保持持续的竞争优势，就必须在核心能力、核心产品和最终产品 3 个层面上参与竞争。在核心能力层面上，企业的目标应是在产品性能的特殊设计与开发方面建立起领导地位，以保证企业在产品制造和销售方面的独特优势。

3) 战略资源学派

战略资源学派认为，企业战略的主要内容是如何培育企业独特的战略资源，以及最大限度地优化配置这种战略资源的能力。在企业竞争实践中，每个企业的资源和能力是各不相同的，同一行业中的企业也不一定拥有相同的资源和能力。这样，企业战略资源和运用这种战略资源的能力方面的差异，就成为企业竞争优势的源泉。

尽管波特的行业结构分析及稍后出现的核心能力和资源观在企业战略研究的侧重点上各有不同，但鉴于它们把市场以买方市场为主要经济特征、环境呈现复杂多样性的变化作为战略研究的时代背景，而将市场竞争作为战略研究的主要内容，以谋求建立和维持企业的竞争优势作为战略目标，我们可以将它们统称为竞争战略。

4. 20 世纪 90 年代后期战略管理理论的新发展

随着 21 世纪的到来，全球众多企业面临的竞争环境更易于变化和难以预测。面对竞争环境的快速变化、产业全球化竞争的加剧、竞争者富于侵略性的竞争行为以及竞争者对一系列竞争行为进行反应所带来的挑战，传统战略管理的理论方法已无法满足现实商业生活中企业战略管理决策的需要。于是，近年来一些管理学者提出了新的战略理论，即“动态能力论”和“竞争动力学方法”。

1) 动态能力论

动态能力论的提出主要基于以下的认识：过去的战略理论是由从企业战略的层次上对企业如何保持竞争优势的分析构成的，而对企业怎样和为什么要在快速变化的环境中建立竞争优势却论述不多。动态能力论则主要是针对基于创新的竞争、价格/行为竞争、增加回报及打破现有的竞争格局等领域的竞争进行的。它强调了在过去的战略理论中未能受到重视的两个方面：①“动态”是指企业重塑竞争力以使其与变化的经营环境保持一致的能力，当市场的时间效应和速度成为关键、技术变化的速度加快、未来竞争和市场的实质难以确定时，就需要企业有特定的、对创新的反应；②“能力”这一概念强调的是战略管理在适当地使用、整合和再造企业内外部的资源和能力以满足环境变化需要。

2) 竞争动力学方法

竞争动力学方法是在竞争力模式理论、企业能力理论和企业资源理论的基础上，通过对企业内外部影响企业经营绩效的主要因素——企业之间的相互作用，参与竞争的企业质量、企业的竞争速度和灵活性分析，来回答在动态的竞争环境条件下，企业应怎样制定和实施战略管理决策，才能获得超过平均水平的收益和维持竞争优势。

近年来，竞争动力学的研究和分析在国外受到越来越多的关注，而且有关这方面的研究成果被普遍地应用在战略管理的实践中：①它研究处于竞争状态的企业之间的竞争作用、这种竞争作用产生的原因以及竞争作用发生的可能性；②它研究和分析影响企业竞争或对竞争进行反应的能力要素；③它还对不同条件下的竞争结果进行了分析和对比。

3) 动态竞争的主要特点

(1) 动态竞争是高强度和高速度的竞争，每个竞争对手都在不断地建立自己的竞争优势和削弱对手的竞争优势，竞争对手之间的战略互动(strategic interactions)明显加快。

(2) 任何一个抢先战略都有可能被竞争对手的反击行动所击败。

(3) 任何竞争优势都是暂时的，而不是长期可以保持的。

(4) 竞争战略的有效性不仅取决于时间领先，更主要的是及时地建立新优势。

(5) 在静态竞争条件下，竞争战略的主要目的是建立、保持和发挥竞争优势，主要对成本与质量、时间和专有技术、建立进入障碍、规模优势 4 个领域的竞争有直接贡献，但在动态竞争条件下，上述 4 个领域所建立起来的优势都是可以被打破的。

2.4.2 企业文化理论

企业文化(corporate culture)在我国也有学者将其译为“公司文化”。企业文化是企业在生产经营实践中逐步形成的，为全体员工所认同并遵守的、带有本组织特点的使命、愿景、宗旨、精神、价值观和经营理念，以及这些理念在生产经营实践、管理制度、员工行为方式与企业对外形象的体现的总和。它与文教、科研、军事等组织的文化性质是不同的。

企业文化是企业的灵魂，是推动企业发展的不竭动力。它包含着非常丰富的内容，其核心是企业的精神和价值观。这里的价值观不是泛指企业管理中的各种文化现象，而是企业或企业中的员工在从事商品生产与经营中所持有的价值观念。

企业文化理论起源于美国，从它的产生发展过程来看，大体可以分为 3 个阶段。

1. 企业文化理论的启蒙时期(20 世纪 30—80 年代)

美国著名管理学家切斯特·巴纳德和菲利普·塞尔兹尼克(Philip Selznick)于 20 世纪 30 年代开始研究企业的价值观念以及社会文化传统等对企业管理的影响，他们最先将“文化”这个概念用于企业管理，首先明确了企业文化的初始内涵。1938 年，巴纳德写了一本论著——《管理工作者的职责》。他分析了发挥人的积极性的重要作用，并提出管理好企业的关键在于企业的价值观念和人的积极性问题，以及管理者在发挥人的积极性方面的关键性作用。

此间，有许多学者进行了相关研究，有关组织文化即企业文化的理论学说已经成为人们讨论的热潮，企业文化学说的基本理论雏形已经形成。

2. 企业文化理论的成长时期

一般认为，《日本企业管理艺术》、《Z 理论——美国企业界怎样迎接日本的挑战》、《寻求优势——美国最成功公司的经验》和《企业文化》这 4 本书是 20 世纪 80 年代企业文化的“新潮四重奏”，使人们对企业文化的研究进入了一个崭新的境界。

1981 年 4 月，美国加利福尼亚大学教授美籍日本人威廉•大内(William Duchi)所著《Z 理论——美国企业界怎样迎接日本的挑战》一书中，对美日经营方式进行了比较。大内在研究了美国企业和日本企业经营模式后，提出了“Z 型组织”的理论模式。他指出，企业文化是决定企业成败的关键。企业文化有 3 种类型，日本式企业文化称为 J 型文化；美国当前盛行的人际关系淡漠的企业文化模式称为 A 型文化；接近 J 型的美国过渡性的企业文化模式称为 Z 型文化。大内认为，Z 型文化的价值观主要是长期的雇佣、信任和亲密的人际关系、人道化的工作条件。所以，Z 型文化能满足员工自身利益的需要，是美国未来企业发展的模式。

3. 企业文化理论的成熟时期

美国管理学术界开始深入地探讨企业文化理论。1985 年，《组织文化》、《赢得公司文化的控制》、《组织文化与领导》这 3 本书的问世，将企业文化理论的研究推向了更高的阶段。

2.4.3 企业再造理论

1. 企业再造理论的产生

企业再造也译为“公司再造”“再造工程”(reengineering)。它是 1993 年开始在美国出现的关于企业经营管理方式的一种新的理论和方法。所谓“再造工程”，简单地说，就是以工作流程为中心，重新设计企业的经营、管理及运作方式。按照该理论的创始人原美国麻省理工学院教授迈克·哈默(Michael. Hammer)与詹姆斯·钱皮(James A. Champy)的定义，是指“为了飞越性地改善成本、质量、服务、速度等重大的现代企业的运营基准，对工作流程(business process)进行根本性重新思考并彻底改革”，也就是说，“从头改变，重新设计”。为了能够适应新的世界竞争环境，企业必须摒弃已成惯例的运营模式和工作方法，以工作流程为中心，重新设计企业的经营、管理及运营方式。

企业再造包括企业战略再造、企业文化再造、市场营销再造、企业组织再造、企业生产流程再造和质量控制系统再造。

2. 企业再造流程的基本方法

通常采用 BPR，是因为管理者意识到强大竞争威胁，或是要提振绩效。而 BPR 的目标不管是在哪一种情境下，都是要扩大市场接受度，提升营收，可分为 5 个步骤：

(1) 确认顾客的核心需求：核心需求是指顾客购买产品真正的出发点，不只是产品所直接提供的用途，还包含了消费心理层面的需求。例如，购买名牌包的人绝大部分不是因缺包用，而是喜欢牌子背后象征的尊贵奢华。

(2) 决定改造的关键流程：透过上述分析后，对照组织目前提供的产品或服务，便能理清公司产品满足消费者欲望的着力点，发掘需要进行改造的关键流程。

(3) 拟定流程改造的学习对象和目标：不限于相同产业，跨产业也可。

(4) 重新设计流程：新流程的价值在于适用性与创造力。即便个人决策责任归属明确，企业流程再造时，仍强调众人参与群体决策，脑力激荡，如此不仅能集思广益，也能更易激发创新观点。

(5) 改变思维，塑造新文化：设计完善后，仍要进行推广和深植才能回收成效。想要员工改变，就要先改变僵化的思考模式，如管理者透过演说鼓励、安排训练课程、定期举办读书会，刺激员工的学习意愿，塑造新的组织文化。

3. 企业再造理论的适用对象

企业再造理论适用于以下 3 类企业：

(1) 问题丛生的企业。这类企业问题丛生，除了进行再造之外，别无选择。

(2) 目前业绩虽然很好，但却潜伏着危机的企业。这类企业，就当前的财务状况看，还算令人满意，但却有“风雨欲来”之势。

(3) 正处于事业发展高峰的企业。这类企业虽然事业处于发展高峰，但是雄心勃勃的管理阶层并不安于现状，决心大幅度超越竞争对手。这类企业将再造企业看成是大幅度超越竞争对手的重要途径，他们追求卓越，不断提高竞争标准，构筑竞争壁垒。

2.4.4 全球化和知识经济时代的组织管理理论

20 世纪 80 年代末以来，信息化和全球化浪潮迅速席卷世界，跨国公司力量逐日上升，跨国经营也成为大公司发展的重要战略，跨国投资不断增加。知识经济的到来使信息与知识成为重要的战略资源，而信息技术的发展又为获取这些资源提供了可能；顾客的个性化、消费的多元化决定了企业只有能够合理组织全球资源，在全球市场上争得顾客的投票，才有生存和发展的可能。这一阶段的管理理论研究主要针对学习型组织及虚拟组织问题而展开。

1990 年，彼德·圣吉(Peter. M. Senge)所著的《第五项修炼》出版，该书的主要内容旨在说明：企业唯一持久的竞争优势源于比竞争对手学得更快、更好的能力，学习型组织正是人们从工作中获得生命意义、实现共同愿景和获取竞争优势的组织蓝图；要想建立学习型组织，系统思考是必不可少的“修炼”。该书出版不久，即在全球范围内引起轰动，并于 1992 年荣获世界企业管理协会最高荣誉奖——开拓奖，作者本人也被冠以 90 年代的“管理学宗师”。

在阿里·德赫斯(Arie de Geus)所著的《长寿公司》一书中，作者通过考察 40 家国际长寿公司，得出结论——“成功的公司是能够有效学习的公司”。在他看来，知识是未来的资本，只有学习才能为不断变革做好准备；此外，罗伯特·奥伯莱(Robert Aubrey)与保罗·科恩(P. M. Cohen)合著《管理的智慧》则描述了管理者在学习型组织中角色的变化——他们不仅要学会管理学习的技巧，也要使自己扮演学习的领导者、师傅和教师的多重角色。

除了学习型组织，90 年代还有一个热点——虚拟组织。1990 年，《哈佛商业评论》第 6 期发表文章《公司核心能力》，作者建议公司将经营的焦点放在不易被抄袭的核心能力上，由此引发后来的“虚拟组织”热。虚拟组织与传统的实体组织不同，它是围绕核心能力，利用计算机信息技术、网络技术及通信技术与全球企业进行互补、互利的合作，合作目的达成后，合作关系随即解散，以能够快速获取处于全球各处的资源，使之为我所用，从而缩短“观念到现金流”的周期；不仅如此，灵活的“虚拟组织”可避免环境的剧烈变动给组织带来的冲击。1994 年出版的由史蒂文·L·戈德曼(Steven.L.Glodman)、罗杰·N·内格尔(Roger.N.Nagel)及肯尼斯·普瑞斯(Kenneth.Preiss)合著的《灵捷竞争者与虚拟组织》是反映虚拟组织理论与实践的较有代表性的著作。

本 章 小 结

本章主要介绍了西方早期管理思想、西方古典管理理论、中期管理思想理论、当代管理思想的新发展。西方早期管理思想主要介绍了亚当·斯密、查尔斯·巴贝奇等人的思想观点。古典管理理论主要介绍科学管理之父泰勒提出的科学管理理论，其根本目的是提高工作效率，还包括以科学的方法代替经验管理、职能管理原理、例外原则、精神革命论等主要观点；经营管理理论之父法约尔的 14 条管理原则等主要观点以及韦伯的管理思想。中期管理思想理论主要介绍梅奥的人际管理学说和巴纳德的组织理论。当代管理思想的新发展主要介绍战略管理理论、企业文化理论、企业再造理论、全球化和知识经济时代的组织管理理论。

名人名言

1. 企业即人。——日本经营之神松下幸之助
2. 企业最大的资产是人。——日本经营之神松下幸之助
3. 用人不在于如何减少人的短处，而在于如何发挥人的长处。——著名管理学家彼得·杜拉克
4. 卓有成效的管理者善于用人之长。——著名管理学家彼得·杜拉克
5. 造人先于造物。——日本经营之神松下幸之助
6. 员工培训是企业风险最小、收益最大的战略性投资。——著名的企业管理学教授沃伦·贝尼斯

习　　题

一、复习题

1. 选择题

(1) 1776 年，亚当·斯密最重要的著作(　　)出版了。
A.《国民财富的性质和原因的研究》　　B.《政治经济学原理研究》
C.《政治经济学及赋税原理》　　D.《政治经济学概论》

(2) 泰勒根据工人的具体操作过程，进一步对分工进行细化，制定了(　　)。

A．科学的工作方法　　B．标准化的操作方法

C．根据经验总结的工作方法　　D．差别计件工资制

(3) 行为科学理论认为，人是(　　)。

A．经济人　　B．社会人　　C．复杂人　　D．自我实现人

(4) 在非正式组织中，以(　　)为重要标准。

A．“效率的逻辑”　　B．“感情的逻辑”

C．“工人的逻辑”　　D．“管理人员的逻辑”

(5) 现代管理理论将人看做是(　　)，认为人是怀着不同需要加入组织的。

A．“复杂人”　　B．“系统人”　　C．“社会人”　　D．“经济人”

2. 填空题

(1) 科学管理的根本目的是提高______。

(2) 韦伯在管理思想上的最大贡献是提出了理想的______。

(3) 行为科学把组织中的人不是单纯地作为“经济人”，而是作为______来研究。

(4) 霍桑试验得出了职工“社会人”、企业中存在着_______、新的企业领导能力在于通过提高职工的满足度来提高其士气的主要结论。

3. 名词解释

(1) 企业文化

(2) 非正式组织

(3) 企业再造

二、案例应用分析

人才为什么会出走

1995 年，正处于发展巅峰的“小霸王”段永平突然出走；几年以后，一个新崛起的品牌“步步高”击退了许多老大哥，一路高歌，迈入中国电器行业排头兵之列，此时“小霸王”却效益低迷，市场份额不断流失，直至破产；而“步步高”的掌门人就是当年从“小霸王”出走的段永平。

1999 年 3 月，广东中山爱多企业法人代表胡志标在接受媒体采访时说：“……决策者想从具体事务中跳出来，就必须放手请别人干，但是我选错了人，这就是我最大的失误。”谈到这里，胡志标痛切自责：“高薪聘请了一些策划人来做各企业的总经理，顶替了原有骨干，整个爱多的中层在 1998 年发生了重大的震荡……导致了业务的全面下滑。”

1999 年，北京现代城地产公司 4 名销售副总和部分员工被他人以 18 万～25 万元的一次性费用“挖走”。该事件被评为 1999 年度中国企业界十大新闻之一，其影响之大，可想而知。而现代城房地产公司为此差点倒闭。

2000 年，创维集团的营销总经理陆强华又率众出走“高路华”，引发了创维的公关危机和内部“人事地震”，引起业界的广泛关注。这很显然又是一起典型人事风险案例。

问题：

上述这些事件给企业的发展造成的困难可想而知。那么，人才为什么会出走？如何避免这些状况的发生？

阅读材料

求生反应与速度竞争

有两个人在树林里过夜。早上树林里突然跑出一头熊来，两个人中一个忙着穿球鞋；另一个对他说："你把球鞋穿上有什么用？我们反正跑不过熊啊!"忙着穿球鞋的人说："我是要跑过你。"这说明我们面对的世界是一个充满变数且竞争非常激烈的世界，跑得快不快，很可能是成功与失败的关键，在管理中快速反应也能形成竞争优势。

南风和北风

北风和南风比威力，看谁能让行人把身上的大衣脱掉。北风首先来了个寒风刺骨，结果行人把大衣裹得紧紧的。南风则徐徐吹动，顿时风和日丽，行人春意上身，纷纷解开纽扣，继而脱掉大衣。于是，南风获得了胜利。这个故事也称南风法则，它说明了一个道理：温暖胜于严寒。领导者在管理中运用南风法则，就是要尊重和关心下属，多点人情味，从而使下属丢掉包袱，激发他们的积极性。

第3章 管理与环境

教学目标

通过对本章的学习，学生要了解环境的概念、环境的分类和组织与环境的关系；了解跨国公司的管理和组织走向国际化的途径；了解管理伦理和企业责任；掌握外部环境要素及其对管理的影响；掌握管理分析方法；理解组织文化的内涵；掌握组织文化的特点和功能及组织文化对管理的影响。

教学要求

知识要点	能力要求	相关知识
管理环境概述	(1) 了解并掌握环境的概念及分类 (2) 了解组织与环境的关系 (3) 了解现代企业面临的环境	(1) 环境的概念及分类 (2) 组织与环境的关系 (3) 现代企业面临的环境
外部环境	(1) 掌握一般环境要素及对管理的影响 (2) 掌握任务环境因素及对管理的影响	(1) 一般环境对管理的影响 (2) 任务环境对管理的影响 (3) 管理组织环境
组织文化	(1) 掌握组织文化的概念 (2) 掌握组织文化的特点 (3) 掌握组织文化的作用 (4) 理解组织文化的建设途径	(1) 组织文化的概念 (2) 组织文化的特点 (3) 组织文化的作用 (4) 组织文化的建设途径
环境分析方法	(1) 理解并掌握五力竞争模型 (2) 理解并掌握 SWOT 分析	(1) 五力竞争模型 (2) SWOT 分析
组织的社会责任与管理伦理	(1) 了解管理伦理的概念 (2) 了解企业的社会责任	(1) 管理伦理 (2) 企业社会责任

环境变化并不可怕，可怕的是沿用昨是今非的逻辑。

——彼得·杜拉克

基本概念

管理环境　外部环境　内部环境　一般环境　任务环境　政治法律环境　经济环境　社会文化环境　技术环境　自然环境　组织文化　五力竞争模型　SWOT分析　环境管理　管理伦理　企业社会责任

导入案例

铱星系统

2000年3月18日，耗资50多亿美元建造66颗低轨卫星的美国铱星公司宣告破产。全世界为之震惊，铱星陨落了。

“铱星系统”计划开始于1987年，历时11年，整个投资共计50多亿美元。它的目标是建立一个把地球包起来的“卫星圈”。1998年，铱星公司实现了这个梦想——网络覆盖全球(包括南、北极及各大海域)。这一系统由每颗重680千克的铱星组成，设计寿命为5～8年。这是世界上第一个大型低轨卫星通信系统，也是全球最大的无线通信系统，每年仅维护费就需几亿美金。铱星系统自诞生后，殊誉不断。美国的《大众科学》将其列为年度百项最佳科技成果之一，数百位中国科学院院士也将其评为1998年世界十大科技成就之一。科索沃战争中，难民和军方都曾依赖它互递消息。1999年台湾大地震时，铱星系统及时地向外界发布了讯息。可以说，铱星在诞生之后，对人类的发展功不可没。但是，由于公司内部管理各方面存在的问题，如市场定位错误、营销观念落后、决策失误等，加上公司在面临债务危机时公司重组失败，多种因素导致了铱星的陨落。铱星系统虽然代表了未来通信发展的方向，但因为在“错误的时间、错误的市场、投入了错误的产品”，而无可奈何地陨落了。

案例点评

企业发展要遵循环境的变化。

管理思想经过多年的发展已形成系统的知识体系，思想决定行动，一切管理活动都要接受管理思想的指导，所以，管理思想是管理学的基础。本章主要介绍管理与环境之间的关系，并针对不同的环境进行不同的变化分析。

3.1　管理环境概述

3.1.1　管理环境的概念与分类

组织环境是指存在于组织内部和外部的影响组织绩效的各种因素的总和。在这里，环境不仅包括组织外部环境，还包括组织内部环境，如图3.1所示。环境是组织赖以存在和发展的基础，任何组织都是在一定环境中从事活动的，任何管理工作是在一定的环境条件下开展的，管理不是一个封闭系统，因此它必定和周围各种环境相互的影响和作用。这些环境因素随时间的变化而变化，并因此为管理者创造了机遇，也带来了威胁。管理者必须正视环境的存在，管理的方法和技巧也要因环境的变化而变化。管理者理解组织环境因素的准确度及对这些因素做出恰当反应的能力是影响组织绩效的至关重要的因素。

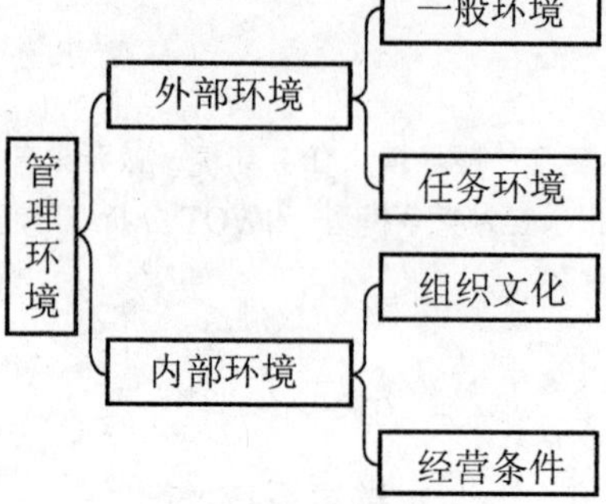

图 3.1 管理环境的分类

管理故事

联想董事局主席柳传志鸡蛋论

针对中国企业与政治的关系，柳传志用“鸡蛋论”作了概括：“企业要发展，周边的环境极为重要。一个鸡蛋孵出小鸡，37 度半到 39 度的温度最为适合。那么，40 度或 41 度的时候，鸡蛋是不是能孵出小鸡呢？我想生命力顽强的鸡蛋也能孵出小鸡来，但是到了 100 度一定不行了。对企业来讲，1978 年以前可能是 100 度的温度，什么鸡蛋也孵不出鸡来。而十一届三中全会以后，可能就是 45 度，生命力极强的鸡蛋才能孵出来。到 1984 年我们办联想的时候，大概就是 42 度的温度。今天的温度大概是 40 度左右，也不是最好的温度。因此，生命力顽强的鸡蛋就要研究周边的环境，一方面促使环境更适合自身的发展，一方面加强自己的生命力，以便能顽强地孵出小鸡来。”

1. 外部环境

外部环境是组织之外的客观存在的各种影响因素的总和，它是不以组织的意志为转移的，是组织管理必须面对的重要影响因素。根据各种因素对组织业绩影响程度的不同，组织外部环境又可以分为一般环境和任务环境。一般环境即外部宏观环境，是指对所有的组织都产生影响的外部环境，一般包括政治环境、社会文化环境、经济环境、技术环境和自然环境等。这些因素一般都不是只涉及某一个具体的组织，正因为如此，这些因素对某一特定组织有什么样的影响及有多大的影响都不会很清楚。一般环境因素对某一组织的影响尽管不是直接的，但这些环境都有可能对组织产生某种重大的影响，因此，管理者必须认真分析和研究自己组织所处的一般环境。任务环境即外部微观环境，又称行业环境，包括顾客、供应商、分销商、竞争者、政府主管部门及特殊利益代表组织等，是指那些对管理者的决策和行动产生直接影响并与实现组织直接相关的要素。对一个特定的组织而言，任务环境是特定的，并随构成因素的变化而变化，它能直接影响组织的效益。

环境是由众多因素交错而成的整体，对于管理者而言，首先需要对任务环境和更广泛的一般环境进行区分，这对于识别组织环境中的因素带来的机遇和威胁是很有帮助的，如图 3.2 所示。

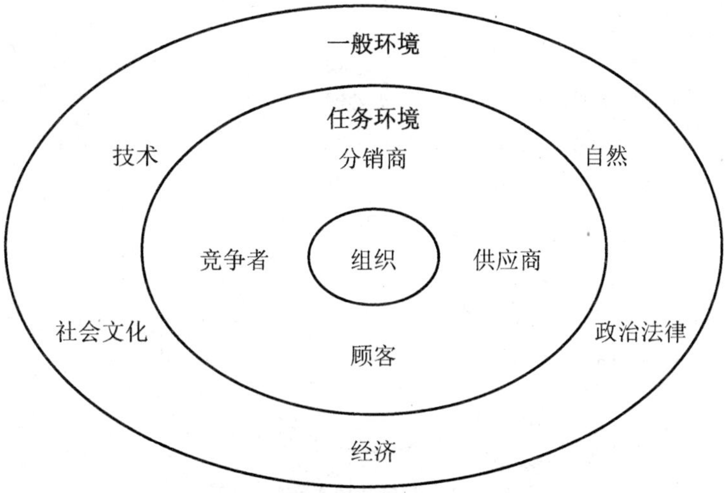

图 3.2　外部环境

任务环境是与供应商、分销商、顾客以及竞争者相关的因素和条件的集合，这些因素和条件影响着组织获得资源和提供产出的能力。任务环境对管理者既有最直接的影响，也有间接的影响，这是因为它们给管理者带来的压力和影响都体现在日常基本事务之中。

一般环境包括的内容十分广泛，经济、技术、社会、政治法律、政府和自然等影响组织及其任务环境的各种因素和条件全都囊括在内。对于管理者而言，识别一般环境变化所产生的机遇和威胁并对其做出反应是一件很困难的事情，而在任务环境中处理相同的问题则要容易一些。

外部环境与管理相互作用，在一定条件下外部环境甚至能对管理产生决定作用。外部环境制约管理活动的方向和内容。无论什么样的管理目的，管理活动都必须从客观实际出发。脱离现实环境的管理是不可能成功的。“靠山吃山，靠水吃水”一定程度上反映了外部环境对管理活动的决定作用。同时，外部环境会影响管理的决策和方法。当然，管理对外部环境具有能动的反作用。

2. 内部环境

内部环境是指组织内部的各种影响因素的总和，包括人力资源环境、物力资源环境、财力资源环境以及内部文化环境。它是随组织产生而产生的，在一定条件下内部环境是可以控制和调节的。人力资源对于任何组织都始终是最关键和最重要的因素。人力资源的划分根据不同组织、不同标准有不同的类型。例如，企业人力资源根据他们所从事的工作性质的不同，可分为生产工人、技术工人和管理人员 3 类。物力资源是指内部物质环境的构成内容，即在组织活动过程中需要运用的物质条件的拥有数量和利用程度。财力资源是一种能够获取和改善组织其他资源的资源，是反映组织活动条件的一项综合因素。财力资源指的是组织的资金拥有情况、构成情况、筹措渠道、利用情况。财力资源的状况决定着组织业务的拓展和组织活动的进行等。文化环境是指组织的文化体系，包括组织的精神信仰、生存理念、规章制度、道德要求、行为规范等。内部环境随着组织的诞生而产生，对组织的管理活动产生影响。内部环境决定了管理活动的可选择的方式、方法，而且在很大程度上影响到组织管理的成功与失败。

3.1.2 组织与环境的关系

组织与环境的关系表现为投入和产出的交换。组织要从环境中获得投入，然后借助组织的功能将投入转换成产出，再把产出投入环境中，使产出成为其他组织的投入，就像自然界中的生物链一样循环往复。从这方面看，组织是一个“开放系统”，如图 3.3 所示。

图 3.3 作为开放系统的组织

事实上，现实生活中的组织并不是一个绝对开放或完全开放的系统。一方面，来自外部环境的投入和影响因素太多了，以至于任何一个组织都没有能力全部接受，否则只能带来麻烦。例如，为了保持较好的教学环境，校园里不允许车辆随便行使，也不允许小商小贩随便叫卖。有的企业在经营状况好、流动资金充足的情况下，往往并不接受外部的资金投入，因为他们知道如果找不到合适的投资项目，就会有很多资金被闲置，资金利用效果下降会影响到企业的经营和发展。据报道，美国微软(microsoft)公司甚至为拥有太多的资金而犯愁。另一方面，组织也不能将自身完全向环境开放。例如，企业要保护商业秘密，有的企业经理在培训下属时，从来不提供文字材料，尽量不把自身的经营经验扩散到组织外部。

组织是通过组织界线将组织与外部环境区隔开来。在组织界线的作用下，一个组织成为相对独立的整体。组织界线是维持组织相对独立性的有形的或无形的壁垒。有形的组织界线是可以识别的，如企业的围墙、家庭的防盗门、学校的门卫及一些对外公布的规定等。有形的组织界线总是在提醒每一个进入该组织的人——这里是与外界不同的一个地方。无形的组织界线指的是那些从外部无法识别、能够影响组织成员的行为的众多因素，包括行为规范、企业文化、管理风格、规章制度等。

每个组织都有而且需要组织界线。借助组织界线，首先，可以把组织与外部环境分离开来，尽量防止外部环境可能给组织带来的各种干扰，保证组织的管理和业务工作得以正常持续地进行。其次，可以筛选组织的投入，从来自外部环境的众多投入中筛选出组织需要的部分，并通过标准化等措施使组织比较方便、比较容易地处理这些投入，如企业的进货控制、学校的招生标准等。最后，可以调整组织的产出，以便更好地满足其他组织或人员将本组织的产出作为投入的要求，如企业的质量规定、学校的毕业条件等。

3.1.3 现代企业面临的环境

由于科学技术不断进步，经济不断发展，全球化信息网络和全球化市场的形成及技术变革的加速，围绕新产品的市场竞争也日趋激烈，现代企业面临的环境有如下几个方面的特点。

1. 面对大量信息

大量信息的飞速产生和高速传递、通信技术的发展等迫使企业把工作重心从如何迅速获得信息转到如何准确过滤和有效利用各种信息上来。

2. 技术进步

新技术、新产品的不断涌现一方面使企业受到前所未有的压力，另一方面也使每个企业员工受到巨大的挑战，他们必须不断地学习新技术，否则可能面临由于掌握的技能过时而被淘汰的压力。

3. 市场和劳务竞争全球化

企业在建立全球化市场的同时也在全球范围内产生了更多的竞争者，商品市场国际化的同时也创造了一个国际化的劳动力市场。教育的发展使得原本相对专业的工作技能成为大众化的普通技能，从而使得员工的工资不得不从他们原有的水准上降下来，以维持企业的竞争优势。

4. 可持续发展的要求

人类只有一个地球，维持生态平衡和保护环境的呼声越来越高。全球变暖、臭氧层被破坏、能源储备减少、热带雨林面积缩小、可耕地减少等一个又一个环境问题摆在了人们面前。今天，各国政府将环保问题纳入发展战略，相继制定了各种各样的政策法规，以约束本国及外国企业的经营行为。随着发展中国家工业化程度的提高，如何在全球范围内减少自然资源的消耗成为全人类能否继续生存与持续发展的大问题。在市场需求变化莫测、资源日益短缺的情况下，企业如何取得长久的经济效益，是企业制定战略时必须考虑的问题。

5. 用户的要求越来越苛刻

随着时代的发展、人们生活水平的提高，用户对产品的要求和期望越来越高，消费者的价值观发生了显著变化，需求结构普遍向高层次发展。一是对产品的品种规格、需求数量呈现多样化、个性化要求；二是对产品的功能、质量等的要求日益提高，而且这种要求提高的标准又是以不同用户的满意程度为尺度的，产生了判别标准的不确定性；三是要求在满足个性化需求的同时，产品的价格要像大批量生产那样低廉。制造商将发现，最好的产品不是他们为用户设计的，而是他们和用户一起设计的。

3.2 外部环境对管理的影响

3.2.1 一般环境对管理的影响

一般环境影响组织的方式主要是造成一个大气候，如技术的迅猛发展、经济的繁荣或衰退、工作态度的变化等，组织存在于这个大气候当中，并最终不得不对它做出反应；或者外来力量可能促成某个因素最终变为组织的利益相关者。由于一般环境中的各种因素影响着正在进行的决策和计划，因此管理者必须坚持不断地对这些因素进行分析。

对一般环境的分析，常采用 PEST 分析法。PEST 分析法通过对政治的(politics)、经济的(economic)、社会的(society)和技术的(technology)等 4 个方面因素的分析从总体上把握一般环境，并评价这些因素对企业战略目标和战略制定的影响。

1. 政治法律环境

政治法律环境是指对组织经营活动具有实际与潜在影响的政治力量和有关的法律、法规等因素。当政治制度与体制、政府对组织所经营业务的态度发生变化时，当政府发布了对企业经营具有约束力的法律、法规时，企业的经营战略必须随之作出调整。法律环境主要包括政府制定的对企业经营具有约束力的法律、法规，如反不正当竞争法、税法、环境保护法及外贸法规等，政治、法律环境实际上是和经济环境密不可分的一组因素。处于竞争中的企业必须仔细研究政府和商业有关的政策和思路，如研究国家的税法、反垄断法以及取消某些管制的趋势。同时还应了解与企业相关的一些国际贸易规则、知识产权法规、劳动保护和社会保障等，这些相关的法律和政策能够影响到各个行业的运作和利润。

2. 经济环境

经济环境是指一个国家的经济制度、经济结构、产业布局、资源状况、经济发展水平以及未来的经济走势等。经济因素是作为组织活动影响因素的一般经济状况和趋势，它影响着一个国家或地区 GDP 的变化发展趋势、利率水平、通货膨胀程度及趋势、失业率、居民可支配收入水平、汇率水平、能源供给成本、市场机制的完善程度、市场需求状况等。经济状况及其发展趋势影响到几乎每一个组织。工资、供应商和竞争者的定价、资本利率以及政府的财政政策和税收政策等都会影响产品或服务的成本和市场表现，而投资、储蓄、物价、可支配收入、国际贸易、商业周期、生产率与就业等一般经济条件及其变化都会使得组织的管理者耗费大量的时间和资源来对其进行预测和分析，经济全球化更增强了它们对组织影响的复杂性。

经济因素能够给管理者创造很多机遇，但同时也会带来许多威胁。持续的经济繁荣会使人们越来越富裕，可以拿出更多的钱进行消费，从而企业出售产品或服务的机会就增多了。相反地，持续低迷的经济状况则带来威胁，因为它限制了管理者获取组织所需资源的能力。即使一个国家或地区的经济状况只是发生了轻微减退，也会严重影响到整体的绩效。

不良的经济状况使环境变得更加复杂，也使管理工作的难度加大，因此对管理者提出的要求也更高。成功的管理者明白经济因素对组织具有重要影响，它们总是密切关注着组织所在国家或地区的经济状况以及其中发生的变化，以便自己能够及时对此做出恰当的反应。

3. 社会环境

社会环境是指组织所在社会中成员的人口规模、年龄结构、民族特征、文化传统、价值观念、宗教信仰、教育水平及风俗习惯等因素。社会环境因素既可以限制也可以促进组织的运营方式和管理者的行为方式。

人口因素是指年龄、性别、民族以及社会阶层等人口特征变化的结果。像其他因素一样，人口因素也会给管理者带来机遇和威胁，给组织带来重要启示。世界范围内的人口状况或人口构成自第二次世界大战以来经历了重大变化，如女性就业率急剧上升等。我们尤其需要关注的是当前正在发生的一个重要变化，即由于出生率和死亡率的下降，再加上生育高峰期出生的一代已经步入老年人行列，今天大多数的工业化国家正在经历着人口的老龄化。中国已于1999年进入老龄社会，是较早进入老龄社会的发展中国家之一。这些变化都会对组织产生深刻影响，首先它会影响组织的劳动力供应人数；其次，人口构成的变化会引发社会问题，要求社会反映他们的利益和要求。例如，现在很多员工发现自己是“夹缝中的一代”——上有老，下有小，因而许多大公司，包括国际商业电器公司、强生公司和美孚公司都实行了特别计划，帮助员工照顾老人和孩子。最后，人口状况塑造了产品市场。年龄中位数的提高和人口老龄化会给迎合中老年人需要的组织带来广阔的市场，如一些为老年人提供服务的组织有了很大的发展机遇，同时也意味着组织必须针对不同的年龄细分市场重新设计产品和服务。

不同的国家之间存在人文差异，不同的民族之间同样存在差异，我国有众多民族，虽同是中华民族但却存在着较大的人文差异。例如，藏族的生活方式和藏传佛教的宗教色彩联系紧密，牛是藏族的吉祥动物，在西藏地区的越野车辆市场中日本丰田越野车占据着绝对的市场分额，原因是其标志形似牛头，因此广受藏族人民的欢迎。可见，文化对于战略的影响有时是巨大的。

每一个社会都有其核心价值观，它们常常具有高度的持续性，这些价值观和文化传统是历史的沉淀，通过家庭繁衍和社会教育而传播延续，因此具有相当的稳定性。而一些次价值观是比较容易改变的。每一种文化都是由许多亚文化组成的，它们由共同语言、共同价值观念体系及共同生活经验或生活环境的群体所构成，不同的群体有不同的社会态度、爱好和行为，从而表现出不同的市场需求和不同的消费行为。

生活方式是人们生活态度和价值观的外在表现。近20年来，中国人的生活方式在不断地发生变化，传统的几代同堂的家庭所占比例越来越小，单身成人和单亲家庭渐渐增多等，这些变化都在改变着市场的产品需求结构。

不同的人，一线员工和管理人员、富人和穷人、媒体工作者和工程师、中国人和美国人，他们的社会态度、信念和价值观是各不相同的。不同的价值准则使得管理人员难以设计出有利于实现业绩和满足感的经营环境，而众多企业的管理者因对个人、团体或社会的态度、信念和价值观无动于衷而受到谴责和批评。

对于管理者，最重要的可能是价值观如何改变我们对于组织和工作本身的态度。例如，员工参与决策曾经仅仅被视为提高其士气和生产力的手段，而如今，它已被认为是势在必行的行为准则。跨国组织对于社会态度和价值观的处理则更为复杂和棘手。例如，日本员工情愿终身受雇于同一家公司；法国社会关系更拘泥于礼节；德国员工是“社会合伙人”，工人和工会的权利得到法律保证；美国人讲求“平等与效率”；中国人则看重人缘和关系等。在当今日趋一体化的全球化经济条件下，管理者可能要和来自各个国家的人打交道，许多管理者还要到国外工作甚至居住，有效的管理者对社会之间的差异十分敏感，并且能够据此调整自己的行为方式以适应这种差异。

4. 技术因素

技术因素是指影响组织活动的产品或工艺的新发展及在科学上的进步。技术要素不仅仅包括那些引起革命性变化的发明，还包括与企业生产有关的新技术、新工艺、新材料的出现和发展趋势及其应用前景。人们从技术进步中得到的益处就是能取得更高的生产率、更高的生活水平、更多的休闲时间和更加丰富多样的产品。

技术对于组织的主要影响在于行事的方式方法，在于我们如何设计、生产、分配和销售产品和服务的方式方法，社会或某一行业的技术水平在很大程度上决定了生产的产品、提供的服务、使用的设备和运转的管理方式。很显然，技术领先的公司、医院、大学、军队乃至国家，比那些没有采用先进技术的同类组织具有更强的竞争力。所以，在技术革命发生的领域，真正的焦点是发达国家和强势企业在研究与开发上领先地位的竞争。例如，在生物技术领域，日本公司通过为其他国家基础研究提供经费从而获得掌握国外技术突破的机会。借助这种便利，他们不断提高自己的研究水平，开发资源，完善产品，抓住最佳时机占领全球市场。

技术因素对于管理者和组织有着深刻的启示。技术变革使得原有产品陈旧过时，如黑白电视机已经退出历史舞台，这迫使管理者必须不断寻找新的办法来满足消费者的需求。尽管技术变革可能会威胁到一个组织的生存，但更主要的还是为组织创造了大量的新机遇来设计、制造、销售质量更好的新型产品和服务。

5. 自然环境

自然环境是指企业业务涉及地区市场的地理、气候、资源、生态等环境。地理位置是制约组织活动一个重要因素。不同的地区企业由于其所处自然环境的不同，对于企业战略会有一定程度的影响。

随着政府和社会对环境保护重视程度的不断提高，组织也面临着越来越多的环境保护问题，他们必须弄清公众关心的主要问题是什么，组织能够(或应该)在保护和净化地球的事业中走多远，谁来承担费用等。当前的环境问题主要包括形式多样的环境污染(如空气污染、水污染等)、全球气候变暖、臭氧枯竭以及生物多样性减少、淡水资源短缺、药品和食品安全问题等。值得注意的是，人们对遭到破坏的自然环境的关注产生了新的影响力，环境保护运动也给企业带来了市场机会。现在，企业热衷于开发要么不破坏环境、要么能净化污染的新工艺和新产品。

知识链接

保健品行业 PEST 分析

所谓保健品行业“PEST”分析是指通过对政治、经济、社会和技术等因素进行分析，来确定这些因素的变化对保健品行业发展战略管理过程的影响。

(1) 从政治法律角度看，政府主管部门的更迭也带来了保健品行业的新变化。

保健品标准和规定缺失且相互矛盾，如我国卫生部制定的《食品添加剂使用标准》(B276196 规定食品中不允许含过氧化氢(双氧水)但某些生产规章又订有保健食品的过氧化氢残留标准。由于缺乏有关的行业管理和国家标准造成保健品行业目前假冒伪劣产品、虚假广告、价格虚高等现象严重。企业在现有法规下宣传自己的产品很容易违规。法规规定，保健食品不能宣传治疗作用。但是保健食品中使用的中草药在药典中都有治疗作用。

2003 年 3 月 7 日，国务院公布机构改革方案，决定成立中国国家食品药品监督管理局(SFDA)，原属卫生部管理的保健品划归 SFDA 管理。自 2003 年 6 月 1 日起，卫生部已停止受理保健品的申报，同年 1 月 10 日，国家 SFDA 完成交接，正式开展保健品的审批工作。受非典、部门移交影响，当年度保健品报批工作停顿了半年之久。从长期看，SFDA 接手保健品行业管理职责，有助于保健品行业更规范、更健康地发展。

(2) 从经济的角度看，市场竞争日益激烈，跨国公司成为行业领头羊。

保健品市场在过去的两年间，国外跨国公司一直鲜有涉足，市场被本土保健品企业牢牢占据。但是，在保健品行业陷入低潮之时，美国安利却凭借独特的销售模式异军突起，实现了年销售额3亿元的惊人业绩。尽管对安利的营销模式颇有争议，但不能否认，随着跨国保健品公司进军中国步伐的加快，国内保健业面临更大的市场竞争压力,加上国内行业的竞争，市场营销模式也必然会进一步变化。

一是产品开始两极分化。从2002年起，因为竞争日益激烈，保健品呈现出明显的两极分化趋势：以功能诉求为主的产品，多用疗程、买赠促销等刺激消费者购买，这类产品价格越来越高；以营养补充为诉求的机能性食品或滋补品，价格越来越低，有成为日用品保健品的趋势。二是渠道细分、直销比例增大。受传统渠道费用高涨、竞争趋向白热化的压力，保健品厂商积极探索渠道多样化，"传统的药店+商超"的销售渠道快速分化，保健品连锁专卖店、厂家直销店、店中店、电话销售、会务销售、展会销售直至网络销售等多种渠道形式快速形成。受渠道多样化的影响，保健品销售额中直销比例日益增大。以上海市场为例，投放广告、进人常规渠道的功能性食品，相当部分销量同样依靠直销。三是传播方式日益直接化。由于传统媒体效果弱化、价格日益提高，保健品厂商传播产品信息的方法正日益扁平化，直接掌握消费者资料，定期针对固定消费群体进行传播，已经成了传播的重要手段之一。

(3) 从社会的角度看，保健品市场起伏不定但发展势头良好。

2000年开始，保健品行业连续发生负面事件，媒体连篇累牍的负面报道，让保健品行业再次陷入"信任危机"，从而导致不少保健品企业崩盘，保健品迅速从巅峰跌入谷低。2001年、2002年保健品行业销售额持续下降。但是到2003年3月后，其销售额在短期内急速回升，保健品行业开始复苏。2002年，全国保健品销售额比20年前增长50左右，年度销售额达到30亿元。

社会生活的变化促使了保健业的强劲势头。首先，我国城乡的恩格尔系数分别为37.7%和45.6%，处于温饱向小康的过渡阶段，东南沿海一些大中城市和地区已达到了中等收入国家水平，人们的消费观念、健康观念发生了较大变化，促使城乡保健品消费支出以每年15%—30%的速度快速增长。其次，人民生活方式的改变，是保健品产业发展的重要基础。社会竞争愈演愈烈、生活工作节奏不断加快，对人们生理和心理机能产生了巨大冲击，处于亚健康状态的人群不断扩大。为规避不健康带来的各种不利影响，人们求助于保健品，使保健品的开发和生产成为经济生活中的"热点"。最后，多层次的社会生活需要，为保健品产业的发展提供了广阔空间。除了在家庭和事业双重压力下的中年人逐步加入保健品消费行列之外，老年人、青少年是保健品消费的主力军。

(4) 从技术的角度看，保健品行业研发、生产和销售发生了全新变化。

国际贸易组织(the World Trade Organization，WTO)给中国保健品企业带来了世界级的竞争对手，面对日益加剧的市场竞争，所有从事保健品生产的中国企业都应该清醒地认识到，未来保健品竞争的核心必将是科技含量，加强科技投入迫在眉睫。特别是已经有一定经济实力的企业更要重视保健品的应用基础研究，努力提高新产品的科技含量和质量水平，使保健品企业向高新技术企业过渡，科技含量高的产品将成为主流。

只有保健品企业不断更新技术和提高技术含量，开发出效果好、质量高、有特点的第三代保健品，使产品从低层次的价格战、广告战中走出来，转向高层次的技术战、服务战，才能在"入世"后，缔造出我国的保健品世界品牌，才有能力进军国际市场。电子信息技术的发展，也使电子商务成为重要销售渠道。各销售商都抓住电子商务这一有利武器，搞销售网站，拓宽销售面，丰富产品种类。单单做电视购物的试用型销售，所涉及的消费者群体毕竟有限。通过投入设备和资金，以购物网站的形式来发展更多的消费人群，同时也可以利用网络这一先进技术进一步宣传产品，还可以让消费者先试后买，买什么都满意的先进销售理念。

(资料来源：阮宇哲，黄南. 保健品行业PEST分析及其发展思路. 柳州职业技术学院学报，2008.)

3.2.2 任务环境对管理的影响

任务环境中的因素来自于供应商、分销商、顾客、竞争者、政府主管部门、特殊利益代表组织等，这些因素影响着管理者获取资源以及销售产品的能力，因此，它们对于短期决策具有重要的影响作用。

1. 供应商

供应商是组织从外部获取投入的来源，对于一个企业而言，供应商可能是组织也可能是个人，企业从他们那里获得原材料、劳动力、信息和能源等。供应商提供产品和服务的质量、价格直接影响到企业产品和服务的质量及成本水平，因此，许多企业对供应商有许多要求，同时也给予稳定的供应商一定的支持，日本的许多公司率先把供应商纳入到自己的生产体系之中。

供应商在性质、数量及种类上的变化是创造机遇和引发威胁的主要因素，组织想要繁荣兴旺，就要求管理者必须对这些机遇和威胁做出反应。管理者面对的另一个与供应商相关的挑战是供应商的议价地位越来越强，甚至于它们可以随时提高所提供投入品的价格。在两种情况下，供应商的议价地位会特别强：一是供应商是某种产品的唯一供应者，二是供应商对组织来说特别重要。相反，当一个企业在某种投入上拥有多个供应商的时候，它就处于一个相对强势的议价地位，能够向供应商要求低成本、高质量的投入品。

2. 分销商

分销商是帮助其他企业向消费者出售其产品和服务的组织。分销商的性质和销售方法的变化同样会为管理者带来机遇和威胁。如果分销商的规模比较大，力量比较强，具有控制消费者购买某个企业的产品和服务的能力，那么，它们就有实力要求组织降低其产品和服务的价格，从而对组织产生威胁。例如，大型家电销售连锁店国美电器在国内家电销售市场中占有较大的份额，因此，它常常会向供应商提出降低产品价格的要求。如果供应商拒绝降低所供应产品的价格，国美电器可能会对此做出报复性反应。例如，格力空调曾拒绝国美的要求，一段时间国美电器的卖场中就不再销售格力的产品；相反，如果可以选择的分销商很多，则分销商的力量就可能是比较弱小的。

3. 顾客

顾客是那些购买企业产品或服务的个人或组织。组织是为满足顾客需要而存在的，顾客可以是个人、机构(如学校、医院和政府机关)或公司等，因而销售战术将依据不同的顾客和市场情况而各不相同。不同类型顾客的数量变化及顾客偏好和需求的变化都能够给组织带来机遇和威胁。一个组织的成功是建立在对顾客需求做出正确反应的基础之上的。例如，在个人电脑产业，顾客越来越倾向于注重产品的低价格和多媒体功能，这就要求生产企业必须对产品做出及时的反应，满足消费者新的偏好和需求。管理者识别主要顾客并生产他们所需要的产品和服务的能力是影响组织及其管理成功与否的至关重要的因素。与此同时，信息技术的革命和全球化竞争也正在改变着组织与顾客的关系，管理者必须不断地寻求新方法，建立和维护与顾客的良好关系。

4. 竞争者

与本组织竞争资源的其他组织就是竞争者。组织与其竞争者之间竞争最大的资源就是顾客为购买产品或服务而支付的货币。企业的竞争不仅局限于生产同类产品或提供同类服务的不同企业之间，有时两个不相关的企业也会因获得一笔贷款而竞争。非营利性组织之间也存在竞争关系，不同地区的政府部门在吸引外商投资时相互竞争，不同单位在人才招募上也存在竞争等。

竞争者之间的竞争是管理者必须应对的最具潜在威胁性的因素。高度的竞争通常会导致价格竞争，而不断下跌的价格将会削弱组织获取资源的能力，并缩减利润空间。

全球化的推进加剧了市场的竞争，增加了组织的竞争对手这一环境因素的不确定性，即使像美国这样的经济强国或其大公司，其霸主地位也越来越受到迅速成长的亚洲国家和地区的强势企业和产品的挑战。

5. 政府主管部门

18世纪兴起的放任自由主义者坚信，政府不应插手工商业，而应该限制自己仅仅起维护法律和秩序的作用，放手让自由市场去塑造经济。但进入20世纪，滥用商业权力的势头迫使各国通过许多法律，建立诸多的政府管理机构，以监控企业行为，保护公众利益，确保市场规则的贯彻。

可以说，政府制约着组织能做什么，不能做什么。反垄断法、反不正当竞争法会直接约束公司的市场行为；电信业受通信委员会的管制，上市公司必须遵守证券交易委员会规定的财务标准，药品生产须经食品和药品管理局审查和批准等；甚至雇佣和解雇员工也要受到限制。当然，政府有时也会行动起来，帮助和保护某些产业。例如，日本一直以来把对产业的支持看做是国家政策的一部分，通产省国际贸易和产业部就在积极支持一些行业的发展。

无疑，政府采取的管制会直接影响所有组织的成本，组织必须耗费大量的时间、资金和其他资源来满足政府法规的要求，这会缩小管理者可斟酌决定的范围，限制了可供决策者选择的可行方案。

6. 特殊利益代表组织

特殊利益代表组织是指代表着社会上某一部分人的特殊利益的群众组织，如妇联、工会、消费者协会、环境保护组织等。他们虽然没有政府部门那么大的权力，但却可以对各类组织施加相当大的影响。他们可以直接向政府反映情况，通过宣传工具制造舆论以引起人们的广泛注意。

管理故事

“富亚涂料”，一喝成名

2000年10月8日，一家名为富亚的涂料公司在《北京晚报》上打出一则通栏广告：10月10日上午，在北京市建筑展览馆门前开展“真猫真狗喝涂料”活动，以证明该公司生产的涂料无毒无害。由于这一活动的新奇性，加上近年来“动物保护”意识已深入人心，因此，广告一刊出，即在社会上引起轩然大波。

10月10日上午，北京建筑展览馆门前挂起了“真猫真狗喝涂料，富亚涂料安全大检验”的横幅，一猫三狗准备就绪，富亚公司请来的崇文区公证处公证员也已到位。而展台前则拥满了观众，其中几位愤怒的动物保护协会成员发誓要阻挠此事，另外还有不少跑来“抢新闻”的媒体记者。上午9时，富亚公司总经理蒋和平开始向围观者宣传：1998 年，中国预防医学科学院就用小白鼠为富亚牌涂料做过无毒实验，结论是“实际无毒级”。开展这次活动，是请大家亲眼见识一下，毕竟“耳听为虚，眼见为实”嘛。

他的解释没能说服特意赶到现场来制止这一事件的动物保护主义者。北京市海淀区环保协会动物救助分会会长吴天玉向在场的观众和媒体发表了自己的看法：“我认为这种做法是错误的，伤害了人类的朋友——动物。”她认为，涂料一定会损伤动物的肠胃功能。北京市保护小动物协会副秘书长赵羽和国际爱护动物基金会的吴晓京反应也很激烈，他们与同伴一起在现场举起标语“请不要虐待动物，孩子们看了怎样想？”要求立即停止动物喝涂料的实验，并几次强行要把正准备喝涂料的小动物带走。

现场秩序很乱，围观者越聚越多，眼见“真猫真狗喝涂料”活动就要泡汤。这时，蒋和平摆出一副豁出去的架势，大义凛然地宣布：考虑到群众情绪，决定不让猫狗喝，改为人喝涂料，他亲自喝。话音刚落，场内顿时鸦雀无声。在两名公证员的监督下，蒋和平打开一桶涂料，倒了半杯，又兑了点矿泉水，举在眼前顿了顿。在四周观众直勾勾的注视下，蒋和平“咕咚咕咚”喝下手中一大杯。

3.2.3 管理组织环境

管理者的一项重要任务是理解任务环境和一般环境中的因素如何为自己的组织创造机遇、带来威胁。为了分析组织环境中存在的机遇和挑战的重要性，管理者必须先对以下两点进行测度：①环境的复杂程度；②环境变化的速度。掌握了这些信息之后，管理者就能够制订出最恰当的计划，选择最佳的目标和行动方案。

1. 环境的复杂程度

环境的复杂程度指的是存在于任务环境和一般环境之中的，要求管理者必须对其做出反应的各种因素，这些因素相互交织，难以迅速辨明其数量和潜在影响力。那些看起来具有严重消极影响的因素无疑是潜在的威胁，管理者必须投入大量的组织资源才能够应对它们；不具备重大影响力的因素一般不会为组织带来威胁，因此不需要花费太多的时间和精力；而对于能够产生显著的积极影响的因素，管理者就需要投入大量的时间和精力，以便能够充分利用其中的机遇。

组织面临的复杂性通常在影响决策的因素中表现出来，这些因素如生产的产品、提供的服务数量、消费者类型等都会影响到管理人员需要处理的复杂程度。每一个组织所面临的复杂程度有着很大的差异，一般而言，组织规模越大，管理者必须应对的环境因素的数量也就越多，因此，其所面临环境的复杂程度比规模小的组织所面临的环境复杂程度就高得多。

2. 环境变化的速度

环境变化指的是任务环境和一般环境的各种因素随时间推移而变化和演进的程度。其变化的结果是难以预测的，因此，对于组织及管理者而言，变化就意味着问题。管理者可以尝试着对任务环境未来的状况进行预测或者做出简单的猜测，如预测新的竞争者可能在哪里出现、它们的竞争力有多强等。尽管如此，面对复杂多变的任务环境，管理者绝不能保证今天作出的决策和采取的行动也一定能够适应未来的环境。

环境变化的速度主要决定于社会经济的发展以及由此而产生的环境不确定性。这种不确定性主要表现在经济、社会和技术等因素的不确定性，如消费者偏好的变化、供应商和分销商地位的变化，此外，整个宏观经济的发展趋势也会影响到组织的运行，这使得管理者的工作极具挑战性。

3. 组织环境管理过程

组织环境管理过程可以划分为几个步骤。第一步，管理者列出对组织的任务环境和一般环境影响最大的因素的数量和相对强度。第二步，管理者需要对第一步所列出的因素的变化进行分析，确定它们是为组织创造机遇还是带来威胁。第三步，管理者需要拟定一个计划，制定出怎样利用新的机遇或者消除新的威胁的方法，并确定为达到这个目的所需要使用的资源。

如果组织想长期发展下去，理解组织环境是十分必要的。只有理解了组织环境，管理者才能够对任务环境和一般环境的未来状况进行预期，并采取相应的行动去实现组织目标。

3.3 组织文化

组织文化被称为特定组织的灵魂、精神动力和价值导向。它指导和约束着组织成员的思想和行为，对组织的有效运行有着不可忽视的作用。它不仅对企业组织的运转是一种必不可少的润滑剂，而且能够创造良好的组织气氛和组织环境，从观念、信仰层次调动组织成员的工作积极性和忠诚心，是其他管理手段无法取代的。

管理案例

海尔企业文化概况

海尔企业文化，就是被海尔集团全体员工认同的企业领导人创新的价值观，它的核心是创新。海尔文化是在企业发展历程中产生和逐渐形成特色的文化体系，它以观念创新为先导、以战略创新为方向、以组织创新为保障、以技术创新为手段、以市场创新为目标，伴随着海尔从无到有、从小到大、从大到强、从中国走向世界。

员工的普遍认同、主动参与是海尔文化的最大特点；“天下万物生于有、有生于无”是海尔的文化观。海尔文化是历史的，海尔集团总裁张瑞敏，从老子“无”生“有”的思想中悟到“无”比“有”更重要，也悟出柔才能克刚、谦逊才能进取的为人做事之理，于是将集团总部的办公楼建成“外方内圆”的建筑，表明要思方行圆；集团总部办公楼前的配套建筑及海尔大学的园林建筑也体现了“一生二、二生三、三生万物”的道家思想和“君子博学而日三省乎己，则知明而行无过矣”的儒家“日新”理念。海尔文化又是现代的、先进的，因为它运用先进的管理经验与世界经验接轨，走向了世界。1998年3月25日，张瑞敏应邀登上哈佛大学讲台，给工商管理硕士二年级学生讲课，使美国教授、学生“从张(瑞敏)先生的讲课中，第一次了解到了中国企业成功的管理!”从此，“海尔文化激活休克鱼”的案例正式写进哈佛大学教材，标志着海尔真正走向了世界。

海尔文化7层次论如下。①表层海尔文化：海尔标志、海尔中心大楼、海尔广告、海尔的样品展室、海尔的园区绿化、可爱的海尔兄弟商标等。②浅层海尔文化：海尔职工礼貌、素养、标准蓝色着装；迅速反应，马上行动的作风等。③中层海尔文化：产品方面包括注重环保、用户至上的海尔产品，“大地瓜”、“小小神童”洗衣机、“宽带电压”、瘦长的“小王子”电冰箱等产品所体现的“乡情”及其文化、科技内涵；服务方面包括海尔的客户需求调查、海尔生产线现场参观、工业旅游专线的设计；售后服务“用户永远是对的”理念的建立和实施，无搬动服务及24小时安装到位服务项目。④深层海尔文化：OEC管理模式，“日事日毕、日清日高”和“三E卡”管理、定额淘汰、竞争上岗的组织平台、创自主管理班组做法等。⑤里层海尔文化：管理理念，包括“有缺陷的产品就是废品”的质量理念，适应中国国情的“吃休克鱼，用文化激活休克鱼”企业兼并理念，“东方亮了，再亮西方”的市场扩张理念，“首先卖信誉，其次卖产品”的营销理念，“人人是人才，赛马不相马”人才观，“用户永远是对的”和“把用户的烦恼降到零”的售后服务理念，“先难后易，先创名牌，后创汇”的国际市场战略，“用户的难题就是我们开发的课题”和“要干就干最好的”科研开发理念，海尔的企业斜坡球体定律等，可谓丰富多彩，全面系统，配套协调。⑥内层海尔文化：海尔前景，也就是10年之内，进入世界500强的奋斗目标。⑦海尔文化内核：也就是海尔的哲学和价值观，那就是“敬业报国，追求卓越”，“海尔真诚到永远”。

20世纪80年代初，美国哈佛大学教育研究院的教授泰伦斯·迪尔(Terrence E. Deal)和麦肯锡咨询公司顾问艾伦·肯尼迪(Allan Kennedy)在长期的企业管理研究中积累了丰富的资料。他们在6个月的时间里，集中对80家企业进行了详尽的调查，写成了《企业文化——企业生存的习俗和礼仪》一书，成为论述企业文化的经典之作。它用丰富的例证指出，杰出而成功的企业都有强有力的企业文化，即为全体员工共同遵守，但往往是自然约定俗成的而非书面的行为规范；并有各种各样用来宣传、强化这些价值观念的仪式和习俗。正是企业文化这一非技术、非经济的因素，影响着决策的产生、企业中的人事任免，小至员工们的行为举止、衣着爱好、生活习惯。在两个其他条件都相差无几的企业中，其文化强弱不同，对企业发展所产生的后果也会完全不同。

3.3.1 组织文化概述

1. 组织文化的概念

组织文化是特定组织在适当处理外部环境和内部整合过程中出现的种种问题时，所形成和发展起来的日益稳定的、独特的价值观，以及以此为核心而形成的行为规范、道德准则、群体意识、风俗习惯等。

2. 组织文化的核心是组织价值观

美国沃尔玛百货有限公司(以下简称“沃尔玛”)创始人萨姆·沃尔顿(Sam Walton)，为公司制定了3条座右铭：“顾客是上帝”、“尊重每一个员工”、“每天追求卓越”。这也可以说是沃尔玛企业文化的精华。沃尔玛的“周六例会”最能体现其企业文化。组织价值观是指组织评判事务和指导行为的基本信念、总体观点和选择方针，是为员工所接受的共同观念。

企业发展的灵魂是企业文化，而企业文化最核心的内容就是价值观。有什么样的价值观，就有什么样的制度文化和规章制度。“海尔在不到20年的时间里，能够比较健康、快速地发展，主要靠的是创新精神。海尔价值观的核心就是创新，世界名牌就是我们的目标。”在纪念邓小平同志诞辰100周年之际，张瑞敏如是说。

管理故事

买菜的比喻

一位老板向我诉苦说，他的公司管理极为不善。我应约而往，到公司上下走动了一回，心中便有了底。我问这位老板：“你到菜市场去买过菜吗？”他愣了一下，答道：“是的。”我继续问：“你是否注意到，卖菜人总是习惯于缺斤少两呢？”他回答：“是的，是这样。”“那么，买菜人是否也习惯于讨价还价呢？”“是的。”他回答。“那么，”我笑着提醒他，“你是否也习惯于用买菜的方式来购买职工的生产力呢？”他吃了一惊，瞪大眼睛望着我。最后，我总结说：“一方面是你在工资单上跟职工动脑筋，另一方面是职工在工作效率或工作质量上跟你缺斤少两。也就是说，你和你的职工是‘同床异梦’，这就是公司管理不善的病灶之所在啊！”

案例点评

只有企业老板和员工有了共同的价值观，才能够同心同德，全力以赴把企业的事情干好，而这个共同价值观形成的前提，就是企业老板要尊重员工，以诚相待。“种瓜得瓜，种豆得豆”，你怎样对待员工，员工就会怎样对待你。

3. 组织文化的基本要素

1982年，组织文化学派的代表人物TE迪尔(T. E. Deal)和A. A.肯尼迪(A. A. Kennedy)合著了《公司文化》，托马斯·J·彼得斯(Thomas J. Peters)和小罗伯特·H·沃特曼(Robert H. Waterman)合著了《成功之路》，他们对组织文化的要素和作用进行了探讨。迪尔和肯尼迪认为组织文化的构成要素有5种：环境条件、价值信仰、英雄人物、习惯礼仪、文化网络。他们强调把5种要素结合起来发挥作用。

美国学者彼得斯和沃特曼认为，组织文化的要素至少有7种：经营战略、组织结构、管理风格、工作制度、工作人员、技术能力、共同价值观。这7种要素被称为“7S”管理模式(因7个要素的英文第一个字母都是S而得名)，如图3.4所示。

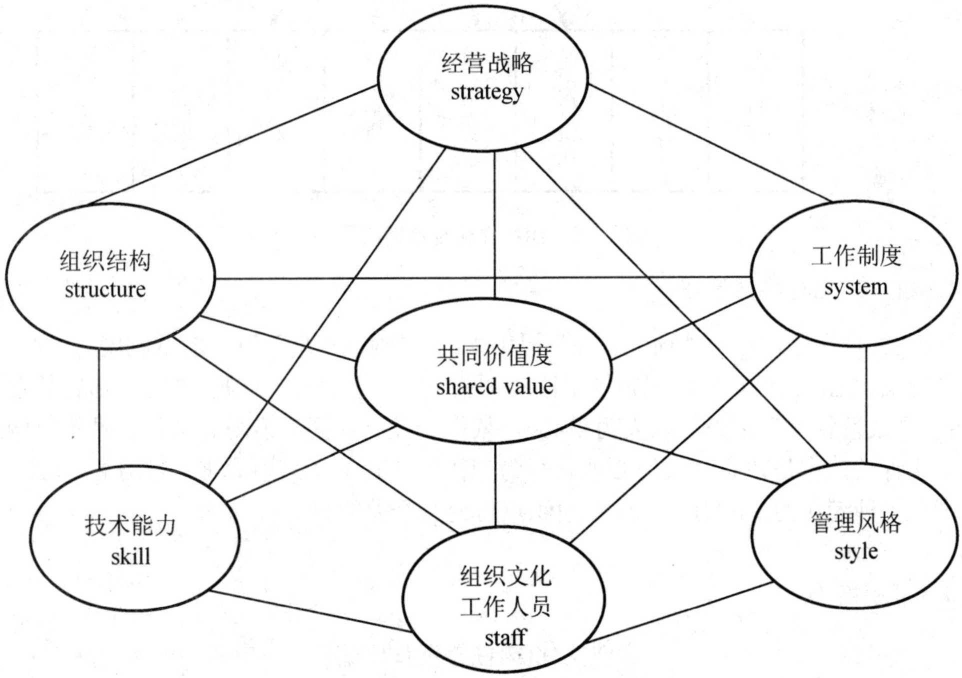

图3.4　“7S”管理模式示意图

周三多等学者认为，组织文化从结构上可分为3个层次，即表层文化、中介文化和深层文化；其表现形态分别为物化文化、制度文化、管理文化、生活文化、观念文化；其构成要素为组织精神、组织理念、组织价值观、组织道德、组织素质、组织行为、组织制度和组织形象等，并构成一个有着内在联系的网络图，如图 3.5 所示。

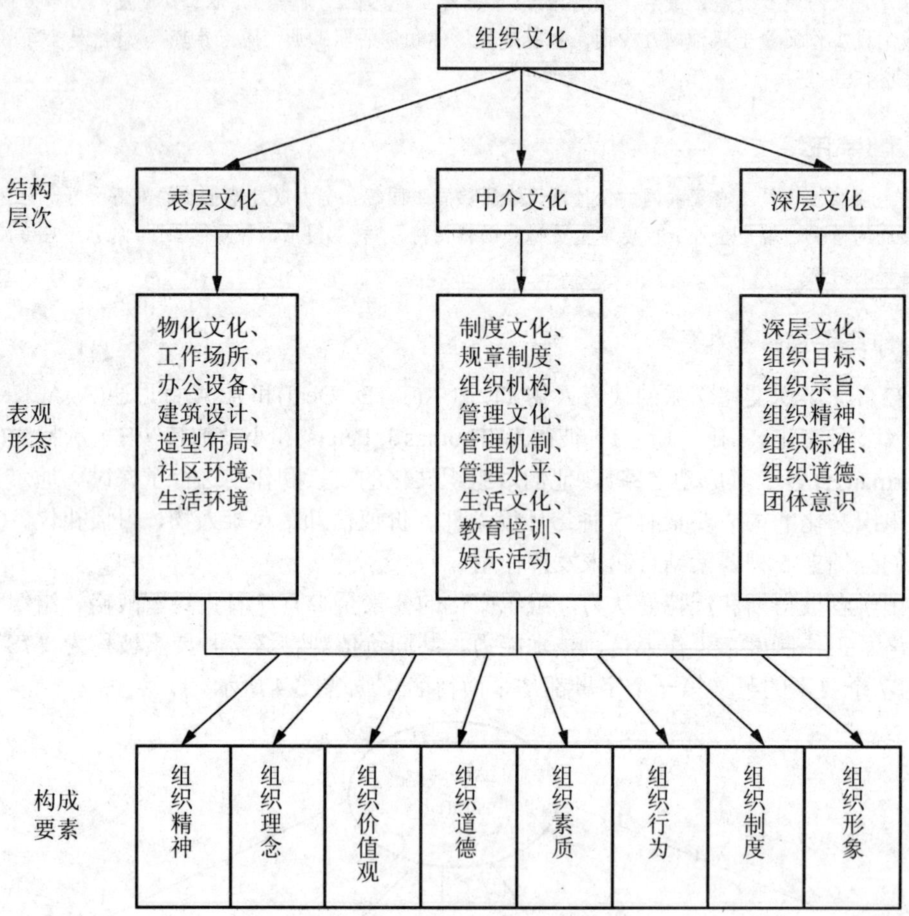

图 3.5 组织文化复合网络图

4. 组织文化与柔性管理

“柔性管理”是相对于“刚性管理”提出来的。“刚性管理”以“规章制度为中心”，凭借制度约束、纪律监督、奖惩规则等手段对企业员工进行管理，这是 20 世纪通行的泰勒管理模式。“柔性管理”则是“以人为中心”，依据企业的共同价值观和文化、精神氛围进行的人格化管理，它是在研究人的心理和行为规律的基础上，采用非强制性方式，在员工心目中产生一种潜在的说服力，从而把组织意志变为个人的自觉行动。

知识链接

企业文化(柔性管理)的作用

当今时代是管理更加人性化的时代，对管理水平的要求更高，现在的人需求层次越来越高，而且知识工作者在劳动者中所占的比重也越来越大，在美国已经构成劳动力的五分之二。发达国家经济的未来与繁荣归根到底将取决于知识工作者的生产力。知识工作者的特点是要自己管理自己，要有自主权；不断创新是工作任务与责任的一部分；而且知识工作者的生产力需要把知识工作者不是当作“成本”，而是作为一种“资产”去看待，要让他们自愿在这个单位工作而不去寻找别的机会。正如彼得·德鲁克在“对管理的新看法”中谈到，对待“雇员”要越来越像对待“伙伴”那样去管理，即在伙伴关系中要一视同仁，人人平等，对待伙伴是不能发号施令的，而是需要用说服的办法。总之，对人员不是“管理”，而是“引导”，才能使每一个人的知识和特长得以充分发挥。目前，世界上许多的现代化企业大都采取柔性管理的方法。例如，美国的国际商业机器公司，就取消了按件计酬的方式，认为这与人性的尊严相违背。又如，美国的阿米尔公司是一家生产钛产品的联合企业，几年前经营成绩很不理想，但近几年实行总经理“微笑”管理，通过一系列措施，提高员工“士气”，结果企业近3年几乎没有投资，而生产率却差不多提高了80%。很多企业通过构建自己的“企业文化”，科学地培养员工的“归属意识”，调动了员工积极性，提高了经济效益。因此，我们应进一步探究企业文化(柔性管理)，使之发挥更大的作用。

但是，一种管理方法是刚性管理或柔性管理，并不是人主观选择的结果，而是一个伴随生产力发展，在企业经营活动中自然出现的产物。特别是在中国这样的一个特殊的历史时期和特殊的社会环境里，我们应该选择刚性多一点还是柔性多一点的管理呢？要回答这个问题，首先要了解中国企业目前的状况。改革后的中国企业可以说形态万千，既有原始作坊又有现代化大企业，既有根植于黄土地的乡镇企业也有新兴崛起的跨国公司，既有生机勃勃的私营企业又有主宰国民经济命脉的大中型国有企业。正是由于企业的所有制类型、生产技术水平、员工素质、生产规模等各方面的种种差异，所以决定了对中国企业的管理应该是多种模式、多种方法。但总的来说，我觉得中国大部分企业的管理应采用刚性多一些，虽然它似乎有悖于当前的人性化的历史潮流，但却是适合中国国情的有效的管理，因为我国很多的企业非常缺乏必要的制度、必要的程序，缺乏必要的量化标准。而没有这些科学的管理作基础，任何的管理都不会起到好的作用。这一点也是我们研究人力资源管理时不可忽视的。

(资料来源：http://www.jobeasy.cn/art/ArticleShow.aspx?ArticleID=4549.)

5. 组织文化的描述

可以通过对一个组织在以下几方面达到的程度的分析来描述其组织文化：

(1) 导向性：目标、业绩达到何种程度。

(2) 控制的程度：规章制度、原则的多少。

(3) 管理者与员工之间的关系：上对下的帮助和支持如何。

(4) 对员工的基本看法：对员工信任、责任、自由和独立性。

(5) 风险容忍度：鼓励员工开拓、创新和承担风险的程度。

(6) 冲突宽容度：允许不同意见和公开批评的程度。

(7) 沟通的模式：信息的传递。

(8) 协作意识：鼓励团队协作的程度。

(9) 整体意识：成员把组织/特定的工作小群体看做一个整体。

(10) 奖励的指向：基于个人业绩而非感觉好恶程度。

管理故事

不同企业的不同组织文化

这是一个制造厂。该厂有许多员工必须遵守的规章制度；每一个员工都有其特定的工作目标，管理者严格管理员工以确保不发生偏差；人们对其工作几乎没有任何决策权，有任何不平常的问题，都必须向其上司报告，由上司决定如何处理；所有的员工都必须按正式的权力线进行信息传递；管理人员不相信员工的诚实和正直；组织雇佣管理者和员工按一定的程序先在基层各个部门锻炼，成为多面手而且有专业特长；组织高度赞扬和奖励的是努力工作、团结协作、不犯错误和忠诚。

这同样是一个制造厂。但在这个厂，规章制度很少；员工们被认为是努力工作和值得信赖的，因此监控比较松散；它鼓励员工自己解决问题，但当他们需要帮助时，可随时向其上司请教；各部门之间分工明确；组织鼓励员工开发其专业技能；人际之间或部门之间存在不同意见或差异被认为是正常现象；组织根据管理者所在部门的业绩和该部门与组织其他部门之间的配合情况来评价管理者；晋升和奖励倾向于那些为组织做出最大贡献的员工，即使他有不同的观点、异于常人的工作习惯或独特的个性。

6. 组织文化的特点

(1) 文化性，是组织文化区别于组织其他内容的根本点，也是最明显、最重要的特征。组织文化是以文化的形式表现的。文化有广义和狭义之分。广义的文化是指人类在社会历史发展过程中所创造的物质财富和精神财富的总和；狭义的文化是指特定社会的意识形态，以及与之相适应的礼仪制度、组织机构、人们所共有的一种习惯性的心理状态和行为方式等。文化具有民族性、传承性、特异性等特点。在一个组织中，文化会通过不同的形式展现其活动内容。

(2) 独特性。组织文化作为一种独特的文化，其内容会渗透到组织的各个方面。任何组织的组织文化都有其鲜明的个性。

(3) 整合性。组织文化具有强大的凝聚力，具有调整员工思想行为的重要作用，使员工认识组织的共同目标和利益，使全体员工行为趋于一致，齐心协力，尽量减少内耗。

(4) 实践性。组织文化源于实践又服务于实践，作为一种实践工具而存在；另外，组织文化的内容与实践密不可分，因此，可以说组织文化是一种实践的文化。

(5) 自觉性。管理者、企业家、员工在总结经验教训的基础上提出组织文化理念，并应用于实践，从而培养、升华出高水平的组织文化，它是员工在高度自觉的努力下形成的，也是组织文化具有管理功能的前提条件。

(6) 稳定性。组织文化的形成是一个复杂的过程，往往会受到政治的、社会的、人文的和自然环境等诸多因素的影响，因此，它的形成需要经过长期的倡导和培育。正如任何文化都有历史继承性一样，组织文化一经形成，会具有稳定性和持续性，并不会因为组织战略或领导层的人事变动而立即消失。

(7) 民族性。组织文化是一个国家或地区的亚文化，会受到国家或地区文化的影响。

7. 组织文化的作用

1) 凝聚作用

如果组织没有一种被全体内部成员所接受的共同价值观念，员工就会按照各自的追求从事工作。组织文化可以改变这种各自为政、以自我为中心的个人价值观念体系，使员工产生强烈的集体意识。通过组织文化建设，使全体员工在组织使命、组织目标、战略举措等基本方面达成共识，从根本上保证组织人际关系的和谐性、稳定性和健康性，从而使员工产生对组织的认同感和归属感，把自己的思想、感情、行为融合到整个组织当中，产生强大的凝聚力，获得整体效应。

2) 导向功能

组织文化能对组织整体和组织每个成员的价值取向及行为取向起引导作用，使之符合组织所确定的目标。组织文化作为团体共同价值观，与组织成员必须强行遵守的、以文字形式表述的明文规定不同，它只是一种软性的理智约束，通过组织的共同价值观不断地向个人价值观渗透和内化，使组织自动生成一套自我调控机制，以一种适应性文化引导组织的行为和活动。

3) 规范作用

组织的规章制度和管理规则是一种刚性控制。组织文化的约束不是制度式的硬约束，而是一种软约束，这种约束产生于企业的文化氛围、群体行为准则和道德规范。它是组织在理念上确立一种内在的、自我控制的行为标准，这种无形的标准操纵和控制着企业的经营管理活动，规范、指导、约束着组织成员的行为，使其思想感情和行为与组织保持相通的价值取向，这在很大程度上会弥补单纯的硬约束所带来的不足和偏颇。

4) 协调功能

组织各部门之间、员工之间，由于各种原因难免会产生一些矛盾。组织文化通过强化组织内部员工间的沟通，加深彼此的信任，赋予人们共同的价值观、思维和行为方式，因而能够促进组织形成凝聚力，消除矛盾和冲突，这是一种柔性的潜移默化的协调。

5) 辐射作用

组织文化一旦形成较为固定的模式，它不仅会在组织内发挥作用，对本组织员工产生影响，而且也会通过各种渠道对社会产生影响。组织在不断发展的过程中所形成的文化沉淀，通过无数次的辐射、反馈和强化，会随着实践的发展而不断地更新和优化，推动组织文化从一个高度向另一个高度迈进。

6) 激励功能

组织文化为员工提供统一的行为规范与准则，建立起以组织价值观为基础的行为模式，从而把员工的行为吸引到实现组织目标的轨道上来。同时，组织文化为员工满足自我实现的愿望提供了可能，员工能够感觉到企业目标的实现也意味着个人利益需求的实现。由于自我实现是人的最高需求，其实现必将形成强大的激励，激励员工勤奋工作、积极进取，通过实现组织目标而达到自我实现，组织文化要发发挥其激励功能一方面依赖于企业价值观的驱动，企业信念的深入人心和积极的群体意识的影响；另一方面依赖于在共同的文化观念下形成的适应本企业特点且具有操作性的激励机制。

知识链接

企业文化的作用

沃特曼和彼得斯在《成功之路》中指出："企业文化是无形的财富、无穷的动力，它吸取传统文化之精华，结合当代最先进的管理思想和策略，把企业的基本理念、基本价值观灌输给它的职工，形成上下一致的企业文化，这就使企业的每一个职工产生强烈的使命感，激发企业职工最大的想象力和创造力，这就必然对企业的发展起到事半功倍的作用。"

3.3.2 组织文化建设的途径

组织文化的合适与否对于组织的生存和发展有着重大的影响，不好的组织文化会影响组织目标的实现。如果组织成员没有一种共同的使命感，没有一种团结向上的精神，这个组织就会变成一盘散沙。管理者对内部环境的管理，首先是要加强对组织成员的教育，倡导良好的组织文化的形成。

组织文化的建设是个长期的过程，同时也是组织发展过程中的一项艰巨的、细致的系统工程。组织文化的建设需要经过以下几个过程。

1. 选择合适的组织价值观

组织价值观是整个组织文化的核心，选择正确的组织价值观是塑造良好组织文化的首要条件。选择正确的组织价值要注意以下 4 点：

(1) 组织价值要正确、明晰、科学，具有鲜明特点。

(2) 组织价值观和组织文化要体现组织的宗旨、管理战略和发展方向。

(3) 要切实调查本组织员工的认可度和接纳度，使之与本组织员工的基本素质相和谐，过高或过低的标准都很难奏效。

(4) 选择组织价值观要发挥员工的创造精神，认真听取员工的各种意见，筛选出既符合组织特点又反映员工心态的组织价值观和组织文化模式。

2. 强化员工的认同感

在选择并确立了组织价值观和组织文化模式之后，就应把基本认可的方案通过一定的强化灌输方法使其深入人心。

(1) 利用一切宣传媒体，宣传组织文化的内容和精要，使之深入人心，以创造浓厚的环境氛围。

(2) 培养和树立典型。榜样和英雄人物是组织精神和组织文化的人格化身与形象缩影，能够以其特有的感召力和影响力为组织成员提供可以仿效的具体榜样。

(3) 加强相关培训教育。有目的的培训与教育，能够使组织成员系统地接受组织的价值观并强化员工的认同感。

3. 提炼定格

组织价值观的形成必须经过分析、归纳和提炼方能定格。

(1) 精心分析。在经过群众性的初步认同实践之后，应当对反馈回来的意见进行剖析和评价，详细分析和比较实践结果与规划方案的差距，必要时可吸收有关专家和员工的合理意见。

(2) 全面归纳。在系统分析的基础上，进行综合化的整理、归纳、总结和反思，去除那些落后或不适宜的内容与形式，保留积极进步的形式与内容。

(3) 精练定格。把经过科学论证和实践检验的组织精神、组织价值观、组织伦理与行为条理化、完善化、格式化，再经过必要的理论加工和文字处理，用精练的语言表述出来。

4. 巩固落实

要巩固落实已提炼定格的组织文化首先要建立必要的制度保障。在组织文化演变为全体员工的习惯行为之前，要使每一位成员在一开始就能自觉主动地按照组织文化和组织精神的标准去行动比较困难，即使在组织文化业已成熟的组织中，个别成员背离组织宗旨的行为也是经常发生的。因此，建立某种奖优罚劣的规章制度十分必要。其次，领导者在塑造组织文化的过程中起着决定性的作用，应起到表率作用。领导者必须更新观念并能带领组织成员为建设优秀组织文化而共同努力。

5. 在发展中不断丰富和完善

任何一种组织文化都是特定时期的产物，当组织的内外条件发生变化时，组织必须不失时机地丰富、完善和发展组织文化。这既是一个不断淘汰旧文化和不断生成新文化的过程，也是一个认识与实践不断深化的过程。组织文化由此经过不断的循环往复以达到更高的层次。

3.4 环境分析方法

3.4.1 五力竞争模型

五力竞争模型是迈克尔·波特于 20 世纪 80 年代初提出，是作为行业竞争驱动力量的分析工具提出的。“五力”分别是供应商的讨价还价能力、购买者的讨价还价能力、潜在竞争者进入的能力、替代品的替代能力、行业内竞争者现在的竞争能力，如图 3.6 所示。5 种力量的不同组合变化最终会影响行业利润潜力。所以，研究企业战略，就是通过行业结构分析，对其所处的经营环境进行解构，了解企业面临的五种竞争力量的情况，以采取相应的竞争性行动，削弱五种竞争力量的影响，增强自身的竞争实力与地位，从而保持良好的盈利状态，在竞争中获得主动权。

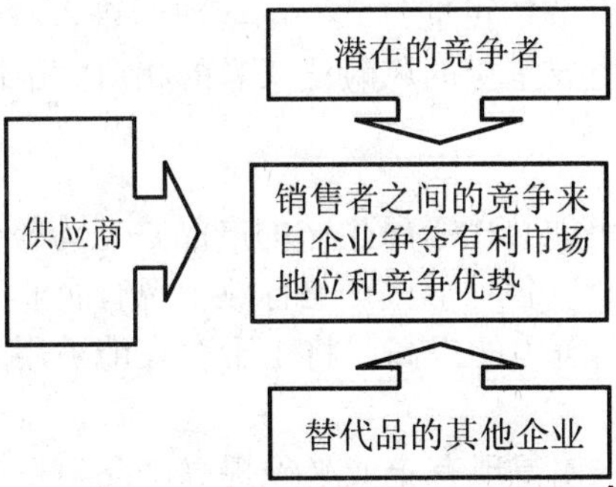

图 3.6 五力竞争模型

1. 供应商的讨价还价能力

卖方主要通过其提高投入要素价格与降低单位价值质量的能力，来影响行业中现有企业的盈利能力与产品竞争力。卖方力量的强弱主要取决于他们所提供给买方的是什么投入要素，当卖方所提供的投入要素的价值占了买方产品总成本的较大比例、对买方产品生产过程非常重要或者严重影响买方产品的质量时，卖方对于买方的潜在讨价还价力量就大大增强。一般来说，满足以下条件的卖方集团会具有比较强大的讨价还价力量。

(1) 卖方行业为一些具有比较稳固市场地位而不受市场剧烈竞争困扰的企业所控制，其产品的买方很多，以至于每一单个买方都不可能成为卖者的重要客户。

(2) 卖方各企业的产品各具有特色，以至于买方难以转换或转换成本太高，或者很难找到可与卖者企业产品相竞争的替代品。

(3) 卖方能够方便地实行前向联合或一体化，而买方难以进行后向联合或一体化。

2. 购买者的讨价还价能力

买方主要通过其压价与要求提供较高的产品或服务质量的能力，来影响行业中现有企业的盈利能力。一般而言，满足如下条件的买方可能具有较强的讨价还价力量。

(1) 买方的总数较少，而每个买方的购买量较大，占了卖方销售量的很大比例。

(2) 卖方行业由大量相对来说规模较小的企业所组成。

(3) 买方所购买的基本上是一种标准化产品，同时向多个卖主购买产品在经济上也完全可行。

(4) 买方有能力实现后向一体化，而卖主不可能实现前向一体化。

3. 潜在竞争者进入的能力

潜在竞争者在给行业带来新生产能力、新资源的同时，将希望在已被现有企业瓜分完毕的市场中赢得一席之地，这就有可能会与现有企业发生原材料与市场份额的竞争，最终导致行业中现有企业赢利水平降低，严重的话还有可能危及这些企业的生存。竞争性进入威胁的严重程度取决于两个方面的因素：进入新领域的障碍大小；预期现有企业对于进入者的反应情况。

进入障碍主要包括规模经济、产品差异、资本需要、转换成本、销售渠道开拓、政府行为与政策、不受规模支配的成本劣势、自然资源、地理环境等方面，这其中有些障碍是很难借助复制或仿造的方式来突破的。预期现有企业对进入者的反应情况，主要是采取报复行动的可能性大小，这取决于有关厂商的财力情况、报复记录、固定资产规模、行业增长速度等。总之，新企业进入一个行业的可能性大小，取决于进入者主观估计进入所能带来的潜在利益、所需花费的代价与所要承担的风险这三者的相对大小情况。

4. 替代品的替代能力

两个处于不同行业中的企业，可能会由于所生产的产品是互为替代品，从而产生相互竞争行为，这种源于替代品的竞争会以各种形式影响行业中现有企业的竞争战略。

(1) 现有企业产品售价以及获利潜力的提高，将由于存在能被用户方便接受的替代品而受到限制。

(2) 由于替代品生产者的侵入，使得现有企业必须提高产品质量或者通过降低成本来降低售价、或者使其产品具有特色，否则其销量与利润增长的目标就有可能受挫。

(3) 源自替代品生产者的竞争强度，受产品买方转换成本高低的影响。

总之，替代品价格越低、质量越好、用户转换成本越低，其所能产生的竞争压力越强；而这种来自替代品生产者的竞争压力的强度，可以具体通过考查替代品销售增长率、替代品厂家生产能力与赢利扩张情况来进行描述。

5. 行业内竞争者现在的竞争能力

大部分行业中的企业，相互之间的利益都是紧密联系在一起的，作为企业整体战略一部分的各企业竞争战略，其目标都是使自己的企业获得相对于竞争对手的优势，所以，在实施中就必然会产生冲突与对抗现象，这些冲突与对抗就构成了现有企业之间的竞争。现有企业之间的竞争常常表现在价格、广告、产品介绍、售后服务等方面，其竞争强度与许多因素有关。

一般而言，出现下述情况将意味着行业中现有企业之间竞争的加剧，就是行业进入门槛较低，势均力敌的竞争对手较多，竞争参与者范围广泛；市场趋于成熟，产品需求增长缓慢；竞争者企图采用降价等手段促销；竞争者提供几乎相同的产品或服务，用户转换成本很低；一个战略行动如果取得成功，其收入相当可观；行业外部实力强大的公司在接收了行业中实力薄弱企业后，发起进攻性行动，结果使得刚被接收的企业成为市场的主要竞争者；退出门槛较高，即退出竞争要比继续参与竞争代价更高。在这里，退出门槛主要受经济、战略、感情及社会政治关系等方面考虑的影响，具体包括资产的专用性、退出的固定费用、战略上的相互牵制、情绪上的难以接受、政府和社会的各种限制等。

3.4.2 SWOT分析

1. SWOT分析概念

SWOT分析法又称态势分析法，是企业经营环境分析的基本构架，也称波士顿矩阵，它是由旧金山大学的管理学教授于20世纪80年代初提出来的，是一种能够较客观而准确地分析和研究一个单位现实情况的方法。SWOT 4 个英文字母分别代表 strengths(优势)、weaknesses(劣势)、opportunities(机会)、threats(威胁)。SWOT 分析通过将与研究对象密切相关的各种主要内部优势、劣势、机会和威胁等，通过调查列举出来，并依照矩阵形式排列，然后用系统分析的思想，把各种因素相互匹配起来进行综合评估与分析，从中得出一系列相应的结论，然后再调整企业资源及企业策略，来达成企业的目标。SWOT分析已逐渐被许多企业运用到包括企业管理、人力资源、产品研发等各个方面。

1) 优势

优势是指一个企业超越其竞争对手的能力，或者指企业所特有的能提高企业竞争力的东西。优势表现为以下几个方面：技术技能优势，如独特的生产技术、低成本生产方法、领先的革新能力、雄厚的技术实力、完善的质量控制体系、丰富的营销经验、上乘的客户服务、卓越的大规模采购技能等；有形资产优势，如先进的生产流水线、现代化车间和设备、丰富的自然资源储存、充足的资金、完备的资料信息等；无形资产优势，如优秀的品牌形象、良好的商业信用、积极进取的企业文化；人力资源优势，如拥有专长的职员、积极上进的职员、很强的组织学习能力、丰富的经验等；组织体系优势，如高质量的控制体系、完善的信息管理系统、忠诚的客户群、强大的融资能力等；竞争能力优势，如产品开发周期短、强大的经销商网络、与供应商良好的伙伴关系、对市场环境变化的灵敏反应、市场份额的领导地位等。

2) 劣势

劣势是指企业某种缺少或做得不好的东西，或指某种会使企业处于劣势的条件。可能导致内部弱势的因素有缺乏具有竞争意义的技能技术；缺乏有竞争力的有形资产、无形资产、人力资源、组织资产等；关键领域里的竞争能力正在丧失等。

3) 机会

市场机会是影响企业战略的重大因素。企业管理者应当确认每一个机会，评价每一个机会的成长和利润前景，选取那些可与企业财务和组织资源匹配、使企业获得的竞争优势的潜力最大的最佳机会。潜在的发展机会可能是客户群的扩大趋势或产品细分市场；技能技术向新产品、新业务转移，为更大客户群服务；前向或后向整合；市场进入壁垒降低；获得并购竞争对手的能力；市场需求增长强劲，可快速扩张；出现向其他地理区域扩张，扩大市场份额的机会等。

4) 威胁

在企业的外部环境中，总是存在某些对企业的赢利能力和市场地位构成威胁的因素。企业管理者应当及时确认危及企业未来利益的威胁，作出评价并采取相应的战略行动来抵消或减轻它们所产生的影响。企业的外部威胁可能是出现将进入市场的强大的新竞争对手；替代品抢占企业销售额；主要产品市场增长率下降；汇率和外贸政策的不利变动；人口特征，社会消费方式的不利变动；客户或供应商的谈判能力提高；市场需求减少；容易受到经济萧条和业务周期的冲击等。

管理故事

狮子与农夫

狮子爱上了农夫的女儿，请求农夫将女儿嫁给它。农夫既不忍心把女儿许配给猛兽，又怕拒绝被报复，就想出了一个方法。当狮子来催促的时候，农夫对它说："我很愿意将女儿嫁给你，但她很害怕你的尖牙利爪，如果你剪掉他们，我女儿立即与你结婚。"

狮子闻言大喜，立刻答应回去剪掉尖牙利爪。可是如此一来，农夫就不怕狮子了。当狮子再来的时候，农夫就用木棒把它赶跑了。

案例点评

这虽然只是一个寓言故事，但在现实生活中，我们有多少经营者因为轻易放弃自身优势，盲目扩张，多元化经营，最终以失败告终呢？因此，当经营处于顺境时，我们更需要保持清醒的头脑，谨慎分析自身的优劣势及环境的机会与威胁，在保持优势的前提下，开发新的领域，否则，一旦失去再要索回，为时已晚矣。

2. SWOT 分析的组合类型

将外部机会和威胁与企业内部优势和劣势进行匹配，形成可行的战略。SWOT 分析有 4 种不同类型的组合：优势—机会(SO)组合、劣势—机会(WO)组合、优势—威胁(ST)组合和劣势—威胁(WT)组合，如图 3.7 所示。

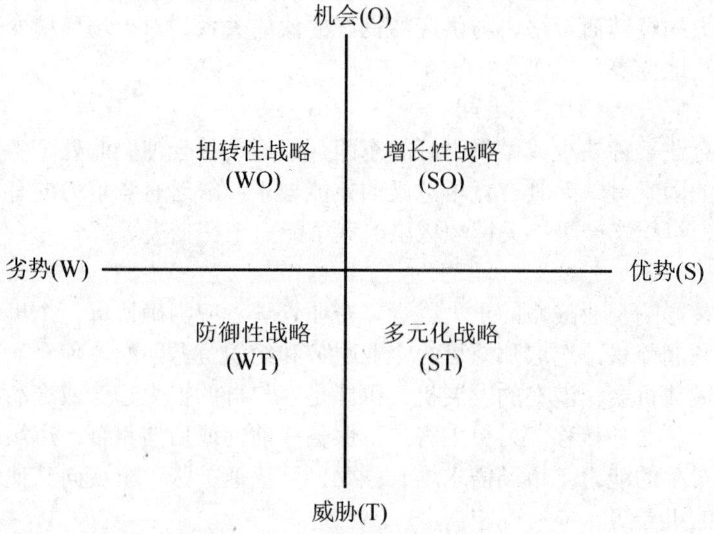

图 3.7 SWOT 分析图

(1) 优势—机会(SO)战略：增长型战略，是一种发展企业内部优势与利用外部机会的战略，是一种理想的战略模式。当企业具有特定方面的优势，而外部环境又为发挥这种优势提供有利机会时，可以采取该战略。例如，良好的产品市场前景、供应商规模扩大和竞争对手有财务危机等外部条件，配以企业市场份额提高等内在优势可成为企业收购竞争对手、扩大生产规模的有利条件。

(2) 劣势—机会(WO)战略：扭转型战略，是利用外部机会来弥补内部弱点，使企业改劣势而获取优势的战略。存在外部机会，但由于企业存在一些内部弱点而妨碍其利用机会，可采取措施先克服这些弱点。例如，若企业弱点是原材料供应不足和生产能力不够，从成本角度看，前者会导致开工不足、生产能力闲置、单位成本上升，而加班加点会导致一些附加费用。在产品市场前景看好的前提下，企业可利用供应商扩大规模、新技术设备降价、竞争对手财务危机等机会，实现纵向整合战略，重构企业价值链，以保证原材料供应，同时可考虑购置生产线来克服生产能力不足及设备老化等缺点。通过克服这些弱点，企业可以进一步利用各种外部机会，降低成本，取得成本优势，最终赢得竞争优势。

(3) 优势—威胁(ST)战略：多元化经营战略，是指企业利用自身优势，回避或减轻外部威胁所造成的影响。例如，竞争对手利用新技术大幅度降低成本，给企业很大成本压力；同时材料供应紧张，其价格可能上涨；消费者要求大幅度提高产品质量；企业还要支付高额环保成本等，这些都会导致企业成本状况进一步恶化，使之在竞争中处于非常不利的地位，但若企业拥有充足的现金、熟练的技术工人和较强的产品开发能力，便可利用这些优势开发新工艺，简化生产工艺过程，提高原材料利用率，从而降低材料消耗和生产成本。另外，开发新技术产品也是企业可选择的战略。新技术、新材料和新工艺的开发与应用是最具潜力的成本降低措施，同时它可提高产品质量，从而回避外部威胁影响。

(4) 劣势—威胁(WT)战略：防御型战略，是一种旨在减少内部弱点，回避外部环境威胁的防御性技术。当企业存在内忧外患时，往往面临生存危机，降低成本也许会成为改变劣势的主要措施。当企业成本状况恶化，原材料供应不足，生产能力不够，无法实现规模效益，且设备老化，使企业在成本方面难以有大作为，这时将迫使企业采取目标聚集战略或差异化战略，以回避成本方面的劣势，并回避成本原因带来的威胁。

3.5 组织的社会责任与管理伦理

近年来，品德、诚信已成为众所关心的名词，它源于企业诚信问题，财务报表不实、内线交易、淘空资金等案例层出不穷，造成投资人蒙受巨大的损失。近者如双汇瘦肉精事件、中国三鹿毒奶事件、美国雷曼兄弟银行倒闭事件，受害之广，波及全球。远者如美国恩隆(Enron)、美国会计顾问公司安达信(Andersen)、世界通讯(WorldCom)、日本雪印乳品等案，无不使企业与投资人受到重创。又如，我们在社会新闻中常见的“黑心床垫”、“黑心猪肉”、“黑心鸭蛋”、“黑心蔬菜”、“黑心水果”、“黑心香肠”、“黑心药材”、“黑心玩具”、脚尾饭新等，充斥媒体版面。这种种现象，我们可以断言，这都是人类的道德伦理失落沦亡所造成的恶果。

3.5.1 伦理与道德

伦理作为人类起源最早、最基本的精神活动，一直贯穿于人类的文明发展史。在人类作为一种社会动物逐渐从其他动物群中分离出来以后，为了维持自己的生存与发展，为了在社会生活中规范人与人之间的关系，逐渐在生产与生活实践中形成了一系列的风俗、习惯以及行为准则，这些都构成了伦理的有机要素。人们不断对实践中的经验进行总结，将一些风俗习惯、行为准则以制度的方式规范下来，而且还开始从理性的角度来思考这些问题，以期望建立一个理想的社会。随着时间的推移，这一系列有关道德的认识和有关道德的观念逐渐得到发展与提高，从而逐步形成了较为系统和全面的伦理思想。

管理故事

道德的起源

把5只猴子关在一个笼子里，上头有一串香蕉，实验人员装了一个自动装置，一旦侦测到有猴子要去拿香蕉，马上就会有水喷向笼子，而这5只猴子都会一身湿。

有只猴子想去拿香蕉，当然，结果就是每只猴子都被淋湿了。

之后每只猴子在几次的尝试后，发现莫不如此。

于是猴子们达成一个共识：不要去拿香蕉，以避免被水喷到。

后来实验人员把其中的一只猴子释放，换进去一只新猴子A。

这只猴子看到香蕉，马上想要去拿，结果，被其他4只猴子打了一顿。因为其他4只猴子认为猴子A会害他们被水淋到，所以制止他去拿香蕉。

A尝试了几次，被打得满头包，依然没有拿到香蕉。当然，这5只猴子就没有被水喷到。

后来实验人员再把一只旧猴子释放，换上另外一只新猴子B。

这猴子B看到香蕉，也是迫不及待要去拿。

当然，一如刚才所发生的情形，其他4只猴子打了B一顿。特别的是，那只A猴子打得特别用力(这叫“老兵欺负新兵”，或是“媳妇熬成婆”)。

B猴子试了几次总是被打得很惨，只好作罢。

后来慢慢地所有旧猴子都换成了新猴子，大家都不敢去动那香蕉。但是他们都不知道为什么，只知道去动香蕉会被其他猴子扁。

这就是道德的起源。

(资料来源：http://www.blueidea.com/bbs/archivecontent.asp?id=406478.)

1. 中国视角

在中国，人们的道德思考可以上溯到三千多年前的殷商时期，到了西周的大盂鼎铭文的“德”字，已经明确包含了“按规范行事才有所得”的意思。

“伦”和“理”原本为两个词。东汉许慎在《说文解字》中对两个词的解释：“伦，从人，辈也，明道也；理，从玉也。”“伦”的本义作“关系”或“条理”解。古人的“五伦”是人与人的5种主要关系或者说条理，即“五常”。“理”的原意，指依照玉本身的纹路来雕琢玉器，使得玉器成型有用，后来引申为治理、协调社会生活和人际关系。秦汉之际的《礼记·乐记》将伦理合用，曰：“乐者，通伦理者也。”

“道德”也本为两个字，“道者，路也”，后引申为原则、规范、规律。“德”字在东汉许慎《说文解字》中释为：“德，外得于人，内得于己也。”所谓“外得于人”即“以善德施之于他人，使众人得其益”；所谓“内得于己”，即“以善念存诸心中，使身心互得其益”。朱熹谓：“德者，得其道于心而不失之谓也。”明代焦宏云：“道者，人之所共由；德者，人之所自得。”将“道德”作为一个概念使用则始于战国的荀况，荀况还对“道德”赋予了明确的含义，即指人们在社会活动中形成的一种调整人与人之间关系的道德品质、道德原则和道德规范。

2. 西方视角

在西方，早在荷马时代就有了道德和伦理的思考。伦理一词起源于希腊文的ethŏs。从本意上理解，它表示的是“惯常的住所、共同的居住地”，后来经不断发展，亚里士多德(Aristotle)将ethŏs演变为ethikŏs，使其具有“德行”的含义。亚里士多德认为，求得个人的善良和幸福的学问就是伦理学。

道德是一种带有一套可习得的规则的社会惯例。像政治惯例和语言那样，道德呈现在我们面前，以它有关的原则和规则指导我们。例如，“不要对父母撒谎”、“施人以恩惠要比受人之恩惠为好。”“要尊重他人的权利”，这些都是道德中的基本指令，因为它们表明社会期望我们应当照顾到他人的利益。

伦理被定义为“对道德的本质与立场进行的质询，这里道德指的是道德评判、行为准则”。《美国传统字典》给伦理定义：“对道德和具体道德选择的一般本质的研究；道德哲学；管理某一职业成员行为的标准与规则。”

伦理和道德是一对较难区分的概念，甚至在很长一段时间内，两者是可以互换的。直到格奥尔格威廉·弗里德里希·黑格尔(George Wihelm Friedrich Hegel)，才将两者进行了明确的区分。黑格尔明确地将“伦理”规定为社会行为规范(包括风俗习惯)，而“道德”是指个人的内在情操。伦理的社会功能要通过个人道德操守的环节来体现，并通过人们自觉的意识或者人们普遍认同的意识，在行动中予以体现才能发挥作用。因此，我们可以说，“伦理”与“道德”都是指“行为规范”，本书不对伦理与道德进行区分，两者可混同使用。

3. 管理伦理

尽管管理伦理思想也许从人类的管理活动产生之日起就萌芽了，但是真正使全社会关注管理与伦理之间的联系，并将管理问题放在“管理伦理”的名称下进行专门研究，则主要是最近一二十年的事。在这之前，无论是在中国还是在世界，“管理”与“伦理”两个词在人类的理论形态中即便不是对立的，也没有联系在一起过。只是从20世纪70年代起在美国，80年代起在欧洲，情况才发生了戏剧性的变化，管理伦理突然成为人们的热门话题，并迅速发展成为一门正式学科。而其直接的起因只是20世纪80年代比较集中暴露出的一系列经济丑闻，如飞机采办中的行贿受贿、化学工厂中有毒气体的大爆炸、对河流和海洋的大批污染、食物污染、汽车走私、非法武器出口以及内部贸易、证券公司和大额投资者的非法活动等。而一谈到“丑闻”、“腐败”，许多人便开始注意到“伦理教育”方案的重要性，认为只有发生伦理观念上的变革，才能把这些问题真正解决。

管理伦理在英文中为“business ethics”，国内或译为“商业伦理”或“企业伦理”，或译为“经济伦理”，本书认为译为“管理伦理”更为贴切。

管理伦理可以直观地理解为组织在从事各种管理活动中，所必须遵循的伦理规范与准则，即组织在处理内外部关系时所应当遵守的行为规范。

3.5.2 企业社会责任

早在18世纪中后期英国完成第一次工业革命后，现代意义上的企业就有了充分的发展，但企业社会责任的观念还未出现，实践中的企业社会责任局限于业主个人的道德行为之内。企业社会责任思想的起点是亚当·斯密的“看不见的手”。古典经济学理论认为，一个社会通过市场能够最好地确定其需要，如果企业尽可能高效率地使用资源以提供社会需要的产品和服务，并以消费者愿意支付的价格销售它们，企业就尽到了自己的社会责任。到了18世纪末期，西方企业的社会责任观开始发生微妙的变化，表现为小企业的业主们经常捐助学校、教堂和穷人。进入19世纪以后，两次工业革命的成果带来了社会生产力的飞跃，企业在数量和规模上获得了较大程度的发展。这个时期，受“社会达尔文主义”思潮的影响，人们对企业的社会责任观是持消极态度的，许多企业不是主动承担社会责任，而是对与企业有密切关系的供应商和员工等极尽盘剥，以求尽快变成社会竞争的强者，这种理念随着工业的大力发展产生了许多负面影响。19世纪中后期，企业制度逐渐完善，劳动阶层维护自身权益的要求不断高涨，加之美国政府接连出台《反托拉斯法》和《消费者保护法》以抑制企业不良行为，客观上对企业履行社会责任提出了新的要求，企业社会责任观念的出现成为历史必然。

企业社会责任(corporate social responsibility)简称CRS，指以公平(fairness)、正直(integrity)、尊重个人(respect for persons)原则经营事业。经营者已无法回避企业社会责任问题，也没有哪位经营者能不考虑企业社会的责任问题。参考永续发展协会的定义，广义企业社会责任指企业承诺遵守道德与法律规范，善尽义务，并为社会福祉做出贡献。欧洲国家、美国的大城市里的许多公共建筑和机构，多是由上1世纪的企业领导人所捐赠的。例如，安德鲁·卡内基(Andrew Carnegie)、伯纳德·范李尔(Bernard van Leer)、约瑟夫·荣特瑞(Joseph Rowntree)，和许多名声较不响亮的有钱人，皆成立基金会从事慈善活动。他们将这些举动视为公民的义务和社会责任，取之于社会，用之于社会。当代的企业家，如特德·透纳(Ted Turner)、比尔·盖茨(Bill Gates)，印度的塔塔公司(Tata)等，仍延续这项传统并将其发扬光大。

我们亦可进一步将企业社会责任定义为：企业承诺持续遵守道德规范，为经济发展做出贡献，并且改善利害关系人(stakeholders)包括员工及其家庭、股东、当地整体小区、社会的生活质量。其中有几项重点，包括人权、员工权益、环保、小区参与、供货商关系、监督、利害相关者的权利等，均是善尽社会责任的具体工作。我们相信，一个愿意负担社会责任的企业，必能为自己塑造良好的企业形象，也能获得企业内外部顾客的尊敬与支持，企业所建立的“永续经营”目标才有实现的可能。

本章小结

本章主要介绍了管理环境概述、外部环境、组织文化、环境分析方法、组织的社会责任与管理伦理。管理环境概述主要介绍了环境的概念及分类、组织与环境的关系、现代企业面临的环境等；外部环境部分通过理论的阐述对管理的外部环境作了逐一的介绍，组织文化部分主要介绍了组织文化的概念、特点、作用以及组织文化的建设途径等；环境分析部分主要介绍了五力竞争模型和SWOT分析等两种分析方法；最后介绍了组织的社会责任和管理伦理。

名人名言

光做善事是不足的，你必须按正确的方式做善事。 ——约翰·莫利

将唯一目标集中于利润的公司，有些病态。 ——理查·哈言

获利不是企业活动的主要目的，而是一种限制条件。 ——彼得·杜拉克

会赚钱的公司，是种不良的企业。 ——亨利·福特

管理者的责任就是要对得起自己所支配的资源。 ——彼得·杜拉克

文化指一群人的行为准则及其共同的价值观。 ——寇特

遵守法律只是一种最少的要求，你的所作所为必须符合伦理。 ——IBM员工守则

企业人的品德与伦理会影响到一个企业的生存，目前台湾大约只有1%的企业订有伦理规约。 ——叶匡时

卓越管理无止境，只有不断学习、不断留意世界的发展，管理者才有可能不断超越自己，为公司或组织开创美好的未来！ ——汤姆·比得斯

习　　题

一、复习题

1. 选择题

(1) 人口、教育、风俗习惯等属于管理环境中的哪类因素(　　)。

A．政治法律环境　　B．经济环境

C．社会文化环境　　D．技术环境

(2) 某公司以前主要生产塑料制品，经营状况不理想。后来注意到，影视作品及电视广告中出现的家庭居室多使用各色塑料百叶窗，这种现象渐成时尚。于是，公司推出了各种款式、尺寸、颜色的百叶窗，取得了不错的经营业绩。该公司的这一调整是对下列哪种环境要素所作的何种反应？(　　)。

A．对技术环境的利用与引导　　B．对经济环境的利用与引导

C．对社会文化环境的适应　　D．对经济环境的适应

(3) (　　)是市场和企业的基石

A．资本　　B．管理　　C．人才　　D．诚信

(4) 亚当·斯密提出的(　　)观点为企业经营模式奠定了文化伦理基础

A．社会本位论　　B．需求理论

C．“经济人”的人性本体论　　D．企业本位论

(5) (　　)对环境的污染和消耗起了主要作用，是环境问题的主要责任者。

A．个人　　B．政府　　C．企业　　D．团体

2. 填空题

(1) 组织一般环境因素包括_______、_______、_______、_______、_______、_______。

(2) 组织任务环境因素包括_______、_______、_______、_______、_______、_______。

(3) _______被誉为“竞争战略之父”。

3. 判断题

(1) 管理道德与社会责任完全是相互对立的。　　(　　)

(2) 组织文化与管理实践是互不相干的。　　(　　)

(3) 组织虽然存在于环境之中，但环境对组织产生的影响并不大。 ( )

(4) 任何组织的经营过程，实际上是不断地在其内部条件和外部环境间寻求适应和平衡的过程。( )

4. 问答题

(1) 环境分为哪几类？请列举每类中所包含的因素。

(2) 现代企业面临怎样的环境？

(3) 简述组织文化特点和作用。

(4) 分析波特的五力竞争模型。

(5) 简述SWOT分析法。

5. 讨论题

企业是否应该承担社会责任？

二、案例应用分析

南京冠生园事件及其反思

南京及江苏地区的广大民众都知道，南京冠生园是一个70多年的老品牌，它就像在全国各地的十多个冠生园企业一样，为许多人留下了美好的回忆。冠生园品牌创始人是1918年到上海经商的广东人冼冠生，最早经营粤式茶食、蜜饯和糖果。1934年，该品牌月饼聘请当时影后胡蝶作为形象代言人，广告词为“唯中国有此明星，唯冠生园有此月饼”，产品一时名倾大江南北。1925年前后，上海冠生园在天津、杭州、南京、重庆、成都等地开设分店，其南京分店就是现在“南京冠生园”的前身。

在计划经济年代，南京冠生园曾有过一段辉煌岁月，但在改革开放的市场竞争下，许多传统食品企业受到很大冲击，南京冠生园也因大幅亏损而面临倒闭。1993年，一位跟随父母回国寻根的海外游子引进资金与冠生园合资。在合资后的8年岁月里，为了提高管理、创造效益，南京冠生园走过了一个有汗水、有耕耘、有欢笑、有收获的艰辛日子。合资后的企业，在公司广大干部职工的艰苦努力下第二年即转亏为盈，每年营业增长，年年获利，累计上缴利税1 560万元，由小型企业发展为南京市政府核定的240家大中型企业之一。

最让南京人民骄傲的是，在竞争最激烈的月饼市场上，冠生园月饼不但在南京成为月饼品牌中的领头羊，广受消费者欢迎，更积极走向全国。几年来外地市场急速扩大，全国近90个大中城市及全部直辖市都有冠生园月饼的销售网络。2000年，南京冠生园2 500万元的销售额中有3/4是走出南京面向全国的，南京冠生园已经成为一个名副其实的全国性品牌。为了促进企业稳步发展，南京冠生园经营虽然年年创造效益，但每年均在增添设备、改造生产条件上大力投入，以期实现企业的永续发展。南京冠生园所生产的各类食品、糕点不仅享誉中华，而且在日本、韩国以及整个东南亚地区都很有口碑。

然而，意想不到的情况出现了，2001年中秋节前，南京冠生园用陈馅翻炒后再制成月饼出售的事件被中央电视台披露曝光。通过中央电视台2001年9月3日的节目，观众看到以下画面：卖不出去的月饼拉回厂里，刮皮去馅、搅拌、炒制入库冷藏，来年重新出库解冻搅拌，再送上月饼生产线。一时举国哗然，各界齐声痛斥其无信之举。老字号的南京冠生园月饼顿时无人问津，很快被各地商家们撤下柜台，时值月饼销售旺季，其销售却一下子跌入冰点。许多商家甚至向消费者承诺：已经售出的冠生园月饼无条件退货。

让我们来看看南京冠生园是怎么处理的。在中央电视台2001年9月3日报道新闻之后，南京冠生园2001年9月18日在媒体上做出声明，摘录其中几句原话：某媒体9月3日播出的“南京冠生园大量使用霉变及退回馅料生产月饼”的报道，不但歪曲而且完全失实！对蓄意歪曲事实、毁损我公司声誉的部门和个人，我公司将依法保留诉讼的权利。我公司绝无在月饼生产中使用发霉或退回的馅料生产月饼。记者利用隐藏式摄像机将本公司所谓各“生产过程”片断拍下，经拼接后，再配以旁白陈述以及所谓“目击证人”提供的信息，就作为“事实”的陈述。法院起码还会给被诉人申诉的机会，但报道者以歪曲了的所谓“事实”充当法官，在被告缺席的情况下定罪冠生园！如果拍摄当时真的看到冠生园用霉变原料去加工生产的话，记者应立即向执法部门举报，严惩厂家，及时制止防范危害社会大众之事发生，怎可等待近两个月时间，乃至一年后等厂家将生产出的月饼走进全国市场后再做报道？这是怎样的用心呢？这有什么样的目的呢？其实在前面叙述新闻报道的背景原因内，就很明确地知道记者这样有意识安排报道的最大目的就是要用最大力度、在伤害最大的时间对冠生园做致命的打击！

在上面一番话中，南京冠生园着重强调了几点：①中央电视台的报道完全失实；②记者时隔一年才报道完全是别有用心，其意图就是破坏冠生园的名誉；③南京冠生园绝对没有做过这种事情。可见，面对危机，南京冠生园还是没有表现出应有的诚信，而是辩称这种做法在行业内“非常普遍”，绝不是南京冠生园一家；在卫生管理法规上，对月饼有保质期的要求，但对馅料并没有时间要求，意即用陈馅做新月饼并不违规。这份苍白无力的公开信只是南京冠生园继续为自己狡辩的工具，而企业却始终没有向消费者做任何道歉，其所作所为不仅令消费者更加寒心，也进一步将自身信誉丧失殆尽。不久，江苏省和南京市卫生防疫部门、技术监督部门组成调查组进驻该厂调查，该厂的成品库、馅料库全部被查封，各类月饼2.6万个及馅料五百多桶被封存，南京冠生园食品厂被全面停产整顿。尽管有关部门后来通知商家南京冠生园的月饼经检测“合格”，可以重新上柜，但心存疑虑的消费者对其产品避之唯恐不及，南京冠生园月饼再也销不动了。信誉的失落使多年来一直以月饼为主要产品的南京冠生园被逐出了月饼市场，该公司的其他产品如元宵、糕点等也很快受到“株连”，没人敢要。

南京某商家一位负责人说，冠生园事件曝光后将重创整个月饼市场，对商家来说，销售至少减少一半，一些当地月饼生产企业对今年的月饼市场前景忧心忡忡。南京市民对“老字号”冠生园的“落马”感到震惊和叹息，表示今后购买月饼一定要“擦亮眼睛”。冠生园80多岁的刘老师傅痛心地说，冠生园1918年创立，发展到今天，倾注了多少代人的心血，实在不应该有今天这样的结局。

2002年春节刚过，南京冠生园食品有限公司向南京市中级法院申请破产，理由是“经营不善、管理混乱、资不抵债”。

(资料来源：http://wenku.baidu.com/view/6c95356db84ae45c3b358c80.html)

问题：

(1) 试评价南京冠生园食品有限公司的商业道德。

(2) 该公司在履行公司社会责任方面的失误之处有哪些？

(3) 如果你是当时该公司的负责人，在危机事件后应该采取哪些措施来弥补？

阅读材料

淘宝企业文化

淘宝企业三大文化：武侠文化、倒立文化以及“店小二”马云的“六脉神剑文化”。所谓“六脉神剑”是指，客户第一、拥抱变化、团队合作、诚信、敬业、激情。从口号上说，“六脉神剑”四个字比较响亮，其内容却是管理者们耳熟能详的一些词句。

一、倒立文化

“倒立”是淘宝里所有的员工必会提及的一个词。这个从非典时期开始建立的企业，倒立文化的起源也因于此。阿里巴巴有员工被认为患上了“非典”，整个公司的员工基本都被隔离在家里工作。为了健康，大家就选择了这个倒立的活动作为在家里的健身方式。所以，从一开始，倒立也仅仅作为一项在有限的空间内最容易完成的体育活动而存在。但这一文化的推广也同时因于偶像效应。马云的偶像便是那一时代的排球女将的扮演者——荒木由美子。她为了扮演好这一角色，在家里天天练习倒立。同时，马云邀请她参观阿里巴巴本部，员工为了欢迎她便开始练习倒立，而且还立出很多花样。直到马云下了一条死命令，将倒立当做政治任务推广，不论男女都要必须学会。

(1) 你以为自己做不到，其实你一定能做到。女员工会觉得很难，马云说，要克服心理障碍。瘦小的员工会觉得难，马云说，倒立是最好的锻炼，坚持练习，一定有好处。

(2) 你一个人做不到，在他人的帮助下，就一定能成功，这就是团队合作。在福布斯上有一张照片，在西湖边柳树下，五六个员工笔直地倒立在草地上，没有墙做支撑，他们的脚被同事紧紧地抱着，马云拢着手，站在一旁笑着。

(3) 每个人都要学会倒立，因为当你倒立起来，血液涌进大脑，看世界的角度和平时完全不一样，也能找到一个不同的思考问题的角度。这一层次，倒立终于具备了文化上的意义。因为，他讲的是认知世界的角度和方法。

二、武侠文化

在淘宝里，每一个人都不会直呼对方真名，而会用花名代替。第一次踏入淘宝的人，都会觉得很奇怪，因为接待你的人递过的名片，名字下面还有一行绰号——花名。这个花名都是源于金庸武侠小说中的名字。再一次深入淘宝，进入淘宝公司，接待外部来访者的会客室，门上都写着“桃花岛”，会议室上写着“灵鹫宫”，VIP 办公室则是“光明顶”。在这个几百平方米的办公室里，可以暂时忘记外面的世界，行走于金庸创造出的地方，抬头所见的人物都是张三丰、萧峰、郭靖等大侠或语嫣、小昭等美女。这些花名成为淘宝员工在淘宝网上唯一的 ID，所有会员只需要在淘宝旺旺上加上他们的名字，便可以直接与他们对话。另一方面，马云很显然是想在其员工中培养出一种侠义的精神，一种虽然只出现在武侠世界中，但是在现实社会中因为稀缺而显得更加弥足珍贵的价值观。在淘宝的企业文化中，从形式到内容，都体现出一种很明显的武侠文化，淘宝的客户来自五湖四海，马云希望用金庸文化作为切入点，真正打造出一种最美好的秩序，行侠仗义、公平、合理、互利互现。

三、店小二文化

在淘宝原来的雏形中，熙熙攘攘的 BBS 交流孕育出了茶馆式结构。店小二——为网站服务的员工，这个词表现出一种我们对自己的定位，就是为顾客服务的人。在电视、电影中可以看到，以前的那些茶馆、饭庄的小二，看到客人就打招呼，照顾得非常周到。只是希望淘宝员工们可以学习旧时代店小二那种殷勤好客的服务态度。店大欺客的情况绝对不会在淘宝中出现。在淘宝社区中，可以找到这样的帖子。

(1) 淘宝是大家的淘宝，每一位淘宝人都是淘宝的主人。

(2) 淘宝人坚信人性向善。

(3) 坚信人性诚信的一面，必须通过规范成熟的社区制度作出良性引导。

(4) 互利互惠、温暖、合理地追寻物质财富，并注重精神收获与个人素质修养的提高。

(5) 诚信与尊严是人生最珍贵的财富。

(6) 淘宝社区盈利必须建立在社区成员盈利的基础之上。

(7) 在公平、公正、公开的前提下充分尊重社区成员的隐私权。

(8) 对未来充满理想主义，喜欢描绘未来远景，做事当机立断并且充满激情。在淘宝网的理念中，中国人做生意是讲感觉的，谈成了朋友也就谈成了生意。在网上做买卖，相互是摸不到的。沟通便会显得更加重要。

(资料来源：http://wenku.baidu.com/view/d14b5fd6195f312b3169a55d.html.)

第 4 章 决　策

教学目标

通过对本章的学习，学生要了解决策的特点，掌握决策、确定型决策、风险型决策、不确定型决策等主要概念，掌握决策的类型、决策原则和过程、决策的影响因素及各种决策方法的基本思想与应用，同时，能够运用决策的基本理论和方法解决实际问题。

教学要求

知识要点	能力要求	相关知识
决策概述	(1) 理解并掌握决策的基本含义 (2) 掌握决策的重要性 (3) 识别决策的类型及相关概念	(1) 决策的概念及特点 (2) 决策的重要性 (3) 决策的类型
决策过程	(1) 掌握决策的原则 (2) 掌握决策的过程 (3) 掌握影响决策的因素	(1) 决策原则 (2) 决策过程 (3) 决策的影响因素
决策方法	(1) 掌握并应用几种定性决策方法 (2) 掌握并应用几种定量决策方法	(1) 定性决策方法 (2) 定量决策方法

我不再像以前那样认为智商是无可替代的。想要成功，你还必须要知道该如何做出明智的选择，以及拥有更宽广的思考力。

——比尔·盖茨

基本概念

决策 确定型决策 风险型决策 不确定型决策 头脑风暴法 名义小组技术 德尔菲法 电子会议法 线性规划法 量本利分析法 决策树 悲观法 乐观法 后悔值法

导入案例

决策失误

很久以前，一个人偷了一袋洋葱，被人捉住后送到法官面前。法官提出了3个惩罚方案让这个人自行选择：一是一次性吃掉所有的洋葱；二是鞭打一百下；三是交纳罚金。这个人选择了一次性吃掉所有的洋葱。一开始，他信心十足，可是吃下几个洋葱之后，他的眼睛像火烧一样，嘴像火烤一般，鼻涕不停地流淌。他说："我一口洋葱也吃不下了，你们还是鞭打我吧。"可是，在被鞭打了几十下之后，他再也受不了了，在地上翻滚着躲避皮鞭。他哭喊道："不能再打了，我愿意交罚金。"后来，这个人成了全城人的笑柄，因为他本来只需要接受一种惩罚的，却将3种惩罚都尝遍了。

案例点评

生活中我们许多人都有过这样的经历，由于我们对自己的能力缺乏足够的了解，导致决策失误，而尝到了许多不必要的苦头。在实际管理工作中，最大的失误来自于决策的错误，因此，掌握科学决策的理论与方法是提高管理效率与效益的基础。本章主要介绍决策的基本含义、决策的重要性、决策的主要类型以及决策过程和方法等。

4.1 决策概述

决策是管理的核心，是管理者从事管理工作的基础。决策理论作为一门科学，是在20世纪40年代随着管理科学、行为科学、系统理论等管理理论和科学技术的迅猛发展而建立起来的。20世纪70年代，决策理论学派代表人物赫伯特·西蒙(Herbert A. Simon)提出，"决策是管理的心脏，管理是由一系列决策组成的，管理就是决策"、"决策贯彻管理的全过程，组织就是决策，组织是由作为决策者的个人所组成的系统"和"决策的满意标准"等重要观点，使决策科学作为一门新的学科的管理中被广泛应用。

知识链接

决策管理学派创始人——西蒙生平

西蒙是美国管理学家和社会科学家，在管理学、经济学、组织行为学、心理学、政治学、社会学、计算机科学等方面都有较深厚的造诣。他早年就读于芝加哥大学，于1943年获得博士学位。1949年开始担任美国卡内基—梅隆大学计算机与心理学教授，他由于“对经济组织内的决策程序所进行的开创性研究”而获得1978年诺贝尔经济学奖。

4.1.1　决策的概念与特点

1. 决策的概念

决策的概念，不同的学者看法不同。一种简单的定义是，“从两个以上的备选方案中选择一个的过程就是决策”(杨洪兰，1996)。一种较具体的定义是，“所谓决策，是指组织或个人为了实现某种目标而对未来一定时期内有关活动的方向、内容及方式的选择或调整过程”(周三多等，1999)。

在本书中，我们采纳路易斯、古德曼和范特(Lewis，Goodman and Fandt，1998)的做法，将决策定义为“管理者识别并解决问题以及利用机会的过程”。对于这一定义，可作如下理解：①决策的主体是管理者(既可以是单个的管理者，也可以是多个管理者组成的集体或小组)；②决策的本质是一个过程，这一过程由多个步骤组成；③决策的目的是解决问题、利用机会，也就是说，决策不仅仅是为了解决问题，有时也是为了利用机会。

所谓决策，是指组织或个人为了实现某种目标而对未来一定时期内有关活动的方向、内容及方式的选择或调整过程。这个概念表明，决策的主体既可以是组织，也可以是组织中的个人；决策要解决的问题，既可以是组织或个人活动的选择，也可以是对这种活动的调整；决定选择或调整的对象，既可以是活动的方向和内容，也可以是在特定方向下从事某种活动的方式；最后，决策涉及的时限，既可以是未来较长的时期，也可仅仅是某个较短的时段。

2. 决策的特点

1) 目标性

目标是未来完成任务的标志，决策就是选择方案，如果决策目标是模糊的，那就无法以目标为标准评价方案，也就更无从选择方案了。

2) 可行性

要注意实施条件的限制，一个合理的决策应以充分了解和掌握各种信息为前提，通过对组织外部环境和组织内部条件的调查分析，根据实际需要与可能选择切实可行的方案。决策是一个需要实践的活动过程，决策不去实践，不去接受实践的检验，就不是真正的决策。为此应当从“技术先进、经济合理、实施可行、政策允许、方案可比”等5项准则上对方案进行全面的可行性评价并给出结论。

3) 选择性

从多种方案中选择，既有可能性，也有必要性，决策要求有两个以上的备选方案，以便进行比较，如果只有一个方案就没有必要选择了。

4) 满意性

选择方案的原则是满意原则，而非最优原则。满意方案指在诸多方案中，在现实条件下，能够使主要目标得以实现，其他次要目标也足够好的合理方案。最优决策往往只是理论上的幻想，因为它有以下要求：

(1) 决策者了解与组织活动有关的全部信息。

(2) 决策者能正确地辨识全部信息的有用性，了解其价值，并能据此制定没有疏漏的行动方案。

(3) 决策者能够准确地计算每个方案在未来的执行结果。

(4) 决策者对组织在某段时间内所要达到地结果具有一致而明确的认识。

以上条件在现实中是难以具备的，从广义上说，外部存在的一切对组织的目前或未来均会产生或多或少、或直接或间接的影响，然而组织很难收集到反映外界全部情况的所有信息；对于收集到的有限信息，决策者的利用能力也是有限的，这种双重有限性决定了企业只能制定有限数量的行动方案；任何方案都需要在未来付诸实施，而人们对未来的认识能力和影响能力是有限度的，目前预测的未来状况与未来的实际情况可能有着非常显著的差别，如此行动必有风险性；即便决策方案的实施带来了原来预期的结果，这种结果也不一定就是组织实现其最终的目标所需要的。

人们在任何时候都不可能做到完美无缺，对于决策者来说同样不能以最理想的方案作为目标，而只能以足够好的达到组织目标的方案作为准则。对于任何目标，很难提出全部的可行方案，也就是很难设想最优方案，所以，决策只能得到一个适宜的和满意的方案，而不可能得到最优方案。

5) 过程性

组织决策不是一项决策，而是一系列决策的综合；这一系列决策本身就是过程。决策的过程性可以从两个方面去考查：①组织决策不是一项决策，而是一系列决策的综合，只有这一系列的具体决策已经确定，相互协调，并与组织目标相一致时，才能认为组织的决策已经形成；②这一系列决策中的每一项决策，其本身就是一个包含了许多工作、由众多人员参与的过程，从决策目标的确定，到决策方案的拟订、评价和选择，再到决策方案执行结果的评价，这诸多步骤构成了一项完整的决策，这是一个“全过程”的概念。

6) 动态性

决策是一个不断循环的过程，它是由若干步骤组成的。管理决策的动态性告诉决策者在进行决策时一定要有动态的观念、变化的观念，而不能用固定的、一成不变的观念去进行决策。事物永远在运动、在变化，这是自然界的普遍规律。由于决策总是在行动之前作出，那么，变化的世界、变化的内外环境条件就成为决策的不确定因素，会给决策带来风险，这是决策者在决策时必须重视的问题。决策的动态性还要求决策者懂得，决策方案一经选定就不要轻易变更；但变化了的环境条件迫使方案更改时，要做好各项耐心细致的说服工作和准备工作，使决策方案的调整被更多执行者、贯彻者顺理成章地接受并照办。

7) 创新性

决策是一种创造性劳动，是一种充分发挥决策者、参与者、关心者聪明才智的创造性劳动。决策贵在创新。外部环境和内部条件的变化使决策者面对越来越激烈的竞争态势，靠保守和墨守成规很难作出具有时代性的、科学性的决策。决策者的决策只有不断创新，锐意进取，才能开创新的局面。

管理决策的创新应注意如下几个方面。①在管理决策全过程中充分发挥“创新”思维，特别是在“决策目标”和“方案拟订”阶段更应重视创新活动的开展。②注意创新与维持相协调。维持是创新的基础，创新是维持的发展；维持是为了实现创新的成果，创新为维持提供更高的起点；维持使决策保持稳定，创新使决策具有适应性。③在创新中注意统一性和灵活性相结合。④创新具有风险，应该允许有缺陷。只要人们不断用创新思维去修正缺陷，完善方案，总会产生新的决策方案。

4.1.2　决策的重要性

1. 决策是管理的核心

一切管理工作都是围绕管理目标进行的，而目标的选取要靠决策。没有决策，就没有目标，管理活动就没有目的性，管理就会受挫。所以，决策是管理的核心。

2. 决策贯穿于组织管理的全过程与所有方面

决策是管理的基础，无论是个体还是组织，其所拥有的资源都是有限的，充分有效地利用自身有限的资源、广泛调动社会其他资源、更好地实现组织目标，就需要决策。决策渗透于管理的每个职能，管理的各项职能——计划、组织、领导、控制和创新——都离不开决策。没有正确的决策，管理的各项职能就难以充分发挥作用。其次，决策贯穿于管理的始终，每一个管理循环中都离不开决策。管理活动的全部过程都可以认为是决策的过程。确定目标、制订计划、选择方案是经营目标及其计划决策；组织结构设计、生产单位组织、权限配置、人员配备，是组织决策；员工激励、领导方式的选择、沟通的方式方法，是领导决策；计划执行情况检查、在制品控制及控制手段的选择，是控制决策。决策贯穿于整个管理过程，正如西蒙所说“管理就是决策”。

3. 决策是管理者的首要工作

一切管理者都是决策者，上至最高管理阶层，下至基层班组长均要在自己的职责范围内作出决策、实施决策，只是决策的重要程度和影响的范围不同而已。高层管理人员决策企业的战略目标和总方针；中层管理人员贯彻执行企业的总任务，在本部门中决策自己的目标和计划，并传达给下级；下一层监督人员就日常生产计划和作业分配作出决策。即使是一名操作工，他在管理过程中也有双重身份：一方面，他接受来自各方面的指令、监督与控制，保持其行为与其他方面的一致性，是一个被管理者；另一方面，他在面对自己的工作领域，在操作机器进行生产或服务时，是一个主动的实施者，因而也是一个狭义的管理者。因此，企业中的所有人员都在作决策，决策贯穿于组织的所有人的所有活动中。在实际管理工作中，决策作为主管人员的首要工作已得到普遍验证。研究表明，基层管理者每天约 80 个问题有待处理，每解决一个问题就要作出一个决定，即进行一次决策。越是往管理的上层推进，决策的数量就会越少，但是难度也会越大。因此，管理者首先必须具备的能力就是决策能力，一个管理者所处的层次越高，其所应具备的决策能力就必须越强。决策能力是衡量管理者水平高低的重要标志。

4. 决策正确与否关系着组织行动的成败

决策规定了组织在未来一定时期内的活动方向和方式，是任何行动发生之前必不可少的一步，它提供了组织中各种资源配置的依据，因而在组织活动尚未开始之前决策就已经在一定程度上决定了组织的活动效率，组织行动的成败得失与决策是否正确密切相关。决策正确能指导组织沿着正确的方向、合理的路线前进，可以提高组织的管理效率和经济效益，使组织兴旺发达；决策失误会使组织走向错误的道路，使组织的正常发展受到影响，降低组织的发展速度，甚至会给组织带来灾难性的损失。所以说，决策的正确性、合理性对组织的生存和发展是至关重要的。因而，改进决策管理、提高决策水平应当成为各级主管人员经常注意的重要问题之一。

特别提示

管理的核心是决策。正确的决策决胜千里；错误的决策南辕北辙。

管理案例

史玉柱与巨人大厦

美国东部时间2007年11月1日16:02(北京时间11月2日4:02)，国内网络游戏商巨人网络在美国纽交所挂牌上市，发行价为15.5美元，融资8.87亿美元。上市首日收盘价18.23美元。史玉柱2007年11月2日对记者表示："巨人网络纽交所上市造就了21位亿万富翁，186位百万富翁。"其本人目前资产约400亿。

史玉柱的巨人集团是迄今为止唯一一家经历了大起一大落一大起这样一个完整过程的著名企业。史玉柱集"最著名的成功者"、"最著名的失败者"、"最著名的东山再起者"于一身，是中国企业起死回生的"活标本"。

史玉柱早先毕业于浙江大学数学系，后在深圳大学读软科学管理研究生，毕业后到安徽省统计局工作，因不安于机关平静的生活，1989年带着4 000元钱及他耗费9个月心血研制的M-6401桌面排版印刷系统南下深圳，承包下了天津大学深圳科工贸发展公司电脑部，史玉柱的创业之路从此开始。史玉柱的第一次成功在于他的第一次赌注，利用《计算机世界》先打广告、后收钱的时间差，用全部的4 000元做一个8 400元的广告"M-6401，历史性的突破"，13天后，史玉柱即获15 820元，一个月后，4 000元广告已换来10万元回报。面对这第一笔利润，史玉柱索性把其全部变成广告，4个月后，M-6401为他赚回100万。后来，史玉柱又潜心研究，研制出了M-6402文字处理软件系列产品。这样，史玉柱凭着这些资金和技术，创立了自己的公司——珠海巨人新技术公司。此后，巨人集团取得快速发展，创出了年发展速度500%的奇迹，成为珠海高科技产业的样板企业，史玉柱也一年成为百万富翁，两年成为千万富翁，三年成为亿万富翁。

耗资12亿元巨人大厦的开发是一个个人狂热的典型之作，单凭巨人集团的实力，根本无法承接这项浩大的工程，而且更令人瞠目结舌的是，大厦从1994年2月动工到1996年7月，史玉柱竟未申请过一分钱银行贷款，全凭自有资金和卖楼花的钱支撑。进入生物工程领域是史玉柱的第二败笔。整个生物工程出现全面亏损，债权债务相抵净亏5 000万元。对于巨人集团的危机，史玉柱承认两点：一是决策失误，摊子铺得太大；二是管理不善，经营失控。显而易见，目前中国民营企业已进入内部机制变革的时代，它们必须痛苦地告别一人包打天下的时代。

4.1.3 决策的类型

由于企业活动非常复杂，因而，管理者的决策也多种多样。根据不同的分类方法，将决策分为以下类型。

1. 按决策的作用分类

(1) 战略决策，是指有关企业的发展方向的重大全局决策，由高层管理人员作出，其目的是提高组织的经营效能，如投资、新产品开发、市场开发、机构及重要人事调整等问题的决策。

(2) 管理决策，为保证企业总体战略目标的实现而解决局部问题的重要决策，由中层管理人员作出，目的是提高组织的管理效能，如生产计划、销售、质量管理、新产品设计方案选择、新产品定价等问题的决策。

(3) 业务决策，是指基层管理人员为解决日常工作和作业任务中的问题所作的决策。其目的是提高生产效率，生产作业、生产任务安排、工作定额制定、存货控制、设备管理等问题的决策。

2. 按决策的性质分类

(1) 程序化决策，即有关常规的、反复发生的问题的决策，如管理者遇到的顾客退货、现金短缺、供货单位未按时履行合同，产品质量控制、原材料订购、生产计划制定等问题的决策。

(2) 非程序化决策，是指偶然发生的或首次出现而又较为重要的非重要复性决策，如决定是否与另一组织合并、关闭一个亏损的分厂、大规模投资、新产品开发、高层人事任免等问题的决策。

3. 按环境因素的可控程度分类

(1) 确定型决策，是指在稳定(可控)条件下进行的决策。在确定型决策中，决策者确切知道自然状态的发生，每个方案只有一个确定的结果，最终选择哪个方案取决于对各个方案结果的直接比较。

(2) 风险型决策，也称随机决策，在这类决策中，自然状态不止一种，决策者不能知道哪种自然状态会发生，但能知道有多少种自然状态以及每种自然状态发生的概率，决策的结果只有按概率来确定，决策存在风险。

(3) 不确定型决策，是指在不稳定条件下进行的决策。在不确定型决策中，决策者可能不知道有多少种自然状态，即便知道，也不能知道每种自然状态发生的概率，完全凭决策者的经验、感觉和估计作出的决策。

4. 按决策对象的特点分类

(1) 竞争型决策，是指决策对象是具有理性思维并能采取行动的人或组织，决策的结果不仅取决于决策者本人的选择，还要取决于决策对象(决策者完全不能把握的对抗者、竞争者)的选择。

(2) 非竞争型决策，是指决策者面对的各种自然状态(泛指除人以外的实体和现象，其特点是以决策者为一方，以自然状态为另一方，决策的结果一般符合统计规律，但是决策质量依赖于对自然状态发生概率的判断。

5. 按决策的起点分类

(1) 初始决策是零起点决策，是在有关活动尚未开始，环境未受到影响的情况下所作的。初始决策是指组织对从事某种活动或从事该种活动的方案所进行的初次选择。

(2) 追踪决策则是在初始决策的基础上对组织活动方向、内容和方式的重新调整。初始决策是在对组织、环境的某种认识的基础上作出的，而追踪决策则是由于这种环境发生了变化，或者是由于组织对环境特点的认识发生了变化而引起的。即追踪决策是非零起点的决策，是在活动已经开始，环境已受到影响的情况下所作的。组织中的大部分决策都属追踪决策。

6. 按决策的主体分类

1) 群体决策

群体决策是组织整体或组织的某个部分对未来一定时期的活动所作的选择或调整。群体决策是充分发挥集体的智慧，由多人共同参与决策分析并制定决策的整体过程。群体决策是在环境研究的基础上制定的，通过环境研究，认识了外界在变化过程中对组织的存在造成的某种威胁或提供的某种机会，了解了自己在资源占有和能力应用上有何优势和劣势，便可据此调整活动的方向、内容和方式。群体决策时，决策主体的决策能力不仅取决于诸如学识、胆略、经验等个人素质，还取决于组织中由上述个人素质组合所形成的整体智能结构和决策方式。最常用的群体决策有互动小组、德尔菲法、名义小组法等形式。

2) 个人决策

个人决策是指个人在参与被组织活动中的各种决策。也可以说，决策者只有一个人的决策活动被称作个人决策，也被称为个体决策。因此，个体决策受决策者个人的经验、知识水平、决策能力、思想观点、欲望、意志等因素的影响，使决策具有强烈的个人色彩。有的人机敏，对事物的感知迅速，善于从不完全的情报中获取重要的信息；有的人深邃，善于透过事物的表面现象抓住事物的本质；有的人果敢，能够面对复杂的形势“快刀斩乱麻”，大胆地作出抉择。因此，在处理同一问题时，不同决策者作出的方案选择可能会有很大的不同。个体决策和组织决策都各具优缺点，但两者都不能适用于所有情况。

群体决策相对于个体决策的优点有以下几点：

(1) 提供完整的信息，提高决策的科学性。具有不同背景、经验的成员在收集的信息、解决问题的类型和思路上往往都有很大差异，他们的广泛参与有利于提高决策的全面性和科学性。

(2) 产生更多的方案。组织拥有更多数量和种类的信息，能制定出比个人更多的方案。当组织成员来自不同专业领域时，这一点就更为明显。

(3) 容易得到普遍的认同，有助于决策的顺利实施。如果让受到决策影响和实施决策的人们参与了决策的制定，他们更容易接受决策，并鼓励他人也接受。

(4) 提高合法性。群体决策制定过程是与民主思想相一致的，因此人们觉得组织制定的决策比个人制定的决策更合法。

群体决策的主要缺点有以下几点：

(1) 消耗时间长，速度、效率可能低下。

(2) 因组织职位、经验、对有关问题的认识、易受他人影响的程度、语言技巧、自信心等因素不同，很可能出现以个人或小群体为主发表意见、进行决策的情况。

(3) 屈从群体思维，即要求在组织成员中取得一致的欲望会战胜取得最好结果的欲望。它通过抑制不同的、少数派的和标新立异的观点以取得一致。群体思维削弱了组织中的批判精神，影响了决策的质量。

(4) 责任不清。组织成员共同承担责任，但实际上谁对最后的结果负责却模糊不清。

特别提示

《三略·上略》中曾说：“谋及负薪，功乃可述。”意谓谋断时能够倾听群众意见，就有可能大功告成。

管理故事

决策要集思广益

某市贸公司急需兑换美元，这项任务由分公司经理黄某负责。黄某经人介绍，与香港某公司林某相识，林某自称与某国际财团有业务往来，可以帮黄某降低汇率兑换美元。这天，两人按约在宾馆会面，正是商谈关于兑换美元的事，林某花钱阔绰，席间上全是港粤名菜，杯起杯落，两人经过一番讨价还价，最后以7.5:1 敲定。公司的同事听说后，纷纷来劝黄某不要着急签合同，托关系从别的地方肯定能搞到汇率更低的。黄某听后，马上火了，当众斥责道："我堂堂一个经理，难道还要你们教这些ABC？美元哪能这么容易弄？"大家听了，觉得自讨没趣，纷纷走开。黄某于是再次赶到宾馆，与林某签下合同。回到公司后，公司总经理告诉她，有人联系了一笔6:1 的低汇率美元，让他马上去办理手续。黄某一听就愣住了，赶忙找到林某，费了九牛二虎之力，才使林某答应退约，但必须退给他 20 万元的违约金。总公司权衡再三，只得答应了这个苛刻的条件。而当黄某正在追悔莫及时，一纸解聘书送到了他的办公桌上。

(资料来源：《走出老板的误区》)

4.2 决 策 过 程

4.2.1　决策的原则

决策的原则就是对决策的一般要求，在常规情况下，按照这些原则去进行决策，可以大大减少决策的失误。

1. 经济效益与社会效益相结合

一个组织的生存和发展与整个社会的发展是相互联系的，我们必须在作决策时兼顾社会的整体利益，使组织的盈利和社会利益尽可能完满地结合起来。

2. 可能性和现实性相结合

事物是处于不断发展变化的过程之中的。对于企业而言，尽管企业的经营思想、目标和方针是根据企业内外部条件的基础上确定的。但是在使之实施时，又会遇到一系列新情况、新问题，需要在决策时进行考虑。为此，一方面应该把原先已经确定的经营思想、目标和方针进一步与不断变化着的实际情况结合起来；另一方面又应该把企业内部的条件(如企业的产品开发能力、资金筹措能力等)与企业外部的条件(如市场供求状况、竞争对手的状况)结合起来。

3. 定量分析与定性分析相结合

现代决策必须尽可能地在决策中运用各种数学方法进行定量分析，使决策更精确、更可信，也更便于今后的操作。但是社会经济现象是十分复杂的，数学方法很难完全渗透于经营决策之中，仍有大量的决策需要利用人们的主观判断，为此仍然必须重视人们的传统经验，并把人们的传统经验与社会学、心理学等现代科学结合起来，使人们的主观判断更科学、更符合实际。

4. 局部和全局相结合

一个决策往往影响到企业的方方面面，但决策的制定和执行往往又是某一部门或层次的工作。因此，决策必须处理好全局和局部的关系，站得高，看得远、看得全，以全局的眼光战略地把握工作的主次和轻重缓急；从全局着想，从局部着手，全局指导局部，局部服从全局，保证全局。

5. 近期利益和远期利益结合

近期利益和远期利益结合也是考验领导战略思想的原则，每一次决策都可能会对以后的经营带来正面或负面的影响，因此决策就必须考虑这些影响，保证企业经营的一致性、连贯性、继承性和可持续性。不能鼠目寸光、也不能舍近求远。远期是近期的指导，近期是远期的保证。

6. 领导者与专家相结合

有关业务性的决策，涉及面窄，且有惯例可循，一般由个人决策即可，但凡有关企业的战略方面的重大决策，由于对企业的生死存亡至关重要，且此类决策涉及面广，影响因素极多，仅靠个人的知识和经验决策难以胜任，因此需要由各方面专家集体决策，这样可以集思广益，作出的决策会更正确、更易被人接受。

7. 决策工作的规范性和灵活性相结合

制定决策，一般会有许多制度规定、程序、方法，这是正确决策的保证，领导要充分遵循这些规范；另外，管理工作永远是灵活、创新、开拓的，因此要搞好规范性和灵活性两个方面的结合。

4.2.2 科学决策过程

决策过程是指从问题到方案确定所经历的过程。决策是一项复杂的活动，有其自身的工作规律性，需要遵循一定的科学程序。在现实工作中，导致决策失败的原因之一就是没有严格按照科学的程序进行决策，因此，明确和掌握科学的决策过程，是管理者提高决策正确率的一个重要方面。决策的过程通常包括 7 个步骤：①识别机会或诊断问题；②识别目标；③拟订备选方案；④评估备选方案；⑤选择满意方案；⑥实施方案；⑦监督和评估，如图 4.1 所示。

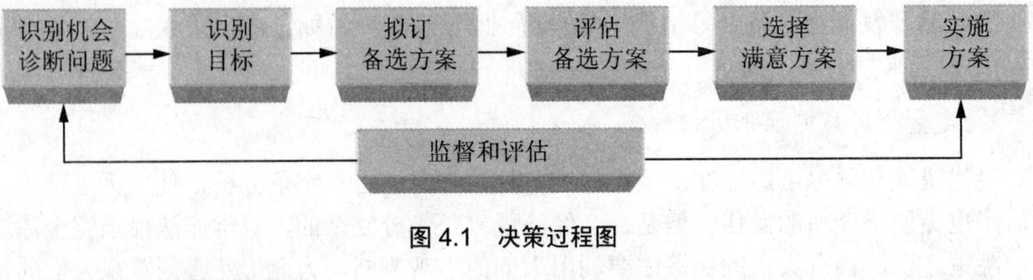

图 4.1 决策过程图

1. 识别机会或诊断问题

决策者必须知道哪里需要行动，从而决策过程的第一步是识别机会或诊断问题。管理者通常密切关注与其责任范围有关的数据，这些数据包括外部的信息和报告以及组织内的信息。实际状况和所想要状况的偏差提醒管理者潜在机会或问题的存在。识别机会和问题并不总是简单的，因为要考虑组织中人的行为。有些时候，问题可能植根于个人的过去经验、组织的复杂结构或个人和组织因素的某种混合。因此，管理者必须特别注意要尽可能精确地评估问题和机会。另一些时候，问题可能简单明了，只要稍加观察就能识别出来。

评估机会和问题的精确程度有赖于信息的精确程度，所以管理者要尽力获取精确的、可信赖的信息。低质量的或不精确的信息会使时间白白浪费掉，并使管理者无从发现导致某种情况出现的潜在原因。

即使收集到的信息是高质量的，在解释的过程中，也可能发生扭曲。有时，随着信息持续地被误解或有问题的事件一直未被发现，信息的扭曲程度会加重。大多数重大灾难或事故都有一个较长的潜伏期，在这一时期，有关征兆被错误地理解或不被重视，从而未能及时采取行动，导致灾难或事故的发生。

更严重的是，即使管理者拥有精确的信息并正确地解释它，处在他们控制之外的因素也会对机会和问题的识别产生影响。但是，管理者只要坚持获取高质量的信息并仔细地解释它，就会提高作出正确决策的可能性。

2. 识别目标

目标体现的是组织想要获得的结果。所想要结果的数量和质量都要明确下来，因为目标的这两个方面最终会指导决策者选择合适的行动路线。目标的衡量方法有很多种，如我们通常用货币单位来衡量利润或成本目标，用每人时的产出数量来衡量生产率目标，用次品率或废品率来衡量质量目标。根据时间的长短，可把目标分为长期目标、中期目标和短期目标。长期目标通常用来指导组织的战略决策，中期目标通常用来指导组织的战术决策，短期目标通常用来指导组织的业务决策。无论时间长短，目标总指导着随后的决策过程。

3. 拟订备选方案

一旦机会或问题被正确地识别出来，管理者就要提出达到目标和解决问题的各种方案。这一步骤需要创造力和想象力，在提出备选方案时，管理者必须把其试图达到的目标牢记在心，而且要提出尽可能多的方案。

管理者常常借助其个人经验、经历和对有关情况的把握来提出方案。为了提出更多、更好的方案，需要从多种角度审视问题，这意味着管理者要善于征询他人的意见。

备选方案可以是标准的和显明的，也可以是独特的和富有创造性的。标准方案通常是指组织以前采用过的方案。通过头脑风暴法、名义组织技术和德尔菲技术等，可以提出富有创造性的方案。

4. 评估备选方案

决策过程的第 4 步是确定所拟订的各种方案的价值或恰当性，即确定最优的方案。为此，管理者起码要具备评价每种方案的价值或相对优势/劣势的能力。在评估过程中，要使用预定的决策标准(如所想要的质量)及每种方案的预期成本、收益、不确定性和风险，最后对各种方案进行排序。例如，管理者会提出以下问题：该方案会有助于我们质量目标的实现吗？该方案的预期成本是多少？与该方案有关的不确定性和风险有多大？

5. 选择满意方案

在决策过程中，管理者通常要作出最后选择。但作出决定仅是决策过程中的一个步骤。尽管选择一个方案看起来很简单——只需要考虑全部可行方案并从中挑选一个能最好解决问题的方案，但实际上，作出选择是很困难的。由于最好的决定通常建立在仔细判断的基础上，所以管理者要想作出一个好的决定，必须仔细考察全部事实、确定是否可以获取足够的信息并最终选择满意方案。

6. 实施方案

方案的实施是决策过程中至关重要的一步。在方案选定以后，管理者就要制定实施方案的具体措施和步骤。实施过程中通常要注意做好以下工作：

(1) 制定相应的具体措施，保证方案的正确实施。

(2) 确保与方案有关的各种指令能被所有有关人员充分接受和彻底了解。

(3) 应用目标管理方法把决策目标层层分解，落实到每一个执行单位和个人。

(4) 建立重要的工作报告制度，以便及时了解方案进展情况，及时进行调整。

7. 监督和评估

一个方案可能涉及较长的时间，在这段时间，形势可能发生变化，而初步分析建立在对问题或机会的初步估计上，因此，管理者要不断对方案进行修改和完善，以适应变化了的形势。同时，连续性活动因涉及多阶段控制而需要定期的分析。

由于组织内部条件和外部环境不断变化，管理者要通过不断修正方案来减少或消除不确定性，定义新的情况，建立新的分析程序。具体而言，职能部门应对各层次、各岗位履行职责情况进行检查和监督，及时掌握执行进度，检查有无偏离目标，及时将信息反馈给决策者。决策者则根据职能部门反馈的信息，及时追踪方案实施情况，对与既定目标发生部分偏离的，应采取有效措施，以确保既定目标的顺利实现；对客观情况发生重大变化，原先目标确实无法实现的，则要重新寻找问题或机会，确定新的目标，重新拟订可行的方案，并进行评估、选择和实施。

需要说明的是，管理者在以上各个步骤中都要受到个性、态度、行为、伦理、价值以及文化等诸多因素的影响。其中，个性、态度和行为是行为决策理论强调的。

管理故事

偷梁换柱

秦始皇攻灭对立的六国，完成了第一次统一中国的伟业。作为统一的基本条件的活跃的力量，是精锐的秦国军队。但是，秦始皇绝不是仅仅凭借武力完成统一的。在用武力征伐的同时，他还进行着灵活的谋略活动，以削弱对方的战斗意志和战斗力。我们可以举出灭齐国时的例子。当时，齐国有一名叫后胜的人被任为宰相，掌握着齐国国政的实权，秦始皇注意到这位后胜，用大量的金钱财物收买他。收买一个国家的总理大臣，毕竟在中国是少有的。后胜答应了秦始皇的要求，把许多自己的部下和宾客送到秦国。秦国把他们培养成谍报人员，给予他们大量的金钱，又送回齐国。他们秉承秦国的旨意，回国后，大肆宣扬秦的强大，异口同声地迫使齐王中止备战。后来，秦军逼近齐国都城时，齐人没有一个奋起抵抗。由于他们的暗中活动，使国家的梁柱被抽掉了。秦始皇的这种做法可以说是以最小力量取得了最大成效。

《兵法三十六计》中有所谓“偷梁换柱”的策略。强大的对手看起来总是威风凛凛，不可一世，似乎无论怎样都纹丝不动。然而，即使这样的对手，如果能抽掉梁柱这样的关键结构，就可以按照自己的意识操纵他。这可以说是用最小的力量争取最大成效的策略。无论秦始皇的这种做法正确与否，但是他的确是一个成功的决策者与领导者。

中国古代的管理学说不可能有现在这么完备，但它却是一个雏形，我们从领导决策的过程及方法理论中来分析。

(1) 研究现状发现问题。任何决策都从发现和提出问题开始。当时的形势是秦要灭六国统一中国，所以必须要灭掉齐国。如果单凭武力，秦可灭齐，但是秦始皇却在思考有无更好的解决方法。

(2) 确定决策目标。目标就是要利用计策，以最小力量取得最大成效。

(3) 收集资料，掌握信息。秦始皇开始分析齐国实力，它注意到掌握齐国国政实权的宰相后胜。

(4) 制定多种方案。以重金收买后胜，培养谍报人员。

(5) 决策方案的评估与选择。实行“偷梁换柱”。

秦始皇的决策很有目的性和计划性，充分显示了一个领导者的才智，秦统一六国的伟大功绩和他的决策密不可分。一个优秀的领导者，必须要有统帅全局的战略眼光、百折不挠的意志，还要知人善用。我所举的例子只能说明古代领导决策艺术的一个很小方面，但我们却能看到古代管理学中的一个特点，让人去思考，去探索，从中领略我国古代管理者的风采和多种多样的管理理论。

(资料来源：《古代帝王的管理韬略》)

4.2.3　决策的影响因素

1. 环境

环境对组织决策的影响是不言而喻的，而且这种影响是双重的。

(1) 环境的特点影响着组织的活动选择。组织决策要面临的环境包括企业经营的微观环境和宏观环境。微观环境是指与企业产、供、销、人、财、物、信息等直接发生关系的客观环境，是决定企业生存和发展的基本环境。例如，就企业而言，则需经常对经营方向和内容进行调整；垄断市场上的企业，通常致力于内部生产条件的改善、生产规模的扩大以及生产成本的降低；而竞争市场上的企业，则需密切注视竞争对手的动向，不断推出新产品，努力改善营销宣传，建立健全销售网络。

(2) 对环境的习惯反应模式也影响着组织的活动选择。环境发展趋势基本上分为两大类：一类是环境威胁，另一类是市场机会。企业的管理者可以利用“环境威胁矩阵图”和“市场机会矩阵图”来进行分析、评价，如图 4.2 所示。

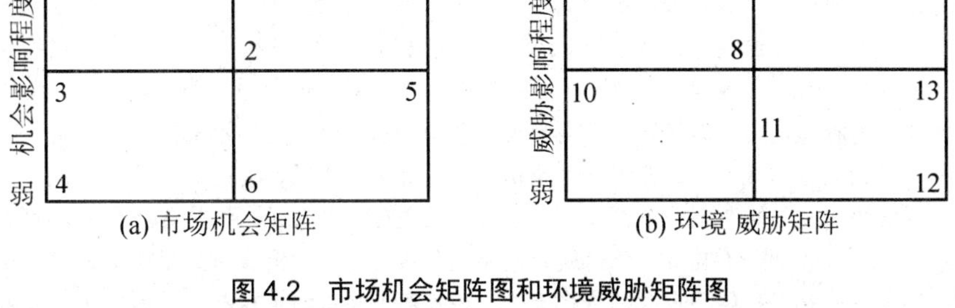

图 4.2　市场机会矩阵图和环境威胁矩阵图

由图 4.2 中机会矩阵可知：1 的机会最好，实现的概率大，对企业具有吸引力；2 的机会也好，但发生的概率小，需要创造条件来实现；3、4 的机会影响弱，但发生的概率大，企业应注意加以利用；5、6的机会影响弱，发生的概率也小，企业可以不予考虑。同样，由图中威胁矩阵可知：在7、8位置处，威胁程度强，发生概率大，企业应特别重视；9的威胁虽强，但发生的概率小；10影响小，但极有可能发生，企业要加以关注；11、12、13威胁程度与概率都小，企业就可以不考虑。需要提出的是，即使在相同的环境背景下，不同的组织也可能作出不同的反应。而这种调整组织与环境之间关系的模式一旦形成，就会趋向固定，限制人们对行动方案的选择。

2. 过去决策

在大多数情况下，组织决策不是在一张白纸上进行初始决策，而是对初始决策的完善、调整或改革。组织过去的决策是目前决策过程的起点；过去选择的方案的实施，不仅伴随着人力、物力、财力等资源的消耗，而且会给管理者心理和情感上带来变化，甚至会伴随着内部状况的改变，带来对外部环境的影响。过去的决策对目前决策的制约程度要受到它们与现任决策者关系的影响。如果过去的决策是由现在的决策者制定的，而决策者通常要对自己的选择及其后果负管理上的责任，因此会不愿对组织活动进行重大调整，而倾向于仍把大部分资源投入过去方案的执行中，以证明自己的一贯正确。相反，如果现在的主要决策者与组织过去的重要决策没有很深的渊源关系，则会易于接受重大改变。

3. 决策者对风险的态度

风险(risk)是指一个决策所产生的特定结果的几率。由于决策是人们确定未来活动的方向、内容和目标的行动，而人们对未来的认识能力有限，目前预测的未来状况与未来的实际状况不可能完全相符，因此，在决策指导下进行的活动，既有成功的可能，也有失败的危险。任何决策都必须冒一定程度的风险。根据决策者对风险的态度可以将其分为3种，即风险喜好型、风险中性与风险厌恶型。不同的决策者对风险的态度决定了其决策的方式。风险喜好型的决策者敢于冒风险，敢于承担责任，因此有可能抓住机会，但也可能遭到一些损失。风险厌恶型决策者不愿冒风险，不敢承担责任，虽然可以避免一些无谓的损失，但也有可能丧失机会。风险中性的决策者对风险采取理性的态度，既不喜好也不回避。由此可见，决策者对风险的态度会影响决策活动。

管理故事

杭州大火

南宋绍兴十年七月，杭州城最繁华的街市失火，火势迅猛蔓延，数以万计的房屋商铺置于火海之中，顷刻之间就化为废墟。有一位裴姓富商，苦心经营了大半辈子的几间当铺和珠宝店也恰在那条街中。火势越来越猛，他大半辈子的心血眼看就要毁于一旦。但是他并没有让伙计和奴仆冲进火海，舍命抢救珠宝财物，而是不慌不忙地指挥他们迅速撤离，一副听天由命的神态，令人大惑不解。而后，他不动声色地派人从长江沿岸平价购回大量木材。当这些木材像小山一样堆起来的时候，裴姓商人又归于沉默，整天品茶饮酒，逍遥自在，好像失火与他毫无关系。大火烧了数十日之后被扑灭了，但是曾经车水马龙的杭州，大半个城市是墙倒房塌一片狼藉。不几日，朝廷颁旨重建杭州城，凡经营销售建筑用材者一律免税。于是杭州城内一时大兴土木，建筑用材供不应求，价格徒长。裴姓商人乘机抛售建材，获利巨大。其额远远大于被火灾焚毁的财产。

(资料来源：《科技周刊》)

4. 伦理

伦理就是人际关系中我们应该共同遵守的规范，是“决策动机”最起码道德规范伦理。决策者是否重视伦理以及采用何种伦理标准会影响其对待行为或事物的态度，进而影响其决策。Bind 和 Gandz(1992)指出，“如果管理者能更多地意识到他们的价值观、社会准则和伦理规范，并把它们用于决策，就可以改善决策；如果决策时能考虑到社会分析和伦理选择，那对管理者本身、企业和社会都是有益的；各种伦理分析工具能帮助管理者作出更好的决策，更清晰地向利益相关者解释其行为的理由。”

在现代企业管理过程中，大量的问题需要进行决策，现代企业的决策也大量依靠量化的技术。但实际情况是，定量技术并非可以解决所有的决策问题。在企业决策过程中，总存在着不可能完全量化的因素，所以，在无法进行量化决策的情况下，决策过程中必须考量社会伦理内容。任何企业的决策活动都是在对企业面临的内部与外部环境的考量下做出的，而其中的社会心理因素、政治、法律和道德因素是管理决策中必须考虑的重要的外在因素。再者，企业决策最终是在主要决策者的指导与决断下完成的，是对各种可行方案进行评估选择的过程，其实就是决策者依赖价值观做出价值判断的过程。从某种意义上说，价值决策是管理决策的本质。换言之，决策所面临的困难不是管理问题本身而是价值观问题上的处理与选择。

知识链接

管理者何时最有可能使用直觉决策的方法呢？有以下 8 种情况；①存在高不确定性时；②极少有先例存在时；③变化难以科学地预测时；④“事实”有限时；⑤事实不足以明确指明前进道路时；⑥分析性数据用途不大时；⑦当需要从存在的几个可行方案中选择一个，而每一个的评价都良好时；⑧时间有限，并且存在提出正确决策的压力时。在运用直觉时，存在一个管理者可遵循的标准模型吗？他们似乎遵从以下两种方法之一：或是在决策过程之初使用直觉；或是在决策过程结尾使用直觉。

(资料来来源：斯蒂芬·P. 罗宾斯《管理学》)

5. 组织文化

组织文化制约着组织及其成员的行为及行为方式。在决策层次上，组织文化通过影响人们对改变的态度而发生作用。任何决策的制定，都是对过去在某种程度上的否定；任何决策的实施，都会给组织带来某种程度的变化。组织成员对这种可能产生的变化会怀有抵御或欢迎两种截然不同的态度。在偏向保守、怀旧、维持的组织中，人们总是根据过去的标准来判断现在的决策，总是担心在变化中会失去什么，从而对将要发生的变化产生怀疑、害怕和抗御的心理与行为；相反，在具有开拓、创新气氛的组织中，人们总是以发展的眼光来分析决策的合理性，总是希望在可能产生的变化中得到什么，因此渴望变化，欢迎变化，支持变化。显然，欢迎变化的组织文化有利于新决策的实施，而抵御变化的组织文化则可能给任何新决策的实施带来灾难性的影响。

在进行管理决策和实施一个新决策时，组织内部的新旧文化必须相互适应、相互协调，这样才能为组织决策获得成功提供保证。虽然决策时要考虑所作出的决策尽量与组织文化相适应，不要破坏企业已有的组织文化，但是当企业环境发生重大变化，企业的组织文化也需要相应做出重大变化的情况下，企业应考虑到自身长远利益，不能为了迎合企业现有的组织文化，而将组织新的决策修订得与现行组织文化标准相一致，因为这有可能损害组织的长远发展。

管理案例

不作决策为什么？

人们常说：不在其位，不谋其政。而如果占据了某个位子，就需要进行决策并对所作的决策承担责任，责、权、利是三位一体的。如果做不到这一点，说得不好听一点，就是“站着茅坑不拉屎”。G公司是一家中外合资企业，但是随着合资年限的延长，原来在企业管理上的优良传统逐渐消失，出现了许多问题，被一些企业内部员工嘲笑为“在管理上中国化了”。而其中一个问题就是职能部门不愿意作决策。在G公司，运营部是企业生产经营相关联工作的核心，承担着计划、组织、协调、控制、检查和考核等的统筹管理工作，也成为一些部门推脱责任的最佳选择。例如,品质部发现车间的钢板上有锈，有几种除锈方法，如何除锈本来是品质部职责范围内的事，但是却专门写了一个申请，请运营部作出如何除锈的决策。技术部负责积压物资的改造，在性能上是否满足使用要求，当然是由技术部来判断，但是他们把皮球踢给了运营部，认为自己无权力拍板。采购部在钢管的定尺采购问题上与生产部起了争执，却非要请运营部给出正式的处理意见……这些本来应该由各职能部门自己作决定进行解决的问题，竟然却不约而同地推给了运营部，要求运营部代为作决策，而把自己部门放在执行的位置上。到底是为什么？原因其实很简单，大家心里也都非常清楚，就是作决策要承担一定的风险，如果做不好，很可能被考核部门记录，被总经理批评，因此，最好由其他部门来作决策，则自己可以不承担或者少承担失败的责任。在这种心理作用下，作为公司生产核心的运营部自然成了一个委托决策的最佳部门。对于这些明显属于各职能部门责任范围的工作，运营部的员工们当然不愿意承担，而一些部门竟然以“我们已经通知你部门了，如果影响了生产我们不负责”来要挟，使之成为面对企业损失谁先沉不住气的比赛，作为企业生产核心的运营部的员工具有比较强烈的责任心，只好出头来解决。由于大多数工作不属于运营部的职责范围，如果进行处理有可能被认为越权，因此运营部被逼得创造出了“工作协调会”的决策方式，召集各有关部门开会，以会议决议的形式作决策，从而既解决了代职能部门部作决策的问题，又保证了生产的基本顺利运行。

(资料来源：http://www.mba163.com/glwk/scyx/200512/3743.html)

案例点评

问题是解决了，但是企业的管理成本上升了，而且这种成本的增加是隐性的，很难用确定的金额来度量，反而被视为正常的运营成本，给企业造成了隐形的损失。日本丰田公司提出了生产现场存在着“七种”浪费，目前已经得到企业界的重视，正在努力解决。但是我们认为，类似于上述现象的管理中的“浪费”更多、更严重，危害也更大，解决起来困难更多，而且还没有引起重视。而如果能够有效地消除管理工作中的部分隐性浪费，则可能使管理效率大幅度提升，使企业获得更大的效益。

6. 时间

决策是在特定的情况下，把组织的当前情况与组织未来可能的行动联系起来，并旨在解决问题或把握机会的管理活动。这就决定了决策必然受时间的制约，一旦超出了时间的限制，情况发生了变化，再好的决策也不可能达到预期目标。一个方案可能涉及较长的时间，在这段时间里，形势可能发生变化，而初步分析建立在对问题或机会的初步估计上，因此，管理者要不断对方案进行修改和完善，以适应变化了的形势。同时，连续性活动因涉及多阶段控制而需要定期进行分析和控制。

美国学者威廉·R·金(William. R. King)和大卫·I·克里兰把决策类型划分为时间敏感决策和知识敏感决策。时间敏感决策是指那些必须迅速而尽量准确的决策。战争中军事指挥官的决策多属于此类，这种决策对速度的要求远甚于质量。例如，当一个人站在马路当中，一辆疾驶的汽车向他冲来时，关键是要迅速跑开，至于跑向马路的左边近些还是右边近些，相对于及时行动来说则显得比较次要。相反，知识敏感决策，对时间的要求不是非常严格。这类决策的执行效果主要取决于其质量，而非速度。制定这类决策时，要求人们充分利用知识，作出尽可能正确的选择。

管理案例

可口可乐新产品上市决策

有“清凉饮料之王”之称的可口可乐，诞生于1886年。经过100年左右的发展，可口可乐公司已成为全球性的饮料公司。而正是仅占饮料1%的神秘配方——“类汉帝司—7x”使可口可乐公司发展成为全球著名的跨国公司。可就在1985年4月，可口可乐公司却宣布改变沿用99年之久的老配方，采用刚研制成功的新配方。在此之前，该公司用了3年时间耗资500万美元，进行了20余万人次的口味调查和饮用实验，调查结果是55%的人认为新配方味道更好。可是，当新产品问世之后，却引起了一场轩然大波。公司每天都能收到无数封抗议信件和多达1 500次的抗议性电话。与此同时，可口可乐的竞争对手百事可乐认为击败可口可乐的时候到了。正如百事可乐广告部主任所说：“这个机会对我们来说就像一个大窗口，通过它我们可以争取那些铁杆的嗜饮可口可乐者。”这样，可口可乐公司不得不宣布，为了尊重老顾客的意见，公司决定恢复老配方的生产，同时考虑消费者新的需要，新配方继续生产。这个改变，使可口可乐从不利的阴影中走了出来。

案例点评

可口可乐公司的本意是开拓新产品以加强竞争力，但错就错在，它冒险地取消了原有的成熟产品。原有的成熟产品已经与老顾客形成了一种比较稳定的交流性关系，这是一个企业得以维持的基础，贸然取消它，让老顾客去使用或消费他们并不习惯的新产品，显然是违反了消费心理的做法。而后来可口可乐及时弥补所取得的成功又恰恰说明了贸然行动的错误性。所以，不断勇于开发、生产新产品，同时淘汰已不再受欢迎的旧产品，并要同样重视依然拥有市场的旧产品的方法是值得借鉴的。

4.3 决策方法

现代决策技术发展了大量的决策方法，分为两类：定性决策方法和定量决策方法，这里介绍几种比较常用的决策方法。

4.3.1 定性决策方法

定性决策方法是决策者根据所掌握的信息，通过对事物运动规律的分析，在把握事物内在本质联系基础上进行决策的方法，常用的有头脑风暴法、名义小组技术、特尔菲法以及电子会议法等。

1. 头脑风暴法

头脑风暴法(brain storming，BS法)是比较常用的集体决策方法，通常是将对解决某一问题有兴趣的人集合在一起，在完全不受约束的条件下，敞开思路，畅所欲言，标新立异，甚至提出无足够论据的想法，以便发表创造性意见，因此，主要用于收集新设想。头脑风暴法的创始人英国心理学家A. F.奥斯本(A. F. Osborn)为该决策方法的实施提出了4项原则：①对别人的建议不作任何评价，将相互讨论限制在最低限度内；②建议越多越好，在这个阶段，参与者不要考虑自己建议的质量，想到什么就应该说出来；③鼓励每个人独立思考，广开思路，想法越新颖、奇异越好；④可以补充和完善已有的建议以使它更具说服力。

头脑风暴法的目的在于创造一种畅所欲言、自由思考的氛围，诱发创造性思维的共振和连锁反应，产生更多的创造性思维。头脑风暴法具体做法如下：

(1) 召集成员(参加人数宜5～9人)。

(2) 组织者阐明问题。

(3) 成员在一定时间(时间安排应在 1～2 小时)内提出所有方案。要求：不允许评论和反驳他人的意见，以便各种创新方案不断被提出；提出的建议多多益善，以量求质。

(4) 记录所有方案，稍后进行讨论，以共同寻求意见的改进与合作。

(5) 主持人最终对各种方案进行分析评价，选出最佳方案。

2. 名义小组技术

名义小组技术(nominal group technique，NGT法)，又称名义团体技术、名目团体技术、名义群体技术，是指在决策过程中对群体成员的讨论或人际沟通进行限制，但群体成员是独立思考的。像召开传统会议一样，群体成员都出席会议，但群体成员首先进行个体决策。在这种技术下，小组的成员互不通气，也不在一起讨论、协商，因而小组只是名义上的。这种名义上的小组可以有效地激发个人的创造力和想象力。在集体决策中，如对问题的性质不完全了解且意见分歧严重，则可采用名义小组技术。

在这种技术下，管理者先召集一些有知识的人，把要解决的问题的关键内容告诉他们，并请他们独立思考，要求每个人尽可能地把自己的备选方案和意见写下来，然后再按次序让他们陈述自己的方案和意见。在此基础上，由小组成员对提出的全部备选方案进行投票，根据投票结果，赞成人数最多的备选方案即为所要的方案，当然，管理者最后仍有权决定是接受还是拒绝这一方案。

3. 德尔菲法

德尔菲法(delphi method)是在20世纪40年代由O.赫尔姆和N.达尔克首创，经过T. J.戈尔登和兰德公司进一步发展而成的。德尔菲这一名称起源于古希腊有关太阳神阿波罗的神话。传说中阿波罗具有预见未来的能力,因此，这种预测方法被命名为德尔菲法。1946年，兰德公司首次用这种方法来进行预测，后来该方法被迅速广泛采用。该方法的步骤如下：

(1) 针对问题设计征询表格。

(2) 将征询表函寄给相关领域专家(10～50人)。

(3) 专家将填好的表格匿名寄回。

(4) 整理专家意见并反馈，要求专家再次回答问题。

(5) 如此，进行3～5轮重复，专家意见趋于一致。

如管理者面临着一个有关用煤发电的重大技术问题时，运用这种技术的第一步是要设法取得有关专家的合作，然后把要解决的关键问题分别告诉专家们，请他们单独发表自己的意见并对实现新技术突破所需的时间作出估计。在此基础上，管理者收集并综合各位专家的意见，再把综合后的意见反馈给各位专家，让他们再次进行分析并发表意见。在此过程中，如遇到差别很大的意见，则把提供这些意见的专家集中起来进行讨论并综合。如此反复多次，最终形成代表专家组意见的方案。

德尔菲法的特点是匿名性、重复性、收敛性。

运用该技术的关键如下：

(1) 选择好专家，这主要取决于决策所涉及的问题或机会的性质。

(2) 拟订好意见征询表，因为它的质量直接关系到决策的有效性。

(3) 决定适当的专家人数，一般10～50人较好。

4. 电子会议法

电子会议法(electronic meetings)是群体预测与计算机技术相结合的预测方法。在使用这种方法时，先将群体成员集中起来，每人面前有一个与中心计算机相连接的终端。群体成员将自己有关解决政策问题的方案输入计算机终端，然后再将它投影在大型屏幕上。专家们认为，电子会议法比传统的面对面的会议快55%。例如，佛尔普斯·道奇采矿公司(Phelps Dodge Mining)运用这种方法，使它们的年度计划会议从几天缩短到12小时。但这种方法也有缺点。那些打字速度快的人，与口才好但打字速度慢的人相比，能够更好地表达自己的观点；想出最好建议的人也得不到应有的奖励；而且这样做得到的信息也不如面对面的沟通所能得到的信息丰富。虽然这种方法现在正处于幼年阶段，但未来的群体决策很可能会广泛地采用电子会议法。

4.3.2 定量决策方法

定量决策方法是利用数学模型进行优选方案的决策方法。管理者选好组织的活动方向之后，接下来需要考虑的问题自然是如何到达这一活动方向。由于到达这一活动方向的活动方案通常不止一种，所以管理者要在这些方案中作出选择。在决定选哪一个方案时，要比较不同的方案，而比较的一个重要标准是各种方案实施后的经济效果。由于方案是在未来实施的，所以管理者在计算方案的经济效果时，要考虑到未来的情况。根据未来情况的可控程度，可把有关活动方案的决策方法分为3类：确定型决策方法、风险型决策方法和不确定型决策方法。

1. 确定型决策方法

在比较和选择活动方案时，如果未来情况只有一种并为管理者所知，则须采用确定型决策方法。常用的确定型决策方法有线性规划法和量本利分析法等。

1) 线性规划法

线性规划法是1939年，前苏联经济学家康晓诺维奇首先提出的，现已广泛地被用于解决资源分配问题、成本收益平衡问题、网络配送问题、运输问题等。该方法解决的问题是，在目标已定、资源有限的情况下，如何对实现目标的多种可行方案进行选择，以使某项既定的目标达到最优化。这种计划方法要求有关变量间必须具有线性的关系。

线性规划法是在一些线性等式或不等式的约束条件下，求解线性目标函数的最大值或最小值的方法。运用线性规划建立数学模型的步骤：①确定影响目标大小的变量；②列出目标函数方程；③找出实现目标的约束条件；④作图，找到所围成图形的公共区域的顶点坐标，把顶点对应的 X_1、X_2 的值代入目标函数；⑤找出使目标函数达到最优的可行解，即为该线性规划的最优解。

【例 4.1】某企业生产两种产品——桌子和椅子，它们都要经过制造和装配两道工序，有关资料见表 4-1。假设市场状况良好，企业生产出来的产品都能卖出去，试问何种组合的产品能使企业利润最大？

表 4-1　某企业的有关资料

	桌　　子	椅　　子	工序可利用时间/小时
在制造工序上的时间/小时	2	4	48
在装配工作上的时间/小时	4	2	60
单位产品利润/元	8	6	—

这是一个典型的线性规划问题。

第一步，确定影响目标大小的变量。在本例中，目标是利润，影响利润的变量是桌子数量 T 和椅子数量 C。

第二步，列出目标函数方程：$\pi=8T+6C$。

第三步，找出约束条件。在本例中，两种产品在一道工序上的总时间不能超过该道工序的可利用时间，即

制造工序 $2T+4C\leqslant48$，

装配工序 $4T+2C\leqslant60$。

除此之外，还有两个约束条件，即非负约束——$T\geqslant0$；$C\geqslant0$。

从而线性规划问题成为，如何选取 T 和 C，使 π 在上述 4 个约束条件下达到最大。

第四步，求出最优解——最优产品组合。通过图解法(如图 4.3 所示)，求出上述线性规划问题的解为 $T^*=12$ 和 $C^*=6$，即生产 12 张桌子和 6 把椅子可使企业的利润最大。

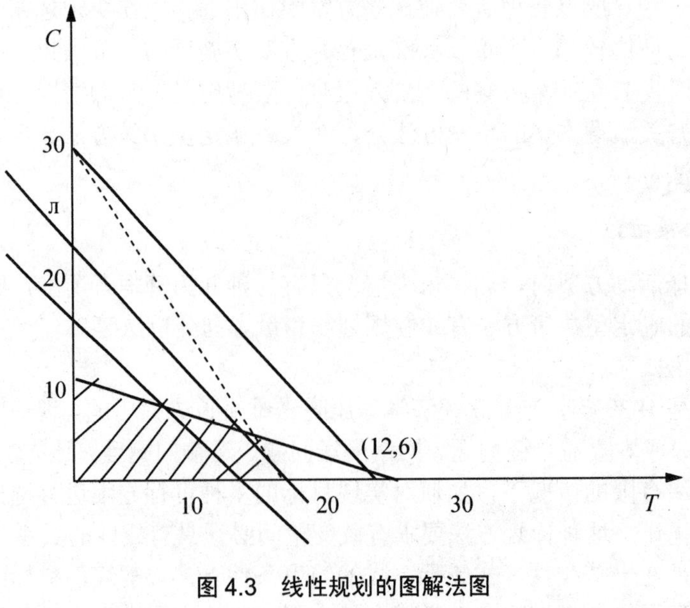

图 4.3　线性规划的图解法图

2) 量本利分析法

量本利分析法又称保本分析法或盈亏平衡分析法，是通过考查产量(或销售量)、成本和利润的关系以及盈亏变化的规律来为决策提供依据的方法。

在应用量本利分析法时，关键是找出企业不盈不亏时的产量(称为保本产量或盈亏平衡产量，此时企业的总收入等于总成本)，而找出保本产量的方法有图解法和代数法两种。

(1) 图解法，是用图形来考查产量、成本和利润关系的方法。在应用图解法时，通常假设产品价格和单位变动成本都不随产量的变化而变化，所以销售收入曲线、总变动成本曲线和总成本曲线都是直线。

【例 4.2】某企业生产某产品的总固定成本为 60 000 元，单位变动成本为每件 1.8 元，产品价格为每件 3 元。假设某方案带来的产量为 100 000 件，问该方案是否可取？

利用例子中的数据，在坐标图上画出总固定成本曲线、总成本曲线和销售收入曲线，得出量本利分析图，如图 4.4 所示。

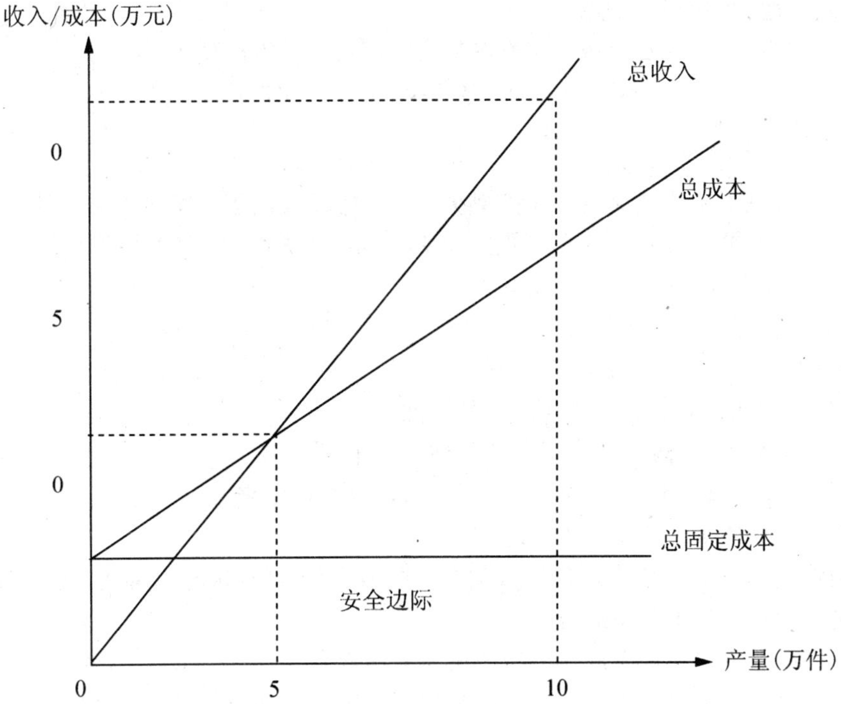

图 4.4　量本利分析图

从图 4.4 中可以得出以下信息，供决策分析之用。

① 保本产量，即总收入曲线和总成本曲线交点所对应的产量(本例中保本产量为 5 万件)。

② 各个产量上的总收入。

③ 各个产量上的总成本。

④ 各个产量上的总利润，即各个产量上的总收入与总成本之差。

⑤ 各个产量上的总变动成本，即各个产量上的总成本与总固定成本之差。

⑥ 安全边际，即方案带来的产量与保本产量之差。本例中，安全边际为 5=10－5(万件)。

在本例中，由于方案带来的产量(10 万件)大于保本产量(5 万件)，所以该方案可取。

(2) 代数法，是用代数式来表示产量、成本和利润关系的方法。

假设 P 代表单位产品价格，Q 代表产量或销售量，F 代表总固定成本，V 代表单位变动成本，π 代表总利润，C 代表单位产品贡献($c=\rho-\mathrm{v}$)。

① 求保本产量。

企业不盈不亏时，$PQ=F+VQ$

所以，保本产量 $Q=F/(\rho-V)=F/C$

② 求保目标利润的产量。

设目标利润为π，则 $PQ=F+VQ+\pi$

所以保目标利润π的产量 $Q=(F+\pi)/(P-V)=(F+\pi)/C$

③ 求利润。

$$\pi=PQ-F-VQ$$

④ 求安全边际和安全边际率。

安全边际＝方案带来的产量－保本产量

安全边际率＝安全边际/方案带来的产量

2. 风险型决策方法

风险型决策也叫统计型决策、随机型决策，是指已知决策方案所需的条件，但方案的执行都有可能出现不同后果，多种后果的出现有一定的概率，即存在着“风险”，所以称为风险型决策。风险型决策必须具备以下条件：

(1) 存在决策者企望达到的目标。

(2) 有两个以上方案可供决策者选择。

(3) 存在不以决策者意志为转移的几种自然状态。

(4) 各种自然状态出现的概率已知或可估计出来。

(5) 不同行动方案在不同自然状态下损益值可以估算出来。

常用的风险型决策方法是决策树法。

决策树法是用树状图来描述各种方案在不同情况(或自然状态)下的收益，据此计算每种方案的期望值从而作出决策的方法。

期望值准则：期望值最大或最小的方案为最优方案。

期望值＝状态 1 的损益值×状态 1 的概率＋状态 2 的损益值×状态 2 的概率＋…＋状态 n 的损益值×状态 n 的概率

状态 1 的概率＋状态 2 的概率＋…＋状态 n 的概率＝1

下面通过举例来说明决策树的原理和应用。

【例 4.3】某企业为生产某种产品，设计了建大厂和建小厂两个基建方案。建大厂需投资 300 万元，建小厂需投资 160 万元。两个方案的服务期为 10 年，据市场预测，在此期间产品销路好的概率为 0.7，销路差的概率为 0.3。两个方案的年度损益值见表 4-2，请用决策树法为该厂作出决策。

表 4-2　两个方案的年度益损值(万元)

决策方案	销路好(概率 0.7)	销路差(概率 0.3)
方案一：建大厂	100	−20
方案二：建小厂	40	30

(1) 画出该问题的决策树，如图 4.5 所示。

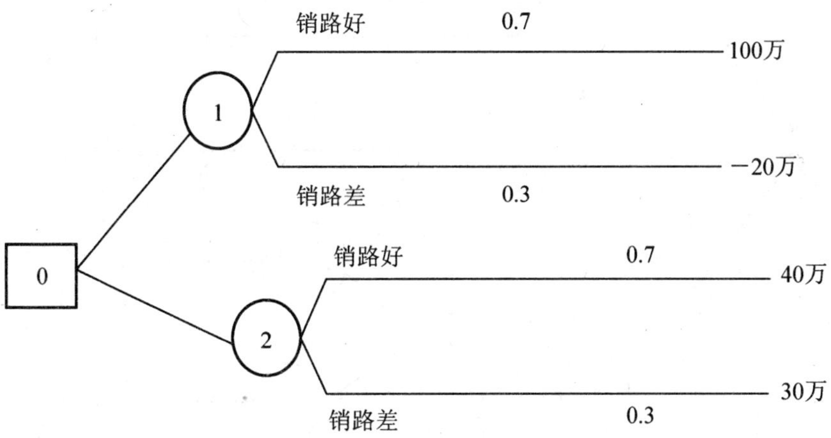

图 4.5　单阶段决策树图

图 4.5 中的矩形结点称为决策点，从决策点引出的若干条树枝表示若干种方案，称为方案枝。圆形结点称为状态点，从状态点引出的若干条树枝表示若干种自然状态，称为状态枝。图中有两种自然状态：销路好和销路差。自然状态后面的数字表示该种自然状态出现的概率。位于状态枝末端的是各种方案在不同自然状态下的收益或损失。据此可以算出各种方案的期望收益。

(2) 计算各状态点的损益值期望值。

方案一(结点①)的期望收益为[0.7×100＋0.3×(−20)]×10−300＝340(万元)

方案二(结点②)的期望收益为(0.7×40＋0.3×30)×10−160＝210(万元)

比较两个方案的收益期望值，可知建大厂的方案是合适的。

【例 4.4】某企业为了扩大某产品的生产，拟建设新厂。据市场预测，产品销路好的概率为 0.7，销路差的概率为 0.3，有 3 种方案可供企业选择。

方案 1：新建大厂，需投资 300 万元。据初步估计，销路好时，每年可获利 100 万元；销路差时，每年亏损 20 万元。服务期为 10 年。

方案 2：新建小厂，需投资 140 万元。销路好时，每年可获利 40 万元；销路差时，每年仍可获利 30 万元。服务期为 10 年。

方案 3：先建小厂，3 年后销路好时再扩建，需追加投资 200 万元，服务期为 7 年，估计每年获利 95 万元。

问：哪种方案最好？

画出该问题的决策树，如图 4.6 所示。

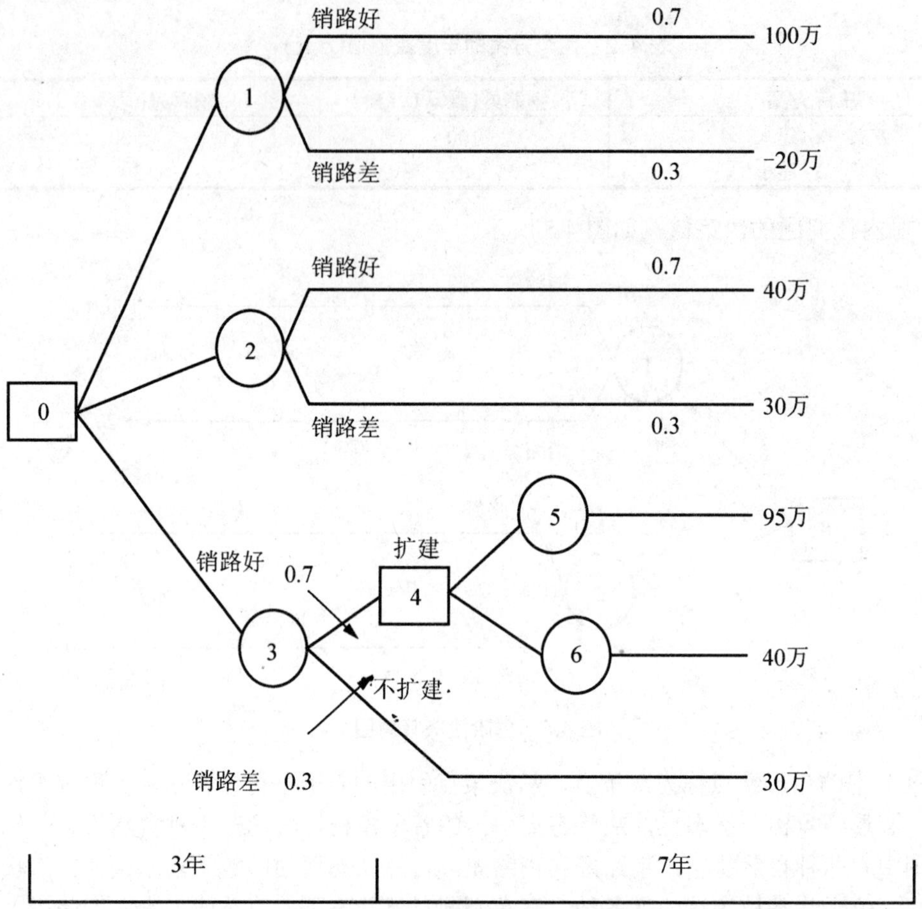

图 4.6 多阶段决策的决策树图

方案 1(结点①)的期望收益为[0.7×100＋0.3×(－20)]×10－300＝340(万元)

方案 2(结点②)的期望收益为(0.7×40＋0.3×30)×10－140＝230(万元)

至于方案 3，由于结点⑤的期望收益 465(＝95×7－200)万元大于结点⑥的期望收益 280(=40×7)万元，所以销路好时，扩建比不扩建好。方案 3(结点③)的期望收益为(0.7×40×3＋0.7×465＋0.3×30×10)－140=359.5(万元)

计算结果表明，在 3 种方案中，方案 3 最好。

需要说明的是，在上面的计算过程中，我们没有考虑货币的时间价值，这是为了使问题简化。但在实际中，多阶段决策通常要考虑货币的时间价值。

3. 不确定型决策方法

不确定型决策，指各种可行方案发生的后果是未知的，决策时无统计概率可依的决策问题。与风险型问题相比，该类决策缺少第 4 个条件。常用的不确定型决策方法有悲观法、乐观法、折中法、后悔值法和机会均等法等。下面通过举例来介绍这些方法。

【例 4.6】某企业打算生产某产品。据市场预测，产品销路有 3 种情况：销路好、销路一般和销路差。生产该产品有 3 种方案：a.改进生产线；b.新建生产线；c.与其他企业协作。据估计，各方案在不同情况下的收益见表 4-3。问企业选择哪个方案？

1) 悲观法

采用悲观法(小中取大法)的管理者对未来持悲观的看法，认为未来会出现最差的自然状态，因此不论采取哪种方案，都只能获取该方案的最小收益。采用此法进行决策时，会首先计算各方案在不同自然状态下的收益，并找出各方案所带来的最小收益，即在最差自然状态下的收益，然后进行比较，选择在最差自然状态下收益最大或损失最小的方案作为所要的方案。

表 4-3　各方案在不同情况下的收益　单位：万元

方案 \ 收益 \ 自然状态	销路好	销路一般	销路差
a.改进生产线	180	120	−40
b.新建生产线	240	100	−80
c.与其他企业协作	100	70	16

在例中，a 方案的最小收益为−40 万元，b 方案的最小收益为−80 万元，c 方案的最小收益为 16 万元，经过比较，c 方案的最小收益最大，所以选择 c 方案。

2) 乐观法

采用乐观法(大中取大法)的管理者对未来持乐观的看法，认为未来会出现最好的自然状态，因此无论采取哪种方案，都能获取该方案的最大收益。采用大中取大法进行决策时，会首先计算各方案在不同自然状态下的收益，并找出各方案所带来的最大收益，即在最好自然状态下的收益，然后进行比较，选择在最好自然状态下收益最大的方案作为所要的方案。

在例中，a 方案的最大收益为 180 万元，b 方案的最大收益为 240 万元，c 方案的最大收益为 100 万元，经过比较，b 方案的最大收益最大，所以选择 b 方案。

3) 折中法

折中法也称“乐观系数法”，因为在现实生活中很少有人极端悲观，也很少有人极端乐观，因此可以采用一种折中的作法：决策者根据对客观事物的估计，既不是完全乐观，也不是完全悲观，主张做折中的考虑。对这种折中考虑的观念，常用一个乐观系数(折中系数)α 表示。α 取值期间为[0,1]，(1−α)则为悲观系数。α 是一个经验常数，其大小是根据不同的决策对象而定的，如果α 接近于1，则比较乐观：如果偏于悲观，乐观系数值可取小一点。用乐观系数法(compromising decision-making)进行决策时，选择各方案乐观期望值最大者作为决策方案。乐观期望值＝α ×最大期望值＋(1−α)×最小期望值。

在本例中，当乐观系数α 为 0.7 时，见表 4-4，a 方案乐观期望值为 114，b 方案乐观期望值为 144，c 方案乐观期望值为 118，经过比较，b 方案的乐观期望值最大，所以选择 b 方案。

表 4-4　折中法决策表

方案 \ 收益 \ 自然状态	销路好	销路一般	销路差	最小收益值	最大收益值	α＝0.7 时的期望值
a.改进生产线	180	120	−40	−40	180	114
b.新建生产线	240	100	−80	−80	240	144
c.与其他企业协作	100	70	16	16	100	118

4) 后悔值法

管理者在选择了某方案后，如果将来发生的自然状态表明其他方案的收益更大，就会为自己的选择而后悔。后悔值法(最大最小后悔值法)就是使后悔值最小的方法。采用这种方法进行决策时，首先计算各方案在各自然状态下的后悔值(某方案在某自然状态下的后悔值=该自然状态下的最大收益-该方案在该自然状态下的收益)，并找出各方案的最大后悔值，然后进行比较，选择最大后悔值最小的方案作为所要的方案。

在本例中，在销路好这一自然状态下，b 方案(新建生产线)的收益最大，为 240 万元。在将来发生的自然状态是销路好的情况下，如果管理者恰好选择了这一方案，他就不会后悔，即后悔值为 0。如果他选择的不是 b 方案，而是其他方案，他就会后悔(后悔没有选择 b 方案)。例如，他选择的是 c 方案(与其他企业协作)，该方案在销路好时带来的收益是 100 万元，比选择 b 方案少带来 140 万元的收益，即后悔值为 140 万元。各个后悔值的计算结果见表 4-5。

由表中看出，a 方案的最大后悔值为 60 万元，b 方案的最大后悔值为 96 万元，c 方案的最大后悔值为 140 万元，经过比较，a 方案的最大后悔值最小，所以选择 a 方案。

表 4-5 各方案在各自然状态下的后悔值(单位：万元)

自然状态 / 后悔值 / 方案	销路好	销路一般	销路差
a.改进生产线	60	0	56
b.新建生产线	0	20	96
c.与其他企业协作	140	50	0

5) 机会均等法

拉普拉斯(Laplace)于 1825 年在《无充分理由原则》一文中指出，对真实的自然状态一无所知“等价于”所有自然状态具有相同的概率。应用这一原则，给方案中各自然状态相同的概率，选择期望收益值最大的方案。

在本例中，对 3 种状态出现的概率假定各占 1/3，计算 3 个方案的等概率期望值见表 4-6，经过比较，a、b 方案等概率期望值最大均为 87，所以选择 a 方案或 b 方案。

表 4-6 机会均等法决策表

自然状态 / 收益 / 方案	销路好	销路一般	销路差	等概率期望值
a.改进生产线	180	120	−40	87
b.新建生产线	240	100	−80	87
c.与其他企业协作	100	70	16	62

比较以上几种不确定决策的方法，首先会觉得它们解决问题的思路完全不同，但是孤立地看，每种方法都有一定的道理，只要不把它们放在一起，选用哪一种方法的理由都是有说服力的，然而同样一个问题，采取不同的方法，有可能选择不同的决策，因此，不确定决策的主观随意性较大，受决策者主观的影响更多，选择哪一种方案都有一定程度的盲目性。

本章小结

本章主要介绍了决策概述、决策过程及决策方法。决策概述主要介绍了决策的概念、决策的特点、决策的重要性及决策的类型等。决策过程主要介绍了决策的7个过程，包括识别机会或诊断问题、识别目标、拟订备选方案、评估备选方案、选择满意方案、实施方案、监督和评估；还介绍了影响决策的六大因素，包括环境、过去决策、决策者对风险的态度、伦理、组织文化、时间等。决策方法主要介绍了定性决策方法和定量决策方法两大类。定性决策方法介绍了头脑风暴法、名义小组技术、德尔菲法、电子会议法等，定量决策方法介绍了包括线性规划法、量本利分析法的确定型决策方法，风险型决策方法之决策树法，不确定型决策方法中常用的悲观法、乐观法和后悔值法等具体的方法及应用。

名人名言

智者决策於愚人，贤士程行於不肖，则贤智之士羞而人主之论悖矣。——韩非子

管理就是决策。——美国著名管理学家赫伯特·西蒙

世界上每100家破产倒闭的大企业中，85%是因为企业管理者的决策不慎。——美国兰德公司

正确的决策来自众人的智慧。——美国社会学家T. 戴伊

一个成功的决策，等于90%的信息加上10%的直觉。——美国企业家S. M. 沃尔森

犹豫不决固然可以免去一些做错事的可能，但也失去了成功的机会。——美籍华裔企业家王安博士

在没出现不同意见之前，不做出任何决策。——美国通用汽车公司总裁艾尔弗雷德·斯隆

不要把所有的鸡蛋放在同一个篮子里。——美国经济学家托宾

抓住时机并快速决策是现代企业成功的关键。——美斯坦大学教授艾森哈特

绝不能在没有选择的情况下，作出重大决策。——美国克莱斯勒汽车公司总裁李·艾柯卡

如果有一个项目，首先要考虑有没有人来做。如果没有人做，就要放弃，这是一个必要条件。——联想集团总裁柳传志

习　题

一、复习题

1. 选择题

(1) 企业经营方案决策最终所选出的方案一般为(　　)。

A. 成本最低的方案　　B. 较为满意的方案

C. 各个目标都最佳的方案　　D. 实现利润最大的方案

(2) 决策是工作和日常生活中经常要进行的活动，但人们对其含义的理解不尽相同，你认为以下哪种理解较完整？(　　)。

A. 出主意　　B. 拿主意

C. 既出主意又拿主意　　D. 评价各种主意

(3) 企业面临的境况正日益变得更为复杂多变，企业的决策越来越难以靠个人的智力与经验来应付了，因此，现代决策应该更多地依靠(　　)。

A. 多目标协调　　B. 集体智慧　　C. 动态规划　　D. 下级意见

(4) 你正面临是否购买某种奖券的决策。你知道每张奖券的售价以及该期共发行奖券的总数、奖项和相应的奖金额。在这样的情况下，该决策的类型是什么？加入何种信息将变成一个风险性决策？(　　)。

A．确定性决策；各类奖项的数量　　B．风险性决策；不需要加其他信息

C．不确定性决策；各类奖项的数量　　D．不确定性决策；可能购买该奖券的人数

(5) 在管理决策中，许多管理人员认为只要选取满意的方案即可，而无须刻意追求最优的方案。对于这种观点，你认为以下哪种解释最有说服力？(　　)。

A．现实中不存在所谓的最优方案，所以选中的都只是满意方案

B．现实管理决策中常常由于时间太紧而来不及寻找最优方案

C．由于管理者对什么是最优决策无法达成共识，只有退而求其次

D．刻意追求最优方案，常常会由于代价太高而最终得不偿失

(6) 某企业打算开发一种新产品，预计该产品未来市场销路可能有3种自然状态：销路好，销路一般，销路较差。各种自然状态的概率不知道。现有两个方案可供选择，自行开发方案在上述3种自然状态下的损益值为分别为500、300和100，购买专利方案的损益值分别为800、500和－300。用最大最小后悔值法判断选择的结果应是(　　)。

A．自行开发　　B．购买专利　　C．两个方案都可行　D．两个方案都不可行

(7) 风险型决策需要具备的条件(　　)。

A．决策者对未来可能出现何种自然状态不能确定

B．具有一个决策者企图达到的明确目标

C．存在两个以上可供选择的行动方案

D．存在着不以决策者意志为转移的两种以上自然状态

E．各个行动方案在各个自然状态下的损益值可以计算出来

(8) 很多学者提倡管理者进行决策时应尽量遵循满意原则，其原因在于(　　)。

A．组织内外存在一切对组织的现在和未来都会直接或间接地产生某种程度的影响，但决策者很难收集到反映这一切情况的信息

B．对于收集到的有限信息，决策者的利用能力也是有限的，从而决策者只能制订数量有限的方案

C．任何方案都要在未来实施，而人们对未来的认识是不全面的，对未来的影响也是有限的，从而决策时对所预测的未来状况可能与实际的未来状况有出入

D．我们在管理工作中进行决策时不必考虑实际情况，只要心里满意就可以

2. 判断题

(1) 决策既是计划的前提，也是计划的逻辑延续。　(　　)

(2) 有效的决策能实现组织所有目标最大化。　(　　)

(3) 组织中的高层管理者所做出的决策都是风险型决策。　(　　)

(4) 决策追求的是最优方案。　(　　)

(5) 战略决策大部分都是非常规决策。　(　　)

3. 问答题

(1) 什么是决策？决策有何特点？

(2) 如何理解决策在管理中的作用？

(3) 群体决策有什么优缺点，运用中要注意哪些问题？

(4) 决策树法的主要内容是什么？

(5) 决策的过程包括哪些步骤？每一步骤需要注意哪些问题？

(6) 决策的影响因素有哪些？

(7) 确定型决策、风险型决策、非确定型决策有何区别？

4. 计算题

(1) 某企业每年的固定成本为120万元，生产一种产品，单价为120元，单位变动成本为80元，则该企业的保本销售量和保本销售额分别为多少？

(2) 某企业生产甲产品，年固定成本为300万元，产品单位售价为100元，单位变动成本为50元，若目标利润为50万元，问企业应完成的销售量为多少？

(3) 某公司生产A、B两种产品，这两种产品的部件各自在甲、乙两个车间分别生产，在丙车间装配，其基本参数见表4-7。应如何安排这两种产品的日产量，使企业利润最大？

表4-7　A产品和B产品的基本参数值

车间 产品	生产能力 (工时/天)	单位产品需要量	
		A产品	B产品
甲	8	1	0
乙	12	0	2
丙	36	3	4
单位利润/元		300	500

(4) 某厂计划生产甲、乙两种产品，甲产品每台利润70元，乙产品每台利润120元，它们的钢材、铜材、专用设备的能力的消耗定额见表4-8。

求甲、乙产品的生产量为多大时，利润最大？

表4-8　甲、乙两种产品的基本参数值

	单位	甲产品	乙产品	资源限制
钢材	千克	9	4	3 600
铜材	千克	4	5	2 000
专用设备能力	台时	3	10	3 000

(5) 某地可以种植4种作物，已知这4种作物在5种天气类型状态下，带来的收益见表4-9所示，不同天气类型出现的概率未知，请对种植方案作出决策。

表4-9　不同天气状况类型下各种种植方法收益表(单位：千元/hm2)

天气类型(状态)		极旱年	旱年	平年	湿润年	极湿年
各方案的收益值/千元	水稻	10	12.6	18	20	22
	小麦	25	21	17	12	18
	大豆	12	17	23	17	11
	燕麦	11.8	13	17	19	21

(6) 某企业计划某一新产品投放市场，其生产成本为4元，定价时提出3种方案：5元、6元、7元，由于价格不同，相应的预期收益(万元)也不同，见表4-10。

① 若销路好、销路一般、销路差的概率已知，分别为0.25、0.5、0.25，请用决策树法对定价方案作出决策。

② 若销路好、销路一般、销路差的概率未知，请用乐观法、悲观法、后悔法、折中法(乐观系数为0.7)和机会均等法对定价方案作出决策。

表 4-10 不同定价方案下收益表

自然状态 / 备选方案	不同状态下的预期收益/万元		
	销路好	销路一般	销路差
高价 7 元	90	75	60
平价 6 元	96	72	56
低价 5 元	100	60	46

(7) 某企业研制出了一种新产品(预期销售生命为 7 年)，并拟定了 3 种备选生产方案，一是大规模生产，二是小规模生产，所需一次性投资额以及以后每年盈利见表 4-11，估计该产品前两年销路好的概率是 0.6；若前两年销路好，则后 5 年销路好的概率为 0.9，否则，后 5 年销路好的概率为 0.2。第 3 种方案是前两年先小规模生产，然后再决定后 5 年是否追加投资 300 万元以便大规格生产，该厂如何决策？

表 4-11 一次性投资额及每年盈利

方案 / 盈利/万元 / 状态	销路好	销路差	一次性投资/万元
大规模生产	300	−50	500
小规模生产	100	40	200

二、案例应用分析

王厂长的会议

王厂长是佳迪饮料厂的厂长，回顾 8 年的创业历程真可谓是艰苦创业、勇于探索的过程。全厂上下齐心合力，同心同德，共献计策为饮料厂的发展立下了汗马功劳。但最令全厂上下佩服的还数 4 年前王厂长决定购买二手设备(国外淘汰生产设备)的举措，饮料厂也因此挤入国内同行业强手之林，令同类企业刮目相看。今天，王厂长又通知各部门主管及负责人晚上 8 点在厂部会议室开会。部门领导们都清楚地记得，4 年前在同一时间、同一地点召开会议，王厂长作出了购买进口二手设备这一关键性的决定。在他们看来，又有一项新举措即将出台。

晚上 8 点会议准时召开，王厂长庄重地讲道："我有一个新的想法，将大家召集到这里是想听听大家的意见或看法。我们厂比起 4 年前已经发展了很多，可是，比起国外同类行业的生产技术、生产设备来，还差得很远。我想，我们不能满足于现状，我们应该力争世界一流水平。当然，我们的技术、人员等诸多条件还差得很远，但是我想为了达到这一目标，我们必须从硬件条件入手，即引进世界一流的先进设备，这样一来，就会带动我们的人员、带动我们的技术等一起前进。我想这也并非不可能，4 年前我们不就是这样做的吗？现在厂的规模扩大了，厂内外事务也相应地增多了，大家都是各部门的领导及主要负责人，我想听听大家的意见，然后再作决定。"

会场一片肃静，大家都清楚地记得，4 年前王厂长宣布他引进二手设备的决定时，有近 70%成员反对，即使后来王厂长谈了他近 3 个月对市场、政策、全厂技术人员、工厂资金等厂内外环境的一系列调查研究结果后，仍有半数以上人持反对意见，10%的人持保留态度。因为当时很多厂家引进设备后，由于不配套和技术难以达到等因素，均使高价引进设备成了一堆闲置的废铁。但是，王厂长在这种情况下仍采取了引进二手设备的做法。事实表明，这一举措使佳迪饮料厂摆脱了企业由于当时设备落后、资金短缺所陷入的困境。二手设备那时价格已经很低，但在我国尚未被淘汰。因此，佳迪厂也由此走上了发展的道路。

王厂长见大家心有余悸的样子，便说道："大家不必顾虑，今天这一项决定完全由大家决定，我想这也是民主决策的体现，如果大部分人同意，我们就宣布实施这一决定；如果大部分人反对的话，我们就取消这一决定。现在大家举手表决吧。"

于是会场上有近 70%的人投了赞成票。

问题：

(1) 王厂长的两次决策过程合理吗？为什么？

(2) 如果你是王厂长，在两次决策过程中应做哪些工作？

(3) 影响决策的主要因素是什么？

(资料来源：余敬，刁凤琴. 管理学案例精析[M]. 北京：北京地质大学出版社，2006.)

阅读材料

巨人“大厦”坍塌启示录

1989 年，在深圳大学软件科学管理系硕士毕业的史玉柱和他的 3 个伙伴，用借来的 4 000 元钱承包了天津大学深圳科技工贸发展公司电脑部，巨人事业由此起步。1993 年，欲在房地产业中大展宏图的巨人集团拟建巨人科技大厦。巨人大厦本应是史玉柱和他的巨人集团的一个丰碑式建筑，结果却成了一个拥有上亿资产的庞大企业集团衰落的开始。导致巨人集团衰落的因素很多，既有主观上的，也有客观上的，但主观上的诸多因素是导致巨人集团衰落的主要原因。

环境变化致使元气大伤

1993 年，西方国家向中国出口计算机禁令失效，康柏、惠普、AST、IBM 等国际著名电脑公司开始围剿中国“硅谷”——北京中关村。伴随着中国电脑业走入低谷，史玉柱赖以发家的本业也受到重创。巨人集团迫切需要寻找新的支柱产业，史玉柱看上了房地产市场，他决定盖一座 70 层高的巨人大厦。但施工打地基时碰上了断裂带，珠海两次发大水将地基全淹，而且在盖巨人大厦时恰好碰上中国加强宏观调控，银根紧缩，地产降温。开发保健品又碰上全国整顿保健品市场，保健品也随之降温。这些客观环境对巨人集团来说虽不是致命的，但也使巨人集团元气大伤。

堡垒从内部攻破

巨人集团总裁史玉柱也承认，一个导致巨人衰落的因素就是决策失误，摊子铺得太大。可以说，巨人大厦是史玉柱有生以来第一个重大的投资决策失误，他根本没有实力盖一座全国最高的大厦。更让人瞠目结舌的是，大厦从 1994 年 2 月动工到 1996 年 7 月，史玉柱竟未申请过一分钱的银行贷款，全凭自有资金和卖楼花的钱支持。稍微懂得经济的人都知道，房地产必须有金融资本作后盾，可史玉柱竟将银行搁置一边。

巨人集团的第二大败笔是进军生物工程，也是酿成集团危机的另一决定因素。生物工程对史玉柱来说，是一个完全陌生的领域。巨人集团不仅是一步跨进，而且陷得很深。史玉柱进军生物工程只是因为他朦胧意识到生物工程是一个利润很高的产业，从 1994 年到 1996 年，巨人集团在保健品方面虽然异军突起，但整个生物工程却出现全国亏损。

虽然史玉柱也在 1995 年请人做了一个企业发展战略，但做得比较粗糙，对巨人集团的产业结构也并未详细论证。在进军房地产和生物工程时，并没有考虑到与巨人集团的电脑产业是否相关，是否熟悉，而是头脑一热，拍脑就上，巨人集团后来面临的经济危机在很大程度上源自于投资决策的失误，摊子铺得太大。巨人集团就那么多资金，要在两条战线上作战，当然顾此失彼、疲于奔命。到 1996 年下半年，当需要外援时，宏观调控已影响至深，各处资金吃紧，没办法，巨人只好竭泽而渔，拆东墙补西墙。

另一个主观因素就是管理不善，经营失控。决策失误是急症，管理上的跑冒滴漏却是慢性病，两者都是构成巨人危机的致命伤。巨人大厦是巨人集团的全资子公司，因此，它陷入危机就把整个巨人集团拖进了泥潭。这明显暴露出巨人集团管理人才准备不足，管理不善。1995 年 4 月，“巨不肥会战”取得了成绩，销售大幅回升，营销形势开始好转，但这并不意味着巨人整体状况好转，更不意味着良好机制的形成。相反，集团内部一些人开始侵吞私分巨人集团利益。1996 年 7 月，监事会主席周良正在一份报告中认为，巨人集团出现各类违规、违纪、违法案件，截留、坐支、挪用公款，搞虚假广告、冲货的人屡见不鲜，几万、十几万、几十万甚至上百万资产在阳光照不到的地方流失了。管理不善不仅表现在财务方面，对人员的管理同样也存在诸多问题。巨人集团急剧的外延式扩张使原有干部动力不足，惰性尽显，新的骨干队伍又难以补充，人员管理破绽百出。经营方面的另一失当之处就是当巨人大厦缺少建设资金时，本应停止，但集团领导人对大厦却考虑过重，就从生物工程上抽调资金来继续建设大厦。结果是因为抽血过度，一下子把生物工程搞得半死不活，使这一新产业逐渐萎缩，到最后，生物工程不能造血，使得整个巨人集团流动资金也因此枯竭。

巨人集团失落的又一因素就是权力高度集中，一人说了算。在早期创业时期，主帅的意志尤为关键，但 1992 年后，巨人集团涉及三大领域——电脑软件、房地产、生物工程，当巨人集团规模越来越大，个人综合素质还不全面时，如果缺乏集团决策的机制，特别是干预一个人的错误决策乏力，那么企业的运行就相当危险、巨人集团虽然也设了董事会，但那是空的，决策权集中在总裁史玉柱手中，基本上他决定的事就这么定了。例如，巨人大厦从 64 层增加到 70 层，是史玉柱一个人一夜之间作出的决定。像这种决策权高度集中在少数高层决策人手中，尤其是一个人手中时，虽然在重大决策时效率高，但负面效果同样突出，特别是这个决策人兼具所有权和经营权，而其他人很难干预其决策，危险更大。

“巨人”危机的启示

一个企业在拓展新产业时，一般应该是做自己最熟悉的，这样在经营管理方面也有经验，如果要进入陌生领域，事前也应该进行充分的准备，不可贸然行事。企业在进行重大决策时，应建立一种集团决策机制，不能也不应一个人说了算。企业在发展壮大的同时，内部的管理也应跟上，建立科学的管理机制是保证企业稳步发展的基础。企业的经营也应着眼于市场，不能盲目扩大经营范围、区域。企业必须有一个长期的发展战略，就像一个国家，如果四处出击，忽东忽西，就会把一盘棋全走乱。但是企业的战略向何处移，发展的重心向何处倾斜，必须慎之又慎，三思而后行。

(资料来源：http://www.bjd.com.cn/sdjsb/1376/73.htm.)

第5章 计 划

教学目标

通过对本章的学习，学生要了解目标的概念、特点与作用；了解计划的概念、目标管理思想的诞生背景；理解计划工作的性质和意义；掌握目标的制定过程、计划的内容、计划的作用、计划的类型、制订计划的主要步骤，目标管理的基本内涵、指导思想、优缺点和目标管理的基本过程；理解并掌握各种现代计划方法的原理和应用。

教学要求

知识要点	能力要求	相关知识
计划概述	(1) 了解计划的概念 (2) 理解并掌握计划的内容、性质 (3) 理解计划的作用 (4) 掌握计划的类型	(1) 计划的含义及内容 (2) 计划的性质 (3) 计划的作用 (4) 计划的类型
计划过程	(1) 理解并掌握计划编制的原理 (2) 掌握计划制订的主要步骤	(1) 计划编制遵循的原理 (2) 计划制订的主要步骤
计划方法	(1) 理解并掌握计划的方法 (2) 应用计划方法处理实际问题	(1) 滚动计划法 (2) 网络计划法 (3) 投入产出法
目标管理	(1) 了解目标的概念、特点与作用 (2) 了解目标管理的诞生背景 (3) 理解并掌握目标管理的概念 (4) 掌握目标管理的指导思想 (5) 掌握目标管理过程及优缺点	(1) 目标与目标管理 (2) 目标管理的含义及由来 (3) 目标管理的基本思想 (4) 目标管理的程序 (5) 目标管理的评价

凡事预则立，不预则废。

——《礼记·中庸》

基本概念

计划　组织宗旨　组织目标　战略　政策　程序　规则　预算　规划　计划类型　限定因素原理　许诺原理　灵活性原理　改变航道原理　滚动计划法　网络计划技术　投入产出法　目标管理

导入案例

越王勾践

孙子曰：兵者，国之大事，死生之地，存亡之道，不可不察也。历史上，战争是国家的大事，除了关系到人民生死，国家存亡，还涉及政治、经济、文化、法制等社会各个方面。所以，运筹谋划是一个领导者决定战争胜负的首要因素和前提条件。春秋末年，越王攻灭吴国之战，就全面体现了谋划的重要性。公元前494年，越国进攻吴国而战败，越王勾践在危急关头，决定委屈求和保存国土，以谋东山再起。而且，也还根据本国国情和吴国情况，制定了一系列强国复兴、转败为胜的战略，即"破吴七计"。勾践卑言慎行，忍辱负重，一方面收买吴国重臣，麻痹夫差；一方面实行内政改革，发展生产，恢复国家元气，赢得了百姓的拥戴。同时，他还利用外交活动，实行离间计，挑拨夫差与伍子胥之间的关系。最后，他知人善用，抓住时机，终于完成了长达13年之久的灭吴计划。一个领导者在战前对战争的谋划同管理学原理中的计划职能是一致的。孙子以《计篇》作为13篇之首，且计划是管理中具有首位性的基本职能之一，可见计划的重要性。

(资料来源：http://zonghe.17xie.com/book/10379624.)

案例点评

计划的重要性。

计划是有预见性的，计划周密，条件充分，胜利的可能性就越大。"多算胜，少算不胜"，"知己知彼，百战不殆"。计划要收集信息，调查对方，考查己方；制定行动方案，明确方案实施的措施，要合理配置资源，符合实际，顺应民心，调动全体人员的积极性，为实现目标而努力。

5.1 计划概述

在组织中，计划是全部管理职能的首要职能，其他职能工作都只有在确定了目标、制订了计划以后才能开展，并会随计划的变化而变化。计划工作就是管理者确定目标和制定必要的行动方针，围绕着计划确定的目标，去从事组织工作、人员配备、指导与领导以及控制工作等活动，以达到预定的目标。为使组织中的成员有效地一起工作，首要任务就是确定组织目标，为实现目标制订相应的计划，力求能够以组织现有的资源，获得最大的组织成效。

5.1.1 计划的含义及内容

1. 计划的含义

计划是全部管理职能中最基本的一个职能，它与其他职能有密切的联系。因为计划既包括确定组织和部门的目标，又包括制定这些目标的途径。为使组织中各种活动能够有节奏地进行，必须要有严密、统一的计划。

1) 广义的计划和狭义的计划

广义的计划是指制订计划、执行计划和检查计划这 3 个紧密衔接的工作过程。确切地说，计划包括从分析预测未来的情况与条件，确定目标，制定行动方针与行动方案，并依据计划去配置各种资源，进而执行任务，最终实现既定目标的整个管理过程。狭义的计划是指计划工作中编制的结果，也就是说，根据实际情况，通过科学地预测，权衡客观的需要和主观的可能，提出在未来一定时期内要达到的目标，以及实现目标的途径。

2) 名词意义上的计划和动词意义上的计划

名词意义上的计划是指用文字和指标等形式表述的，对未来活动所作的事前安排、预测和应变处理的管理文件。动词意义上的计划是指管理者确定必要的行动方针，以期在未来的发展中能够实现目标的过程。无论动词还是名词意义上的计划，只要是计划都应具备两个显著特征：①计划是面向未来的，不是对过去的总结，也不是对现在的描述；②计划是要付诸行动的，不是空乏的议论，也不是学术的见解，计划做好以后，不是摆那里看的。面向未来性和面向行动性是计划的两个显著特征。

计划是组织中各种活动有条不紊地进行的保证，还是一种需要运用智慧发挥创造力的过程。它要求高瞻远瞩地制定目标和战略，严密地规划和部署，把决策建立在反复权衡的基础之上。为了把计划做好，使编制的计划能够顺利实施，计划职能和其他管理职能一样，必须按基本原理、方法和技术去执行。实践表明，计划的许多失误，就是因为对这些基本的东西缺乏了解。

管理故事

难道我没有计划吗？

个体户小赵得知近来某高档啤酒的利润丰厚，就托关系以预付 30%款项的方式从厂家批发 5000 箱，同时招一批临时工以每瓶 2 角回扣的报酬组织促销队伍，并安排饮食店和宾馆代销。但因促销不力，2000 箱啤酒积压在库房。小赵的爱人骂他做事没有计划，小赵感到很委屈。你认为小赵有计划吗？

2. 计划的基本内容

作为一个完整的计划，应该具备 5W2H 的内容。

做什么(What to do it)	目标与内容
为何做(Why to do it)	目的、原因、意义、重要性
何时做(When to do it)	时间区限、进度安排
何地做(Where to do it)	地理范围、涉及哪些部门
谁去做(Who to do it)	人员、奖罚措施

怎么做(How to do it)　　　　　　方法、方式

预算(How much)　　　　　　　　需要投入的资源、费用、代价

此外，计划内容还包括实施条件和应变措施。因为计划是面向未来的，未来有很多不确定性，这就要求我们制订的计划必须有应变措施，一旦遇到实际与前提不符时，能灵活应对。

3. 计划的表现形式

根据计划的定义，现在面对未来活动所做的工作，都属于计划的范畴，因此，计划工作的表现形式是多方面的。哈罗德·孔茨(Harold Koontz)和海因茨·韦里克(Heinz Weihrich)从抽象到具体把计划分为一种层次体系，如图 5.1 所示。

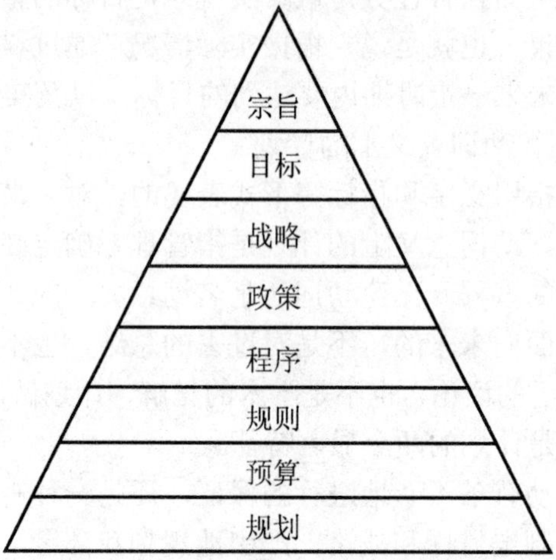

图 5.1　计划工作的表现形式图

(1) 组织宗旨是指关于组织存在的目的或对社会发展的某一方面应做出的贡献的陈述。它表明了社会所赋予这个组织的基本职能或该组织致力于承担的社会基本责任。组织宗旨所表达的是组织的使命或基本职责，是一类组织区别于另一类组织的标志。

(2) 组织目标是组织在一定时期内要达到的具体成果，是宗旨的具体体现。这个成果是可以定量的，如某企业的计划目标是在年底实现销售收入 1 000 万元；某企业的目标是某类产品 3 年内达到本地区 30%的市场份额。其成果也是可以定性的，如某商场的目标是让消费者买到满意的商品，某学校的目标是让学生的德、智、体全面发展等。

(3) 战略是指为全面实现目标而选择的发展方向、工作重点和资源利用方式的总纲。它是以取得优势地位、获得竞争胜利为目的的总体思想指南，其特点是具有全局性、长远性、前瞻性和竞争性。

(4) 政策是指处理各种问题的一般规定，在决策中以指导人们如何考虑问题。其特点是有弹性，下级执行时有自由处置权。

(5) 程序规定了如何处理未来活动的具体方式、方法和时间安排。其特点是它是行动的步骤和方法、行动指南，没有给行动者自由处理的权利。

(6) 规则是对贯彻、执行计划时应该和不应该怎样做的一种规定。其特点是不允许有自由处置权，没有酌情处理的余地。它的目的是在执行中限制人的行为。

程序和规则的共同点是都没有自由处置权，有时总称为规章制度。其两者的区别是，程序中的每一条都可以看做是规则，而规则不一定是程序。例如，“此处禁止吸烟”就是规则，而不是程序，因程序是行动的步骤和方法，有一定的逻辑先后顺序和时间顺序。

(7) 预算是以数字表示的预期结果的报表。其特点是它是为规划服务的，“数字化”的计划允许有一定程度的偏差。

(8) 规划是为实现既定方针所制定的包括目标、政策、执行步骤、资源预算等在内的综合性蓝图。其特点是具有系统性、协调性和最优化。

5.1.2　计划的性质

1. 目的性

一个计划没有目的性就失去了意义，任何组织和个人制订计划都是为了有效地达到某种目标。每一个计划及其派生计划都旨在促使组织的总目标和一定时期目标的实现。在计划工作过程的初始阶段，制定具体的、明确的目标是其首要任务，其后的所有工作都是围绕目标进行的。

管理故事

确定计划重要性的实验

曾经有人做过这样一个实验：组织甲、乙、丙三组人，让他们沿着公路步行，分别向 10 千米外的 3 个村子行进。甲组不知道去的村庄叫什么名字，也不知道它有多远，只告诉他们跟着向导走就是了。这个组刚走了两三千米时就有人叫苦了，走到一半时，有些人几乎愤怒了，他们抱怨为什么要大家走这么远，何时才能走到。有的人甚至坐在路边，不愿再走了。越往后人的情绪越低，七零八落，溃不成军。乙组知道去哪个村庄，也知道它有多远，但是路边没有里程碑，人们只能凭经验估计大致要走两小时左右。这个组走到一半时才有人叫苦，大多数人想知道他们已经走了多远，比较有经验的人说：“大概刚刚走了一半的路程。”于是大家又簇拥着向前走。当走到四分之三的路程时，大家又振作起来，加快了脚步。丙组最幸运，大家不仅知道所去的是哪个村子，它有多远，而且路边每千米有一块里程碑。人们一边走一边留心看里程碑，每看到一个里程碑，大家便有一阵小小的快乐，这个组的情绪一直很高涨。走了七八千米以后，大家确实都有些累了，但他们不仅不叫苦，反而开始大声唱歌、说笑以消除疲劳。最后的两三千米，他们越走情绪越高，速度反而加快了，因为他们知道，要去的村子就在眼前了。

上述实验表明，要想带领大家共同完成某项工作，首先要让大家知道要做什么，即要有明确的目标(走向那个村庄)；其次要指明行动的路线，这条路线应该是清楚的、快捷的(如路标)。也就是说，要提出实现目标的可行途径，即计划方案。这些是有效开展工作的前提。确定目标及计划行动方案是计划职能的核心任务。

(资料来源：转载无忧学习网，发布时间 2009-07-28)

2. 首位性

计划相对于其他管理职能处于首位。把计划放在首位的原因，不仅因为从管理过程的角度来看，计划先于其他管理职能，而且因为在某些场合，计划是付诸实施的唯一管理职能。计划的结果可能得出一个决策，即无需进行随后的组织工作、领导工作及控制工作等。例如，对于一个是否建立新工厂的计划研究工作，如果得出的结论新工厂在经济上是不合算的，那也就没有筹建、组织、领导和控制等后续的问题了。

计划具有首位性的原因，还在于计划影响和贯穿于组织、人员配备、领导和控制中。

计划工作对组织工作的影响是，可能需要在局部或整体上改变一个组织的结构，设立新的职能部门或改变原有的职权关系。例如，一个企业计划要开发一种重要的新产品，可能要为此专门成立一个项目小组，并实行一种矩阵式组织形式和职权关系。计划对人员配备的影响可能是需要委任新的部门主管，调整和充实关键部门的人员及培训员工等。而组织结构和员工构成的变化，必然会影响到领导方式和激励方式。计划和控制是分不开的，它们是管理的一双“孪生子”。未经计划的活动是无法控制的，因为控制就是纠正脱离计划的偏差，以保持活动的既定方向。没有计划指导的控制是毫无意义的，计划是为控制工作提供标准的。此外，控制职能的有效实施，往往需要根据情况的变化拟定新的计划或修改原订计划，而新的计划或修改过的计划又被作为连续进行的控制的基础。计划与控制的这种继续不断的关系，通常被称为“计划—控制—计划循环”。

3. 普遍性

计划的内容是普遍的，做任何事情我们都首先需要做计划，这样才能更顺利地把事情做好。同时，计划人是普遍的。虽然计划的特点和范围随各级主管人员职权的不同而不同，但它却是各级主管人员的一个共同职能。所有的主管人员，无论总经理还是班组长都要从事计划工作。人们常说，主管人员的主要任务是决策，而决策本身就是计划的核心。

4. 效率性

计划的效率是指实现目标所获得的利益与执行计划过程中所有耗损总和的比率。换句话说，计划效率是指制订计划与执行计划时所有的产出与所有的投入之比。如果一个计划能够达到目标，但它需要付出的代价太大，这个计划的效率就很低，因此不是一份好的计划。在制订计划时要时时考虑计划的效率，不但要考虑经济方面的利益和耗损，还要考虑非经济方面的利益和耗损。因此，计划的任务不仅是要确保实现目标，而且是要众多方案中选择最优的资源配置方案，以求得合理利用资源和提高效率。

5. 创新性

创新是以新思维、新发明和新描述为特征的一种概念化过程。正如一种新产品的成功在于创新一样，成功的计划也依赖于创新。计划总是针对需要解决的新问题和可能发生的新变化、新机会而作出的决定，因而它是一个创造性的管理过程。

综上所述，计划是一个指导性、预测性、科学性和创造性很强的管理活动，但同时又是一项复杂而又困难的工作。提高计划的科学性是全面提高管理水平的前提和关键。

5.1.3 计划的作用

计划就是未来行动的具体化，是预测未来并决定未来的行动方案，以达到既定的目标。组织管理的好坏，能否达到预期的目标，有了正确的决策之后，主要取决于计划职能的完善与否，有效的计划是一切成功的秘诀。所以，加强组织的计划管理，对于实现组织目标具有重要的意义和作用。

1. 应对变化和不确定性

计划是指向未来的，未来常常会有我们无法准确预知的事情发生，对计划产生冲击，因而未来具有一定的不确定性和风险。面对未来的不可控因素，在制订计划时，其中一项不可缺少的工作是预测将来可能出现的趋势，提出预案，早作安排，多手准备，减少变化带来的冲击，从而把风险降低到最低限度。针对计划有一种误解，认为计划一旦制订，就是意味着所有工作必须一成不变地严格按照计划执行。事实上，在一个变化的环境中，计划是需要不断地制订和修订，以适应变化的。另外，计划并不是死的规章制度，没有任何余地，制订的计划内容可以根据不同情况留有一定的弹性空间。

2. 使组织集中全力于目标

哈罗德·孔茨说："计划工作是一座桥梁，它使我们所处的此岸和要去的彼岸连接起来，以克服这一天堑。"这说明，计划起到了目标与现实位置之间桥梁的作用，计划工作使组织全体成员有了明确的努力方向，并在未来不确定性和变化的环境中把注意力始终集中在既定目标上，同时，各部门之间相互协调，有序地展开活动。

3. 使组织的活动经济合理

一个严密细致的计划，可以减少未来活动中的随意性，减少浪费和冗余，同时，还可以在最短的时间内完成工作，减少非正常工作时间带来的损失，使组织活动更经济合理。

4. 为控制奠定基础

计划是控制的基础，控制中几乎所有的标准都来自于计划，如果没有既定的目标和指标作为衡量尺度，管理人员就无法检查目标的实现情况及纠正偏差，也就无法进行控制。在制订计划时，先要有明确的目标。将计划付诸实施时，负责控制的人员便可根据该目标来评定各人的工作是否有偏差，若出现偏差时便立刻采取适当的修正行动，以免造成大错。此外，在工作完成时，也可以用这个目标来判别工作成果是否已经达到目标的要求，从而能够客观地评审每个人工作成绩的优劣，以此作为赏罚标准。

5.1.4　计划的类型

由于计划工作具有普遍性，计划目标、内容、应用情况千差万别，我们可以将计划从不同的角度、按照不同的标准划分为不同的类型，见表5-1。

表5-1　计划的类型

分类标准	类型
时间长短	长期计划 中期计划 短期计划
职能空间	业务计划 财务计划 人事计划
综合性程度	战略性计划 战术性计划
约束力	指令性计划 指导性计划
程序化程度	程序性计划 非程序性计划

1. 按时间长短分类

按时间长短，可以将计划分为长期计划、中期计划和短期计划。财务分析人员习惯于将投资回收期分为长期、中期和短期。长期计划通常指 5 年以上的期限，短期计划一般指 1 年以内的期限，中期计划则介于两者之间。管理人员也采用长期、中期和短期来描述计划。长期计划描述了组织在较长时期的发展方向和方针，规定了组织的各个部门在较长时期内从事某种活动应达到的目标和要求，绘制了组织长期发展的蓝图。由于长期计划时间跨度较大，对未来不确定因素的估计较为困难。中期计划一般指计划期限为 1～5 年的计划，内容较为详细和具体，大多涉及目标指标数量的变化。短期计划具体地规定了组织的各个部门在目前到未来的各个较短的时期阶段，特别是最近的时段中，应该从事何种活动，从事该种活动应达到何种要求。短期计划则比中期计划更加详细具体，它是指导组织具体活动的行动计划，它一般是中期计划的分解与落实，因而为各组织成员在近期内的行动提供了依据。

2. 按职能空间分类

按职能空间，可以将计划分为业务计划、财务计划和人事计划。组织是通过从事一定业务活动立身于社会的，业务计划是组织的主要计划。我们通常用“人财物，供产销”6 个字来描述一个企业所需的要素和企业的主要活动。业务计划的内容涉及“物、供、产、销”，财务计划的内容涉及“财”，人事计划的内容涉及“人”。

作为经济组织，企业业务计划包括产品开发、物资采购、仓储后勤、生产作业及销售促进等内容。长期业务计划主要涉及业务方面的调整或业务规模的发展，短期业务计划则主要涉及业务活动的具体安排。例如，长期产品计划主要涉及产品新品种的开发，短期产品计划则主要与现有品种的结构改进、功能完善有关；长期生产计划安排了企业生产规模的扩张及实施步骤，短期生产计划则主要涉及不同车间、班组的季、月、旬乃至周的作业进度安排；长期营销计划关系到推销方式或销售渠道的选择与建立，而短期营销计划则关系到现有营销手段和网络的充分利用。财务计划与人事计划是为业务计划服务的，也是围绕着业务计划而展开的。财务计划研究的是如何从资本的提供和利用上促进业务计划。财务计划研究如何从资本的提供和利用上促进业务活动的有效进行。例如，长期财务计划要决定，为了满足业务规模发展从而增大资本的需要，如何建立新的融资渠道或选择不同的融资方式，而短期财务计划则研究如何保证资本的供应或如何监督这些资本的利用效率。人事计划则分析如何为业务规模的维持或扩大提供人力资源的保证。长期人事计划要研究如何保证组织的发展、提高成员的素质，并为其准备必要的干部力量。短期人事计划则要研究如何将具备不同素质特点的组织成员安排在不同的岗位上，使他们的能力和积极性得到充分发挥。

3. 按综合性程度分类

根据涉及时间长短及其范围广狭的综合性程度标准，可以将计划分为战略性计划与战术性计划。战略性计划是指应用于整体组织的，为组织未来较长时期(通常为 5 年以上)设立总体目标和寻求组织在环境中的地位的计划，它注重的是组织效益。战术性计划是指规定总体目标如何实现的细节的计划，其需要解决的是组织的具体部门或职能在未来各个较短时期内的行动方案，它注重的是组织效率。战略性计划显著的两个特点是长期性与整体性。长期性是指战略性计划涉及未来较长时期。整体性是指战略性计划是基于组织整体而制订的，强调组织整体的协调。战略性计划是战术性计划的依据，战术性计划是在战略性计划指导下制订的，是战略性计划的落实。

管理故事

福特的 Focus

福特公司目前已经建立了新世纪的全球发展战略规划。根据该战略规划，福特汽车公司推向市场的第一个产品是福特的 Focus，这是一款四缸节油型中型房车。福特公司开发 Focus 是为了取代已具有 30 年历史并销售了 2000 万辆的 Escort。

福特 Focus 的目标是使该车型在世界市场上成为销售量的领先者，成为世界性的汽车。目前，Focus 在欧洲和世界其他地方的销售非常理想。事实上，在 2000 年，福特在全球大约销售了 100 万辆 Focus。由这种销售量所带来的规模经济使福特公司可以以非常低的价格销售福特 Focus。福特 Focus 在 2001 年获得了《车与驾驶员》杂志第 19 届“十佳房车”评选大奖。高级舒适的座椅，宽敞的内部空间，漂亮的抛光漆，使福特 Focus 在市场中非常具有吸引力。

福特 Focus 是在 4 个生产地点，即德国的萨尔路易斯、墨西哥的埃米希洛、西班牙的瓦伦西亚和美国密歇根的韦恩市进行生产和组装的。福特计划每年将生产超过 100 万辆 Focus，并在全球 100 多个国家销售。其设计与以前的车型是完全不同的。在设计过程中，福特公司所采用的关键战略是开发一种全球化平台，汽车的 85%的外壳金属设计仍然保留着全球标准化，但 15%则根据当地消费者需要和口味进行调整，使 Focus 的风格与外形经过调整与修改后，适应当地市场的特殊需要与特征。其他的关键性设计特征是使用智能型空间。这种设计的一个主要目的是为驾驶员提供更多的空间，福特公司认为，Focus 车型的设计是从内部开始的，其结果是，福特 Focus 比其他中型房车提供了更多的内部空间。

(资料来源：余敬、刁凤琴主编. 管理学案例精析，北京：北京地质大学出版社，2006.8.)

4. 按约束力大小分类

计划按照其对执行者的约束力大小，可分为指令性计划和指导性计划两大类。其中，指令性计划一般是由上级主管部门向下级下达的具有严格约束力的计划。指令性计划一经下达，计划的执行者就必须遵照计划开展活动，并且要尽一切努力去完成计划。指导性计划只规定某些一般的方针和行动原则，给予行动者较大自由处置权，它指出重点但不把行动者限定在具体的目标上或特定的行动方案上。指导性计划可以是上级主管部门下达的，也可以是同级部门编制的，它对于计划执行者不具有严格的约束力，是一种参考性的计划。对于这种计划，计划执行部门可以根据本部门的具体情况，决定是执行计划还是需要对计划进行必要的修改，这样实际上计划执行者就是在指导性计划的指导下开展本部门活动的。相对于指导性计划而言，指令性计划虽然更易于计划的执行、考核及其控制，但是它缺少灵活性，环境应变力差一些。

5. 按程序化程度分类

根据程序化程度，可以把计划划分为程序性计划和非程序性计划。西蒙把组织活动分为以下两类：

(1) 例行活动，指一些重复出现的工作，如订货、材料的出入库等。有关这类活动的决策是经常反复的，而且具有一定的结构，因此可以建立一定的决策程序。每当出现这类工作或问题时，就利用既定的程序来解决，而不需要重新研究。这类决策叫程序化决策，与此对应的计划是程序性计划。

(2) 非例行活动，不重复出现，如新产品的开发、生产规模的扩大、品种结构的调整、工资制度的改变等。处理这类问题没有一成不变的方法和程序，因为这类问题在过去尚未发生过，或因为其确切的性质和结构捉摸不定或极为复杂，再或因为其十分重要而需用个别方法进行处理。解决这类问题的决策叫做非程序化决策，与此对应的计划是非程序性计划。

W・H・纽曼(W. H. Newman)指出，"管理部门在指导完成既定目标的活动上基本用的是两种计划，即常规计划和专用计划"。常规计划包括政策、标准方法和常规作业程序，所有这些都是准备用来处理常发性问题的。每当一种具体常见的问题发生时，常规计划就能提供一种现成的行动指导。专用计划包括为独特的情况专门设计的方案、进程表和一些特殊的方法等，它用来处理一次性的而非重复性的问题。

上面根据不同标准划分了计划的类型。一个计划包含组织将来行动的目标和方式。计划与未来有关，计划也与行动有关，认识到这一点，我们便能够理解计划的多样性。

5.2 计 划 过 程

5.2.1 计划编制遵循的原理

作为一种基本的管理职能活动，计划有自己的规律，自然也应有自己的原理。

1. 限定因素原理

限定因素是指妨碍目标得以实现的因素。在其他因素不变的情况下，抓住这些因素，就能实现期望的目标。限定因素原理是指在计划工作中，越是能够了解和找到对达到所要求目标起限制性和决定性作用的因素，就越是能准确地、客观地选择可行的方案。

2. 许诺原理

许诺原理是指任何一项计划都是对完成某项工作所做出的许诺。许诺越大，所需的时间越长，实现目标的可能性就越小；反之亦然。因而，这一原理涉及计划期限的问题。许诺原理要求计划的许诺不能太多，因为许诺越多，则计划时期就越长，时间越长，相应的计划工作和作为计划工作的预测就越费力，耗资也越大。再则，计划期限越长，未来的不确定性就越大，从而会影响计划工作的准确性，在人力、物力、财力上都是不合算的。因此，在计划工作中选择合理的期限还应加强短期计划和长期计划之间的协调，即长计划短安排，如果短计划实现了，那么长期计划的实现就较顺利。

3. 灵活性原理

灵活性原理是指计划工作中体现的灵活性越大，则由于未来意外事件引起的损失的危险性就越小。计划必须具有灵活性，即当出现意外情况时，有能力改变方向而不必付出太大的代价。为了确保计划本身具有灵活性，在制订计划时，应量力而行，不留缺口，但是要留有余地。

4. 改变航道原理

改变航道原理是指计划工作为将来承诺得越多，管理者定期地检查现状和前景，以及为保证所要达到的目标而重新制订计划就越重要。计划制订出来以后，计划工作者就要管理计划，促使计划的实施，而不能被计划所管理，不能被计划框住。因为未来情况随时都可能发生变化，制订出来的计划就不能一成不变，必要时可以根据当时的实际情况做必要的检查和修订，以此达到预期的目标。

5.2.2 计划编制过程

1. 选定目标

计划工作的第 1 步，通过搜集大量的信息，对未来可能出现变化和预示的机会进行初步分析，形成判断；根据自己的长处和短处搞清自己所处的地位；了解自己利用机会的能力；针对主要的不确定因素，分析其发生的可能性和影响程度；在反复斟酌的基础上，为组织及其所属的下级单位确定计划工作的目标。在这一步上，要说明基本的方案和要达到的目标，说明制定战略、政策、规则、程序、预算和规划的任务，指出工作的重点。目标对于组织来讲至关重要，因为所有的努力和活动都是为了实现目标。目标指明了组织发展的方向，目标的存在可以很好地协调组织成员的努力和活动。通过为组织成员制定目标可以使其保持高度的积极性，促使他们去实现这些目标。制定的目标要求符合 SMART 标准，并通俗易懂，简明扼要。

知识链接

SMART 标准

组织目标制定的要求——SMART 标准。

具体的(specific)：明确、不含糊。

可衡量的(measurable)：定量化。

能达到的(attainable)：太高太低都会失去意义。

相关的(relevent)：围绕企业宗旨和远景展开。

限定时间(time-bound)：必须有起止时间和区间。

2. 确定计划前提

计划工作的第 2 步是确定一些关键性的计划前提条件，并使设计人员对此取得共识。计划的前提条件就是计划在未来实施时预期的组织内外部环境。计划是要在未来实施的，未来的内外部环境条件必然会影响和制约计划的实施。因此，正确认识和把握那些重要的前提条件就成为计划工作的一个不可或缺的步骤。

按照组织的内外环境，可以将计划工作的前提条件分为外部前提条件和内部前提条件；还可以按可控程度，将计划工作前提条件分为不可控、部分可控和可控 3 种前提条件。前述的外部前提条件多为不可控的和部分可控的，而内部前提条件大多是可控的。不可控的前提条件越多，不确定性越大，就越需要通过预测工作确定其发生的概率和影响程度的大小。在确定前提条件的过程中，需要充分发挥集体智慧，这时可以运用一些科学的预测方法(如专家会议法、德尔菲法等)这样可以大大增强前提条件的质量，从而使计划工作更加具有现实指导意义。

3. 拟订可行方案

计划工作的第 3 步是调查和拟订可供选择的行动方案。通常，最显眼的方案不一定就是最好的方案。在过去的计划方案上稍加修改和略加推演也不会得到最好的方案。这一步工作需要既注意科学性，又要注意创造性。此外，方案也不是越多越好。即使我们可以采用数学方法和借助电子算机的手段，还是要对候选方案的数量作出限制，以便把主要精力集中在对少数最有希望的方案的分析方面。

4. 方案的评估与选择

计划工作的第 4 步是按照前提和目标来权衡各种因素，比较各个方案的利弊，根据组织的目标对方案进行评估，选择满意方案，这是决策的实质性阶段。评价实质上是一种价值判断。它一方面取决于评价者所采用的标准；另一方面取决于评价者对各个标准所赋予的权重。显然，确定目标和确定计划前提条件的工作质量会直接影响对方案的评价。在评价方法方面，可以采用运筹学中较为成熟的矩阵评价法、层次分析法以及在条件许可的情况下采用多目标评价方法。考虑评价各种方法、程序，哪种最有可能以最低的成本和最高的效益实现目标。可能遇到情况是，有时会发现同时有两个可取的方案。在这种情况下，必须确定出先采取哪个方案，而将另一个方案也进行细化和完善，并作为后备方案。

5. 拟订派生计划

完成选择之后，计划工作并没有结束，还必须帮助涉及计划内容的各个下属部门制订支持总计划的派生计划。派生计划就是总计划下的分计划。总计划要靠派生计划来保证，派生计划是总计划的基础，如设备购买计划、原材料采购计划、员工招聘和培训计划、新产品开发计划等。

6. 指定进度表

各项活动所需要时间的多少，取决于该项活动所需要的客观持续时间、所涉及的资源供应情况。根据掌握的各方面信息情况，确定每项活动所需的时间，前后相连的各项活动时间之和及为完成行动目标所需要的时间，为此，将人、财、物、事等因素安排在一个进度表内，并编成一套有秩序的措施，使之能准确完成行动方案。

7. 编制预算

计划工作的最后一步是就是确定具体任务、定额及分配资源，把计划转化为预算，使之数字化。预算实质上是资源的分配计划。预算即是评估计划的重要标准，也是协调下属部门活动的主要手段。通过预算，可以预计需要哪些资源，各需要多少，何时需要；可以对组织所需人、财、物等资源进行定量分配，保证计划任务所需资源得到周密安排。预算工作做好了，可以成为汇总和综合平衡各类计划的一种工具，也可以成为衡量计划完成进度的重要标准，依据预算指标，可以对计划执行情况进行监督控制。

管理故事

最“短”与最快

一位乘客上了出租车，并说出了自己的目的地。司机问：“先生，是走最短的路，还是走最快的路？”乘客不解：“最段的路，难道不是最快的路？”司机回答：“当然不是，现在是车流高峰，最短的交通正拥挤，弄不好还要堵车，所以用的时间肯定要长。你要有急事，不妨多走点路，反正会早到。”其实，现在企业中的管理者在管理过程中往往扮演了乘客的角色。例如，在制订计划过程中，他们往往会忽视计划对象有可能正处于“车流高峰”或“堵车”状态，而当在执行管理时，甚至总是异想天开地想走最短的路线，以为最短路线就等于最短时间。所以，我们在制订计划时，应有通观全局的和预见未来的能力，知道什么时候走最短的路，什么时候不该走最短的路。

5.3 计划方法

计划工作效率的高低和质量的好坏，很大程度上取决于计划编制的方法。传统的计划编制方法有定额换算法、系数推导法、经验平衡法，现在看来，这些传统的方法已很难适应组织所面对的复杂而多变的外部环境。现代计划方法大量采用数学、计算机科学的成果，不仅提高了计划工作的质量，也加快了计划工作的进度。

5.3.1 滚动计划法

1. 滚动计划法概念

滚动计划法是一种定期修订未来计划的方法。将短期计划、中期计划和长期计划有机结合起来，根据计划的执行情况和环境变化情况定期修订未来的计划，并逐期向前滚动的一种方法。该方法主要应用于长期计划的制订和调整。

滚动计划法的特点如下一是近细远粗。将计划分为若干个执行期，其中近期行动计划编制得详细具体，而远期计划则相对粗略。二是保持各期计划的灵活性。计划执行一定时期，就根据执行情况和环境变化对以后各期计划内容进行修改、调整，并根据同样的原则逐期滚动。三是保持各期计划之间的连续性。

2. 滚动计划的基本模型及编制程序

滚动计划的基本模型如图 5.2、图 5.3 所示。

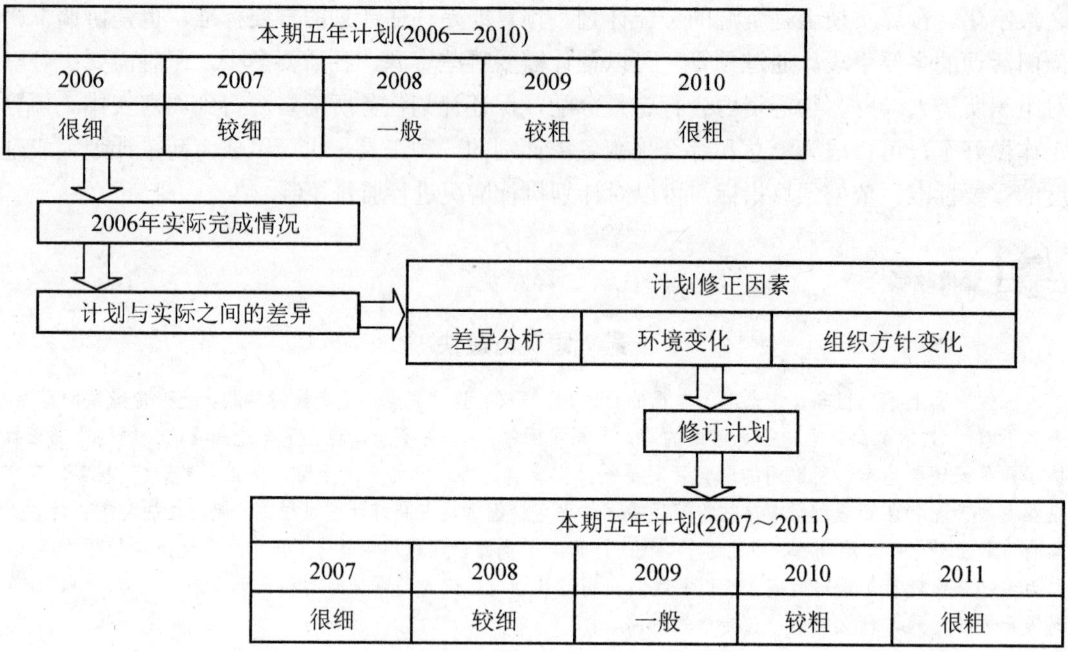

图 5.2　滚动计划法图示

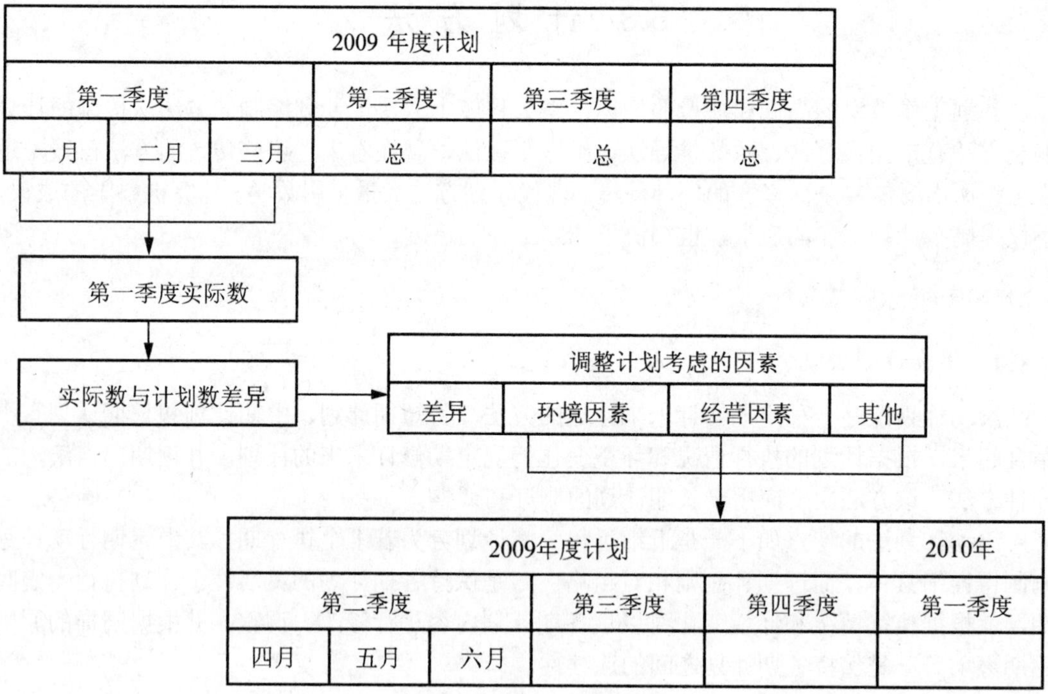

图 5.3　滚动计划法图示二

编制滚动计划的关键在于科学地确定计划修正因素，即要搞清未来时期企业内外部条件变化的情况。因为只有如此，才能使新编制的计划符合实际情况，适应变化了的内外部环境。计划修正因素主要包括以下几项内容：

(1) 差异分析。差异是指第一个执行期(2006 年)的计划和实际之间的差距。第一个执行期结束时，无论是超额完成了计划或是没有完成计划，都应对差异产生的原因进行定性或定量分析。因为分析结果对新计划的编制有着直接的影响。

(2) 环境变化。环境是指企业周围的境况，它由多种因素构成。对企业直接发生影响的因素主要有国家的方针与政策、社会道德与风尚、科学与技术、社会为企业提供的条件、社会对产品的需求、本企业产品在市场上的竞争能力等。

由于企业的生存和发展是以外部环境为条件的，而且外部环境又是不断发生变化的，因此，企业必须重视调查收集和研究分析来自外部环境的各种信息，并据此编制计划，使计划更具有适应性。

(3) 经营方针调整。经营方针是指为实现经营目标，根据企业的经营思想所确定的企业总体或某项重要经营活动所应遵循的原则。它是针对某一时期生产经营活动所要解决的主要问题提出来的。由于企业外部环境和内部条件在不断发生变化，因而不同企业或同一企业在不同时期，其经营方针是不相同的。这就要求企业必须根据变化了的情况，调整其经营方针，以使外部环境、内部条件和经营目标三者实现动态平衡。

3. 滚动计划法的优缺点

(1) 优点：使计划更加切合实际，由于滚动计划相对缩短了计划时期，增强了计划的准确性，提高了计划工作的质量；使长、中、短期计划能够相互衔接，短期计划内部各阶段相互衔接，保证了长期计划的指导作用；大大增强了计划的弹性，特别是在环境剧烈变化的今天，提高了组织的应变能力。

(2) 缺点：加大了计划的工作量；滚动间隔期的选择，要适应企业的具体情况，如果滚动间隔期偏短，则计划调整较频繁，会降低计划的严肃性。一般情况下，生产比较稳定的大量大批企业宜采用较长的滚动间隔期，生产不太稳定的单件小批生产企业则可考虑采用较短的间隔期。

5.3.2 网络计划技术

1. 基本原理

利用网络图表示任务的安排进度，并反映出组成计划任务的各项作业(或工序)之间的相互关系，在此基础上进行网络分析，计算网络时间，确定关键工序和关键线路，利用时差，不断改善网络计划，求得工期、资源与成本的综合优化方案。网络计划技术适用于单件小批量生产类型，特别适用于一次性的生产或工程项目，如新产品研制、设备维修、建筑工程等。其优点是可以缩短工期，降低成本，提高经济效益。网络计划技术的精华是掌握和控制关键路径。

2. 网络计划技术的特征

(1) 以网络图来表示各项工作的次序及相互关系。
(2) 核心是控制时间。
(3) 控制的重点是关键线路。

3. 网络计划技术步骤

1) 确定目标

确定目标，是指决定将网络计划技术应用于哪一个工程项目，并提出对工程项目和有关技术经济指标的具体要求，如在工期方面、成本费用方面要达到什么要求。依据企业现有的管理基础，掌握各方面的信息和情况，利用网络计划技术为实现工程项目，寻求最合适的方案。

2) 分析作业，确定各项作业的先后逻辑次序

一个工程项目是由许多作业组成的，在绘制网络图前就要将工程项目分解成各项作业。作业项目划分的粗细程度视工程内容以及不同单位要求而定，通常情况下，作业所包含的内容多，范围大多可分粗些，反之细些。作业项目分得细，网络图的结点和箭线就多。对于上层领导机关，网络图可绘制得粗些，主要是通观全局、分析矛盾、掌握关键、协调工作、进行决策；对于基层单位，网络图就可绘制得细些，以便具体组织和指导工作。

在工程项目分解成作业的基础上，还要进行作业分析，确定各项作业的先后逻辑次序，以便明确先行作业(紧前作业)、平行作业和后续作业(紧后作业)，即在该作业开始前，哪些作业必须先期完成，哪些作业可以同时平行地进行，哪些作业必须后期完成，或者在该作业进行的过程中，哪些作业可以与之平行交叉地进行。

3) 确定各项作业所需要的时间

在划分作业项目后便可计算和确定作业时间，一般采用单点估计法或三点估计法，然后一并填入明细表中，见表5-2。时间单位可根据需要分别定为年、月、旬、周、天、班、小时、分等。

所谓单点估计法就是直接估计出各作业时间，这种方法对估计人员要求较高，需要经验比较丰富，对作业比较熟悉。

所谓三点估计法就是把施工时间划分为乐观时间，也就是工作顺利情况下的时间为a；最可能时间，就是完成某道工序的最大可能时间 m；悲观的时间，就是工作进行不利的时间为 b。

时间估计值=(乐观估计+4×最可能估计+悲观估计)/6，即 $T=(a+4m+b)/6$。

4) 绘制网络图，进行结点编号

网络图包括以下组成元素。

(1) 网络图是由箭线、节点、作业代号和作业时间等标识形成的示意图。

(2) 实线表示的箭线 ⟶ 表示一项具体的作业、活动或工序，该项作业需要消耗资源和时间。箭线上方的字母表示该项作业的名称或代号，箭线下方的数字表示该项作业所需要的时间。

(3) 虚箭线 ---► 只是一个符号，不占用时间，也不消耗资源。其作用是把两个结点之间多项平行作业分开，表明了作业之间先后衔接的逻辑关系。

(4) ○表示两个工序之间的结点，不消耗资源，也不占用时间。在结点中，用数字区分不同的结点。除起始结点(始点)和结束结点(终点)以外，其他结点只表示前一项活动的结束和后一项活动开始的瞬间。

(5) 路线，指网络图中由始点出发，沿着箭线方向前进，连续不断地到达终点的若干条通道。一个网络图存在多条路线。在多条路线中耗时最长的路线为关键路线，一个网络图中有时关键路线不止一条，关键路线往往用粗线或红线标示。

绘制网络图的规则如下：

(1) 各项活动之间的衔接必须按次序进行。

(2) 网络图中不允许出现封闭的循环路。

(3) 两个结点之间只能有一条箭线，若多条箭线可以增加结点，用虚箭线表示。

(4)。一个网络图只允许有一个始点和一个终点。

(5) 网络图中的所有结点均需按从小到大的顺序进行统一编号。

例如，已知某项工程的作业程序及作业时间见表 5-2，绘制网络图、计算总工期、确定关键路线。

表 5-2　作业时间明细表

作业代号	作业时间	先行作业
A	4	—
B	5	—
C	5	A
D	8	B
E	5	B
F	7	C，D
G	5	C，D
H	4	E，F
I	5	G

5) 计算网络时间，确定关键路线

(1) 工序时间符号：t_{ij}表示本工序的持续时间；t_{hi}表示紧前工序的持续时间；t_{jk}表示紧后工序的持续时间。

(2) 最早可能开工时间(简称早开)ES，指紧前工序全部完成、本工序可能开始的时间。其公式为 $ES_{ij}=\max(ES_{hi}+t_{hi})$。

计算早开是网络图第一道工序的开始，由箭尾顺着箭头方向依次进行，直至最后一道工序为止。紧前工序的最早完工时间就是本工序最早可能开工时间，即 $EF_{hi}=ES_{ij}$。当有两个以上紧前工序时，取其最大值。

(3) 最早可能完工时间(简称早完)EF，指本工序最早可能完工的时间，也就是最早开始时间与持续时间之和。其公式为 $EF_{ij}=ES_{ij}+t_{ij}$。

(4) 总工期 Lcp 或 PT，指完成整个工作所需要的时间。在网络计划中，各条线路中所需时间最长的线路时间之和即为总工期。其公式为 $Lcp=\max EF_{hi}$。

(5) 最迟必须完工时间(简称迟完)LF，指在不影响全工程如期完成的条件下，本工序最迟必须完工的时间。其公式为 $LF_{ij}=\min LS_{jk}$ 或 $LF_{ij}=LS_{ij}+t_{ij}$。

计算迟完是由网络图的终点开始，由箭头往箭尾逆向依次进行，直至第一道工序为止。紧后工序的最迟必须开工时间就是本工序最迟必须完工时间。当有两个以上紧后工序时，取其最小值。

(6) 最迟必须开工时间(简称迟开)LS，指在不影响全工程如期完成的条件下，本工序最迟必须开工的时间。其公式为 $LS_{ij}=LF_{ij}-t_{ij}$。

因为本工序的迟完等于紧后工序的迟开，所以 $LS_{ij}=LS_{jk}-t_{ij}$。如有多个紧后工序，取多个紧后工序的最小值 $LS_{ij}=\min(LS_{jk}-t_{ij})$。

计算最早、最迟时间的方法可概述如下：

计算最早时间由左往右顺着计算，用加法，取大值。

计算最迟时间由右往左逆着计算，用减法，取小值。

(7) 工序的总时差 TF，指一道工序所拥有的机动时间的极限值。一道工序的活动范围要受其紧前、紧后工序的约束，它的极限范围是从其最早开始时间到最迟完成时间这段时间中，扣除本身作业必须占有的时间之外，所余下的时间，这段时间可以机动使用。它可以推迟开工或提前完工，如可能，它也能继续施工或延长其作业时间，以节约人员或设备。其公式为 $TF_{ij}=LS_{ij}-ES_{ij}$ 或 $TF_{ij}=LF_{ij}-EF_{ij}$。

所以，只要计算出工序的 ES、LS 或 EF、LF，就可以方便地运用上述公式计算总时差了。

根据网络图和各项活动的作业时间，就可以计算出全部网络时间和时差，并确定关键线路。具体计算网络时间并不太难，但比较烦琐。在实际工作中影响计划的因素很多，要耗费很多的人力和时间。因此，只有采用电子计算机才能对计划进行局部或全部调整，这也为推广应用网络计划技术提出了新内容和新要求。

6) 进行网络计划方案的优化

找出关键路径，也就初步确定了完成整个计划任务所需要的工期。这个总工期，是否符合合同或计划规定的时间要求，是否与计划期的劳动力、物资供应、成本费用等计划指标相适应，需要进一步综合平衡，通过优化，择取最优方案，然后正式绘制网络图，编制各种进度表，以及工程预算等各种计划文件。

根据资源限制条件不同，网络计划的优化方法有 3 种类型：时间优化、时间-费用优化和时间-资源优化。

时间优化：在人力、物力、财力等条件基本上有保证的前提下，寻求缩短工程周期的措施，使工程周期符合目标工期的要求，主要包括压缩活动时间、进行活动分解和利用时间差 3 种途径。

时间－费用优化，是指找出一个缩短项目工期的方案，使得项目完成所需总费用最低，并遵循关键线路上的活动优先、直接费用变化率小的活动优先、逐次压缩活动的作业时间以不超过赶工时间为限 3 个基本原则。

时间－资源优化分为两种情况：第一，资源一定的条件下，寻求最短工期；第二，解决资源利用的均衡与节省的问题。

7) 网络计划的贯彻执行

编制网络计划仅仅是计划工作的开始。计划工作不仅要正确地编制计划，更重要的是组织计划的实施。网络计划的贯彻执行，要发动群众讨论计划，加强生产管理工作，采取切实有效的措施，保证计划任务的完成。在应用电子计算机的情况下，可以利用计算机对网络计划的执行进行监督、控制和调整，只要将网络计划及执行情况输入计算机，它就能自动运算、调整，并输出结果，以指导生产。

表 5-2 作业时间明细表所做出的网络图如图 5.4 所示，该工程项目的总工期为 24 天。

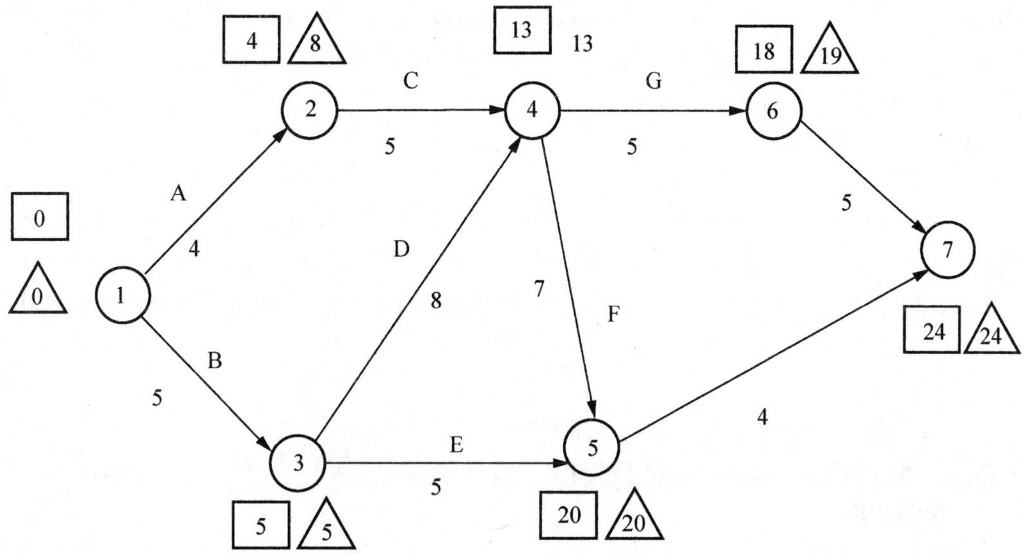

图 5.4　网络计划图

4. 网络计划技术的优点与缺点

网络计划技术有如下优点：

(1) 促使管理人员重视计划工作。因为如果不进行计划，不了解各个局部之间的相互逻辑关系，就谈不上网络分析，所以管理人员必须重视计划工作。

(2) 增进组织内部的意见交流。因为它可将各单位、部门或作业机构的工作关系清楚地显示在网络图上，所以管理者可明确工作对于实现目标的重要程度以及与其他单位的依赖关系，在工作进度和控制上与员工进行及时而有效的意见交流。

(3) 优化工程的时间进度与资源利用。调动非关键路线上的人力、物力和财力从事关键作业，进行综合平衡，这样既能节省资源又能加快工程进度。

(4) 有利于管理人员将注意力集中于关键问题上。由于对关键路线上的关键工作实施重点控制，可发挥例外管理的功效。

(5) 便于组织与控制。对于复杂的大项目，通过采用网络计划法可以将一个大型的项目分成许多部分来分别控制，这样在保证各局部最优的情况下，保证整个项目最优。

当然，网络计划法也有缺点：由于作业时间的长短直接关系到关键路线的确定及控制效果，所以，如果无法确定作业时间或对进度“瞎估计”，那么网络计划法可能就没有意义了；网络计划法强调时间因素而忽略费用因素。

5.3.3　投入产出法

所谓投入产出法，就是把一系列内部部门在一定时期内的投入来源与产出去向排成一张纵横交叉的投入产出表格，根据此表建立数学模型，计算消耗系数，并据以进行经济分析和预测的方法。这是由美国的瓦西里·列昂惕夫(Wassily. Leontief)教授创立的。

投入产出法的基本原理是，任何系统的经济活动都包括投入和产出两大部分，投入是指在生产活动中的消耗，产出是生产活动的结果。在生产活动中，投入和产出之间具有一定的数量关系，投入产出法就是利用这种数量关系求出各部门之间的一定比例，编制投入产出表，然后计算各部门的直接消耗系数和间接消耗系数(合计就是完全消耗系数)；进一步根据某些部门最终产品的要求，算出各部门应该达到的状况，用来进行综合计划。

投入产出法的步骤如下：

(1) 编制投入产出表。

(2) 计算消耗系数。

为了建立投入产出表的基本关系式，我们定义直接消耗系数 a_{ij}，其含义为生产单位 j 部门需直接消耗 i 部门产品的数量(或价值)。其计算公式为 $a_{ij}=X_{ij}/X_j$(i、j=1，2，3，…，n)。于是，可将 X_{ij} 表示成 $X_{ij}=aijX_j$，成矩阵的列式：$(X_{ij})=AX_j$，从而可以建立投入产出分析的基本关系式：AX+Y=X 或 X=(I−A)−Y。

其中：

X_{ij}：部门进行生产时消耗 i 部门产品的数量(或价值)；

(X_{ij})：为消耗矩阵，反映各部门间的生产技术联系；

N：新创造价值向量；

Y：最终产品向量；

X：总产品向量。总产出与总投入的恒等是投入产出表的基本前提。

(3) 进行预测。

基本关系式表明，在已知直接消耗系数 a_{ij} 的情况下，只要规划出计划期末的最终产品数量、构成和分配比例，也就是确定出最终产品 Y，就可以将计划期内各部门的总产品数量预测出来。

投入产出法可以优化企业产品结构，提高企业经济效益，对于计划制订者来说，也是一个重要的科学工具，它能使制订出来的工作计划更加完善、更加科学。

5.4 目标管理

5.4.1 目标与目标管理

1. 组织目标及其特点

1) 组织目标的概念

目标是一个组织各项管理活动所指向的终点，任何一个组织要想生存，都要有一定的任务和使命，即组织的目标。组织目标指组织在未来一段时间内要实现的目的。目标管理是美国管理学家彼得·德鲁克提出的。对于组织管理而言，目标是管理行动的出发点，是组织内部各项管理活动的依据；同时，目标又是管理行动的归宿，是判断一个组织管理有效性和合理性的标准。

目标是一个组织根据其任务和目的确定在未来一定时期内所要达到的最终结果。组织目标是在分析企业外部环境和内部条件的基础上确定的组织各项活动的发展方向和奋斗目标，是组织经营思想或宗旨的具体化。组织宗旨是一个组织最基本的目的，它通过目标的具体化成为行动的指南。组织目标是组织的一种行动承诺，具体、可操作、可实现、可检验。组织目标为组织决策指明了方向，是组织计划的重要内容，也是衡量组织经营成效的标准。

2) 组织目标的特点

组织目标的具有以下特点：差异性，指不同的组织具有不同的组织目标；多元性，在同一个组织中有不同性质的多个目标；层次性，组织目标是分等分层的，抽象到具体化，从而使组织目标成为组织中每一个成员的行动指南；时间性，组织目标是在特定时间内要达到的目的，在确定组织目标时必须指明其时间区限，同时组织目标随时间发展变化，根据环境的变化及时制定出新目标；可考核性，组织完成业绩的好坏是通过目标的实现来衡量的，因而目标是能够被考核的。

2. 组织目标的作用

组织目标是组织存在的前提，是组织开展各项工作的基础，是管理的基本出发点，目标的作用首先为管理指明了方向。

1) 组织目标是组织进行计划和决策的基础

只有明确了组织的目标，才能了解为实现目标应开展什么样的工作，各项工作如何配置资源、各种资源需要多少等，所以目标是计划的基础。同时，决策过程中，只有对目标清晰了，才能进行判断，目标不清，则无法作出决策。

2) 组织目标是组织内部分工和协调的准则

组织如何进行组织结构设计，成员之间如何分工，都是在目标明确之后才能进行的。此外，组织目标为组织成员提供了相互了解的途径，组织成员的工作都是以实现组织目标为基础的，只有明确了组织的目标体系，才能了解组织中各成员的工作内容及其工作的重要性，从而处理好相互之间的协作和配合。

3) 组织目标是提高效率的前提

一盘散沙的组织是难以发挥作用、实现组织目标的。如果组织目标充分体现了组织成员的共同利益，就能够极大地激发组织成员的工作热情、积极性和创造力，团结一致完成组织任务，实现组织目标。

4) 组织目标是业绩考核的基本依据

大量管理实践表明，将上级的主观印象和对下级主管人员的价值判断作为对主管人员绩效的考核依据，是不客观、不科学的，因而不利于调动下级主管人员的积极性。目标是管理活动追求的结果，是可考核的。根据目标的完成情况考核进而奖惩更为客观、合理。

5) 组织目标是重要的激励手段

目标是一种激励组织成员的力量源泉。首先，个人只有明确了目标才能调动起潜在的能力，创造出最佳成绩；其次，个人只有在达到了目标后，才会产生成就感和满意感。

3. 组织目标的制定过程

1) 内外部环境分析

(1) 外部环境分析，如有关国家政治、经济政策和法规、社会消费倾向的变化等；明确组织未来生存发展可能面对的机会和威胁、可以利用的社会资源等，找到外部环境允许组织做什么，即明确组织可以做什么。

(2) 内部实力分析，如组织所拥有的物质资源、资金条件、人员素质、管理水平等方面的分析，明确组织能够做什么、不能做什么、通过创新还能做什么，即确定自身的实力，明确组织能够做什么。

(3) 愿望和追求分析，通过对组织成员、特别是领导层价值观和志向的分析，明确组织成员愿意做什么、不愿意做什么以及希望做到何种程度，即明确组织成员的群体价值观和追求，明确愿意做什么。

2) 拟订总体目标方案

为了保证组织目标的切实可行性，所提出的各目标方案必须是在外部环境允许、内部条件具备，而且符合组织成员价值观的范围之内，即找到目标可行域，在三者的公共区域内拟定组织总体目标方案。

3) 评估各总体目标可行方案并选择满意方案

对各个总体目标可行方案进行分析评价，选择满意方案。分析评价可以从 3 个方面进行：

(1) 限制因素分析：分析哪些因素会影响目标的实现程度，有多大影响。

(2) 综合效益分析：综合分析每一个方案所带来的种种效益，包括社会效益和本组织的效益，看是否是组织能够取得最大效益的方案。

(3) 潜在问题分析：对实施每一目标方案时可能发生的问题、困难和障碍进行预测分析，看组织是否有能力解决这些可能遇到的问题。

4) 总体目标的具体化

由于组织目标是分等分层的，需要将组织目标进行细化和分解，从组织总目标逐步分解为部门目标、车间或小组目标、岗位目标，以形成一个相互支持的目标网络体系。

5) 目标体系的优化

目标体系的优化过程就是一个总体协调的过程。组织目标的协调主要包括以下 3 个方面的工作：①横向协调，即对组织中处于同一层次的不同目标之间进行相互协调；②纵向协调，即组织中不同层次的目标之间要上下保证，如岗位目标与部门目标之间、部门目标与总体目标之间要保持一致；③综合平衡，明确各目标的优先顺序和重要程度，以突出重点，以免因小失大。

5.4.2 目标管理的含义及由来

1. 目标管理的含义

目标管理(management by objective，MBO)，即通过目标进行的管理，是指以目标的设置、目标的分解、目标的执行、目标的完成及目标完成情况的检查、奖惩为手段，通过员工的自我管理来实现企业经营目的的一种管理活动。

可以从以下几个方面对这个概念进行理解：

(1) 目标管理是一种综合的以工作为中心和以人为中心的管理方法，它不仅重视工作，也很重视人。

(2) 目标的设置，是通过组织中的上级管理人员与下级管理人员、员工一起共同协商制定组织目标，并由此形成的组织内每个员工的责任和分目标。

(3) 目标的分解，是通过目标的层层分解和相互协调，将责任、权力和利益也进行层层分解，建立目标层次体系和目标网络，来实现对人的管理。

(4) 目标的执行过程是让员工实施自我管理，自我控制，不需要上级管理者的直接指挥。

(5) 目标完成后，需要对目标完成情况进行检查，并对目标进行评估，根据评估的结果来决定奖惩。

总体而言，目标管理首先由一个组织明确规定其每个成员的职责范围，最后又用这些目标进行管理、评价和决定对每个部门和成员的奖惩。

2. 目标管理的由来

目标管理 20 世纪 50 年代产生于美国，它是以泰勒的科学管理和后来的行为科学理论为基础形成的一套管理制度。1954 年，德鲁克在他所著的《管理的实践》一书中，首先提出了“目标管理和自我控制”的主张。他强调，在影响企业健康发展的所有方面都必须建立目标，在目标管理中要实行自我控制。目标管理的理论基础是科学管理理论和行为科学理论。科学管理理论重视工作的效率，而忽视人的主观能动性；行为科学则偏重于对职工思想和行为的研究。德鲁克提出的目标管理，是将“以工作为中心”和“以人为中心”这两种管理思想统一起来，把两者有机结合起来。他认为，任何企业都是一个协作体，要把个人的努力凝结成为集体共同的努力。他认为，企业的目的和任务必须具体化为目标，企业的各级管理者必须通过这些目标对下级进行领导，以此来达到总目标。

目标管理和自我控制被公认为是德鲁克对管理实践的主要贡献。美国总统乔治·沃克·布什(George Walker Bush)在将 2002 年度的“总统自由勋章”授予彼得·德鲁克时，提到他的三大贡献之一就是目标管理。凭借这种制度，可以使员工亲自参加目标的制定，实现自我控制，并努力完成目标。对于员工的工作成果，由于有明确的目标作为考核标准，从而使对员工的评价和奖励做到更客观、更合理，因而可以使员工主动为完成目标而努力。这种管理制度在美国得到了广泛的应用，被称为“管理中的管理”。目前，它已经在全世界为数众多的公司中得到了成功的应用。

5.4.3 目标管理的基本思想

目标管理指导思想是以 Y 理论为基础的，即认为在目标明确的条件下，人们能够对自己负责，具体方法上是泰勒科学管理的进一步发展。它与传统管理方式相比有鲜明的特点，可概括为以下几个方面。

1. 以目标为中心

目标管理是以目标为中心的，通过科学地制定目标、分解目标、实施目标、依据目标进行考核评价，并根据目标考核的结果进行奖惩。它是一种围绕目标进行的管理方法，或者说它是以目标为手段进行管理的方法。它使组织中的上级和下级一起协商，根据组织的使命确定一定时期内组织的总目标，由此决定上、下级的责任和分目标，并把这些目标作为组织经营、评估和奖励每个单位和个人贡献的标准。

2. 重视人的因素

目标管理是一种参与的、民主的、自我控制的管理制度，也是一种把个人需求与组织目标结合起来的管理制度。在这一制度下，上级与下级的关系是平等、尊重、依赖、支持，下级在承诺目标和被授权之后是自觉、自主和自治的。

3. 建立目标锁链与目标体系

目标管理通过专门设计的过程，将组织的整体目标逐级分解，转换为各单位、各员工的分目标。从组织目标到经营单位目标，再到部门目标，最后到个人目标。在目标分解过程中，权、责、利三者已经明确，而且相互对称。这些目标方向一致，环环相扣，相互配合，形成协调统一的目标体系。只有每个人员完成了自己的分目标，整个企业的总目标才有完成的希望。

4. 重视成果

目标管理以制定目标为起点，以目标完成情况的考核为终结。工作成果是评定目标完成程度的标准，也是人事考核和奖评的依据，是评价管理工作绩效的唯一标志。至于完成目标的具体过程、途径和方法，上级并不过多干预。所以，在目标管理制度下，监督的成分很少，而控制目标实现的能力却很强。

5.4.4 目标管理的程序

1. 目标制定

制定目标是目标管理的第一步，也是最重要的一步。目标管理的目标是经过上下级充分协商制定而来的，要求制定出来的目标明确、具体、尽可能量化、具有先进可行性。

2. 目标分解

目标制定出来后，第二步就是对目标进行层层分解。目标分解时要求与总目标相结合、细致具体、尊重执行者的意见等。经过目标的层层分解，使目标形成一个相互支持的目标网络体系。

3. 目标实施

目标的实施阶段强调下级员工的自我管理和自我控制，它要求上级管理者遵循例外管理原则。例外管理原则并不是不管，而是管理人员要利用正确的信息反馈渠道对工作情况进行检查，同时要加强对下级的支持和帮助，做好必要的基础管理工作。

4. 目标考核

达到预定的期限后，下级首先进行自我评估，提交书面报告；上下级一起对目标的完成情况进行考核，根据考核评价的结果，及时兑现奖励；同时讨论下一阶段目标，开始新循环。如果目标没有完成，应分析原因、总结教训，切忌相互指责，以保持相互信任的气氛。目标的考核对象是目标实施的结果，考核目标应该以目标为依据，考核的标准、过程应当公正、公开，以达到激励先进、鞭策落后的效果。

5.4.5 目标管理的评价

目标管理在国内外很多企业都得到了很成功得运用，但实施中也出现许多问题。因此，必须客观分析其优劣势，才能扬长避短，收到应有的实效。

1. 目标管理的优点

1) 管理强化，水平提高

扼要地讲，目标管理最大的好处就是它能促进管理水平的提高。以最终结果为导向的目标管理，它迫使各级管理人员去认真思考计划的效果，而不仅仅是考虑计划的活动。为了保证目标的实现，各级管理人员必须深思熟虑实现目标的方法和途径，考虑相应的组织机构和人选，以及需要怎样的资源和哪些帮助。

2) 成果导向，结构优化

目标管理促使管理人员根据目标去确定组织的任务和结构。目标作为一个体系，规定了各层次的分目标和任务，那么，在允许的范围内，组织机构要按照实现目标的要求来设置和调整，各个职位也应当围绕所期望的成果来建立，这就会使组织结构更趋合理与有效。为了取得成果，各级管理人员必须根据他们期望的成果授予下属人员相应的权力，使其与组织的任务和岗位的责任相对应。

3) 任务承诺，责任明确

目标管理是由各级管理人员和工作人员去承担完成任务的责任，从而让各级管理者和工作人员不再只是执行指标和等待指导，而成为专心致志于自己目标的人。他们参与自己目标的拟订，将自己的思想纳入计划之中，他们了解自己在计划中所拥有的自主处置的权限，能从上级领导那里得到多少帮助，自己应承担多大的责任，这样他们会把管理工作做得更好。

4) 监督加强，控制有效

目标管理能使责任更明确，由此就不难推理，它会使控制活动更有效。控制就是采取措施纠正计划在实施中出现的与目标的偏离，确保任务的完成。有了一套可考核的目标评价体系，监督就有了依据，控制就有了准绳，也就解决了控制活动最主要的问题。

2. 目标管理的局限性

目标管理有许多优点，但它也存在缺陷。有些缺陷是方法本身存在的，有些缺陷是在实施过程中因工作没做到位而引起的。

1) 目标难确定

真正可考核的目标是很难确定的，尤其是要让各级管理人员的目标都具有正常的“紧张”和“费力”程度，即“不跳够不到”、“跳一跳够得到”的合理程度，是非常困难的。而这个问题恰恰是目标管理能否取得成效的关键。为此，目标设置要比展开工作和拟定计划做更多的研究。

根据先进性、可行性、可量化、可考核等要求确定管理目标体系，会对各级管理人员产生一定的压力。为了达到目标，各级管理人员有可能会出现不择手段的行为。为了防止以不道德手段去实现目标，高层管理人员一方面要确定合理的目标，另一方面还要明确表示对行为的期望，给道德的行为以奖励，给不道德的行为以惩罚。

2) 目标短期化

几乎在所有实行目标管理的组织中，确定的目标一般都是短期的，很少有超过一年的。其原因是组织外部环境的可能性变化，各级管理人员难以作出长期承诺。短期目标的弊端在管理活动中是显而易见的，短期目标会导致短期行为，以损害长期利益为代价，换取短期目标的实现。为防止这种现象的发生，高层管理人员必须从长远利益来设置各级管理目标，并对可能出现的短期行为作出某种限制性规定。

3) 目标修正不灵活

目标管理要取得成效，就必须保持目标的明确性和肯定性，如果目标经常改变，说明计划没有深思熟虑，所确定的目标是没有意义的。但是，如果目标管理过程中，环境发生了重大变化，特别是上级部门的目标已经修改，计划的前提条件或政策已变化的情况下，还要求各级管理人员继续为原有的目标而奋斗，显然是愚蠢的。然而，由于目标是经过多方磋商确定的，要改变它就不是轻而易举的事，常常修订一个目标体系与制定一个目标体系所花费的精力和时间是差不多的，结果很可能不得不中途停止目标管理的进程。

本章小结

计划是管理的首要职能，本章主要介绍了计划的概述、计划的过程、计划的方法、目标管理等内容。计划概述主要介绍了计划的概念、计划的内容、计划的类型、计划的作用。计划的过程主要介绍了计划编制的原理及计划制订的主要步骤，即选定目标、确定计划前提、拟订可行方案、方案的评估与选择、拟订派生计划、形成进度表、编制预算、制定应变措施等。计划方法主要介绍了滚动计划法、网络计划法、投入产出法等现代计划技术方法。目标管理主要介绍了目标及目标管理、目标管理概念及由来、目标管理的指导思想、目标管理的过程、目标管理的评价等内容。

名人名言

吃不穷，穿不穷，打算不到必受穷。 ——民谚

百年寿限不准有，百年计划不可无。 ——[明]于谦

计划工作就像一座桥梁，它把我们所处的这岸和我们要去的对岸连接起来，以克服这一天堑。

——哈罗德·孔茨

计划的制订比计划本身更为重要。 ——戴尔·麦康基

做出规划，今天所做的事情是为了我们有更好的明天，未来属于那些在今天作出艰难决策的人们。

——伊顿公司

像产品或服务一样，计划如果被管理者作为进行战略决策的工具，那么它本身也必须被管理和塑造。

——罗伯特造·伦兹

计划往往夭折于实施之前，这或者是由于期望太高，或者是由于投入太少。 ——T. J. 卡特赖特

尽管某一计划可能由于其最为现实而被选中……其他的主要选择也不应被忘记，它们可能会是很好的权变方案。 ——戴尔·麦康基

习 题

一、复习题

1．选择题

(1) 企业计划从上到下可分成多个层次，通常层次目标越低就越具有以下特点：(　　)。

A．定性和定量结合　B．趋向于定性

C．模糊而不可控　D．具体而可控

(2) 计划制订中的滚动计划法是动态的和灵活的，它的主要特点是(　　)。

A．按前期计划执行情况和内外环境变化，定期修订已有计划

B．不断逐期向前推移，使短、中期考虑有机结合

C．按近细远粗的原则来制订，避免对不确定性远期的过早、过死安排

D．以上 3 方面都是

(3) 狭义的计划指的是(　　)。

A．执行计划　　B．制订计划　　C．计划准备　　D．检查计划

(4) 涉及计划工作的基本特征的下列各种说法中，错误的是：(　　)。

A．计划工作的普遍存在　　B．计划工作居首要地位

C．计划是一种无意识形态　　D．计划工作要讲究效率

(5) 目标管理的提出者是(　　)

A．泰勒　　B．法约尔　　C．韦伯　　D．德鲁克

2．判断题

(1) 计划就是一个组织要做什么和怎么做的行动指南。(　　)

(2) 宗旨、战略、预算都是计划的表现形式。(　　)

(3) 古人云："运筹于帷幄之中，决胜于千里之外"这里的"运筹帷幄"反映了管理中的组织职能。(　　)

3．问答题

(1) 计划的类型是怎样的？

(2) 计划编制中应遵循哪些原理？

(3) 计划编制的过程有哪些？

(4) 什么是目标管理，目标管理的特点是什么？

(5) 目标管理有哪些优缺点？

4．计算题

(1) 某"安装空气过滤系统"工程项目的各项作业、作业顺序和作业时间如表所示。

要求：绘制网络图、计算总工期并找出关键路线。

作业	作业内容	先行作业	作业时间/天
A	生产过滤装置的部件	—	2
B	整修屋顶和地面	—	3
C	建造空气收集管道	A	2
D	建造混凝土基座和安装框架	B	4
E	建造高温火炉	C	4
F	安装控制系统	C	3
G	安装空气过滤装置	D, E	5
H	检验和测试	F, G	2

(2) 已知某项目的有关资料如表所示，时间单位为天，要求：计算各工序作业时间、绘制网络图、计算总工期并确定关键线路。

作　业	A	B	C	D	E	F	G	H	I
紧前作业	—	—	A	B	B	CD	CD	EF	G
乐观时间	3	4	5	6.5	4	6.5	4.5	3.2	5
正常时间	4	5	5	8	5	7	5	4	5
悲观时间	5	6	5	9.5	6	7.5	5.5	4.8	5

二、案例应用分析

宏远实业发展有限公司的未来

进入12月份以后，宏远实业发展有限公司(以下简称宏远公司)的总经理顾军一直在想着两件事。一是年终已到，应抽个时间开个会议，好好总结一下一年来的工作。今年外部环境发生了很大的变化，尽管公司想方设法拓展市场，但困难重重，好在公司经营比较灵活，苦苦挣扎，这一年总算摇摇晃晃走过来了，现在是该好好总结一下，看看问题到底在哪儿。二是该好好谋划一下明年怎么办，更远的该想想以后5年怎么干，乃至于以后10年怎么干。上个月顾总从事务堆里抽出身来，到淮海大学去听了两次关于现代企业管理的讲座，教授的精彩演讲对他触动很大。公司成立至今，转眼已有十多个年头了。十多年来，公司取得过很大的成就，靠运气、靠机遇，当然也靠大家的努力。细细想来，公司的管理全靠经验，特别是靠顾总自己的经验，遇事都由顾总拍板，从来没有公司通盘的目标与计划，因而常常是干到哪儿是哪儿。可现在公司已发展到有几千万资产，三百来号人，再这样下去可不行了。顾总每想到这些，晚上都睡不着觉，到底该怎样制订公司的目标与计划呢？这正是最近顾总一直在苦苦思考的问题。

宏远公司是一家民营企业，是改革开放的春风为宏远公司的建立和发展创造了条件。因此，顾总常对职工讲，公司之所以有今天，一靠他们三兄弟拼命苦干，但更主要的是靠改革开放带来的机遇。15年前，顾氏三兄弟只身来到了省里的工业重镇A市，当时他们口袋里只有父母给的全家的积蓄800元人民币，但顾氏三兄弟决心用这800元钱创一番事业，摆脱祖祖辈辈日出而作、日落而归的脸朝黄土、背朝天的农民生活。到了A市，顾氏三兄弟借了一处棚户房落脚，每天分头出去找营生，在一年时间里他们收过破烂，贩过水果，打过短工，但他们感到这都不是他们要干的。老大顾军经过观察和向人请教，发现A市的建筑业发展很快，城市要建设，老百姓要造房子，所以建筑公司任务不少，但当时由于种种原因，建筑材料却常常短缺，因而建筑公司也失去了很多工程。顾军得知，建筑材料中水泥、黄沙都很缺。他想到，在老家镇边上，他表舅开了家小水泥厂，生产出的水泥在当地还销不完，因而不得不减少生产。他与老二、老三一商量，决定做水泥生意。他们在A市找需要水泥的建筑队，讲好价，然后到老家租船、借车把水泥运出来，去掉成本每袋水泥能净得几块钱。利虽然不厚，但积少成多，一年下来他们挣了几万元。当时的中国，“万元户”可是个令人羡慕的名称。当然，这一年中，顾氏三兄弟也吃尽了苦，顾军一年里住了两次医院，一次是劳累过度晕在路边被人送进医院，一次是肝炎住院，医生的诊断是营养严重不良引起抵抗力差而得肝炎。虽然如此，看到一年下来的收获，顾氏三兄弟感到第一步走对了，决心继续走下去。他们又干了两年贩运水泥的活，那时他们已有一定的经济实力了，同时又认识了很多人，有了一张不错的关系网。顾军在贩运水泥中，看到改革开放后，A市角角落落都在大兴土木，建筑队的活忙得干不过来，他想，家乡也有木工、泥瓦匠，何不把他们组织起来，建个工程队，到城里来闯天下呢？三兄弟一商量，说干就干，没几个月一个工程队开进了城，当然水泥照样贩，这也算是两条腿走路了。

一晃15年过去了，当初贩运水泥起家的顾氏三兄弟，今天已是拥有几千万资产的宏远公司的老板了。公司现有一家贸易分公司、一家建筑装饰公司和一家房地产公司，有员工近300人。老大顾军当公司总经理，老二、老三做副总经理，并分兼下属公司的经理。顾军老婆的叔叔任财务主管，他们表舅的大儿子任公司销售主管。总之，公司的主要职位都是家族里面的人担任，顾军具有绝对权威。

公司总经理顾军是顾氏兄弟中的老大，当初到A市时只有24岁，他在老家读完了小学，接着断断续续地花了6年时间才读完了初中，原因是家里穷，又遇上了水灾，两度休学，但他读书的决心很大，条件一经许可，他就去上学，而且边读书边干农活。15年前，是他带着两个弟弟离开农村进城闯天下的。他为人真诚，好交朋友，又能吃苦耐劳，因此深得两位弟弟的敬重，只要他讲如何做，他们都会去拼命干。正是在他的带领下，宏远公司从无到有，从小到大。现在A市顾氏三兄弟的宏远公司已是大名鼎鼎了，特别是去年，顾军代表宏远公司一下子拿出50万元捐给省里的贫困县建希望小学后，民营企业家顾军的名声更是非同凡响了。但顾军心里明白，公司这几年日子也不太好过，特别是今年。建筑公司任务还可以，但由于成本上升，创利已不能与前几年同日而语了，只能是维持，略有盈余。况且建筑市场竞争日益加剧，公司的前景难以预料。贸易公司能勉强维持已是上上大吉了，今年做了两笔大生意，挣了点钱，其余的生意均没成功，况且仓库里还积压了不少货无法出手，贸易公司日子不好过。房地产公司更是一年不如一年，当初刚开办房地产公司时，由于时机抓准了，两个楼盘，着实赚了一大笔，这为公司的发展立了大功。可是好景不长，房地产市场疲软，生意越来越难做。好在顾总当机立断，微利或持平把积压的房屋作为动迁房基本脱手了，要不后果真不堪设想，就是这样，现在还留着的几十套房子也把公司压得喘不过气来。

面对这些困难，顾总一直在想如何摆脱现在这种状况，如何发展。发展的机会也不是没有。上个月在淮海大学听讲座时，顾军认识了 A 市的一家国有大公司的老总，交谈中顾总得知，这家公司正在寻找在非洲销售他们公司当家产品——小型柴油机的代理商，据说这种产品在非洲很有市场。这家公司的老总很想与宏远公司合作，利用民营企业的优势，去抢占非洲市场。顾军深感这是个机会，但该如何把握呢？10 月 1 日，顾总与城市住房和城乡建设委员会的一位处长在一起吃饭，这位老乡告诉他，市里规划从明年开始江海路拓宽工程，江海路在 A 市就像上海的南京路，两边均是商店。借着这一机会，好多大商店都想扩建商厦，但苦于资金不够。这位老乡问顾军，有没有兴趣进军江海路。如想的话，他可牵线搭桥。宏远公司的贸易公司早想进驻江海路了，但苦于没机会，现在机会来了，机会很诱人，但投入也不会少，该怎么办？随着改革开放的深入，住房分配制度将有一个根本的变化，随着福利分房的结束，顾军想到房地产市场一定会逐步转暖。宏远公司的房地产公司已有一段时间没正常运作了，现在是不是该动了？

总之，摆在宏远公司老板顾军面前的困难很多，但机会也不少，新的一年到底该干些什么？怎么干？以后的 5 年、10 年又该如何干？这些问题一直盘旋在顾总的脑海中。

问题：

(1) 你如何评价宏远公司？

(2) 宏远公司是否应制订短、中、长期计划？为什么？

(3) 如果你是顾总，你该如何编制公司发展计划？

(资料来源：http://www.nyinfo.ha.cn/digital/new/251628707.html.)

阅读材料

目标管理

某机床厂从 1981 年开始推行目标管理。为了充分发挥各职能部门的作用，充分调动 1 000 多名职能部门人员的积极性，该厂首先对厂部和科室实施了目标管理。经过一段时间的试点后，逐步推广到全厂各车间、工段和班组。多年的实践表明，目标管理改善了企业经营管理，挖掘了企业内部潜力，增强了企业的应变能力，提高了企业素质，取得了较好的经济效益。

按照目标管理的原则，该厂把目标管理分为 3 个阶段进行。

第一阶段：目标制订阶段

1. 总目标的制定

该厂通过对国内外市场机床需求的调查，结合长远规划的要求，并根据企业的具体生产能力，提出了19××年“三提高”、“三突破”的总方针。所谓“三提高”，就是提高经济效益、提高管理水平和提高竞争能力；“三突破”是指在新产品数目、创汇和增收节支方面要有较大的突破。在此基础上，该厂把总方针具体化、数量化，初步制定出总目标方案，并发动全厂员工反复讨论、不断补充，送职工代表大会研究通过，正式制定出全厂 19××年的总目标。

2. 部门目标的制定

企业总目标由厂长向全厂宣布后，全厂就对总目标进行层层分解、层层落实。各部门的分目标由各部门和厂企业管理委员会共同商定，先确定项目，再制定各项目的指标标准。其制定依据是厂总目标和有关部门负责拟定、经厂部批准下达的各项计划任务，原则是各部门的工作目标值只能高于总目标中的定量目标值，同时，为了集中精力抓好目标的完成，目标的数量不可太多。为此，各部门的目标分为必考目标和参考目标两种。必考目标包括厂部明确下达目标和部门主要的经济技术指标；参考目标包括部门的日常工作目标或主要协作项目。其中，必考目标一般控制在2～4项，参考目标项目可以多一些。目标完成标准由各部门以目标卡片的形式填报厂部，通过协调和讨论最后由厂部批准。

3. 目标的进一步分解和落实

部门的目标确定了以后，接下来的工作就是目标的进一步分解和层层落实到每个人。

(1) 部门内部小组(个人)目标管理，其形式和要求与部门目标制定相类似，拟定目标也采用目标卡片，由部门自行负责实施和考核。要求各个小组(个人)努力完成各自目标值，保证部门目标的如期完成。

(2) 该厂部门目标的分解是采用流程图方式进行的。其具体方法是，先把部门目标分解落实到职能组，任务级再分解落实到工段，工段再下达给个人。通过层层分解，全厂的总目标就落实到了每一个人身上。

第二阶段：目标实施阶段

该厂在目标实施过程中，主要抓了以下3项工作。

1. 自我检查、自我控制和自我管理

目标卡片经主管副厂长批准后，一份存企业管理委员会，一份由制定单位自存。由于每一个部门、每一个人都有了具体的、定量的明确目标，所以在目标实施过程中，人们会自觉地、努力地实现这些目标，并对照目标进行自我检查、自我控制和自我管理。这种“自我管理”，能充分调动各部门及每一个人的主观能动性和工作热情，充分挖掘自己的潜力，因此，完全改变了过去那种上级只管下达任务、下级只管汇报完成情况，并由上级不断检查、监督的传统管理办法。

2. 加强经济考核

虽然该厂目标管理的循环周期为一年，但为了进一步落实经济责任制，即时纠正目标实施过程中与原目标之间的偏差，该厂打破了目标管理的一个循环周期只能考核一次、评定一次的束缚，坚持每一季度考核一次和年终总评定。这种加强经济考核的做法，进一步调动了广大职工的积极性，有力地促进了经济责任制的落实。

3. 重视信息反馈工作

为了随时了解目标实施过程中的动态情况，以便采取措施、及时协调，使目标能顺利实现，该厂十分重视目标实施过程中的信息反馈工作，并采用了两种信息反馈方法。

(1) 建立“工作质量联系单”来及时反映工作质量和服务协作方面的情况。尤其当两个部门发生工作纠纷时，厂管理部门就能从“工作质量联系单”中及时了解情况，经过深入调查，尽快进行解决，这样就大大提高了工作效率，减少了部门之间的不协调现象。

(2) 通过“修正目标方案”来调整目标，内容包括目标项目、原定目标、修正目标以及修正原因等，并规定在工作条件发生重大变化需修改目标时，责任部门必须填写“修正目标方案”，提交企业管理委员会，由该委员会提出意见交主管副厂长批准后方能修正目标。

该厂在实施过程中由于狠抓了以上3项工作，因此，不仅大大加强了对目标实施动态的了解，更重要的是加强了各部门的责任心和主动性，从而使全厂各部门从过去等待问题找上门的被动局面，转变为积极寻找和解决问题的主动局面。

第三阶段：目标成果评定阶段

目标管理实际上就是根据成果来进行管理的，故成果评定阶段显得十分重要。该厂采用了“自我评价”和上级主管部门评价相结合的做法，即在下一个季度第一个月的10日之前，每一部门必须把一份季度工作目标完成情况表报送企业管理委员会(在这份报表上，要求每一部门自己对上一阶段的工作作出恰如其分的评价)。企业管理委员会核实后，也给予恰当的评分。例如，必考目标为30分，一般目标为15分；每一项目标超过指标3%加1分，以后每增加3%再加1分。一般目标有一项未完成而不影响其他部门目标完成的，扣一般项目中的3分，影响其他部门目标完成的则扣分增加到5分。加1分相当于增加该部门基本奖金的1%，减1分则扣该部门奖金的1%。如果有一项必考目标未完成则扣至少10%的奖金。

该厂在目标成果评定工作中深深体会到：目标管理的基础是经济责任制，目标管理只有同明确的责任划分结合起来，才能深入持久，才能具有生命力，取得最终的成功。

(资料来源：http://bbs.hrsalon.org/thread-67279-1-1.html.)

第6章 组　　织

教学目标

通过对本章的学习，了解组织理论的发展、组织工作的流程、人员配备的方式以及常用的人员考核方法；掌握组织的含义、组织的分类、组织设计的程序、组织设计的原则及影响因素，掌握常见的组织结构形式及其优缺点；掌握人员配备的概念及原则，了解并掌握人员招聘、人员培训和人员考核的基本内容；掌握授权的原则、授权的过程、集权分权的优缺点、集权分权的影响因素，了解职权的概念及其类型、授权的含义及益处。

教学要求

知识要点	能力要求	相关知识
组织概述	(1) 掌握组织的含义 (2) 理解并掌握组织的分类 (3) 了解组织工作的流程 (4) 了解组织理论的发展	(1) 组织的含义 (2) 组织的分类 (3) 组织工作的流程 (4) 组织理论的发展
组织结构设计	(1) 理解并掌握组织设计的程序 (2) 掌握组织设计的原则 (3) 掌握组织设计中的影响因素	(1) 组织设计的程序 (2) 组织设计的原则 (3) 影响组织结构设计的因素
常见组织结构形式	(1) 掌握常见的组织结构形式 (2) 理解并掌握组织结构的优缺点	(1) 常见的组织结构形式、特点 (2) 常见组织结构的优缺点
人员配备	(1) 掌握人员配备的概念及原则 (2) 了解并掌握人员招聘的基本内容 (3) 了解并掌握人员培训的基本内容 (4) 了解并掌握人员考评的基本内容	(1) 人员配备及其原则 (2) 人员招聘 (3) 人员培训 (4) 人员考评
职权配置	(1) 了解职权的概念及类型 (2) 掌握授权的含义、过程及原则 (3) 掌握集权分权的优缺点及影响因素	(1) 职权及其类型 (2) 授权 (3) 集权与分权

组织是有意识地协调两个或两个以上的人的活动或力量的协作系统。

——C. I. 巴纳德

基本概念

组织　组织的类型　组织结构　组织结构设计　组织理论发展　岗位设计　部门划分　管理层次　管理幅度　直线制　职能制　直线职能制　事业部制　模拟分权制　学习型组织　人员配备　招聘　培训　考评　职权　直线职权　参谋职权　职能职权　授权　集权　分权

导入案例

摩西逃荒

《圣经》里说，摩洛哥大旱，当地居民为了活命，就跟一个叫摩西的人去欧洲逃荒，一路上是“扶老携幼，将男带女”，“乱乱纷纷，熙熙攘攘”，每天只走十来里路。而且大事小事都找摩西解决，弄得摩西狼狈不堪，他岳父看着不忍，给他出了个主意，就是每十人推选一个能干的人当“头儿”，头们再推选精明的人当大头儿，大头儿们再推选更精明的人当更大的头儿，这些更大的头则由摩西指挥，居民有事，逐级上报，摩西有令，逐级下达，这样一来，居民就成了有秩序的队伍，行进速度大大加快了。摩西也有功夫考虑大事了。就这样，他们胜利地到达了目的地。为什么他们行进的速度快了呢，就是因为他们组织起来了。

(参考资料：邬凤祥. 大众管理学. 北京：新华出版社，1987.)

案例点评

建立精简高效的组织结构，对组织非常重要。在自然科学领域，石墨与钻石都是由碳原子构成的，构成要素一样，但两者的力量和价值简直无法相提并论。造成它们之间差异的根本原因就是原子间晶体结构的差异：石墨的碳原子之间是“层状结构”，而钻石的碳原子之间是独特的“金刚石结构”。在军队，一队士兵，数量上没有变化，仅仅由于组织和列阵的不同，在战斗力上就会表现出质的差异。不同的组织结构，其效率会大不一样。

组织的目标、计划制订出来以来，一个重要的问题就是如何使它们变为现实。这就要求管理者能够根据组织目标和计划中所提出的要求，设计出合理的、高效的、能保证计划顺利实施的组织结构与体系，并保证各项工作的落实。本章主要介绍了组织概述、组织结构设计、常见组织结构形式、人员配备等内容。

6.1 组织概述

6.1.1 组织的含义

1. 组织的名词含义

从实体角度看，组织(organization)是人们为了实现某一特定的目的而形成的系统集合体，它因一个特定的目的，由一群人所组成，是一个系统化的结构。组织作为人的集合，不是简单的毫无关联的个人的加总。“组织”是指一种实体，如我们说某学校是一个组织，某医院是一个组织，某企业、某协会、某政府部门都是组织等。

2. 组织的动词含义

从过程角度看，“组织”是指一种活动。组织(organizing)即组织工作，是按照一定目的和程序确定组织特定的结构以实现组织目标的过程。它包括组织设计、组织内部关系的确定与维持、组织变革等。

3. 组织的构成要素

组织的构成要素是我们理解组织概念的前提条件。根据巴纳德，弗里蒙特·卡斯特(Fremcnt E. Kast)和詹姆斯·E·罗森茨韦克(James E. Rosenzweig)对组织要素的研究，组织具有开放性、系统性、目的性、协作性和整体性的特征。根据这些特性，组织要素分为组织目标、分工与合作、权力与责任制度、组织环境等。

(1) 组织目标。组织有一个共同目标，这个共同目标是组织建立的出发点。每个组织都有多个发展目标，组织能够存在并发展下去，就是因为它有一定的目标，组织是人们为了实现共同目标而采用的一种手段或工具，组织目标是否能够实现，很重要的一个方面就是要看组织结构是否合理有效。

(2) 分工与合作。确定组织工作目标之后，就要决定实现目标所必须的工作类型，将组织中的人员根据优势互补的原则进行分工，经过分工形成岗位，进而再划分部门，为将各个部门再联系起来，则要设计出种种整合机制，把整个组织的所有部分结成一体而使其处于动态平衡状态。同时，作为组织成员，应了解各项工作之间的关系，以及它同其他组织要素的关系，把组织上下左右联系起来，形成一个有机整体，产生较高的集团效率。

(3) 权力与责任制度。权力是指成功地影响他人的能力。职权则是被组织官方承认的一种合法化权力，组织中每位职员都有某种特定的职权。权力和职权是组织的构成要素，因为它是管理者采取行动以实现组织目标的活动基础。管理者拥有权力，就应该承担相应的责任，不能拥有权力而不履行其职责；也不能只要求管理者承担责任而没有权力。权力和责任是相当的。组织中的管理者通过相应的权威和责任来从事协调和控制活动，才能保证各项工作的顺利进行，保证目标的实现。

(4) 组织环境。组织是环境的产物。环境是指存在于组织内部的和外部的，影响组织绩效的各种因素的总和。组织环境包括外部环境和内部环境。任何组织都处于一定的外部环境中，组织要想存在和发展，必须是一个开放系统，不断地和环境进行物质、能量或信息等资源的各种交换。外部环境有政治、经济、社会、文化、技术、顾客、供应商、竞争者等。组织的内部环境是指组织内部的成员或群体之间的关系模式所构成的环境，如结构环境、制度环境、文化环境等。环境发生变化后，组织也要相应地调整内部结构及其政策，以适应这种变化。

特别提示

管理是一种器官，是赋予机构以生命的、能动的、动态的器官。没有机构(如工商企业)，就不会有管理。但是，如果没有管理，那也就只会有一群乌合之众，而不会有一个机构。而机构本身又是社会的一个器官，它之所以存在，只是为了给社会、经济和个人提供所需的成果。可是，器官从来都不是由它们做些什么，更不用说由它们怎么做来确定的。它们是由其贡献来确定的。

——德鲁克

6.1.2 组织的分类

众多的社会组织可分为不同类型。标准不同，分类也就不一样，可以用来划分组织类型的标准有很多。不同类型的组织，其功能和特性也不同。要深入了解组织之间的规律，有效地对组织进行科学分类是十分必要的。

1. 按组织的性质划分

(1) 经济组织，是一种专门追求社会物质财富的社会组织，它存在于生产、交换、分配、消费等不同领域中，工厂、工商企业、银行、财团、保险公司等社会组织都属于经济性组织。

(2) 政治组织，是一种为某个阶级的政治利益而服务的社会组织，国家的立法机关、司法机关、行政机关、政党、监狱、军队等都属于政治性组织。

(3) 文化组织，是一种人们之间相互沟通思想、联络感情、传递知识和文化的社会组织，各类学校、研究机关、艺术团体、图书馆、艺术馆、博物馆、展览馆、纪念馆、报刊出版单位、影视电台机关等都属于文化性组织。

(4) 群众组织，是代表群众利益，有广大群众参加的非政权性质的社会团体。工会、妇女联合会、青年联合会、学生联合会等都属于群众组织。

(5) 宗教组织，是一种与统一的宗教信仰目标与行为体系相联系的、共同遵照一定的制度规范的信奉者所结成的社会群体。佛教、道教、伊斯兰教、天主教等教派、协会和若干宗教性社会团体和地方宗教组织等都属于宗教组织。

2. 按组织的服务对象划分

(1) 公益组织，服务对象是全体民众，如政府机构、研究机构、消防队等。

(2) 企业组织，服务对象是利益相关者，如工厂、商店、银行等。

(3) 服务组织，服务对象为部分民众，如医院、学校、社会机构等。

(4) 互利组织，服务对象为组织成员，如工会、俱乐部、政党等。

3. 按人员的顺从度划分

(1) 强制型组织，以强制权力进行控制的组织，如监护性精神病院、监狱、管教所等。

(2) 功利型组织，在运用合法权威过程中，同时实行经济和物质等功利报酬手段，如工商企业、农场等。

(3) 规范型组织，以内在价值及地位为报偿进行控制的组织，如学校、医院、社会团体等。

4. 按组织的按利益受惠划分

(1) 互利组织，组织的一般成员都可以在其中获得某种方便和实惠，如互助团体、会员俱乐部等。

(2) 服务组织，为社会大众服务，如医院、大学、福利机构。

(3) 实惠组织，组织的所有者和经理等主要人员能得到实惠的组织，如工厂、银行、各种公司。

(4) 公益组织，为社会所有人服务的组织，如警察机关、行政机关、军队组织。

5. 按组织的形成方式划分

(1) 正式组织，是具有一定结构、同一目标和特定功能的行为系统。任何正式组织都是由许多要素、部分、成员，按照一定的联结形式排列组合而成的。它有明确的目标、任务、结构和相应的机构、职能和成员的权责关系以及成员活动的规范。政府机关、军队、学校、工商企业等都属于正式组织。正式组织具有以下特征：经过规划而不是自发形成的；有十分明确的组织目标；讲究效率，协调地处理人、财、物之间的关系，以最经济有效的方式达到目标；分配角色任务，影响人们之间关系的层次；建立权威，组织赋予领导以正式的权力，下级必须服从上级；制定各种规章制度以约束个人行为，实现组织的一致性；组织内个人的职位可以相互替代等。

(2) 非正式组织，最早由美国管理学家梅奥通过“霍桑实验”提出，是人们在共同的工作过程中自然形成的以感情、喜好等情绪为基础的松散的、没有正式规定的群体。非正式组织可以是一个独立的团体，如学术沙龙、文化沙龙、业余俱乐部等，也可以是一种存在于正式组织之中的无名而有实的团体。非正式组织的特征：无明确结构、形态，可辨识性差；组织的建立以人们之间具有共同的思想，相互喜爱，相互依赖为基础，是自发形成的；组织最主要的作用是满足个人不同的需要；组织一经形成，会产生各种行为规范，约束个人的行为；这种规范可能与正式组织目标一致，也可能不一致，甚至产生低触。

非正式组织是社会组织中普遍存在的现象，其存在及运作对实现组织目标有着重要的影响。非正式组织是和正式组织同时存在、同时运行的，非正式组织对正式组织而言，具有正反两方面的功能。

正功能主要体现在以下几方面。非正式组织成员在本组织中可以获得“归属感”、“安全感”等需求的满足；需求的满足对员工的工作积极性影响很大，容易促进工作的完成；非正式组织一般都有自己的“群体领袖”，“群体领袖”所具有的影响力往往是其成员认可的，这种影响力将对增强组织凝聚力以及组织的成长发展产生极大的益处，可以通过非正式组织的关系与气氛获得组织的稳定；非正式组织成员之间交往十分频繁，信息传递十分快捷，可以运用非正式组织作为正式组织的沟通工具；非正式组织最基本的优点之一就是它辅助正式组织去完成工作。非正式组织本质上可以作为对正式组织的积极支持，有助于组织目标的实现等。

负功能主要体现为可能阻碍组织目标的实现，主要表现为以下几个方面。这种组织中普遍存在一种“从众行为”现象，若此倾向与组织目标相冲突，则会侵害整个组织功能的运行，从而导致严重的后果；一旦整个组织的结构功能发生变革或组织制度的变动危及到这种非正式组织的存在，其成员便会一致抵制这种变革，从而阻碍组织改革的进程；此类非正式组织易于呈现出一种“心理相容”的趋势，当这种趋势与组织行为准则、规章制度相悖时，将会有碍于组织的发展；非正式组织成员间交往十分频繁，信息传递十分快捷，但易于导致小团体主义，对组织内的信息传递、人际交往、功能运作等往往产生阻碍甚至扭曲的反作用。

6.1.3 组织工作的流程

1. 组织设计

组织设计(organizations designing)是指管理者将组织内各要素进行合理组合，建立和实施一种特定组织结构的过程。组织设计是有效管理的必备手段之一。组织设计是一个动态的工作过程，包含众多工作内容。科学地进行组织设计，要根据组织设计的内在规律性有步骤地进行，才能取得良好效果。组织设计可能出现了种情况：新建的企业需要进行组织结构设计；原有组织结构出现较大的问题或企业的目标发生变化，原有组织结构需要进行重新评价和设计；组织结构需要进行局部的调整和完善。

组织设计的任务是建立一种有效的组织结构框架，规划和设计组织中各部门的职能和职权，确定组织中职能职权、参谋职权、直线职权的活动范围并编制职务说明书，对组织成员在实现组织目标中的工作分工协作关系作出正式、规范的安排。

组织设计的结果主要表现为提供组织机构图、部门职能说明书、岗位结构图、岗位职责说明书、岗位工作标准、业务流程与管理标准等。

2. 组织运作

组织运作(organizational operation)指的是组织在特定条件下的实际运行活动和方式。组织的运作和组织的形式是密切相关的。一般而言，组织形式从宏观上规定了组织运作的框架。当然，这种规定可能是硬性的、严格的，也可能是软性的、松散的，组织基本会在组织形式所规定的框架内运作。对于组织的形式没有公开禁止或者规定较为模糊的内容，组织在运作中有可能以巧妙的方式采取超出形式所规定的行动。组织的形式与运作的差异程度取决于组织所期望采取的组织形式的合法性程度、制度环境的协调性程度以及制度环境的监控强度。

3. 组织变革

组织变革(organizational change)就是对组织的调整、改革与再设计，它属于组织工作过程中的反馈与修正步骤，是指运用行为科学和相关管理方法，对组织的权利结构、组织规模、沟通渠道、角色设定、组织与其他组织之间的关系，以及对组织成员的观念、态度和行为，成员之间的合作精神等进行有目的的、系统的调整和革新，以适应组织所处的内外环境、技术特征和组织任务等方面的变化，提高组织效能。任何组织都是社会系统中的一个子系统，它在不断地与外部环境进行物质、能源、信息等资源的输入和输出，而这种输入和输出一般都会影响到组织目标。随着时间的推移，原来的目标由于环境变化，可能不太适宜了，必须根据环境条件的变化不断地修正。目标的变化自然又会影响到随同目标而产生的组织结构，为使组织结构能切实起到促进组织目标实现的作用，就必须对组织结构作出适应性调整。此外，即使组织的内外部环境的变化对组织目标影响不大，但随着社会的进步，科学技术的发展，当原有的组织结构已不能高效地适应实现目标的要求时，也需要进行组织结构的调整和变革。企业的发展离不开组织变革、内外部环境的变化、企业资源的不断整合与变动，都给企业带来了机遇与挑战，这就要求企业关注组织变革。

6.1.4 组织理论的发展

1. 古典组织理论

从 20 世纪初开始，大致经历了古典组织理论、行为科学组织理论和系统管理理论 3 个阶段。古典组织理论盛行于 20 世纪 10～30 年代。它着重分析组织的结构和组织管理的一般原则，研究内容主要涉及组织的目标、分工、协调、权力关系、责任、组织效率、授权、管理幅度和层次、集权和分权等。古典组织理论的代表人物有提出官僚制度理论的韦伯，提出行政程序理论的法约尔，提出科学管理理论的泰勒。尽管泰勒的科学管理主要适用于企业组织，但其组织管理思想深刻地影响了行政组织管理和行政理论的研究。此外，美国学者林德尔·福恩斯·厄威克(Lyndall Fownes Urwick)及时综合和传播了传统组织理论者的观点和主张，扩大了传统组织理论的影响。

2. 行为组织理论

20 世纪 30 年代后产生了以人际关系为研究重点的组织理论，后来逐步发展成为行为科学组织理论。该理论一反传统组织理论的静态研究方法，着重研究人和组织活动过程，如群体和个体行为、人和组织的关系、沟通、参与、激励、领导艺术等。美国学者梅奥等主持的霍桑实验，巴纳德的均衡理论，西蒙的行政决策理论，马斯洛的需求层次理论，D·道格拉斯·M·麦克格雷戈(Douglas M. Mc Gregor)的 X 理论、Y 理论，弗雷德里克·赫茨伯格(Fredrick Herzberg)的双因素理论等都是具有代表性的行为科学的组织理论。

3. 系统组织理论

系统管理理论是综合早期传统组织理论和行为科学组织理论的成果，并以系统观点来分析组织的一种理论。其特点在于把组织看成一个系统，从系统的互相作用和系统同环境的互相作用中考查组织的生存和发展，目的是通过研究寻求组织在这种互相作用中取得平衡的方法。美国行政学家巴纳德首先用封闭系统的观点来考虑组织；T.帕森斯(T. Parsons)、卡斯特、罗森茨韦克则把组织看成一个开放系统，即组织系统除了要维持本身的平衡外，还要维持与环境的平衡。

4. 权变组织理论

20 世纪 60 年代后又出现了权变理论。这是一种反对一般管理原则，主张相机行事的理论，权变组织理论认为，适用于所有情况的理想组织结构是不存在的，组织结构设计取决于各种环境因素，每一个组织都必须根据自己的具体情况来对组织结构进行调整。其代表人物有英国的琼·伍德沃德(Joan Woodward)，美国的 P·劳伦斯、J·洛奇和弗雷德·菲德勒(Fred Fiedler)等。

组织理论的发展过程表明了管理思想的变化和研究方法的变化，即经历了一个从注重“事”的研究到注重“人”的研究，进而发展到人与事研究并重，在方法论上则从规范研究转向实证研究。组织理论的形成和发展，是人类认识组织及其活动的规律的成果，使人们可以自觉地应用这一理论有效地管理组织，以适应人类自身的组织活动。组织理论的不足之处在于，它至今还缺乏统一的概念构架和核心内容。

6.2　组织结构设计

6.2.1　组织结构与组织结构图

1. 组织结构

所谓组织结构(organizational structure)就是组织中正式确定的使工作任务得以分解、组合和协调的框架体系。它包含 3 个方面内容：限定组织中的正式报告关系，即职权层级数目和管理幅度；确定将个体组合成部门、部门再组合成整个组织的方式；设计确保跨部门沟通、协作与力量整合的制度。组织结构一般反映在组织结构图上。通过组织结构图，我们可以清楚地了解一个组织是如何运行的，组织的构成部门及其关系，各职位、部门如何整合为整体。

2. 组织结构图

组织结构图(organization chart)是最常见的表现组织人员、职称和群体关系的一种图表，它形象地反映了组织内各机构、岗位上下左右相互之间的关系。组织结构图是组织结构的直观反映，也是对该组织功能的一种侧面诠释。

3. 组织结构图的制作

组织中所有的工作都确定后，有必要明确分工，形成职能部门，并描绘出组织结构图。该图描述了组织中各项工作的关系，同时也是管理体制和管理模式的反映，如图 6.1 所示。

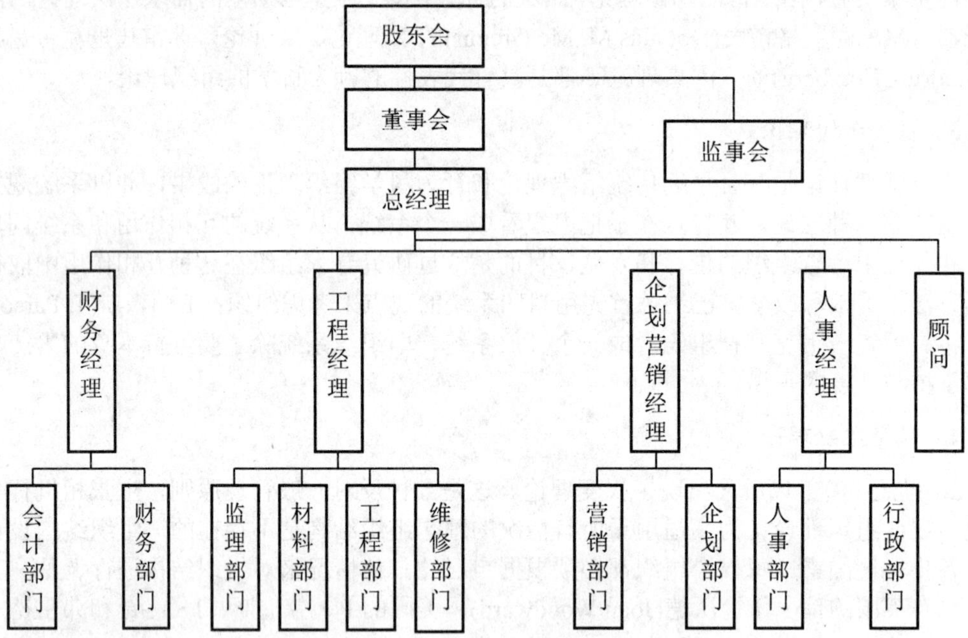

图 6.1 某企业的组织结构图

制作组织结构图时应注意以下几个问题：

(1) 图表的主题。确定图表的范围，是一个系统、一个部门、一个地区，还是整个公司的组织结构图。

(2) 简洁明了。尽量使图表简洁清楚，强调主要机构。

(3) 名称。用职务名称来描述工作水平和职能，如“主管”是不明确的，要尽可能说明责任，如“行政主管”；含义较明朗的，不必进一步阐明，如“总经理”或“秘书”。

(4) 次序。首先要确定职能，然后再将负有相应责任的人名填上去。

(5) 职务。在一个矩形框里描述组织各部门的职务。

(6) 等级。用垂直线描述不同等级的相关工作，用水平线描述相似等级的工作。

(7) 职权。用水平直线或垂直线表示直接权力，用点线表示间接权力。

6.2.2 组织设计的原则

1. 目标统一原则

组织结构的设计和组织形式的选择必须有利于组织目标的实现。根据组织目标来考虑组织结构的总体框架，按照目标有利原则进行组织结构的具体设计。

2. 专业化分工的原则

企业生产过程包括了许多不同阶段，要求一定数量的参与者利用不同的技能和知识在不同时空进行或组织不同的活动。专业化分工就是要把企业活动的特点和参与企业活动的员工的特点结合起来，把每位员工都安排在适当的领域中积累知识、发现技能从而不断地提高工作效率。从某种意义上而言，企业组织设计就是对管理人员的管理劳动进行分工：部门设计是根据相关性或相似性的标准对不同部门的管理人员的管理劳动进行横向分工；层级设计则是根据相对集权或相对分权的原则把与资源配置方向或方式选择相关的权利在不同层级的管理机构或岗位间进行纵向的安排。

3. 控制幅度原则

主管人员应根据影响自身管理幅度的因素来慎重地确定自己的理想幅度，力求减少管理层次，精简管理机构和人员，提高管理效率，在保证管理层次不增加的前提下能够实现对更多下属人员的有效控制与管理。

4. 权责对等原则

既要明确每一管理层次和各个部门的职责范围，又要赋予完成其职责所必需的管理权限。组织中的每个部门和部门中的每个人员都有责任按照工作目标的要求保质保量地完成工作任务，同时，组织也必须委之以自主完成任务所必需的权力。

5. 统一指挥原则

组织的各级机构以及个人必须服从上级的命令和指挥，要求在上下级之间形成一条清晰的指挥链。

6. 稳定性与灵活性相结合的原则

组织的管理层次与幅度、人员结构及部门工作流程必须设计既要有相对的稳定性，但又必须随组织内外部条件的变化做出灵活调整和变动。

6.2.3 组织设计的程序

1. 岗位设计

岗位是由一组有限的工作集合而成的，任何一个组织都是由一个个岗位所组成的。将实现组织目标必须进行的活动划分成最小的有机相连的部分，以形成相应的工作岗位。常见的岗位设计方法有职责专门化、职责轮换、职责扩大化和职责丰富化等。

1) 职责专门化——劳动分工

将岗位设计得尽可能简单，将工作划分得更细小、更专业化，由一个人单独完成某一个步骤。优点：有利于权限职责划分，有利于作业训练，有利于提高生产率(经济性)。缺陷：过于专业化，员工会因工作单调而厌倦、疲劳、压力、低生产率、矿工、高离职(非经济性)。职责专门化的经济性与非经济性如图 6.2 所示。

2) 职责轮换

职责轮换包括纵向职责轮换(升职或降职)和横向的职责轮换。优点：拓宽工作领域，给予更多的工作体验，为提高职务做准备。缺点：增加培训成本，非自愿地对员工进行职务轮换，可能导致劳动生产率降低。

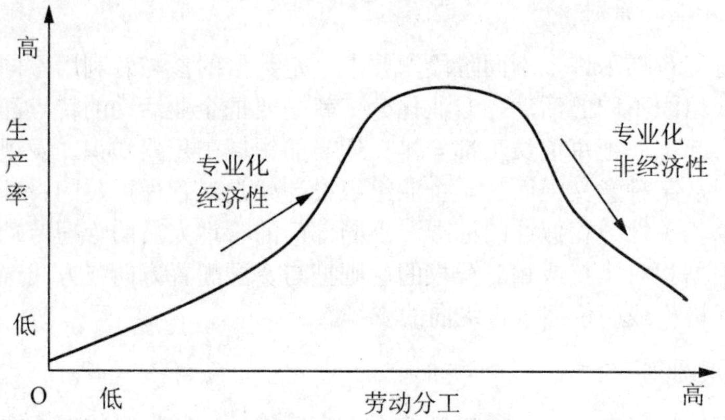

图 6.2 职责专门化的经济性与非经济性

3) 职责扩大化

增加雇员在其职务上所要完成任务的数目，使工作横向多样性，如邮件分类。不只是局限于按单位分发邮件，而且包含在邮件上打邮戳和把邮件送到单位。职务扩大化试图避免过度专业化带来的单调，但不一定增加工作的挑战性。“过去，我只有一份讨厌的工作。现在，因为职务扩大化，我有三份讨厌的工作！”

4) 职责丰富化

增加工作深度，允许员工对他们的工作加大控制。丰富化后的职务允许工人有了更大的自主权、独立性和责任感去从事一项完整的活动。例如，银行对柜台工作进行重新整合，由一名员工直接与顾客接触，从头到尾负责一项完整的交易。有证据表明，职务丰富化有助于减少旷工，降低离职流动成本。

2. 部门设计

随着组织规模的扩大和生产经营活动的复杂化，组织业务活动种类越来越多，所涉及的专业领域越来越广。因此，为了提高工作效率，管理者就必须在劳动分工的基础上，把各项活动进行归类，使性质相同或相似的工作合并到一起组成单位，这样便形成了一个个专业化的部门。部门划分是将工作按照一定的方法合并成一些组织单元，如任务组、部门、处室等，这就是部门化过程。在组织结构设计过程中，首先要根据组织目标体系明确为了实现组织目标必须开展哪些工作，并将这些工作按方便管理的原则进行部门化，然后配以专职的管理人员来协调领导，统一指挥。常见的部门划分方法有职能部门化、产品部门化、地区部门化、顾客部门化、工艺流程部门化和综合部门化等。

1) 按职能划分部门

按职能划分部门就是按照生产、财务管理、营销、人事、研发等基本活动相似或技能相似的要求，分类设立专门的管理部门，如图 6.3 所示。这种划分方法是传统的、最普遍的归类方法。

优点：有利于提高管理的专业化程度；各部门及管理人员只需熟悉相对较窄的一些业务技能，简化了训练工作，也较易监管指导(有利于提高管理人员的技术水平和管理水平)；强化了专业权力的集中，有利于组织上层加强对组织整体活动的控制。

缺点：①易导致所谓的“隧道视野”现象，即除了自身领域外，其他什么也看不见，部门可能出现本位主义；②部门间横向沟通协调产生一定困难；③可能使决策及执行变得更为缓慢，并且容易产生官僚主义；④不利于高级管理人员的全面培养和提高。

适应：品种单一、规模较小的企业。

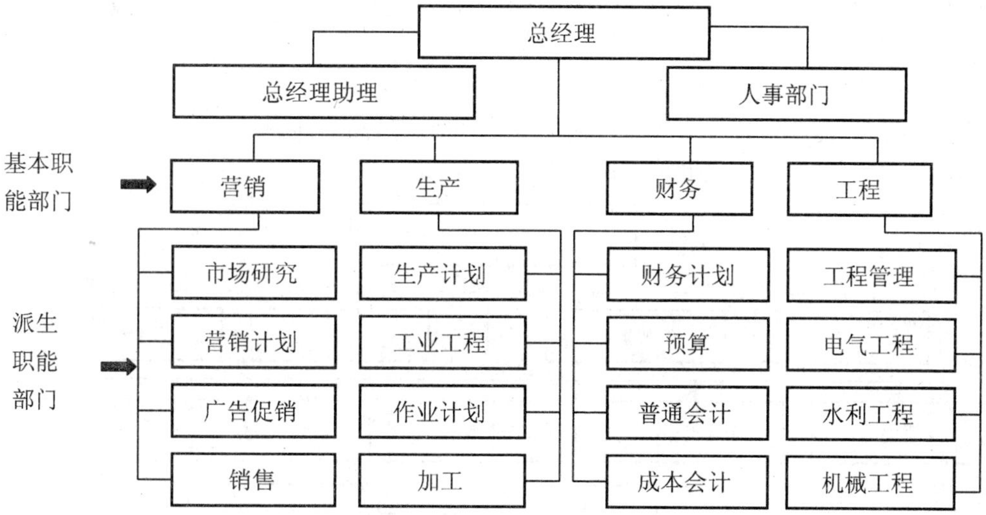

图 6.3　按职能划分部门图例

2) 按产品或服务划分部门

按照产品或服务的要求对企业活动进行分组，即产品或服务部门化，各产品部门负责人对某一产品或产品系列，在各方面都拥有一定的职权，如图 6.4 所示。

优点：各部门会专注于产品的经营，提高专业化经营的效率水平，这不仅有助于促进不同产品和服务项目间的合理竞争，而且有助于比较不同部门对企业的贡献，有助于决策部门加强对产品与服务的指导和调整。这种分工也为“多面手式”的管理人才提供了较好的成长条件。

缺点：需要更多的人具有全面的管理能力，各部门独立性强而整体性较差。机构重叠会导致管理费用的增加。

适应：有一定产品线和生产规模的企业。

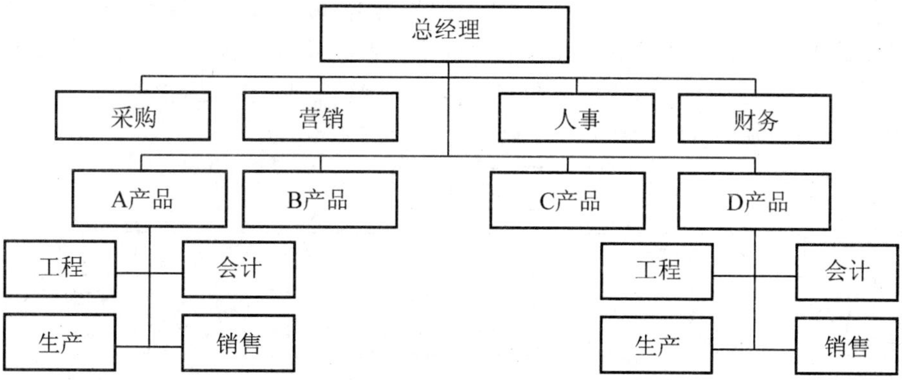

图 6.4　按产品或服务划分部门图例

3) 按地区划分部门

按地区划分部门就是按照地域的分散化程度划分企业的业务活动，继而设置管理部门，区域内的所有经营活动由一个管理者负责，如图 6.5 所示。

优点：利用当地资源与经济优势；注重当地的市场和消费；与当地利益相关者面对面沟通；环境适应能力强，能对本地区环境的变化做出迅速的反应；把不同地区的业务和职责划归不同部门全权负责，有利于各部门因地制宜制定政策，进行决策，提高管理的适应性和有效性，还有利于培养独当一面的管理人才。

缺点：需要更多具有全面管理能力的人，地区部门之间不易协调，控制起来相对较难，各地区也可能存在职能机构设置重叠而导致管理成本过高的问题。

适应：全国连锁大型企业或国际性的大组织。

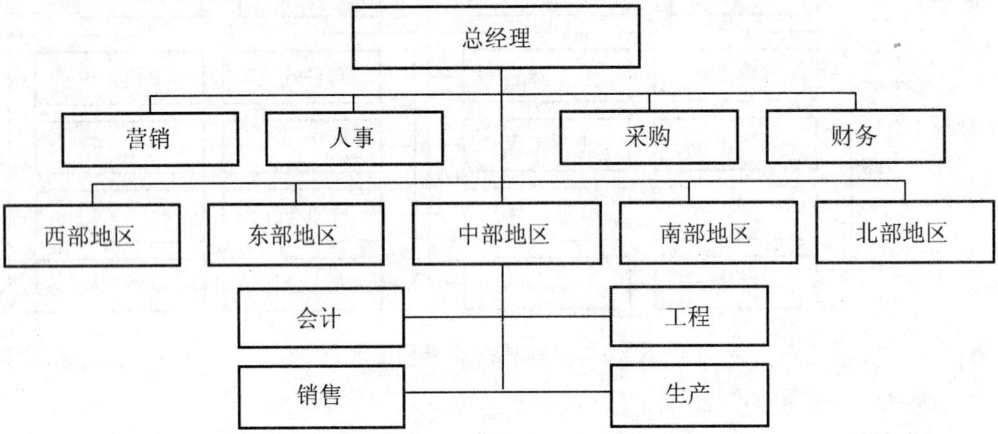

图 6.5　按地区划分部门图例

4) 按顾客划分部门

顾客部门化(customer departmentalization)，又称用户部门化，就是根据目标顾客的不同利益需求和顾客群设立相应的部门，如图 6.6 所示，如商场，老人用品部、儿童服装部等；学校，研究生部、本科生部、专科生部、函授生部等。

优点：可以满足目标顾客各种特殊而广泛的需求，更加有针对性地按需生产、按需促销；有效获得顾客的意见反馈，有利于企业改进工作；能使企业不断创造顾客需求，也易发挥在特定用户领域专职人员的专长。

缺点：只有当顾客达到一定的规模时才比较经济；顾客需求偏好的转移，可能使企业无法时刻都能明确顾客的需求并分类，有可能带来不同顾客的需求矛盾在总体协调上的困难，结果会造成产品或服务结构的不合理，影响对顾客需求的满足。

适应：有多种顾客群的企业。

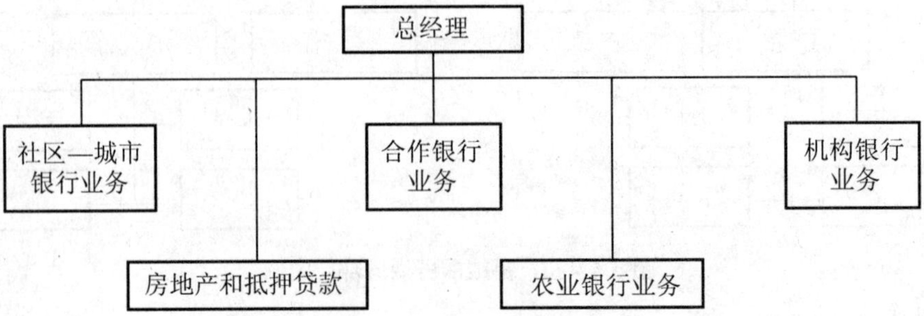

图 6.6　按顾客划分部门图例

5) 按工艺流程划分部门

按工艺流程划分部门就是按照工作或业务流程来设立相应的部门。如图 6.7 所示，在机械制造企业中，生产过程常被分为锻压、机械加工和装配等阶段，进而按阶段来设立车间和部门。

优点：这样划分部门，可以采用高效先进的设备，提高设备利用率；运用专门技术、专门技能有利于加强专业流程管理，提高技术水平，实现经济优势。

缺点：部门协调困难；只有高层管理者对利润负责；不适宜产生总经理人选；同时如果一个部门发生问题，将直接影响到整个组织目标的完成，这就要求各个部门的工作要同步进行，并要有良好的监督、沟通、反馈、控制、协调系统，以便在需要时及时作出调整。

适应：流程间有密切联系的企业。

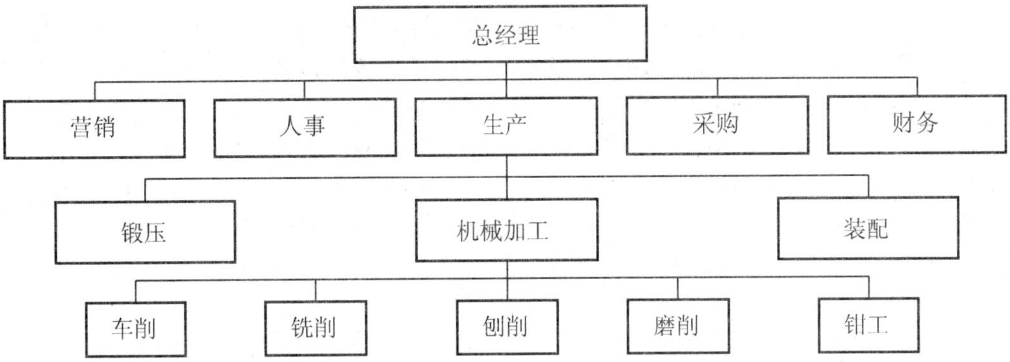

图 6.7　按工艺流程划分部门图例

6) 综合标准划分部门

在实践中，采取一种纯粹的部门化形式的组织是罕见的，绝大部分企业的组织结构都往往采用几种划分方法结合在一起的部门化形式。例如，在职能部门化的基础上同时采用其他部门化形式。混合部门化组织图如图 6.8 所示。另外，目前顾客部门化愈来愈得到普遍认识，同时跨越传统部门界限的团队的采用，如矩阵结构、团队组织、工作小组等正使得原来僵硬的部门划分得到补充。

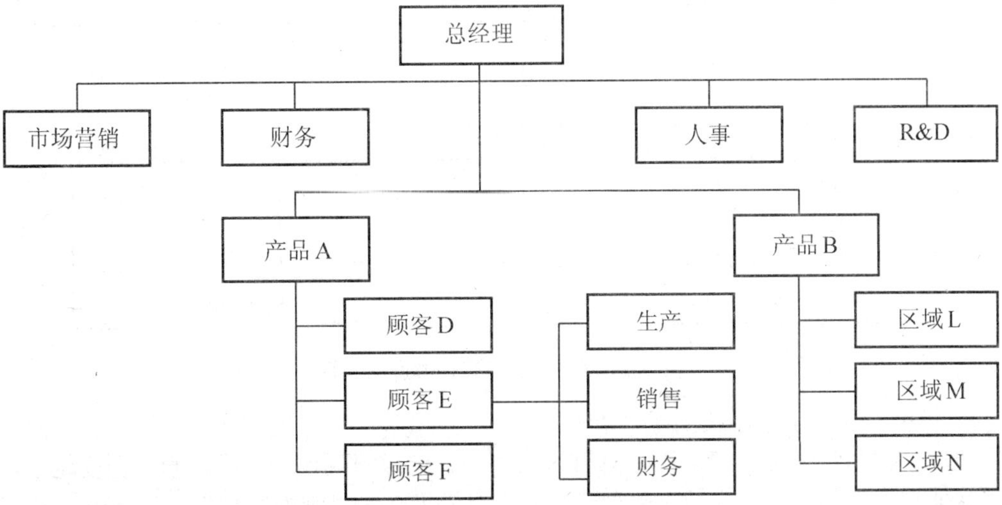

图 6.8　混合部门化组织结构图例

3. 确定管理幅度与管理层次

1) 管理幅度与管理层次

组织结构设计时，在岗位设计及部门划分的基础上，要根据每项工作的性质和内容确定管理层次。而有效的管理幅度在很大程度上决定了组织中管理层次的数目及管理人员的数量。管理幅度(span of control)是指一个管理人员能够直接有效地指挥、监督下属的人数。管理幅度的大小因管理者的能力、风格及被管理者的水平、技能而异，也因业务性质而异。单一、重复的工作，管理幅度较大；挑战性、创造性的工作，管理幅度较小。管理幅度大则 10～25 人，小则 3～6 人。高层的管理幅度为 3～6 人，中层为 5～9 人，低层为 7～15 人。管理层次(Management level)指组织中按照统一指挥原则划分的不同的管理等级，它表明的是组织最高领导者到基层工作人员之间的隶属关系的层数。

研究表明，在一个部门的人员数量一定的情况下(规模一定)，管理层次和管理幅度成反比。管理幅度越大，管理层次越少；管理幅度越小，管理层次越多。由此可见，管理幅度的大小在很大程度上制约了管理层次的多少。如果管理幅度太小，管理层次太多，管理成本就很大。假设有两个组织，它们的业务人员均为 4 096 人，如图 6.9 所示。一个幅度为 4，另一个为 8。幅度大的组织就可减少两个管理层，精简 780 个管理人员。但随着管理幅度的增大，相互联系的总量急剧增加，组织内部的关系变得错综复杂。因而，管理工作也变得更加复杂。所以，需要科学地确定管理幅度问题。

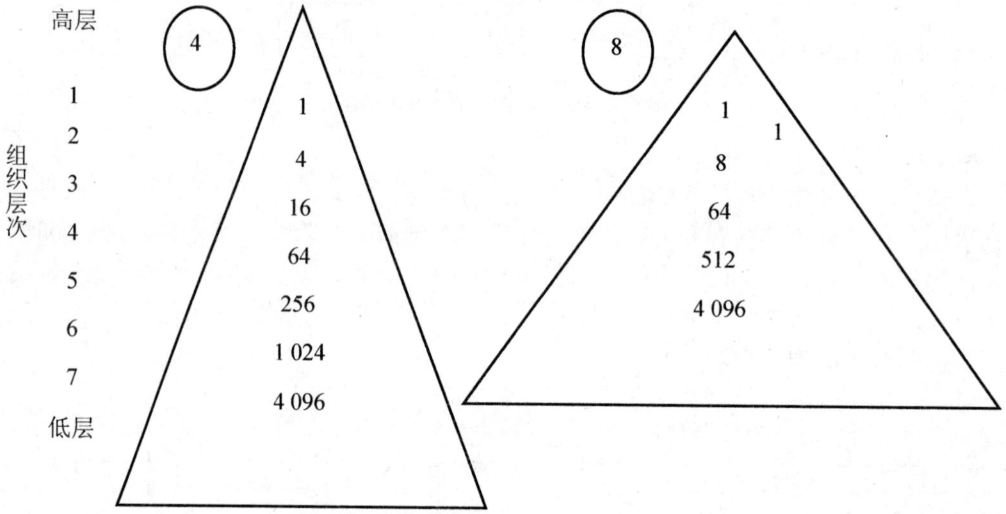

管理幅度：	4		8
管理层次：	7		5
作业人员：	4 096		4 096
管理人员：	1 365	—	585＝780

图 6.9 管理层次与管理幅度的关系

2) 锥型结构和扁平结构的优缺点

管理层次和管理幅度直接影响着组织的结构。当组织规模一定时，管理幅度越小，管理层次就越多，其管理组织结构的型式呈高金字塔型，是“锥型结构”(tall organization)。相反，管理幅度越大，层次越少，其管理组织结构的型式呈“扁平结构”(flat organization)。

不同形态的组织结构具有不同的功能特点。

锥型结构具有管理严密、分工和权责关系明确、有利于控制、为下级提供晋升机会多和增强管理者权威的特点。但层次增多，带来的问题也越多。这是因为层次越多，需要从事管理的人员增加，管理成本高。管理层次增多之后，在管理层次上所花费的设备和开支、所浪费的精力和时间也然增加。管理层次的增加，影响信息的传递，会使上下的意见沟通和交流受阻，最高层主管员所要求实现的目标，所制定的政策和计划，不是下层不完全了解，就是层传达到基层之后变了样。同时，由于管理严密，会影响下级人的主动性和创造性。早期的管理组织结构中，通常管理幅度较窄而管理层次较多。

扁平结构有利于缩短上下级距离，密切上下级关系，有利于信息传输，管理费用低，而且由于管理幅度较大，被管理者有较大的自主性、积极性、满足感，同时也有利于更好地选择和培训下层人员；但由于管理幅度大，对管理者素质要求高，不能严密监督下级，上下级协调较差，管理宽度的加大，也加重了同级间相互沟通、联络的困难。随着管理组织的不断革新和发展，采用管理幅度较大、管理层次较少的结构(扁平结构)的企业越来越多。

3) 影响管理幅度的因素

一般而言，管理幅度越大，组织越有效率。因此，为了有效达到组织目标，应尽可能地减少管理层次。但当幅度变得过大时，下属员工的绩效会因为管理者没有足够的时间提供必要的指导和支持而受到影响。因此，寻求适合于任何组织的管理幅度是不现实的。组织确定管理幅度时应当考虑的因素很多：

(1) 主管人员及其下属的素质和能力。如果组织的领导者具有较强的领导能力，能够受到组织成员的尊重和拥护，善于处理各类问题，从而减少上下级关系的频繁接触和接触时间，那么管理跨度可以加大。如果被管理者训练有素，有较强的独立工作能力和丰富的工作经验，那么就可以减轻管理者的负担，管理跨度也可适当加大。

(2) 工作的内容和性质。如果工作性质复杂，需要管理者与下属经常保持直接的联系，管理幅度就应当小一些；完成简单的工作，管理幅度可以设置大一些。

(3) 计划的完善程度。如果计划制订得比较好，对工作的分派、步骤及其衔接中可能出现的问题事先都能有所考虑，那么计划的执行就会比较顺利，协调和控制的工作量就可能减少，管理跨度可以大一些。

(4) 授权。适当和充分的授权可以减少主管人员与下属之间接触的次数和密度，节约主管的时间和精力，幅度可大一些。

(5) 控制手段的高低。如果配备了助手可为主管人员节省时间，帮其联络，可以为他腾出时间去处理重大问题，幅度可以大一些；信息反馈快，上下级意见能及时交流，左右关系能及时协调配合，幅度可以大一些。

(6) 工作环境的稳定性。稳定的环境一般而言其政策都保持较强的稳定性，本身很少变革，这样的组织管理幅度可以大一些；环境变化快，组织遇到的问题就多，变革的速度也快，主管对下属的指导时间和精力耗费也就越多，幅度小一些。

6.2.4 影响组织结构设计的因素

面对竞争日趋激烈的外部环境和不确定的市场需求，管理者由于自身能力和精力的限制，根本无法直接安排组织内部所有的活动。所以，管理者需要以系统、权变的观点重新设计组织结构。应当将组织设计成一个开放系统，使它能够不断地与外部环境进行各种资源的交换，不断地进行组织内部各种关系的调整，进而保证组织的稳定性、灵活性和适应性。

1. 外部环境因素

政治、经济、社会、文化、技术等方面会对组织目标产生间接影响，而客户、供应商、竞争对手、政府等环境条件会对组织目标产生直接影响，这些条件导致了环境的不确定性。由于决策者缺乏全面的环境信息，无法准确预测未来的环境变化，不确定性的环境直接威胁着组织的绩效，管理者试图降低这种不确定性，而组织结构的调整就是降低环境不确定性的一种措施。组织设计者可以对传统职位和职能部门进行相应调整；根据外部环境的不确定程度、组织的差别性、整合性程度设计不同类型的组织结构；通过加强计划和对环境的预测降低不确定性；通过组织间合作尽量减小组织自身要素资源对环境的过度依赖性等方法来提高组织对环境的应变性。

2. 组织战略因素

组织结构是实现组织目标的手段，而组织目标产生于组织战略，所以组织结构与组织战略紧密相连：战略决定和影响组织活动的总目标以及实现这一总目标的方法，而组织结构应当有助于组织目标的实现。在组织结构与战略的关系上，一方面，战略的制定必须考虑组织结构的实现；另一方面，一旦战略形成，组织结构应作出相应的调整。适应战略要求的组织结构，能够为战略的实施、组织目标的实现提供必要的前提。钱德勒(Chandler)最早对战略—结构关系进行了研究，认为战略在两个层次上影响组织设计：①不同的战略有不同的业务活动，从而影响管理职务设计；②战略重点的改变，会引起组织工作重点的改变，从而引起各部门与职务在组织中重要程度的改变，要求管理职务与部门间的关系作相应的调整。

美国管理学家雷蒙德·迈尔斯(Raymond E.Miles)和查尔斯·斯诺(Charles C.Snow)在其1978年出版的《组织战略、结构和程序》一书中提出了关于战略影响组织结构的观点，见表6-1。

表6-1 战略影响组织结构的观点

战　略	目　标	环　境	组织结构特征
防御者战略	追求稳定和效益	相对稳定的环境	严格控制，专业化分工程度高，规范化程度高，规章制度多，集权程度高
探索者战略	追求快速，灵活反应	动荡而复杂的环境	松散型结构，劳动分工程度低，规范程度低规章制度少，分权化
分析者战略	追求稳定效益和灵活相结合	变化的环境	适度集权控制，对现有的活动实行严格控制，但对一部分部门采用让其分权或相对自主独立的方式，组织结构采用一部分有机式，一部分机械式

3. 技术因素

任何组织都需要运用某种技术将原材料等资源投入转换为产出，所以技术的变化往往要求组织结构做出相应的改变和调整。英国学者伍德沃德等人以英国南部的一些小型制造企业为对象，根据制造业技术的复杂程度把技术划分为 3 类：单件小批量生产技术(unit production)、大批量生产技术(mass production)和流程生产技术(process production)。他们调研发现，技术类型与公司的结构之间存在着密切的联系，有高度的相关性；此外，技术还与组织的绩效有一定的关系。见表 6-2，随着技术复杂程度的加大，组织结构的复杂程度也在相应提高，管理层级、管理人员与一般人员的比例及高层管理人员的管理幅度也在增大。虽然大批量生产组织通过严格的规范化管理，能够有效地提高管理的效率，但对于小批量生产企业或流程生产企业来说，权力过分集中和规范化却不是很合适的。

表 6-2　技术、结构与组织绩效关系

	单件小批量生产	大批量生产	流程生产
结构特征	低度纵向化 低度横向化 低度正规化	中度纵向化 高度横向化 高度正规化	高度纵向化 低度横向化 低度正规化
有效结构	有机式	机械式	有机式

近年来，随着信息技术的发展，制造业技术也有了质的变化，包括计算机辅助制造(CAM)、计算机辅助设计(CAD)、管理自动化、计算机数控(CNC)等技术的运用，使得生产部门能够以较低的成本、在较短的时间内大量生产高质量的各种定制产品，而这些技术使组织也具备了专业化程度较低、管理幅度小、层级少、高度分权的结构特点。佩罗认为，组织的协调和控制方法应该视组织的部门技术不同而有所差异。组织部门的技术越是常规化，组织规范化、集权化程度就越高，采用机械式组织结构的效率也就越高；组织内部门技术越是非常规化，组织规范化、集权化程度就越低，采用柔性的有机式组织结构的效率也就越高。总之，技术对组织结构的影响是突出的。如当今企业组织结构所发生的巨大变化，最主要的原因是信息技术的普及和在企业生产经营中的采用。

4. 组织规模与生命周期

这里的组织规模指的是组织的人数，它会影响其结构，组织的规模越大，组织结构就会趋于复杂和规范化。随着规模的扩大，在管理者的管理幅度的约束下不可避免地需要分层，因此会形成多层次的组织结构；同时，组织的关系更加复杂，协作也更加困难，因此，需要对员工进行部门划分，形成多部门结构。企业发展的实践也证明大型组织往往比小型组织更专业化、部门化、规范化和集权化，也往往具有更高的复杂程度。

组织的生命周期各个阶段，组织结构也可能是不相同的。罗伯特·E. 奎因(Robart E. Quinn)和金·卡梅隆(Kim Cameron)把组织的生命周期划为创业、集合、规范化和精细 4 个阶段。他们认为，企业的成长是一个非正式到正式、低级到高级、简单到复杂、幼稚到成熟的阶段性发展过程。而每个阶段都由两个时期组成：一个是组织的稳态发展时期，组织在这个时期的结构与活动都比较稳定；另一个是组织的变革时期，即当组织进一步发展直到从内部产生一些新的矛盾和问题，使组织结构与活动不相适应，此时就必须通过变革使组织结构适应内外环境的变化，使组织保持适应性，组织的发展就是在如此循环往复中进行的。

5. 组织文化

组织文化(organizational culture)对于组织的成功或失败有很重要的影响。组织文化是组织在长期的发展中所形成的日趋稳定的、独特的价值观及以此为核心而形成的行为规范、道德准则、群体意识和风俗习惯等的总称。一个成功组织的背后都拥有一个非常丰富的、持续多年的价值、信念和教义的传统，这些称为组织文化的东西对组织如何执行战略思想产生着重大影响。根据外在环境的变化来适时地变革组织文化常被视为组织成功的基础，因此，组织文化要适应组织结构、战略发展的需要，保证组织文化与战略、环境、组织结构的一致性。

6.3 常见组织结构形式

6.3.1 常见的组织结构形式

组织结构是组织的骨架，包括纵向结构和横向结构。纵向结构是组织上下垂直机构或人员之间的联系，这是一种领导隶属关系；横向结构是平行机构或人员之间的联系，是一种分工与协作关系。企业组织的类型是多种多样的，传统的有直线制、职能制、直线职能制、事业部制、模拟分权制矩阵制、多维立体制、委员会。

1. 直线制

直线制结构(tall structure)也叫单线制或军队制结构(如图 10-10 所示)，是最早也是最为简单的一种组织结构形式。其特点是组织中只有一套纵向的行政指挥系统，从上到下执行单一的命令，形成一个单线系统，没有职能机构，各级生产行政领导直接对下级统一指挥，低度复杂化、低度正规化、高度集权。

优点：结构简单，管理成本较低；权力集中，指挥统一；任务明确，范围清晰；信息沟通快捷，决策迅速，容易把握机会；有利于强化各级主管人员的责任心。

缺点：没有专业管理分工，没有职能机构当领导的助手，主管人员必须掌握全面知识，独立处理全部业务；陷入日常事务中，不利于集中精力研究与思考重大问题；组织结构呆板，缺乏弹性，在不同车间之间难以协调；不利于专业化管理水平的提高，也不利于促进整个组织管理水平的全面提高。

适应对象：一般地，这种组织结构形式只适用于规模较小、任务比较单一、人员较少的小型组织，或者是现场的作业管理。

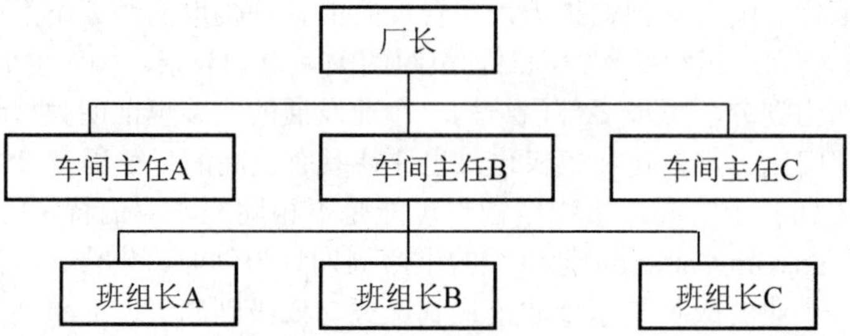

图 6.10 直线制结构图

2. 职能制

职能制结构(functional structure)也叫多线制结构(如图 6.11 所示)。其特点是职能型结构是在各级直线指挥人员或行政领导人员之下，按专业分工设置相应的职能机构，这些职能机构受上一级直线指挥人员的领导，并在各自的业务范围内有权向下级直线指挥人员下达命令。因此，下一级直线指挥人员或行政领导人员，除了要服从上级直线指挥人员的指挥外，还要服从上级职能机构的指挥。

优点：专业化程度和水平大大提高，能适应现代组织技术比较复杂和专业分工较细的特点；发挥专家的作用；减轻了直线领导人的工作负担，集中精力思考重大问题，提高管理成效；使各管理者的选用和培养变得容易。

缺点：多头领导，破坏了组织统一指挥的原则，每一级直线指挥人员或行政领导人员都需服从多头领导，容易造成管理上的混乱；易产生争权卸责现象；不利于培养全面的管理人才；横向联系差，协调困难，也增加了管理费用；决策缓慢，不够灵活，对环境变化的适应性较差。

适应对象：适用于任务复杂的社会管理组织和生产技术复杂、各项管理需要具有专门知识的企业管理组织。

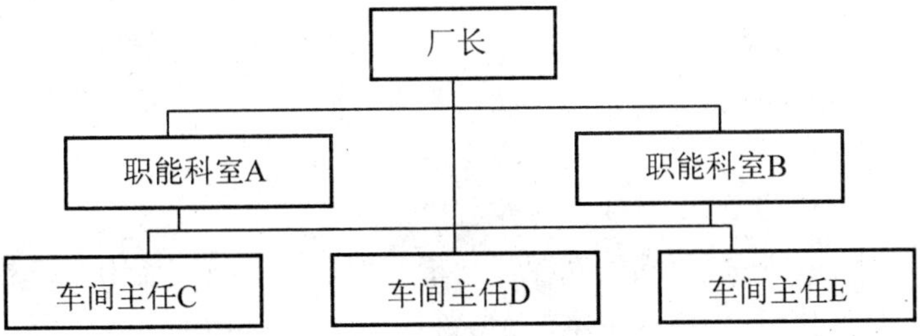

图 6.11 职能制结构图

3. 直线职能制

直线职能制结构综合考虑了直线型结构和职能型结构的优缺点而设计的一种组织结构(如图 6.12 所示)。这种组织形式的特点是组织建立两套管理系统：一套是实现直线式领导的管理系统；另一套是协助经理指导和监督的职能管理系统。以直线领导为主，命令、指挥集中在直线领导，在各级直线领导人之下，按专业分工相应的职能部门或职能人员，但这些职能部门或职能人员是该级直线领导人的参谋和助手，协助领导人工作，他们不能直接向下级部门下达命令，而只能进行业务指导。

优点：综合了直线制和职能制的优点。既保留了直线制集中统一指挥的优点，又吸收了职能制发挥专业管理的长处，组织形式较为稳定。

缺点：过于强调集权、统一，不利于提高灵活性；各职能部门间缺乏有效的沟通，横向联系差；直线部门和职能部门之间目标不统一，易产生矛盾；管理人员多，管理费用高。

适应对象：适合于复杂但相对来说比较稳定的企业组织，尤其是规模较大的企业组织。但对于规模很大、决策时需要考虑较多因素的组织，则不太适用。

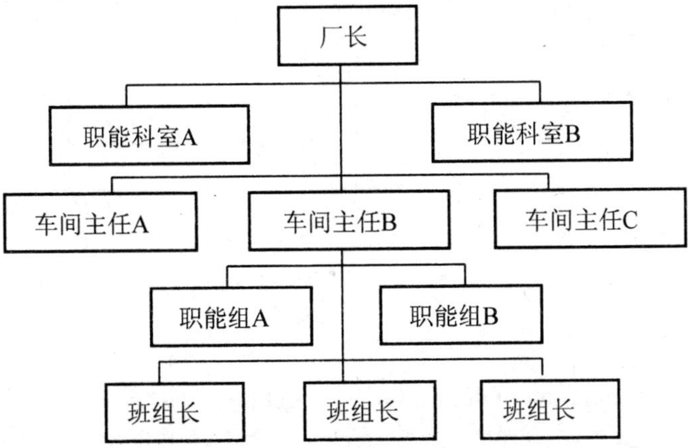

图 6.12 直线职能制结构图

4. 事业部制

事业部结构(divisional structure)是对内部具有独立的产品和市场、独立的责任和利益的部门实行分权管理的一种组织形式，如图 6.13 所示。其特点是集中决策，分散经营，事业部是在总公司统一领导下，按照产品、地区或顾客分别设立若干事业部，每个事业部都是独立核算单位，这种事业部是一个分权单位，具有足够的权力，能自主经营。组织的最高层保持 3 个方面的决策权：战略发展的决策权、资金分配的决策权和人事安排权。

优点：提高了管理的灵活性和适应性；有利于最高管理层摆脱日常事务，专心致力于公司的战略决策；有效地整合资源，便于组织专业化生产；各事业部都是利润中心，能充分调动各事业部的积极性和主动性；发挥经营者的灵活性与主动性，能提高对市场的敏感适应性；有利于调动经营者的积极性，培养通才管理者。

缺点：整体性不强，各事业部独立经营，事业部之间人员交流困难，相互支援较差；各事业部经常从本部门出发，易滋生本位主义和分散主义；增加了管理层次，机构重复，造成管理人员浪费，使管理人员和管理费用大大增加；对事业部一级的管理人员的业务和管理水平要求较高，必须熟悉全面的业务和管理知识才能胜任工作。

适应对象：大型企业、跨国公司、多元化经营企业。

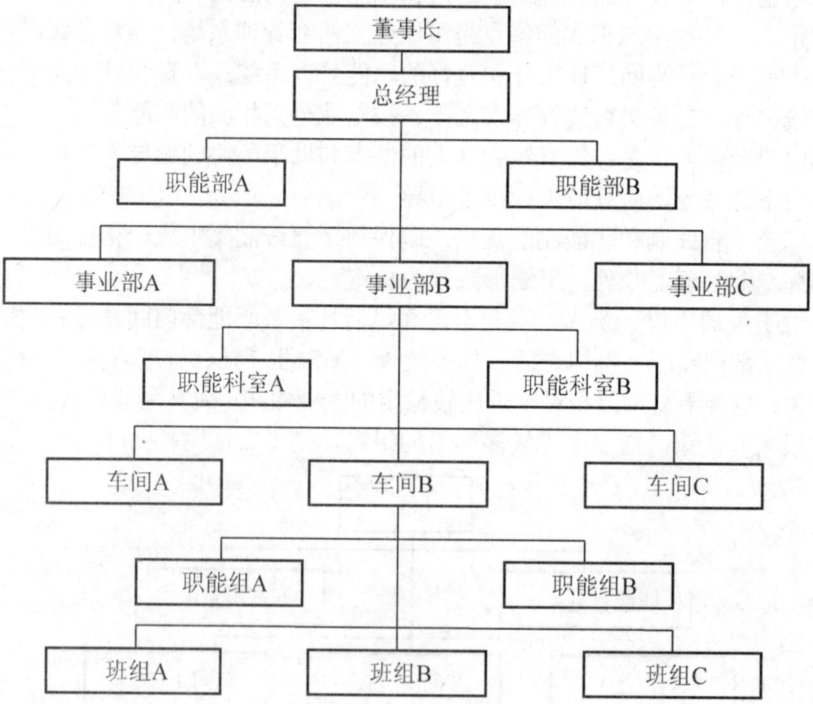

图 6.13 事业部制组织结构图

5. 模拟分权制

模拟分权制结构(simulation of decentralized structure)又称“模拟分散管理组织结构”(如图 6.14 所示)，是为了改善经营管理，人为地把企业划分成若干单位，实行模拟独立经营、单独核算的一种管理组织模式。它不是真正的分权管理，而是介于直线职能制与事业部制之间的一种管理组织模式。模拟分权制的特点是模拟事业部相对独立经营、独立核算的功能，达到改善经营管理的目的。模拟分权制按生产区域、生产阶段把企业分成若干个“组织单元”，这些“组织单元”拥有较大的自主权，有自己的管理机构，各个“组织单元”之间按内部的“转移价格”进行产品交换及利润计算，进行模拟的独立核算。

优点：解决了企业规模过大而不易管理的问题；调动了各生产单位的积极性；高层管理人员将部分权力分给生产单位，减少了自己的行政事务，从而把精力集中到战略问题上来。

缺点：无法使组织中的每一个成员明确自身的任务，造成考核上的困难；各生产单位领导人不易了解企业的全貌，在信息沟通和决定权利分配方面也存在着明显的缺陷。

适应对象：随着组织规模的不断扩张，直线职能制难以适应，虽然事业部制有较大适应性，但是许多大企业，如连续生产的企业，由于产品品种或生产过程有限，无法分解成为几个独立的事业部门，在这种情况下，就出现了模拟分权制。模拟分权制主要适用于大型的化工、原材料生产等工业企业，也适合银行、医药、保险等服务行业。

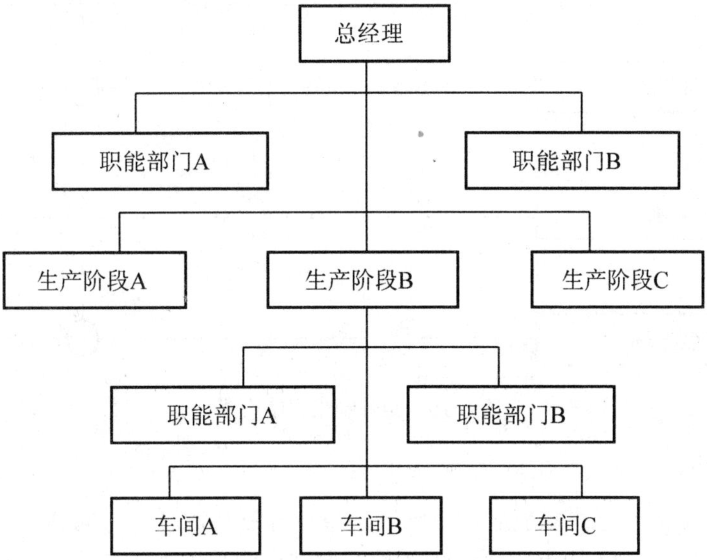

图 6.14　模拟分权制组织结构图

6. 矩阵制

矩阵制结构(matrix structure)从项目小组形式发展而来，在该结构中，既有按管理职能设置的纵向组织系统，又有按产品、项目、任务等划分的横向组织系统，如图 6.15 所示。一名管理人员既同原职能部门保持组织业务上的联系，又参加项目小组的工作。这种形式突破了管理人员只接受纵向领导的传统，把管理中的纵向联系和横向联系结合了起来，其特点是①该规划项目的成员一般要接受双重领导：工作业务方面，接受原单位或部门的垂直领导；执行任务方面，接受规划项目负责人的领导。②职能部门是固定的组织，项目小组是临时组织，是变化的，项目任务完成之后就解散了，其成员回原职能部门工作。若有新项目则重新组合。

优点：加强了各职能部门的横向联系，克服了职能部门相互脱节、各自为政的现象；

有利于各部门人员的信息交流，提高了管理水平；各行各部门人员互相启发，集思广益，提高了完成任务的专业化程度和速度；专业人员和专用设备能够得到充分利用，克服近亲繁殖；具有较大的机动性，有助于激发各成员的积极性和创造性，任务完成即解散，各回原来的部门。

缺点：双重领导可能使下属难以适应，容易产生责权不清、管理混乱的现象；项目组的每一个成员都需接受项目组负责人和原部门的双重领导，容易产生权力争斗的倾向，两个系统为领导权、资源分配和控制而产生争斗；项目组是临时性的组织，其临时性和变动性容易使人员产生短期行为，责任心下降。

适应对象：适用于复杂多变的企业，重大工程与项目、单项重大事务的临时性组织等。

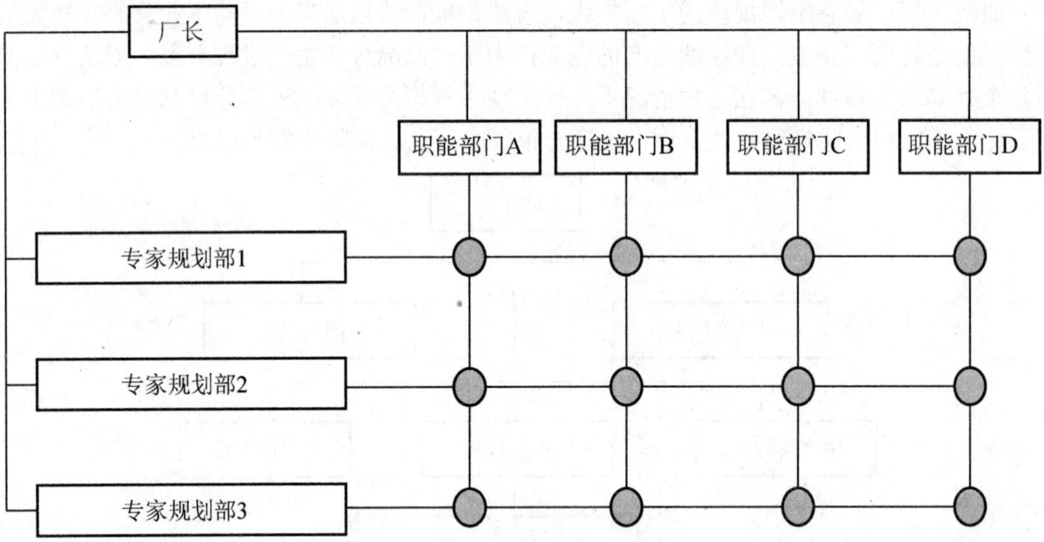

图 6.15　矩阵制组织结构图

7. 多维立体制

多维立体制结构是直线职能制、矩阵制、事业部制和地区、时间结合一体的复合机构形态，如图 6.16 所示。其特点是在上述各种形态结合的基础上，与地区、时间等各方面取得协调，适用于跨国的巨型企业。这种组织结构包括 3 类管理机构：按产品划分的事业部，是产品利润中心；按职能划分的专业参谋机构，是专业成本中心；按地区划分的管理机构，是地区利润中心。多维立体制能把产品事业部、地区和公司专业参谋部门三者的管理较好地统一和协调起来。

优点：事业部、矩阵制的优点。互通情报，集思广益，统筹全局，共同决策。强调 3 方面机构的协调一致、紧密配合，每一系统都不能单独作出决策，而必须由三方代表通过共同协调才能行动。

缺点：由于结构复杂，相互协调困难，决策过程周期长，费用高，管理成本高。

适应对象：多种产品开发，用于规模较大的跨国经营、跨地区经营的企业或公司。

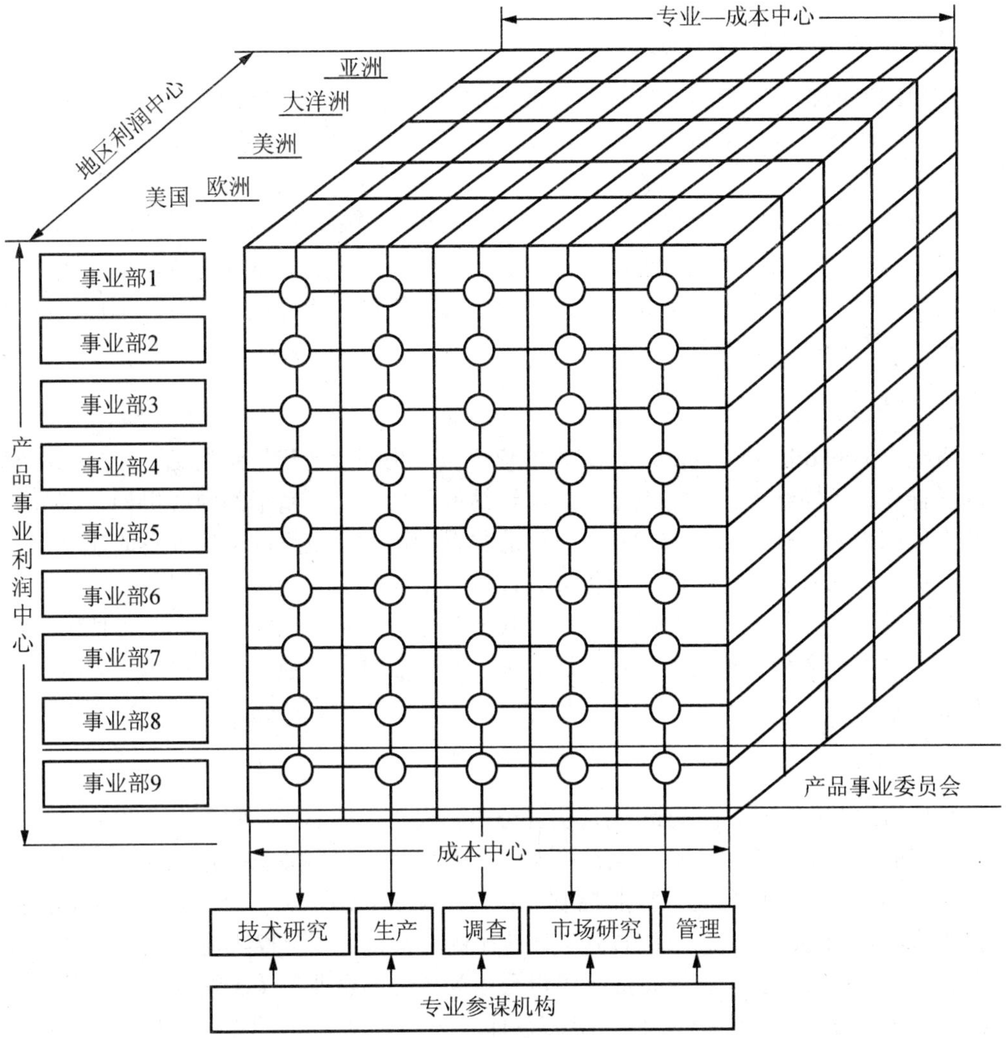

图 6.16 多为立体制组织结构图

8. 委员会

委员会(committee system)也是一种常见的组织形式，委员会是一种为执行某方面职能而设置的管理者群体组织形式。它实行集体决策、集体领导的体制。它有决策型的，如董事会，也有执行型的，如为解决某一专项问题而成立的委员会。组织委员会，既可以是临时的，又可以是常设的，其职权属性既可以是直线性质的，又可以是参谋性质的。其特点是委员会通常由各部门、各层次代表组成；委员们在委员会中权力地位是平等的，最后以少数服从多数原则解决问题并采取集体行动。

优点：集思广益，集体决策，避免个人专断、滥用权力，更加科学可靠；鼓励参与，便于协调，民主气氛较浓，有利于调动大家的积极性；可代表各方利益，协调各种职能；如果是临时性的委员会，可不设专职人员，富有弹性。

缺点；决策速度比较缓慢，尤其在委员素质不太高、缺乏全局观念的单位往往会陷入议而不决、决而不行的状态；集体决策，责任不清。

适应对象：一些经常性的专项管理职能或临时性的突击工作宜组建委员会进行管理。

6.3.2 新型组织结构形式

随着组织所面临的环境日益动态和复杂化，出现了一系列具有创新性质的组织结构形式，包括网络组织、控股型组织、团队组织、学习型组织等。这些新型组织结构形式的一个共同特点是简化结构，把企业的非核心管理职能逐步分离出去，集中力量增强核心能力和建立在核心能力之上的竞争优势。通过企业的组织重构简化内部组织结构，尤其是正式组织结构，弱化等级制度，促进组织内部信息的交流、知识的分享和每位成员参与决策过程等。组织结构简化后，企业提高了组织协调能力，降低了管理成本，对外部环境的变化更加敏感，从而增强了竞争力。

1. 网络组织

网络组织(network organization)，又称虚拟组织，是利用现代信息技术手段建立和发展起来的一种新型组织结构。其特点是这种组织结构形式只有很精干的中心机构、有限的雇员，并由他们来制定政策和协调与各承包商的关系。该类型组织以契约关系的建立和维持为基础，依靠外部机构进行生产、销售、会计等重要业务经营活动，只保留了组织本身最专业、最擅长或最具竞争优势的部分，而将其他部分分散到全球各地，如此可使组织在全球的基础上寻求机会与资源，可减轻管理成本，应变能力也很强。但该组织对各承包商的控制有限。

2. 控股型组织

控股型组织(holding organization)是实行公司分权的一种形式，它是在非相关领域开展多元化经营的企业所常用的一种组织结构形式。大公司对非相关或弱相关的经营业务不进行直接的管理和控制，而代之以持股控制。这样，大公司就成为一个持股公司(母公司)，受其持股的单位(子公司或关联公司)不但对具体业务有自主经营权，而且是独立的法人。子公司、关联公司和母公司一道构成了以母公司为核心的企业集团。这样，母公司与子公司在法律上各为独立法人，相对降低了经营风险，子公司有较强的责任感和经营积极性。但是，母公司对子公司的影响较间接、缓慢，同时缺乏必要的战略联系和协调。

3. 团队组织

团队组织(team organization)，整个组织是由执行组织的各项任务的工作小组或团队组成。这对员工的授权非常关键。在这种组织中，不存在从最高层到最低层的职权链，而是将决策权下放到工作团队层次，通过对员工进行授权，使员工团队可以自由地以他们认为最好的方式来安排工作，而且团队对其所负责领域的所有工作及结果负责。这种组织已不存在从高层至基层间的管理职权链，员工团队可以自由地对他们认为好的方式来安排工作，团队也对其所负责领域的所有工作活动及结果负责。通常在大型组织中，团队结构是与通常的职能结构或事业部结构的结合，这促使组织在获得行政式机构的效率性的同时，还拥有团队结构的灵活性。

4. 无边界组织

无边界组织(boundaryless organization)是在信息通信技术，特别是计算机网络的支持下，通过以下一系列的调整建立的新的组织结构。无边界组织成为当今组织发展的新趋势，它打破了传统组织的边界限制来实现与外部环境的互动。通过取消组织垂直界限而使组织扁平化；通过设立多功能团队围绕工作流程运作消除了因职能部门存在而形成的组织水平界限；打破组织与客户之间的外在界限及地理障碍，实行全球化的经营战略以及公司间的战略联盟，建立客户与组织间的固定联系；通过远程办公，模糊组织界限。无边界组织并不表明企业不需要边界，而是表明企业不需要僵硬的边界，使企业具有可渗透性和灵活性的边界，以柔性组织结构模式替代刚性模式，以可持续变化的结构代替原先那种相对固定的组织结构。

5. 学习型组织

学习型组织(learning organization)，是指由于所有组织成员都积极参与到与工作有关问题的识别与解决中，从而使组织形成了持续学习和适应变革能力的这样一种组织。学习是学习型组织理论的关键词，它与传统的学习含义不同：它不仅指知识、信息的获取，更重要的是指提高自身能力以对变化的环境做出有效的应变。在这种组织中，组织成员通过不断获取和共享新知识，参加到组织的知识管理中来，并有意愿将其知识用于制定决策或做好他们的工作。管理者的主要责任就是营造学习环境，以提高整个组织的学习能力，包括从组织的最高层到最低层的所有领域。为此，管理者应不断改进自己的管理方式，将自己的角色由上司转变为团队的领导者，学会倾听、激励、指导和培养员工，而不仅仅是告诉员工做什么和怎么做。

6.4 人员配备

组织结构设计为组织的系统运行提供了可供依托的框架，但框架要能发挥作用，还需由人来操作。因此，在设计了合理的组织结构的基础上，还需为这些结构的不同岗位选配合适的人员从事组织各个职位的工作，以完成组织目标。

管理故事

1+1=0≠2

某个企业集团之下有一个装配厂，是由3位能力、智慧都很强的企业家合资创办的。这3个人分别担任这个厂的厂长、经理和常务董事的职位。人们心想，有一个智能如此高的领导集团，这个厂一定会欣欣向荣地发展起来。然而事实却出人意料，这家工厂并不景气，反而亏损严重，叫人无法理解。

企业集团总部知道这家工厂严重亏损的情况后，总部领导马上召开紧急会议，检讨并研究对策。最后作出决定：敦请这家工厂的经理在这工厂退股，到别的公司去投资，撤销了他的经理职务。

有人推测，这家严重亏损的工厂，再经过经理的打击，很可能会垮台。可是，事实却再一次出乎人们的意料：工厂在留下来的厂长和常务董事两人的齐心协力下，竟然发挥了最大的能力，在短短的几个月时间里，使生产和销售总额都达到了原来的两倍，不但弥补了几年来的亏损，而且还连年创造出相当高额的利润，而那位经理被派到别家企业担任厂长后，也同样充分发挥了他的长处，表现出了经营管理方面的才能，创造出了很好的业绩。这些情况传到总部后，领导们觉得这个很有趣的例子很值得研究。3个人都属于第一流的经营管理人才，为什么搭配在一起，就会惨遭失败，而把其中一个人调开，分成两部分后，又能获得成功呢？其奥妙在何处？

这关键在于人事协调。一个企业内部，无论哪个部门，都可能出现这种人事安排不当、多头马乱拉车，使员工们无所适从的情况，员工们的情绪就会低落，无法发挥自己的效率。如果人事安排很得当，管理者之间很团结，能够取长补短，员工就能够以愉快的心情工作，就能创造出惊人的成绩来。所以，在用人的问题上，不可不慎。一个企业应该尽量把各层次的管理安排得更协调、更得当些，使大家能够步调一致、聚精会神地工作。

这正如冲击世界杯的荷兰队，尽管他们拥有像戴维斯等世界级大牌球星，但却无缘世界杯决赛圈，关键在于团队协作太差，那些大明星只注重个人的发挥、表演而忽视团队的协作，这归根结底也是协调的问题，所以协调在管理中的作用是不可小视的。

(资料来源：http://151.fosu.edu.cn/manangement/gl-al/glal-19.htm)

6.4.1 人员配备及其原则

1. 人员配备的含义

人员配备是根据组织结构规定的职位数量与要求，对所需人员进行恰当有效的选择、使用、考评和培养，以合适的人员去充实组织中的各个岗位，保证组织活动正常进行并实现组织的既定目标的活动。人员配备是为每个岗位配备适当的人员，同时也是为每个人安排适当的工作。因此，人员配备的任务首先应考虑组织的需要，使得事事有人做；其次要考虑人的爱好、特长、能力等需要，使得人人有事做。

2. 人员配备的工作内容和程序

1) 确定人员需要量

人员配备是在组织结构设计的基础上进行的，人员需要量主要以设计出的职务数量和类型为依据。职务类型指出了需要什么样的人，职务数量则告诉我们每种类型的职务需要多少人。如果是为一个新建的组织选配人员，那么只需根据人员需要量的具体情况直接在社会上公开选聘即可。然而，我们遇到的往往是现有组织的机构与人员配备重新调整的问题，所以在通常情况下，在进行了组织的重新设计后，还需检查和对照企业内部现有的人力资源状况，两相对比，找出差额，确定需要从外部选聘的人员类别与数量。

2) 选聘人员

工作分析指出了组织中需要具备哪些素质的人。为了确保担任职务的人员具备职务要求的知识和技能，必须对组织内外的应聘人员进行筛选，作出最恰当的选择。这些应聘人员可能来自组织内部，也可能来自外部社会。从外部新聘员工或从内部进行调整，各有其优势和局限性。

3) 制订和实施人员培训计划

人的发展是一个过程。组织成员在明天的工作中表现出的技术和能力需要在今天培训，组织发展所需的干部需要现在就开始准备。维持成员对组织忠诚的一个重要方面是使他们看到自己在组织中的发展前途。人员，特别是管理人员的培训无疑是人员配备中的一项重要工作。

4) 人员考评

组织成员工作一段时间后，通过运用科学的考核标准和方法，对组织成员的工作绩效进行定期的考核与评估，从而全面了解各个人员完成工作的情况，发现其不足和存在的问题，同时，进行相应的人事激励和岗位安排。人员考评是人员配备工作的一项重要内容，也是整个组织管理体系中的一个重要组成部分。

3. 人员配备的原则

1) 因事择人原则

要根据工作的需要配备人员。因事择人就是员工的选聘应以职位的空缺和实际工作的需要为出发点，以职位对人员的实际要求为标准，选拔、录用各类人员。

2) 量才适用原则

根据人的能力和特点来安排工作。量才使用就是根据每个人的能力大小而安排合适的岗位。人的差异是客观存在的，一个人只有处在最能发挥其才能的岗位上，才能干得最好。

3) 动态平衡原则

组织处在动态环境中，人与事的配合需要不断进行调整，尽量使所有人的能力都与其工作相匹配。因此，人与事的配合需要不断进行协调平衡。所谓动态平衡，就是要使那些能力发展充分的人，去从事组织中更为重要的工作，同时也要使能力平平、不符合职位需要的人得到识别及合理的调整，最终实现人与职位、工作的动态平衡。

4) 程序化、规范化原则

员工的选拔必须遵循科学合理的标准和程序。科学合理地确定组织员工的选拔标准和聘任程序是组织聘任优秀人才的重要保证。只有严格按照规定的程序和标准办事，才能选聘到真正愿为组织的发展做出贡献的人才。

5) 用人所长原则

用人时不能够求全责备，管理者应注重发挥人的长处。在现实中，由于人的知识、能力、个性发展是不平衡的，组织中的工作任务要求又具有多样性，因此，完全意义上的“通才”、“全才”是不存在的，即使存在，组织也不一定非要选择用这种“通才”，而应该选择最适合空缺职位要求的候选人。有效的管理就是要能够发挥人的长处，并使其弱点减到最小。

6) 经济效益原则

组织人员配备计划的拟订要以组织需要为依据，以保证经济效益的提高为前提，它既不是盲目地扩大职工队伍，更不是单纯为了解决职工就业，而是为了保证组织效益的提高。企业员工群体应是人员精干、人数合理、效率高的组织。在工作结构中，机构不在多而在于精，人不在多而在于关系清，在于每个员工都具有胜任现职工作的专业知识和组织领导能力，配备精干，因事设人，讲究效率，用最少的人和钱办最多的事。如果工作结构使机构重叠、人浮于事，那这肯定不是好结构。合理的企业员工群体结构是一个多维的、动态的综合体，它既要将各种不同年龄、知识、能力、素质的管理人员进行合理搭配，形成最佳员工群体结构，实现整体效应，也要随企业内外环境和条件的变化，不断调整，补充和更新群体的要素，使企业员工群体始终保持最佳状态。

管理故事

能岗匹配原理

A老板想开除3个人，这3个人的缺点是甲太好动，乙太好静，丙强壮好动会打架。B老板是A老板的好朋友，B老板对A老板说，既然你不想要，那么就给我吧。B老板要来这3个人，指派这3个人分别担任以下职务：甲做销售；乙做财务；丙做保卫。过了一年，A老板问B老板，你要去的那3个人工作得怎么样，B老板说，干的都很出色。A老板觉得奇怪，B老板说，要用其所长，把合适的人放到合适的岗位上，他们自然就会干得出色。

6.4.2 人员招聘

1. 人员招聘的概念及意义

招聘是指组织采取一些科学的方法寻找、吸引具备资格的个人到本组织来任职，并从中选出适宜人员予以聘用的过程。随着经济的发展，人才的需求也越来越强烈，组织要发展就必须不断地吸纳人才。招聘工作直接关系到企业人力资源的形成，有效的招聘工作可以提高员工素质、改善人员结构；也可以为组织注入新的管理思想，为组织增添新的活力，甚至可能给企业带来技术、管理上的重大革新；招聘工作的成功与否是组织成败的关键；有效招聘可以减少不必要的人员流失；有效招聘可以节约一定的培训费与开发费；有效的招聘工作能为以后的培训、考评、工资福利、劳动关系等管理活动打好基础，招聘是企业整个人力资源管理活动的基础。

2. 人员招聘的方式和渠道

招聘渠道包括外部招聘和内部招聘。内部、外部招聘人员各有优缺点，所以要结合起来运用。

1) 外部招聘

外部招聘，是根据一定的标准和程序，从组织外部的众多候选人中选拔符合空缺职位工作要求的人员。外部招聘的渠道有人才交流中心、招聘洽谈会、传统媒体广告、网上招聘、校园招聘、人才猎取和员工推荐等。

外部招聘的优点：被聘干部具有“外来优势”，没有“历史包袱”；有利于平息和缓和内部竞争者之间的紧张关系；能够为组织带来新的管理方法和经验。外部招聘的不足：外聘人员很难迅速打开局面；组织不能深入了解应聘者的情况，易造成招聘失误；外部招聘会打击内部员工的工作积极性。

2) 内部提升

内部提升，是指组织内部成员的能力增强并得到充分地证实后，被委以需要承担更大责任的更高职务。

内部提升的优点：有利于调动组织内部成员的工作积极性；有利于吸引外部人才；有利于保证选聘工作的正确性；有利于被聘者迅速展开工作。内部提升制度也存在弊端，引起同事之间的不团结；可能造成“近亲繁殖”的现象，并抑制组织创新力；招聘有限，人员不足的情况下仍需要外部招聘作为补充。

3. 人员招聘的程序

1) 招聘计划的制订与审批

招聘计划是整个招聘工作的依据，制订招聘计划的目的在于使组织的招聘工作合理化和科学化。组织的招聘计划是根据组织规划与设计中所确定的职务和岗位，以及各个职务或岗位的任职说明书等信息制订的。组织需要根据整个组织规划与设计的人力资源需要，从数量、质量和时间等方面作出详细的人员招聘计划。

2) 招聘信息的发布

根据制订出的人员计划的要求，根据组织所处的内部外部环境与条件，选择和确定发布招聘信息的时间、方式、渠道与范围。由于招聘方式、招聘的职务和岗位、每次招聘的数量和时间、招聘对象的来源与水平以及人员到位时间和招聘预算的不同，招聘信息的发布时间、方式、渠道与范围也不同。组织的多数人员是通过内部招聘或调配的方式获得的，组织有时也需要从外部招聘人员，所以需要使用内部和外部两种渠道发布各种招聘信息。

3) 应聘者提出申请

内部或外部的应聘者在获得招聘信息后，可向项目组织的招聘机构提出应聘申请。这种申请多数是书面的。应聘的主要资料包括应聘申请表、个人简历、各种学历、技能和成果证明(证明自己的知识水平、能力水平和所取得的成就)；各种身份证明(包括身份证、以前的聘书等)。

4) 人员选拔

人员选拔对组织来说是至关重要的，一旦招聘的人员存在问题或不能胜任工作，就会使工作受到影响，这就需要在招聘人员时必须进行严格的人员选拔。通过人员选拔对应聘者进行辨别和甄选，挑出能力、知识和经验都符合招聘计划的，同时又愿意为组织工作的优秀人才。

5) 人员录用

人员录用是整个人员招聘工作的最后一步，这项工作的全过程包括组织与选拔出的应聘者首先要签订试用合同，然后安排录用的人员上岗试用，在试用到期并经评估合格后，即可签订合同并正式录用了。

6.4.3 人员培训

随着经济的发展和科技的进步，员工已有的知识和技能已不再适应企业发展的需要，企业要想在激烈的竞争中取胜，就必须对员工进行培训，以适应科技和市场的发展要求。人员培训是组织将发展目标与员工个人发展目标结合起来，有计划地组织员工从事学习和训练，目的在于提高员工的知识技能，改善员工的工作态度，激发员工的创新意识，使员工能够胜任本职工作，以实现企业的发展目标。

管理故事

如何解决红筷子快餐公司的新问题

红筷子快餐公司开办了不足3年，生意发展得很快，从开业时的两家店面，到现在已成为由多家分店组成的连锁网络了。

不过，公司分管人员培训工作的副总经理张慕廷却发现，直接寄到公司和由“消费者协会”转来的顾客投诉越来越多，上个季度竟达80多封。这不能不引起他的不安和关注。

这些投诉并没有大问题，有些是抱怨菜及主食的品种、味道、卫生不好，价格太贵等；但是更多是有关服务员的服务质量的，态度冷淡，语言不文明，上菜慢，卫生打扫不彻底，而且业务知识差，顾客有关食品的问题，如菜的原料规格、烹制程序等常一问三不知，当有的顾客抱怨店规不合理时，服务员不但不予接受，反而粗暴反驳，拒绝退换不熟的饭菜，一味强调已经动过了等。

张副总分析，服务员态度不好，也难怪他们，因为生意扩展快，大量招入新职工，业务素质差，知识不足，草草做半天或一天岗前集训，有的甚至未培训就上岗干活了，当然影响服务质量。但是，如何改变这一状况呢？

(资料来源：陈维政，余凯成，程文文. 人力资源管理，红筷子快餐公司的培训计划)

1. 员工培训的意义

组织目标的实现需要员工素质的支持，培训是提高员工素质最好的方式。员工培训有利于提高员工素质，有利于提高工作效率，有利于提高企业整体效益和竞争力。

1) 有利于实现组织目标

员工培训是企业为了实现企业的战略目标，有计划地组织员工从事学习和训练的活动。员工是企业发展的基础，员工素质是企业目标实现的保证，员工工作效率是实现企业目标的关键。通过教育和培训，员工的工作知识得到增加，劳动技能得到提高，工作态度得到改善，工作效率得到提高。员工素质提高和工作效率提高，有利于企业整体效率的提高，有利于实现组织的发展目标。

2) 有利于实现员工发展目标

不想当元帅的士兵不是好士兵，没有个人发展目标的员工也不是好员工。员工素质是员工目标实现的基础，员工工作效率是员工发展目标实现的关键。员工培训就是将企业发展目标与员工个人发展目标结合起来，有计划地组织员工从事学习和训练。企业通过培训，提高员工的知识技能和工作效率，为员工实现自己的发展目标提供了条件，有利于促进员工目标的实现。

3) 有利于完善企业文化

企业文化是企业灵魂，是企业发展的动力源泉，是企业形象的体现。企业文化包括企业的经营理念、规章制度和行为规范。通过员工培训的方式，将企业的经营理念灌输给员工，有利于统一员工的思想，提高企业的凝聚力和竞争实力。通过培训将企业的规章制度传达给每一个员工，有利于促进员工遵守企业的规章制度，有利于规范员工的行为。企业面对的市场是一个不断变化的市场，企业文化是在企业发展过程中不断发展和逐步完善的。员工培训过程不仅是企业文化的传播过程，而是企业文化不断完善的过程。

2. 人员培训的种类

企业的工作分为不同的类型，企业员工的工作内容、工作要求和工作方式不尽相同，员工培训也分为不同的类型。根据员工培训内容，可将人员培训分为员工职业生涯发展培训和员工专门项目培训。

1) 员工职业生涯发展培训

员工职业生涯发展培训主要是指员工从进入企业开始到退休职业生涯发展过程的培训，可分为新员工岗前培训、上岗后适应性培训、员工转岗培训和员工退休前培训。

(1) 新员工岗前培训，是对新进入企业的员工进行培训，目的是通过企业文化和岗位知识技能培训，使新员工熟悉企业文化，了解企业规章制度，掌握岗位基本知识和基本技能，能够胜任岗位工作。培训对象是新进入企业的员工，培训内容主要是企业文化、规章制度和岗位知识和技能。培训方式主要有参观学习、集中培训和以老带新等形式。

(2) 员工上岗后适应性培训，是指对已经工作一段时间后的员工所进行的培训，目的是通过培训，使员工能够适应岗位工作的要求，熟悉企业岗位规章制度，掌握岗位操作技能，培养良好的工作态度，确立职业生涯发展计划。培训对象是已经工作过一段时间，并确定长期在本企业工作的员工。培训内容主要是帮助员工制订个人职业生涯发展计划，学习企业文化；熟悉工作规章制度，掌握岗位操作技能，转变工作态度。培训方式主要有集中培训、自我提高和同事互相学习等形式。

(3) 员工转岗培训，是针对员工职业发展计划的培训。培训目的是通过培训，让员工掌握更高岗位的知识和技能，能够适应更高一级岗位的工作要求，为员工晋升提供帮助。员工转岗培训主要包括转岗技能培训、知识更新培训和职位晋升能力培训。员工转岗培训方式主要有离职培训、在岗集中培训和岗位转换等形式。

(4) 员工退休前的培训，是对即将达到退休年龄的员工的培训。培训的目的主要是让员工了解企业退休政策、做好工作交接和安排退休生活。培训内容主要是工作交接制度、企业退休政策、老年健康知识和休闲活动介绍。培训方式主要有集中培训和各种讲座。

2) 员工专门项目的培训

(1) 专业技术人员培训。专业技术人员是企业发展的关键力量，主要包括企业的研发人员和技术管理人员。专业技术人员培训的目的主要是提高其专业技术水平，促进知识更新和掌握新的技能，以适应科学技术发展及企业发展对技术方面的需求。专业技术人员培训的主要内容是科技发展现状及发展趋势、专业技术知识和研究开发技能。专业技术人员培训方式主要有外出技术培训、技术引进开发及工作实践等。

(2) 管理人员培训。高层管理人员是企业的决策层，主要包括董事长、总经理和副总经理。高层管理人员的决策能力和思想境界不仅主导着企业文化和经营方向，而且决定着公司的成败。高层管理人员培训的目的主要是提高思想理念，培养创新精神和决策能力，使其成长为企业的改革者和战略领导者。培训的内容主要是决策能力、战略管理能力、领导能力、危机管理能力和驾驭全局的能力。培训方式主要有外出考察和学习、会议交流和座谈讨论等。

中层管理人员是企业的中坚力量，担负着企业上传下达的任务。中层管理人员主要包括企业第二层次的管理人员和职级相当的人员，即企业的管理层。中层管理人员培训的目的主要是提高其管理能力和计划能力，增强他们的沟通能力和协调能力。中层管理人员培训的主要内容是管理理论和沟通技能、团队建设和计划制订以及计算机等相关技能。中层管理人员的培训方式主要有集中学习、离职培训和实践训练等。

基层管理人员作为企业的执行层，在企业的计划实施、任务完成方面起决定性作用。基层管理人员主要包括各科室负责人、车间主任及班组长等基层管理人员。基层管理人员培训的目的主要是提高基层管理人员的管理和计划能力、计划实施能力和团队管理能力。基层管理人员培训的主要内容是具体职能部门的专业知识和专业技能、绩效考核和具体工作管理技能。基层管理人员培训方式主要有集中培训、工作实践和经验交流等。

(3) 技术操作培训，是针对企业操作岗位人员的培训。操作岗位人员对企业的生产和经营具有十分重要的作用。操作岗位人员主要包括在各级各类岗位上，主要从事技术操作的工作人员。操作岗位人员培训的目的主要是提高他们的岗位工作知识和操作技能、设备性能和操作水平。培训的主要内容是岗位工作知识和操作技能、操作技巧和工作程序、设备性能和操作规范。培训方式主要有集中培训、实践训练和以老带新等。

(4) 普通员工培训。普通员工在企业中属于大多数，虽然普通员工不能决定企业的发展方向，但在企业的生产过程中发挥着重要作用。普通员工培训的目的主要是提高他们的工作技能和责任心、敬业精神和合作精神。培训的主要内容是企业文化、员工的价值观、责任感和事业心。培训方式主要有集中培训、团队学习和个别辅导等。

3. 人员培训的方法

人员培训的方法很多，在进行不同的培训时，要根据公司培训的需要和可能、培训的内容及培训的对象等，合理地选择相应的方法。通用的培训方法可大体上分为演示法、专家传授法与团队建设法。

1) 演示法

演示法是指将受培训人员作为信息的被动接受者的一些培训方法，主要包括传统的授课法、远程学习法及视听法。

(1) 授课法，是最为普遍也是最为基本的一种培训方法，就是通过培训者讲授或演讲的方式来对受训人员进行培训。这种方法的优点：可以同时对一大批受训人员进行培训，成本比较低；培训者能够对培训过程进行有效的控制。缺点：由于讲课的内容往往比较概括和一般，因此要求受训人员同质程度比较高；这种方法主要是一种单向沟通的方式，很少有对话、提问和讨论的机会，缺乏反馈、练习，受训人员比较被动；没有练习的机会，不适用于技能的培训。因此，这种方法大多用于一般性的知识培训。

(2) 远程学习法，通常被一些地域上较为分散的企业用来向员工提供关于新产品、企业政策或程序、技能培训及专家讲座等方面的信息。远程学习包括电话会议、电视会议、电子文件会议及利用个人电脑进行培训。它的主要优点在于可以为分布区域广、难以集中的员工提供高水平的专家培训，并节省大笔的差旅费和时间；它的最大缺点是教师与学生、学生与学生之间缺乏互动。

(3) 视听法，主要是指利用投影、幻灯片、声带、录像等视听技术手段来实施培训的方法。这种方法可用来展示预先录制的内容以展示行为、技术或说明问题，还可用来录制和重放受训者在课程中的表现，被广泛用于提高受训者的沟通技能、面谈技能、服务技能等。由于视听材料可以人为控制播放，受训者能够得到前后连贯一致、不受个人兴趣影响的生动信息内容，可以让受训者进入很难用语言说清的环境、事件和情景当中，具有客观而真实感强等优点，所以它在单独或与其他方法组合使用上受到了人们的日益重视。视听法的缺点在于视听设备和教材的购置上需花费较多的费用和时间，且合适的视听教材也不易选择，学员易受视听教材和视听场所的限制，录像、录音、胶片等的创作方法，编辑制作技术要求较高。

2) 专家传授法

专家传授法是一种要求受训者积极参与学习的培训方法。这种方法有利于开发受培训者的特定技能、理解技能和行为，将其应用于工作当中，可使受训者亲身经历一次工作任务完成的全过程，包括在职培训、情景模拟、案例研究、角色扮演、商业游戏、行为模仿以及互联网培训等方法。下面介绍几种主要的方法：

(1) 在职培训法，是指新员工或没有经验的员工通过观察并效仿同事及管理人员执行工作时的行为而进行学习。在职培训的方法主要有工作指导培训、师带徒、自我指导学习等多种形式。在职培训法与其他方法相比的主要优点是它在材料、资金和时间投入较少，培训教师资源充裕；缺点是被仿效的同事完成项目工作的行为过程并不一定相同，受训者既接触到有用的东西，也接触到一些无用的东西或不良的习惯，一些在职培训往往时断时续，组织不良而导致培训低效。

(2) 情景模拟法，就是指利用受训者在工作过程中，实际使用的设备或者模拟设备以及实际面临的环境来对他们进行培训的一种方法。这种培训特别适合那些出现错误的代价和风险比较高的工作，如管理决策培训。这种方法的优点：由于和实际的工作比较接近，因此培训效果比较好；能够有效控制培训的过程；可以避免在实际工作中进行培训而造成的损失。缺点：培训的费用比较高；不可能做到与真实的工作完全一样，也存在培训的转化问题。

(3) 讨论法，就是指由培训者和受训者共同讨论并解决问题的一种培训方法。实践中，首先由培训者综合介绍一些基本的概念和原理，然后围绕某一主题进行讨论。讨论法的优点：受训人员能够参与到培训活动中来，可以提高他们的学习兴趣；有利于受训人员积极思考，加深对学习内容的理解；在讨论中可以相互学习，有利于知识和经验的共享；培养受训者的口头表达能力。这种方法的缺点：为了保证讨论的效果，参与的人数不能太多；不利于对基本知识和技能的系统掌握；讨论过程中容易偏离主题，因此对主持人的要求比较高。

(4) 案例分析法(case analysis method)，由哈佛大学于1880年开发完成，后被哈佛商学院用于培养高级经理和管理精英的教育实践，逐渐发展今天的“案例分析法”。案例分析又称案例研究，它要求受训者去研究分析那些描述现实工作情形和真实经营管理事件的案例。案例分析方法通过对案例发展变化过程的研究与发现所进行的学习，可以获得在必要时能够付之应用的活动知识能力。案例研究特别适用于开发学习者在分析、综合、推理、评判等深层次的智力技能，提高学习者对复杂因素和不确定结果等风险的承受和应对能力。该方法的缺点是由于案例是从实际工作中收集的，学员一般无法完全通过材料了个案的全部背景及内容；问题的症结可能会零散而繁多，因而归纳出来的对策也会凌乱不整；全体讨论解决问题的策略时，要注意控制时间，尤其注意能否进行更深入的讨论，以免草草收场使训练半途而废。

(5) 角色扮演法(role playing)，就是指给受训人员提供一个真实的情景，让他们在其中分别扮演不同的角色，做出他们认为适合每一种角色的行为和情感，在扮演过程中培训者随时进行指导，在结束后组织大家讨论，以各自对扮演角色的看法来发表意见，这其实就是通常所说的“换位思考”。通过角色扮演，受训人员可以体会到与自己工作有关的其他角色的心理活动，从而有助于改正过去工作中的不良行为，以建立良好的人际关系。这种方法的缺点在于操作起来比较麻烦，更多的用于态度改变的培训，知识和技能的培训往往不太适用。

(6) 游戏培训法，严格来讲它也属于情景模拟法的一种。用游戏法培训人员可分为普通游戏和商业游戏(包括管理游戏)两种。游戏培训法是指经过精心设计，包含有许多与员工工作有密切关系的知识、态度、行为等内容的游戏活动。游戏培训法可以调节学习气氛，使受训者以娱乐形式，活泼多样地进行各种互动学习，在放松身心易于高度参与的游戏中，可以体验和理解其他形式很难掌握的培训内容和技能。商业游戏(如ERP沙盘实训)，能够模拟出商战的竞争性质，能够帮助培育凝集力很强的群体，并迅速构建团队的信息框架，具有很强的参与性、互动性和一定的仿真性，因此可以激发受训者的学习动力。其缺点是游戏的设计与使用要求较高；培训的费用比较高；不可能做到与真实的工作完全一样，同时也存在培训的转化问题。

(7) 行为模仿法。行为模仿也叫行为示范或行为塑造，主要是指向受训者展示一个关键行为的模型，然后给他们提供实践这些关键行为的机会并提供其实践情况的反馈，促使培训成果在实践中转化的一种培训技术。行为模仿法与角色扮演法相比，虽然同样要求受训者扮演某些角色、演示某种情形，但是行为模仿法教给受训者的是“如何正确执行任务”的方法，培训中发生的互动行为是实践而不是“剧情中的角色扮演”。行为模仿法能够抓住并保持学员的注意力，并提供了有针对性的实践与反馈机会，所以有效性突出。但它不太适合于事实信息的学习，更适合于行为、人际关系和某种技能的学习。

3) 团体建设法

团队建设法又称团队建设培训法或团体学习法，主要是指让受训者分享各种经历和观点，理解动态的人际关系及其力量，树立起对群体或团队的认同感，审视自身和同事的优缺点，并恰当对待，从而提高群体或团队绩效的一类培训方法。团队建设法主要包括冒险性学习、团队培训、行动学习、工作轮换等方法。

(1) 冒险学习法，又称探险学习法或户外培训，是指运用有组织的户外活动来开发受训者的团队协作能力和领导技能的一种培训方法。这种培训方法常用的结构性个人和群体的户外活动有爬墙、攀绳、信任跳、登山、爬梯子、有保险的蹦极与走钢丝等，目前在一些高校实施的素质拓展运动中均有此项目。冒险性学习在开发如自我知觉、问题解决、冲突管理、风险分相等与团队有效性有关的技能时最为适用。

(2) 团队培训法。一个团队或群体成功与否，取决于其成员个人决策活动中的相互协调、处理潜在危险情况的思想准备，以及团队的绩效等方面的因素，其中团队绩效又取决于团队成员的知识、态度和行为 3 个要素。团队培训旨在调动群体或团队成员个人的知识、态度和团队培训，通过协调个体的活动和绩效来促进团队绩效的提高，从而有效实现团队的共同目标。团队培训一般可采用讲座、录像、角色扮演、仿真模拟等多种方法。

(3) 行动学习法，是指给受训集体或工作小组布置一项实际工作难题，要求他们合作制订出解决该问题的行动计划并负责组织实施这一计划的培训方式。受训集体或团队一般由 6～30 人组成，可以包括不同部门的代表、顾客和经销商等人士。这种方法由于其“行动”涉及的是员工实际面临的问题，有助于发现妨碍团队有效解决问题的非正常因素，并有利于学习与培训成果向实践高效转化。

(4) 工作轮换法就是通过调动员工工作职位的方式来进行培训的方法。工作轮换法有横向的职位轮换和纵向的职位轮换。通过职位的变化可以丰富员工的工作经验，扩展他们的知识和技能，使他们了解其他职位的工作内容，从而能够胜任多方面的工作。在职位轮换过程中，员工不可能深入地了解各个职位的详细工作内容，因此这种方法更适用于对通用型的管理人员进行培训，对于专家型的管理人员进行培训，采取这种方法的效果并不理想。

6.4.4 人员考评

1. 考评的含义

人员考评是指按照一定的标准，采用科学的方法，衡量与评定人员完成岗位职责的能力与效果的管理方法。人员考核主要有两大基本目的：发掘与有效利用员工的能力；通过考评，给予员工公正的评价与待遇，包括奖惩与升迁等。任何组织要想有效地实现其目标，就必须十分重视和切实做好人员考评工作。

2. 人员考评的作用

1) 考评可以了解人员的工作质量

只有通过考评所反映出来的各级各类人员的工作质量的信息，组织才能及时采取相应措施，帮助和指导各级各类人员，使他们的活动始终沿着组织的方向和目标进行。

2) 考评是选拔和培训人员的需要

在人员选拔时，为了避免误用庸才、小才大用，避免浪费人才、大材小用，做到人尽其才、人适其事、用人所长，就必须依靠正确的考评，对组织中的每位成员进行客观、公正、科学、有效的考评。同时，考核又是对人员进行有针对性的培训的需要。根据人员考评所提供的信息，可以明确哪些人员在哪些方面存在哪些缺点和不足，需要就哪些对象、哪些内容采取哪些方式进行培训等。人员考评是人员培训的基础。此外，考评也是检查培训效果的唯一工具。通过考评可以知道，被培训者在哪些方面已有提高，哪些方面尚有不足，什么培训方式更有效等。

3) 考评是完善组织工作的需要

通过考评可以看出一个组织的组织工作做得如何。人员工作效率不高，既可能是人员自身的原因，也可能是组织工作方面的问题。通过考评，可以发现组织工作中存在的问题，从而采取措施完善组织工作，保证组织工作的有效性。此外，通过考评，可以及时调整组织中的人员结构，能者上，庸者下，使组织内部人员结构不断得到优化。

4) 考评是人员奖励的合理依据

对人员的奖罚，是调动人员积极性的重要手段。而各种奖罚的依据就是考评。只有通过对人员工作的准确考核与评价，才有可能真正起到鼓励先进、鞭策落后的作用。

3. 管理人员考评的内容

管理人员的考评主要涉及两个方面的内容：贡献考评和能力考评。

(1) 贡献考评，是指考核和评估管理人员在一定时期内担任某个职务的过程中对实现组织目标的贡献程度，即评价和对比组织要求某个管理职务及其所辖部门提供的贡献与该部门的实际贡献。

(2) 能力考评，是指通过考查管理人员在一定时间内的管理工作，评估他们的现实能力和发展潜力，即分析他们是否符合现任职务所具备的要求，任现职后素质和能力是否有所提高，能否担任更重要的工作。

4. 人员考评的方法

按照所选择的标准不同，主要介绍3种考评方法：

(1) 行为导向型的考评方法，包括主观考评方法，主要有排列法、选择排列法、成对比较法、强制分配法和结构式叙述法；客观考评方法，主要有关键事件法、强迫选择法、行为定位法、行为观察法和加权选择量表法。

(2) 结果导向型的绩效考评方法，主要有目标管理法、绩效标准法、短文法、直接指标法、成绩记录法和劳动定额法。

(3) 综合型的绩效考评方法，主要有图解式评价量表法、合成考评法、日清日结法和评价中心法。

6.5 职权配置

6.5.1 职权及其类型

1. 职权的类型

确定了组织内的职务划分和等级层次之后，明确规定每个职位的职权、职责便是必不可少的工作，也是整个组织得以运转的基础，通过规范化的制度安排使各个职能部门和各项职务形成一个严密、有序的活动网络。

职权(authority)是指由组织制度正式确定的，与一定管理职位相关的决策、指挥、分配资源和进行奖惩的权力。权力是指一个人影响他人或组织行为的能力。权力的构成基础包括以下 5 个方面：强制权力(coercive power)、奖赏权力(reward power)、合法权力(legitimate power)、专家权力(expert power)、感召权力(referent power)。职权是组织中的合法权力，只是更广泛的权力概念的一部分。某人有职权是因为有人给了他职权，如股东的权力来源于股东大会。这种权力是一种职位的权力，而不是某个特定个人的权力。一个人离开了管理职位，离职者就不再享有该职位的任何权力，职权仍保留在该职位中，并给予新的任职者。职权可以向下委让给下属管理人员，授予他们一定的权力，同时规定他们在限定的范围内行使这种权力。

管理故事

谁拥有权力

王华明近来感到十分沮丧。一年半前，他获得某名牌大学工商管理硕士学位后，在毕业生人才交流会上，他凭着满腹经纶和出众的口才，力挫群芳，荣幸地成为某大公司的高级管理职员。由于其卓越的管理才华，一年后，他又被公司委以重任，出任该公司下属的一家面临困境的企业的厂长。当时，公司总经理及董事会希望王华明能重新整顿企业，使其扭亏为盈，并保证王华明拥有完成这些工作所需的权力。考虑到王华明年轻，且肩负重任，公司还为他配备了一名高级顾问严高工(原厂主管生产的副厂长)，为其出谋划策。

然而，在担任厂长半年后，王华明开始怀疑自己能否控制住局势。他向办公室高主任抱怨道："在我执行厂管理改革方案时，我要各部门制定明确的工作职责、目标和工作程序，而严高工却认为，管理固然重要，但眼下第一位的还是抓生产、开拓市场。更糟糕的是，他原来手下的主管人员居然也持有类似的想法，结果这些经集体讨论的管理措施执行受阻。倒是那些生产方面的事情推行起来十分顺利。有时我感到在厂里发布的一些命令，就像石头扔了水里，我只看见了波纹，随后，过不了多久，所有的事情又回到了发布命令以前的状态，什么都没改变。"

(资料来源：余敬，刁凤琴. 管理学案例精析. 北京：北京地质大学出版社，2006.)

职责(responsibility)是指由组织制度正式确定的，与职权相应的承担与完成特定工作任务的责任与义务。它反映了上下级之间的一种关系。一个组织内部各个职位之间的职权关系依据其指向、作用和范围可以划分为直线职权、参谋职权和职能职权 3 种基本类型。

直线职权，是指上级指挥下级的权力，表现为上下级之间的命令权力关系，与组织等级链相联系，在组织等级链上的管理者一般都拥有直线权力，其一方面接受上级指挥，另一方面又指挥下级。显然，每一管理层的主管人员都具有这种职权，只不过每一管理层次的功能不同，其职权的大小及范围不同而已。在组织结构图上，这种职权关系用一条由上级部门或人员直通下级部门或人员的直线来表示。它存在于贯穿着组织的最高层和最底层的上下级之间，形成一个指挥链。特点：运营中应遵守等级链原则，上级有指挥命令权，下级必须贯彻执行，上级不越级发号施令(但可越级检查)；下级对自己的直线上级负责，并报告工作，下级也不越级汇报请示(但可越级告状和建议)。

参谋职权，是指组织成员所拥有的向组织其他成员提供咨询或建议，协助其他部门或人员做好工作的权力。参谋职权是一种辅助性的权力，起到顾问或服务的作用。组织中的任何成员都拥有参谋权力，管理者也会设置专门的参谋人员协助管理。特点：不能向其他部门发号施令，而是帮助工作，为整个企业或某些部门提供服务，发挥助手作用。

职能权力，指某一人员或部门根据高层管理人员的授权而拥有的对其他部门或人员直接指挥的权力。这种有限的权力只有在被授权的职能范围内才有效。其特点是分担领导工作负担；加快信息传递速度，提高管理工作效率；保证企业内部政策的一致性。随着信息时代的到来，管理活动日益复杂，为了提高管理效率，组织越来越意识到，把权力分解下去可以更好地使组织成员自由、圆满、高效地完成组织的各项工作，向下授权因而也成为组织发展的一个重要趋势，这便产生了职能职权。

管理故事

巴恩斯医院

下面这一事件发生在天气凉爽的10月的某一天，地点在圣路易斯的巴恩斯医院。

黛安娜·波兰斯基给医院的院长戴维斯博士打来电话，要求立即作出一项新的人事安排。从黛安娜的急切声音中，戴维斯能感觉到发生了什么事。他告诉她马上过来见她。大约5分钟后，波兰斯基走进了戴维斯的办公室，递给他一封辞职信。

“戴维斯博士，我再也干不下去了，”她开始申述：“我在产科当护士长已经4个月了，我简直干不下去了。我怎么能干得了这工作呢？我有两个上司，每个人都有不同的要求，都要求优先处理。要知道，我只是一个凡人。我已经尽最大的努力适应这种工作，但看来这是不可能的。我来举个例子吧。请相信我，这是一件平平常常的事。像这样的事情，每天都在发生。

昨天早上7：45我来到办公室就发现桌上留了张纸条，是达纳·杰克逊(医院的主任护士)给我的。她告诉我，她上午10:00需要一份床位利用情况报告，供她下午在向董事会作汇报时用。我知道，这样一份报告至少要花一个半小时才能写出来。30分钟以后，乔伊斯(黛安娜的直接主管，基层护士监督员)走进来问我为什么我的两位护士不在班上。我告诉她雷诺兹医生(外科主任)从我这要走了她们两位，说是急诊外科手术正缺人手，需要借用一下。我告诉她，我也反对过，但雷诺兹坚持说只能这么办。你猜，乔伊斯说什么？她叫我立即让这些护士回到产科部。她还说，一个小时以后，她会回来检查我是否把这事办好了！我跟你说，戴维斯博士，这种事情每天都发生好几次的。一家医院就只能这样运作吗？”

2. 直线职权、参谋职权与职能职权之间的关系

参谋建议，直线指挥。参谋人员的专业知识水平比管理者相对较高，要求参谋的建议具有较高的创新性。当直线权力与参谋权力间出现矛盾时，可采用“参谋建议，直线指挥”，参谋的建议权，不能干预直线人员权力范围内的活动；次序有先后，“先参谋，后指挥”，直线人员在执行决策前可避免重大损失，事先应征求参谋人员的建议。

直线有大权，职能有特权。在一个组织中，直线人员拥有除上层直线人员赋予的职能部门的职能权力以外的大部分直线权力；职能部门的管理人员除拥有本部门下属的直线权力外，还拥有上层赋予的特定权力，可以在其职能范围之内对其他部门及其下属部门发号施令。一般而言，直线权力范围大，职能权力范围小；直线人员拥有指挥权，但职能范围内只能遵从职能部门的安排，职能部门也必须在职能范围内执行，不能超出职权范围。

6.5.2 授权

人的精力是有限的，因此管理者不可能亲自监控组织中所有的活动，必须要将一部分权力授予下级，授权是管理者成功的分身术。授权不仅是一门科学，而且是一门艺术。

管理故事

我只管3个人

美国著名的德怀特·大卫·艾森豪威尔(Dwight David Eisenhower)将军是第二次世界大战中盟军的指挥官，在诺曼底登陆以前，一次他在英国打高尔夫球，新闻记者采访他："前线战势紧急，您怎么还有心情在这里打球啊？"艾森豪威尔说："我不忙，我只管 3 个人：大西洋有蒙哥马利(Montgomery)，太平洋有麦克阿瑟(MacArthur)，喏，在那边捡球的是马歇尔(Marshall)。"其实艾森豪威尔手下有百万大军。

案例点评

作为老板，作为职业经理人，你的企业可能有 300 人、3000 人，问题是你管几个人？你只能管几个人呢？

如果你明白授权是必须的和必要的，那么，你就会清楚你只能管几个人。

当你把责任分配给部属时，你的部属通过授权可以得到的好处有提供学习与成长的机会，锻炼部属的才干，有助于发现那些具有提升潜能的人，细分工作，以便实现专业化，能够获得新的想法和建议，增强部属的参与意识、使命感和成就感。

授权代表的是成长，不但是个人的成长，也是一个团队的成长。授权是一个事业成功之途，它使每个人都可以感受得到重视、信赖，进一步使他们有责任心和参与感，整个团队也会齐心协力，人人都能够发挥自身所长，这个组织才会有活力，有了活力事业就会蒸蒸日上，所以无论在任何时代，一个杰出的或者一个有高效率的管理者或者领导者，他一定是一名非常高明的授权人，充分地授权是领导最佳的手段。

1. 授权的含义及好处

授权(authorization)是指委派给下属适当的权力，来完成特定任务的一个过程。这些权利或职权委派给下级之后，上级仍保留着对下级的指挥与控制权。授权的含义包括以下几个方面：①分派任务，向被托付人交代所要完成的任务；②授予权力或职权，行使权力处理原本无权处理的事务；③明确责任，要求被托付人对托付的工作负责，不仅包括需要完成的指定任务，也包括向上级汇报任务完成的具体情况和成果。

授权有很多好处。授权可以使领导者从日常事务中脱身出来，有机会学习新的知识和技能；授权可以加重被授权者的责任，并提升他的工作欲望，调动下级的工作积极性；授权有利于培养、锻炼下级，使之在授权过程中获得成长；授权可发挥下属的专长，弥补授权者才能不足；授权后，领导和下属的关系也会变更融洽；授权后可以加强信息的传递；从整体意义上说，有助于企业建立一种分权的领导机制。

管理故事

子贱放权

孔子的学生子贱有一次奉命担任某地方的官吏。当他到任以后，却时常弹琴自娱，不管政事，可是他所管辖的地方却治理得井井有条，民兴业旺。这使那位卸任的官吏百思不得其解，因为他每天即使起早摸黑，从早忙到晚，也没有把地方治好。于是，他请教子贱："为什么你能治理得这么好？"子贱回答说："你只靠自己的力量去进行，所以十分辛苦；而我却是借助别人的力量来完成任务。"

问：这个故事对你有什么启发？

2. 授权的过程

简单授权没有必要划分步骤，而较为规范的授权可以划分为以下几个步骤。

1) 确定工作任务

授权的目的在于完成任务，实现目标，所以，授权过程始于工作任务的确定。要下达明确的任务，规定所要实现目标的标准、相应要求和完成时限。

2) 明确被授权人

要选择好被授权者，即授权对象，要考虑其工作能力和意愿、其目前工作量的大小、其工作类型是否吻合，做到因事择人，视能授权。

3) 明确其权力和责任

领导者要将完成任务、实现目标所需的相应类型和程度的权力授给下级。要做到权责对等，并使尽责与一定的利益挂钩。授权中，要特别注意明确权力界限，切不可含糊不清、令出多门。还要注意在授权的同时，给予下级以充分的信任，全力支持，放手使用。同时，要注意传授工作要诀，并一定要公开授权。

4) 跟踪建立监控权

在授权过程中，即下级运用权力推进工作的过程中，要以适当的方式与手段，进行必要的监控，以保证权力的正确运用与组织目标的实现。

5) 评估业绩

在工作任务完成后，要对授权效果、工作实绩进行考核与评价。

3. 授权的原则

1) 重要性原则

必须建立在相互信任的基础上。所授权限不能是一些无关紧要的部分，要敢于把一些重要的权力或职权放下去。

2) 适度原则

必须建立在效率的基础上。授权过少往往造成主管工作量过大，授权过多又会造成工作杂乱无序，甚至失控。

3) 权责一致原则

必须向被授权人明确所授事项、目标要求、权责范围，使下属得以清楚地开展工作。

4) 相近原则

相近原则有两层意思：给下级直接授权，不要越级授权，越级授权可能会造成工作上的混乱，导致管理机构的失衡，进而破坏管理秩序；应把权力授予最接近作出目标决策和执行的人员，使一旦发生问题，可立即做出反应。

5) 加强监督控制原则

建立反馈渠道，及时检查工作完成情况和权力使用情况。

6) 动态原则

从实际需要出发授权，针对下级的不同环境条件、不同的目标责任及不同的时间，应该授予不同的权力。

6.5.3 集权与分权

1. 集权与分权的概念

集权(centralization)指决策权都由某一最高层管理者或某一上级部门掌握与控制，下级部门只能依据上级的决定和指示进行，一切行动听上级指挥。管理实践证明，组织目标的一致性必然要求组织行动的统一性，可见，集权是必要的。但是，权力的绝对集中是不妥当的，一定程度上的职权分散，是一切组织的基本特征。

分权(decentralization)是授权的一种形式，是一个组织向其下属各级组织进行系统授权的过程。组织领导层把其决策权分配给下级组织机构和部门的负责人，以使他能够行使这些权力，支配组织某些资源，自主解决某些问题，完成其工作职责。在组织内部要实行分工，就必须分权，但是，绝对的分权势必造成组织的解体，形成无组织的局面。

集权与分权是相对的概念。绝对的集权意味着组织中全部权力集中在一个主管手中，没有任何中间管理人员和中层管理机构，在现实中不可能实现。绝对的分权意味着全部权力分散在各个管理部门，甚至分散在各个执行、操作者手中，没有任何集中的权利，因此，主管的职位是多余的，在现实中也不可能实现。任何一个组织都需要有一定的集权，也需要有一定的分权，集权与分权是相对的。

2. 集权与分权的优缺点

集权与分权是指职权在不同管理层之间的分配与授予。组织中的权力较多地集中在组织的高层，即为集权；权力较多地下放给基层，则为分权。

集权有利于组织实现统一指挥、协调工作和直接控制；但另一方面，它会加重上层领导者的负担，从而影响决策质量，并且不利于调动下级的积极性，不利于管理人员的培养，难以适应环境变化。而分权则可以减轻高层管理人员的负担，增强各级管理人员的责任心、积极性和自主性，增强组织的应变力；但分权可能会造成各自为政，增加部门之间协调的复杂性，并且受到有无合格管理人员的限制。

3. 影响集权与分权的主要因素

组织应当将集权和分权有效地结合，使组织既能保持目标的统一性又具有足够的灵活性。集权与分权的程度，是随条件变化而变化的。影响分权程度的有如下因素。

1) 决策的代价

决策付出代价的大小，是决定分权程度的主要因素。一般而言，从经济标准和其他无形标准来衡量，决策失误的代价越大，越不适宜交给下层决策者。高层主管常常亲自负责重大决策而不授权下属处理。

2) 政策的一致性

集权是达到政策一致性的最方便的途径，如果希望保持政策的一致性，那么集权程度就高些；反之，那么分权的程度就高些，允许各单位根据客观情况制定各自的政策。

3) 组织的规模

组织规模越大，管理层次和管理部门越多，为了加快决策速度、减少失误，使最高主管能够集中精力处理重要决策，提高管理效率，分权程度就应高些；相反，集权程度就应低些。

4) 组织的成长

从组织成长的阶段来看，组织通常在成立初期采取和维护高度集权的管理方式；随着组织逐渐成长，规模日益扩大，则由集权的管理方式逐渐转向分权的管理方式。从组织成长的方式来看，如果组织是靠组织内部积累由小到大逐级发展起来的，则集权程度较高；若组织是由并购或联合发展起来的，则分权程度较高。

5) 管理哲学

主管人员的个性和他们的管理哲学，对组织的集权与分权的程度影响较大。专制、独裁的管理者不能容忍别人触犯他们小心戒备的权力，往往采取集权式管理；反之，则会倾向于分权。

6) 管理人员的数量及素质

如果管理人员数量充足、经验丰富、训练有素、管理能力强，则可较多分权；人才的数量不足或素质不高，会限制职权的分散。

7) 控制技术与手段

最高主管在将决策权下授时，必须同时保持对下属的工作和绩效的控制。如果控制技术与手段比较完善，主管人员对下属的工作和绩效控制能力强，则可较多分权；反之，趋向集权。

本章小结

组织目标和计划一经确定，接下来的工作就是如何组织实施。本章主要介绍了组织概述、组织结构设计、常见组织结构形式、人员配备、职权配置等内容。组织概述主要介绍了组织的含义、组织的分类、组织工作的流程及组织理论的发展；组织结构设计主要介绍了组织设计的程序、原则及其影响因素；组织结构形式主要介绍了直线制、职能制、直线职能制、事业部制、模拟分权制、矩阵制、虚拟组织等常见组织结构类型的特点及其优缺点；人员配备主要介绍了人员配备的概念及其原则、人员招聘、人员培训和人员考评；职权配制主要介绍了职权的概念与类型、授权、集权与分权等内容。

名人名言

没有所谓的“唯一、正确的组织形态”这回事。——彼得·德鲁克

组织是一种人群联合为了达到某种共同目标的形式。——詹姆斯·穆尼

组织的目的在于让平凡的人做不平凡的事。——彼得·德鲁克

组织变革要取得成功的方法是75%~80%靠领导，其余20%~25%靠管理，而不能反过来。

——约翰·科特

爱你的员工吧，他会百倍地爱你的企业。——法国企业界名言

带走我的员工，把工厂留下，不久后工厂就会长满杂草；拿走我的工厂，把我的员工留下，不久后我们还会有个更好的工厂。——安德鲁·卡内基

有德有才，破格重用；有德无才，培养使用；有才无德，限制使用；无德无才，坚决不用。——牛根生

企业领导者的主要任务不是去发现人才，而是去建立一个可以出人才的机制。——张瑞敏

用人不在于如何减少人的短处，而在于如何发挥人的长处。——著名管理学家彼得·杜拉克

员工培训是企业风险最小、收益最大的战略性投资。——著名的企业管理学教授沃伦·贝尼斯

把我们顶尖的20个人才挖走，那么我告诉你，微软会变成一家无足轻重的公司。——比尔·盖茨

管理所处的时代背景已经发生了很大的变化，没有一个领导人有足够的知识、精力、时间来解决一个大企业、大公司面临的所有问题，授权式的管理成为必需。——法约尔

一个有效的领导者，最主要的能力就是做好他必须做的工作，其余的必须借助有效的授权来完成。——美国前国务卿基辛格

管得少，就是管得好。——通用电器公司总裁杰克·韦尔奇

能用他人智慧去完成自己工作的人是伟大的。——管理专家旦恩·皮阿特

成功的企业领导不仅是授权高手，更是控权的高手。——管理专家彼特. 史坦普

信任固然好，监控更重要。——前苏联国家领导人列宁

授权就像放风筝，部属能力弱线就要收一收，部属能力强了就要放一放。——国际战略管理顾问林正大

用他，就要信任他；不信任他，就不要用他。——经营之神松下幸之助

习　　题

一、复习题

1. 选择题

(1) 多维立体组织结构适合于(　　)。

A．小型企业　B．跨国公司　C．中型企业　D．国有企业

(2) 实行集中领导、分散经营管理原则的组织结构是(　　)。

A．直线制　B．职能制　C．事业部制　D．直线职能制

(3) 当代管理机构变革的一大趋势是(　　)。

A．管理层次复杂化　B．组织结构扁平化

C．管理幅度日益减小　D．锥型结构更受欢迎

(4) 部门划分是组织设计中的重要内容，主要解决组织(　　)。

A．整体目标　B．纵向组织结构

C．横向组织结构　D．分权

(5) 管理幅度和管理层次的关系是(　　)。

A．成反比　B．成正比　C．相关性　D．不相关

(6) 关于管理幅度和管理层次，下述说法中明显不正确的是(　　)。

A．管理层次一般与组织规模成正比

B．在组织规模一定的条件下、管理层次与管理幅度成反比

C．组织成员越多，管理层次一般也就越多

D．主管所能直接控制的下属越多，管理层次一般就越多

(7) 关于组织的概念和本质，你认为哪种说法是不正确的？(　　)。

A．只有一个人的组织是不存在的　　B．不追求经济效益的组织是不存在的

C．没有共同目标的组织是不存在的　　D．不需要管理与领导的组织是不存在的

(8) 某小型塑料彩印厂为取得市场优势，计划高价引进高科技型生产线。厂领导为使引进设备早日投产，决定从生产、销售等部门临时抽调人员，采取“大会战”的形式保证生产线安装工程的管理先进性。由此，可以推测长期以来该企业最有可能采用的基本组织形式是(　　)。

A．直线结构　　B．直线职能结构

C．事业部结构　　D．矩阵型结构

2. 判断题

(1) 在一定条件下，随着计算机等信息技术和手段在组织中的广泛应用，组织结构将有可能变得高度集权化。(　　)

(2) 在组织规模已定的条件下，管理层次与管理幅度成正比。(　　)

(3)“正式组织”与“非正式组织”有重大区别，在“正式组织”中以效率逻辑为重要标准。(　　)

(4) 在外部环境变化比较大时，企业内部的部门划分可以细一些，适当集权，以增强应对能力。(　　)

3. 问答题

(1) 组织的类型有哪些？

(2) 组织设计的原则有哪些？

(3) 组织设计的程序如何？

(4) 影响组织结构设计的因素有哪些？

(5) 常见的组织结构形式及其优缺点是怎样的？

(6) 有哪几种部门化方法？

(7) 人员配备应遵循的原则有哪些？

(8) 人员培训的内容及方法有哪些？

(9) 授权的过程及原则是什么？

(10) 集权与分权的优缺点及影响因素是什么？

二、案例应用分析

CMP 出版公司

利兹(Leeds)夫妇在 1971 年建立了 CMP 出版公司。到 1987 年，他们出版的 10 种商业报纸和杂志都在各自的市场上占据了领先地位。更令人兴奋的是，他们所服务的市场(计算机、通信技术、商务旅行和健康保健)为公司成长提供了充足机会。但是，假如利兹夫妇继续使用他们所采用的组织结构，这种成长的潜力就不会得到充分利用。

他们最初为 CMP 设立的组织，将所有重大的决策都集中在他们手中。这样的安排在早些年头运作得相当好，但到 1987 年它已经不再有效。利兹夫妇越来越难照看好公司。例如，想要约见格里(Gerry)的人得早上 8:00 就在他办公室外排队等候。员工们越来越难得到对日常问题的答复，而要求快速反应的重要决策经常被耽误。对于当初设计的组织结构来说，CMP 已经成长得太大了。利兹夫妇认识到了这个问题，着手重组组织。首先，他们将公司分解为可管理的单位，并分别配备一名独立的经理掌管各个单位。这些经理都被授予足够的权利去经营和扩展他们各自的分部。其次，利兹夫妇设立了一个出版委员会负责监管这些分部。利兹夫妇和每个分部的经理都是该委员会的成员。分部经理向出版委员会汇报工作。出版委员会则负责确保所有的分部都能按 CMP 的总战略运作。

这些结构上的变革带来了明显的效果。CMP 现在总共出版 14 种刊物，年销售额达到近 2 亿美元。公司的收益持续地按管理当局设定的 30%的年增长率增加。

CMP出版公司的例子说明，选择合适的结构在组织演进过程中起着至关重要的作用。CMP公司在发展初期组织结构为直线型，职权高度集中，缺乏弹性，逐渐不适于发展规模逐渐扩大的CMP公司。在公司改组后，组织结构适用于公司的发展，从而大大提高了管理的效率，具有较高的稳定性，且目标性统一。因而，CMP公司获得了巨大发展，取得了很大的收益。

(资料来源：[美]斯蒂芬•P. 罗宾. 管理学. 4版. 黄卫伟，孙建敏，译. 北京：中国人民大学出版社. 1997.)

问题：

(1) CMP出版公司的例子说明了一个什么道理？

(2) CMP出版公司以前采用的组织结构有什么特点？

(3) 利兹夫妇对组织结构进行变革后，为什么能促进公司的发展？请画出它的组织结构图。

阅读材料

易买得——连锁业的“红魔”

沃尔玛百货有限公司(以下简称沃尔玛)和家乐福集团(以下简称家乐福)可谓是流通业的老大，然而在韩国，易买得却把家乐福和沃尔玛压到了第二位和第四位。它成为连锁业崛起的“红魔”，它的威力来自出色的管理。

1. 坚持事业部制度

事业部的最大优势在于它把自主经营与总部的强大支持巧妙联系在一起。一方面，易买得有独立的进攻性经营策略、连锁化运营支撑系统、稳固的财务结构和挑战性的组织文化。另一方面，易买得系出三星名门，它是新世界集团的一个事业部门。而集团老板是三星“鬼才”李秉哲的女儿。易买得所有的扩张仰仗集团70年的悠久历史、专业经验、强大的综合实力和后勤支持系统。

2. 成吉思汗战略

战略是计划的一种基本形式，它是实现组织目标的总体谋划。成吉思汗战略源于一个传说。成吉思汗在攻打匈牙利的时候，匈牙利人以为明天早晨到的蒙古骑兵当天晚上就到了，一举成功。成吉思汗市场战略有两点。一是集中所有兵力，具备爆发力优势；二是特种部队闪电战，具备快速机力。“快速开店，控制市场份额”是易买得的成吉思汗战略。去年他们一口气开了17家分店就是这一战略的体现，也才有了“红魔”之称。

3. 有特色的经营理念

目的和使命也是计划的基本形式。日本学者田馨认为，企业的目的包括经营理念和经营目标两个方面。经营理念指导经营目标，是经营目标的归结点。易买得能做大做强，与它有特色的经营理念是分不开的。

易买得的英文名是E-MMART，其服务特色总结为“4E”理念：易进(easy entrance)、易选(easy selection)、易购(easy shopping)、易付(easy cash)。例如，1999年7月，上海易买得斥巨资把3米高重型货架全部更换为1.6米高的，与成年女性顾客平均身高相仿，真正体现Easy。

易买得的起家本领是“每天低价(everyday low price)”，但是，其价格策略是“抓大放小”。20%的主力商品和市民敏感的商品，易买得一定保证价格的绝对优势，以此带动另外80%的商品。

在易买得老总金善珉的心里，“谦虚、谨慎、耐心、勇敢、果断”是中国一个成功管理者必备的5种素质。要“以人格标准受到尊敬，以能力标准受到肯定”。他说：“我们的外国同行们都太傲慢了，不尊重中国供应商。这是妨碍他们在中国最终成功的最大障碍。谦虚是我的策略，也是我发自内心的想法。”

(资料来源：http://202.192.168.546management/gl-al/glal-8.htm.)

第 7 章 领　导

教学目标

通过对本章的学习，学生应掌握管理学中有关领导的基础理论并能够灵活运用。

教学要求

知识要点	能力要求	相关知识
领导概述	(1) 领导的含义 (2) 领导的功能 (3) 领导者的权力	(1) 领导的含义及与管理的区别 (2) 领导的功能 (3) 领导者权力类型
领导素质理论	(1) 早期素质理论 (2) 后期品质理论	(1) 选拔领导者的依据 (2) 领导者 12 特质 (3) 后期领导者素质研究 (4) 对领导素质研究评价
领导行为理论	(1) 勒温理论 (2) 俄亥俄州立大学研究 (3) 密歇根大学研究 (4) 管理方格理论	(1) 勒温 3 种领导风格 (2) 领导行为位四分图 (3) 员工导向-生产导向领导行为 (4) 5 种典型领导风格
领导权变理论	(1) 费德勒模型 (2) 领导生命周期理论 (3) 途径——目标理论	(1) 费德勒 8 种情景和 3 项权变因素的结合 (2) 领导生命周期曲线图 (3) 豪斯的 4 种领导方式
当代领导理论	(1) 领袖魅力型领导理论 (2) 变革型领导理论	(1) 魅力型领导的激励理论 (2) 基于价值的领导理论 (3) 领导魅力型领导理论优缺点 (4) 具备变革型领导的因素

当今领导，集中到一点，就是他有能力使他的下属信服而不是简单地控制他们。
——亨利·艾利斯

基本概念

影响力　权利　领导素质　领导方式　领导行为四分图　管理方格　领导生命周期　魅力型领导　授权艺术　公关艺术

导入案例

鹦鹉

一个人去买鹦鹉，看到一只鹦鹉前标着：此鹦鹉会两门语言，售价二百元。另一只鹦鹉前则标着：此鹦鹉会四门语言，售价四百。该买哪只呢？两只都毛色光鲜，非常灵敏可爱。这人转啊转啊，拿不定主意。突然，他发现一只老掉了牙的鹦鹉，毛色暗淡散乱，标价八百元。这人赶紧将老板叫来："这只鹦鹉是不是会说八门语言？"店主说："不。"这人很奇怪："那为什么又老又丑，又没有能力，会值这个数呢？"店主回答道："因为另外两只鹦鹉叫这只鹦鹉老板。"

案例点评

领导是一种影响力。

领导职能是管理学中的一项重要职能，每一位管理者都应努力把自己塑造成一个有效的领导者。本章主要介绍领导的基本含义、职能、权利，基本的领导理论及领导艺术和其在现代管理中的重要性等。

7.1 领导概述

领导是管理的一个重要组成部分。在任何社会，无论是在正式组织还是在非正式组织中，都离不开领导。古今中外的无数事实证明，各种各样组织的兴衰成败，都同领导水平的高低和领导行为的有效与否关系极大。在人类社会的实践活动中，领导是不可或缺的，它似乎是管理工作人格化的名词，这不仅是因为管理活动更集中反映在领导职能上，更重要的是由于领导职能勾勒出了全部管理工作的两条主线，即"工作与人"。

7.1.1 领导的含义

"领导"一词在现实生活中有两种词性含义。作为名词，领导指的是人，即"领导者"的简称，是某种组织或团体的角色，是确定和实现组织或团体目标的组织者或指挥者；作为动词，领导指的是一种行为过程，即"领导行为"的简称，是一种具有影响力的领导行为，也就是带领和指导下属实现既定目标的活动过程。

美国管理学家孔茨、奥唐奈和海茵茨·韦里齐(Heinz Weihrich)认为，领导是一种影响，是对人们施加影响的艺术或过程，从而使人们情愿地、热心地为实现组织或群体的目标而努力。在管理实践中，如何有效地领导组织成员，调动组织成员的积极性、主动性和创造性，实现领导者与组织成员间良好的互动交流，是管理中的一大关键问题。一位有效的、成功的领导者能够有力地影响其下属，使下属现有的才智和能力得到最充分的发挥，从而使组织取得更高的绩效。作为领导者，应帮助组织成员最大限度地积极发挥和使用其才智和能力，他们往往不是站在一个群体的后面去推动、去督促，而是作为带头人来引导、指导、鼓励人们奋力去实现组织的目标。领导的实质是一种影响别人的过程，是一种人与人之间的交往过程，领导者通过该过程来影响、激励和引导人们执行工作任务，以达到组织的特定目标。

7.1.2　领导的功能

领导是管理工作的一项重要职能。管理的核心就是要处理人与人之间的关系，而领导实际上就是领导者综合运用各种手段，对被领导者施加影响，以调动他们的积极性，协调和统一他们的行动，从而保证组织目标的实现。国外一项研究表明，管理工作中的预测、决策、计划、人事、控制等职能，可以引发组织人员 60%的才智，而领导和领导工作则可以引发其余 40%的才智。领导的作用功能主要体现在以下 3 方面。

(1) 指挥作用。在集体活动中需要有思路清晰、运筹帷幄、统帅全局的领导来为下属指明方向和道路，引领大家向目标前进。

(2) 协调作用。在实际工作中，每个人的世界观、价值观、工作作风、方法、思路等都不相同，这中间就肯定会发生摩擦，这时就需要领导起到协调组织的作用，使大家共同前进。

(3) 激励作用。在工作中不可避免地会出现挫折、困难，它们会时时考验员工的热情和耐性，这时就需要领导不断地激励员工，并且为他们排除困难，带领员工一起努力。

7.1.3　领导与管理者的区别

领导与管理是人们通常容易混淆的概念，从表面上看，两者似乎没有什么差别，但事实上，两者是既互相联系又相互区别，主要表现在以下 3 方面。

(1) 从行为方式上看，领导和管理都是在组织内部通过影响他人的协调活动来实现组织目标的过程。

(2) 领导是管理的一种基本职能，管理的含义更为广泛，组织中领导行为仍属于管理活动范畴。

(3) 领导和管理活动的特点和侧重点有所不同。领导活动是与人的因素密切关联的，侧重于对人的指挥和激励，更强调领导者的影响力、艺术性和非程序化管理，而管理活动更强调管理者的职责及管理工作的科学性和规范性。

特别提示

在现实生活中，很多人常把领导者与管理者混为一谈，但其实他们并不是完全相同的。领导者不同于管理者，管理者不一定是领导者，领导者也不一定是管理者，一个人可能既是管理者又是领导者，而领导者和管理者两相分离的情况也会存在。

我们认为，领导是领导者影响和控制个人或组织在一定条件下实现其目标的行动过程。管理与领导的区别见表 7-1。

表 7-1 管理与领导的区别

	管 理	领 导
确定目标进程	编制计划与预算 (1) 为达成目标，制定出详细的步骤和计划进度 (2) 为达到预期目标，进行资源分配	指明方向 (1) 展现未来的远景与目标 (2) 指出达到远景与目标的战略
开发实现目标所需的人力和网络结构	组织和配备人员 (1) 组件所需组织结构及配备人员 (2) 规定权责关系 (3) 制定具体政策和规程指导行动 (4) 建立系统和方法监督完工状况	指导人们 (1)同协作者沟通，指明方向、路线 (2) 让人们更好地理解目标、战略及实现目标后的效益 (3) 指引人们据需要组建工作组、建立合作关系
执行	控制和解决问题 通过具体详细的计划监督进程和结果	鼓励和激励 (1) 动员克服改革中的障碍 (2) 鼓励在初具条件的情况下，努力克服人力与资源的不足，实现改革
结果	(1) 具有一定程度的预见并建立良好的秩序 (2) 得出各利益所有者，如用户、股东期望的关键效果	(1) 取得较大进展的改革 (2) 具备进一步改革(如用户期望的新产品)的潜力

7.1.4 领导者的权力

领导的核心在权力，领导以权力为基础，权力的本质是一种影响力。领导者在领导过程中所拥有的影响力大小，与其权力的形成与运用有着密切关系。

1. 权力的定义

权力可分为两大类：一类是与职位有关的正式权力，包括法定权力、奖赏权力和强制权力；另一类是与职位无关而与个人特质有关的非正式权力，包括专长权力和感召权力。正式权力是与组织内的职位联系在一起的并来自于组织的授予；非正式权力一般都不与职位联系在一起，它来自于自身能力与修养的提高。对于一个追求权力者，眼光不能只局限于正式权力而应更多地注重非正式权力。

2. 权力的类型

根据权力来源的基础和使用方式的不同，美国管理学家约翰·R.P. 法兰西(John R. P. French)和伯特伦雷温(Bertram Raven)认为可以将权力划分为法定权力、强制权力、奖赏权力、专家权力和感召权力。

(1) 法定权力是建立在一个人在组织等级中的正式职位基础之上的权力，是指按照组织明文制度的规定赋予职位拥有者的一种法定的、合理的、正式的权力。上级主管人员对下级人员拥有的命令权和指挥权就是法定权力的体现。

(2) 奖赏权力是指一个人通过提供加薪、奖金、晋升、有利的工作分配及表扬等奖赏手段满足下属要求施加影响的一种权力。奖赏权力源于被影响者期望获得奖励的心理，谁拥有和控制的奖励手段越多，他的奖赏权力就越大。

(3) 强制权力是指一个人通过精神、感情或物质上的恐吓、威胁或惩罚等压力控制手段强迫下属服从施加影响的一种权力。强制权力源于被影响者的恐惧，惩罚可以使用正式谴责、减薪、扣发奖金、降职、停职甚至开除等形式。

(4) 专长权力是指一个人拥有特殊的专业技能和知识而产生的一种影响力。知识就是力量，在一定程度上，知识也是权力，谁掌握了与众不同的、无可替代的专业知识和技能，就具有了影响其他人的专长权。

(5) 感召权力是与一个人的品质、魅力、情感、经历和背景等相关的一种权力。一个拥有独特的卓越品质、经验阅历、超凡魅力和思想情感的人，能赢得他人的认同、敬仰、崇拜、模仿和追随，从而对别人拥有感召权。

权力本身是一个中性的概念，它可以帮助领导者更好地实现组织目标，也可以被利用来达到不良目的。在组织活动中，为了更好地实现组织目标，领导者一定要借助权力，但是如果一个组织内部权力欲膨胀的人增多，不择手段争权夺利，在位的领导者滥用权力，组织就很危险。因此，领导者必须正确对待权力。领导者必须意识到，权力只是管理活动的一种工具，不是为个人利益服务的私人财富，而是为实现组织目标服务的。领导者追求权力的动机和使用权力的目的是否正确，衡量的标准就在于他追求和使用什么性质的权力，是以组织或群体的进步为导向的积极权力，还是以个人的需要和目标为导向的消极权力。

7.2　领导素质理论

领导者素质理论是探讨领导者素质与领导绩效之间的相关性，其科学价值在于对实践的指导作用，主要表现在①领导者素质是培训和考查领导者的依据；②领导者素质是领导者自身为之努力的方向。

所谓领导者素质具有双重含义。首先，它是指构成领导者的各种内在要素，既是领导者之所以成为领导者的生理、心理、文化、思想、政治、道德等内在要素，以及由这些因素综合而形成的本质性能力，亦即领导能力。它们是领导者担任的内在根据和条件，统称为领导者素质。其次，它还指这些要素、能力的现实状态，即发展程度或实际水平。也就是说，领导者素质同时又是一个发展的动态概念，用以描述和解释现实领导者的实际状态、水平和差距。领导者素质与先天遗传的生理、心理特点有关，受它们的影响与制约，但主要是后天社会实践中自身努力的结果。

领导素质理论认为，一个领导者只要具备了某些优秀的个人特质，就能有效地发挥其领导作用，研究领导问题主要就是研究领导者应当具有哪些个性特征、优秀品质和能力。有人提出，领导特质是与生俱来的，先天不具备这些特质者就无法成为领导者；还有人认为，很多领导者并没有天赋的个性特质，并且很多拥有良好特质的人也并未成为领导者。各种各样的研究，因为角度不同，得出的结论包罗万象，说法不一，各有特色，甚至互相矛盾，而且几乎每一种特质都有很多的例外，况且任何人都不可能具备所有这些特质。下面简单列举几种研究结果。

1. 美国普林斯顿大学 W·J·鲍莫尔的研究结果

W·J·鲍莫尔(W.J.Baumol)提出了作为一个企业家应具备的 10 个条件：合作精神、决策能力、组织能力、精于授权、善于应变、敢于求新、勇于负责、敢担风险、尊重他人和品德高尚。

2. 美国管理学家德鲁克的研究结果

德鲁克在《有效的管理》一书中指出了 5 种有效领导者的特性，并指出它们是可以通过学习掌握的：

(1) 知道时间该花在什么地方，领导者支配时间长处于被动地位，所以有效的领导者都善于系统地安排与利用时间。

(2) 致力于最终的贡献，他们不是为工作而工作，而是为成果而工作。

(3) 重视发挥自己的、同事的、上级的和下级的长处。

(4) 集中精力于关键领域，确立优先次序，做好最重要的和最基本的工作。

(5) 能作出切实有效的决定。

3. 美国管理学家彼特的研究结果

彼特(Peter)认为，人们可以找到确定的证据证明某些特性是不成功领导者的品质，这些难以胜任领导的品质可以归纳为以下几个方面：

(1) 对别人麻木不仁，吹毛求疵，举止凶狠狂妄。

(2) 冷漠、孤僻、骄傲自大。

(3) 背信弃义。

(4) 野心过大，玩弄权术。

(5) 管头管脚，独断专行。

(6) 缺乏建立一支同心协力的队伍的能力。

(7) 心胸狭窄，挑选无能之辈担任下属。

(8) 目光短浅，缺乏战略头脑。

(9) 犟头倔脑，无法适应不同的上司。

(10) 偏听偏信，过分依赖一个顾问。

(11) 懦弱无能，不敢行动。

(12) 犹豫不决，无法决断。

可见，彼特是从另一个角度来研究领导者的。

此外，领导者素质具有时代性、综合性、层次性的特征。

(1) 领导者素质的时代性。不同的时代对领导者的素质有不同的要求，而领导者的素质既有稳定性的一面，一经形成，便相对稳定地发挥作用；又具有变动性的一面，或是积极地上行变化，或是消极地下行变化。

(2) 领导者素质的综合性。领导者不是具体解决某方面问题的“硬专家”，而是综合处理多方面问题的“软专家”，所以必须具体解决工作问题和协调人际关系的综合素质。美国管理学家华伦·班尼斯(Warren Bennis)有一个形象的比喻，即领导者必须靠 3 条腿来支撑：一是坚定的雄心壮志；二是领导工作的才能；三是优秀的领导品质。这是领导者素质的最基本结构。

(3) 领导者素质的层次性。对于处于不同层级、肩负不同责任的领导者的素质要求是不同的。法约尔曾经提出一个重要论点：管理人员的能力和素质具有“相对重要性”，即随着领导者等级地位的提高，管理能力的相对重要性增强，技术能力的重要性减弱。罗伯特·卡茨认为，领导者必须具备 3 种技能，即技术技能(专业业务能力)、人际技能(处理人际关系的能力)、概念技能(抽象和决策能力)。如果把领导者分为低、中、高 3 个层次，那么 3 种技能的结构比例如下：低阶层是 47∶35∶18；中阶层是 27∶42∶31；高阶层是 18∶35∶47。

7.2.1 早期的素质理论

这一时期，研究者们虽然仍然认为领导者与非领导者有着不同的特殊素质，但不再假设这些特质是天生的。领导者的素质理论主要是研究一名优秀而成功的领导者所具有的内在品质与领导相关行为及绩效方面的关系。领导者的主要特质包括智力水平、自信心、决心、正直、社会交往能力。早期一些管理学家和心理学家希望通过对领导者的观察与分析，尤其是通过对大量的成功的领导者的分析研究，收集了关于他们的各种详细的资料，包括人口统计学和个人品质特征方面的资料，并对数以百计乃至千计的领导品质进行了测量，包括年龄、体质、智力、动机、主动性和自信心等各种参数，试图发现领导者所特有而被领导者所缺乏的才能和品质，在此基础上确定出领导者的标准，以此作为选拔领导者的依据。该研究一般从以下 5 个方面入手：

(1) 生理特质，如领导者的身高、体重、体质、音容笑貌和仪态举止等。

(2) 个性特质，如自信、热情、外向、开朗、幽默、正直、负责、勇敢、独立性和内控性等。

(3) 智力特质，如领导者的记忆力、判断力、逻辑能力以及反应能力等。

(4) 工作特质，包括责任感、事业心、首创性等。

(5) 社会特质，包括沟通能力、激励能力、协调能力、控制能力、人际交往能力等。

在早期的理论和假说中，比较著名的有亨利(Henri)的特质理论。亨利 1949 年提出成功领导者应具有以下 12 点特质：

(1) 成就欲强烈，把工作当成乐趣和兴奋点，对其关注和追求超过对金钱报酬和职位晋升的关注和追求。

(2) 敢于承担责任，干劲大，希望迎接工作的挑战。

(3) 尊重上级，认为上级水平高、经验多，能够帮助自己上进和提高，与上级关系好。

(4) 组织能力强，把混乱的事组织得很有条理。

(5) 决断力强，能在较短的时间内对各种备选方案进行权衡并迅速作出决断。

(6) 思维敏捷，有较强的预测能力，能从有限的材料中预测出事物的发展动向。

(7) 自信心强，对自己的能力有充分的自信，目标坚定，不受外界干扰。

(8) 极力避免失败，不断接受新任务、树立新目标，驱使自己前进。

(9) 讲求实际，重视现在，而不大关心不肯定的未来。

(10) 眼睛向上，对上级亲近而对下级较疏远。

(11) 对父母没有感情上的牵挂，而且一般不同父母住在一起。

(12) 忠于组织，忠于职守。

经过 40 多年的研究，研究者仍未能找到有效的领导者所应该具有的区别于被领导者的才智、个性、身体等方面的特质，也几乎没有证据表明，领导者是天生的。只是更多的数据表明，一般而言，领导者比其他人更好交往，更具主动性，更为活泼。除此之外，领导者通常好像具有一点原创性，较受欢迎，而且具有一点幽默感。但所有这些都不能确保一个人成为领导者，更不用说成为一个有效的领导者。

虽然这一时期领导特质理论的研究没有取得预期的成果，并具有很大局限性，但也有一定的成就，正如美国著名管理学家斯蒂芬·P. 罗宾斯(Stephen P. Robbins)认为①大多数人相信对于所有成功的领导者而言，都具备一系列一致而独特的个性特点。②在确定与领导关系密切的特质方面的研究中，得到的结果引人瞩目。例如，研究发现，进取心、领导意愿、正直与诚实、自信、智慧和具备与工作相关的知识对领导者尤为重要。③大半个世纪以来的研究可以得出这样的结论：具备某些特质确实能提高领导者成功的可能性，但没有一种特质是成功的保证。

7.2.2 后期的素质理论

20 世纪 70 年代以来，由于社会环境发生了巨大的变化，知识经济对领导者提出了新的挑战，人们对领导者特质理论的研究又迅速升温。虽然原来的领导特质理论研究结果基本上否认了“伟人论”的观点，但人们始终都认为有效领导者必须具备一定的素质。从这时起，人们对领导素质的研究进入一个新的阶段。这一时期，领导者素质的研究有以下 3 个特点：

(1) 试图在新的历史条件下，确定那些被公认为领导者的个体身上所隐含的一系列特质，认为领导者是内在素质和外在风格的统一体。领导者素质的研究不但强调领导者的实质，也强调领导者的外在表现，如形象、魅力、风格等。

(2) 对领导者的研究已从行为实验室进入了化学实验室和自然科学领域，以寻找与领导者素质有关的生物学根源、先天遗传的禀赋因素，以及儿童早期生活环境和经历对其影响。有越来越多的证据表明，领导者素质与先天遗传的因素有关，但不是决定性的。

(3) 领导者素质主要是后天学习和实践的结果。优秀的领导者，特别是高阶层的领导者，绝不是“培养”出来的，而是“实干”和“竞争”出来的，他们的领导素质中共同的财富就是经验。而这种经验只有在工作第一线才能学到，是在不同的岗位上长期历练，从正面和反面学习的结果。

美国学者詹姆士·M·库塞基(James M. Kouzes)和贝瑞 Z·波斯纳(Barry Z. Posner)是著名的领导学专家，他们认为领导是每个人的任务，领导是人类组织中不可或缺的重要事务。他们从 1980 年开始调查近千家企业及政府行政部门，而后又在 1987 年和 1995 年进行了两次调查。他们发现，排在前四位的领导特质是诚实、有远见、懂得鼓舞人心、能力卓越。

(1) 诚实，它是领导者和被领导者关系中最重要的因素。83%的人期望领导者要诚实、讲信用、有道德、有原则。如果领导者对自己所倡导的原则言出必行，那么下属就会心悦诚服地追随。

(2) 有远见。不管我们称这种能力为眼光、梦想、召唤、目标或计划，它的信息或内涵都是很清楚的；如果领导人期望别人愿意加入他们的行列，那么他们必须知道目标何在，前景如何，也就是要有远见。

(3) 懂得鼓舞人心。追随者期望领导者拥有满腔热情、充满活力，尤其是在困难时期对未来感到乐观，领导者若能表现得极其热忱和兴奋，显示出他个人对所追求目标的投入，就更能鼓舞人心。

(4) 能力卓越。领导者必须有领导能力，这是指领导者必须具备运转工作的核心技术，尽管不同职业对领导者要求不同，但领导者必须具备为他的职业带来某些附加价值的能力。

除此之外，还有许多的研究者都提出了他们的观点。其研究表明，领导者至少在某些领域确实有天赋和才能，成功的领导者存在某些特质上的共性，但特质仅仅是领导者应当具备的必要条件，仅有这些天赋和才能是不够的，个人的经验、正确的抉择以及对环境的正确判断也是使这些因素得以充分发挥的关键因素。领导特质理论只能说明具有哪些素质会有较大的机会成为领导者，成为有效的领导者。但能否真正成为领导者，成为有效的领导者，其制约的因素还很多。领导者的特质只为其成功提供了某种可能，重要的还是后天的学习和实践锻炼。但不论如何，领导特质理论毕竟为培养、培训和选拔领导者提供了一定的标准和依据。

7.2.3　对素质理论的评价

目前，领导者素质理论是当前人们谈论比较多的话题，关于领导素质的研究仍在继续进行，并且取得了很大的成绩，从最一般的理论概括层面上，人们见解最一致、歧义最少，都是从众所周知的正直、思想、道德、文化、能力、身体等方面去论述领导者的素质，这也是时代的共识。通过对西方国家领导素质理论研究我们发现，领导素质理论系统地分析了领导者应具备的条件，向领导者提出了要求和希望，这对培养、选择和考核领导者也是有帮助的。但是，国外的研究也有一种倾向，即把领导者素质过度地倾向于一种天赋的心理、生理现象，把领导者素质与后天的教育和事件割裂得比较严重。

马克思主义管理学、领导学，一方面，成人心理生理、素质在领导者素质形成中的基础作用(因为人之所以比一般动物有高超的智能，就是由于人脑的素质比一般动物来得发达)；另一方面，特别重视和强调后天的学习、训练、教育和实践在领导素质形成中的决定作用(因为不仅领导者的政治思想素质、道德品质素质、文化专业素质、组织能力素质，都是后天学习、教育、训练和社会事件影响的结果，而且心理生理素质本身的发展和提高也在一定程度上决定于后天的学习、训练、教育和实践)。一个领导者可以通过不间断的学习和实践，来改善和提高自己的素质，也可以由于怠惰和蜕化，而丧失原来的素质，甚至变质。

由于领导类型的多样性和领导情境的复杂性，领导素质理论的研究一旦超越定性和理论描述而进入定量和实证分析领域，便成为了人文科学和自然科学共同研究的、观点尚有待于足够的实证材料支持的问题。所以，领导者素质看似一个简单、容易的问题，实则是理论研究的一个热点和难点。但是不管怎样，只有创新才会引领社会实践，只有不断研究出新的理论才会促进社会向前发展。

知识链接

领导威信“德服”为上

任何领导都要有威信。树立威信靠服众。不服众者，何以当领导？管理学家说，服众途径有 3 种——“力服、才服、德服”。“力服”即领导以权利强迫下属服从自己意志；“才服”是领导靠才智引导下属服从自己意志；“德服”则是领导以高尚的人格去感化下属，使之心甘情愿服从自己。

俗话说：“德服为上，才服居中，力服为下。”何解？力服者只要运用权力命令下属去做即可，简单易操作。但这套领导术，用于那些比领导更有能力、水平的下属却效果有限，甚至未必行得通，极易造成抵触情绪和逆反心理；才服者对下属员工，不但要他们知其然，而且要他们知其所以然。“才服”体现了较高级的领导艺术，但也有局限性，它必须以领导的才干、能力高于下属为前提。否则，下属的才干、能力比领导还强，“才服”便行不通。领导的水平、能力不如属下，凭什么能服众？而“德服”则不同，下属的才干、能力无论比领导强或弱，都心服口服地绝对服从领导，效果当然较好。也就是说，“力服”职能驾驭一般人，“才服”则要告诉下属“怎么做”，而“德服”则根本不用领导操心，他只需吩咐下属“做什么”就行了，就算那些比领导强的下属也同样会自觉地“尽力做”。不仅如此，还可能比领导更懂得“怎么做”，从而做得更为出色。

古今中外，擅长“德服”的领导很多。论才干、论能力、论智慧，刘备不及诸葛亮，但刘备靠宽厚、谦虚、求才若渴的高尚人格，终始才华横溢的孔明“鞠躬尽瘁，死而后已”地辅助自己，创下“三分天下有其一”的霸业。

同样，一位出色的企业家，专业不一定要出类拔萃，某个领域也不一定要卓有建树，但必须具备能力将众多的甚至强于自己的人才团结在自己周围的“德服”的领导艺术。日本著名企业家松下幸之助乃其中的佼佼者。他视员工为儿女，给予无微不至的关怀，他让人事部建立员工的生日档案，他们生日那天，都能无一例外收到一份以公司名义送的礼物。礼物虽轻但情意重，足以赢得众人心。“士为知己者死”、“滴水之恩当以涌泉相报”，全体员工视公司为家，无私贡献才干、智慧，终于使“松下”成为国际知名大企业。

所以，古人常说“攻心为上”，说的其实也是要以“德服”为基础、为核心。“德服”的精辟之处，就是高速形象地表现了领导素质的精髓。

(资料来源：陈江智. 中国中小企业[J]. 2002.)

7.3 领导行为理论

由于领导特质理论在预测领导者效能和解释领导方面表现出了局限性，研究者开始关注领导者的具体行为。领导行为理论试图找出那些成功的领导者所具有的某些独特的行为，即那些可以清楚界定的领导行为。领导行为理论认为，领导者可以通过合适的领导行为的学习和培训而更加有效地开展领导工作。领导行为可以有不同的方式、作风、风格或形态，领导行为方式的差异，不仅因为领导者的特质不同，而且由于他们对权力的运用方式及对任务和人员之间关系有不同的理解、态度和实践。在影响人的过程中，领导者对权力运用的方式称作领导风格或领导方式。领导行为研究具有特质理论研究所不具备的几个有利条件：①行为能够被观察，比素质更具有客观性；②行为能够被测量，比素质更精确和更正确；③行为可以通过学习而获得，但素质是先天或者早期生活中形成的。因此，人们把研究的重点集中到了领导行为上，导致领导行为理论的研究占据了主导地位。领导行为理论认为，领导者不是天生造就的，而是后天培养、塑造和形成的，通过对有效的领导行为模式和领导风格的研究，可以按照一些精心设计的培训项目把有效的领导行为模式移植到其他人身上，使之也成为有效的领导者。领导工作的绩效主要取决于领导者的行为和风格，而不是领导者的特质。领导行为理论强调一个有效领导者的行为，而不是判断谁应该是一位有效的领导者。西方学者对领导行为和领导风格作了广泛的研究、进行了各式各样的分类，产生了诸多派别和理论。

7.3.1 勒温理论

美国依阿华大学的研究者、著名心理学家库尔特·勒温(Kurt Lewin)和他的同事们从30年代起就进行关于团体气氛和领导风格的研究。勒温等人发现，团体的任务领导并不是以同样的方式表现他们的领导角色，领导者们经常表现出不同的领导风格，这些不同的领导风格对团体成员的工作绩效和工作满意度有着不同的影响。勒温等研究者力图科学地识别出最有效的领导行为，他们着眼于 3 种领导风格，即专制型、民主型和放任型的领导风格。

1. 专制型领导风格

专制型的领导者只注重工作的目标，仅仅关心工作的任务和工作的效率。但他们对团队的成员不够关心，被领导者与领导者之间的社会心理距离比较大，领导者对被领导者缺乏敏感性，被领导者对领导者存在戒心和敌意，容易使群体成员产生挫折感和机械化的行为倾向。

专制型(autocratic)团队的权力定位于领导者个人手中，领导者只注重工作的目标，只关心工作任务的完成和工作效率的高低，对团队成员个人不太关心。在这种团队中，团队成员均处于一种无权参与决策的从属地位。团队的目标和工作方针都由领导者自行制定，具体的工作安排和人员调配也由领导者个人决定。团队成员对团队工作的意见不受领导者欢迎，也很少会被采纳。

领导者根据个人的了解与判断来监督和控制团队成员的工作。这种家长式的作风导致了上级与下级之间存在较大的社会心理距离和隔阂，领导者对被领导者缺乏敏感性，被领导者对领导者存有戒心和敌意，下级只是被动、盲目、消极地遵守制度、执行指令。团队中缺乏创新与合作精神，而且易于产生成员之间的攻击性行为。

2. 民主型领导风格

民主型的领导者注重对团体成员的工作进行鼓励和协助，关心并满足团体成员的需要，营造一种民主与平等的氛围，领导者与被领导者之间的社会心理距离比较近。在民主型的领导风格下，团体成员自己决定工作的方式和进度，工作效率比较高。

民主型(democratic)团队的权力定位于全体成员，领导者只起到一个指导者或委员会主持人的作用，其主要任务就是在成员之间进行调解和仲裁。团队的目标和工作方针要尽量公诸于众，征求大家的意见并尽量获得大家的赞同。具体的工作安排和人员调配等问题，均要经共同协商决定。

有关团队工作的各种意见和建议将会受到领导者鼓励，而且很可能会得到采纳，一切重要决策都会经过充分协商讨论后作出。民主型的领导者注重对团队成员的工作加以鼓励和协助，关心并满足团队成员的需要，能够在组织中营造一种民主与平等的氛围。在这种领导风格下，被领导者与领导者之间的社会心理距离较近，团队成员的工作动机和自主完成任务的能力较强，责任心也比较强。

3. 放任型领导风格

放任型的领导者采取的是无政府主义的领导方式，对工作和团体成员的需要都不重视，无规章、无要求、无评估，工作效率低，人际关系淡薄。

放任型(laissez-faire，free-rein)团队的权力定位于每一个成员，领导者置身于团队工作之外，只起到一种被动服务的作用，其扮演的角色有点像一个情报传递员和后勤服务员。领导者缺乏关于团体目标和工作方针的指示，对具体工作安排和人员调配也不做明确指导。

领导者满足于任务布置和物质条件的提供，对团体成员的具体执行情况既不主动协助，也不进行主动监督和控制，听任团队成员各行其是，自主进行决定，对工作成果不做任何评价和奖惩，以免产生诱导效应。在这种团队中，非生产性的活动很多，工作的进展不稳定，效率不高，成员之间存在过多的与工作无关的争辩和讨论，人际关系淡薄，但很少发生冲突。

3 种领导风格特征比较见表 7-2。

表 7-2 三种领导风格特征

	专制型	民主型	放任型
权力分配	权力集中于领导者个人手中	权力在团体之中	权力分散在每个员工手中，采取无为而治态度
决策方式	领导者独断专行，所有的决策都由领导者自己作出，不重视下属成员的意见	让团队参与决策，所有的方针政策由集体讨论作出决策，领导者进行指导、鼓励和协助	团队成员具有完全的决策自由，领导者几乎不参与
对待下属的方式	领导者介入到具体的工作任务中，对员工在工作中的组合进行干预，不让下属知道工作的全过程和最终目标	员工可以自由选择与谁共同工作，任务的分工也由员工的团队来决定。让下属员工了解整体的目标	为员工提供必要的信息和材料，回答员工提出的问题
影响力	领导者以权力、地位等因素强制性地影响被领导者	领导者以自己的能力、个性等心理品质影响被领导者，被领导者愿意听从领导者的指挥和领导	领导者对被领导者缺乏影响力
对员工评价和反馈的方式	采取“个人化”的方式，根据个人的情感对员工的工作进行评价。采用惩罚性的反馈方式	根据客观事实对员工进行评价。将反馈作为对员工训练的机会	不对员工的工作进行评价和反馈

勒温等人试图通过实验决定哪种领导风格是最有效的领导风格。他们分别将不同的成年人训练成为具有不同领导风格的领导者，然后将这些人充当青少年课外兴趣活动小组的领导，让他们主管不同的青少年群体。进行实验的群体在年龄、人格特征、智商、生理条件和家庭、社会、经济地位等方面进行了匹配，也就是说，几个不同的实验组仅仅在领导者的领导风格上有所区别。这些青少年兴趣小组进行的是手工制作的活动，主要是制作面具。结果发现，放任型领导者所领导的群体的绩效低于专制型和民主型领导者所领导的群体；专制型领导者所领导的群体与民主型领导者所领导的群体工作数量大体相当；民主型领导者所领导的群体的工作质量与工作满意度更高。基于这个结果，勒温等研究者最初认为民主型的领导风格似乎会带来良好的工作质量和数量，同时群体成员的工作满意度也较高，因此，民主型的领导风格可能是最有效的领导风格。但不幸的是，研究者们后来发现了更为复杂的结果。民主型的领导风格在有些情况下会比专制型的领导风格产生更好的工作绩效，而在另外一些情况下，民主型领导风格所带来的工作绩效可能比专制型领导风格所带来的工作绩效低或者仅仅与专制型领导风格所产生的工作绩效相当，而关于群体成员工作满意度的研究结果则与以前的研究结果相一致，即通常在民主型的领导风格下，成员的工作满意度会比在专制型领导风格下的工作满意度高。

在实际的组织与企业管理中，很少有极端型的领导，大多数领导都是界于专制型、民主型和放任型之间的混合型。因此，实际的领导者风格类型可以用上图表示。

勒温能够注意到领导者的风格对组织氛围和工作绩效的影响，区分出领导者的不同风格和特性并以实验的方式进行验证，这对实际管理工作和有关研究非常有意义。许多后续的理论都是从勒温的理论发展而来的。例如，罗伯特·坦南鲍姆(Robert Tannenbaum)和施米特(Schmitt)的领导行为连续体理论就是为解决勒温等人的研究中提出的问题而提出的理论。

但是，勒温的理论也存在一定的局限。这一理论仅仅注重了领导者本身的风格，没有充分考虑到领导者实际所处的情境因素，因为领导者的行为是否有效不仅仅取决于其自身的领导风格，还受到被领导者和周边的环境因素的影响。

特别提示

比较上述 3 种领导方式的优劣，大多数人都认同民主式领导风格，但从实际情况来看，无论哪种方式在不同的环境条件下都有成功的事例。例如，遇到危机情况，处事原则、方法和程序不能有违；或发生内部矛盾，用民主方法不能解决时，采用独裁式领导风格也许更有效。因此，不能简单地说哪种方式更有效，问题在于如何根据具体情况，选择合适的领导方式。

7.3.2　俄亥俄州立大学的研究

俄亥俄州立大学的研究人员从 1945 年开始研究领导行为，并提出了领导行为四分图。他们通过大量的调查研究表明，不同的领导方式对工作效率和职工情绪有直接的影响。他们发现高结构、低关怀的领导方式容易造成领导和下属的对立情绪，下属的满意度低、缺勤率高且流动性大，工作效率较低。斯托格迪尔(Stogdill)等人认为，所谓领导行为就是领导者领导群体去实现目标的行为。领导行为的这两个维度并不是相互排斥、对立的，可以而且应该把两者结合起来。他们认为，一个两方面结构都很高的领导者，其工作效率与领导的有效性必然较高。同时，他们归纳总结出了领导行为的两个构面：①定规；②关怀。

所谓定规是指领导者为实现组织目标界定和构造自己与员工角色的程度。领导者通过定规使下属成员明确自己的地位、角色、工作要求、工作方式以及工作程序等。在高定规下的典型行为，包括注重工作的组织、计划和目标，规定成员的工作职责和关系，建立明确的组织形态、工作效率标准、信息沟通渠道及工作要求、程序、方法，要求群体成员遵守既定的规章制度。

所谓关怀是指领导者希望和部属建立一种相互依赖以及关心部属感觉和尊重其想法的工作关系的程度。高关怀的领导者所提供的是一种友善和支持型的组织气氛。在高关怀下的典型行为，包括注重与下属之间的友谊、相互信任、尊重下级的意见、对下属一视同仁、鼓励下属进行沟通交流、分担他们的忧愁、关心他们的生活状况及工作满意度。

俄亥俄州立大学的研究人员通过调查发现，定规和关怀这两种领导行为在一个领导者身上有时一致，也就是说，一个领导者的行为在每一种纬度中可以出现很大的变化。因此，他们认为领导是定规和关怀两种行为的具体组合，二维构面可构成一个领导行为坐标，如图 7.1 所示，大致可分为 4 个象限。

一般而言，定规与关怀程度皆高的领导者往往比低关怀或低定规或两者皆低的领导者更容易使下属达到高绩效和高满意度。然而，高—高型风格并不总是产生积极正面的效果，也有特定背景下出现的例外情况，这里面还要考虑到情境因素对最佳领导行为的影响。

俄亥俄州立大学的这项研究工作具有重要的意义，他们所提出的 4 种领导风格也为以后的许多类似研究奠定了基础，后来许多领导理论如利克特(Likert)的领导系统模式理论、布莱克(Blake)和默顿(Mouton)的管理方格理论、坦南鲍姆等的领导连续统一体理论、PM 领导模型等，就是以此为基础发展起来的。

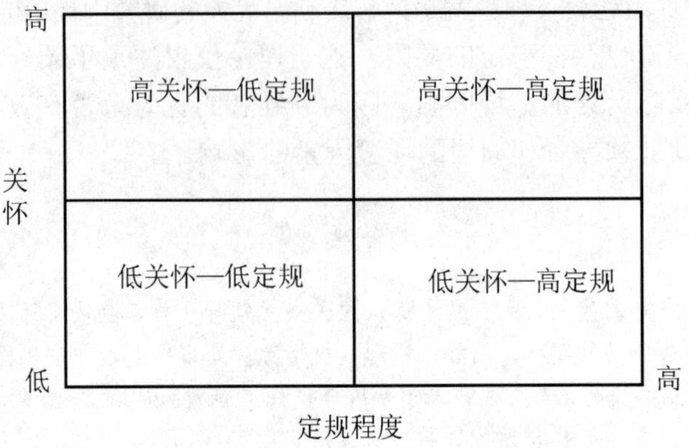

图 7.1　领导行为四分图

7.3.3　密歇根大学的研究

与俄亥俄州立大学的研究同期，密歇根大学调查研究中心也进行着相似性质的研究，即确定领导者的行为特点以及它们与工作绩效的关系。密歇根大学的研究小组把领导行为划分为“生产导向”和“员工导向”。“生产导向”强调技术和生产，重视生产任务的完成和组织目标的实现，员工被视为达到组织和领导者目标的工具，与“任务行为”相似；“员工导向”被描述为重视人际关系，即把员工当作真正的人来看待，尊重他们的个性差异且重视其个人需要、个人创造与成就，与“关系行为”相似。

研究者们开始研究时把“员工导向”和“生产导向”定义为一个连续体的两端，导致出现“生产导向”强的领导者“员工导向”差、“员工导向”强“生产导向”就差的对立化结果。研究发现这种思维方式有缺陷后进行了重新定义，按照相互独立的取向而不是对立的两端进行研究——领导既可以是员工导向，也可以是生产导向，而且能够根据不同状况变化。

密歇根大学研究者的结论对员工导向的领导十分有利，他们与高群体生产率和高工作满意度呈正相关。而生产导向的领导者则与低群体生产率和低工作满意度联系在一起。

管理故事

科宁公司的见，詹姆斯·凯瑟

1968 年，詹姆斯·凯瑟从 UCLA 大学毕业不久，就进入科宁公司做销售代表。今天，凯瑟已经成为科宁公司的高级副总裁，并且是技术产品部和拉丁美洲、亚太地区出口部的总经理。他直接负责价值 20 亿美元的企业资产，从事着改进、生产和销售 4 万件产品与技术(从高质量的太阳墨镜到太空宇宙船窗)的工作。

助手们形容凯瑟为“一只凶猛的猎狗”，但又是个“公正无私和细致入微的管理者”。有人说：“他是个坚毅、大胆的冒险家，同时又十分关怀他的手下。”凯瑟十分信任地把决策权授予下属：“我是个员工取向的管理者，我相信一个人不可能足以聪明地知道所有问题的答案(尤其是处在我的位置上)，因此我们实行参与和授权做法，实际是我的员工们在经营这个企业。”

凯瑟在科宁公司取得的成就令人瞩目。例如，他在科宁公司的文化多元化革新和全面质量管理项目中扮演着指导性的角色。他的部门在公司中率先将他的企业战略和公司的质量策略结合起来。凯瑟不仅是企业中的领导，同时还是社团领袖。近两年来，他一直担任经营管理领导委员会的主席，这是一家位于华盛顿特区的政府机构，其拥有60名黑人高级经理来帮助上百名黑人经营管理人员进行沟通与获得信息，从而提高他们的工作水平。他说："作为一名黑人，我有责任在社会中使黑人走到一起，并指导他们和他们的工作。"

7.3.4 管理方格理论

美国的德克萨斯大学的布莱克和默顿于1964年在"关心人"和"关心生产"的基础上提出了管理方格理论，该理论的两个维度与俄亥俄州立大学的"定规"和"关怀"以及密歇根大学的"员工导向"和"生产导向"极为类似。他们设计了一张管理方格图，横坐标表示对生产的关心程度，纵坐标表示对人的关心程度，在两个坐标轴上分别划出9个等级，从而产生了81个方格，有81种不同领导风格与之相对应，其中有5种典型的领导风格，如图7.2所示。

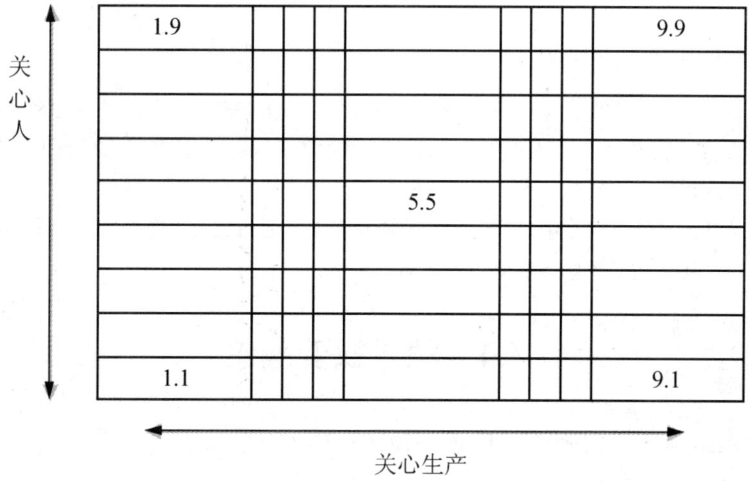

图7.2　管理方格图

1.1型：贫乏型管理

领导者对人和工作的关心度都最低，多一事不如少一事，希望能够避免麻烦，尽量避免承担责任。他们只愿意花费最少的精力、付出最少的努力，维持自己职务所必需的最低限度的工作。

9.1型：任务型管理

领导者对工作的关心度最高，只注意任务、目标及绩效的完成和实现，但忽略对人的关心，他们常运用强制的权力来促使员工达成组织目标。

1.9型：乡村俱乐部型管理

领导者对人高度关心，重视同下属的关系，强调部属与自己的感情，而对工作、任务以及效率并不关心。他们希望构建一种舒适、友善、安全、和谐的组织氛围，并且相信部属在这种氛围下会有正面的表现。

5.5 型：中庸之道型管理

领导者维持足够的任务效率和令人满意的士气，通过保持必须完成的工作和令人满意的士气之间的平衡，使组织的绩效有实现的可能。领导者对工作和人的关心度都是中等，强调适可而止，兼而顾之，努力保持和谐和妥协，缺乏强烈的进取心，乐意维持现状。

9.9 型：理想型管理

领导者对工作和人都高度关心，通过协调和综合工作相关活动而提高任务效率和士气。这是一种理想的领导风格。

布莱克和默顿认为，9.9 型管理是最理想、最有效的领导方式，应当是领导者努力的方向。但是，关于如何成为有效的领导者，管理方格理论也没有给出具体说明，只是为领导风格的概念化提供了一个基本框架。在管理实践中，还找不到足够的证据支持 9.9 型管理在所有情况下是最有效的这一结论。

实际上，领导风格的有效与否要依情况而定，最有效的领导风格不是一成不变的，管理风格理论能够帮助领导者更好地认识到自己的领导风格，找到有效改进的努力方向，也可以用于有效地培训未来的领导者。

特别提示

领导行为理论将人们的注意力由领导者的特质转移到领导者的行为，但是该理论最大的缺陷就是，它们没有在领导行为方式类型与成功绩效之间验证出一致性的关系，没有考虑到影响领导有效性的情境因素。不同的情境会导致不同的研究结果，因此，领导行为理论并没有获得一般性的结论。所以，对于领导行为理论来说，虽有助于描述领导者的行为，但无法预测领导者的行为。在所有情境下，领导风格绩效的不确定性将促使研究者去尝试探索情境对领导风格的影响。

7.4 领导权变理论

人们越来越清楚地认识到，要找到一种适合任何环境和条件的领导特质和领导行为方式都是不切实际的，没有什么是一成不变的。领导行为的有效性不仅取决于领导者本人的素质和能力，而且还取决于被领导者特征和领导情境等。这个观点可用公式表示如下：

$$S=f(L, F, E)。$$

在上式中，S 代表领导方式，L 代表领导者特征，F 代表被领导者特征，E 代表领导情境，即领导方式是领导者特征、被领导者特征和领导情境的函数。

因此，权变理论认为，没有一种普遍适用的领导方式，没有一种最好的、最有效的领导行为，领导工作强烈地受到领导者所处的客观环境的影响。一切要以时间、地点、条件为转移，具体问题具体分析，这便是权变理论的实质。领导权变理论的重点便是找出关键的情境变量，以及指出这些情境变量如何相互影响来决定最适合的领导行为。最具代表性的权变理论主要有费德勒模型、领导生命周期理论和途径——目标理论。

7.4.1 费德勒模型

F·费德勒(F. Fiedler)自 1951 年起，经过十多年的调查研究，提出了领导权变模型理论。他的权变模型是领导科学上最早的也是迄今为止最好的研究方法。其权变模型的基本前提是领导绩效是领导方式和领导情景相互作用的产物。如果领导方式与情景相容，那么这种领导就是有效的；如果领导方式不能满足领导情景的需要，那么，这种领导将失去有效性。领导者必须是一位具有适应能力的人。

1. 确认领导风格

费德勒对 1 200 个群体进行了广泛调查，他设计了一个“最不愿与之共事者(least preferred co-worker，LPC)问卷”。让一位领导者在所有过去与现在的同事中选取他认为不受欢迎、最难合作的人，以一套截然相反的形容词来描述他们，然后根据程度高低选取相应的得分。通过调查表的得分高低来衡量领导的个性，从而确定领导风格。问卷以等级记分，最后累加得分(LPC)高的人，是关系导向型的，是一位宽容且关心人的领导，他们主要以人际关系为目标来激励自己，通过与其他人建立良好的人际关系来实现自我。在 LPC 上得分低的人则是任务导向型的，是一位对人苛刻、以工作为中心的人。他们主要依靠任务和成就来激发自己的动机，凭借完成任务的好坏来实现自我。

2. 分析情境因素

菲德勒认为，决定领导绩效高低的情境因素有 3 个：领导者与被领导者的关系；任务结构；领导者的职位权力。

(1) 领导者与被领导者的关系。费德勒认为这个因素是最重要的，因为职位权力和任务结构大多可以置于组织的控制之下，但是领导者与被领导者的关系不易控制，如果处理不好，可能影响下级对领导者的信任和爱戴。领导者和成员之间良好的人际关系意味着他们具有一种团队精神，相互支持，凝聚力强。

(2) 任务结构。它是指工作任务的明确程度和人们对这些任务的负责程度。当下属成员对所承担任务的性质、目的、方法和绩效标准清晰明确时，领导者对工作质量较易控制。含义模糊不清的任务会带来不确定性，从而降低领导者对情境的控制度。

(3) 职位权力。这是指领导者所拥有的对下属的雇用、解雇、报酬和奖惩等正式的与领导者职位相关联的权力以及领导者从上级和整个组织各个方面取得的支持程度。职位权力是由领导者对其下属的实有权力。当领导者拥有一定明确的正式的职位权力时，则更容易使群体成员遵从他的领导。拥有较多正式权力的领导者比那些权力少的人感觉更容易控制执行。

根据这 3 个权变因素可以评估环境是否对领导者有利。费德勒指出，领导者与下属关系越好，任务结构化程度越高，职位权力越大，领导者拥有的控制力和影响力也越高，环境对领导者越有利；反之，环境对领导者则不利。这 3 项权变因素组合起来，可以得到 8 种不同的情境和类型，每个领导者可以从中找到自己的位置。

3. 进行领导与情境的匹配

费德勒把 8 种情境的每一种与 3 项权变因素分别组合起来，进行各种匹配。他认为，在领导职位权力不足、任务结构不明确、领导与下属的关系恶劣的情境因素下，任务导向型的领导者将是最有成效的。在职位权力很高、任务结构明确、领导者与其成员关系良好等情境因素下，任务导向型的领导者也是最有成效的。但当情况中等有利时，关系导向型的领导是最有成效的。总之，在情境因素最好或最差的条件下，应选择任务导向型的领导方式；反之，则应选择关系导向型的领导方式。费德勒模型见表 7-3。

表 7-3 费德勒模型

情景类型	1	2	3	4	5	6	7	8
领导者与被领导者关系	好	好	好	好	差	差	差	差
任务结构	明确	明确	不明确	不明确	明确	明确	不明确	不明确
职位权力	强	弱	强	弱	强	弱	强	弱
有效领导方式	任务导向	任务导向	任务导向	关系导向	关系导向	不明确	不明确	任务导向

根据费德勒的观点，个人的领导风格反映个人的人格特性，因此是相对不变的。所以，组织提高领导者的有效性只有两种途径：一是调换领导者以适应环境，二是改变环境以适应领导者。其后的大量研究对费德勒模型的整体合理性进行了考查，有相当多的有力证据支持这一模型，但是，该模型也存在一些缺陷，情境变量过于复杂而难以评估，需要增加变量来改进和弥补。

管理故事

“董事长跳水”

一位日本矿业公司董事长，又一次在工厂开现场会，全公司有头有脸的显赫人物都出现了。会上大家都为本年度的好成绩而高兴，于是公司总裁秘书 L 小姐提议要使大家在高度欢乐中散会。她想出一个办法，把一个分公司的副经理抛在喷泉的池子中去，使大家的欢乐达到高潮。总裁觉得这个办法不错，于是同意了秘书的提议，就与公司的董事长打招呼，可是董事长觉得这样不是太妥，于是决定由自己——公司的最高领导者——在水池中表演个旱鸭子戏水。董事长转向大家说：“我宣布大会最后一个项目就是由 L 小姐提议的水池旱鸭子戏水。请各位注意了，我就此做表演。”话音刚落，他就跳到了水中，游起泳来。这时，参加大会的几百人都哄堂大笑。

事后，总裁问董事长：“那天你为什么亲自跳下水池，而不叫副经理下去呢？”董事长回答他道：“一般来说，让那些职位低的人出洋相，以博得众人的欢笑，而职位高的人却高高在上，端着一副架子，使人敬畏，是最不得人心了。”董事长的这番话唤醒了总裁，使总裁也注意到贴近部下，学到了办好企业的好招数。

7.4.2 领导生命周期理论

领导生命周期理论是由科曼首先提出，后由保罗·赫西(Paul Hussey)和肯尼斯·布兰查德(Kenneth Blanchard)予以发展的，也称情景领导理论，这是一个重视下属的权变理论。赫西和布兰查德认为，依据下属的成熟度，选择正确的领导风格，就会取得领导的成功。西方不少企业在培训其管理者的领导艺术时常使用这一理论，如《财富》杂志 500 家企业中的美国银行、IBM 公司、美孚石油公司、施乐公司等都采用此理论模型，甚至美国军队中的一些部门也采用这一模型培训其军官。

赫西和布兰查德重视下属在领导效果方面的作用，是因为下属可以接纳或拒绝领导者的命令，领导者的领导效果经常取决于下属的行为和活动。然而这一问题的重要性却被许多的领导理论所忽视或低估。

赫西和布兰查德将成熟度定义为个体对自己的直接行为负责任的能力和意愿。它包括两项要素：工作成熟度与心理成熟度。前者包括一个人的知识和技能。工作成熟度高的个体拥有足够的知识、能力和经验完成他们的工作任务而不需要他人的指导。后者指的是一个人做某事的意愿和动机。心理成熟度高的个体不需要太多的外部激励，他们主要靠内部动机激励。

领导的生命周期理论使用的两个领导维度与费德勒的划分相同：工作行为和关系行为。但是，赫西和布兰查德更向前迈进了一步，他们认为每一维度有低有高，从而组成了以下4种具体的领导风格，如图7.3所示。

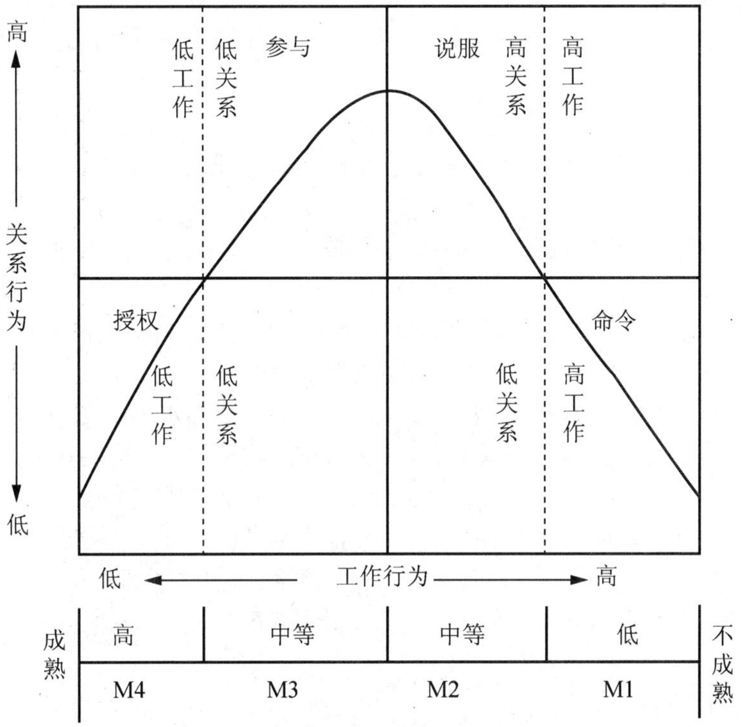

图7.3　领导生命周期曲线

1. 命令型领导方式(高工作—低关系)

领导者定义角色，告诉下属应该干什么、怎么干以及何时何地去干。当被领导者“不成熟”时，应该采取命令式的高任务、低关系的领导形态。要强调有计划、有布置、有监督、有检查，否则被领导者将感到领导不力、不知所措、无所适从。这对于新员工，知识水平较低、业务能力较差的员工和基层尤为重要。

2. 说服型领导方式(高工作—高关系)

领导者同时提供指导性的行为与支持性的行为。当被领导者“初步成熟”时，采取任务行为、关系行为并重的说服式领导形态较为适宜。这时，布置工作不仅要说明干什么，还要说明为什么这样干，以理服人，不搞盲从。

3. 参与型领导方式(低工作—高关系)

领导者与下属共同决策，领导者的主要角色是提供便利条件与沟通。当被领导者“比较成熟”时，领导者的任务行为要减少、放松，关系行为要加强，采取参与式。领导者要向被领导者沟通信息，交流感情，吸收下级参与领导，提供情况和建议，改善关系，增强信任感。

4. 授权型领导方式(低工作—低关系)

领导者提供极少的指导或支持。当被领导者很成熟、水平很高、工作熟悉、技术熟练时，领导者应采取低任务、低关系的授权式领导，提出任务后，放手让下级去干，充分发挥下级的主观能动性；在下级需要时，可以提供帮助和支持。否则，过多的关心和支持反而会引起下级的反感，认为上级不放手、不信任，从而挫伤积极性，造成猜疑，影响工作成效。

赫西－布兰查德的领导生命周期理论对下属成熟度的4个阶段的定义如下：

第一阶段：这些人对于执行某任务既无能力又不情愿。他们既不胜任工作又不能被信任。

第二阶段：这些人缺乏能力，但愿意执行必要的工作任务。他们有积极性，但目前尚缺足够的技能。

第三阶段：这些人有能力，却不愿意干领导者希望他们做的工作。

第四阶段：这些人既有能力又愿意干让他们做的工作。

图 7.3 概括了情景领导模型的各项要素。当下属的成熟水平不断提高时，领导者不但可以不断减少对下属行为和活动的控制，还可以不断减少关系行为。在第一阶段(M1)，需要得到具体而明确的指导；在第二阶段(M2)中，领导者需要采取高工作——高关系行为，高工作行为能够弥补下属能力的欠缺，高关系行为则试图使下属在心理上“领会”领导者的意图；对于在第三阶段(M3)中出现的激励问题，领导者运用支持性、非领导性的参与风格可获最佳解决；在第四阶段(M4)中，领导者不需要做太多事，因为下属愿意又有能力担负责任。

7.4.3 途径—目标理论

路径—目标理论是罗伯特·豪斯(Robet House)发展的一种领导权变模型。该理论认为，有效领导者的工作在于帮助下属达到他们的目标，并提供必要的指导、帮助和支持，以确保个体目标与组织或群体目标一致。“路径—目标”的概念源于这样一种认识：有效的领导者必须能为下属清楚地指出实现工作目标的路径，同时帮助下属达成其工作目标，并为他们清理各种障碍。

豪斯的路径—目标理论确定了4种领导方式：

(1) 指导型。给下属提出要求，指明方向，指定下属完成工作的时间安排，并对下属如何完成工作给予具体指导和帮助。这种领导类型类似于俄亥俄州立大学的定规维度。

(2) 支持型。领导者对下属友好亲切、平易近人，表现出对下属需求的关心，关心下属的生活福利和内心感受。这种领导类型与俄亥俄州立大学的关怀维度十分相似。

(3) 参与型。领导者在制定决策前，与下属共同磋商，并尊重和考虑他们的建议，尽量让下属参与决策和管理。

(4) 成就导向型。领导者为下属设立具有挑战性的目标，相信并鼓励下属达到其最佳水平。

与费德勒的领导权变理论不同的是，豪斯认为领导者是灵活的。路径—目标理论认为同一领导者可以根据不同的情境表现出任何一种或所有的领导风格。该理论提出了两类情境变量作为领导—行为关系的中间变量，即员工控制范围之外的环境变量(任务结构、正式权力系统以及工作群体)以及员工个性特征中的部分变量(控制点、经验和感知能力)。

路径—目标理论认为，领导者的工作是利用结构、支持和报酬，建立有助于员工实现组织目标的工作路径。这里涉及两个主要概念：建立目标方向；改善通向目标的路径以确保目标实现。其内容包括以下5个方面：

(1) 领导过程。路径—目标的领导过程如下：领导者确认员工的需要，提供合适的目标，通过明确期望与目标的关系，将实现目标与报酬联系起来；消除绩效的障碍，并且给予员工一定的指导。该过程的期望结果包括工作满意、认可领导和更强的动机。这些将在有效的绩效和目标实现中得到反映。

(2) 目标设置。它是取得成功绩效的标的，可以用来检测个体和群体完成绩效标准的情况。群体成员需要感觉到他们的目标是有价值的，并且可以在现有的资源和领导下达到该目标。如果没有共同目标，不同的成员会走向不同的方向。

(3) 路径改善。领导者在决定顺利实现目标的路径之前，还需要了解一些权变因素和可供选择的领导方案，特别是必须权衡确定对两类支持的需要。

第一类是任务支持，领导者必须帮助员工组合资源、预算以及其他有助于完成任务的因素，消除有碍员工绩效的环境限制，表现出积极的影响，并且对有效的努力和绩效给予及时认可：第二类是心理支持，领导者必须刺激员工乐于从事工作。

(4) 领导风格。按照路径—目标理论，领导者的行为被下属接受的程度取决于下属是将这种行为视为获得满足的即时源泉还是作为未来获得满足的手段。领导者行为的激励作用，在于它使下属的需要和满足与有效的工作绩效联系在一起，并提供了有效的工作绩效所必需的辅导、指导、支持和奖励。为此，豪斯区分了上述4种领导风格：指导型领导、支持型领导、参与型领导、成就取向型领导。

(5) 路径—目标理论提出了两类情境作为领导行为与结果之间关系的中间变量，它们是下属控制范围之外的环境(任务结构、正式权力系统及工作群体)以及下属个性特点中的一部分(控制点、经验和感知能力)。在工作环境中，领导者必须确认员工的任务是否已经结构化了；正式权力系统是否最适合于指挥型或参与型领导，以及现在的工作群体是否满足了员工的社会和尊重需要。

路径—目标理论证明,当领导者弥补了员工或工作环境方面的不足，就会对员工的绩效和满意度起到积极的影响。但是，当任务本身十分明确或员工有能力和经验处理它们而无需干预时，如果领导者还要花费时间解释工作任务，则下属会把这种指导型行为视为累赘多余甚至是侵犯。

不同领导理论之间的比较见表7-4。

表7-4　不同领导理论之间的比较

领导理论	基本观点	研究基本出发点	研究结果
领导素质理论	领导的有效性取决于领导者的个人特性	好的领导者应具备怎样的素质	各种优秀领导者的图像
领导行为理论	领导的有效性取决于领导行为和风格	怎样的领导行为和风格是最好的	各种最佳的领导行为和风格
领导权变理论	领导的有效性取决于领导者、被领导者和环境的影响	在怎样的情况下，哪一种领导方式是最好的？	各种领导行为权变模型

7.5 当代领导理论

7.5.1 领袖魅力型领导理论

魅力型领导理论(charismatic leadership theory)是指领导者利用其自身的魅力鼓励追随者并做出重大组织变革的一种领导理论。20世纪初，德国社会学家韦伯提出“charisma”，即“魅力”这一概念，意指领导者对下属的一种天然的吸引力、感染力和影响力。但从20世纪70年代后期开始，一些学者对这一概念作了重新解释和定义，进行了深入的研究，充实了新的内容。豪斯于1977年指出，魅力型领导者有3种个人特征，即高度自信、支配他人的倾向和对自己的信念坚定不移。随后，W·本尼斯(W. Bennis)在研究了90名美国最有成就的领导者之后，发现魅力型领导者有4种共同的能力：有远大目标和理想；明确地对下级讲清这种目标和理想，并使之认同；对理想的贯彻始终和执著追求；知道自己的力量并善于利用这种力量。

魅力型领导理论从20世纪80年代起，日益受到研究者的重视。这是因为随着经济全球化的发展，市场竞争日趋激烈，各类组织，尤其是企业组织迫切需要魅力型领导者的改革和创新精神，以对应环境的挑战。但一些学者的研究也指出，魅力型领导者也可能有消极方面。如果魅力型领导者过分强调自己个人需要高于一切，要求下级绝对服从，或利用其高超的说服能力误导或操纵下级，则可能产生不良结果。

根据韦伯的定义，魅力型领导(charismatic leadership)就是“基于对一个个人的超凡神圣、英雄主义或者模范性品质的热爱及由他揭示或者颁布的规范性形态或者命令”的权威。在这种权威类型下，具有克里斯玛的领袖的魅力超出了人们的日常生活，他将这种魅力(charisma)定义为“存在于个体身上的一种品质，超出了普通人的品质标准，因而会被认为是超自然所赐，超凡的力量，或者至少是一种与众不同的力量与品质”。这些品质普通人难以企及，往往被视为超凡神圣和具有模范性质，或者至少他们会将具有这种魅力品质的人视为领袖。由于这种魅力超出了人们的正常生活，所以它难以用理性、美学或者别的观点进行解释。

魅力型领导理论所界定的领导考特质和行为特征几乎都与领导者与追随者的动机密切联系。在此基础上，豪斯及其他研究者继续就魅力型领导者如何唤醒、引导、转化追随者的动机进行深入、细致的研究，提出了新观点。

1. 魅力型领导的激励理论

早期的魅力型及变革型领导理论认为，领导者行为对追随者具有深远影响，但未对如何获得这种效能进行详细说明。莎莫、豪斯和阿瑟提出了更为完整的理论来说明魅力型领导的激励作用。魅力型领导的激励理论进一步解释了魅力型领导者如何变革追随者自我概念，如何通过融合追随者认同和组织集体认同实现唤醒与转化追随者动机的过程；认为诉诸终极价值和强化追随者自尊与价值意识是这一过程的关键。

从被激励者的角度看，该理论假定个体能被下列因素所激发：①唤醒个体的归属、成就和社会影响这样一些潜意识需求的领导者行为；②坚守终极价值，并坚信这些价值是和领导者共有的；③能够对追随者的自我概念产生以下影响的领导行为，即追随者依据他们对愿景、使命、共同价值及集体的认知，对自我价值进行评价。

从激励者的角度看，杰出的领导者通过以下行为对追随者的动机产生正面影响：①清晰地提出一个超验的、意识形态的目的，该目的体现的是与追随者所信奉的相一致的终极价值；②有选择地唤醒与愿景实现相关的追随者动机，以使追随者的自我评价在更大程度上以目的实现为基础；③表现出对追随者的信心和对其取得优秀业绩的期望，以增强他们的自尊和自我价值意识；④将目标及为之进行的努力同追随者自我概念中的积极方面联系起来，利用自我表现、自我肯定的动力，进一步强化追随者的自尊和自我价值；⑤强调意识形态的、集体的终极价值，以此鼓励追随者从工具理性取向转为道德取向、从关注个人所得转向关注为集体所做的贡献。

豪斯在社会科学的各项研究成果的基础上认定，一个具有魅力的领导者比一个没有魅力的领导者更能影响下属的行为。该理论说明了追随者的自我牺牲行为和他们对愿景以及集体的认同，说明了魅力型领导变革了追随者的自我概念，把追随者的认同和组织的集体认同联系在一起。

菲欧、哈瑞斯和豪斯对20世纪所有美国总统的文章及演讲进行了分析，为上述激励理论提供了实证证据。他们的研究表明，魅力型总统比非魅力型总统更多运用修辞，这与莎莫等阐释的激励过程具有一致性。

2. 基于价值的领导理论

豪斯等认为，价值在领导者激发追随者过程中扮演了关键角色，特别是在需要追随者完成一些与个人利益无关任务时。在激发追随者的过程中，领导者首先提出蕴涵组织核心价值的富有感染力的愿景，核心价值要求的是能够诉诸追随者情感、产生强大激励作用的终极价值；然后，通过展示对愿景、对自身、对追随者的信心并树立角色榜样强化组织核心价值，进而激发追随者的持久动机和热情，提高追随者的自我效能感；最后，授权追随者实现愿景。豪斯等指出，内化于魅力型领导者愿景的终极价值，本质上是自足的。

基于价值的领导具有如下特征：

(1) 明确表述一个清晰的、有吸引力的愿景。激励型领导者能建立起追随者对新愿景的承诺，或者强化已有的愿景。愿景包括两个主要部分：核心意识形态和预想的未来。核心意识形态决定了一个组织代表什么，它为何而存在，它包括确立组织的核心目的、组织存在的深层原因和核心价值、组织的基本原则。愿景的第二个部分——预想的未来，就是组织要努力实现的或创造的、某种需要巨大改变和进步才能获得的东西，它包括一个长期的、大胆的目标和对组织及其成员美好未来的生动描绘。

(2) 用强烈的、富于表现力的方式来传达愿景。一个愿景的成功取决于它本身有多清晰、被传播得有多好和多吸引人，内在于领导者愿景的像公正、公平和社会责任这样的终极价值，能诉诸于人们的情感，有着强大的激发作用。领导者还要说服追随者。愿景不仅仅是空想，而是要在愿景和实现愿景的可靠战略之间找到明确的联系。

(3) 展现强烈的自信和实现愿景的信心。领导者的信心、乐观和热情是有感染力的。反之，如果领导者自己失去了信心，变得犹豫不决，那么绝不可能期望追随者相信愿景。

(4) 传达信息。愿景的激励效果还取决于追随者在多大程度上相信他们具有实现愿景的能力。领导者要表现出对追随者抱有很高的期望，对追随者的能力充满信心，从而给追随者创造一种自我实现的预言——我们所期望的经常就是我们所得到的。“自我实现的预言”解释了一种信念或期望(不管对错)怎样影响着某种情境的结果或人们行事的方式。在领导情境下，增强领导者对其追随者能力的信心将使追随者表现得更好。

(5) 树立角色榜样以强化内在于愿景的价值观。有效领导的前提可以总结为“示范领导”。有句谚语说“行动比言语更响亮”。有些最受人尊重的军事领导者就是带领着他们的部队冲锋陷阵，和士兵一起共担危险与艰难，而不是躲在后面的安全地带。要求追随者为了组织的愿景做出个人牺牲的领导者应该以身作则、树立榜样。

(6) 授权追随者去实现愿景。当领导者把他们自己及其组织置身于巨大挑战时，他们不可能事事躬亲。不能或不愿授权的领导者注定要失败，因为他们没有充分利用追随者的能力。高级执行官的主要职责是提出愿景、有效传播愿景并引导执行愿景。从许多失败的变革尝试中，我们总结出一个重要教训：高级执行官应该鼓励中层和基层管理者采用同组织战略和愿景相一致的方式变革他们的部门，而不是告诉他们具体该怎么做。

同时，豪斯等人还在理论上说明了易于出现基于价值的领导的情境：环境压力及不确定性较强、有机会关注道德、目标不清晰和绩效—奖励关联不明确等，其中部分情境因素的影响已通过实证研究得到验证。

从早期的1976年魅力型领导理论到基于价值的领导理论，豪斯等学者将需要变革的组织环境纳入魅力型(或基于价值的)领导产生并发挥效用的情境条件，围绕怎样激发并引导追随者动机，重点研究了领导者特质和行为方式。领导魅力型领导理论优缺点见表7-5。

表7-5 领导魅力型领导理论优缺点

优点	缺点
(1) 强势领导，绝对服从 (2) 尤其适用于困难时期或危险情境如组织突变时。比较：危机管理 (3) 有效。如果领导者的愿景正确，其领导力无疑极为高效 (4) 修辞能力。比较：心理定格 (5) 精力充沛、内在清晰、远见卓识、反传统、具有模范性	(1) 强势领导，绝对服从。日长月久，领导者身边聚集的都是“唯命是从者”。代表性差 (2) 具有魅力型品质特征的领导者毕竟还是少数 (3) 容易自我陶醉，忽略现实。对他人不敏感，缺乏责任感，无内在道德束缚。领导者的个人价值观尤为重要，这样的领导者既能够成就组织，也能够毁灭组织 (4) 变化莫测。有潜在危险

7.5.2 变革型领导理论

变革型领导是继领导特质论、领导行为论、领导权变论之后，在20世纪80年代由美国政治社会学家詹姆斯·麦格雷戈·伯恩斯(James Macgregor Burns)在他的经典著作《领袖论》中提出的一种领导类型。伯恩斯认为，传统的领导可以称为一种契约式领导，即在一定的体制和制度框架内，领导者和被领导者总是进行着不断的交换，在交换的过程中领导者的资源奖励(包括有形资源奖励和无形资源奖励)和被领导者对领导者的服从作为交换的条件，双方在一种“默契契约”的约束下完成获得满足的过程。整个过程类似于一场交易，所以传统领导也被称为交易型领导。交易型领导鼓励追随者追求自我利益，但是交换的过程以追随者对领导者的顺从为前提，并没有在追随者内心产生一股积极的热情，其工作的内在动力也是有限的，因此，交易型领导不能使组织获得更大程度上的进步。

变革型领导理论具有很大的包容性，它对领导力的作用过程进行了广泛的描述，包含了领导过程中多层次、多角度已有广泛基础的观点，是一门很有理论和实践意义的领导学理论。

总体而言，变革型领导理论把领导者和下属的角色相互联系起来，并试图在领导者与下属之间创造出一种能提高双方动力和品德水平的过程。拥有变革型领导力的领导者通过自身的行为表率，对下属需求的关心来优化组织内的成员互动。同时，通过对组织愿景的共同创造和宣扬，在组织内营造变革的氛围，在富有效率地完成组织目标的过程中推动组织的适应性变革。

“变革型领导”作为一种重要的领导理论最早是在政治社会学家伯恩斯的经典著作Leadership 中被提到的。在他的著作中，伯恩斯将领导者描述为能够激发追随者的积极性从而更好地实现领导者和追随者目标的个体，进而将变革型领导定义为领导者通过让员工意识到所承担任务的重要意义和责任，激发下属的高层次需要或扩展下属的需要和愿望，使下属为团队、组织和更大的政治利益超越个人利益。巴斯(Bass)等人最初将变革型领导划分为 6 个维度，后来又归纳为 3 个关键性因素。阿沃利(Avolio)在其基础上将变革型领导行为的方式概括为 4 个方面，理想化影响力、鼓舞性激励、智力激发、个性化关怀。具备这些因素的领导者通常具有强烈的价值观和理想，他们能成功地激励员工超越个人利益，为了团队的伟大目标而相互合作、共同奋斗。

1. *理想化影响力*

理想化影响力是指能使他人产生信任、崇拜和跟随的一些行为。它包括领导者成为下属行为的典范，得到下属的认同、尊重和信任。这些领导者一般具有公认较高的伦理道德标准和很强的个人魅力，深受下属的爱戴和信任。大家认同和支持他所倡导的愿景规划，并对其成就一番事业寄予厚望。

2. *鼓舞性激励*

领导者向下属表达对他们的高期望值，激励他们加入团队，并成为团队中共享梦想的一分子。在实践中，领导者往往运用团队精神和情感诉求来凝聚下属的努力，以实现团队目标，从而使所获得的工作绩效远高于员工为自我利益奋斗时所产生的绩效。

3. *智力激发*

智力激发是指鼓励下属创新，挑战自我，包括向下属灌输新观念，启发下属发表新见解和鼓励下属用新手段、新方法解决工作中遇到的问题。通过智力激发，领导者可以使下属在意识、信念以及价值观的形成上产生激发作用并使之发生变化。

4. *个性化关怀*

个性化关怀是指关心每一个下属，重视个人需要、能力和愿望，耐心细致地倾听，以及根据每一个下属的不同情况和需要区别性地培养和指导每一个下属。这时变革型领导者就像教练和顾问，帮助员工在应付挑战的过程中成长。

从变革型领导的定义可以看出，这种领导理论之所以成为目前领导学研究的热点，在于它迎合了时代发展的需求。自从马斯洛提出他的需要层次理论以后，对整个社会的许多领域都产生了深远的影响，大家更看重每个个体的高层次的需要和自我实现，更能看到人作为社会人而存在，那种把人当做动物人或经济人的看法已经很不合时宜。变革型领导理论非常重视员工自身的价值实现，把他们当做能动的人看待，鼓励他们自我实现，相信他们有无限的潜能。我们应该能够看到，在目前的一些知识型企业里，员工的文化素质都比较高，如果领导者把他们当作机械的人看待，通常以命令的方式领导他们，效果一定不会好，所以说，变革型领导在这种经济比较发达的社会环境下，在人口文化素质比较高的情形下，是很有它诞生的意义和应用价值的。

变革型领导还有一个很好的理念，在于它对领导者本身的内涵的理解。领导者的影响力包括职权影响力和个性影响力。我们都知道职权影响力不能有持久的影响作用，也不能对人的心灵深处产生深远影响，而个性影响力恰能弥补这个不足。变革型领导就是这样一种把二者结合起来并对个性影响力更倚重的理论，它强调领导对下属的模范作用，首先领导者注意自身的操行，勇于承担责任和风险，起好模范带头作用，在不确定的环境里有效地指引下属团结一心共渡难关。同时，又以员工的需求为中心，充分了解下属的个性化需求，向下属提供富有挑战性的工作和智力激励，通过这些过程，领导者和下属的需求统一到团队的目标里，领导者和下级的目标合二为一，团队上下群策群力，为实现共同的目标而奋斗。

变革型领导理论并没有很长的发展历史，但伯恩斯和巴斯所提出的基础理论还是能够为大家所理解，并且其中一个重要的贡献是他们给变革型领导划分了几个维度，并且编制了能够用以测量的“变革型领导问卷”，而且，这几个维度及这个测量问卷在不同的国家中得到了论证，尽管有些许的差别，但总的来说各个国家还是具有共通性的。这就为变革型领导理论的发展打下了坚实的基础，在今后的研究中自然会沿着这个框架继续深入，所以，变革型领导理论将会非常有生命力。

变革型领导理论关注人的发展，这是个巨大的进步，在现代社会被广泛地学习和应用，但同时它还不是一个非常成熟、系统的理论，这就需要我们在理论研究和实践应用中去发展它。这个领导理论已经在招聘、甄选、晋升及培训与发展中发挥了一些作用，同时它也适用于改善团队发展、制定决策、质量创新和机构重组等，今后很长一段时间它都将在领导学领域起到举足轻重的作用。

管理故事

领导方法很重要

有一个实力较强的科学研究所，所长是一位贡献很大的专家，他是在“让科技人员走上领导岗位”的背景下，被委任为所长的，没有领导工作的经验。他上任以后，在科研经费划分、职称评定、干部提升等问题上，实行“论资排辈”的政策；在成果及物质奖励等问题上则搞平均主义；科研项目及经费只等上级下拨。广大青年科技人员由于收入低且无事可做都纷纷到外面从事了第二职业，利用所里的设备和技术捞私利，所里人心涣散。

上级部门了解情况后，聘任了一位成绩显著的家用电器厂厂长当所长，该厂长是一位转业军人，是当地号称政治落后单位的铁腕人物。新所长一上任，立即实施一系列新的规章制度，包括“坐班制”，并把中青年科技人员集中起来进行“军训”，以提高纪律性；在提升干部、奖励等问题上，向“老实、听话、遵守规章制度”的人倾斜。这样一来，涣散的状况有所改变，但大家还是无事可做，在办公室看报纸、喝茶，聊天，要求调离的人不断增加，员工与所长之间也经常出现矛盾。一年后该所长辞职，并留下“知识分子真难管理”的感叹。

上级部门进行仔细的分析和研究后，又派了一位市科委副主任前来担任所长。该所长上任以后，首先进行周密的调查，后来在上级领导的支持下，进行了一系列针对性的改革，把一批有才能、思想好、有开拓精神的人提升到管理工作岗位，权力下放到科室、课题组；奖励、评职称实行按贡献大小排序的原则；提倡“求实、创新”的工作作风；在完成指定科研任务的同时，大搞横向联合，制定优惠政策，面向市场。从此，研究所的面貌焕然一新，原来的一些不正常现象自然消失，科技成果、经济效益成倍增长，成了远近闻名的科研先进单位。

本章小结

领导职能勾勒出全部管理工作的两条主线：“工作与人”。领导个人和领导班子素质结构的合理性、层次性、科学性直接决定一个组织是否能建设一个合格、高校、优良的领导团队。

本章介绍了领导理论的多个流派，主要有领导素质理论、领导行为理论、领导权变理论以及当代领导理论。每种理论派别均阐述了对于领导方式、方法、领导风格的不同研究成果。熟悉各种领导理论的内容和特点，对于管理实践社会十分重要。

名人名言

理性和判断力是作为一个领导者的基本素质。——泰西塔斯

一位最佳领导者，是一位知人善任者，而在下属甘心从事其职守时，领导要有自我约束力量，而不插手干涉他们。——罗斯福

领导者的责任，归纳起来，主要是出主意、用干部两件事。——毛泽东

真正的领导者不是要事必躬亲，而在于他要指出路来。——米勒

习　题

一、复习题

1. 选择题

(1) 领导从本质上来说是一种(　　)。

A．约束力　　B．影响力　　C．能力　　D．权力

(2) 领导者对人高度关心，而对工作任务并不关心属于(　　)。

A．贫乏型管理　　B．任务型管理

C．乡村俱乐部型管理　　D．中庸之道型管理

(3) (　　)确定了领导者——成员关系、任务结构和职位权力 3 项情景变量。

A．费德勒权变模型　　B．领导生命周期理论

C．途径——目标理论

(4) (　　)认为存在两类权变变量——环境变量和下属个性特点。

A．费德勒权变模型　　B．领导生命周期理论

C．途径——目标理论

(5) 领导用权艺术是(　　)。

A．先圆后方　　B．外圆内方　　C．人圆我方　　D．腹圆背方

2. 填空题

(1) 领导素质理论研究的重点是领导者与非领导者的________。

(2) 布莱克和默顿认为，________是最理想、最有效的领导方式，应当是领导者努力的方向。

(3) 豪斯等认为，_______在领导者激发追随者过程中扮演了关键角色，特别是在需要追随者完成一些与个人利益无关任务时。

3. 判断题

(1) 管理活动是与人的因素密切关联的，侧重于对人的指挥和激励，而领导活动更强调职责以及工作的科学性和规范性。 (　)

(2) 领导者追求权力的动机和使用权力的目的是否正确，衡量的标准就在于他追求和使用什么性质的权力。 (　)

(3) 放任型领导者置身于团队工作之外，只起到一种被动服务的作用。 (　)

(4) 一般而言，在领导行为四分图中，高—高型风格总是产生积极、正面的效果。 (　)

(5) 领导艺术是指在领导的方式、方法上表现出的创造性和有效性。 (　)

4. 问答题

(1) 为什么有的人是管理者而不是领导者，有的是领导者而不是管理者，有的两者都是？

(2) 简述领导的内容及作用。

(3) 领导者的权利有哪些来源？

(4) 费德勒权变模型中的情境因素是什么？该如何理解？

(5) 如何运用路径—目标理论解释领导行为？

(6) 领导艺术的主要特征是什么？

5. 讨论题

(1) 比较不同理论之间的基本观点，研究出发点及研究结果。

(2) 结合现代企业管理，分析领导艺术。

二、案例应用分析

从《西游记》看领导

西天取经的团队里，唐僧无疑是看上去最软弱的一个人。但是，他看似迂腐软弱，却是一个成功的好领导。

从管理学角度来看，作为团队的核心，应该能够最大限度地发挥成员的特长，避免内耗，使 1 + 1 > 2。因此，核心的个人能力未必胜过其他成员，甚至可能是最弱的，但他具有难以替代的协调能力和凝聚力，核心非唐僧莫属。作为领导人，应该有定力，坚守原则，处变不惊。这一点，唐僧做得非常到位。在面临年轻貌美的女妖精逼婚的情况下，唐僧不仅不为所动，还多次呵斥愿意为革命事业作出牺牲、勇于充当唐僧替身与妖精和亲的八戒退下，自己勇敢地站在第一线，把失身危险一个人扛。更重要的是，唐僧的目标非常明确，无论多苦，求得真经，无论艰难险阻，有此目标作为动力，永不言弃，是科学发展观的实践者。这一点，是另外 3 位所不具备的。选其他任何一位当核心，都可能半途而废。

唐僧的领导艺术表现以下几个方面。

1. 唐僧的入选与任职

观世音菩萨到东土大唐，寻找西天取经团队领导，他相中了唐僧，和唐僧一拍即合，这里面就有一个双向选择的问题。唐僧为什么能入观世音菩萨的法眼呢？

(1) 唐僧胸怀大志，有大志向，有大追求。

这是首要的条件，无志者不立，没有志向，很难有所成。西天取经是一项苦差事，唐僧能够欣然接受，就是其大志向在背后作为支撑的。唐僧希望追求圆满、修得正果，具有很强的进取心和企图心，同时希望通过取得真经这一行为，造福更多的人，具有很强的公德心和团队意识。正因为如此，唐僧对西天取经这项任务看得很重，非常愿意担当这一使命。这是观世音菩萨相中唐僧的首要原因。

(2) 唐僧专业出身，政治过硬，价值观念比较相合。

西天取经是一项佛门事业，团队领导人从佛门弟子中选出比较可靠。同时，西天取经这一任务比较艰巨，需要佛门上下通力合作，所以团队领导人需要对组织文化、组织理念非常认同，这样可以避免一些不必要的冲突。唐僧前期一直致力于佛门事业，对组织的文化和理念比较认同，同时还是企业文化的宣传者和建设者，其专业和出身也是比较符合的。后面的事实也证明，唐僧跟上层领导很少有矛盾，也没有出现意识形态上的冲突。

(3) 唐僧具备成功人士的基本素质，有成功的履职经历作为旁证。

唐僧在接受西天取经的任务前，已经是大唐的名僧了。唐僧的成名，说明此时唐僧已经通过前期的努力，从智慧方面、能力方面得到了公众的认可，事业取得了一定的建树，并且有很高的知名度，属于典型的成功人士。

对于重要的任务，人选只能从有成功操作经验的人员中选择，从这一点上来看，观世音菩萨在取经人选上还是比较客观的，比较重视对人员过去经历的考查。

由此 3 点，唐僧被正式确定为西天取经的人选就不难理解了，而且唐僧的能力和精彩表现在西天取经故事中更是被演绎得炉火纯青。

2. 唐僧团队的构建

话说唐三藏被观世音菩萨确定为西天取经的人选后，经过简单的准备，就只身上路了。在行至五行山下，解救了曾经因大闹天宫而被如来佛祖压在山下的孙悟空，将其收为大徒弟。在取经途中，陆续收了天蓬元帅猪八戒和他的三徒弟沙和尚，唐僧团队逐步形成。

(1) 立即行动，快捷的行动力是领导者的基本素质。

西天取经的目标确定后，唐僧只是进行了必要的准备，就直接投入了西天取经的事业中，没有做困难的预测和风险的评估。面对未来的不可知和重重困难，唐僧迎难而上，用毅力和行动去面对。在这里，从唐僧简单的决定中，我们可以领略到他快捷的行动力。

(2) 以人为本，胸怀坦荡，逐步构建取经团队。

唐僧收他的 3 个徒弟和白龙马，有观音菩萨的指引，也与唐僧博大的胸怀有很大的关系。我们知道，除了唐三藏，取经团队的其他成员都是受到天庭惩罚的人，按今天的话说，都是有劣迹、有前科的人。唐三藏并没有因此而心生芥蒂，无论是面对顽劣不堪的孙悟空，还是好吃懒做兼好色的猪八戒，抑或老实巴交的沙和尚，唐三藏始终对他们予以尊重，平等对待，关爱有加。就这一点，是很多管理者难以做到的，以人为本，首先要能包容下属的不足和各种毛病。

把团队的每个成员都放在心上，予以尊重，平等看待，是成为团队领导人的基本条件，唯有如此，才有可能取得下属的信赖。我们今天的管理者喜欢用“德”和“才”来对下属进行界定，只要行为不如自己意者，就会扣之以“德”不行的帽子。拿自己的标准来衡量下属的“德”，是最大的不德，试想唐僧若如此，取经团队就无法形成。

(3) 恩威并重，注重价值观、远景与团队氛围的营造。

孙悟空有着火眼金睛，能够一眼分辨妖怪的真假，唐三藏肉眼凡胎，难辨真伪。这种能力上的差异和认知的不同，加上孙悟空的急脾气，是三藏和悟空发生冲突的根本原因。不能伤及无辜是三藏的基本信条，在这种情况下肯定要对悟空有所约束。孙悟空神通广大，三藏只能用紧箍咒在关键时候对其进行处罚。所以对于能人，管理者都要有一个对付他的紧箍咒。

纵观唐僧团队，唐僧总体上是很宽容的，所以整个团队洋溢着乐观、积极、向上的景象，西天取经是很苦的，但整个团队能够以苦作乐，有欢笑和风趣，有一个非常良好的团队氛围。这也是唐僧团队能够取得真经归而团队能够保持稳定的重要原因。

那么，唐僧团队为什么有这样好的团队氛围呢，唐僧也没有做什么呀。其实原因很简单，那就是唐僧让他的下属天性得到了释放，每个人都流露出很自然的一面，因为真实而快乐，因为单纯而风趣，在这样一个团队里，没有太强的压抑感。唐僧的执着、真诚和单纯，对其团队和团队成员产生潜移默化的影响，在整个取经途中，团队成员结成了革命情谊。

唐僧团队有过几次瓦解的危机，孙悟空返回花果山，猪八戒嚷嚷回高老庄，做事业难免会碰到挫折、甚至委屈，无论面对什么样的境况，无论下属有什么样的思想动态，唐僧作为团队负责人，其信念始终没有动摇，也没有牢骚满腹，而是默默承受，寻求化解。这也是唐僧能够获得下属爱戴的一个重要原因。

3. 悟空的奋斗

在西游记中，最出彩的就属悟空了。悟空天生天长，少时混沌，在花果山水帘洞度过了自己天真、烂漫的童年时光。待到稍省人事，渐渐懂得了时光的宝贵，也不愿意再过这种碌碌无为的生活，遂决定外出求艺、学习本事。

随后便有了悟空漂洋过海，求得菩提老祖真传的故事。悟空的形象非常可爱，究其缘由也与他身上具有非凡的禀性有关。悟空不甘平凡、上进心强，有着强烈的学习意愿。从师菩提老祖，悟空非七十二般变化不学，最后终于学得真正的本事，从这点来讲，悟空很清楚自己要什么东西，为此锲而不舍，最终获得真传。也因为悟空的这段经历，长了本事，才有了后续悟空精彩的人生经历。

话说悟空学艺归来，自身完成了一个很大的转变，但他依然只是花果山、水帘洞的一员，生活环境并没有发生根本性转变。后来他下龙宫，得到如意金箍棒，有了自己称手的兵器，这样悟空的自我完善和武装自己的过程基本告一段落。

学得文武艺，货卖帝王家，悟空有了真本事，自然想谋个好一些的差事，也属人之常情。他首先干的是天庭弼马温的工作，作为养马的头儿，悟空做得也是着实快乐。应该讲，这个差事与悟空的兴趣比较相符，只是职位低下，不能满足悟空的心理需求和出人头地的愿望，最后导致悟空炒了天庭的鱿鱼，以及大闹天宫的事件发生。

值得一提的是，其中有一段，悟空被太上老君用熔炉炼了七七四十九天，着实吃了好些苦头，但也因祸得福，练得火眼金睛。在后来西天取经途中，发挥了不小的作用。

悟空引起叛逆性，以及与组织的之间对抗，导致被如来佛祖压入五行山下，进行强制反省改造500年。而西天取经的过程，是悟空转变行为方式，重新奋斗和获得群体认知的过程，所以西天取经大业对悟空来讲也是难得的建功立业、出人头地的机会。

对于悟空的前期表现，与从象牙塔出来闯社会的青年遭遇是何其相似，悟空适时改变、迷途知返，而我们的莘莘学子呢，个人有个人的路，路在脚下，需用心去走……

问题：

(1) 唐僧的领导艺术有哪些？

(2) 结合相关理论，试分析唐僧为什么能够成为成功的领导。

阅读材料

怎样做好领导呢

苏·雷诺兹今年22岁，即将获得哈佛大学人力资源管理的本科学位。在过去的两年里，她每年暑假都在一个保险公司打工，填补去度假的员工的空缺，因此她在这里做过很多不同类型的工作。目前，她也已经接受了该公司的邀请，毕业之后将加入这家保险公司成为保险单更换部主管。

这家保险公司是一家大型保险公司，仅苏所在的总部就有50 000多名员工。公司奉行员工的个人开发，这已成为公司的经营哲学，公司自上而下对员工都非常信任。

苏将要担任的工作要求她直接负责25名员工。他们的工作不需要培训而且具有高度的程序化，但员工的责任感十分重要，因为更换通知要先送到原保险单所在处，要列出现实保险费用与标准表格中的任何变化；如果某份保险单因无更换通知的答复而将被取消，还需要通知销售部。

苏工作的群体成员全部为女性，年龄跨度为 19～26 岁，平均年龄为 25 岁。其中，大部分人是高中学历，以前没有过工作经验，她们的薪水平均为每月 1 420～2 070 美元。苏将接替梅贝尔·苏彻的职位。梅贝尔为保险公司工作了 37 年，并在保险单更换部做了 17 年的主管工作，现在她退休了。苏去年夏天曾在梅贝尔的群体里工作过几周，因此比较熟悉她的工作风格，并认识大多数群体成员。她预计除了丽莲之外，其他将成为她下属的成员都不会有太大问题。丽莲今年 50 多岁，在保险单更换部工作了十多年。而且，作为一个“老太太”，她在员工中很有分量。苏断定，如果她的工作得不到丽莲的支持，将会开展得十分困难。苏决心以正确的步调开始她的职业生涯。因此，她一直在认真思考一名有效的领导者应具备什么样的素质。

(资料来源：梁士伦，姚泽有. 管理学[M]. 北京：机械工业出版社，2006.)

第8章 激　　励

教学目标

通过对本章的学习，学生要了解激励的含义和过程，掌握内容型激励理论、过程型激励理论的理论要点。同时，本章的重点在于如何将激励理论应用于管理实践当中。

教学要求

知识要点	能力要求	相关知识
激励概述	(1) 掌握激励的含义 (2) 激励过程的理解	(1) 激励的含义 (2) 激励的重要性
内容型激励理论	(1) 内容型激励理论的理解 (2) 内容型激励理论的实际运用	(1) 需求层次理论 (2) 双因素理论 (3) 成就需要理论 (4) ERG 理论
过程型激励理论	(1) 过程型激励理论的理解 (2) 过程型激励理论的应用	(1) 期望理论 (2) 公平理论 (3) 波特—劳勒模型 (4) 强化理论
激励理论的应用	(1) 各种激励理论的理解 (2) 各种激励理论的灵活运用	(1) 员工需要的分析 (2) 激励手段的选择和运用 (3) 对员工团体的激励方法 (4) 激励理论的应用方法

管理的核心是激励，低效率靠管理，高效率靠激励。

基本概念

激励　人性　需求层次理论　双因素理论　成就需要理论　期望理论　公平理论　波特—劳乐模型　强化理论　个性化激励　奖励　绩效　公平性系统　物质激励　精神激励　外激励　内激励　正激励　负激励

导入案例

青蛙的感谢方式

一位青年走在路上，看到一只青蛙。青蛙忽然开口说：“先生，请吻我，我会变成公主，为表感谢，我会给你一个热吻。”青年停下来，把青蛙捡起来放入口袋，然后继续走。

青蛙又说：“请快吻我，我愿意跟你在一起一天，随便你要做什么都可以。”青年把青蛙由口袋拿出来，看了一下，笑一笑，又放回口袋继续走。

过了一会儿，青蛙又说：“好了，好了，我愿意跟你在一起一个礼拜，请快吻我。”青年又把青蛙由口袋拿出来，看了看，笑一笑，又放回口袋继续走。

青蛙又说：“怎么回事，一个礼拜还不够吗？你要多久？”青年把青蛙拿出来，说：“我是一个工程师，没有时间跟女人鬼混，但是能有一只会说话的青蛙，好酷！”

案例点评

每个人的需求都不一样，一般人认为有美女相陪男人一定不会拒绝。偏偏这位青蛙公主倒霉，碰上了一位不解风情的工程师。管理者激励员工时，如果不能掌握他们的需求，径自用自己的认知给予刺激，不一定能够产生预期的结果，搞不好还会有反作用。因此，管理者必须懂得、了解员工的需求，然后根据需求采取相对应的激励方式，这样才能产生事半功倍的效果。

8.1　激励概述

激励就是让人们很乐意去做那些他们感兴趣的又能带来最大利益的事情，当然，关键是要用适合、正确的方法去引导，并让他们做好。激励员工产生高绩效是组织十分关心的一件事情，管理者也一直在寻找它的答案。在这一章中，我们首先看看早期的动机理论，然后再看看当代的一些理论，最后，我们探讨有关激励理论在组织中的应用。

8.1.1　激励的含义

为了说明激励的含义，我们必须先从人的需要、动机和行为谈起。

1. 需要、动机、行为与激励

激励一词来源于心理学，要了解激励，就要了解激励的主要因素：需要、动机。每一个人都是有需要的，如食物、居所、成就等，当一个人对某一需要产生渴望时，内心就会产生驱动力，在这种动力的驱使下，就会采取一系列行动来实现自己的需求。如果这些行为适当，就会得到回报，即需要得到满足。如果行为不适当，需要不能得到满足，就会调整自己的行为，再次努力去得到自己所需。需要、动机和行为三者的关系是，需要产生动机，动机是引起行为的直接原因。

1) 需要的含义

所谓需要，是人们由于缺乏某种东西而产生的生理或心理上的不平衡状态。形成需要有两点：一是感到缺乏某种东西；二是期望得到这种东西，这两个条件缺一不可。需要是形成动机的源泉，动机的产生支配了人的行为活动。人的需要是不断发展并周期性出现的，即人的需要不是一次满足就永远满足的，而是随着时间、环境的不断变化而反复出现的，同时需要的标准也在不断提高。例如，对住房的需要，当你参加工作时，收入水平有限，希望租到一间宿舍就满足了；当你工作若干年后，有了一定的积蓄，就希望能够在自己有限的支付能力下买一套属于自己的房子。

2) 动机的含义与行为的关系

所谓动机，是指驱动和诱导人们去从事某种活动的动因。内在需要是动机产生的基础。但只有需要而没有满足需要的外在目标时，也构不成动机。因而，只有外界具有满足需要的目标和条件时，需要才能进一步转化为动机，并推动人进行有目的的行动。例如，一个人在旷野中行走，突然下起大雨，此时他有避雨的需求，但如果放眼望去四周没有可以遮雨的地方，他就不可能有寻找避雨地方的动机。只有眼前出现一处可以避雨的棚子时，才会产生向棚子跑去的动机。由此可以看出，动机的形成是内在需求与外部条件相互作用的结果。动机有 3 种功能：①始发功能，即能够引发行为，促使人们产生某种活动的功能；②选择功能，即能使人们选择目标及行为方式，促使人们的行为朝着特定的方向进行；③调整与反馈功能，当某一个动机引发了行为，行为的结果又会反过来对动机产生影响。良好的结果会强化动机，从而使该行为得到巩固或重复出现；反之，不好的行为结果会使动机削弱或消失，从而使该行为逐渐消失，不再出现。当然，并非每一个动机都能引发行为，只有最强烈的动机(又称为优势动机)才会引起行为。

2. 激励的含义

需要产生动机，动机支配人的行为，因而从管理的角度看，激励就是在分析人们需要的基础上，将组织目标与个人需要相联系，通过一定的手段在使员工的需要不断得到满足的同时，激发其工作的积极性，为组织目标的实现自发、主动地贡献自己的力量。激励的形成要把握 3 个要点：

(1) 被激励人存在需求。

(2) 被激励人由于存在某种需求而产生从事某种活动的愿望和动机。

(3) 被激励动机有强弱程度的不同，即积极性的高低。积极性的高低可以通过被激励人的行为和工作绩效来证实，积极性不是一时的冲动，而是一种长期的动力。

激励应用到企业经营管理中就是通过影响员工个人需要的实现来提高他们的工作积极性，引导他们工作的行为。

特别提示

员工被激励的程度与其工作绩效密切相关。实践证明，经过激励的工作行为与未经激励的行为，其工作效果大不相同。激励能够使员工充分发挥其能力，实现工作的高质量和高效率。美国哈佛大学心理学家威廉·詹姆斯(William James)通过对员工激励的研究发现，在计时工资制下，一个人若没有受到激励，仅能发挥其能力的 20%～30%；如果受到正确而充分的激励，其能力就能发挥到 80%～90%，甚至更高。由此他得出一个公式，工作绩效 = 能力 × 动机激发。这就是说，在个体能力不变的条件下，工作成绩的大小取决于激励程度的高低。激励程度越高，工作绩效越大；反之，激励程度越低，工作绩效就越小。

8.1.2 激励的过程

激励是一个非常复杂的过程，它从个人的需要出发，引起欲望并使内心紧张(未得到满足的欲求)，然后引起实现目标的行为，最后在通过努力后使欲望达到满足。

1. 需要

激励的实质就是通过影响人的需要或动机达到引导人的行为的目的，它实际上是一种对人的行为的强化过程。研究激励，先要了解人的需要。需要是人的一种主观体验，是人们在社会生活中对某种目标的渴求和欲望，是人们行为积极性的源泉。人的需要一旦被人们所意识，它就会以动机的形式表现出来，从而驱使人们朝着一定的方向努力，以达到自身的满足。需要越强烈，其推动力就越强、越迅速。人的需要有 3 个方面：①生理状态的变化引起的需要，如饥饿时对食物的需要；②外部因素影响诱发的需要，如对某种新款商品的需要；③心理活动引起的需要，如对事业的追求等。

2. 动机

动机是建立在需要的基础上的。当人们有了某种需要而又未能满足时，心理上便会产生一种紧张和不安，这种紧张和不安就成为一种内在的驱动力，促使个体采取某种行动。从某种意义上说，需要和动机没有严格的区别。需要体现一种主观感受，动机则是内心活动。实际上，一个人会同时具有许多种动机，动机之间不仅有强弱之分，而且会有矛盾，一般而言，只有最强烈的动机才可以引发行为，这种动机称为优势动机。

3. 行为

在企业组织中，员工的行为与工作、生活环境相互作用，任何一种行为的产生，都是有其内在原因的。动机对于行为，有着重要的功能，表现为 3 个方面：①始发功能，即推动行为的原动力；②选择功能，即它决定个体的行为方向；③维持和协调功能，行为目标达成时，相应的动机就会获得强化，使行为持续下去或产生更强烈的行为，趋向更高的目标；相反，则降低行为的积极性或停止行为。

4. 需要、动机、行为和激励的关系

通过分析我们知道，人的任何动机和行为都是在需要的基础上建立起来的，没有需要，就没有动机和行为。人们产生某种需要后，只有当这种需要具有某种特定的目标时，需要才会产生动机，动机才会成为引起人们行为的直接原因。但并不是每个动机都必然会引起行为，在多种动机下，只有优势动机才会引发行为。员工之所以产生组织所期望的行为，是组织根据员工的需要来设置某些目标，并通过目标导向使员工出现有利于组织目标的优势动机，同时按照组织所需要的方式行动。管理者实施激励，即是想方设法做好需要引导和目标引导，强化员工动机，刺激员工的行为，从而实现组织目标。

8.1.3 关于人性的认识

每一个管理者，不管他们是否意识到，心中都会有一个关于“人是什么”的人性模式，而且一般而言，他们都是根据其对于人性的认识来采取管理行为的。因此，要了解管理者的管理行为，首先必须了解人性学说。

古典学派的代表人物泰勒认为，工人进行工作的最重要的目的是获得经济上的收入，因此应建立一套良好的工资体制。员工只要能得到合理的经济报酬，就会提高工作积极性，而不会去计较工作的环境条件。

行为科学学派的人际关系学说则认为，员工不但有经济上的需求，还有社会方面的需求，因此提出用调节人际关系、改善劳动条件等方法来提高员工的工作积极性。

关于对人性的不同认识，也影响着管理者对员工如何进行激励。美国管理学家麦格雷戈将管理者对员工的认识分为两类，并提出了X理论和Y理论。X理论把人看做厌恶工作、逃避责任、盲从的人，因此，在管理中必须严加监督与控制，把惩罚视为重要的管理手段，把金钱当做一种主要的激励手段。Y理论对人性的认识与X理论恰好相反。Y理论认为人愿意承担责任、有主动性与创造性、喜欢工作带来的满足感。按照Y理论的观点，管理者在激励时应创造条件，赋予员工更多的权力与责任，使他们充分发挥潜力，以达到自我实现与组织目标的一体化。20世纪六七十年代，在以往人性理论的基础上出现了权变的人性思想。它认为，现实中存在各种各样的人，不能把所有的人都简单地归于一类假设之下，应认识到，人在不同的环境、不同的时间会有不同的动机与需要，因而激励措施也应多样化，并根据具体的人来采取相应的激励措施。

这些观点从现在来看，可能都存在不足，但却是激励理论发展的基础。人在不同的情况下有不同的行为，甚至在类似的情况下，其行为也有可能不同。在某些情况下，人们的行为是理性的，而在另一种情况下，他们又感情用事；环境是影响人的重要因素，但个人的才智也不可忽视；金钱刺激是重要的，但人们所期望的不仅仅是金钱，一般情况下，他们也有能发挥他们才干和潜力的要求。因此，有效的管理者只能从不同的人性模式中吸取精华而采用一种折中的方法，即人与人是不同的，人是会变的，必须把人作为一个整体来思考。为了合理使用组织中最宝贵的资源——人，在不同的情况下，需要采用不同的管理办法，并且随着管理对象的变化而变化。

8.2 内容型激励理论

所谓内容型激励理论，是指针对激励的原因与起激励作用的因素的具体内容进行研究的理论。这种理论着眼于满足人们需要的内容，即人们需要什么就满足什么，从而激起人们的动机。内容性激励理论重点研究激发动机的诱因，主要包括马斯洛的“需要层次论”、ERG理论、赫茨伯格(Herzberg)的“双因素理论”和麦克莱兰(McClelland)的“成就需要激励理论”等。

8.2.1 需求层次理论

1. *需要层次理论的内容*

需要层次理论是美国心理学家马斯洛于20世纪40年代提出的。他把人类的多种需要划分为 5 个层次：生理需要、安全需要、社交需要、尊重需要与自我实现需要。

(1) 生理需要，指人类生存最基本的需要，如食物、水、住所等。如果这些需要得不到满足，人类就无法生存，也就谈不上其他的需要。例如，经常处于饥饿状态的人，首先需要的是食物，为此，生活的目的被看成是填饱肚子。当基本的生活需要得到满足后，生理需要就不再是推动人们工作的最强烈的动力，取而代之的是安全的需要。

(2) 安全需要，指保护自己免受身体和情感伤害的需要。这种安全需要体现在社会生活中是多方面的，如生命安全、劳动安全、职业有保障、心理安全等。人们希望有一个和平、安定、良好的社会。反映在工作环境中，员工希望能避免危险事故，保障人身安全，避免失业等。

(3) 社交需要，包括友谊、爱情、归属、信任与接纳的需要。马斯洛认为，人是一种社会动物，人们的生活和工作都不是独立进行的，经常会与他人接触，因此人们需要有社会交往、良好的人际关系、人与人间的感情和爱，在组织中能得到他人的接纳与信任。

(4) 尊重需要，包括自尊和受到别人尊重两方面。自尊指自己的自尊心，工作努力不甘落后，有充分的自信心，获得成就后的自豪感。受人尊重指自己的工作成绩、社会地位能得到他人的认可。这一需要可概括为自尊心、自信心、威望、荣誉、地位等方面的需要。

(5) 自我实现需要，指个人成长与发展，发挥自身潜能、实现理想的需要，即人希望自己能够充分发挥自己的潜能，希望自己越来越成为所期望的人，完成与自己的能力相称的一切事情。在现实社会中，人的最高层次的需求应该是自我实现。5 个层次的需要如图 8.1 所示。

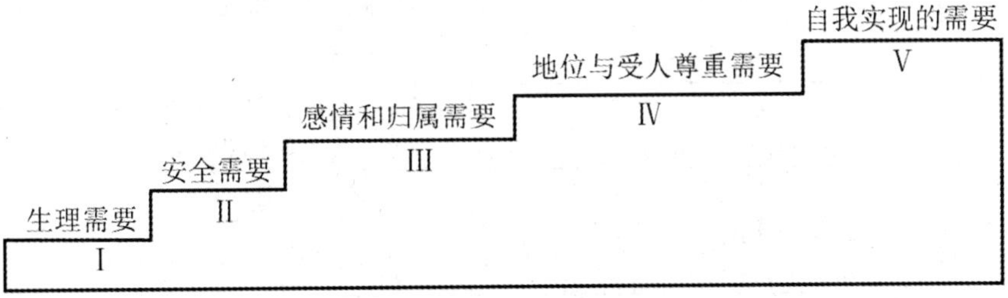

图 8.1　马斯洛层次需要

马斯洛给出了需要各层次间的相互关系。

(1) 这 5 种需要像阶梯一样从低到高，逐层上升。

(2) 一个层次的需要相对满足了，就会向高一层次发展。这 5 种需要不可能完全满足，越到上层，满足的程度越小。例如，美国的一般市民，各层次需要满足的程度是：生理需要 85%，安全需要 70%，社交需要 60%，尊重需要 40%，自我实现需要 10%。

(3) 不同层次的需要不可能在同一等级内同时发生作用，在某一特定的时期内总有某一层次的需要在起主导作用。因为人的行为是受多种需要支配的，所以同一时期内，可能同时存在几种需要。但是，每一时期内总有一种需要是占支配地位的。任何一种需要并不因为下一个高层次需要的发展而消失，各层次的需要相互依赖、相互重叠，高层次的需要发展后，低层次的需要仍然存在，只是对行为影响的比重减轻了。

(4) 需要满足了就不再是一种激励力量。

马斯洛还认为，生理需要与安全需要为低级需要，而社交需要、尊重需要与自我实现需要为较高级的需要，低级需要主要是从外部使人得到满足，而高级需要是从人的内心使人得到满足。对一般人而言，低级需要的满足是有限的，高级需要的满足是无限的，因而高级需要具有比低级需要更持久的激励力量。

马斯洛的需要层次理论简单明了，易于理解，具有内在逻辑性，得到了普遍认可。他提供了一个比较科学的理论框架，成为激励理论的基础；它指出了每一种需要的具体内容；它将自我实现作为人的需要的最高层次，极具现实意义。但其存在的缺陷是，在实际中，人的需要发展趋势并不一定严格按照马斯洛的 5 个需要层次逐层递增，可能某一低层的需要未能得到满足时，另一较高层次的需要反而会占据主导地位。这主要是因为马斯洛对人的信仰和精神的作用估计不足。例如，革命时期的无数共产党员，为革命理想的实现而勇于牺牲。同样，通过树立榜样，进行教育，也可以改变人的需要层次的主次关系。

2. *需要层次理论在企业管理中的应用*

从马斯洛的需要层次理论，我们可以得到启示，如果要激励员工，就要了解员工目前所处的需要层次，然后通过给予适当的协助，帮助他们满足这一层次或更高层次的需要，在此过程中不断激励他们的士气和热诚。

掌握员工的需要层次，满足员工不同层次的需要，管理措施具体分析见表 8-1。

表 8-1 需要层次在企业中的应用

需要层次	激励因素(追求的目标)	应　用
生理需要	工资和奖金 各种福利 工作环境	足够的薪金、舒适的工作环境、适度的工作时间、住房和福利设施、医疗保险等
安全需要	职业保障 意外事故的防止	雇佣保证、退休养老金制度、意外保险制度、安全生产制度、危险工种营养福利制度
社交需要	友谊 团体的接纳 组织的认同	建立和谐的工作团队，建立协商和对话制度、互助金制度、联谊小组、教育培养制度
尊重需要	名誉和地位 权力和责任	人事考核制度、职衔、表彰制度、责任制度、授权
自我实现需要	能发挥个人特长的环境具有挑战性的工作	决策参与制度、提案制度、破格晋升制度、目标管理、工作自主权

知识链接

马斯洛简介

马斯洛(1908—1970)是一位美国心理学家，早期曾经从事美国社会心理学的研究，1940 年在美国社会心理学杂志上发表《灵长类优势品质和社会行为》一文，之后转入人类的社会心理学研究。1943 年，他出版了《人类动机的理论》，1954 年出版《动机与人格》，1962 年出版了《存在心理学导言》一书。马斯洛的观点属于人本主义心理学，其哲学基础是存在主义。

特别提示

既然不同的人的需要是不一样的，在进行激励时就应有所区别，而不能用千篇一律的激励方法对待所有的人，并且要针对每个人的不同需要采取相应的激励方法，从而尽可能地激发所有人的最大力量。马斯洛理论还指出，同一个人在不同的时期有不同的需要，这告诉我们在进行激励时就不能用一成不变的激励方法去激励人，而应根据激励对象不同时期的需要采取灵活多样的激励形式来满足人的变化着的需要。例如，有的人对金钱比较敏感且其生活对物质的需要是占主导地位的需要，这时对这种人进行激励就可以采用以物质为主的激励方式，并且当其物质需要已得到比较充分满足时要改变以物质为主的激励方式；而有的人物质条件比较好，对金钱的刺激不怎么敏感，对自己的价值、地位等比较在意，对这类人进行激励时采取多发一定的奖金这种方式就不能起到很好的激励效果，正如日本著名企业家松下幸之助先生所说："激励员工并非只是增加薪金即可……" 这时，应针对其特点采取提高其工作职称或经常当众表扬他的方式以激励他更加努力地工作。

8.2.2 双因素理论

1. 双因素理论的内容

双因素理论，又称激励——保健理论(motivation-hygiene theory)，是美国心理学家弗雷德里克·赫茨伯格于20世纪50年代后期提出的。在实际工作中，存在两类不同的因素——保健因素(hygiene factors)和激励因素(motivators)，对激发员工的工作热情，提高劳动效率起着不同的作用。那些只能消除工作中不满情绪，而不能激发员工的工作热情，不能从根本上激励员工的因素叫保健因素；那些能调动员工工作积极性、激发其工作热情，能从根本上激励员工的因素叫激励因素。

常见的保健因素有组织政策、管理监督方式、工作条件、人际关系、报酬、地位、职业稳定、个人生活需要等。

常见的激励因素有成就、赏识(认可)、艰巨的工作任务、晋升、成长、责任感等。赫茨伯格所说的保健因素和激励因素在实际的工作中有所交叉，也因管理对象的不同而存在差异，二者的比较见表8-2所示。

表8-2 保健因素与激励因素

保健因素	激励因素
金钱 监督 地位 安全 工作环境 政策与行动 人际关系	工作本身 赏识 进步 成长的可能性 责任 成就

知识链接

赫茨伯格简介

赫茨伯格曾获得纽约市立学院的学士学位和匹兹堡大学的博士学位，以后在美国和其他30多个国家从事管理教育和管理咨询工作，是犹他大学的特级管理教授。他的主要著作有《工作的激励因素》(1959，与伯纳德·莫斯纳、巴巴拉·斯奈德曼合著)、《工作与人性》(1966)、《管理的选择：是更有效还是更有人性》(1976)。双因素理论是他最主要的成就，在工作丰富化方面，他也进行了开创性的研究。

20世纪50年代末期，赫茨伯格和他的助手们在美国匹兹堡地区对200名工程师、会计师进行了调查访问。访问主要围绕两个问题：在工作中，哪些事项是让他们感到满意的，并估计这种积极情绪持续多长时间；又有哪些事项是让他们感到不满意的，并估计这种消极情绪持续多长时间。赫茨伯格以对这些问题的回答为材料，着手去研究哪些事情使人们在工作中快乐和满足，哪些事情造成不愉快和不满足。结果他发现，使职工感到满意的都是属于工作本身或工作内容方面的；使职工感到不满的，都是属于工作环境或工作关系方面的。他把前者叫做激励因素，后者叫做保健因素。

赫茨伯格认为，要想真正激励员工努力工作，必须注意激励因素，这些因素才会增强员工的工作满意感。

激励—保健理论在学术界同样存在争议，批评意见来自于以下几个方面。

赫茨伯格所采用的研究方法具有一定的局限性。人们容易把满意的原因归因于他们自己，而把不满意的原因归因于外部因素。

赫茨伯格研究方法的可靠性令人怀疑。评估者必须要进行解释，但他们有可能会对两种相似的回答作出不同的解释，因而使调查结果掺杂偏见。

缺乏普遍适用的满意度评价标准。一个人可能不喜欢他工作的一部分，但他仍认为这份工作是可以接受的。

激励—保健理论与前面的研究结论有一定的不一致，并且它忽视了情境变量。

赫茨伯格认为，满意度与生产率之间存在一定的关系，但他所使用的研究方法只考查了满意度，而没有涉及生产率。为了使这一研究更为有效，人们必须假定生产率与满意度之间关系十分密切。

2. 双因素理论在企业管理中的应用

尽管存在诸多批评，赫茨伯格的理论仍然广为流传，大部分管理者都了解他的观点并企图应用于实践。其理论在管理中的应用如下：

(1) 管理者在实施激励时，应注意区别保健因素和激励因素，满足前者可以消除不满，满足后者可以产生满意。

(2) 管理者不应忽视保健因素，但也不必过分改善。它不能提高工作积极性和工作效率。

(3) 管理者要想持久高效地激励职工，必须改进工作内容，注意对人进行精神激励。

(4) 在进行激励时要注意区分这两种不同的因素，从而更好地运用好这两种不同的因素，充分发挥激励因素的激励作用和功能。在激励实践中，要调动员工的工作积极性和工作热情，激发其潜能，既要注意保健因素，努力使员工不产生不满情绪，更要注意发挥激励因素的激励作用并要尽可能地促使保健因素转化为激励因素。例如，工作条件十分恶劣，这肯定会引起员工的不满而导致工作效率的下降，在改变工作条件后工作效率不再下降了，但也没有提高，这时就还需要通过丰富工作内容等来进行有效激励。

管理故事

激励因素、保健因素还是干扰因素

90 年代初，雪茄生产商专门花钱请人为从事枯燥工作的员工读故事，在纺织行业，管理者允许小猫在场地上戏耍，这些都有助于员工驱除工作烦躁感。

90 年代，感到烦躁的员工可以佩戴随身听，他们说这能使思想放松，更快地度过难挨的工作时间。他们还认为，音乐或肥皂剧不是干扰因素，不会影响工作绩效。

一些管理者认为随身听会干扰员工的注意力和互相交流，因此禁止员工工作时听随身听。但是其他管理者却认为这是有益的。第一银行的一位主管研究了人们工作方式的发展周期，并认为随身听能够提高员工的注意力和工作质量。一项对一家医学设备生产厂的装配线工人进行的研究发现，耳机对工作绩效没有影响，人们戴耳机工作会带来更高的工作满意度。

其他人则对工作中在聊天室浪费时间，参加其他没有工作关系的网络活动以及玩电脑游戏产生了厌倦。在一家核电厂，员工们迷上了多人联网游戏“世界末日”。信息技术管理者声称安全问题并未直接受到影响，但“世界末日”文件太大，会减缓微机网络的运行速度。有些员工在工作中做这些事情，有些在吃午饭时，还有些在打电话时。PG&E公司相信它的员工在工作时访问的网址中有60%~70%与公司业务无关。一些公司对此采取惩罚措施。卡夫视频公司安装了一个系统来防止员工访问与他们的工作无关的国际互联网网址。公司信息部门主管说：“我们到这里是为了工作，而不是个人娱乐。”与此同时，各地的员工们正在寻找各种手段来避免管理者的监督和控制。老板不要(Don’s Boss)网页提供了一些诸如“秘密冲浪：关于如何一边在网上遨游，一边让旁人看起来却是在忙于工作的秘诀和技巧”的文章。一些管理者声称这些事情降低了公司的生产率，一些认为没有影响，而还有一些则主张员工每工作一段时间就需要休息一下。许多主管也做同样的事情，然而一些主管还是坚持认为一旦抓住那些在工作时做这些事的员工就解雇。

对此你怎么想？这些事情与工作设计、激励和工作满意度有何关系？

8.2.3　3种需要理论

戴维·麦克莱兰等人提出了3种需要理论，认为主要有3种后天需要推动人们从事工作：①成就需要，达到标准、追求卓越、争取成功的需要；②权利需要，以某种方式行为左右他人的需要；③归属需要，建立友好和亲密的人际关系的愿望。在这种需要中，成就需要被研究得最多，研究结果告诉了我们什么？

高成就需要者追求的是个人成就感，而不是成功之后得到的荣耀与奖赏。他们总是渴望把事情做得比以前更完美、更加有效。他们喜欢这样的工作：自己有权寻找解决问题的办法；能够及时且准确地得到有关自己工作业绩的反馈信息，从中了解自己是否有所进步；工作目标具有适度挑战性。成就需要者不是赌徒，他们不喜欢靠撞大运获得成功。他们喜欢接受困难的工作任务，这一点很重要。另外，高成就需要者未必就是一个优秀的管理者，尤其是对规模较大的组织而言。例如，辉瑞制药有限公司的具有高成就需要的医药销售代表就不一定是优秀的销售经理，而像Verizon、沃尔玛、微软等大公司优秀的管理者也未必具有高成就需要。高成就需要者未必是优秀的管理者，原因可能在于，高成就需要者关注自己的成就，而优秀管理者重视的是帮助他人实现自己的目标。我们也知道，通过培训可以激发员工的成就需要。培训教师可以指导个体从成就、胜利和成功的角度来思考问题，然后指导他们在具有个人责任、反馈和适度冒险性的环境中，采用高成就需要者的方式行为。

另两种需要不像成就需要那样得到广泛的研究。但现在我们知道，归属需要和权力需要与管理的成功密切相关，最优秀的管理者是那些权力需要较高而归属需要较低的人。

管理案例

北京雪莲羊绒有限公司小苗的成长

北京雪莲羊绒有限公司的科技人员苗晓光，是公司先进人物中的典型代表。他一出校门，就进了工厂，那么在企业里他就有一种追求，就是要将他的所学与生产的需要结合起来。因为中国是个羊绒的大国，不仅仅是资源大国，也是一个生产大国，如何要把自己的所学结合实践，要发明创造出最好的分梳技术。这样一种抱负，这样一种追求，激励他在将近6年的时间内，在研制小组的领导下，发挥了他自己的特长，终于在1995年，取得了突破性的进展，获得了专家鉴定，这就是BSLD-95的工艺技术，达到20世纪90年代国际先进水平。

苗晓光自己曾说："作为一名知识分子，在企业里想干一些事。像我们这样一些从学校毕业以后到基层工作的人，对自己来讲，要能做出点贡献。反正我是这么想的，实事上也是这样。一个人要想干成一件事，如果没有企业领导的支持、没有周围人创造的环境条件是很难的。我们这个项目就是这样的，所以用了6年时间。在刚开始研制的时候，因为我们厂处于经营状况低谷的特殊情况，一方面是人们不理解，因为消耗资金比较大；另一方面是人力、物力的条件都不特别具备。这样情况下，李总来了(因为他是技术出身)，当他了解到这个情况，又了解了分梳的重要性以后，决定把这个项目干下去。回想这个项目的完成，对我自己来讲也是一件有意义的事情。虽然不是什么大事，但也算是为企业做了一点贡献。今后的路还很长，我想这还只是走完了第一步，今后还有推广和有一个更好地应用和发展的过程，事物是没有止境的，我想在领导的支持下一定会做得更好。"

苗晓光指着公司奖给他的房子，激动地对人们说："这就是公司奖励给我的一套住房，是公司最好的住房了，我非常知足。为什么呢？在这个项目搞好之前，公司曾两次给我调整住房，从原来我住8平方米的房子到16平方米，后来又给了一套两居室。后来公司认为贡献(与报酬)应该是相对应的，所以就奖给了我这套住房，建筑面积大约有90多平方米。我自己感到很踏实、很充满。在北京有套住房是比较难的，给套住房也是对我工作的一种承认。你看这里面房子的格局都是挺好的。不仅是在住房上领导给了奖励，而且在工作的其他方面，如晋级、职称，还有工资待遇上也给了相应的奖励，我想我不能辜负领导对我的期望，而且也不能辜负一个知识分子的光荣称号，在工作上应该更努力，主要是为企业做出新的贡献。"

8.2.4 ERG理论

ERG理论是克莱顿·阿尔德弗(Clayton Alderfer)于1969年提出的一种与马斯洛需求层次理论密切相关但有些不同的理论。他把人的需要分为3类，即存在需要、关系需要和成长需要。

1. 存在需要

存在需要关系到机体的存在或生存，包括衣、食、住及工作组织为使其得到这些因素而提供的手段。这实际上相当于马斯洛理论中的生理需要和安全需要。

2. 关系需要

关系需要是指发展人际关系的需要。这种需要通过工作中的或工作以外与其他人的接触和交往得到满足。它相当于马斯洛理论中的感情上的需要和一部分尊重需要。

3. 成长需要

成长需要是个人自我发展和自我完善的需要。这种需要通过发展个人的潜力和才能，才能得到满足。这相当于马斯洛理论中的自我实现的需要和尊重的需要。

ERG理论和马斯洛的需要层次理论不同的地方表现在以下方面。

除了用3种需要替代了5种需要以外，与马斯洛的需要层次理论不同的是，阿尔德弗的"ERG"理论还表明，人在同一时间可能有不止一种需要起作用；如果较高层次需要的满足受到抑制的话，那么人们对较低层次的需要的渴望会变得更加强烈。

马斯洛的需要层次是一种刚性的阶梯式上升结构，即认为较低层次的需要必须在较高层次的需要满足之前得到充分的满足，二者具有不可逆性。而相反的是，ERG理论并不认为各类需要层次是刚性结构。例如，即使一个人的生存和相互关系需要尚未得到完全满足，他仍然可以为成长发展的需要工作，而且这 3 种需要可以同时起作用。

此外，ERG 理论还提出了一种叫做“受挫—回归”的思想。马斯洛认为，当一个人的某一层次需要尚未得到满足时，他可能会停留在这一需要层次上，直到获得满足为止。相反地，ERG 理论则认为，当一个人在某一更高等级的需要层次受挫时，那么作为替代，他的某一较低层次的需要可能会有所增加。例如，如果一个人社会交往需要得不到满足，可能会增强他对得到更多金钱或更好的工作条件的愿望。与马斯洛需要层次理论相类似的是，ERG 理论认为较低层次的需要满足之后，会引发出对更高层次需要的愿望。不同于需要层次理论的是，ERG 理论认为多种需要可以同时作为激励因素而起作用，并且当满足较高层次需要的企图受挫时，会导致人们向较低层次需要的回归。因此，管理措施应该随着人的需要结构的变化而做出相应的改变，并根据每个人不同的需要制定出相应的管理策略。

8.3　过程型激励理论

过程型激励理论是指着重研究人从动机产生到采取行动的心理过程。它的主要任务是找出对行为起决定作用的某些关键因素，弄清它们之间的相互关系，以预测和控制人的行为。这类理论表明，要使员工出现企业期望的行为，须在员工的行为与员工需要的满足之间建立起必要的联系。过程型激励理论主要有期望理论、目标设置理论、公平理论等。

8.3.1　期望理论

1. 期望理论的内容

美国心理学家维克多·H·鲁姆(Victor H. Vroom)认为，人们从事各项活动能够得到的满足，与自己能否胜任这项工作和对这项工作的评价有极大关系。具体而言，当员工认为努力会带来良好的绩效评价时，他就会受到激励进而付出更大的努力，同时良好的绩效评价会带来诸如奖金、加薪或晋升等组织奖励，这些组织奖励会实现员工的个人目标，满足其某些需求，从而产生激励。

$$M=V\times E$$

式中，M 表示激励的力量，V 表示效价，E 表示期望值。

激励力量的效果直接表现为人们的积极性。激励力量越大，积极性就越高；激励力量越小，积极性越低。激励力量的大小取决于对要达到目标的效价和期望值两个因素。

效价是指被激励对象对所要达到目标的价值的认定。在实际生活中，对同一目标，不同的人由于个人价值观不同、所处的需求层次与阶段不同，对这一目标的效价也不同。例如，对于升职这一目标，有人希望通过努力工作得到更高的职位，“升职”这一目标在他心目中的效价就高；有人则对升职与否漠不关心，“升职”这一目标在他心目中的效价就低。

期望值指被激励对象对目标能够实现的可能性大小的估计，是一种主观概率。这种主观概率受个人因素的影响。如对同一目标，某人若是保守的个性，估计值会小一些；若是冒险的个性，则估计值会大一些。估计值的大小在 0 和 1 之间，如果认为完全可能实现，则期望值为 1；若认为完全不可能实现，则期望值为 0。人们主观上的期望值同将来能够达到的实际值常常是不一致的。当实际值高于个人期望值时，就会使被激励者产生意外惊喜，积极性可能就会倍增。但如果实际值小于个人期望值时，则会使被激励者大失所望，产生消极影响。

知识链接

期望理论

期望理论是美国心理学家维鲁姆在 20 世纪 60 年代提出来的。他在其 1964 年发表的《工作与激励》一书中提出了期望理论的主要观点，即得出人们在工作中的积极性或努力程度(激发的力量)是效价和期望值的乘积，即 M＝V×E。

从公式我们可以看出，促使人们做某种事的激励力依赖于效价和期望值这两个因素。效价和期望值越高，激励力就越大。公式同时还表明，在进行激励时要处理好 3 个方面的关系，这 3 方面关系也是调动人们工作积极性的 3 个条件。

(1) 努力与绩效的关系。人总是希望通过一定的努力能够达到预期的目标，如果个人主观认为通过自己的努力达到预期目标的概率较高，就会有信心，就可能激发出很强的工作力量。但是如果他认为目标太高，通过努力也不可能会有很好的绩效时，就失去内在的动力，导致工作消极。

(2) 绩效与奖励的关系。人总是希望取得成绩后能得到奖励，这种奖励是广义的，既包括提高工资、多发奖金等物质方面的，也包括表扬、自我成就感、得到同事或领导认可和信赖等。如果他认为取得绩效后能够获得合理的奖励，就有可能产生工作热情，否则就没有积极性。

(3) 奖励与满足个人需要的关系。人总希望自己所获得的奖励能满足自己某方面的需要。然而，由于人们在年龄、性别、资历、社会地位和经济条件等方面都存在差异，他们对各种需要要求得到满足的程度不同。因而对于不同的人，采用同一种奖励办法能满足的需要程度不同，能激发出来的工作动力也不同。

特别提示

根据该理论，我们在对员工进行激励时，应考虑 3 个主要因素，即价值(员工对于奖励价值的评估)、绩效获奖估计(高工作绩效受奖的可能性)和期望(员工认为自己不断努力就能获得良好的工作绩效的信心)，从而有针对性地进行激励工作，充分发挥员工的各种积极性。例如，在组织中发现某项流程动作状态不是很好或某项政策的执行情况不太理想，根据维鲁姆的该理论对以上所提的 3 个主要因素进行分析找出原因。原因可能是员工认为该工作对他的效价不高，也可能是他对达到个人目标的期望值不高。这样就可以通过相应地提高效价或期望值来提高激励的程度。

管理故事

影响激励力的因素

一位公司销售经理对他的一位销售员说：如果你今年完成 1 000 万元的销售额，公司将奖励你一套住房。这时组织的目标是 1 000 万元的销售额，个人的目标是一套住房，效价和期望值可能会这样影响这个销售员的激励力。

效价——销售员可能的反应。

A: "天哪！一套住房！哈哈，这正是我梦寐以求的，我一定要努力争取!"

B: "住房？我现在住得已经够好的了，没有必要再来一套，况且如果我一人拿了一套住房，同事们肯定会不满的，呃，这对我来说没什么吸引力!"

期望值——他可能的反应。

A: "1 000 万元的销售额，照今年的行情，如果我比去年再努力一点，是能做到的。"

B: "1 000 万元？简直是天方夜潭，经理要么疯了，要么就是压根儿不想把住房给我，我才不会白花力气呢!"

激励力——他可能的反映。

A: "只要销售到 1 000 万元就能得到一套住房，我一定好好努力!"

B: "经理向来说话不算数，我打赌经理到时一定能找出 10 条理由说'我也不想说话不算数，但我实在是无能为力'。"

从案例中我们可以很明显地看到，效价和期望值越高(在所有 A 的情况下)，则对人的激励力越强；而反之(在所有 B 的情况下)，则对人的激励力越弱。从中至少可以得到以下两点启示：①要有效地进行激励就必须提高活动结果的效价，要提高效价就必须使活动结果能满足个人最迫切的需要；②要注意目标实现的期望值，即组织目标实现的概率不宜过低，以免让个人失去信心，当然也不宜过高，过高则会影响激励工作本身的意义。

2. 期望理论在管理中的应用

1) 通过期望理论得到的启示

(1) 人们可以自觉地评价自己努力的结果和得到的报酬。

(2) 报酬必须紧密地联系员工为企业做出的贡献行为。企业的奖励制度必须随个人的绩效而定。

(3) 人们对其从工作中得到报酬的评价(效价)是不同的，有的人重视薪金，有的人更重视挑战性工作。因此，管理者应重视企业的特定报酬与员工的愿望相符。

2) 在实践中的具体做法

(1) 确定适当的目标，激发期望心理。期望理论告诉我们，人们的行为总是指向一定的目标。目标确定符合个人的效价与期望就能激发出工作的积极性。但需要注意的是，目标定得过高会令人生畏，目标定得过低会使人轻易达到，这都起不到激励作用。此外，还有一个目标效价问题，同一目标，有人觉得很重要，效价高，激励作用大；有人觉得无所谓，效价低，就起不到激励作用。所以，管理者要了解每个员工的需要，根据不同的需要制定不同的目标。例如，企业制定生产定额等工作目标时，既要考虑目标有一定的挑战性，又要让员工感到有实现的可能。

(2) 帮助员工调整期望值，调动积极性。由于人们的经验、能力、自信心不同，因而对特定预期目标的期望值也不同。有的人期望值过高，盲目乐观，一旦实现不了，易产生心理挫折；有的人缺乏自信，期望值过低，易悲观失望，放松努力。因此，管理者要善于帮助职工调整期望值。

(3) 正确处理努力与绩效之间的关系。一个人的行为能否取得绩效，主要取决于它的努力和能力。因此，管理者应提供相应培训以提高员工的工作能力；量才使用，使员工各得其位，人尽其才。通过这些，使职工的努力取得绩效，获得成功，强化其积极性。

(4) 正确处理绩效与奖励需要的关系。当人的行为达到一定的目标，取得一定绩效后，总希望能获得个人需要的奖励。因此，管理者应根据员工的工作绩效给予相应的奖励；同时，应根据不同人需要的差异，变换相应奖励内容，投其所好，以提高奖励在职工中的效价，这样才能使效价与期望值的乘积最大，获得持久的激励。否则，干好干坏、干与不干一个样，人们的工作积极性就会消退。

8.3.2 公平理论

1. 公平理论的内容

公平理论是美国的J·斯达西·亚当斯(J. Stacey Adams)在20世纪60年代提出的。亚当斯通过大量的研究发现，员工对自己是否受到公平合理的待遇十分敏感。他们的工作积极性不仅受到其所得报酬的绝对值的影响，更受到相对值的影响。所谓相对值，来源于横向比较与纵向比较。

1) 横向比较

横向比较是将自己所做的付出和所得的报酬，与一个和自己条件相当的人的付出与所得的报酬进行比较，从而对此做出相应反应，下面我们用方程式来加以说明。

$$\frac{A\text{所得}}{A\text{付出}}=\frac{B\text{所得}}{B\text{付出}}\cdots\cdots\cdots\cdots\text{公平} \quad (1)$$

$$\frac{A\text{所得}}{A\text{付出}}=\frac{B\text{所得}}{B\text{付出}}\cdots\cdots\cdots\cdots\text{不公平(报酬过高)} \quad (2)$$

$$\frac{A\text{所得}}{A\text{付出}}=\frac{B\text{所得}}{B\text{付出}}\cdots\cdots\cdots\cdots\text{不公平(报酬过低)} \quad (3)$$

A代表某员工，B代表参照对象

付出指每个人对自己(或他人)的努力、资历、知识、能力、经验及贡献的主观估计。所得指付出后所得到的报酬，如工资、奖金、福利待遇、晋升、进修机会等。

式(1)表示，当A通过和B的比较，觉得二人付出与所得之比相等，感到公平，因而心情舒畅，努力工作。

式(2)表示，当A通过和B的比较，觉得自己的收付比高于对方，感到占了便宜，但也会产生内心不安，可能会有以下几种表现：

(1) 受到激励，努力工作，多付出以求得平衡，减少内疚感。

(2) 曲解自己或他人的付出与所得，从而达到心理平衡。

(3) 把多得归结于运气好而回避心理不安。

式(3)表示，当A通过和B的比较，觉得自己的收付比低于对方，感到吃了亏而满心怨气，从而可能会有以下几种表现：

(1)“吃不到葡萄就说葡萄酸”，通过自我解释，达到自己安慰。

(2) 改变自己的收付比例，如减少工作投入、降低工作质量与数量或者要求增加收入以达到平衡。

(3) 减少参照对象的收付比例，减少其收益和增加其投入以求得平衡。

(4)“比上不足，比下有余”改变参照对象，获得认识上的新的平衡。

(5) 发牢骚、泄怨气，故意缺勤、破坏工作甚至辞职。

2) 纵向比较

纵向比较指个人对工作的付出与所得与过去进行比较时的比值，比较的结果也有 3 种：

(1) 现在的收付比等于过去，他会认为激励措施基本公平，积极性和努力程度可能会保持不变。

(2) 现在的收付比大于过去，他可能不会觉得报酬过高，因为他可能会认为自己的能力和经验有了提高，因而工作积极性不会因此而有大的提高。

(3) 现在的收付比小于过去，他会认为不公平，工作积极性会下降。

公平理论为管理中提高员工的满意度和提高其工作积极性提供了一种新的思路。但该理论也存在着一定的缺陷：

(1) 当人们积极投入(投入值为正)，却得到消极惩罚(所得为负)，费力不讨好时，同投机取巧、假公济私、无投入(付出值为 0 甚至小于 0)的人相比，用公平理论的公式衡量，值可能相等。亚当斯的公平理论无法解释这种情况，后人就此对公平理论进行了修订，在此不再赘述。

(2) 付出与所得只是当事人的主观判断，实际中难以找到量化标准，只能是定性的分析。

2. 公平理论在管理中的应用

亚当斯的公平理论表明，一个人所得的相对值比绝对值更能影响人的工作积极性。所以，管理者需更多地注意实际工作结果与个人所得之间的公平合理性。但是，这在实际运用中又比较难以把握，因为人们总是倾向于过高估计自己的付出，而过低估计自己的所得，对别人的付出与所得的估计则正好相反。所以，管理者除了制定公平的奖酬体系外，还要及时体察员工的不公平心理，并认真分析、教育员工正确认识、对待自己和他人。

特别提示

运用公平激励，要做到努力满足激励对象的公平意识和公平要求。在现实社会中，不公平的现象较多。例如，由于地区、行业、单位、个人等条件不同，加之制度和政策上存在某些弊端，人们在报酬上出现了较大差异，并因此引发了一些矛盾。

管理案例

首席执行官的报酬是公平的吗

在美国的大公司中，首席执行官(chief executive officer，CEO)的年均薪金水平是普通蓝领工人薪金的 160 倍，有人认为，这反映了环境影响下的价值规律，各企业急需高质量的 CEO 人才，但这部分人才的数目却相当少。一些人认为 CEO 的年薪应为 100 万美元甚至更多，这才可能补偿从事这种工作的人们所担负的巨大责任和压力。而这种七八位数的年薪收入能够激发 CEO 和 CEO 后备队伍的巨大潜能，他们会对企业的年终收益造成影响。

批评家们指出美国 CEO 收入的天文数字使得他们“过分贪婪”。例如，80 年代中期，CEO 的薪水猛升了 212%，而生产工人的工作却仅提高了 53%。同期，列入标准——普尔指数的 500 家公司的每股平均收益仅增加了 78%。1990 年，CEO 的薪水和红利总额又提高了 3.5%，从而达到人均 121.4 万美元，其中 20 名最高报酬的 CEO 年薪突破了 580 万美元。而当年美国大企业的利润却下降了 7%。

美国 CEO 的薪水明显高于其他国家，他们的薪水是加拿大和欧洲同类对手的 2~3 倍。例如，1990 年，美国 3 家超级汽车公司的 3 位总裁薪金总和为 730 万美元，与之相对照，日本 3 家超级汽车公司的 3 位总裁薪金总和为 180 万美元。批评家指出，美国的这种薪金政策导致了一些 CEO 有意挑选值得信任的董事会成员，靠这些人不断给高级管理层加薪。如果董事会成员不照章办事，便要冒失去职位的风险。事实上，CEO 的身份、威望和权力在董事会中很有地位。

对于 CEO 所出现的这些问题，是否那些股东和董事会成员也有责任？我们是否还记得 UCL 公司的总裁沃尔夫(wolf)1990 年他连同薪水、奖金和股票共得 1 830.1 万美元，但当年其公司的利润却跌落了 71%。

美国的 CEO 都很贪婪吗？这些 CEO 的报酬是公平的吗？

8.3.3 波特—劳勒模型

波特—劳勒模型认为，个人之所以获得激励是根据过去习得的经验产生的，因而对未来产生了期望，也就是说由于个人的行为，直接或间接的经验，使他懂得了一套因果关系，即现在的行为与将来的报偿之间存在着某种关联。换句话说，使其相信今天的努力工作将来必然得到升迁。所以，一个人的激励来源于努力、绩效、报偿、满足等变量。劳勒和波特对激励问题进行了大量富有成效的研究，为组织行为学的发展做出了重要贡献。劳勒提出了与弗鲁姆相似的期望理论模型，如图 8.2 所示。

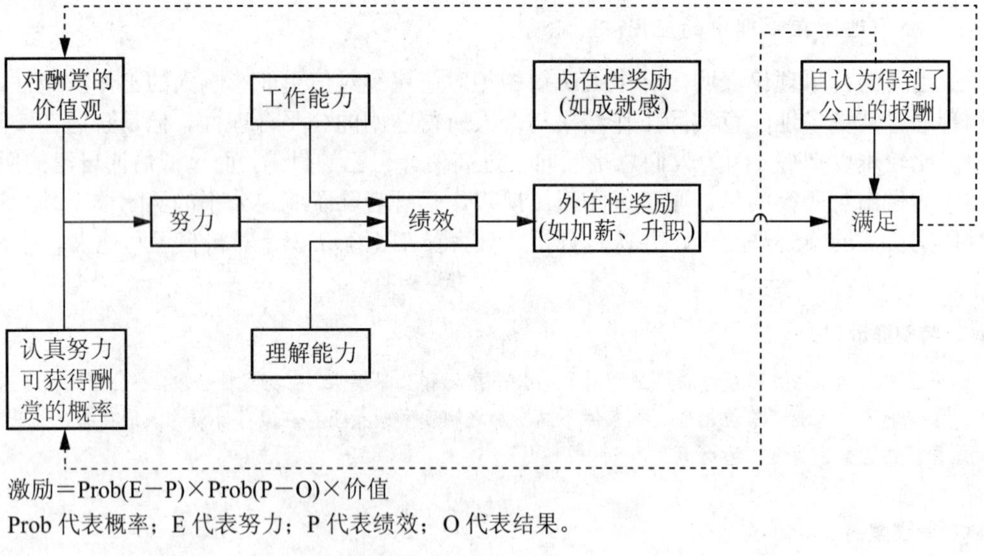

图 8.2 期望理论模型

从图 8.2 中可以看出，人们在工作中努力的程度(受激励的程度、工作的积极性、发挥的能力)取决于对报酬的价值(效价)、取得报酬所需的能力(实际取得报酬的可能性，期望值)的评价。这种努力—报酬因果关系的认识受到实际工作成绩(经验)的影响。显然，假如人们估计能够成功地从事这类工作而需要做出努力，并且由此可知获得报酬的可能性时激励的程度就大。

这种激励的模型，较为具体地描述了激励的过程。理论表明，人们在工作中的积极性(激发或受激励程度)不只是受到一种因素的影响，因而积极性与影响因素不只是存在简单的因果关系，管理者应通过制订周密计划，利用目标管理的方法，借助合理的组织结构和明确的工作责任制，把努力—成绩—报酬—满足这个有机的过程贯穿到自己的具体管理过程之中去。

8.3.4 强化理论

强化理论是由美国心理学家伯尔赫斯・弗雷德里克・斯金纳(Burrhus Frederic Skinner)首先提出的。该理论认为，人的行为是其后果的函数。如果这种后果对他有利，则这种行为就会重复出现；若对他不利，则这种行为就会减弱直至消失。因此，管理要采取各种强化方式，以使员工的行为符合组织目标。

1. 根据强化的性质和目的划分强化类型

(1) 正强化。这是一种增强行为的方法，指用某种具有吸引力的结果，对某一行为进行鼓励和肯定，使其重视和加强，从而有利于组织目标的实现。例如，看到员工工作表现出色，领导立即进行表扬，实际上就是对行为做了正强化。在管理中，正强化表现为奖酬，如认可、赞赏、增加工资、职位提升、高奖金、提高满意的工作条件等。为了使强化达到预期的效果，还必须注意采用不同的强化方式。正强化方式主要有连续的、固定的正强化和间断的、不固定的正强化两种。前者是指对每一次符合组织目标的行为都给予强化，或每隔一固定时间就给予一定数量的强化。尽管这种强化有及时刺激、立竿见影的效果，但久而久之，人们就会对这种正强化有越来越高的期望，或者认为这种正强化是理所应当的。企业管理者有时不得不经常加强这种正强化，否则其作用会减弱甚至不再获得刺激行为的作用。后者是指管理者根据组织的需要和个人行为在工作中的反映，不定期、不定量实施强化，使每次强化都能获得较大的效果。实践证明，后一种正强化更有利于组织目标的实现。

(2) 负强化，也是一种增强行为的方法，是指预先告知某种不符合要求的行为或不良绩效可能引起的不愉快的后果，使员工的行为符合要求，从而保证组织目标的实现不受干扰。负强化包含减少奖酬或罚款、批评、降级等。让员工知道做了不符合规定的事会受到批评或惩罚，如能够避免或改正，则不会受到惩罚，以此来引导，强化员工的行为，使之转向符合组织的要求。例如，员工知道随意迟到、缺勤会受到处罚，不缺勤、按时上班则不会受到处罚，于是员工会避免迟到、缺勤，学会按要求行事。实际上，不进行正强化也是一种负强化。例如，过去对某种行为进行正强化，现在组织不再需要这种行为，但基于这种行为并不妨碍组织目标的实现，这时就可以取消正强化，使行为减少或不再重复出现。实施负强化的方式与正强化有所差异，应以连续负强化为主，即对每一次不符合组织的行为都应及时予以负强化，消除人们的侥幸心理，减少直至消除这种行为重复出现的可能性。

(3) 惩罚，是指用某种令人不快的结果来减弱某种行为。例如，当有员工工作不认真、不负责任，经常出差错，或影响他人工作，领导们就可以采取批评、纪律处分、罚款等措施，以制止该行为的再次发生。但是，惩罚也会有副作用，如会激起员工的愤怒、敌意等。因此，管理者们最好尽可能用其他强化手段。

(4) 自然消退，是指通过不提供个人所愿望的结果来减弱一个人的行为。自然消退有两种方式，一是对某种行为不予理睬，以表示对该行为的轻视或某种程度上的否定使其自然消退；另一种是指原来用正强化手段鼓励的有利行为由于疏忽或情况发生变化，不再给予正强化，使其逐渐消失。研究表明，一种行为如果长期得不到正强化，就会逐渐消失。例如，员工由于某种原因使工作出现小的差错，上级管理者不予追究，而是给机会使该员工及时自觉改正。

2. 强化理论在管理中的应用

以上激励理论为我们提供了在实际管理过程中进行有效激励的理论基础，实际的管理工作是非常复杂的，需要综合运用所有的激励理论。在国外，企业常常通过目标管理、员工参与方案、灵活的浮动工资和灵活的福利来激励员工。在我国，最近几年来，企业对激励问题也越来越重视，各大企业都开始把激发员工的积极性和创造性作为重要的管理工作来抓。在实际管理过程中，激励员工应该注意以下几个方面：

(1) 了解员工的需要是一切激励措施的前提。不同类型的员工，其主导性的需要是不同的，处于不同层次。一般而言，高技术人才多是成就和成长需要占主导地位，如上述两个案例中的员工均是如此，对不同层次的需要，企业提供不同的满足方式，对成就和成长需要，就要从提供培训和发展机会入手，而对于尊重需要，则要提供认可、赞赏等满足方式。

(2) 为员工设置明确的、可达到的目标，将目标管理落到实处：员工应该被明确地告知企业对他的期望是什么，他怎样才能获得成功，什么样的情况下他会受到奖励，什么样的情况下他会受到批评和处罚，他应该向什么方向上发展才符合企业的需要。

(3) 将绩效与工资、报酬联系起来，并确保报酬合理公平，对外具有竞争力。定期对员工的绩效进行考评，考评标准公开，让每个员工都知道自己好在哪里，不足在哪里。

(4) 引导员工向高层次的需要发展，重视精神奖励的作用。在这方面 IBM 公司和海尔集团的经验均值得借鉴。

(5) 对员工的成绩及时给予奖励，及时指出错误。

总之，激励问题是企业不得不面对的重要的管理问题，这是决定企业是否具有竞争力、是否能长盛不衰的重要因素，应该引起企业和管理者的重视。

管理故事

当耐利公司

当耐利(Donnelly)公司是美国汽车制造厂玻璃制品的主要供应商。例如，它控制着 90%以上的汽车后视镜的市场。关于当耐利公司，有趣的是它曾被描述为可能是美国“最民主的公司”。很难找到这样一个组织：一般员工能够对公司政策产生直接影响。

公司存在 3 个完善的层次系统来解决存在的差异及制定所有的员工政策和指导方针。第一个层次是工作团队。当耐利的每一个员工，无论是在工厂还是在办公室，都属于一个工作团队。这些团队选举代表进入第二层次的公平委员会。这些委员会每月召开一次会议解决争议和解释人事政策。这些委员会同样也选举代表进入当耐利委员会，这个委员会是第三个层次也是最高层次。在它的 15 名委员中，包括公司高级管理团队的一名代表。委员会对公司政策作最后决策，甚至就年薪和福利待遇事宜向公司董事会提出建议。

当耐利在实行真正的工作场所民主。委员会不只制定主要的规则，对所有的决策还必须达成一致意见，以免导致群体分裂。所有员工都参与决策显然是费时的。例如，委员会最近花了 3 个月时间研究毒品监测问题。但是，公司致力于工作场所的民主，坚信收益远远超过成本。当耐利的员工参与活动不仅仅停留在参与决策上，员工还参与公司的奖金系统。一旦公司的投资回报率达到 5.2%，所有员工都能得到季度奖金。在过去 7 年间，这些奖金最低为 1%，最高为 7%。

当耐利致力于创建一个这样的组织：尊重和听取员工的意见，提供全面参与，所有人都是公平的，允许每个人分享公司的成功。尽管工作场所的民主不利于管理者以更传统和专制的方式经营公司，但对当耐利却是有效的。尽管它的主要客户(汽车制造厂)最近几年解雇了数以千计的员工，但当耐利却在不断发展壮大。1985 年以来，其销售量增长了两倍，员工人数增长了一倍。

8.4 激励实务

在实际工作中，我们常常可以发现很多有能力的员工工作效率低下，缺乏工作热情，不负责任。长此以往，这种消极情绪不但会在员工中蔓延，还会无形中对企业造成巨大的损失。如果出现这种情况，许多管理者往往归咎于他人的懒惰和无能，实际并非如此，真正原因在于管理者没有施以有效的激励，没有深入了解员工的需求。对员工的激励，近些年越来越受到重视，我国许多企业也都在借鉴国内外成功经验的基础上，针对我国国情及本企业的实际情况，不断进行有益的探索，并取得了较好的成效。

要想在实践中做好员工的激励工作，管理者除了了解上节所介绍的基本理论外，还应了解、掌握在实践中常用的激励方法，并灵活运用。

8.4.1 员工需要的分析

通过以上介绍的理论可知，激励可以通过满足人的需要来达到。那么，人是千差万别的，想要有效地激励每一个人，就要区分不同情况，了解每一个人的需要。

在企业中，员工在年龄、性别、教育水平、职业、收入乃至民族文化背景等方面有很大的不同，管理者会发现，对不同员工的情况进行区别，按他们的需求的不同进行恰当的激励是很有必要的。

1. 不同年龄的激励

针对不同年龄的人的不同需求，要给予不同的激励。年轻的人，在薪金能够保障基本的生活条件下，更看重自我成长的机会，管理者对有较为强烈的成长愿望的年轻员工应给予更多的锻炼和培训机会。中年人，通过以往的工作经历，已获得了较好的工作薪金和一定的工作能力，但此时也有更多的工作和生活压力，渴望更多的薪金和得到晋升，以保障较好的生活和工作上的认可，因而，管理者应根据此类员工的业绩与努力，给予提高薪金和晋升的机会。年老的员工最渴求的是能够保住目前的工作或获得退休生活保证金，管理者可以此设定目标来激励员工。

2. 不同性别的激励

相对而言，基于同样的工作业绩，除了得到相应的奖金外，男性可能会希望得到更富有挑战性的工作机会，而女性可能会希望得到带薪的休假，以便和孩子有更多的时间在一起。

3. 不同教育水平的激励

受教育水平较高的人，一般都会找到相应的工作和得到基本的报酬，所以其低层次需求基本能够得到满足，他们需要的是高层次需求的满足，如晋升的机会、富有挑战性的工作、自我价值的实现等。受教育水平较低的人，使生活得到保障并努力使之更好是其首要的目标，因而较为看重工作与薪金的关系。所以，管理者应针对这类员工的努力与业绩制定公平合理的考核与奖励制度，通过多劳多得使员工获得更多的薪金。

4. 不同职业的激励

针对不同职业特点，使用的有效激励手段也不同。在以脑力劳动为主的职业中富有挑战性的工作、有竞争力的薪酬和领导的信任是首要的激励因素；在以体力劳动为主的职业中，相当的报酬、人际关系等为主要的激励因素。

5. 不同民族文化背景的激励

同一激励手段对不同国家与民族背景的人可能会产生不同的激励效果。例如，摩托罗拉在马来西亚设有工厂，马来西亚是个高度重视集体主义文化传统的国家，摩托罗拉在该企业实施家庭情感的培养，提供给员工很多的培训机会，使之能够在这个大家庭中不断成长。员工们感觉就像一个大家庭的成员，大家共同齐心协力达成管理目标。但在美国，由于个人主义色彩浓厚，摩托罗拉推行这种激励方式却收效甚微，甚而产生了对管理的不信任。由此，我们看到，在实际工作中应用激励理论时，我们还应根据不同的国家与民族文化背景来进行调整。在集体主义占优势的国家，如日本、新加坡、墨西哥等，个人利益与组织相比，更注重个人对组织或社会的忠诚性，而不是个人利益。而像美国、英国、澳大利亚这些国家中，更崇尚个人主义，注重自我利益。

所以，在实际工作中，应具体分析员工需求的不同，来实施有效的激励手段。

8.4.2 激励手段的选择和运用

人的激励过程是外部激励与内部激励的综合作用。因此，激励手段也可分为外部激励和内部激励两方面。外部激励，是管理者从外部对员工的行为进行引导，引向企业的组织目标。外部激励手段主要有建立有效的奖酬系统、明确目标任务；内部激励是自身产生的发自内心的一种激励力量。内部激励的手段一般有多样化的工作设计、明确经济责任制、提供员工成长与锻炼的机会、民主管理制度、精神激励等。以上这些手段可以单独使用，也可以结合使用，但最重要的是要区分员工的不同需求，灵活运用，以达到有效的激励。下面我们来介绍实际工作中常用的激励手段。

1. 激励与工作设计

早期管理的工作设计主要是从如何增加产量、如何提高工作效率出发的，因而工作划分过细，工作单调，虽然员工易于掌握工作，且熟练程度会大大提高，但长此以往，员工会因工作单调而厌倦，工作效率会逐渐下降。因此，工作设计时应考虑员工的心理及其对工作的要求，常用的方法有以下几种。

1) 工作轮换

保持员工原有职位，但将员工从一个岗位转换到另一个岗位，一段时间后再进行转换。

这种方法主要是为了解除工作单调带来的乏味，通过工作转换可以使员工不断尝试新型的工作带来的挑战，增进员工多方面的技能，提供员工个人成长的机会，以激发员工的积极性，从而提高工作效率。

并不是所有的工作都适合工作轮换，该方法只适用于同一工作组群中的岗位。员工对与自己同一工作组群中的岗位较为熟悉，适应上不会有太大的困难，不易产生挫折感。当然，企业采取工作轮换，初期要付出一定的培训成本，但当员工的工作积极性被激发后会得到相应的弥补。

2) 工作扩大化

工作扩大化即训练员工对各方面的工作都有所了解，以扩大工作范畴，使员工有机会运用更多的知识与技能来适应工作的需要。这样既增加了工作量又减少了人力，也提高了员工对工作的满足感。例如，一个产品共有 4 道工序，原来需要 4 个人负责，而现在只需让一个人负责全部程序。

3) 工作丰富化

工作丰富化与工作扩大化不同，工作扩大化主要是从数量上考虑，而工作丰富化不是指简单地将员工的工作增多，而是把工作责任、学习机会、成就感等激励因素渗入员工的工作内，即把整个工作交给一个人或一个小组完成。工作丰富化后，企业只提出最终目标，其工作方法、工作进度可由员工自主控制，这样可满足员工的高层次需求。

2. 激励与民主管理

民主管理通过员工参与管理达到企业内部能够顺畅地沟通，使员工及时了解企业的目标、个人的任务，能够满足员工得到尊重与信任的需求，具体表现在以下几个方面：

(1) 员工参与目标制定。员工参与目标制定，可使员工认清实现企业总目标自己应负有的责任；激发员工实现个人目标的责任感；实施目标、任务与权限对等，信任下级员工，权力下放，使下级员工能自我完善、自我管理，努力实现目标；可使员工进行自我评价、自我调整。

(2) 员工参与管理。员工选派代表进入上层管理机构，如企业董事会或监事会，也可设立职工管理委员会，以此参与企业高层管理，提高员工对企业情况的了解，以充分发挥主观能动作用，增强责任感，并可加强企业上下的合作。职工管理委员会的具体做法为，首先由员工定期选举产生职工委员会，职工委员会再提名委员会的委员长及管理委员会，由管理委员会执行监督的职能。员工进入董事会是指董事会中管理人员与职工各占一定比例，对企业发展中战略、战术等方面的问题进行共同决策。

(3) 全员参与合理化建议。在企业生产经营的各个环节，提倡员工提出合理化建议，员工合理化建议一经采纳则给予相应物质及精神奖励，这不仅可以改进企业管理，而且有助于增强员工主人翁精神，提高员工参与企业管理的热情。

3. 激励与分配制度

分配制度直接影响着员工的工作积极性。所以，在企业的分配中一定要坚持效率与公平原则，即个人所得要与个人业绩紧密联系；分配要公平合理。分配可分为按劳分配和按资分配，按劳分配是按企业承认的定额劳动量和经济效益量进行分配的方式。按资分配是指按投入生产经营的资金或资本量参与企业利润的分配。按劳分配在员工激励中应用得较早且较为广泛，如工资、奖金与劳动量、效益成果挂钩；按资分配最早应用于投资者之间，现在为了激励企业中各层管理者甚至员工能够与企业共同发展，将个人利益与企业利益联系起来，很多企业开始执行对高层管理者的股票期权计划以及对员工的持股计划。除了以上员工得到的货币性的收入，企业还可通过福利计划来对员工起到激励作用。以下为管理实践中的一些具体做法。

1) 工资、奖金

工资、奖金是最直接的货币激励，它的激励效果可能比其他方法更为明显，但需要正确操作才能达到预期的激励效果，否则可能付出的代价昂贵但结果却大相径庭。

首先，要区分激励对象。工资和奖金对于不同的员工来说具有不同的作用。对有些人而言，工资与奖金的多少是体现社会地位的标志；对另一些人则可能是一种工作业绩得到认可的一种形式。但是，对于大多数人而言，工资和奖金决定了他们的生活水平的高低，可以满足人们较低层次的需要。

其次，由赫茨伯格的双因素理论可知，工资、奖金基本属于保健因素，较优厚的报酬可在一定程度上消除员工的不满，但想要真正使其起到激励作用，还需善于将其转化成激励因素。如果每个人的工资、奖金没有大的差别，不与业绩挂钩，即使发再多的钱，也起不到激励作用。因此，只有工资和奖金与绩效紧密挂钩，才能起到激励的作用。例如，在工资制度中，对可衡量产品数量与质量的岗位的员工实行计件工资，对服务岗位的员工实行计时工资，根据个人资历与业绩制定结构工资，根据风险与收益相结合制定浮动工资，对销售人员实行提成工资等。就奖金方面而言，奖金具有一定的灵活性，可以根据劳动成果、劳动量的变化而变化，对调动各层次员工的积极性有重要的意义。奖金有多种形式，如全勤奖、超产奖、节约奖、突出贡献奖等。近几年，我国企业又出现了利润分享型的风险奖励金，收到了较好的激励效果。利润分享型的风险奖励金是企业每年根据利润增长幅度，提取一定百分比(如 10%)的增长利润作为对高层管理人员和优秀员工的奖励金。例如，浙江某上市公司是一家高科技企业，企业的发展依赖于众多高科技人才。为了吸引、留住人才并激发员工的积极性，该公司设立了风险奖励基金。员工的收入分为固定收入与风险收入两部分，风险收入来源于公司业绩的增长，没有业绩就没有奖金。这种薪酬制，改善了薪酬结构，彻底打破以前公司的大锅饭式的分配制度，从而有效地调动了员工的积极性和创造性。

另外，为使工资、奖金起到预期的激励作用，还需注意以下两点：

(1) 制定合理的业绩考核标准，从结构和体制上保证分配的合理。

(2) 保证薪金的公平性，并根据员工的能力与承受程度，在内部倡导适度的竞争。

2) 福利

有条件的公司一般都为员工尽量提供好的福利待遇。好的福利待遇可避免员工的不满，维持已有的工作积极性。例如，许多公司为员工提供医疗、养老、失业等保障，工作中为员工提供班车、免费午餐等。

3) 股票期权

股票期权是指在一定时间内，以约定价格购买一定数量公司股份的权力。目前，国内外一些企业常通过股票期权来实行对高层管理人员的长期激励，即企业的股票价格在一定程度上受企业获利能力和利润增长的影响，而高层管理人员的努力与其业绩会在相当程度上影响这些因素。工资、奖金的激励虽可立竿见影，能在短期内迅速起到激励作用，但易形成短期行为，使员工更多注意眼前利益，而忽视企业的长远利益。实行股票期权可将公司效益与管理人员个人收入紧密联系起来，从而起到长期激励管理人员的作用。据有关统计，全球前500家大工业企业中，有89%的公司已向其高级管理人员采用了股票期权报酬制度。实行股票期权这种激励制度更适用于高成长性企业。企业没有高成长性，企业未来股票收益得不到明显增长甚至下滑，也就失去了对员工的吸引力。

4) 员工持股

它是指公司的一部分股票由员工持有。实施员工持股后，员工投入企业的不止是体力和智力，还有资本。员工不仅生产剩余价值，同时也获得剩余价值。他们不仅是企业雇用的员工，更是企业的股东。1994年7月，美国联合航空公司实行了员工持股计划，员工的工资虽然削减了15%，但是却拥有了公司55%的股票和董事会12个席位中的3个。短短的18个月以后，联航公司超越了所有竞争对手，从排名第二位的美洲航空公司和第三的德尔塔航空公司手中抢走了大量的市场份额，而且每个工人的营业额都提高10%，使得联航公司的股票上涨了一倍多。我国企业在实施产权改制中，也吸收了该法，并取得了一定的成功。例如，广东顺德某电机厂由国有厂转为股份制时，全厂900多职工集体买下工厂的产权。其中由政府指定的发起人承担40%的股份，中层管理者股份占20%，其余的40%由员工分担，一夜之间职工全成了股东。以前生产要费尽口舌进行动员，现在职工抢着加班。转制后，该厂经济效益综合指标连续3年在全国同行业中排名第一位，全厂3年的销售收入和利润超过转制前34年的总和，职工的股本也都增值3倍多。

员工持股的作用主要是对员工起到凝聚作用，从而激发员工的工作积极性，提高企业经营效益。据国外有关统计，员工持股的企业比不持股的企业生产力提高1/3。实施员工持股还应注意以下几方面：

(1) 员工持股的面应越宽越好。

(2) 股票不应作为福利发放，而应以员工对公司的贡献为基础取得。

(3) 实施员工持股，还需要建立相应的科学评价体系，评价体系中应包含员工的发展潜力、持续贡献等因素与持股量之间的合理关系。

(4) 我国在现阶段推行员工持股时还应具体情况具体分析，企业不具备相关条件时，不能盲目推行，避免出现以下情况：违背投资自愿原则，以摊派形式要求所有职工出资入股；在未考虑员工心理准备、未考虑如何保护小股持有者利益的情况下推行员工持股；当企业出现危机、效益下滑时才想起让员工持股。只有企业条件具备时，推行员工持股才能改善股权结构，调动职工的积极性，促使企业发展。

4. 培训激励

对员工进行上岗前培训、在职培训等，有助于帮助员工顺利适应工作，增强自信心，既提高了工作效率，又能够满足员工追求个人成长与自我实现的需求，有效地激发员工的积极性。例如，江苏省某高新技术企业在企业中形成创新氛围，在全国同行业中连续5年效益夺冠。这得益于公司在精神、知识上的激励。凡在公司岗位上创新有所建树又有求知欲望的员工，都有公费培养、学习深造的机遇。近10年来，公司160多名大专生中已有四分之一被送往高等院校、研究所进修，学习后成为企业的技术骨干。近几年，公司又派出60多名技术人员去国外培训和学习，同时请来国内技术权威来企业为一线技术工人“充电”。这一做法不仅激发了员工的工作积极性，更使企业创新成果层出不穷，经济效益明显提升。

5. 榜样激励

在企业中可以树立体现企业精神、工作突出、积极向上的模范典型人物作为榜样，他们在员工中有良好印象，他们的行为常常被企业员工仿效。榜样的力量是无穷的，发挥榜样的激励作用能够带动员工的工作积极性，并促进管理工作的顺利进行。例如，在我国企业中树立的“劳动模范”、“先进工作者”等模范人物，使广大员工学有榜样，赶有目标，形成积极向上的良好氛围，同时这也是对典型人物自身的一种激励和鞭策。

8.4.3 对员工团体的激励方法

1. 基于团体的工作设计与民主管理

以团队集体作为工作设计的对象，考虑员工在集体里的协作与分工及对集体业绩的责任感，从工作本身和员工的自身需求与对集体的责任感出发，对工作进行合理设计，以激发员工的工作热情与积极性。目前，此种方法在企业管理实践中已广为实施，以下介绍两种卓见成效的做法。

(1) 以团体装配取代传送带装配线，具体做法是以 3～10 人为一组，自行分配工作，自行设定工作进度。这基于团体的工作丰富化，其结果是不仅使小组工作效率高于传统的传送带装配线，而且使员工的旷工和离职现象大大减少。这种方法最早产生于瑞典的汽车公司，很快被其他国家一些企业采用，取得了较大的成功。例如，在日本的索尼工厂，4 个工人组成的团队进行全部的组装工作，并最后对产品进行检测。这样，产出比以前流水线装配提高了 10%。在 NEC 的电话工厂，8 个人组成的团队在一个星型的圆台中工作，一些小组成员制作整个电子元件，然后放在面前的转台上，其他小组成员旋转转台取得元件，生产为成品电话。虽然培训成本会有所上升，但这样 35 人生产的电话数量和以前 70 个人生产的数量一样多。

(2) 质量圈，产生于日本，为日本企业发展、经济增长起到很大作用，目前被许多国家的企业所采用。质量圈是指由 8～10 人组成的工作团体，他们在工作时间内定期集会以讨论遇到的质量问题，调查问题出现的原因，提出问题的解决办法。这是一种可以提高效率、增强士气的工人团体。

2. 加强团体内的信息交流

要维持团体的凝聚力及员工的积极性，团体成员之间的沟通是非常重要的。企业中应通过设置一定的渠道使团体内各成员间，包括同级及上下级间能够相互沟通，传递信息，表达个人的情感、意见、经验等，这有助于满足员工精神上的需要，同时管理者也可以通过团体内的意见沟通来了解员工的需要、工作士气，了解各部门、各员工间的关系及管理效能，以作为改进管理、激发员工积极性的决策参考。例如，在摩托罗拉公司中，员工可以通过参加“总经理座谈会”、业绩报告会、公司互联网页、“畅所欲言”或“我建议”等形式反映个人问题，进行投诉或提出合理化建议，进行直接沟通。管理层也可以根据存在的问题及时处理员工事务，不断地促进员工关系，营造良好的工作氛围。

以上各种激励方法可以作为企业进行员工激励的参考，但每个企业应根据自己的具体情况选择、摸索适合自己的方法，当找到适用的常规激励方法后，应以文字的形式固定下来形成规章制度，这样才能以制度的形式保证各种激励方法的应用和实现，如经济责任制、民主管理制度、信息沟通制度、晋升制度、分配制度、业绩考核制度、培训制度等。

8.4.4　激励理论的应用

1. 认清个体差异，实行个性化激励

每个员工都是一个独特的不同于他人的个体，他们的需要、态度、个性及其他重要的个体变量各不相同。因此，在对员工实施激励之前，首先应当认清个体差异，实行个性化激励。

2. 确保个体认为目标是可达到的

在激励机制中，设置目标是一个关键环节。目标设置必须体现组织目标的要求，否则激励将偏离实现组织目标的方向。其次，无论目标实际上能否达到，如果员工自己认为无法实行目标，他们就会降低努力程度。因为他们会想“再努力工作也无法完成任务，努力变得毫无意义”。因此，我们制定的劳动定额时定额水平必须先进合理，使员工经过努力可以达到或超过。管理者必须保证员工充满自信，让他们感到只要努力就可以实现绩效目标，让员工跳一跳可以摘到苹果，如果定额水平只讲先进性不讲合理性，员工尽最大努力也摘不到苹果，激励就失去了意义。

3. 奖励与绩效挂钩

管理者必须使奖励与绩效挂钩，如果不对绩效因素进行奖励，则只会强化那些非绩效因素。当员工达到了特点目标时，应给予奖励，如加薪、晋升。管理者应当想办法增加奖励的透明度，以充分发挥它的激励作用。

4. 检查公平性系统

员工应该感到自己的付出与所得是对等的。简单地说，就是员工在经验、能力、努力及其他方面的明显付出应当使他们在收入、职责和其他所得方面体现出差异。不过在这里请注意，对某人来说的公平感可能对其他人来说并不具有公平感，所以例行的奖励体制应当能够对每项工作中各项投入与奖励所占的比重进行评估。

5. 物质激励与精神激励相结合

员工的需要包括物质需要和精神需要两个方面，虽然二者的目标是一致的，但是它们的作用对象却是不同的。前者作用于人的生理方面，是对人物质需要的满足，后者作用于人的心理方面，是对人精神需要的满足。由于物质需要是人类生存的最基础的需要，因此我们必须通过物质激励的方式把员工的个人物质利益与企业的组织目标相结合，在企业生产发展经济效益提高的基础上逐步提高员工的生活水平。但是人不仅有物质上的需要，还有精神上的追求；不仅想吃饱、穿暖，还有自尊心和荣誉感。所谓精神激励就是从满足人的精神需要出发，对人的心理施加必要的影响，从而产生激发力，影响人的行为。精神激励多以表扬和批评、记功和处分等形式出现，它作为激励的一种重要手段，有着激发作用大、持续时间长等特点。

物质激励是基础，精神激励是促进，两者不可偏废，因此相应的激励方式应该是物质激励和精神激励相结合。我们要吸取只讲精神激励不讲物质激励的历史教训，也要避免只讲物质激励不讲精神激励的错误做法。事实证明，以上两种情况都与建设高度的物质文明与精神文明的目标相违背。要充分认识精神激励的重要性，以精神激励为主，物质激励为辅，以创新和绩效为依据建立一个多维交叉的人员激励体系，具体做法是实行物质激励手段，包括工资、奖金、各种津贴及其他福利。实行精神激励手段，通过建立明确的企业目标激发员工的工作热情；有计划地进行职务提升、授权、培训、尊重员工、鼓励员工参与管理、肯定他们的工作成绩等，使员工有一种满足感和归属感，从而激发其积极性和创造性。

6. 外激励与内激励相结合

所谓内激励就是通过启发诱导的方式，激发人的主观精神使员工的工作热情建立在高度自觉的基础上。充分发挥出内在的潜力，内激励主要通过思想教育工作，本着晓之以理、动之以情、消除误会、融通感情的原则，使受教育者受到启发和能够真正从思想上提高认识，树立起工作信念。所谓外激励就是运用环境条件来制约人们的动机，以此来强化或弱化某种行为，达到激励的目的。外激励一般以行为规范的形式出现，通过建立制度、制定措施鼓励与组织目标相一致的行为，限制与组织目标违背的行为的产生。规范员工的行为把内激励与外激励结合起来有助于加强激励的效果。

7. 正激励与负激励相结合

所谓正激励就是当一个人的行为符合社会的需要时，通过奖赏的方式来鼓励这种行为，以达到持续和发扬这种行为的目的。所谓负激励就是当一个人的行为不符合社会的需要时，通过制裁的方式来抑制这种行为，以达到减少或消除这种行为的目的。正激励与负激励作为激励的两种不同类型，都是必要而且行之有效的，目的都是要对人的行为进行强化，不同之处在于二者的取向相反。正激励起到强化作用，是对行为的肯定，表现为奖赏与鼓励。负激励起负强化的作用，是对行为的否定，表现为批评、制约。但在采取负激励方式时应尽量减少采取负激励方式所产生的负面效应。应坚持以正激励为主，负激励为辅，把正激励与负激励有机结合起来。在采取正激励与负激励的过程中应与政治思想工作相结合，使职工外有压力，内有动力。激励先进鞭策后进形成先进、更先进、后进学先进赶先进的良好风气。

在正激励与负激励之间还存在着一种零激励，有人也称之为衰减，即撤销对原来某种行为实施的正激励或负激励，使这种行为在一段时期内连续得不到任何强化，从而达到减少或增加这种行为反应频率的目的。这是一种不施以任何激励的激励，所以被称之为零激励，它在激励手段中也占有一席之地。

管理故事

灵活多样的激励方式

IBM 对优秀的销售人员颁发“金圈奖”，在颁奖活动期间(通常是到一个经过特定选择的具有异国风味的地方举行颁奖典礼)，对于多次获得“金圈奖”的特别优秀的销售人员，公司将放映有关他们本人及其家庭的纪录影片，每人约占 5 分钟左右，该片质量与制片厂的质量不相上下。同时，公司的高级领导自始至终都参加。

IBM 公司还经常采取一些花样翻新的奖励措施。例如，有个员工的业务名片上有一些蓝色镶金边的盾牌，这是他 25 年工龄荣誉徽章的复制图样，同时上面还印着烫金的压纹字："国际商用机器公司，25 年的忠实服务。"员工拿到这个名片就可以与朋友共同分享这一荣誉。

另外，有些公司还实施一些额外的福利。例如，英特尔公司的员工工作 7 年后有 8 周假期；MBNA 公司的员工在结婚那天公司提供 1 辆轿车，另外还有 500 美元和 1 周的带薪假期。

本章小结

本章主要介绍了激励的含义、内容型激励理论、过程型激励理论、激励理论的应用方法等。激励过程就是组织的领导者或管理人员引导并促进工作群体或个人产生有利实现管理目标的行为过程。由需要引发动机，动机支配行为并指向预定目标，是人类行为的一般模式，也是激励得以发挥作用的心理机制。内容型激励理论主要有需要层次理论、双因素理论、成就需要理论等，过程型激励理论主要以强化理论、期望理论、公平理论等为代表。激励理论的应用主要介绍了 7 种激励理论的应用方法：认清个体差异，实行个性化激励；确保个体认为目标是可达到的；奖励与绩效挂钩；检查公平性系统；物质激励与精神激励相结合；外激励与内激励相结合；正激励与负激励相结合。

名人名言

激励是通过高水平的努力实现组织目标的意愿，而这种努力以能够满足个体的某些需要为条件。

——罗宾斯

一个没有受过激励的人，仅能发挥其能力的 20%~30%；而当他受到激励时，其能力可以发挥 80%～90%。

——威廉·詹姆斯

生命是不能害羞的，害羞成不了气候，错过了自己的天才，生命将是一场浪费。 ——刘凯

如果我们不设法成为铁锤，那么我们就将成为铁砧。 ——俾斯麦

"命"是失败者的借口，"运"是成功者的谦词。 ——佚名

习　题

一、复习题

1. 选择题

(1) 双因素理论认为，人的需要可归纳为(　　)。

A．成就需要和社交需要　　B．生理需要和安全需要
C．归属需要和权力需要　　D．保健需要和激励需要

(2) 比较马斯洛的需求层次理论和赫茨伯格的双因素理论，马斯洛提出的 5 种需求中，属于保健因素的是(　　)。

A．生理和自尊的需要　　B．生理、安全和自我实现的需要
C．生理、安全和社交的需要　　D．安全和自我实现的需要

(3) 中国企业引入奖金机制的目的是发挥奖金的激励作用，但到目前，许多企业的奖金已经成为工资的一部分，资金变成了保健因素。这说明(　　)。

A．双因素理论在中国不太适用
B．保健和激励因素的具体内容在不同国家是不一样的

C. 防止激励因素向保健因素转化是管理者的重要责任

D. 将奖金设计成为激励因素本身就是错误的

(4) 某私企老板在连续几年超计划赢利后，为职工在劳保福利方面做了这样 4 件事：①投保 30 万元企业财产保险；②为每个职工投 2 000 元家庭财产保险；③给 80 多名职工投了 10 年人身意外事故安全保险；④投保职工失业救济保险，假使企业倒闭，保险公司还可发给职工 6 个月的生活费。这些措施分别是针对职工哪方面的需要采取的？(　　)。

A. ①、②生理需要，③、④安全需要　　B. ①、②、④生理需要，③安全需要

C. 均为安全需要　　D. 均为生理需要

(5) 某大学生在大学计算机系毕业以后，到一家计算机软件公司工作。3 年来，他工作积极，取得了一定的成绩。最近他作为某项目小组的成员，与组内其他人一道奋战了 3 个月，成功地开发了一个系统，公司领导对此十分满意。这天他领到领导亲手交给他的红包，较丰厚的奖金令小张十分高兴，但当他随后在项目小组奖金表上签字时，目光在表上注视了一会儿后，脸便很快阴沉了下来。对于这种情况，下列哪种理论可以较恰当地给予解释？(　　)。

A. 双因素理论　　B. 期望理论　　C. 公平理论　　D. 强化理论

(6) 某处长对下属做思想政治工作，引用孟子的话说："鱼，我所欲也；熊掌，亦我所欲也。二者不可得兼，舍鱼而取熊掌者也。"这是在教育下属：(　　)。

A. 在不同的需要中进行最佳抉择

B. 在不同的需要中选择高层次需要

C. 把低层次需要引导到高层次需要上来

D. A 和 B

(7) 某国营公司职员 H 毕业于一所著名的师范大学外语系，在上大学期间深受校、系领导和同学的好评；可是自分配到该公司以来，一直得不到领导的重用，以至于对他未来的发展不抱希望，毅然辞职到了一家合资企业。这一事例最恰当地体现了(　　)。

A. 马斯洛的需要层次理论关于自我实现的需要

B. 赫兹伯格的双因素理论关于激励因素的内容

C. 弗鲁姆的期望理论关于期望值的说法

D. B 和 C

(8) 某公司派运动队参加市里举办的职工运动会，公司老总宣布，对在运动会上获得冠军的员工公司发给奖金 2 000 元。这样做可以(　　)。

A. 提高运动员争夺冠军的期望值　　B. 提高运动员争夺冠军的效价

C. 提高运动员争夺冠军的满足感　　D. 提高运动员争夺冠军的公平感

(9) 高级工程师李华在一家研究所工作，该所拥有一流的研究条件。根据双因素理论，你认为下列哪一种措施最能对李华的工作起到激励作用？(　　)。

A. 调整设计工作流程，使李华可以完成完整的产品设计而不是总重复做局部的设计

B. 调整工资水平和福利措施

C. 给李华配备性能更为先进的个人电脑

D. 以上各条都起不到激励的作用

2. 填空题

(1) 激励是在分析人们需要的基础上，将组织目标与______相联系，通过一定的手段在使员工的需要不断得到满足的同时，激发其______，为组织目标的实现________地贡献自己的力量。

(2) 双因素把影响人们动机与行为的因素分为两类：________因素和________因素。

(3) _____理论认为，通过奖励等手段对员工的某一行为进行鼓励和肯定，可使该行为重现和加强。

3. 判断题

(1) 需要产生动机，动机支配人的行为。 (　)

(2) 需要是指人们由于缺乏某种东西而产生的生理或心理上的不平衡状态。 (　)

(3) 每一个动机都能引发行为。 (　)

(4) 内容型激励理论着重研究从动机产生到采取行动的心理过程。 (　)

(5) 马斯洛认为，人的需要层次由高到低依次排列为安全需要、自我实现需要、生理需要、社交需要、尊重需要。 (　)

(6) 保健因素是内在因素，可以激发人的进取心，提高工作效率。 (　)

(7) 员工工作积极性不受其所得报酬绝对值的影响，只受其所得报酬相对值的影响。 (　)

4. 问答题

(1) 说明激励的过程及动因。

(2) 理解需要层次理论的主要内涵，谈谈对实际工作的启发。

(3) 对比马斯洛需要层次理论中较低层次需要与较高层次需要的不同之处。

(4) 指出在管理实践中哪些具体措施能更有效地激励员工。

(5) 公平理论给管理实践带来哪些启示？在实际工作中，如何才能做到公平？

(6) 需要层次理论与双因素理论有什么异同？

5. 讨论题

(1) 就中国目前的企业管理国情，结合赫兹伯格的双因素理论，谈谈公司该如何做能更好地激励员工工作的积极性。

(2) 当员工感到自己的付出与报酬跟他人比不相等时，可能会有什么反应？管理者应如何对待员工不同的反应？

(3) 论述赫茨伯格双因素理论的理论贡献及对我国企业管理的指导意义。

二、案例应用分析

前景内燃机公司的激励问题

前景内燃机公司最高层主管人员长期忧虑的一个问题是，生产车间的工人对他们的工作缺乏兴趣。其结果就是产品质量不得不由检验科来保证。对于那些在最后检验中不合格的产品，公司找到的唯一方法就是在一个特别的车间内设置一个由技术高的工匠组成的班组，安排在生产线的最后，在那里解决质量问题。由于这种方法费用高，而且发现的质量问题大多是装配时不小心等可以实现预防的差错造成的。因此，公司中很多人对于使用这种事后处理方法感觉不满意。当然，也有的差错是由于设计不合理造成。

在公司总裁的催促下，分公司总经理召集他的主要部门主管开会研究这个问题该如何解决。生产经理刘伟断言，这些问题是工程设计方面的事情。他认为，只要工程设计上仔细地设计部件和整体结构，许多质量问题就不会出现。他又责怪人事部门没有更好的挑选工人，并且没有让员工的使用部门参与到选拔工作中来。他特别指出装配工人的流动率每月高达 5%以上，且星期一的旷工率经常达到 20%。他的见解是，用这样的劳动力，没有一个生产部门能够有效地运作。

总工程师王选认为，部件和整机结构都设计得很好。如果标准要求再严格一点儿，生产就会非常困难和费时，成本就会大幅度提高。

人事经理刘彦从多方面来说明人事问题。首先，她指出，由于本公司有强有力的工会，她的部门对公司雇佣和留用工人有很少或根本没有控制权。其次，她观察到车间的工作是单调和非常辛苦的。所以，公司不应该期望工人对于这种工作除了领取工资外还会有什么兴趣。但是刘彦说，她相信公司可以想办法提高工人的兴趣。如果工人承担的工作范围能够扩大的话，必然会出现高质量的工作以及较低的缺勤率和流动率。当问她建议是什么时，她向公司推荐作两件事：一是要工人掌握集中操作技能，而不是只是作一项简单的工作；二是工人每星期轮流换班，从生产线的一个位置换到另一个位置上，这样可以为工人提供新的和更有挑战性的工作。

这些建议被采用并付诸实行。使每个人觉得意外的是，工人对新计划表示极大的不满。一个星期后，装配线关闭罢工。工人们声称，新计划只是一种管理上的诡计：使他们要做比以前更多的工作，并且训练他们去替代其他工人而不增加任何工资。

(1) 从案例中我们可以看到，该企业的产品质量的控制不够。管理控制主要有3大类，你认为该企业在产品生产过程中没有采用哪类控制？(　　)。

A．现场控制　　B．反馈控制　　C．前馈控制　　D．A和C

(2) 针对企业产品质量存在的问题，企业的高层领导专门开会讨论解决方案，在会议上大家见解不一致，典型的看法有以下4种。你认为哪种看法更可取？(　　)。

A．根本原因是工人缺乏兴趣和责任感，因此应该首先从提高工人的责任心和归属感入手

B．为了让工人负起责任来，应该制定详细的工作规范，要求他们严格执行

C．在生产过程中，每个工序都由检验员进行检验，及早发现问题，及早解决

D．由于一些质量问题是设计原因造成的，应该着眼于提高设计人员素质

(3) 从案例中我们发现，企业各个部门对于质量责任和原因都有不同的看法和争执，这些争执反映了什么问题？(　　)。

A．“经济人”的假设是正确的，人总倾向于推卸责任

B．企业各个部门之间的协调不好

C．企业中长期存在的难以调和的矛盾此时激化了

D．企业的各部门很难达成统一意见

(4) 从案例中我们可以判断，该公司采用的划分部门的方式主要是(　　)。

A．按职能　　B．按产品　　C．按地区　　D．按业务性质

(5) 从案例中我们可以看出，人事经理刘彦试图通过改变工作的方式和扩大工作范围来提高工人的兴趣。这种方式属于双因素理论中的(　　)因素。

A．保健因素

B．激励因素

C．改变工作方式是保健因素，扩大工作范围是激励因素

D．信息不足以作出判断

我们愿意加班

卢小姐在荷兰银行单证部工作，这是银行最繁忙的一个部门，主要从事信用证通知、议付、审单、结汇、开证等烦琐而又单一的工作。虽然分工很细，但业务量很大，每月1500万美元的交易额却只有7个人(包括卢小姐)在做，每天案头总是堆满了文件，而做不完的往往得加班1～2小时，因此到了星期五，没有人再愿意加班，而是想尽早回家过周末，虽然加班费是平时的两倍。但星期五恰是银行最忙碌的一天，有些事如不在星期五做完，就必须过两个休息日，这样在时间上就耽误了，也影响了银行的声誉。因此，副行长邓先生自然希望员工能自愿留下来加班，把事情做完。有一次周五，需要结汇的单子并不多，所以员工们想下班后留下来干完，免得星期一案头又堆起一坐小山，邓先生看见了，马上盛情邀请加班的员工在附近一家饭店共进晚餐。在席上，他先是对员工的加班行为进行表扬，同时希望员工们能继续下去，当然员工们都欣然同意。在以后的几个星期内，员工们在星期五都自愿留下来加班，而邓先生也每两星期请员工们吃饭，这样过了一个月，员工们对此开始厌倦，并戏称邓先生的请客吃饭是“鸿门宴”。邓及时得到了这一反馈，并签发了一项新规定，凡星期五加班的，加班费按正常时间的四倍计，累计加班时间满20小时的可休假一天，事实证明该规定非常有效。现在，员工们都愿意在星期五加班了。

问题：

(1) 试用你学过的激励理论分析，员工为什么对周五加班从愿意到厌倦、又到愿意？

(2) 如果采用惩罚策略，是否也能起作用？为什么？

阅读材料

“能力与待遇”——激励为径，提升员工工作绩效

主人将货物平均分成两份给驴和骡驮运。驴看到自己驮的东西和骡一样多，气愤地说：“你给骡吃的食物比我多一倍，却让我和它驮一样重的货物。”走了一段路以后，主人看到驴支撑不了，就把它的一部分移到骡背上。再走了一段路以后，驴更没有精神了，主人又把货物移过去一部分。最后，驴身上空无一物。这时，骡瞪着驴说：“你现在还会认为我不该多吃一倍的食物吗？”

能力与待遇问题是烟草行业的一大难题，如何平衡二者的关系显得尤为重要。我们时常会遇到牢骚满腹的员工，嫌工资少、待遇低，还要攀比这个，诋毁那个，一门心思表现自己，可是却不能在关键时刻挺身而出，像极了故事中的驴。因此，行业要想留住真正的人才，就必须制定合理的绩效机制，真正做到“按劳分配”，而不是“按需分配”。绩效机制就是通过一套科学的制度来反映激励主体与激励客体相互作用的制度。通过建立实施严格的绩效管理，深化用工分配制度改革等方面的措施，形成人员能上能下、能进能出的竞争机制，提升工作效率和工作质量。坚持“能者上、庸者让、平者下”的用人机制，全面推行竞聘上岗，量化考核；充分发挥工资杠杆的调节作用，建立公平的收入分配机制，实现岗变薪变，收入能增能减，岗位收入凭贡献，职级晋升靠业绩，充分调动员工的工作积极性和主观能动性，切实做到用事业造就人才、用环境凝聚人才、用机制激励人才。

综上所述，“以人为本，人才强企”战略“走在行业前面，展现一流水平，全面建设现代烟草”提供了智力支撑和人才保证，我们应以创建“学习型企业”为契机，建立健全人力资源管理机制，统筹规划、协调发展、分类实施，尊重知识、尊重人才、尊重员工劳动成果，实行灵活多样的分配激励形式，鼓励岗位成才，让每位员工在行业发展的舞台上尽情展示自己的才华。

第9章 沟　通

教学目标

通过对本章的学习，学生应了解掌握沟通的过程、类型和方式，掌握人际沟通的特点、人际沟通的障碍以及克服沟通障碍的方法，了解组织沟通的类型，了解冲突形成的原因，了解冲突管理的变迁，掌握冲突管理的策略。

教学要求

知识要点	能力要求	相关知识
沟通概述	(1) 对沟通概念及其重要性的理解 (2) 沟通的过程的理解	(1) 沟通的概念 (2) 沟通的重要性 (3) 沟通的过程 (4) 沟通的方式
人际沟通	(1) 人际沟通特点和障碍的理解 (2) 人际沟通改善方法的实际运用	(1) 人际沟通的特点 (2) 人际沟通的障碍 (3) 人际沟通的改善
组织沟通	(1) 组织沟通类型的理解 (2) 正式沟通和非正式沟通方法的灵活运用	(1) 组织沟通的类型 (2) 正式沟通 (3) 非正式沟通
冲突管理	(1) 冲突形成原因的理解 (2) 冲突管理策略的灵活运用	(1) 冲突形成的原因 (2) 冲突观念的变迁 (3) 冲突管理策略

企业管理过去是沟通，现在是沟通，未来还是沟通。

——松下幸之助

基本概念

沟通　人际沟通　组织沟通　正式沟通　非正式沟通　冲突管理

导入案例

基于对方的沟通才有效

在“马歇尔计划”刚开始制订的时候，美国人基本上支持了这个第二次世界大战以后促使欧洲复兴的计划。然而马歇尔本人却很担心锱铢必较的国会是否会同意拿出那么多钱去支援欧洲。

有一天，马歇尔接到通知，国会拨款委员会将举行听证会，研讨马歇尔的欧洲重建计划。

为了使马歇尔计划能顺利被批准，国务院两位专家一起干了一个通宵又一个整天，起草了关于马歇尔计划的发言稿。他们搜集了全部事实，提出了一切必需的要求，并列举了令人信服的理由，配之以大量具有权威性的具体细节作为论据，说明这一计划可使欧洲免于浩劫，同时又对美国有利的道理。然后他们兴冲冲地带着自己的苦干成果回到马歇尔处，把他们精心准备的发言稿交给了他。

马歇尔看了一遍，半晌沉吟不语，最后他往椅背上一靠，说：“我不想用这个稿子了。”

助手们大吃一惊，以为自己的稿子不符合马歇尔的要求。

马歇尔似乎看透了他们的心思，说：“别误会，我看讲稿写得很好嘛。可是，你们想，听证会想要听的是什么？他们想听的是我马歇尔将军对这个计划的看法，而不是你们两位的看法。要是我去那里念这篇发言稿，他们会明白是你们写的。我看不带讲稿去更好些，大家以为我会先发表一篇声明，我就说，先生们，你们要我出席听证会，现在我准备回答你们的问题。于是他们就向我提问，不管到时会提出什么样的问题，我都要用心阅读这篇发言稿，这样才好用你们准备的各种理由来回答他们的问题。这样才会使他们满意，因为委员会真正想知道的，是我本人是否了解这个计划。”

后来的事实证明了马歇尔的这种分析是正确的，计划终于获得拨款委员会的支持，从而也就有了“财神爷”的保证。

案例点评

你听到别人说话时，如果不懂，就请听别人说完吧，这就是“听的艺术”：①听话不要听一半；②不要把自己的意思投射到别人所说的话上去。

9.1　沟通概述

组织为实现其目标，其内部各个单位、个人以及外部合作伙伴之间，需要形成并维持密切的配合与协作的关系。然而，这种配合与协作不是自发形成的，由于利益、认识、情感等方面的差异，不和谐甚至矛盾、冲突常常出现，这就要求管理者通过各种途径，理顺组织内外关系，使协作和配合过程不被打断。因此，管理者所做的每件事都包含着沟通。管理者与被管理者之间的有效沟通是管理艺术的精髓。

9.1.1 沟通的含义

1. 沟通的概念及其含义

沟通就是为了设定的目标，人们在互动过程中，发送者通过一定渠道(也称媒介或通道)，以语言、文字、符号等表现形式为载体，与接受者进行信息(包括知识和情报)、思想和情感等交流、传递和交换，并寻求反馈以达到相互理解的过程。具体而言，沟通有以下几个方面的含义：

(1) 意义的传递。如果信息和想法没有被传递给接收者，或说话者没有听众，或写作者没有读者就不能构成沟通。沟通中传递的信息包罗万象，包括事实、情感、价值观和意见观点。沟通既可以是单纯的信息交流，也可以是思想、情感、态度和价值观的综合交流。一个良好的沟通者会谨慎区别基于推论的信息和基于事实的信息。另外，沟通者也要完整地理解传递来的信息，即既要获取事实，又要分析发送者的价值观、个人态度，只有这样才能达到有效的沟通。

(2) 信息不仅要被传递到，还要被充分理解。在沟通过程中，由于所有传递于沟通者之间的只是一些符号，而不是信息本身，发送者要把传递的信息翻译成符号，接受者则要进行相反的翻译过程。由于每个人的“信息—符号”储存系统各不相同，对同一符号常常存在不同的理解，由此导致了不少的沟通问题。因此，在传递过程中，还必须注意所传递的信息能被理解，才能达到沟通的目的。

(3) 有效的沟通是双方准确地理解信息的含义。有人认为，有效的沟通就是使别人接受自己的观点；有人认为，有效的沟通是指沟通双方达成协议，而不是准确地理解信息的意义。实际上，沟通双方能否达成一致意见，对方是否接受你的观点，往往并不是沟通有效与否这个因素决定的，它还涉及双方根本利益是否一致、价值观是否相似等其他关键因素。

(4) 沟通是一个双向的、互动的反馈和理解过程。沟通不是一个纯粹单项的活动，沟通的目的不是行为本身，而在于结果。如果预料结果并未出现，接受者并为对你发出的信息作出反馈，那就没有达成沟通，则我们就要反思沟通的方式与方法了。

2. 沟通的作用

沟通在管理中举足轻重，正如未来学家约翰·奈斯比特(John Naisbitt)所言：“未来竞争将是管理的竞争，竞争的焦点在于每个社会组织内部成员之间及其与外部组织的有效沟通上。”沟通的作用主要体现在以下几个方面：

(1) 沟通是组织协调各方面活动，使企业成为一个整体的凝聚剂。

要达到科学管理，管理者必须了解组织内部的信息，即管理对象的各个方面或部门在管理过程中的活动特点及其变化的各种信息、情报和资料。通过这些信息，管理者可以了解员工的需求、士气、态度与意见，了解各部门之间的关系和工作效果，借此进行有效控制、指挥整个组织的活动，协调各环节的关系。

同时，沟通有利于满足员工的心理需要，改善人际关系。每个员工都有受人尊重、社交和爱的需要，人与人之间的沟通和交流可以使这些需要得到满足。经常的沟通和交流可以使人们彼此了解，消除彼此的隔阂和误会，消除和解决矛盾与纠纷，从而利于形成良好的人际关系。

(2) 沟通是领导者激励下属、实现领导职能的基本途径。

领导者运用领导艺术、采取各种符合员工心理和行为规律的激励措施来调动其积极性。而这一切行之有效的前提是一方面领导者要了解下属的需要，另一方面下属也要了解领导者的意图和想法，而这就需要通过沟通来实现。

(3) 沟通是组织与外部环境之间建立联系的桥梁。

任何组织在生产经营活动中都要与政府行政管理部门、供应商、债权人、投资者、竞争者、顾客等发生各种各样的关系。组织必须了解他们的需要和要求，然后才能采取措施予以满足，而这只有通过沟通才能实现。尤其是在市场竞争中，各种环境不断变化，更要求组织不断与外界保持经常性的沟通，以便于把握成功的机会。

由此可见，管理中应重视内外部信息的交流，从而为生产经营活动创造良好的内部环境，能够使企业更好地适应外部环境的变化。

管理故事

圣经故事：通天塔

大洪水过后，诺亚一家在陆地上开始了新的生活。诺亚的后代繁殖得越来越多，遍布地面。那时候人们的语言、口音都没有分别。他们在底格里斯河和幼发拉底河之间发现了一块异常肥沃的土地，于是就在那里定居下来，修起城池，建造了繁华的巴比伦城。后来，人们为自己的业绩感到骄傲，决定在巴比伦修一座通天的高塔，来传颂自己的赫赫威名，并作为集合全天下弟兄的标记，以免分散。因为大家语言相通，同心协力，阶梯式的通天塔修建得挺顺利，很快就高耸入云。

上帝看到人们这样统一强大，心想，他们语言都一样，如果真修成宏伟的通天塔，那以后还有什么事干不成呢？上帝于是离开天国到人间，变乱了人们的语言。人们各自操起不同的语言，感情无法交流，思想很难统一，就难免出现互相猜疑，各执己见，争吵斗殴。这就是人类之间误解的开始，修造工程因语言纷争而停止了，通天塔终于半途而废。人们分裂了，按照不同的语言形成了许多部族，又分散到世界各地。

上帝在这里变乱了人们的语言。“变乱”一词在希伯来语中读作“巴比伦”。所以，以后人们就管那座城市叫巴比伦城，管那座半途而废的塔叫巴比伦塔。

9.1.2　沟通的重要性

管理沟通，从其概念上来讲，是为了一个设定的目标，把信息、思想和情感在特定个人或群体间传递，并且达成共同协议的过程。沟通是自然科学和社会科学的混合物，是企业管理的有效工具。沟通还是一种技能，是一个人对本身知识能力、表达能力、行为能力的发挥。无论是企业管理者还是普通的职工，都是企业竞争力的核心要素，做好沟通工作，无疑是企业各项工作顺利进行的前提。有效沟通在企业管理中的重要性主要表现在以下几个方面。

1. 准确理解公司决策，提高工作效率，化解管理矛盾

公司决策需要一个有效的沟通过程才能施行，沟通的过程就是对决策的理解传达的过程。决策表达得准确、清晰、简洁是进行有效沟通的前提，而对决策的正确理解是实施有效沟通的目的。在决策下达时，决策者要和执行者进行必要的沟通，以对决策达成共识，使执行者准确无误地按照决策执行，避免因为对决策的曲解而造成的执行失误。

一个企业的群体成员之间进行交流包括相互在物质上的帮助、支持和感情上的交流、沟通，信息的沟通是联系企业共同目的和企业中有协作的个人之间的桥梁。同样的信息由于接收人的不同会产生不同的效果，信息的过滤、保留、忽略或扭曲是由接收人主观因素决定的，是他所处的环境、位置、年龄、教育程度等相互作用的结果。由于对信息感知存在差异性，就需要进行有效的沟通来弥合这种差异性，以减小由于人的主观因素而造成的时间、金钱上的损失。准确的信息沟通无疑会提高工作效率，舍弃一些不必要的工作，以最简洁、最直接的方式取得理想的工作效果。为了使决策更贴近市场变化，企业内部的信息流程也要分散化，使组织内部的通信向下一直到最低的责任层，向上可到高级管理层，并横向流通于企业的各个部门、各个群体之间。在信息的流动过程中必然会产生各种矛盾和阻碍因素，只有在部门之间、职员之间进行有效的沟通才能化解这些矛盾，使工作顺利进行。

2. 从表象问题过渡到实质问题的手段

企业管理讲求实效，只有从问题的实际出发，实事求是才能解决问题。而在沟通中获得的信息是最及时、最前沿、最实际、最能够反映当前工作情况的。在企业的经营管理中出现的各种各样的问题，如果单纯地从事物的表面现象来解决问题，不深入了解情况、接触问题本质，会给企业带来灾难性的损失。

个人与个人之间、个人与群体之间、群体与群体之间开展积极、公开的沟通，从多角度看待一个问题，那么在管理中就能统筹兼顾，未雨绸缪。在许多问题还未发生时，管理者就应从表象上看到、听到、感觉到，经过研究分析，把一些不利于企业稳定的因素扼杀掉。企业是在不断解决经营中的问题中前进的，企业中问题的解决是通过企业中有效的沟通实现的。

3. 激励职工，形成健康、积极的企业文化

人具有自然属性和社会属性，在实际的社会生活中，在满足其生理需求时还要满足其精神需求。每个人都希望得到别人的尊重、社会的认可和自我价值的实现。一个优秀的管理者，就要通过有效的沟通影响甚至改变职员对工作的态度、对生活的态度。把那些视工作为负担、对工作三心二意的员工转变为对工作非常投入，工作中积极主动，表现出超群的自发性、创造性的人。在有效沟通中，企业管理者要对职工按不同的情况划分为不同的群体，从而采取不同的沟通方式。例如，按年龄阶段划分为年轻职工和老职工，对年轻的、资历比较浅的职工采取鼓励认可的沟通方式，在一定情况下让他们独立承担重要工作，并经常与他们在工作、生活方面进行沟通，对其工作成绩认可鼓励，激发他们的创造性和工作热情，为企业贡献更大的力量。对于资历深的老同志，企业管理者应重视、尊重他们，发挥他们的经验优势，与他们经常接触，相互交流，给予适当的培训，以调动其工作积极性。

9.1.3 沟通过程

沟通过程就是发送者将信息通过选定的渠道传递给接受者的过程。该过程主要包括信息发送者、编码与解码、信息传播渠道、信息接受者和反馈等要素。此外，在这个过程中还有可能存在一些干扰或者妨碍沟通的因素。沟通的过程如图 9.1 所示。

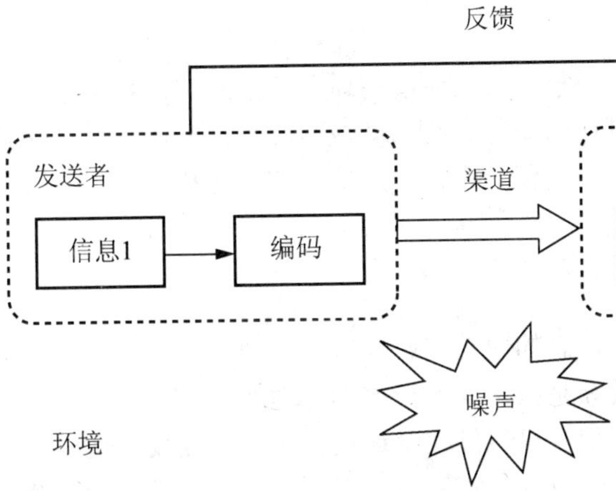

图 9.1　沟通的过程

1. 信息发送者

信息发送者是沟通过程的主要要素之一。信息源于发送者，信息是否可靠，沟通是否有效，与发送者的可信度密切相关。发送者是利用生理或机械手段向预定对象发送信息的一方。发送者可以是个人，也可以是组织。发送者的主要任务是信息的收集、加工及传播。

2. 编码与解码

编码是发送者将信息的意义符号化，编成一定的文字等语言符号及其他形式的符号。译码则恰恰与之相反，是接收者在接收信息后，将符号化的信息还原成为思想，并理解其意义。

完美的沟通，应该是信息发送者的信息 1 经过编码和解码两个过程后，形成的信息 2 与信息 1 完全吻合，即编码和解码完全“对称”。对称的前提条件是双方拥有相同或类似的背景、经验及相同或类似的代码系统。如果双方对信息符号信、息内容缺乏共同背景、经验，或双方编码、解码的代码系统不一致，则在解读信息与正确理解其内在意义的两个过程当中必定会出现误差，容易造成沟通失误或失败。因此，发送者在编码过程中必须充分考虑到接受者的经验背景，注重内容、符号对于接受者来说的可读性；而接受者在解码过程中也必须考虑到发送者的经验背景，这样才能更准确地把握发送者意欲表达的真正意图，从而正确、全面地理解收到的信息的本来意义。

3. 信息传播渠道

渠道是由发送者选择的、借由传递信息的媒介物。例如，口头交流时所采用的口头语言表达形式就是其沟通渠道；当人们在发电子邮件进行沟通交流时，电子邮件即是其沟通渠道；有时人们不用语言表达，而只通过身体部位的一个小动作，就能传达发送者的意见或意思，这时身体语言就是其沟通渠道。

不同的信息内容要求使用不同的渠道。例如，工作总结报告就不宜采取口头形式而多采用正式文件作为通道。邀请朋友吃饭如果采取备忘录的形式就显得不伦不类。有时根据需要也可以使用两种或两种以上的沟通渠道。由于各种沟通渠道都有各自的特点和利弊，因此，选择沟通渠道时要因时、因地、因人制宜，根据当时当地的具体情况来正确选择恰当的沟通渠道。在各种方式的沟通中，影响力最大的仍然是面对面的沟通方式。

4. 信息接受者

信息接受者是发信者的信息传递对象。人们通过沟通分享信息、思想和感情，这种分享不是一种单向的过程，这个过程可逆向而行。在大多数情况下，发信者与接受者在同一时间既发送又接受。因此，接受者的主要任务是接受发信者的思想和情感，并及时地把自己的思想和情感反馈给对方。

5. 反馈

完整无缺的沟通过程必定包括了信息的成功传送与反馈两个大的过程。没有反馈的沟通过程容易出现沟通失误或失败。反馈是指接受者把收到并理解了的信息返送给发送者，以便发送者对接受者是否正确理解了信息进行核实。通过反馈，才能真正使对方正确把握沟通的过程和有效性。在没有得到反馈以前，信息发送者无法确认信息是否已经得到有效的编码、传递和解码与理解。

在沟通过程中，反馈可以是有意的，也可以是无意的。例如，演讲者在登台演讲时就存在一个与观众之间的沟通过程，此时观众可能以喝倒彩的形式表示他们对演讲者的不满，也可以在听演讲时显得疲惫与精神不集中，这种无意间的神情与表情的流露，同样可以反馈出他们对演讲内容和方式不感兴趣。作为一个沟通主体，无论是发送者还是接受者，都应该尽量控制自己的行为，使沟通中的信息传递和反馈行为处于自我意识的控制状态之下，以确保信息传递和反馈无错误或无多余信息。

6. 噪声

噪声是沟通过程中的干扰因素，它是理解信息和准确解释信息的障碍，可以说妨碍信息沟通的任何因素都是噪声。它存在于沟通过程的各个环节，并有可能造成信息损耗或失真。噪声分为环境噪声、语言噪声和非语言噪声等。

7. 背景

背景是指发生沟通的情境。沟通事实上总是在一定的背景中发生的，任何形式的沟通都会受到各种环境因素的影响。从某种意义上讲，沟通既是由沟通主体双方把握的，也是由背景环境共同控制的。影响沟通过程的背景因素有物理环境、社会角色关系和文化背景等方面，尤其文化背景的重要性。文化背景可以涵盖国家、地区、行业、企业、部门以及个体。沟通者长期的文化积淀，决定了沟通者较稳定的价值取向、思维模式和心理结构。沟通需要文化背景，文化背景更是潜在而深入地影响每一个人的沟通过程与沟通行为。当不同文化在沟通中发生激烈碰撞或发生交融时，人们能深刻地感受到文化的威力。东西方国家的文化差异使东西方人在一起共事时会产生不少沟通障碍与问题。

9.1.4 沟通的方式

沟通可划分为口头沟通(verbal communication)和非言语沟通(nonverbal communication)、电子媒介沟通、书面沟通等，这是组织中使用最普遍的沟通方式。它们之间的比较见表 9-1。

表9-1　沟通方式比较表

沟通方式	举　例	优　点	缺　点
口头	交谈、讲座、讨论会、电话	快速传递、快速反馈、信息量很大	传递中经过层次越多信息失真越严重，核实越困难
书面	报告、备忘录、信件、文件、内部期刊、布告	持久、有形、可以核实	效率低，缺乏反馈
非语言	声、光信号、体态、语调	信息意义明确、内涵丰富、含义隐含灵活	传递距离有限、界限模糊、只能意会，不可言传
电子媒介	传真、闭路电视、计算机网络、电子邮件	快速传递、信息容量大、一份信息可以同时传递给多人、廉价	信息交流对技术、网络依赖较强

1. 口头方式

人们之间最常见的交流方式是交谈，也就是口头沟通。常见的口头沟通包括演说、正式的一对一讨论或小组讨论，非正式的讨论及传闻或小道消息的传播。口头沟通的优点是快速传递和快速反馈。在这种方式下，信息可以在最短的时间里被传送，并在最短的时间里得到对方的回复。如果接受者对信息有所疑问，迅速的反馈可以使发送者及时检查其中不够明确的地方并进行改正。但是，当信息经过多人传送时，口头沟通的主要缺点便会暴露出来。在此过程中卷入的人越多，信息失真的潜在可能性就越大。每个人都以自己的方式解释信息，当信息到达终点时，其内容常常与最初大相径庭。如果组织中的重要决策通过口头方式在权力金字塔中上下传递，则信息失真的可能性相当大。

2. 书面方式

书面沟通包括备忘录、信件、组织内发行的期刊、布告栏及其他任何传递书面文字或符号的手段。为什么信息的发送者会选用书面沟通？因为它持久、有形、可以核实。一般情况下，发送者与接受者双方都拥有沟通记录，沟通的信息可以无限期地保存下去。如果对信息的内容有所疑问，过后的查询是完全可能的。对于复杂或长期的沟通而言，这一点尤其重要。但是，书面沟通也有自己的缺陷，如耗时、缺乏反馈。

3. 非语言方式

非言语沟通指通过某些媒介而不是讲话或文字来传递信息，包括身体语言、语调、物体的操纵，甚至于空间距离等多种形式。

身体语言(body language)沟通是通过动态无声性的目光、表情、手势语言等身体运动或者是静态无声的身体姿势、空间距离及衣着打扮等形式来实现沟通。例如，一副咆哮的面孔所表示的信息显然与微笑不同。手部动作、面部表情及其他姿态能够传达诸如攻击、恐惧、腼腆、傲慢、愉快、愤怒等情绪或性情。

语调，指的是个体对词汇或短语的强调，如重音、语调的变化，哭，笑，停顿。假设学生问教师一个问题，教师反问道：“你这是什么意思？”反问的声调不同，学生的反应也不同。轻柔、平稳的声调与刺耳尖利、重音放在最后一词所产生的意义完全不同。大多数人会觉得第一种语调表明某人在寻求更清楚的解释；而第二种语调则表明了此人的攻击性或防卫性。

人们也能通过物体的运用、环境布置等手段进行非言语的沟通。任何口头沟通都包含有非言语信息。有研究认为，在口头交流中，信息的55%来自于面部表情和身体姿态；38%来自于语调；而仅有7%来自于真正的词汇。我们都知道动物是对我们怎样说做出反应的，而不是对我们所说的内容做出反应，人类与此并无太大差异。例如，上课时，学生们无精打采或在做其他事情，传达给老师的信息是学生们已经开始厌倦了；同样，当大家纷纷开始合上笔记本时，则意味着该下课了。

4. 电子媒介

我们现在依赖各种各样复杂的电子媒介来传递信息。除了常见的媒介(如电话、电报、邮件等)之外，我们还拥有闭路电视、计算机、静电复印机、传真机等一系列电子设备。将这些设备与言语和纸张结合起来就产生了更有效的沟通方式，其中发展最快的应该是互联网，人们可以通过计算机网络快速传递书面及口头信息。

9.2 人际沟通

所谓人际沟通，是指一种有意义的互动历程，顾名思义，就是人和人之间的信息和情感相互传递的过程。它是群体沟通、组织沟通乃至管理沟通的基础。从某种程度上而言，组织沟通是人际沟通的一种表现和应用形式，有效的管理沟通都是以人际沟通为保障的。

9.2.1 人际沟通的特点

(1) 在人际沟通中，沟通双方都有各自的动机、目的和立场，都设想和判定自己发出的信息会得到什么样的回答。因此，沟通的双方都处于积极主动的状态，在沟通过程中发生的不是简单的信息运动，而是信息的积极交流和理解。

(2) 人际沟通往往会同时借助言语和非言语两类符号，二者可能一致，也可能矛盾。

(3) 人际沟通是一种动态系统，沟通的双方都处于不断的相互作用中，刺激与反应互为因果，如乙的言语是对甲的言语的反应，同时也是对甲的刺激。

(4) 在人际沟通中，沟通的双方应有统一的或近似的编码系统和译码系统。这不仅指双方应有相同的词汇和语法体系，而且要对语义有相同的理解。语义在很大程度上依赖于沟通情境和社会背景。沟通场合以及沟通者的社会、政治、宗教、职业和地位等的差异都会对语义的理解产生影响。

9.2.2 人际沟通的障碍

1. 人际沟通中的主要障碍

在沟通过程中，由于受环境、发送者和接受者沟通的水平、发送者和接受者之间存在的客观差异等因素的影响，沟通中信息失真、误解等现象会经常出现。根据对沟通模式和人们日常沟通行为的分析，人际沟通中的障碍主要来自以下几个方面：

(1) 语言问题。语言不通是人们相互之间难以沟通的原因之一。当双方都听不懂对方的语言时，尽管也可以通过手势或其他动作来表达信息，但其效果将大为减弱。即使双方使用的是同一语言，有时也会因一词多义或双方理解力的不同而产生误解。

(2) 理解问题。语义曲解是另一个问题。由于一个人的知觉过程受多种因素的影响，常使得人们对同一事物会有不同的理解。例如，当上司信任你，分配你去从事一项富有挑战性的新工作时，你可能会误解为上司对你原有的工作成绩不满意而重新给你分配工作。我们常常认为别人也会像我们自己一样来理解这个世界，一旦对方的理解与自己不一样时，就奇怪怎么会这样。事实上，当人们面对某一信息时，是按照自己的价值观、兴趣、爱好来选择、组织和理解这一信息的含义的，一旦理解不一致，信息沟通就会受阻。特别是在国际环境中，由于各国的文化不同，沟通更容易因理解不一而受阻。

(3) 信息含糊或混乱。信息含糊主要是指信息发送者没有准确地表达清楚所要传递的信息，以至于接收者难以正确理解。这可能与发送者的表达能力有关，也可能是由于受时间等的限制而未能很好地表达清楚。在这种情况下，接收者不是不知所措，就是按自己的理解行事，以至于导致可能与信息发送者原意大相径庭的后果。信息混乱则是指对同一事物有多种不同的信息。例如，令出多门，多个信息源发出的信息相互矛盾；朝令夕改，一会儿说这样，一会儿又说那样；言行不一，再三强调必须严格执行的制度实际上却没有执行，或信息发送者自己首先就没有执行。所有这些，都会使信息接收者不知所措、无所适从。

(4) 环境干扰，是导致人际沟通受阻的重要原因之一。嘈杂的外部环境和杂乱的内心会使信息接收者难以全面、准确地接收(听清或记住)信息发送者所发出的信息。例如，交谈时相互之间的距离、所处的场合、当时的情绪、电话等传送媒介的质量等都会对信息的传递产生影响。环境的干扰往往会造成信息在传递途中的损失和遗漏，甚至歪曲变形，从而造成错误的或不完整的信息传递。

(5) 抵触情绪。当个体面临所接收到的信息与其观念相冲突时，就有可能表现出抵触情绪。抵触是人们为了避免认可他人的能力而降低自尊所做出的下意识调整。每个人都有一个对自我的设想，一旦出现与其设想不一致的情况，他就可能会努力通过抵触来维护自尊或减轻焦虑。例如，当某人因业绩差而受到指责时，他的第一反应常常是否认自己的业绩差。通过否认自己的错误，人们可以避免对自己能力的质疑。抵触情绪会使人歪曲事实或不肯正视事实，从而影响沟通的效果。

还有其他很多影响信息有效沟通的因素，如成见、聆听的习惯、气氛等也都会影响人际沟通的效果。但从总体上而言，我们发现，谁与谁在怎样的情况下以什么方式就什么问题进行沟通，就决定了最终的沟通效果。由于沟通环境氛围的营造、沟通方式的选择、沟通主题的确定都与沟通主体是谁有关，因此，影响沟通效果的最终因素是沟通行为主体的个体行为。

2. 个体行为对沟通的影响

既然沟通效果与所进行沟通的行为主体的个体行为密切相关，那么，为了提高沟通的效果，就必须了解个体行为对沟通的影响。

从信息沟通过程分析，个体行为对沟通的影响主要表现在以下几个方面：

(1) 态度：决定沟通行为。每个人对他所接触到的人或事物都持有不同的态度，而且个体一般总是倾向于行为与态度之间的一致。因此，影响个体沟通行为的首先是态度，态度决定了一个人的沟通行为。一般而言，人们对于自己感兴趣的东西会比较关注，喜闻乐见；对自己不喜欢的事物会采取疏远的行为，沉默寡言或“听而不闻，视而不见”；而对自己讨厌的人或事，则会采取拒绝的行为。

(2) 个性：决定沟通方式。一个人的个性会影响他有习惯采用的沟通方式。例如，权力欲比较强的人在与人沟通的过程中所考虑的重点往往是如何制服对方，总想通过各种沟通渠道、施展各种技巧去控制与支配对方；自我感觉比较好的人常常刚愎自用，无视客观事实和逻辑分析，听不进别人的意见；比较刻板的人则不允许哪怕是很小程度的含糊不清，不能容忍在沟通中出现诸如“大概”、“可能”之类使人感到模糊的状况，对每件事都要求有精确的表述；自尊心强的人为了维护自尊有时会采取“顺我者昌，逆我者亡”的沟通方式。再如，外向的人在沟通过程中一般有话直说，喜怒形于色；内向的人则大多听得细心、说得谨慎。不同的个性决定了不同的沟通方式，不同的思维模式则直接影响与他人沟通的效果。

(3) 情绪：影响信息接收。一个人接收信息开始于其受到外界的刺激。外界的刺激分为两种：一种是显性刺激，它会使人有意识地、明显地感受到某种信息的刺激；另一种是隐性刺激，它只是使人感受到，但不一定意识到已受到某种信息的刺激。例如，有些事听人讲过，当时并没有意识到什么，直到后来才醒悟过来，这种信息刺激在当时来说就是隐性的。当一个人受到了外界刺激时，可认为信息到达了接收者这里，但这并不等于说这个人已完全接受了外界刺激所带来的全部信息。如图 9.2 所示，接收者还要经过一个有选择的知觉过程，个体所接受的只是那些他认为比较重要的那一部分信息。例如，一个十分关注投资额的管理人员，在审查项目建议书时，可能只注重报告中有关预算的部分，而对其他一些他认为无关的部分则一带而过。

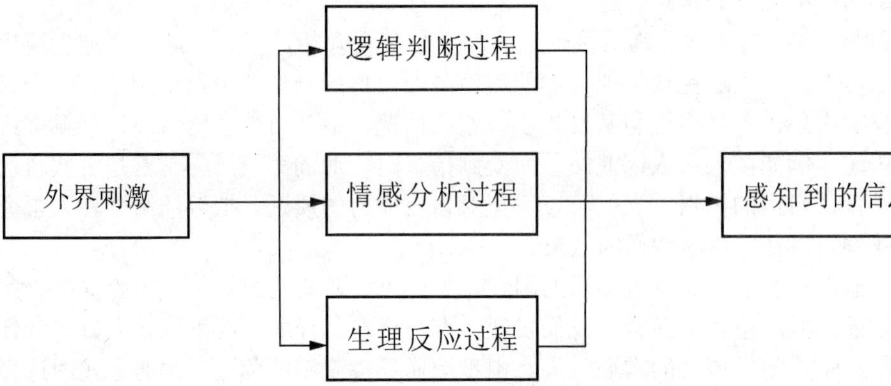

图 9.2　信息的接收过程

当个体接收了外界刺激所带来的信息后，他将从 3 个方面同时展开他的分析过程；一个是逻辑判断过程，通过对信息的记忆存储、分类检索、归纳合并、联想分析等逻辑思维过程进行信息处理，判断其是否有道理；一个是情感分析过程，通过逻辑思维所认识到的事物，在情感上不一定能接受，在这个过程中起主要作用的是信念、价值观、态度和偏好等；还有一个是生理反应过程，大脑的活动、血压、体温、心速等生理因素会由于外界的刺激而改变，从而影响感觉和行动。在综合以上 3 方面结果的基础上，信息接收者才会对所接收到的外界信息做出相应的反应。

在分析过程中，当人的内心情感和外在的客观事实发生矛盾时，就会产生对结论的困惑。当这种困惑程度相当严重时，人的自卫机制就会发生作用：对于事实证明是错误的或不合适、但内心无法接受的事物，竭力寻找出一些理由做出“合理化”的解释；或坚持己见，用发牢骚等办法拒绝接受信息；或被迫接收那些自己不愿意接收的信息，带着情绪，故意偏激地执行指令；或竭力控制自己的不满和“无法接受的心态”，这些行为都会使人对外界的信息接收打折扣，从而影响沟通的效果。

(4) 知觉：影响沟通效果。不同的人，其知觉过程和理解能力是不同的。在信息沟通过程中，接收者的个性、发送者的行为、信息传递的方式、信息传递时所处的环境都会影响接收者对信息的知觉和理解，而知觉和理解又在很大程度上影响着接收者接收信息后所采取的行为。对同一信息，由于理解力的不同，会产生不同的理解，从而产生不同的行为。例如，当高层管理人员强调“要千方百计地提高经济效益”时，部分管理人员理解为“要千方百计地多赚钱”，并因而在生产过程中以次充好、偷工减料，这在一定程度上就是由于理解上的差异所导致的。

管理者所在的组织是由一群人所组成的，了解个体行为对沟通的影响对于提高沟通的有效性是非常重要的。忽视这一方面的影响常常是人际沟通和组织沟通不良的基本原因。

管理故事

味道好极了

一位好莱坞导演决定送给他母亲一件生日礼物，他听说有一只小鸟能讲12种语言，还可以唱10首著名的歌曲，立即决定买下这只鸟送给母亲，为此他花了5万美元。

在他母亲生日的第二天，他给母亲打电话：“您觉得这只鸟怎么样，妈妈？”他母亲愉快地回答道：“味道好极了！”

9.2.3 人际沟通的改善

由上可见，人际沟通效果取决于沟通行为主体的个体行为。要提高人际沟通效果，就必须提高信息发送者和信息接收者的沟通水平。

知识链接

沟通十戒

美国管理学会提出的“沟通十戒”，对于避免和克服沟通障碍很有启发意义。

(1) 沟通之前先将概念澄清。
(2) 要明确沟通的真正目的。
(3) 考虑沟通环境。
(4) 计划沟通的内容时尽量听取他人意见。
(5) 做好必要的记录。
(6) 可能时，尽量传递有效信息。
(7) 应有必要的反馈。
(8) 沟通时不仅要着眼于当前，更要着眼于未来。
(9) 言行一致。
(10) 善于倾听。

1. 信息发送者方面

根据有效沟通的条件和前述的沟通障碍、个体行为对沟通的影响，作为信息发送者，要做好以下几点：

(1) 要有勇气开口：成为信息发送者。作为信息发送者，首先要有勇气开口。只有当你把心里的想法表达出来时，才有可能与他人沟通。人与人之间存在很多矛盾的一个主要原因，就是当事人都只在自己心里想，而没有勇气把自己的想法说出来，从而导致了很多的误解。

(2) 态度诚恳：使对方成为信息接收者。人是有情感的，在沟通中，当事者相互之间所采取的态度对于沟通的效果有很大的影响。由于态度决定沟通行为，且人们常常会对不可知的东西抱有戒备心理，因此只有当双方坦诚相待时，才能消除彼此间的隔阂，求得相互间的合作。

(3) 注意选择合适的时机：营造良好的沟通氛围。由于所处的环境、气氛会影响沟通的效果，所以信息交流要选择合适的时机。对于重要的信息，在办公室等正规的地方进行交谈，有助于双方集中注意力，从而提高沟通效果；而对于思想上或感情方面的沟通，则适宜于在比较随便、独处的场合下进行，这样便于双方消除隔阂。要选择双方情绪都比较冷静时进行沟通，不要让情绪影响沟通效果。要开好头，消除陌生感，寻找共同语言，营造相互配合的氛围。

(4) 提高自己的表达能力：准确传递信息。对于信息发送者而言，无论是口头交谈还是书面交流，都要力求准确地表达自己的意思。有效沟通不仅需要信息被接收，而且需要信息被理解。为此，信息发送者要了解信息接收者的文化水平、经验和接受能力，简化语言并注意根据对方的具体情况来确定自己表达的方式和用词等；选择准确的词汇、语气、标点符号；注意逻辑性和条理性，对重要的地方要加上强调性的说明；借助于手势、动作、表情等来帮助思想和感情上的沟通，以加深对方的理解。其中，最重要的一点就是要用对方能够理解的语言来传递所要表达的信息。

(5) 注重双向沟通：及时纠正偏差。由于信息接收者容易从自己的角度来理解信息而导致误解，因此信息发送者要注重反馈，提倡双向沟通，要善于体察别人，鼓励他人不清楚就问，注意倾听反馈意见，或者请信息接收者重述所获得的信息或表达他们对信息的理解，从而检查信息传递的准确程度和偏差所在。

(6) 积极地进行劝说：达成沟通目的。人是复杂的，为了达到沟通目的，在沟通过程中，人们不仅要晓之以理、动之以情，必要时还要诱之以利。由于每一个人都有自己的情感，为了使对方接受信息，并按发送者的意图行动，信息发送者常有必要进行积极的劝说，站在对方的立场上进行开导，有时还需要通过反复的交谈来协商，甚至采取一些必要的让步或迂回。为此，交谈时间应尽可能充分，以免过于匆忙而无法完整地表达意思；要控制自己的情绪，不要采取高压的办法，而导致对方的对抗；尽可能开诚布公地进行交谈，耐心地说明事实和背景，以求得对方的理解；耐心地聆听对方的诉说，不拒绝对方任何有益的建议、意见和提问；当大家都理解，但感情上不愿意接受时，则信息发送者身体力行可能是最好的沟通方式。

2. 信息接收者方面

作为信息接收者，则要注意仔细地聆听。沟通是双向交流的过程，信息发送者讲或写，接收者听(或读)和响应。以前人们常常只注重说写能力的培养，而对听的能力则不那么重视。事实上，倾听的技术在进行有效沟通的过程中同样是非常重要的。作为管理者，要花大量的时间与其他人接触，以收集和发布信息，若不善于听，则可能难以收集到有用的信息，沟通就可能无的放矢。因此，作为管理者，要学会倾听的艺术。倾听技术如图9.2所示。

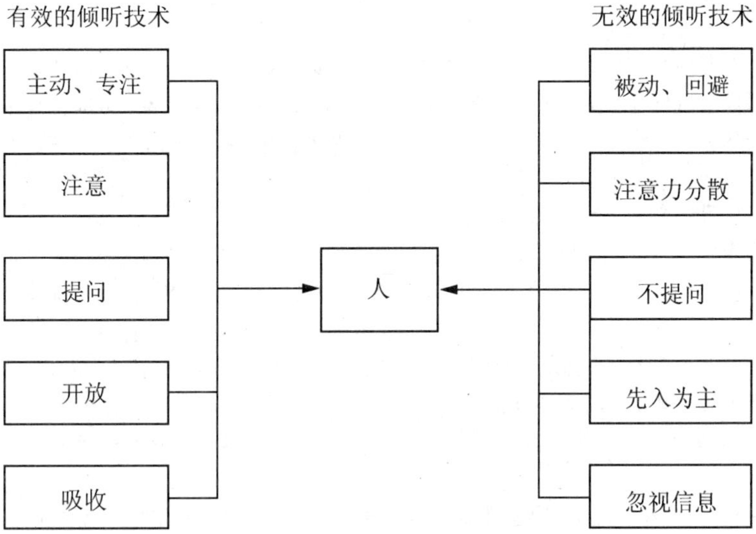

图9.3　倾听技术

倾听是一种完整地获取信息的方法。倾听包含了4层内容，即听清、注意、理解、掌握。

(1) 排除干扰，以听清内容。作为信息接收者，首先要能完整地接收到信息。“听清”不仅要有好的听力，还要设法排除内外干扰。要注意相互间的距离，改善环境，切断噪声；要控制自己的情绪，保持内心的平静。

(2) 集中注意力，以抓住要点。在听清内容的同时，信息接收者要集中注意力以抓住传递过来的信息要点。要去掉一切会转移注意力的因素，全神贯注地聆听，以抓住其中的关键点。

(3) 开动脑筋，以理解含义。信息接收者不仅要完整地接收到信息，还要能正确地理解。“理解”要求对信息进行准确的综合和评价，注意对方的语气和身体语言，理解对方真正的含义。这就要求在听的同时开动脑筋，设身处地地考虑对方的看法，客观地进行归纳；对不清楚的，应及时向对方查对，或扼要地向对方重述要点，以保证理解准确。

(4) 及时反应，已达成目的。在理解了对方的意思后，为了据此做出正确的反应，首先要记住对方传递过来的信息。而要真正达到沟通的目的，还需要根据所获得的信息及时做出相应的反应。这种反应可以是提出不同意见或做出反馈，也可以是按对方传递过来的信息采取相应的行动。

管理案例

沟通双方需要共同努力

王岚是一个典型的北方姑娘，从她身上可以明显地感受到北方人的热情和直率。她喜欢坦诚，有什么说什么，总是愿意把自己的想法说出来和大家一起讨论，正是因为这个特点，她在上学期间很受老师和同学的欢迎。今年，王岚从西安某大学的人力资源管理专业毕业了。她认为，经过4年的学习，自己不但掌握了扎实的人力资源管理专业知识，而且具备了较强的人际沟通技能，因此她对自己的未来期望很高。为了实现自己的梦想，她毅然只身去广州求职。

经过将近一个月的反复投简历和面试，在权衡了多种因素的情况下，王岚最终选定了东莞市的一家研究、生产食品添加剂的公司。她之所以选择这家公司是因为该公司规模适中、发展速度很快，最重要的是该公司的人力资源管理工作还处于尝试阶段，如果王岚加入，她将是人力资源部的第一个人，她认为自己施展能力的空间很大。

但是到公司实习一个星期后，王岚就陷入了困境中。

原来该公司是一个典型的小型家族企业，企业中的关键职位基本上都由老板的亲属担任，其中充满了各种裙带关系。尤其是老板给王岚安排了他的大儿子做临时上级，而这个人主要负责公司的研发工作，根本没有管理理念，更不用说人力资源管理理念了。在他的眼里，只有技术最重要，公司只要能赚钱其他的一切都无所谓。但是王岚认为，越是这样就越有自己发挥能力的空间，因此在到公司的第五天，王岚就拿着自己的建议书走向了直接上级的办公室。

“王经理，我到公司已经快一个星期了，我有一些想法想和您谈谈，您有时间吗？”王岚走到经理办公桌前说。

“来来来，小王，本来早就应该和你谈谈了，只是最近一直扎在实验室里，就把这件事忘了。”

“王经理，对于一个企业，尤其是处于上升阶段的企业来说，要持续企业的发展必须在管理上狠下工夫。我来公司已经快一个星期了，据我目前对公司的了解，我认为公司主要的问题在于职责界定不清；雇员的自主权力太小，致使员工觉得公司对他们缺乏信任；员工薪酬结构和水平的制定随意性较强，缺乏科学合理的基础，因此薪酬的公平性和激励性都较低。”王岚按照自己事先所列的提纲开始逐条向王经理叙述。

王经理微微皱了一下眉头说：“你说的这些问题我们公司也确实存在，但是你必须承认一个事实——我们公司在赢利，这就说明我们公司目前实行的体制有它的合理性。”

“可是，眼前的发展并不等于将来也可以发展，许多家族企业都是败在管理上。”

“好了，那你有具体方案吗？”

“目前还没有，这些还只是我的一点想法而已，但是如果得到了您的支持，我想方案只是时间问题。”

“那你先回去做方案，把你的材料放这儿，我先看看然后给你答复。”说完王经理的注意力又回到了研究报告上。

王岚此时真切地感受到了不被认可的失落，她似乎已经预测到了自己第一次提建议的结局。

果然，王岚的建议书如石沉大海，王经理好像完全不记得建议书的事。王岚陷入了困惑之中，她不知道自己是应该继续和上级沟通还是干脆放弃这份工作，另找一个发展空间。

沟通是一个互动的过程，实现建设性沟通需要沟通双方的共同努力。

9.3 组织沟通

组织是按一定规则和程序为实现其共同目标而集合在一起的群体，组织沟通是组织的不同层次或部门直接的信息交换和含义的传递，是以组织内的人及沟通为基础，涉及组织特质的各种类型的沟通。管理与被管理者之间的有效沟通是管理艺术的精髓。美国著名未来学家奈斯比特曾指出:“未来竞争是管理的竞争,竞争的焦点在于每个社会组织内部成员直接及其外部组织的有效沟通上。”

9.3.1 组织沟通的类型

1. 语言沟通与非语言沟通

根据沟通所借用的媒介的不同,沟通可划分为语言沟通与非语言沟通。语言沟通是指以语词符号为载体实现的沟通,主要包括口头沟通和书面沟通。口头沟通是指借助语言进行的信息传递与交流。口头沟通的形式很多,如会谈、电话、会议、广播、对话等。书面沟通是指借助文字进行的信息传递与交流。书面沟通的形式也很多,如通知、文件、通信、布告、报刊、备忘录、书面总结、汇报等。非语言沟通是借助非正式语言符号,如肢体动作、面部表情等来进行的沟通。肢体语言的内涵非常丰富,包括我们的动作、表情、眼神。实际上,在我们的声音里也包含着非常丰富的肢体语言。我们在说每一句话的时候,用什么样的音色去说,用什么样的语调去说等,这都是肢体语言的一部分。语言更擅长沟通的是信息,肢体语言更善于沟通的是人与人之间的思想和情感。语言沟通与非语言沟通的比较见表 9-2。

表 9-2　语言沟通与非语言沟通的比较

沟通方式	举　例	优　点	缺　点
口头沟通	交谈、讲座、讨论会、电话	快速传递、快速反馈、信息量很大	传递中经过层次愈多信息失真愈严重
书面沟通	报告、备忘录、信件、内部期刊、布告	持久、有形、可以核实	效率低、缺乏反馈
非语言沟通	仪容、体态、语调、表情	信息意义十分明确,内涵丰富,含义隐含灵活	传递距离有限,界限模糊,只能意会不能言传

2. 正式沟通与非正式沟通

根据沟通者之间有无组织关系依托进行分类,沟通可划分为正式沟通与非正式沟通。正式沟通是指由组织内部明确的规章制度所规定的沟通方式,它和组织的结构密切相关,主要包括按正式组织系统发布的命令、指示、文件,组织召开的正式会议,组织正式颁布的法令、规章、手册、简报、公告,组织内部上下级之间、同事之间因工作需要而进行的正式接触。非正式沟通是以社会关系为基础,与组织内部的规章制度无关的沟通方式(如图 9.5 所示)。它的沟通对象、时间及内容等都是未经计划的,随机性较大。因为非正式组织是因组织成员的感情和动机上的需要而形成的,所以其沟通渠道是通过组织内的各种社会关系,这种社会关系超越了部门、单位及层级。非正式渠道不是由一定组织中的管理者建立的,因此,管理者对它较难控制。非正式沟通对正式组织具有重要的影响,它是形成良好组织氛围的必要条件,所以,管理者必须重视非正式沟通的作用。在很多情况下,来自非正式沟通的信息更易于被接收者重视。由于这种沟通一般是以口头方式进行,不留证据,不负责任,有许多在正式沟通中不便于传递的信息却可以在非正式沟通中透露。正式沟通与非正式沟通的比较见表 9-3。

表 9-3 正式沟通与非正式沟通的比较

沟通方式	举　例	优　点	缺　点
正式沟通	指令、会议、公司报告、通知、汇报	沟通效果好，比较严肃，且约束力强，易于保密，可以使信息沟通保持权威性	传播速度比较慢，信息在逐级传递过程中会出现失真或扭曲的可能
非正式沟通	周末聚会、节日问候、漫步闲聊	沟通不拘形式，直接明了，传递速度快，容易及时了解正式沟通难以提供的信息	难以控制，传递的信息不确切，容易失真，且可能导致小集体的产生

管理故事

用心聆听

用心倾听，这个世界值得我们去倾听；来到这个世界，值得我们用心去倾听。倾听不是沉默，它是倾诉的载体——诉者与听者通过它进行交流。倾听可以是一种享受，一种放松，也可以是一种分担，一种关怀。它是人与人、心与心、灵魂与灵魂、感情与感情的交融和共鸣。

有这样一篇报道。一次，美国著名主持人林克莱特(Linklate)访问一个小朋友，问他“长大后想当什么？”小朋友天真地回答：“我要当一名飞机驾驶员。”林克莱特笑着问他：“飞机飞到太平洋上空时，突然没油了，但只有一只降落伞，你怎么办？”小朋友思考了一会儿说：“我会嘱咐机上的乘客系好安全带，然后我自己背着降落伞跳下去。”台下的观众听了这个回答，笑得七倒八歪，都在说：“这个小孩，这么小就……”林克莱特也在继续注视着他，看他是不是个自私自利的家伙。这时，他看见小朋友的眼泪夺眶而出，其悲恸之情无法用笔墨描述。林克莱特心有所动，问道：“你为什么要这么做呢？”小朋友说：“我要去取燃料，我还要回来，我还要回来!”

短短的一句话，显露出这个小朋友对他人的关心。而作为旁人是否能听出他内心真正的意思，就要看我们是否用心倾听。人与人之间交流和沟通的重要形式——是倾听，让我们告别幼稚和浅薄；是倾听，让我们懂得了生命的意义。

我想说，我们只是平常人，或许并不能听到很深刻的音符，但只要用心倾听，那么生活中的每一个音符，生命中的每一段旋律，都会让你感动，引你深思，给你温暖，催你奋进。

阿雄有强烈的企图心，而且行销手腕出神入化，他的业绩一直在公司里遥遥领先，也是公司极力栽培的优秀员工。

有一天，该公司的业务部经理出缺，王老板毅然决定提拔阿雄担任此项职务，王老板满心以为一向表现优异的阿雄会有一番作为，没想到阿雄升任经理半年后，不仅表现平平，而且整个部门乌烟瘴气，士气低落。王老板为此伤透脑筋，就在此时，阿雄也意兴阑珊地递出辞呈，表示自己无法胜任经理的工作，并愿意为此负责。

3. 自我沟通、人际沟通与组织沟通

根据沟通发生的层次，沟通可以划分为自我沟通、人际沟通和组织沟通。自我沟通也称内向沟通，即信息发送者和信息接受者为同一个行为主体，自行发出信息，自行传递，自我接收和理解。人际沟通是指人们之间的信息交流过程，也就是人们在共同活动中彼此交流各种观念、思想和感情的过程。这种交流主要通过言语、表情、手势、体态及社会距离等来表示。组织沟通涉及组织特征的各种类型的沟通，它以人际沟通为基础。组织沟通一般分为组织的对外沟通和组织的内部沟通两大类。组织对外沟通包括各种公关广告、信息发布等。组织内部沟通是指信息在组织内进行有效传递，包括向下沟通、向上沟通和平行沟通。

向下沟通是上级向下级传递信息，如企业的上级领导向下级发布命令和指示。这种沟通方式一般有 5 种目的：传达工作指示；促使员工了解本项工作与其他任务的关系；提供关于程序与任务的资料；向下级反馈其工作绩效；向员工阐明组织目标，使员工增强其“任务感”。这种自上而下的沟通能够协调组织内各层级之间的关系，增强各层级之间的联系，对下级具有督导、指挥、协调和帮助等作用。因此，这种沟通形式受到古典管理理论家的重视，今天仍为许多企业所沿用。但是，这种沟通易于形成一种“权利气氛”而影响士气，并且由于曲解、误解或搁置等因素，所传递的信息会逐步减少或歪曲。

向上沟通是指由下级向上级传递信息，如员工向上级报告工作情况、提出自己的建议和意见、表述自己的态度等。在组织中，不仅要求下行沟通迅速有效，而且还应保证上行沟通畅通无阻。因为只有这样，领导者才能及时掌握各种情况，从而作出符合实际的决策。但有关研究表明，有时自下而上的信息沟通即使到达了管理阶层，通常也不会被重视，或根本没被注意到，并且在逐层上报过程中内容会被逐层压缩，细节会被一一删去，造成严重失真。

平行沟通是指同级之间传递信息，如员工之间的交流、同一层级不同部门的沟通等。在企业部门中经常可以看到各部门之间发生矛盾和冲突。除其他因素以外，部门之间互不“通气”是重要原因之一。保证平行组织之间沟通渠道的畅通，是减少各部门之间冲突的一项重要措施。这种沟通一般具有业务协调性质。它有助于加强相互间的了解，增强团结，强化协调，减少矛盾和冲突，改善人与人之间的关系。

4. 直接沟通与间接沟通

根据沟通是否需要第三者传递，沟通可划分为直接沟通和间接沟通。直接沟通是指发送信息与接收信息无需第三者传递，如面对面谈话，电话直接对话等。间接沟通是指人们通过中间人或借助中介技术手段(如书信、电话等个人媒介和电视、广播、报刊、网络等大众媒介)而进行的相互沟通。

在人类社会之初，由于中介手段的局限，直接沟通占据人类沟通的全部，伴随社会的发展，间接沟通比重正逐步上升。直接沟通与间接沟通各有优势。直接沟通与间接沟通的比较见表 9-4。

表 9-4　直接沟通与间接沟通的比较

沟通方式	举　例	优　点	缺　点
直接沟通	直接或者电话交谈	便捷快速，不但能够听到语意还能感知多方面体现出的情感	受个人情绪影响较大，不太系统，沟通常常会被善谈者左右
间接沟通	书信类、文件报告式沟通	比较冷静理智，沟通交流观点较系统、委婉，不太容易受感情和氛围因素影响	缺少情感交流

一般而言，关系密切，交情深厚，沟通内容属机密信息或者可能会损害任何一方的名誉，最好采用直接沟通。当然，对于那些确实喜欢一切直接的人，或者无更好途径时，可以采用直接沟通。至于关系不够密切，交情一般，或者对方个性喜欢迂回，则采取间接沟通。另外，第三者比较客观，与对方交情深厚，比较容易达成目标，或者比较婉转有利，也可采用间接沟通。

9.3.2 正式沟通

正式沟通是通过组织明文规定的渠道所进行的信息传递与交流。正式沟通畅通无阻，组织的生产经营活动及管理活动才会井然有序；反之，整个组织将陷入紊乱甚至瘫痪状态。因此，正式沟通渠道必须灵敏而高效。正式沟通的优点是正规、权威性强、沟通效果好，参与沟通的人员普遍具有较强的责任心和义务感，从而易保持所沟通的信息的准确性及保密性。管理系统的信息都应采用这种沟通方式。其缺点是对组织机构依赖性较强而造成速度迟缓，沟通形式刻板，如果组织管理层次多，沟通渠道长，容易形成信息损失。

正式沟通包括下向沟通、上向沟通、横向沟通、外向沟通等。

1. 下向沟通

下向沟通是在传统组织内最主要的沟通流向，一般以命令方式传达上级组织或其上级所决定的政策、计划、规定之类的信息，有时颁发某些资料供下属使用等。如果组织的结构包括多个层次，则通过层层转达，其结果往往使下向信息发生歪曲，甚至遗失，而且过程迟缓，这些都是在下向沟通中经常发生的问题。

2. 上向沟通

上向沟通主要是下属依照规定向上级所提出的正式书面或口头报告。除此以外，许多机构还采取某些措施以鼓励向上沟通，如意见箱、建议制度以及由组织举办的征求意见座谈会、或态度调查等。有时某些上层主管采取所谓“门户开放”政策可使下属人员可以不经组织层次向上报告。但是据研究，这种沟通也不是很有效的，而且由于当事人的利害关系，往往使沟通信息发生与事实不符或压缩的情形。

3. 横向沟通

横向沟通主要是同层次、不同业务部门之间的沟通。在正式沟通系统内，一般机会并不多，若采用委员会和举行会议方式，往往所花费时间、人力甚多，而达到沟通的效果并不很大。因此，组织为顺利进行其工作，必须依赖非正式沟通以辅助正式沟通的不足。正式沟通的优点是沟通效果好，比较严肃，约束力强，易于保密，可以使信息沟通保持权威性。重要的消息和文件的传达、组织的决策等一般都采取这种方式。其缺点在于，因为依靠组织系统层层传递，所以很刻板，沟通速度很慢，此外也存在着信息失真或扭曲的可能。

特别提示

英特尔采取开放的沟通模式，既有自上而下的，也有自下而上的。管理层通过网络，向全球员工介绍公司最新的业务发展，同时也会通过网上聊天，与员工进行互动的沟通，回答员工提出的各种问题。每个季度，公司都会定期出版员工简报，让员工及时了解公司最新情况。此外，公司还有一个“一对一面谈”

制度，即公司与员工之间就工作期望与要求进行沟通。面谈通常通过员工会议的形式进行，要求员工来制定会议议程，由员工来决定会议议题。

有记者同一位英特尔员工谈到如何在英特尔获得更好的个人发展时，这位员工深有感触地说："关键还是要善于沟通，不要处处都要老板来找你谈工作，而是随时和同事、老板保持一个非常顺畅的沟通关系。"在英特尔的用人之道里面有一个很重要的原则：评价员工工作业绩是以结果为导向的，不管你过程做得怎么辛苦，付出多大，老板只看结果。也正是因为这样的原因，在新员工进入英特尔之初，得到最多的告诫就是不要去做远远超出自己能力的事情，必须善于沟通，融入团队。

9.3.3 非正式沟通

非正式沟通是指在正式沟通渠道以外信息的自由传递与交流。这类沟通主要是通过个人之间的接触来进行的。非正式沟通不受组织监督，是由组织成员自行选择途径进行的，比较灵活方便。员工中的人情交流、生日聚会；工会组织的文娱活动、走访、议论某人某事，传播小道消息等都属于非正式沟通，如图 9.4 所示。非正式沟通中往往能表露人们的真实想法和动机，还能提供组织没有预料到的或难以获得的信息。与正式沟通相比，非正式沟通有以下特点：

(1) 信息交流速度较快。由于这些信息与职工的利益相关或者是他们比较感兴趣的问题，再加上没有正式沟通的那种程序，信息传播速度大大加快。

(2) 非正式沟通的信息比较准确。据国外研究表明，它的准确率可高达 95%。一般而言，非正式沟通中信息的失真主要是因为形式上的不完整，而不是提供无中生有的谣言。人们常把非正式沟通与谣言混为一谈，这是缺乏根据的。

(3) 可以满足职工的需要。由于非正式沟通不是基于管理者的权威，而是出于职工的愿望和需要，因此，这种沟通常常是积极的、卓有成效的，并且可以满足职工的多种需要。

(4) 沟通效率较高。非正式沟通一般是有选择地、针对个人的兴趣传播信息，正式沟通则常常将信息传递给本人不需要它们的人。

(5) 非正式沟通有一定的片面性。非正式沟通中的信息常常被夸大、曲解，因而需要慎重对待。

在传统的管理及组织理论中，并不承认非正式沟通的存在，即使发现有这现象，也认为要将其消除或减少到最低程度。但是，当代的管理学者知道，非正式沟通的存在是根深蒂固、无法消除的，应该对其进行了解、适应和整合，使其有效担负起沟通的重要作用。例如，管理者可以设法去发现在非正式沟通的网状模式(如图 9.4 所示)中，谁处于核心和"转播站"的地位，也许通过这种沟通网可以使信息更迅速地得以传达。管理者也可以设法自非正式沟通中去发现所流传的信息内容。然而，过分利用非正式沟通的结果，会冷落或破坏正式沟通系统，甚至组织结构。而设法自非正式沟通中探听消息，其结果会造成组织背后的一套"谍报网"和打"小报告"者，从而带来管理上的问题。对于非正式沟通所采取的立场和对策如下：

(1) 非正式沟通的产生和蔓延，主要是由于人员得不到他们所关心的消息。因此，管理者愈故作神秘，封锁消息，则背后流传的谣言会愈加猖獗。正本清源，管理者应尽可能使组织内沟通系统较为开放或公开，则种种不实的谣言将会自然消失。

(2) 要想阻止已经产生的谣言，与其采取防卫性的驳斥，或说明其不可能的道理，不如正面提出相反的事实更为有效。

(3) 闲散和单调乃是造谣生事的温床。为避免产生谣言，扰乱人心士气，管理者应注意，不要使组织成员有过分闲散或过分单调枯燥的情形发生。

(4) 最基本的做法，乃是培养组织成员对组织管理当局的信任和好感，这样他们比较愿意听组织提供的消息，也较能相信。

(5) 在对于管理层的训练中，应增加这方面的知识，使他们有比较正确的观念和处理方法。

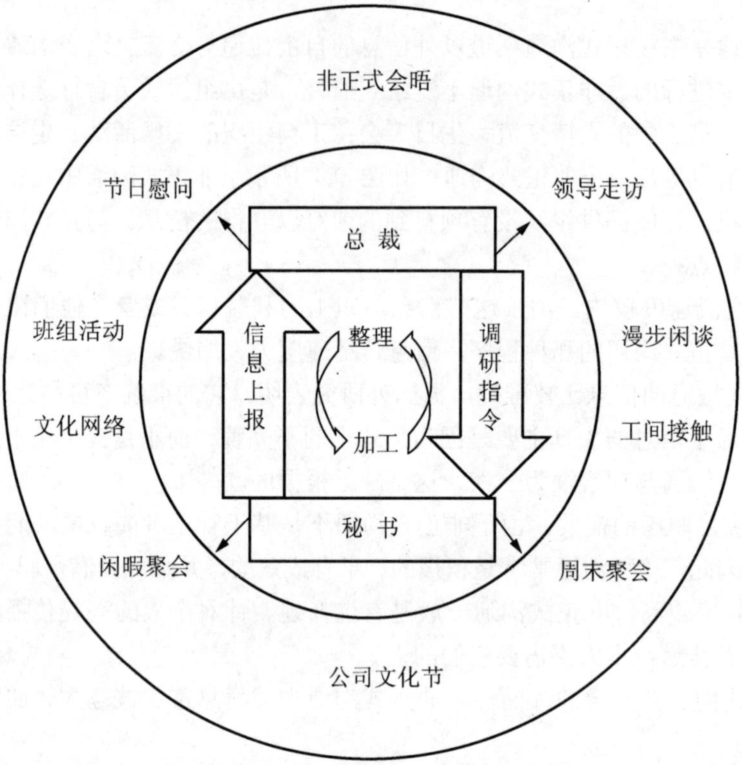

图 9.4 非正式沟通

管理故事

小道消息的传播

Y 公司是国内大型民营企业，这几年发展可谓如日中天，每年业绩以 100%的增速成长，主导产品的市场占有率也在 50%以上。在公司经营情况总体看好的情形下，公司总裁却时常觉得有点烦，原因在于公司内小道消息满天飞，一些企业内的非正式组织津津乐道于有关企业内似是而非的东西。例如，公司在外面欠了许多钱、某市场部经理拿了公司贷款跑了等，因此极大影响了企业内的员工士气与团队精神，更为可怕的是员工对企业的信心与向心力亦由于小道消息而减弱。

9.4 冲突管理

冲突是指人们由于某种抵触或对立状况而感知到的不一致的差异。冲突管理即指在一定的组织中对各种冲突的管理。处理冲突的能力是管理者需要掌握的重要的技能之一。美国管理协会进行的一项对中层和高层经营人员的调查表明，管理者平均花费20%的时间处理冲突；冲突管理被认为是比决策、领导或沟通技能更为重要的一项管理技能，即处理冲突能力与管理的成功成正比。

9.4.1 冲突形成的原因

研究表明，产生冲突的原因多种多样，但总体上可分为3类：沟通差异、结构差异和人格差异。

沟通差异是指由语义困难、误解以及沟通通道中的噪声而造成的意见不一致。人们常常认为大多数冲突是由缺乏沟通造成的，但事实上是，在许多冲突中常常进行着大量的沟通。很多人都将良好的沟通与别人同意自己的观点错误地等同起来。

结构差异是组织中存在着水平和垂直方向的分化，这种结构上的分化导致了整合的困难。其经常造成的结果是冲突。这些冲突并非不良沟通或个人恩怨造成，而是植根于组织结构本身。

人格差异。冲突可由个体的特性和价值观系统而引发。

9.4.2 冲突观念的变迁

管理冲突与简单的解决冲突、处理冲突是不同的。冲突解决和处理意味着尽可能地减少、消除和结束冲突，认为冲突是破坏性的，这符合冲突管理的传统原则与理念，但是涉及冲突管理的理念一直都在不断变化中，具体有3大阶段：

(1) 20世纪30～40年代，这时候的“传统观点”提出冲突是非理性的、破坏的，必须进行阻止。

(2) 20世纪40～70年代的“人际关系观点”则认为：不可能彻底杜绝冲突，而且某些冲突可能对企业会有一定的积极作用，要区别对待。

(3) 20世纪70年代以后到现在，“相互作用观点”是，企业要保持生命力和创造力必须保持一定程度的冲突，应鼓励冲突，认为冲突在高层管理人员中是不可避免的，而且通常是人们对其评价越来越高，对于冲突的研究角度也越来越丰富。

9.4.3 冲突管理策略

组织管理者必须充分意识到沟通的重要性，努力实现有效沟通．提高组织管理水平。沟通是强化企业冲突管理的有效途径，在构建有效的冲突管理预警机制和化解机制方面具有不可替代的重要作用。

1. 构建有效的冲突管理预警机制

(1) 经常与员工保持沟通交流，深层次了解员工的专业能力和个人背景。在招聘、日常管理工作中、工作分配的初期便考虑到员工们的个人因素，对员工的工作匹配设计得尽可能完善，以减少个人差异造成的冲突。当然，由于人与人之间差别的存在，随着相处时间的加长、了解的加深，彼此的不一致也会加强，这也增大了员工之间冲突的可能性。企业应通过组织一些娱乐活动或一起工作的机会来加强员工之间的沟通，为避免冲突创造条件。

(2) 通过沟通健全组织的信息系统。通过沟通及时传达重要消息，使信息在企业内部流通顺畅，避免信息系统不健全和不对称造成的冲突。

(3) 通过沟通使员工了解企业经营中的问题和经营目标，使企业为实现目标而采取的变革措施易于为员工所理解和接受。企业还可通过沟通使员工对企业有信任感，从而焕发出参与管理的巨大热情。以信任和共识为基础上，通过沟通达到上下齐心，实现统一的目标。通过沟通，成员之间彼此了解相互的需要、企业的需要，彼此间相互宽容和忍让，共同承担压力和困难，使每个成员感到自己在组织中的价值，从而激发其能动性和职业自豪感。

(4) 通过沟通使员工了解企业和同事，使其感到自己受到尊重，从而也就感受到了良好的工作环境和氛围，减轻了环境的压力，减少冲突发生的可能性，还能使大家都明确权责，避免工作模糊。

(5) 员工的不满情绪如果一直被压抑，那么一旦爆发就会有很大的破坏力。当隐藏着的负面情绪逐渐被主观夸大，从而误解丛生，相互间的信任感就会被破坏，最终使组织的凝聚力、士气和共有的价值观遭到削弱。企业通过使用内刊、告示栏、意见箱、接待日、提供员工集体交际与沟通机会等办法可以使管理层和员工、员工和员工之间通过沟通，分享彼此的情绪和感受，挖掘深层次问题，达到更多的理解和信任，将大部分负面情绪消灭在萌芽之中，避免冲突的发生。

2. 构建有效的冲突管理化解机制

冲突发生之后，回避和压制都不可取，沟通才是最有效的武器。通过沟通可以确定问题、发现问题根源并寻找解决问题的途径。

(1) 如果冲突是由企业资源缺乏或分配不公造成的，可以让冲突双方直接沟通，通过坦率真诚的沟通和讨论来确定问题并寻找解决问题的途径。随后，通过与其他部门的沟通与协调来开发资源以消除冲突的根源。

(2) 如果冲突的产生是由员工个人的处事风格与沟通能力造成的，企业可通过面谈、座谈研讨会、恳谈会、举办社交性聚会等正式和非正式沟通的方法来消除彼此之间的误会和过结，增进彼此之间的了解和感情。

(3) 企业建立定期或不定期的沟通恳谈会，对化解不满情绪特别有效，可减少或消除冲突。

(4) 企业可通过沟通构筑信任，消除企业里的猜疑、不信任的气氛，实现上下齐心，形成良好的企业文化，统一目标，树立共同的价值观，从而解决目标不一致所导致的冲突。

管理案例

顺德汽运公司利益冲突的解决

顺德汽运公司是一家有着悠长历史的老牌国有企业。根据区政府的工作部署，该企业策划企业转制，并最终于2005年中旬被一家颇具实力的大型民营企业收购。

消息一传出，就引起员工的强烈反应。这个公司老员工多，工龄最长者达 40 多年。与大多数国营企业一样，公司存在人员年龄老化、欠缺先进的管理制度、一家几口都在同一企业工作等问题。因此，绝大部分员工都担心企业转制之日就是自己失业之时，对企业转制十分抵触，私下议论纷纷，潜在冲突已有所表现。

经过一段时间的酝酿与筹划，公司转制员工安置草案终于公布。大部分员工的情绪十分激动，认为公司决策层与区政府未能充分考虑广大员工的切身利益。冲突开始加剧：公司近 80%的员工联名写信上访，要求区政府修改员工安置方案的相关条款；员工无心工作，劳动纪律松懈，工作效率低下，公交车驾驶员开快车、抢道、飞车过站、不准点发车的情况屡有发生，旅客投诉剧增。

为了更好地了解情况、化解冲突，公司决策层主动召集职工代表大会讨论员工安置方案，广泛听取员工意见并积极向区政府有关部门反映；政府有关部门也根据公司的建议对员工安置方案进行了合理修改，并按国家相关政策的规定，重新公选职工代表，并先后两次召集职工代表大会讨论、投票通过了员工安置方案。由于职工代表是由全体员工公平、公正、公开选出的，代表的是全体员工的心声，方案得到了全体员工的认可。在公司决策层的努力下，方案得以实施。员工既得到了买断工龄的补偿金，又与新公司重新签订了为期 3 年的劳动合同，各项安排也得以落实。公司的运作秩序迅速恢复，各项工作重新走上正轨。为了改善市民出行条件及驾驶员工作环境，新公司投入巨资新置近百辆公交车投放使用，同时加紧跟进公交驾驶员的素质教育及安全教育工作，要求他们安心并珍惜本职工作。驾驶员感受到了公司对他们的人本关怀，士气重新振作，服务质量大大改善，旅客满意度提升。

从顺德汽运公司对改制引发利益冲突的解决实例可以看到，企业冲突管理，要通过对抗争焦点的检查去识别根源，采用相应的冲突解决策略予以解决。冲突并不一定会给企业带来不利的影响，管理者应鼓励有益的冲突。

同时，也使我们认识到，冲突并不可怕，企业管理者必须勇于直接面对冲突。企业中任何冲突的基本面都是人的问题，企业的管理者必须坚持“以人为本”，了解员工的需求，以“尊重人”、“关心人”、“信任人”和“平等待人”的基本立场出发，对待每一位员工并尽力满足员工的合理需求；要积极疏通沟通渠道，充分利用各种沟通渠道使企业上下之间、企业与员工之间信息接收、反馈及时，避免由于信息传达的不及时、误解、失真而产生沟通障碍，引发不必要的冲突；要靠企业的制度化建设来规范和管理冲突，只有这样才能确保企业的冲突管理得以良性发展，利用有益冲突提高企业的活力与效率。

本章小结

现代管理理论提出管理的 4 大职能是计划、组织、领导、控制，这些职能的实现离不开沟通，沟通是所有管理职能的整合。本章主要介绍了沟通概述、人际沟通、组织沟通和冲突管理等内容，沟通概述主要介绍了沟通的概念、沟通的重要性、沟通的过程及沟通的方式等；人际沟通主要介绍了人际沟通的特点、人际沟通的障碍、人际沟通的改善等；组织沟通主要介绍了组织沟通的类型、正式沟通和非正式沟通等；冲突管理主要介绍了冲突形成的原因、冲突观念的变迁、冲突管理策略等内容。

名人名言

沟通是把一个组织中的成员联系在一起，以实现共同目标的手段。　——管理学家　切斯特·巴纳德

我 80%的工作时间是在与不同人沟通，与合作伙伴沟通，与股东沟通，与部属沟通。
——通用电器前任 CEO　杰克·韦尔奇

只要自己相信自己，他人就会相信你。　——辛达·威廉姆斯

有效的沟通取决于沟通者对议题的充分掌握，而非措辞的甜美。　——葛洛夫

所谓的“耳聪”，也就是“倾听”的意思。　——艾默生

要想使别人喜欢你——喜欢他，并且用所有语言告诉他你喜欢他。　——卡内基

习　题

一、复习题

1. 选择题

(1) 下列关于非正式沟通的说法正确的是(　　)。

A．非正式沟通传播的是小道消息，准确率较低

B．非正式沟通经常将信息传递给本不需要它们的人

C．非正式沟通信息交流速度较快

D．非正式沟通可以满足职工的需要

(2) 如果发现一个组织中小道消息很多，而正式渠道的消息很少，这意味着该组织(　　)。

A．非正式沟通渠道中信息传递很通畅，运作良好

B．正式沟通渠道中消息传递存在问题，需要调整

C．其中有部分人喜欢特别喜欢在背后乱发议论，传递小道消息

D．充分运用了非正式沟通渠道的作用，促进了信息的传递

(3) 管理需要信息沟通，而信息沟通必须具备的3个关键要素是(　　)。

A．传递者、接收者、信息渠道　　B．发送者、传递者、信息内容

C．发送者、接收者、信息内容　　D．发送者、传递者、接收者

(4) 人际沟通中会受到各种“噪声干扰”的影响，这里所指的“噪声干扰”可能来自于(　　)。

A．沟通的全过程　　B．信息传递过程

C．信息解码过程　　D．信息编码过程

(5) 某重要会议的开会通知，提前通过电话告知了每位会议参加者，可是到开会时，仍有不少人缺席。试问，以下有关此项开会通知沟通效果的判断中，哪一种最有可能不正确？(　　)。

A．这里出现了沟通障碍问题，表现之一是所选择的信息沟通渠道严肃性不足

B．这里与沟通障碍无关，只不过是特定的组织氛围使与会者养成了不良的习惯

C．此项开会通知中存在信息接受者个体方面的沟通障碍问题

D．通知者所发信息不准确或不完整可能是影响此开会通知沟通效果的一个障碍因素

(6) 下列处理冲突的方式，哪种会取得双赢的结果(　　)。

A．强制　　B．沟通　　C．回避　　D．迁就　　E．妥协

2. 填空题

(1) 沟通就是为了设定的_______，人们在互动过程中，发送者通过一定渠道(也称媒介或通道)，以语言、文字、符号等表现形式为载体，与_______进行信息(包括知识和情报)、思想和情感等交流、传递和交换，并寻求反馈以达到_______的过程。

(2) 沟通可划分为_______和非言语沟通、_______、_______等，这是组织中使用最普遍的沟通方式。

(3) 根据沟通者之间有无组织关系依托进行分类，可划分为_______和_______。

(4) 冲突产生的原因多种多样，但总体上可分为3类：_______、结构差异和_______。

3. 判断题

(1) 沟通是领导者激励下属、实现领导职能的基本途径。　　(　　)

(2) 口头沟通的效果要比书面沟通效果好。　　(　　)

(3) 沟通是一个互动的过程，需要沟通双方的共同努力。　　(　　)

(4) 非正式沟通的信息交流速度比正式沟通要慢。 ( )

(5) 组织领导者不应当承认非正式沟通的存在。 ( )

(6) 沟通是强化企业冲突管理的有效途径。 ( )

4. 问答题

(1) 简述沟通在管理中的重要作用。

(2) 在组织中，哪些沟通方式是人们最常使用的？

(3) 非正式沟通有何特点？管理者应该如何对待组织中的非正式沟通？

(4) 阻碍组织有效沟通的障碍有哪些？

(5) 组织中常见的冲突有哪些？如何更好地进行解决？

5. 讨论题

(1) 有些高级主管认为，应该依靠书面信息和计算机报告，因为这些会比面对面沟通所带来的信息更准确，你同意吗？为什么？

(2) 请你谈谈电子邮件等电子媒介是如何改进当代组织的沟通效果的？又是如何造成较差的沟通效果的？

二、案例应用分析

王所长面临的困境

电话质问

2002 年 3 月第一个星期一的早上 8:00 刚过，中海石油研究中心华东所所长办公室的电话铃声骤起。王所长拿起听筒，只听电话那头传来中海石油有限公司东海分公司总经理李德刚威严的质问声：“王所长，听说你们招聘了一个赵博士。你们明知道华东所快要合并到我们公司了，为何招聘这样的事情事先不和我们通通气？以后我公司的人员编制怎么控制？”

王所长一听，急忙解释：“进人的事是中心主任在年初到上海现场办公时，根据 2002 年科研生产任务和所里的要求定下的，具体的招聘工作也都是按中心的规范程序操作的。”

“那也不行!”李总斩钉截铁地说：“我告诉你，合并的时候我们不会要你新招的这个博士!”接着只听“啪”的一声，电话被挂断了。

事出有因

中海石油有限公司和中海石油研究中心都是中国海洋石油总公司的下属单位，其中，中海石油有限公司是中国海洋石油总公司的控股公司。中海石油有限公司和中海石油研究中心都有各自的下属分支机构。中海石油有限公司的分公司负责海洋石油勘探、开发以及组织实施生产，中海石油研究中心下属的研究院所负责对应公司的技术支持。本来这些下属院所分属于各地分公司，1998 年因为中海油重组上市，将研究队伍从各地区公司分离出来成立了统一的研究中心，以集中使用人力、技术资源，而各地区公司合并成立中海石油有限公司以最优资产在纽约和香港上市。2001 年 3 月，该公司上市成功。

研究队伍从各地区公司分离出来后，出现了很多矛盾，一是生产和研究有些脱节；二是中心层次太多，项目运行慢，不利于调动院所积极性；三是不利于中海石油有限公司和中海石油研究中心科技人员的统一培养和使用。因此，中海石油有限公司的高层决定在适当时机，待多余人员分流到一定程度时，再将中海石油研究中心并入中海石油有限公司。由于华东所人员不多，因此就作为试点先行，合并时间定在 2002 年 6 月 30 日之前。

中海石油有限公司东海分公司和中海石油研究中心华东所都是各自系统的基层单位。由于东海分公司在相当一段时间内曾是中海油的后备基地，上海实行对外开放后，中海油加大了对东海的勘探、开发投资，并于从地矿部分离出来的新星公司在东海形成了竞争局面。2001 年年初，经国务院同意，由中海油牵头，联合新星石油公司，并与壳牌和尤尼克两家外国石油公司合作，采取“内联外合”的方式加快东海西湖凹陷的油气勘探、开发步伐，作为“西气东输”项目的补充。2002 年年初，海上天然气年生产能力只有 4 亿立方米，2004 年年底要建成 20 亿立方米的年生产能力，要让 1/4 的上海居民住户用上清洁能源。按照联合作业机构计划，2002 年 6 月要进行首期工程的钻探评价。

为了配合西湖项目，研究中心加强了华东所的开发力量，调来了一名开发总工程师和两名开发人员，并配备了设备软件，相应的开发研究任务从 1 项增加至 3 项。研发小组计划由 6 人组成，但当时只有 3 人，负责项目的总工程师非常着急，于是在 1 月初的中心主任现场办公会上提出了用人计划，并得到了中心的同意，即先从社会上招聘。赵博士便是华东所物色的人才，他在石油大学毕业后读了博士，博士毕业后便应聘到了新星公司上海局，作为课题组长负责即将开发的 AA 气田的油藏工程研究工作。赵博士代表新星公司与中海油进行技术研讨时，与华东所开发总工程师有过几次接触，开发总工程师对他印象不错：基础理论扎实，为人谦虚，工作踏实，表达能力也较强。交往中，赵博士表示愿意迎接新的挑战，渴望到更具发展前景的中海油工作，而且他与新星公司只签了一年的协议。眼看时间快到了，新星公司欲把一套价值 30 万元的房子分给他，条件是它必须签约 8 年。负责开发项目的老总想，有这么一个业务能力强干的技术骨干，这正是天赐良机。于是，他立即向所长汇报并得到了所长的支持。申请报告迅速报到了中心人事部，也很快得到了各级的批复。与此同时，招聘按程序进行，所长亲自对赵博士进行面试考察，感到其除了英语听说能力略差外，业务知识与谈吐反应都不错。当谈到有关 AA 气田时，赵博士对许多细节都了如指掌，说明其在新星公司一年的工作非常投入，故决定录用他。虽说签了用工合同，按中海油规定要试用 3 个月，但由于一方面他是紧缺人才，另一方面考虑他必须从竞争对手那里辞职，如果研究中心试用期满后不聘用他，他就不可能回原单位。因此，为了使赵博士安心签约，故对其解释：试用只是一种形式。经过双方努力，春节前夕，他向新星公司提出辞职并办好了有关手续，然后与华东所签订了劳动合同，成为研究中心的一员，正式上班要到春节后。然而，正当所里的领导庆幸自己成功地从竞争对手那里轻而易举挖得诚聘人才时，就发生了本案例开头的一幕。

华东所没有在上海注册登记，故不能办理用工手续，都是依靠东海分公司代办。正是由于请东海分公司代为办理，东海分公司总经理李德刚才得知了此事。李总感到十分不快，一方面，李总觉得中心只顾完成任务盲目进人，给下一步合并控制人员指标带来压力，缺乏全局观，并且中心进人事先也没有征求一下自己的意见；另一方面，一年前，东海分公司在得知要与新星联手的消息时，就从新星公司挖来了两名技术骨干，这使他们的上海总经理非常震惊，亲自上门与中海油东海分公司总经理达成了口头君子协议，为了今后合作顺利应该互相补台，绝对不能互相挖对方的墙角。虽然这次是华东所去挖人，但华东所即将合并到自己麾下，它现在的这些举动将会给合并后的工作带来影响，眼下还要帮助华东所办用工手续，这使他感到十分郁闷，一气之下打电话把王所长批了一通。

亡羊补牢

王所长挨批后，感到事情严重，心想此事只有中心出面才能解决，于是拨通了中心人事部经理的电话，对方也感到非常被动。中心主任正在出国访问，要两周后才能回国。他提醒王所长，中心书记 3 月中旬赴上海开纪检会，可请书记协调。于是，王所长马上又与书记取得联系，汇报了详情。搞人事工作出身的书记非常重视此事，批评王所长沟通不够，并告诫王所长今后在涉及人事等重大问题上应多向当地领导汇报请示。书记来上海作了解释后，得到了东海分公司李总的谅解，并答应 6 月份华东所合并进来时考虑赵博士的聘用问题。

与此同时，王所长也借中午就餐的机会向李总认了错，承认自己考虑问题简单，只考虑如何完成工作，没有考虑给分公司带来的压力。“以后注意就是。”李总在原谅王所长的同时也吐露了自己的苦衷。他告诉王所长两条信息，不是自己与新星公司有默契，而是总公司考虑今年用工要改为雇员制，要严格控制人数，3 月 1 日冻结进人，尤其是外系统人员。

此后，王所长向研究所领导通报了分公司领导的意图，并达成一致意见，先稳住赵博士，因为 3 月份赵博士已找过人事部门两次、开发总工程师两次，催问为何不为其办理用工手续，影响他的“三金”缴纳。王所长考虑他妻子在梅隆工作，从浦东过来时间太长，专门在桂林路腾出一套两室一厅单身宿舍借其临时居住，按优惠价收取租金。工资奖金按时发放，同时还为赵博士套了个较高的岗位级别。王所长还向他解释：“虽然在办理用工手续方面由于合并重组暂时遇到了一点麻烦，但你是研究中心通过正常手续聘用的员工。如果华东所在上海注册，用工手续早就开始办了，分公司虽有顾虑，但中心书记已与分公司李总协商好在 6 月份合并时办。目前的困难只是暂时的，先安心工作。”王所长注意到赵博士在谈话期间不住地点头认同，于是鼓励赵博士不要认为没办用工手续就低人一等，要挺起胸膛把自己当成所里的一员，积极参加所里的各项活动。处理好这件事后，王所长连续出了两次差。

出差回来已是 4 月初，在领导碰头会上副所长和总工程师都谈到近来赵博士近来情绪反常，他已多次找所领导和人事部门催办用工手续一事。王所长听到这些不禁皱起眉头。开完会来到办公室时发现赵博士正站在门口等着自己，看到他欲言又止的样子，王所长按耐住心头的不快，请他进办公室谈。原来赵博士不知是从哪里打听到总公司有政策不再进人，即使少数招进的大学生也要按临时工对待。王所长连忙解释 3 月 1 日以后是这样，但这只针对大学生，对他并不适用，因为他是 3 月 1 日以前引进的博士。看着赵博士唯唯诺诺、愁眉苦脸的样子，王所长感到面试的时候可没看出他很脆弱，于是便问了一句：“当初你决定辞职到中海油华东所来应聘时做的最坏打算是什么？”这一问赵博士愣住了，半天没回话，显然他没想过。王所长又追问了一句，赵博士涨红了脸答道：“那我就疯了！”这一回答让王所长大吃一惊，一个 32 岁的博士怎么会说出这种话来，找不到工作就要发疯？！随后的周一，王所长开了一个上午的会，午休时接到赵博士的电话。赵博士小心翼翼地说，他爱人已经等了一上午，想了解情况，能否给他 20 分钟时间。王所长一听爽快地答应了，心想，也好，再把整个事情原委和下一步的处理办法讲给他爱人听。如果能取得他爱人的理解，博士的压力可能会小些。赵博士的爱人是教育学硕士，倒是快言快语，说最近博士晚上翻来覆去睡不着，问他也不搭腔，昨天问急了又吞吞吐吐说不清。王所长耐心地把事情从头讲了一遍，并提出如果生活有困难可随时提出，所里会尽力解决，只是手续一事要等到 6 月份。他爱人听后心里踏实了，满意而去。所长望着他们离去的背影长长地舒了一口气，以为这事可告一段落了，但没想到节外又生枝。

节外生枝

4 月下旬的一天，东海分公司人事部经理打来电话告诉王所长：“你们赵博士写信给北京总公司把我们告了，说不给他办用工手续。”王所长一听心里咯噔一声：“坏了！事情闹大了！这赵博士怎么会这样！”

正好赶上北方油田离退休职工闹事，这封信引起了高层的重视，又是派人调查，又是要求尽快办理，事情倒是没几天就办完了，但王所长心里像打翻了五味瓶一样不是滋味，他想东海分公司李总虽然没再提起这件事，但一定也有许多感触。东海人事部经理透露，为赵博士办手续前，李总亲自向新星上海局老总做了解释。王所长得知后，立即打电话向李总表示歉意和感谢。放下电话，王所长怎么也平静不下来，引进赵博士的几番折腾让他陷入了沉思……

问题：

(1) 你对王所长的沟通能力如何评价？

(2) 他在处理案例所叙述的一系列问题过程中有哪些可圈可点的沟通工作？

(3) 李总的沟通能力如何？谈谈你的看法。

(4) 你认为赵博士的沟通意识和沟通能力如何？请说出你的看法和建议。

阅读材料

金人

曾经有个小国的人到中国来，进贡了 3 个一模一样的金人，金碧辉煌的，把皇帝高兴坏了。可是这小国的人同时出了一道题目：这 3 个金人哪个最有价值？皇帝想了许多办法，请珠宝匠检查、称重量、看做工，都是一模一样的。怎么办？使者还等着回去汇报呢。泱泱大国，不会说连这点小事都不懂吧？最后，有一位退位的老大臣说他有办法。皇帝便将使者请到大殿上，老臣胸有成竹地拿出三根稻草，插入第一个金人的耳朵里，这稻草从另一边耳朵出来了；第二个金人的稻草则从嘴巴里直接掉出来；而第三个金人，稻草进去后掉进了肚子，什么响动也没有。于是，老臣说：第三个金人最有价值！使者默默无言，答案正确。

最有价值的人，不一定就是最能说的人。老天给我们每个人两只耳朵一张嘴巴，本来就是让我们多听少说的。善于倾听，是沟通重要的技巧之一。

第10章 控　制

教学目标

通过对本章的学习，学生应了解控制的基本含义、控制的必要性，掌握控制的基本原理和要求及其主要类型，理解并掌握控制的过程和方法，同时，能够运用控制的基本理论分析和解决实际问题。

教学要求

知识要点	能力要求	相关知识
控制的含义及其必要性	(1) 理解并掌握控制的基本含义 (2) 理解控制的必要性	(1) 控制的概念及控制的要点 (2) 控制的特殊性及与其他职能的关系 (3) 控制的必要性
控制的类型	(1) 掌握控制的类型 (2) 识别不同控制类型	(1) 控制的分类 (2) 控制的分类依据
有效控制的原理与要求	(1) 理解有效控制的定义 (2) 掌握有效控制的原理 (3) 了解有效控制的技巧	(1) 有效控制的概念 (2) 有效控制的原理 (3) 有效控制的基本要求和技巧
控制过程及控制方法	(1) 掌握控制过程 (2) 理解并掌握控制的方法	(1) 控制过程 (2) 预算控制 (3) 财务控制 (4) 综合控制

如果你在错误的路上，奔跑也没有用。

——沃伦·巴菲特

基本概念

控制 控制的类型 有效控制的原理和要求 控制的过程 预算控制 零基预算 可变预算 财务控制 标杆管理 平衡计分卡

导入案例

扁鹊的医术

魏文王问名医扁鹊说："你们家兄弟三人都精于医术，到底哪一位最好呢？"

扁鹊答："长兄最好，中兄次之，我最差。"

文王再问："那么为什么你最出名呢？"

扁鹊答："长兄治病，是治病于病情发作之前。由于一般人不知道他事先能铲除病因，所以他的名气无法传出去；中兄治病，是治病于病情初起时，一般人以为他只能治轻微的小病，所以他的名气只及本乡里。而我是治病于病情严重之时，一般人都看到我在经脉上穿针管放血、在皮肤上敷药等大手术，所以以为我的医术高明，名气因此响遍全国。"

案例点评

预防重于治疗。

计划的实施成功与否，在于有效地控制。事后控制不如事中控制，事中控制不如事前控制，但是在实际的管理过程中，我们常常发现管理者并不能认识到这一点，等到错误的决策造成了重大的损失才寻求弥补，结果于事无补。所以，控制是计划顺利实施的保证。本章主要介绍控制的基本含义、控制的基本原理与要求、主要类型及控制的过程和方法等。

10.1 控制概述

控制是管理工作的重要职能之一，它是企业计划与实际作业活动相适应的保证，是企业各级管理人员的一项重要工作内容。控制既是管理的一项重要职能，又贯穿于管理的全过程。可以说，离开了控制，一切计划活动都将成为空想。本节将主要介绍控制的概念、控制的必要性、控制的类型和有效控制的基本原理与要求。

10.1.1 概述

1. 控制的概念

控制作为管理活动的一项重要职能，是一个连续不断、反复发生的过程。作为管理的一项职能，控制是指主管人员对下属的工作成效进行测量、衡量和评价，并采取相应纠正措施的过程。控制的目的就是要在计划实施的过程中，衡量业绩，发现偏差，及时纠正并防止再次发生。

控制一词，最初起源于希腊语“掌舵术”，即是在航海中领航者通过发号施令，将偏离航向的船只拉回到正确的航线上来。后来，人们将其引入到动力学和社会管理系统中。一般意义上讲，控制就是引导一个动态系统达成预定状态。例如，为使室内温度保持在一定的范围之内而输入或输出热量；采用经济杠杆使国民经济供求总量趋于平衡等。

控制具有目的性、信息反馈性、强制性、完整性和动态性等特点，其功能主要有对组织环境的变化做出迅速反应、协调组织行为和提供修改计划的依据等。

2. 控制的要点

(1) 控制是组织的一项重要活动。

(2) 控制是一个检验计划执行成效和计划正确性的过程。

(3) 控制要遵循一套科学的程序，即拟定标准、衡量绩效、纠正偏差。

(4) 控制具有明确的目标。

3. 控制的目标

(1) 限制偏差的产生和扩大。工作中出现偏差是不可避免的，小的偏差一般不会对组织活动立即造成威胁，但小的偏差失误随着时间的流逝，在较长时间里会积累放大并最终对组织的正常管理活动造成威胁。因此，管理控制应当及时获取偏差信息并进行纠正。

(2) 增强适应环境变化的能力。从目标的制定到实现，总需要相当一段时间。在这段时间里，组织内部条件和外部环境可能会发生一些变化，尤其是当今复杂多变的市场商业环境，需要组织构建有效的控制系统帮助管理人员预测和把握这些变化，并对由此带来的机会和威胁做出灵敏的反应。

(3) 应对组织复杂性。当代组织活动不是简单的系统就可以维持控制工作正常实施，面对激烈的市场竞争，企业需要尽可能地利用多种资源，拥有广阔的市场领域，设计复杂的组织，这就要求组织设计出复杂的控制系统以便维持适当的控制。

(4) 成本最小化。当进行有效地控制时，它可以协助降低成本，增加产出。

4. 控制的要素

(1) 控制的目标体系是控制系统存在的前提，也是控制系统的依据。控制的目标体系和组织的目标体系是相辅相成的。

(2) 组织中的控制主体是各级管理者及其职能部门，其作用是非常关键的。一般而言，中、低层管理者主要进行常规的、例行的、程序化的控制，而高层管理者则主要是进行非常规的、例外的、非程序化的控制。

(3) 控制的客体：组织中的控制客体是整个组织活动，包括组织中的资源(如人、财、物、时间、空间、信息)，也包括组织活动的内容(如各级组织机构、活动过程、生产过程)。值得注意的是，控制客体有两个共同特点：一是控制客体有多种发展的可能性；二是控制主体可以在这些可能性中进行选择，可见控制是与事物发展的可能性密切相关的。

(4) 控制的方法与手段体系主要包括控制的机构、控制的手段、控制的方法等几个方面的内容。

5. 管理控制的特殊性

控制职能是针对管理而言的，是各级管理者所具有的普遍性职能，管理控制与一般控制在含义上基本相同，但又有其特殊性。

相同点：①同是一个信息反馈过程；②管理控制也有两个前提条件，即计划指标在控制中转化为控制标准和有相应的监督控制机构和人员；③管理控制也包含 3 个基本步骤，即拟定标准、衡量成效、纠正偏差；④管理控制工作与控制论中的控制一样，也是一个有组织的系统，应根据系统内外变化而进行相应调整，不断克服系统的不肯定性，使系统保持某种稳定状态。

不同点：①管理控制不是简单的信息反馈，而是把计划与实际进行比较分析，为此主管人员需要花费一定的时间、人力、物力和财力去拟订计划并付诸实施，才有可能纠正偏差，以达到预期的效果；②管理控制不是简单地把管理活动维持在一个平衡点上，而是在实现组织目标的过程中使管理水平不断发展、不断更新、不断前进，也就是求得螺旋上升，即“管理突破”。

6. 控制与其他管理职能的关系

1) 控制与计划的关系

控制工作意指按计划、标准来衡量所取得的成果并纠正所发生的偏差，以保证计划目标的实现。如果说管理的计划工作是谋求一致、完整而又彼此衔接的计划方案，那么，管理的控制工作则是使一切管理活动都能按计划进行。

计划和控制是一个问题的两个方面。计划是基础，控制是实现计划的保证，它是用来评定行动及其效果是否符合需要的标准。计划越明确、全面和完整，控制的效果也就越好。控制职能使管理工作成为一个闭路系统，如图 10.1 所示。在多数情况下，控制工作既是一个管理过程的终结，又是一个新的管理过程的开始，它使计划的执行结果与预定的计划相符合，并为计划提供信息。

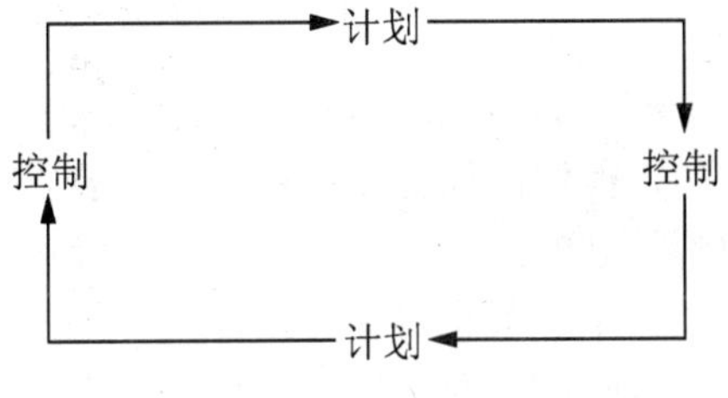

图 10.1　计划和控制关系图

2) 控制与组织的关系

组织职能是通过建立一种组织结构框架，为组织成员提供一种适合默契配合的工作环境。因此，组织职能的发挥不但为组织计划的贯彻执行提供了合适的组织结构框架，为控制职能的发挥提供了人员配备和组织机构，而且组织结构的确定实际上也就规定了组织中信息联系的渠道，为组织的控制提供了信息系统。如果目标的偏差产生于组织上的问题，则控制的措施就要涉及组织结构的调整、组织中的权责关系和工作关系的重新确定等方面。

3) 控制与领导的关系

领导职能是通过领导者的影响力来引导组织成员为实现组织的目标而做出积极的努力。这意味着领导职能的发挥影响组织控制系统的建立和控制工作的质量，反过来，控制职能的发挥又有利于改进领导者的领导工作，提高领导者的工作效率。

总而言之，控制工作中的纠偏措施可能涉及管理的各个方面，要把那些不符合要求的管理活动引回到正常的轨道上来。

10.1.2 控制的必要性

无论计划制订得多么周密，目标任务分解得多么细致，由于各种各样的原因，人们在执行计划的活动过程中总是或多或少地会出现与计划不一致的现象，这样控制工作就会显得十分必要。

1. 环境的变化

如果企业面对的是一个静态的环境，市场供求关系不发生变化，每年都以同样的费用取得同样性质和数量的资源，同时以同样的价格向同样的客户销售同样品种和数量的产品，那么企业管理人员便以同样的方式日复一日、年复一年地组织企业经营，工人也以同样的技术和方法进行作业生产，因而，不仅控制工作，就连管理的计划工作都将成为完全多余的东西。但事实并非如此，这样的静态环境根本不存在，企业环境每时每刻都在发生着变化，这样，控制工作就显得完全必要。

2. 管理权力的分散

只要企业达到一定规模，企业主管就不可能直接地、面对面地组织和指挥全体员工的劳动。时间和精力的有限性必然要求其委托一些助手打理部分管理事务。出于同样的原因，这些助手也会再委托他人帮助自己工作，这就是组织管理层次形成的原因。各层次的主管都必须定期或不定期检查下属的工作以确保组织目标的实现。如果没有控制，即使出现权力滥用，或活动不符合计划的要求等情况，管理人员也无法发现，更无法及时采取纠正措施。

3. 工作能力的差异

完善的计划实现要求各个部门的工作严格按照计划的要求来协调进行，然而由于组织成员是在不同时空进行工作的，他们的能力不同，对计划要求的理解可能发生差异，即使每个员工都能完全正确地理解计划的要求，但是由于工作能力的差异，他们的实际工作结果有可能与计划的要求不符，某个环节也可能产生偏离计划的现象，会对整个组织的经营活动产生影响。因此，加强对这些员工的工作控制是非常必要的。

10.1.3 管理控制的类型

为了实现组织目标，组织在一系列不同的领域中、在不同的层次上实行控制，因此也就有不同的控制类型。

1. 根据时机、对象和目的的不同，将控制分类

1) 前馈控制

前馈控制又叫预先控制，是主管人员运用能得到的最新信息，包括上一个控制循环所产生的经验教训，反复认真地对可能出现的结果进行预测，然后将其同计划要求进行比较，从而在必要时调整计划或控制影响因素，以确保目标的实现。前馈控制是在企业生产经营活动开始之前进行的控制，当管理者能够对即将出现的偏差有所觉察并及时预先提出某些措施时，才能进行有效的控制，因此，同其他类型控制相比，前馈控制具有更重要的意义。

前馈控制采用的普遍方式，是利用所能得到的最新信息，进行认真、反复的预测，把计划所要达到的目标同预测相比较，并采取措施修改计划，以使预测与计划目标相吻合。目前运用的比较先进的前馈控制技术之一是计划评审法，或称网络分析法。它可以预先知道哪些工序的延时会影响到整个工期，在何时会出现何种资源需求高峰，从而采取有效的预防措施与行之有效的管理办法。在企业管理控制活动中，前馈控制的内容包括对人力资源、原材料、资金等的前馈控制。例如，人力资源必须适应任务要求，数量和素质方面有能力完成指派的任务，并控制机构臃肿、人浮于事的现象，利用统计抽样来控制原料质量，根据抽样不合格率决定接受或退货，根据库存理论控制库存储备量等。

前馈控制实施的必要条件：①对计划与控制系统作认真深入的分析；②建立该系统，制定一个模型或因果关系分析图；③注意该模型的更新，即随时对上述模型进行补充、修正、完善，使之更符合实际；④通过调查、预测，把变化的环境参数输入模型中，观察、分析其影响及偏差信息；⑤采取措施，即根据事前的备选方案，结合实际情况，采取相应的纠偏措施。

前馈控制的风险包括以下几个方面：

(1) 过时控制风险。企业经营活动中产生的偏差只有及时采取措施进行纠正，才能避免偏差的扩大，如果等到偏差已经非常明显，且对企业造成了不可挽回的影响后，反映偏差的信息才姗姗来迟，这时就产生了过时控制风险，这一风险是根本性的，是是否选择前馈控制的风险。预测偏差的产生，可以通过建立企业经营状况的预警系统来实现，必要时可借助计算机来辅助建立预警系统。

(2) 过度控制风险。过度控制是指控制的范围、程度和频度超过了一定限度，以至于控制失效或失败。过度控制可以分3种情况。

①控制过多或控制不足。适度的控制是这样的控制：既能满足对组织活动的监督和检查需要，又无需与被控制对象发生冲突。前者的失误属不足控制，后者的失误属控制过度。

②全面控制与重点控制。既要全面控制，又要分清主次，对重点环节进行重点控制。

③控制费用与控制收益失衡。前面的模型已分析过，前馈控制是有成本的，收集信息、进行预测、预先采取措施等都需要费用；同时，控制也能带来一定的收益，只有收益超出成本时，控制才有必要，否就会导致费用与收益的失衡。

(3) 主观控制风险。控制工作应该针对组织的实际状况，采取必要的纠偏措施，客观的控制源于对企业经营活动状况及其变化的客观了解和评价，否则，凭个人的主观臆断进行控制就是主观控制。

(4) 钢性控制风险。企业在生产经营过程中经常可能遇到某种突发的、无力抗拒的变化，这些变化使企业计划与现实条件严重背离。有效的控制系统应在这样的情况下仍能发挥作用，即控制是有弹性的而不是钢性的，弹性体现在设立应急机制、设定参数以合理的区间而不是定值、设计合理的控制系统等，以防钢性控制风险。另外，一个有效的控制系统还应该有战略意义，抓住影响整个组织绩效的关键因子，把握组织发展的宏观动向，避免出现战略失误。

2) 现场控制

现场控制工作多用于正在进行的计划执行过程。它是指在某项活动或者工作过程中，管理者在现场对正在进行的活动或行为给予必要的指导、监督，以保证活动和行为按照规定的程序和要求进行的管理活动。现场控制是一种主要为基层主管人员所采用的一种控制方法。现场控制活动的标准来自于计划工作所确定的活动目标、政策、规范和制度；现场控制的重点是正在进行的计划实施过程；现场控制的有效性主要取决于主管人员的个人素质，因此，主管人员的言传身教将发挥很大作用。进行现场控制时，要避免单凭主观意志进行工作，主管人员必须加强自身的学习和提高，亲临第一线进行认真仔细的观察和监督，以计划或标准为依据，服从组织原则，遵从正式指挥系统的统一指挥，逐级实施控制。

对于一个组织来说，实现有效的现场控制必须具备以下条件：

(1) 较高素质的管理人员。在现场控制中，管理者没有足够的时间对问题进行深入细致的思考，也很少有机会和他人一起分析讨论，常常依靠自身的知识、能力和经验，甚至是“直觉”，及时发现并解决问题，需要管理人员具有较高的素质。

(2) 下属人员的积极参与。现场发生的问题常常是程序化的，多数操作性较强，注重问题的细枝末节。管理者在按照计划对下属实施控制过程中，必须多听取下属人员尤其是一线人员的意见和建议。

(3) 适当的授权。在现场控制过程中，管理人员必须及时发现问题、解决问题，不应当也不能事事都向上级请示，以免造成工作中断和贻误战机。所以，担负现场控制责任的管理人员应当拥有相应的职权。

(4) 层层控制，各司其职。一般而言，现场控制是上级管理者对下级人员的直接控制。一个管理组织中，可能同时存在多个管理层级，有效的现场控制必然由最熟悉情况的管理人员实施，这样才能保证全面深入了解问题并提出最为切实可行的方案，这样还可以避免多头控制和越级管理。

现场控制的内容：①向下级指导恰当的工作方法和工作过程；②监督下级的工作以保证计划目标的实现；③发现不合标准的偏差时，立即采取纠正措施。

3) 反馈控制

反馈控制又称事后控制或成果控制，它主要是分析工作的执行结果，将它与控制标准进行比较，发现已经发生或即将出现的偏差，分析其原因和对未来的可能影响，及时拟定纠正措施予以实施，以防止偏差继续发展或防止其今后再度发生。反馈控制是对既定的目标或期望值、对生产经营过程进行调整和影响。这种目标既包括企业内部的成本、生产计划，也包括来自外部的要求，如公司上市、配股以及退市的条件限制，政府和市场分析师的预期等。调整的对象是人流、物流和价值流，绝不是信息流。信息流只是统一的物质流和价值流的反映，如果直接干扰信息流，使其“迎合”目标值，必然会引起信息失真。

反馈控制是一种在计划执行一段时间或结束后进行的事后控制，主要为下一步计划的实施总结经验，但它却常常是管理控制工作的主要形式，如工作总结、产品性能检验、市场信息反馈系统等。

管理案例

反馈系统的实例

家用恒温器是一个信息反馈系统。当室内温度低于预先设定的值时，就会向供热系统发出信号，随后这一系统开启。当温度增高到预先设定的值时，又会发出另一个信号并随之关闭供热系统。这一连续的“测温—开启—关闭”的过程使房间保持预定的温度。空调的启动也是个类似的过程，一旦温度超过预先设定的值，空调系统就会把房间冷却到所希望的温度。同样，人体中也有反馈系统控制了体温、血压、运动神经反应及身体其他条件。反馈的另一个例子是期中考试的办法给学生评分，如果成绩不那么令人满意的话，这就发出了一个加强学习的信号。

2. 根据控制作用的对象和控制的手段不同，将控制分类

1) 间接控制

所谓间接控制是通过建立控制系统对被控制对象进行的控制，其缺点是滞后性。人们常常会犯错误，或者常常没有察觉到那些将要出现的问题，因而未能及时采取适当的纠正或预防措施。他们往往是根据计划和标准，对比和考核实际结果，追查出现偏差的原因和责任，然后才去进行纠正。对于主管人员缺乏知识、经验和判断力所造成的管理上的失误和工作上的偏差，运用间接控制在一定程度上可帮助其纠正，并提高管理水平。

2) 直接控制

直接控制是相对于间接控制而言的，它是通过提高主管人员的素质来进行控制工作的。其指导思想是，合格的主管人员出的差错最少，他能觉察到正在形成的问题，并能及时采取纠正措施。所谓“合格”，就是指他们熟练运用管理的概念、原理和技术，能以系统的观点来进行管理工作。

3. 按其他方式分类

(1) 按控制源，控制可分为组织控制、群体控制、自我控制。

(2) 按控制的层次，控制可分为任务控制、管理控制、战略控制。

(3) 按控制的集中程度，控制可分为集中控制、分散控制、分层控制。

(4) 按控制的领域，控制可分为物质资源控制、人力资源控制、信息资源控制、财务资源控制。

特别提示

不同的管理控制类型的特点和作用有的有相近之处，并不相斥，或者由于划分类型确定标准的原因，有些控制类型常常可以同时划入几种类型，各种管理控制类型是可以交叉的。在组织实际管理控制中，往往把几种控制类型有机结合起来运作，以达到有效的控制。

10.1.4 有效控制的原理与要求

1. 有效控制的含义

一般所谓的有效控制，是指实际轨道围绕标准，在允许幅度内上下均匀波动。基于这种认识，纠正不宜采取过于强烈的行动。如果纠正偏差的力量大于产生偏差的力量，将会造成新的偏差，形成大起大落的大波动，反而不利于稳定状态的维持。同时，纠正行动也应是必要的，过多的、不适当的纠正行动也将会破坏系统的稳定状态的维持。因此，纠正行动要适可而止、恰到好处。而在管理学中的所谓有效控制，就是以比较少的人力、财力和物力，较少的精力与时间使组织的各项活动处于控制状态。一旦组织的某项活动出现偏差，则能及时纠正偏差，而且能使偏差所导致的损失降低到最低限度。

2. 控制工作的基本原理

1) 反映计划要求原理

反映计划要求原理是指计划越是明确、全面、完善，所设计的控制系统越能反映这样的计划，控制工作也就越能有效地为主管人员的需要服务。控制是实现计划的保证，控制的目的是实现计划，因此，计划越是明确、全面、完整，所设计的控制系统越是能反映这样的计划，则控制工作也就越有效。

反映计划要求原理应注意以下事项：

每一项计划、每一种工作都各有其特点，它们所产生的信息也各不相同。所以，为实现每一项计划和完成每一种工作所设计的控制系统和所进行的控制，尽管基本过程是一样的，但在确定什么标准、控制哪些关键点和重要参数、收集什么信息、如何收集信息、采用何种方法评定绩效以及由谁来控制和采取纠正措施等方面，都必须按不同计划的特殊要求和具体情况来设计。例如，质量控制系统和成本控制系统尽管都在同一个生产系统中，但二者之间的设计要求是完全不同的。

另外，我们也要认识到，虽然某些控制技术，如预算、定额工时、定额费用及各种财务比率等，在各种不同情况下得到了广泛的运用，但是绝不能认为，这些得到广泛运用的任何一种方法在任何一种情况下都是适用的。主管人员必须经常了解计划及其在实施过程中应控制的关键因素，注意利用对他们适用的方法和信息。此外，由于控制有确保计划实现的作用，因而必然与计划有关。这实际上意味着，不仅应当迅速报告偏离计划的实际执行情况，而且主管人员还应当有一个能预告可能出现偏差的系统，以便能有采取措施的时间，而这个系统的建立，也必须根据计划的特点和要求来建立。

2) 组织适宜性原理

组织适宜性原理是指组织机构越是明确、全面、完整，设计的控制技术越能反映组织机构中的岗位职责，也就越有利于纠正偏离计划的误差。

组织适宜性原理的含义：①组织机构的设计要做到明确、完整和完善，所设计的控制制度越是符合组织结构中的职责和职务要求，就越有助于纠正脱离计划与规则的偏差；②控制制度必须切合每个控制人员的特点，也就是说，在设计控制系统时，不仅要考虑具体的职务要求，还应考虑到担当该项职务的主管人员的个性。在设计控制信息的格式时，这一点特别重要。送给每位主管人员的信息所采用的形式，必须分别设计。

3) 控制关键点原理

控制关键点原理是指管理者越是尽可能选择计划的关键点作为控制标准，控制工作就越有效。控制关键点原理是控制工作的一条重要原理。

选择关键控制点的能力是管理工作的一种艺术，有效的控制在很大程度上取决于这种能力。迄今为止，已经开发出了一些有效的方法，帮助主管人员在某些控制工作中选择关键点。例如，计划评审技术就是一种在有着多种平行作业的复杂的管理活动网络中，寻找关键活动和关键线路的方法。

4) 控制趋势原理

控制趋势原理指对控制全局的行政领导者来讲，不仅要善于控制现状，更要控制现状所预示的发展趋势。控制趋势的关键，在于从现状中揭示倾向，当趋势刚露出苗头，就要敏锐地察觉到、把握它。

控制趋势原理对于控制全局的管理人员来说，重要的是现状所预示的趋势而不是现状本身。控制变化的趋势比仅仅改善现状更加重要，当然也更困难。趋势通常是多种复杂因素综合作用的结果，趋势的形成需要一段长时间的积累，并对管理工作的成效起着长期制约作用。趋势往往被现象所掩盖，它不易发现也不易被控制。当趋势发展到可以明显地描绘成一条曲线或可以描绘成某种数学模型时再控制则为时已晚。因此，控制趋势原理的关键在于从现状中揭示倾向，尤其是在趋势刚刚显露苗头时就能发觉。

5) 例外原理

例外原理可表述为，主管人员越是只注意一些重要的例外偏差，也就是说越是把控制的主要注意力集中在那些超出一般情况的特别好或特别坏的情况，控制工作的效能和效率就越高。

质量控制中广泛地运用例外原理来控制工序质量。工序质量控制的目的是检查生产过程是否稳定。如果影响产品质量的主要因素，如原材料、工具、设备、操作工人等无显著变化，那么产品质量也就不会发生很大差异。这时，我们可以认为生产过程是稳定的，或者说工序质量处于控制状态中。反之，如果生产过程出现违反规律性的异常状态时，应立即查明原因，采取措施使之恢复稳定。需要指出的是，只注意例外情况是不够的。在偏离标准的各种情况中，有一些是无关紧要的，而另一些则不然，某些微小的偏差可能比某些较大的偏差影响更大。比如说，一个主管人员可能对利润率下降了一个百分点感到非常严重，而对“合理化建议”奖励超出预算的 20%不以为意。因此，在实际运用当中，例外原理必须与控制关键点原理相结合。仅仅立足于寻找例外情况是不够的，我们应把注意力集中在对关键点的例外情况的控制上。这两条原理有某些共同之处。但是，我们应当注意到它们的区别在于，控制关键点原理强调选择控制点，而例外原理则强调观察在这些点上所发生的异常偏差。

6) 直接控制原理

直接控制原理是指管理者及其下属的素质越高，就越能胜任所承担的职务，就越不需要间接控制。

直接控制，是相对于间接控制而言的。一个人，无论他是主管人员还是非主管人员，在工作过程中都常常会犯错误，或者往往不能觉察到即将现出的问题。这样，在控制他们的工作时，就只能在出现了偏差后，通过分析偏差产生的原因，然后才去追究其个人责任，并使他们在今后的工作中改正。已如前述，这种控制方式，我们称之为“间接控制”。显而易见，这种控制的缺陷是在出现了偏差后才去进行纠正。针对这个缺陷，直接控制原理可表述为，主管人员及其下属的工作质量越高，就越不需要进行间接控制。这是因为主管人员对他所负担的职务越能胜任，也就越能在事先觉察出偏离计划的误差，并及时采取措施来预防它们的发生。这意味着控制的最直接方式就是采取措施来尽可能地保证主管人员的质量。

3. 有效控制工作的基本要求

(1) 控制系统应与控制者的个体情况相一致。控制系统和信息是为了协助每个主管人员行使其控制职能，因此，所建立的控制系统必须符合每个主管人员的情况及其个性，使他们能够理解它，进而信任它并自觉地运用它。

(2) 控制工作应确立客观标准。有效的控制工作要求有客观的、准确的和适当的标准。在每一种情况下，标准都应是可测定和可考核的。

(3) 控制工作应具有灵活性。控制工作即使是在面临着计划发生了变动，出现了未预见到的情况或计划全盘错误的情况下，也应当能发挥它的作用。换言之，如果要使控制工作在计划出现失常或出现预见不到的变动的情况下保持有效，那么所设计的控制系统就要有灵活性。

(4) 控制工作应讲究经济效益。控制所支出的费用必须是合算的。如果控制技术和方法能够以最少的费用或其他代价来探查和阐明偏离计划的实际原因或潜在原因，那么它就是有效的。

(5) 控制工作应有纠正措施。一个正确有效的控制系统除了应能提示出哪些环节出了差错，谁应负责外，还应确保能采取适当的纠正措施，否则这个系统就等于名存实亡。

(6) 控制工作应具有全局观念。对于一个合格的主管人员来说，进行控制工作时，不能没有全局观念，要从整体利益出发来实施控制，将各个局部的目标协调一致。

(7) 控制工作应面向未来。一个真正有效的控制系统应能预测未来，及时发现可能出现的偏差，预先采取措施，调整计划，而不是等出了问题再去解决。

4. *有效控制应注意的一些技巧*

在管理控制过程中，要取得较大的成效，除了应满足上述要求以外，还要注意娴熟地运用下述一些技巧。

1) 适时控制

企业经营活动中产生的偏差，只有及时采取措施纠正，才能避免偏差的扩大和数量的增多，或防止偏差对企业不利影响的扩散。及时纠偏，要求管理人员及时掌握能够反映偏差产生及其严重程度的信息。否则，对纠正偏差没有指导作用。

纠正偏差要防患于未然，即在偏差未产生以前，就预感到偏差产生的可能性，采取必要的防范措施，防止偏差的产生；或者由于某种企业无力抗拒的原因，出现偏差不可避免，这种预感也可指导企业预先采取措施，消除或遏制偏差产生后可能对企业造成的不利影响。

预测偏差的产生，虽然有许多困难，但也有可行的办法，如通过建立企业营运状况的预警系统来实现，即可以为需要控制的对象建立一条警报线，反映营运状况的数据一旦超过这个警戒线，预警系统就会发出警报，提醒管理者或操作者采取必要的措施防止偏差的产生和扩大。

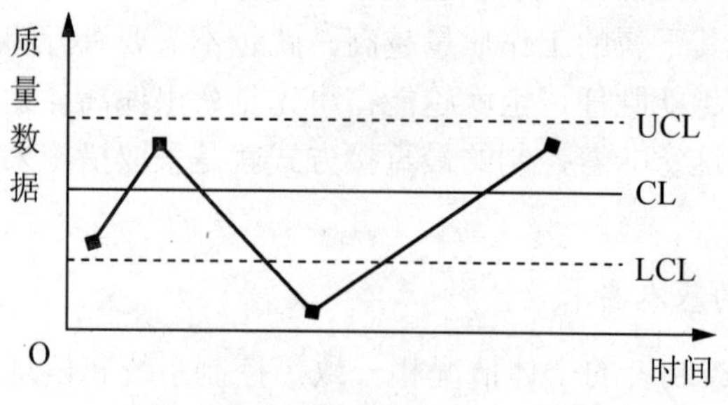

图 10.2　质量控制预警系统

例如，企业采用的质量控制图可以被认为是一个简单的预警系统。如图 10.2 所示，纵轴表示产品某加工件精确度数据或某项工作质量完善程度的数值，横轴表示取值(即进行控制)的时间，中线 CL 表示质量的标准，UCL 和 LCL 分别表示上、下警戒线，或上、下允许限差值，加工件精确度的数据如果始终分布在 UCL 与 LCL 之间，则表示质量“在控制中”；而一旦超越此区间，则表示该产品加工件加工出现了偏差。在这以前，质量控制人员就应注视质量变化的趋势及其原因，并制定或采取必要的纠偏措施。

其实，在计算机等先进技术广泛应用的今天，许多现代化的大型企业、现代化的设备等，已经建立了计算机等先进技术指挥控制中心、指挥控制平台和控制盘等，已经起到了预警报警和指示纠偏的作用，并且还在进一步被扩展应用。

2) 运作中适度控制

适度控制是指控制的范围、程度和频度，只要在控制的标准之内就可以，不要求差异归零，也不能超过标准放松要求。适度控制主要从如下两方面展开：

(1) 实施适宜的频度和程度控制。事物和做任何事都有个限度，超过或达不到这个度，就会事与愿违。假定经济计划制订准确，但如果过度超额，失控，则必定会滥用资源，为持续发展造成困难或后患；若没有完成计划，失控，就会浪费现有资源。管理控制也是如此，不同的控制对象，因各自的组成元素和影响因素不同，其控制的度也相异。因此，我们要依据其需要控制的程度和频度，进行适度的控制，如企业年度计划进行季度检查控制，对于月度计划进行周检查控制；又如半自动冲床加工小型冲压件，一般 5 分钟就要检验一次，符合公差就继续作业，若接近公差限度，应调整冲床或更换模具，否则就会发生过多控制和控制不足，这种失控就会给组织造成不同程度的损失。

这种损失，从整体上表现为对组织中的员工造成伤害，会扼杀他们的主动性和创造性，最终会影响企业的效率；还表现为不能使组织运作有序进行，不能保证各部门运作进度和比例的协调，会造成资源的浪费，还可能使组织中的个人无视组织的规章，不好好工作，甚至利用在组织中的权力、地位谋求个人利益，最终导致组织的涣散和崩溃。

(2) 实施全面控制，抓住重点控制。任何组织都不可能每时每刻对每个部门、环节和个人的工作情况进行全面控制。同时，由于存在对控制者的再控制，其全面控制甚至会造成组织中控制人员远多于现场作业者的现象。但是，作为一个组织，对其营运进行全面管理控制是必要的，不然一个环节失控，就会造成损失。例如，不少企业只要产品数量不控制质量，向上报了产值，结果产品进了废品库。为了协调这一矛盾，这里需要明确界定管理控制是各级管理者的职责之一，既自控又接受控制，如最高管理者既是组织目标、计划的决策者，又是其控制者。还需要明文规定，实际作业者自我检验控制是其岗位责任，不必要每个运作环节都要委派专门人员监控。

由于运作的各个环节的控制频度和程度各不相同，失控的损失也相异，这就要择其关键环节重点控制。一般而言，各种资源、产品关键技术、市场销售等是控制重点，有时派专门人员监控，有条件应设立预警系统进行控制。重点控制会因组织运作的不同阶段而有所变化，在初始阶段以控制资源及其分配为重点，在中期阶段以供应、生产、工艺技术为主，在后期以出厂销售、回收资金为主。

3) 客观控制

客观控制应该针对企业的实际状况，进行适宜的监督、量度和纠偏。客观控制源于对企业经营现状及对客观变化的了解和分析。在此基础上，一方面控制过程中采用的检查、测量的技术与手段，必须能正确地反映企业经营在时空上的客观变化程度与分布状况，准确地判断和评价企业各部门、各环节的运作成效与计划、标准相符或相背离程度。另一方面，企业还必须定期检查过去制定的标准和计量规范，使之符合变化了的客观要求。没有客观的标准和准确的检测手段，员工对企业实际工作就不易有一个正确统一的认识，也就难以采取正确的措施进行客观的控制。总之，控制的标准和手段要符合变化着的客观实际，脱离客观的过高或过低的控制，都会造成损失。

4) 弹性控制

一般而言，弹性控制要求企业制订弹性的计划和弹性的衡量标准。企业在生产经营过程中，有时遇到某种没有预料到的、无力应对的变化，其变化使企业计划和标准与现实条件严重相背离，此时要注重弹性控制或灵活控制。

弹性控制通常与控制的标准相关。例如，产品零件标定了一定的公差，加工时恰合标准是合格品，接近限差而不超限差也是合格品，不能判为不合格，要实行弹性控制。又如，预算控制通常规定了企业各部门单位，在既定规模下能够用来购买原材料或生产设备的资金额度，其额度如果规定得绝对化，万一实际产量或销售量与预算额度发生差异，预算控制就可能失去意义。当经营规模扩大，会使部门单位感到经费不足；而销售量低于预测水平，则可能使经费过于富裕，乃至造成浪费。有效的预算控制应能反映经营规模的变化，应该预料到企业未来的经营可能呈现出不同的水平，因而要根据经营规模的不同参数值，决策不同的经营额度，使预算可以在一定范围内变动。

10.2 控制的过程

管理控制是根据组织的计划和技术文件，确立度量绩效的标准，以标准对比实际运作结果，以确定组织运作中出现的偏差及其严重程度，并进行有效的纠正或调整，以确保组织资源的有效利用和组织目标的圆满实现。无论控制的对象是新技术的研究与开发，还是产品的加工制造、市场营销，还是企业的人力、物质、资金等资源，控制过程可以划分为3个步骤：①制定控制标准；②衡量实际绩效；③采取纠偏措施。本节将主要介绍控制的3个步骤。

10.2.1 制定控制标准

控制标准是指计量实际或预期工作成果的尺度，是从整个计划方案中选出的对工作绩效进行评价的关键指标，是控制工作的依据和基础。确定控制标准是控制过程的第一步，要控制就要有标准，离开可比较的标准，就无法实施控制。

1. 确立控制对象

确立控制对象，这是决定控制标准的前提。控制的对象一般包括组织的人员、财务活动、生产作业、信息及组织绩效等。组织活动的成果应该成为控制的重点对象。

2. 选择控制重点

管理者必须选择需要特别关注的地方，以确保整个工作按计划要求执行。因此，需要特别关注的控制点应当是关键性的，它们或是经营活动中的限制因素，或者能够比其他因素更清楚地体现计划是否得以有效实施。控制原理中一条最为重要的原理——关键点控制原理，强调有效控制要求关注那些关键因素，并以此对业绩进行控制。标准大致包括实物标准、成本标准、资本标准、收益标准、计划标准、无形标准、指标标准及作为策略控制点的策略计划。

3. 制定标准的方法

最理想的是直接将可考核的目标作为标准，但更多的情况往往是将某一计划目标分解为一系列的控制标准。控制标准进一步可分为定量标准和定性标准，前者是控制标准的主要形式，后者主要是有关服务质量、组织形象等难以量化的标准。控制标准还可分为实物标准和价值(财务)标准，实物标准是一种非货币化的标准，用于反映定量的工作成果。价值(财务)标准是用货币度量的标准，具体又分为费用标准、资金标准和收入标准。在工业企业中，最常用的定量控制标准有 4 种：时间标准(如工时、交货期等)、数量标准(如产品数量、废品数量)、质量标准(如产品等级、合格率)和成本标准(如单位产品成本)。组织中所有作业活动都可依据这 4 种标准进行控制。对于一项工作，人们总是可以近似或准确地找出数量、质量、时间及成本间的内在联系。例如，生产控制往往注重质量和时间控制，而销售控制更多侧重于成本和数量控制。

制定控制标准常用的方法有以下 3 种：

1) 统计分析法

统计分析法是根据企业的历史数据资料及同类企业的水平，运用统计学方法来确定企业经营各方面工作的标准。用统计计算法制定的标准，便称为统计标准。统计分析法的优点是简便易行，但其也具有局限性：①对历史统计数据的完整性和准确性要求高，否则制定的标准没有任何意义；②统计数据分析方法选择不当会严重影响标准的科学性；③统计资料只反映历史的情况而不反映现实条件的变化对标准的影响；④利用本企业的历史性统计资料为某项工作确定标准，可能低于同行业的先进水平，甚至是平均水平。

2) 经验估计法

经验估计法是根据管理人员和工作人员的实际工作经验，并参考有关技术文件或实物，评估计划期内条件的变化等因素，制定标准的方法。经验估计法适用于缺乏技术资料、统计资料的情况。其优点是简单易行，工作量小，但受主观因素影响大，准确性差。

3) 工程标准法

工程(工作)标准法是指在对工作情况进行客观分析，并以准确的技术参数和实测的数据为基础，通过科学计算确定标准的方法。其以精确的技术参数和实测数据为基础，又称时间研究和动作研究。通过对二者的研究制定生产定额，为基层管理人员更恰当地安排工作，更合理地评估员工绩效，以及预先估计所需的人工和费用，建立了客观的标准。

10.2.2 衡量实际绩效

这实际上是控制过程中的一个“反馈”。有了标准后，首先要明确衡量的手段和方法是什么，落实进行衡量和检查的人员，然后通过衡量工作中的成效，获得大量信息。反映计划执行的进度，使主管人员了解哪些部门或人员的工作成效显著，应予激励；同时及时发现那些已经发生或预期要发生的偏差。在衡量的过程中应注意以下问题。

1. 通过衡量成绩，检验标准的客观性和有效性

利用预先制定的标准去检查各部门、各阶段和每个人工作的过程，同时也是对标准的客观性和有效性进行检验的过程。

2. 确定适宜的衡量额度

额度是指数量，有效的控制要求确定适宜的衡量额度，即衡量频度不仅要体现在控制对象的数量上(控制目标的数量上)，而且还要体现在对同一标准的测量次数或频度上。适宜的衡量额度取决于被控制活动的性质、控制活动的要求。那些长期的、较高水平的标准，适用于年度控制；而产量、出勤率等短期、基础性的标准，则需要进行比较频繁的控制。

3. 建立信息反馈系统

为纠正偏差，应该建立有效的信息反馈系统，使反映实际工作情况的信息既能迅速收集上来，又能适时传递给管理人员，并能迅速将纠偏指令下达给相关人员，使之能与预定标准相比较，及时发现问题，并迅速地进行处置。有两类反馈控制的形式：一类是可自我纠正的，即不需从外界采取纠偏措施进行干预就能自我调节；另一类是不能自我纠正的，即指在纠正措施发生之前需要外界干预。从管理控制工作职能的角度看，除了要求信息的准确性以外，还应做到以下几个方面：

(1) 信息的及时性。及时有两层含义：一是对那些时过境迁就不能追忆和不能再现的重要信息要及时记录；二是信息的加工、检索和传递要快。

(2) 信息的可靠性除了与信息的精确程度有关外，还与信息的完整性相关。要提高信息的可靠性，最简单的办法是尽可能多地收集有关信息。

(3) 信息的适用性有两个基本要求，一是管理控制工作需要的是适用的信息；二是信息必须经过有效的加工、整理和分析，以保证在管理者需要的时候能够提供精炼而又能满足控制要求的全部信息。

10.2.3 采取纠偏措施

采取纠偏措施是控制的关键，其之所以重要，是因为它体现了执行控制工作职能的目的，同时将控制工作职能与其他职能结合在一起。

1. 分析偏差

通过将实际业绩与控制标准进行比较，可确定这两者之间有无差异。若无差异，工作按原计划继续进行。若有差异，首先要了解偏差是否在标准允许的范围之内，在分析偏差原因的基础上进行改进；若差异在允许范围之外，则应深入分析产生偏差的原因。

1) 找出偏差产生的主要原因

有些偏差可能是由计划本身和执行过程中的问题造成的，而另一些偏差则可能是由偶然的、暂时的局部性因素引起的，不一定会对组织活动的最终结果产生重要影响。在采取纠正措施以前，必须对反映偏差的信息进行评估和分析。

管理者必须把精力集中于查清问题的原因上，既要查内部的因素，也要注意外部环境的影响，寻找问题的本质。评估和分析偏差信息时，首先要判别偏差的严重程度，判断其是否会对组织活动的效率和效果产生影响；其次要探寻导致偏差产生的主要原因。

2) 确定纠偏措施的实施对象

在纠偏过程中，需要纠正的不仅可能是企业的实际活动，也可能是指导这些活动的计划或衡量活动的标准。因此，纠偏的对象可能是进行着的活动，也可能是衡量的标准，甚至是指导活动的计划。计划目标或标准的调整是由两种原因决定的：一种原因是最初制订的计划或标准不科学，过高或过低，有必要对标准进行修正；另一种原因是所制订的计划或标准本身没有问题，但由于客观环境发生了变化，或一些不可控制因素造成的大幅度偏差，使原本适用的计划或标准变得不合时宜，也有必要重新调整原有的计划或标准。

2. 纠偏工作中采取的主要方法

针对产生偏差的主要原因，在纠偏工作中采取的方法主要有：①对于由工作失误而造成的问题，控制工作主要是加强管理、监督，确保工作与目标的接近或吻合；②计划或目标不切合实际，控制工作主要是按实际情况修改计划或目标；③若组织的运行环境发生重大变化，使计划失去客观的依据，控制工作主要是启动备用计划或重新制订新的计划。管理人员可以运用组织职能重新分派任务来纠正偏差，还可以采用增加人员，更好地选拔和培训下属人员，或是最终解雇、重新配备人员等办法来纠正偏差。此外，管理人员还可以对工作做出更全面的说明和采用更为有效的领导方法来纠正偏差。

3. 纠偏措施的类型

具体的纠偏措施有两种类型：一是立即执行的临时性应急措施；另一种是永久性的根治措施。对于那些迅速、直接地影响组织正常活动的急迫问题，多数应立即采取补救措施。例如，某一种规格的部件一周后如不能生产出来，其他部门就会受其影响而出现停工待料，此时，不应花时间考虑该追究什么人的责任，而要采取措施确保按期完成任务。管理者可以凭借手中的权力，采取如下行动：要求工人加班加点，短期突击；增添工人和设备；派专人负责指导完成等。危机缓解以后，则可转向永久性的根治措施，如更换车间管理人员，变更整个生产线，或者重新设计部件结构等。现实中不少管理者在控制工作中常常局限于充当“救火员”的角色，没有认真探究“失火”的原因并采取根治措施消除偏差产生的根源和隐患。长此以往，必将自己置于被动的境地。

4. 需要注意的问题

(1) 使纠偏方案双重优化。其中，第一重优化是指考虑纠偏工作的经济性问题。如果管理人员发现纠偏工作的成本大于偏差可能带来的损失，管理人员将放弃纠偏行动。若要纠偏，应使纠偏的成本小于偏差可能带来的损失。第二重优化是在此基础上，通过对各种纠偏方案的比较，找出其中追加投入最少、成本最低、解决偏差效果最好的方案来组织实施。

(2) 充分考虑原先计划实施的影响。由于对客观环境的认识能力有了提高，或者由于客观环境本身发生了变化而产生了纠偏需要，可能会导致对部分原先计划、甚至全部计划的否定，从而要求对企业活动的方向和内容进行重大调控。这种调整类似于“追踪决策”的性质。追踪决策是相对于初始决策而言的。初始决策是指所选定的方案尚未付诸实施，没有投入任何资源，客观对象与环境尚未受到决策的影响和干扰，因而是以零为起点的决策。进行重大战略调整的追踪决策则不然。企业外部的经营环境或内部的经营条件已经由于初始决策的执行而有所改变，是“非零起点”。因此，在制定和选择追踪决策的方案时，要充分考虑到伴随着初始决策的实施已经消耗的资源，以及这种消耗对客观环境造成的种种影响和人员思想观念的转变。

(3) 注意消除组织成员对纠偏措施的疑虑。控制人员要充分考虑到组织成员对纠偏措施的不同态度，特别是要注意消除执行者的疑虑，争取更多的人理解、赞同和支持，以避免在纠偏方案实施过程中可能出现的人为障碍。

10.3 控制的方法

方法是实现目标的途径和保证。控制目标的实现，同样有赖于有效的控制方法。在控制活动中，经常采用的控制方法包括预算控制、会计控制、计划评审技术法、盈亏控制、统计控制、时间控制、质量控制、网络控制等。本节将主要介绍预算控制、财务控制、和综合控制中常用的标杆管理、平衡计分卡等几种方法。

10.3.1 预算控制

预算是管理控制广泛运用的手段之一，它是以数字表述计划，并把这些计划分解成与组织相一致的各个部分，授权给各个部门而又不至于失去控制的有效方法。换句话说，预算就是把计划紧缩成一些数字以实现条理化，使管理人员清楚地看到，哪些资本将由谁来使用，将在哪些地方使用，并由此涉及哪些费用计划、收入计划或实物投入量和产出量计划。管理人员只有明确了这些，才能更自如地授权，以便在预算限度内去实施计划。另外，要使预算对任一层次的管理人员都有用，则必须反映组织结构格局。

总体而言，预算的特点包括①它是根据组织的目标和计划，并预见未来可能发生的情况来制定的；②它不只是以保持收支平衡和减少支出为目的，而是积极地谋求提高组织的总体效益；③它主要以货币形态来表现组织的计划，但在预算中不仅要有货币量度，还应包括实物指标；④它具有一定的指令性和制约力。

管理案例

比尔的要求

在某大型电子零件批发公司的一家连锁商店里，刚刚出任经理的比尔(Bill)正为一些事心烦。店里两位售货员，每天上午轮流去隔壁的自动餐厅喝咖啡，吃甜馅饼。因为少了一名售货员，顾客们在店里等候服务已经司空见惯。更令人头痛的是，这家商店的营业额一直达不到公司的平均水平。当比尔对售货员们谈及这两件事时，他们不屑一顾地答道："你看看公司付给我们多少工资！你还要求什么？"

比尔回道："在我们讨论工资的事并且谈出点眉目来之前，有一件要紧的事，就是要你们明确知道我对你们工作有什么要求。让我们来确定3件事。第一，在安排好的上班时间内，谁也不可以离开商店。当然，在你们的午餐时间里，你们爱干什么都行。第二，如果这家商店还要营业，不搬到别处去的话，我们每天的平均销售额应该是1000美元。总公司的记录表明，每位顾客大约购买5美元的货，那就是说，一天要接待200位顾客。我们是两位售货员当班，平均一下，我要求你们每人每天接待100位顾客。第三，就是你们怎样来接待顾客，我希望你们做到一丝不苟、礼貌周到。他们想了解什么，你们要有问必答。这三件事你们清楚了吗？如果是这样的话，让我们来瞧一瞧你们的工资袋，看看出了什么毛病，想一想根据我们对这项工作提出的要求，应该干点什么事来跟那工资袋相称。你们考虑考虑。"

请问该电子零件批发商店的控制问题出在哪里？

在许多组织中，预算编制工作往往被简化为一种在过去基础上的外推和追加的过程，而预算审批则更简单，甚至不用研究调查，以主观想象为根据地任意削减预算，从而使得预算完全失去了应有的控制用，偏离了其基本目的。正是由于存在这种不正常的现象，促使一些新的预算方法发展起来，它们使预算这种传统的控制方法恢复了活力。

1. 预算的性质和作用

一般而言，预算就是用数字编制未来某一个时期的计划，也就是用财务数字(如收支预算和资本预算)或非财务数字(如关于直接工时、物料、实际销售量或生产量的预算)来表明预期的结果。在我国，预算一般是指经法定程序批准的政府部门、事业单位和企业在一定时期的收支预计。

预算是一种计划，因而编制预算的工作也是一种计划工作。预算内容可以简单地概括为 3 个方面：一是“多少”，即为实现计划目标的各种管理工作的收入(或产出)与支出(或投入)各是多少；二是“为什么”，即为什么必须收入(或产出)这么多数量，以及为什么需要支出(或投入)这么多数量；三是“何时”，即什么时候实现收入(或产出)以及什么时候支出(或投入)，必须使得收入与支出取得平衡。

预算是一种预测，它是对未来一段时期内的收支情况的预计。制定预算数字的方法包括统计方法、经验方法或工程方法。

预算主要是一种控制手段。编制预算实际上是控制过程的第一步——拟定标准。由于预算是以数量化的方式来表明管理工作的标准，从本身就具有可考核性，因而有利于根据标准来评定工作成效，找出偏差(控制过程的第二步)，并采取纠正措施，消除偏差(控制过程的第三步)。无疑，编制预算能使确定目标和拟定标准的计划工作得到改进。但是，预算的最大价值还在于它对改进协调和控制的贡献。当为组织的各个职能部门都偏制了预算时，就为协调组织的活动提供了基础。同时，由于对预期结果的偏离将更容易被查明和评定，预算也为控制工作中的纠正措施奠定了基础。所以，预算可以使计划和协调更好，并为控制提供基础，这正是编制预算的基本目的。

2. 预算的种类

不同企业，由于生产活动的特点不同，预算表中的项目会有不同程度的差异，但一般而言，按照不同的内容可以将预算分为经营预算、投资预算和财务预算 3 大类。

1) 经营预算

经营预算是指企业日常发生的各项活动的预算，主要包括销售预算、生产预算、直接材料采购预算、直接人工预算、制造费用预算、单位生产成本预算、推销及管理费用预算等。

而最基本和最关键的是销售预算，它是销售预测正式的、详细的说明。由销售预测是计划的基础，加之企业主要是靠销售产品和劳务所提供的收入维持经营费用的支出和获利的，因而销售预算也就成为预算控制的基础。

生产预算是根据销售预算中的预计销售量，按产品品种、数量分别编制的。生产预算编好后，还应根据分季度的预计销售量，经过对生产能力的平衡排出分季度的生产进度日程表，或称为生产计划大纲。在生产预算和生产度日程表的基础上，可以编制直接材料采购预算、直接人工预算和制造费预算。这 3 项预算构成对企业生产成本的统计。

推销及管理费用预算，包括制造业务范围以外预计发生的各种费用明细项目，如销售费用、广告费、运输费等。对于实行标准成本控制的企业，还需要编制单位生产成本预算。

2) 投资预算

投资预算是对企业的固定资产的购置、扩建、改造、更新等，在可行性研究的基础上编制的预算。它具体反映在何时进行投资、投资多少、资金从何处取得、何时可获得收益、每年的现金流量为多少、需要多长时间回收全部投资等。由于投资的资金来源往往是企业的限定因素之一，而对厂房和设备等固定资产的投资又往往需要很长时间才能回收。因此，投资预算应当力求和企业的战略以及长期计划紧密联系在一起。

3) 财务预算

财务预算是指企业在计划期内反映预计现金收支、经营成果和财务状况的预算。它主要包括现金预算、预计损益表和预计资产负债表。必须指出的是，前述的各种经营预算投资预算中的资料，都可以折算成金额反映在财务预算内。这样，财务预算就成为各项经营业务和投资的整体计划，故亦称总预算。

现金预算主要反映计划期间预计的现金收支的详细情况。在完成了现金预算后，就可以知道企业在计划期间需要多少资金，财务主管人就可以预先安排和筹措，以满足资金的需求。为了有计划地安排和筹措资金，现金预算的编制期应越短越好。西方国家有不少企业以周为单位，逐周编制预算，甚至还有按天编制的。我国最常见的是按季和按月进行编制。

预计损益表(或称预计利润表)是用来综合反映企业在计划期生产经营的财务情况，并作为预计企业经营活动最终成果的重要依据，是企业财务预算中最主要的预算表之一。

预计资产负债表主要用来反映企业在计划期末那一天预计的财务状况。它的编制需以计划期间开始日的资产负债表为基础，然后根据计划期各项预算的有关资料进行必要的调整。

综上所述，企业的预算实际上是包括经营预算、投资预算和财务预算 3 大类，由各种不同的个别预算所组成的预算体系。各种预算之间的主要关系如图 10.3 所示。

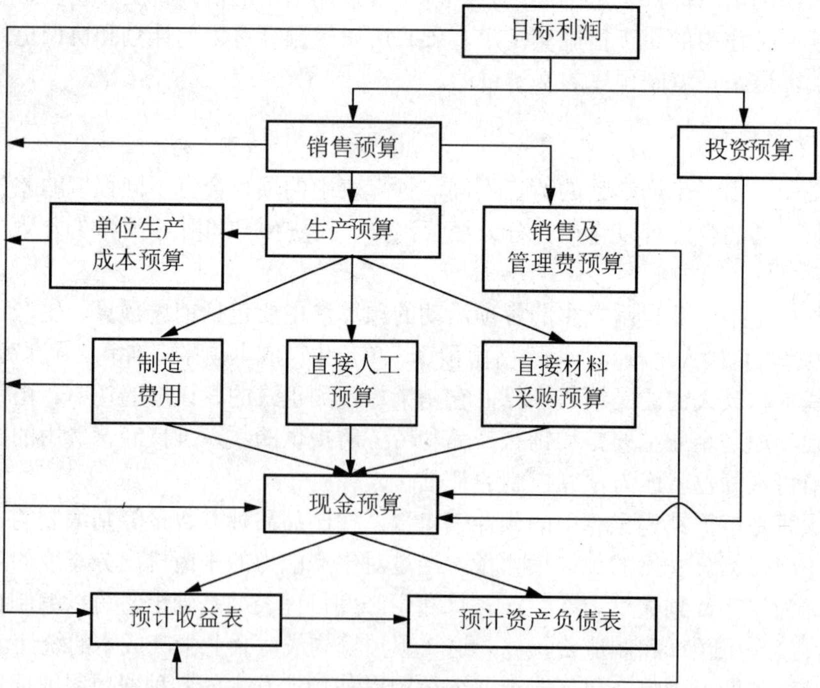

图 10.3 企业各种预算之间的主要关系

3. 预算工作中的危险倾向

尽管预算是一种最广泛和最有效的控制方法，但是在实际工作中预算也存在着一些使预算控制失效的危险倾向。

1) 过于烦琐

预算过繁是一种危险。由于对极细微的支出也作了琐细的规定，致使主管人员管理自己部门需要的自由都丧失了。所以，预算究竟应当细微到什么程度，必须联系授权的程度进行认真酌定。过细、过繁的预算等于使授权名存实亡。

2) 发生目标置换

预算工作中的另外一种危险倾向，是让预算目标取代了企业目标，也是说，发生了目标的置换。在这种情况下，主管人员只是热衷于使自己部门的费用尽量不超过预算的规定，但却忘记了自己的首要职责是千方百计地实现企业的目标。例如，某个企业的销售部门为了不突破产品样本的印刷预算，在全国的订货会上只向部分参加单位提供了产品样本，因此丧失了大量的潜在用户，失去了可能的订货。

目标的置换通常是由两个方面的原因起的。一是没有恰当地掌握预算控制的度。例如，预算编制得过于琐细，或者制定了过于严厉的制裁规则以保证遵守，还可能制定了有较大吸引力的节约奖励措施，以刺激主管人员尽可能地压缩开支。二是为职能部门或作业部门设立的预算标准，没有很好地体现计划的要求，与企业的总目标缺乏更直接的、更明确的联系，从而使得这些部门的主管人员只是考虑如何遵守预算和程序的要求，而不是从企业的总目标出发考虑如何做好自己的本职工作。

为了防止在预算控制中出现目标置换的倾向，一方面应当使预算更好地体现计划的要求；另一方面应当适当掌握预控制的度，使预算具有一定的灵活性。预算的详细程度和预算控制的严格度都有一个合理的限度，一旦超出了这个限度，预算控制就会背离其目标而走向反面。

3) 效能低下

预算工作中经常可以见到的另一种潜在危险是效能低下。预算有一种因循守旧的倾向，过去所花费的某些费用，可以成为今天预算同样一笔费用的依据；如果某个部门曾支出过一笔费用购买物料，这笔费用就成了今后预算的基数。此外，主管人员常常知道在预算的层层审批中，原来申请的金额多半会被削减。因此，申报者往往将预算费用的申请金额有意扩大，远远大于实际需要，所以，必须有一些更有效的管理方法来扭转这种倾向，否则预算很可能会变成掩盖懒散、效率低下的主管人员的保护伞。

4) 缺乏灵活性

传统预算方法还有一个重大的缺陷就是缺乏灵活性。预算作为一种计划，只要被组织批准之后往往对组织成员的活动具有很强的约束力，尤其是所谓的“刚性预算”。但在实际执行过程中由于各方面的因素，往往会发生与计划不相符合的情况，若管理者此时仍然受到预算的约束，那么预算的有效性就会大大减弱甚至消失，此时预算极有可能成为实现组织目标的障碍预算。

4. 扭转预算危险倾向的方法

由于预算工作中存在上述危险倾向，必须有一些有效的管理方法来扭转这些危险倾向，这样的方法一种是编制可变预算，另一种就是零基预算法。

1) 编制可变预算

由于缺乏灵活性的预算会带来危险，而与效率相一致的最大限度的灵活性，则是良好的计划工作和控制工作的基础，所以人们越来越注意可变预算的应用。这种预算通常是随着销售量的变化而变化的，所以它只限于费用预算中应用。由于当单位可变费用(成本)不变时，可变费用总数是随着销售量的变化而变化的，因此，实际当中可变预算主要是用来控制固定费用(成本)的。

事实上，固定费用并非绝对不变，而只是在一定的产量范围内基本保持不变。固定费用随产量(或销售量)的变化呈现出一种阶梯状的变化关系，如图 10.4 所示。所以，在大多数情况下，可变预算总是提出一个产量幅度，在这个幅度内，各种固定性的费用要素是不变的。如果产量低于该幅度的下限，就要考虑采用一个更适合于较低产量的固定费用，如压缩行政人员、处理闲置设备等。如果产量超过了该幅度的上限，那么为了按较大生产规来考虑必需的固定费用，如增加设备、扩大厂房面积等，则应另外编制一个不同的可变预算。

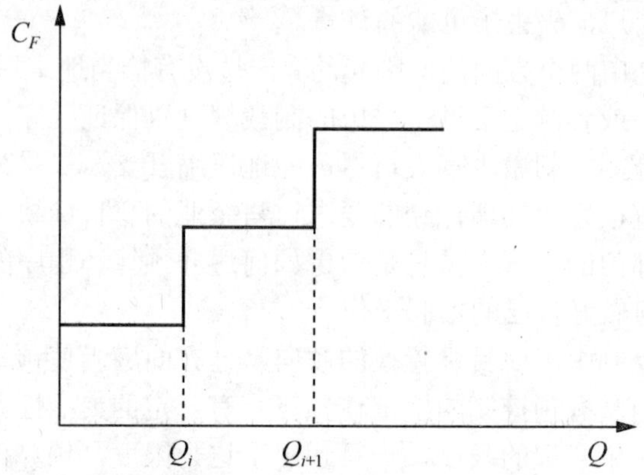

图 10.4 固定费用随销售量的变化关系

2) 零基预算法

零基预算法(Zero—Base Budgeting，ZBB)，其全称为“以零为基础编制计划和预算的方法”，简称零基预算。针对传统编制方法存在的问题，最初美国得克萨斯仪器公司的彼德 · A · 菲尔(Beter A. Pyhrr)于 1970 年提出了“零基预算法”的概念。美国的政府部门，特别是乔治亚州政府最早采用 ZBB，并取得了成效。随后，企业组织也相应采用。

零基预算法是指在编制预算时对于所有的预算支出，均以零为基底，不考虑以往情况如何，从根本上研究分析每项预算是否有支出的必要和支出数额的大小。这种预算不以历史为基础作修修补补，在年初重新审查每项活动对实现组织目标的意义和效果，并在成本—效益分析的基础上，重新排出各项管理活动的优先次序，并据此决定资金和其他资源的分配。零基预算法与传统的调整预算法截然不同，有以下 3 个特点：

(1) 预算的基础不同。调整预算法的编制基础是前期结果，本期的预算额是根据前期的实绩调整确定的。零基预算的基础是零，本期的预算额是根据本期经济活动的重要性和可供分配的资金量确定的。

(2) 预算编制分析的对象不同。调整预算法重点对新增加的业务活动进行成本—效益分析，而对性质相同的业务活动不作分析研究；零基预算法则不同，它要对预算期内所有的经济活动进行成本—效益分析。

(3) 预算的着眼点不同。调整预算法将金额高低作为重点，着重从货币角度控制预算金额的增减。零基预算除重视金额高低外主要的是从业务活动的必需性以及重要程度来分配有限的资金。

(1) 传统的预算编制方法的不足。

传统的预算编制方法可归纳为3个步骤：①以外推法将过去的支出趋势(或上年支出额)延伸至下一年度；②将数额酌情予以增加，以适应工资提高和物价上涨引起的人工成本和原材料成本的提高；③将数额再予提高，以满足修改原计划和修改原设计方案所需追加的预算支出，通常这方面达到原预算的30%或更多。

将这种传统预算编制方法的逻辑进一步剖析，就可看出其实质上依据的是如下假设：

① 上年的每个支出项目均为必要，而且都是实现组织目标和任务所必不可少的。

② 上年的每个支出项目在下一年度中仍有继续进行的必要，且均较别的新计划或新方案更为必要。

③ 上年的每个支出项目均系以成本—效益最大的方式实施的。

④ 上年的每个支出项目在下一年将仍然需要，充其量只需对其中的人工成本和原材料成本作某些调整。

按照这样的步骤、这样的假设所编制的预算，必然会出现前述的危险倾向及以下的结果：

① 每届预算年度开始，各单位以上年实际支出为基础，再增列一笔金额，巧妙装饰后，作为新计划提交最高领导层审批。

② 主持预算审批的领导，明知预算中的“水分”，但因不能透彻了解情况，只得不分良莠，一律砍掉30%(或更多)，随后开始一个争吵过程。

③ 经过一段时间后，预算编制完成。几乎所有的申请单位都意见纷纷，大家都感到这套办法必须改革，但年复一年，仍不见有多少起色。

④ 这种不分青红皂白砍一刀的做法，使有经验的财务人员有意把预算造得大大超过实际需要，以便“砍一刀”后还能满足需要，而那些老老实实造预算者则叫苦不迭。好在吃一堑，长一智，明年再造预算时就学乖了。其结果不啻是在鼓励下级欺骗上级。

(2) 编制零基预算编制包括以下5个步骤。

① 划分和确定基层预算单位。企业里各基层业务单位通常被视为能独立编制预算的基层单位。预算单位就是组织中按照零基预算法编制预算的基层单位。预算单位必须对其业务活动具有一定的决策权限，否则，经济责任就不易划清。组织中凡是能够确定成本、费用和效益的责任单位，都可以作为预算单位。

② 编制本单位的费用预算方案。由企业提出总体目标，然后各基层预算单位从企业的总目标和自身的责任目标出发，编制本单位为实现上述目标的费用预算方案，在方案中必须详细说明提出项目的目的、性质、作用及需要开支的费用数额。

③ 进行成本—效益分析。基层预算单位按下达的“预算年度业务活动计划”，确认预算期内需要进行的业务项目及其费用开支后，管理层对每一个项目所需费用和所得收益进行比较分析，权衡轻重，区分层次，划出等级，挑出先后。基层预算单位的业务项目一般分为3个层次：第一层次是必要项目，即非进行不可的项目；第二层次是需要项目，即有助于提高质量、效益的项目；第三层次是改善工作条件的项目。进行成本—效益分析的目

的在于判断基层预算单位各个项目费用开支的合理程度、先后顺序以及对本单位业务活动的影响。

④ 审核分配资金。各预算单位的方案上报后，组织要对其进行审查、分类和排序，根据预算项目的层次、等级和次序，按照预算期可动用的资金及其来源，依据项目的轻重缓急次序，分配资金，落实预算，其目的就是让有限的资金获得最大的收益。

⑤ 编制并执行预算。必须按项目的轻重缓急分配资金，这样既可以保证各个预算单位的正常活动，又能使那些经济效益较好的项目得到优先安排。资金分配方案确定以后，再进行汇总，编制正式预算，经批准后下达执行。执行中遇有偏离预算的地方要及时纠正，遇有特殊情况要及时修正，遇有预算本身问题要找出原因，总结经验以有所提高。

(3) 和传统预算编制方法，零基预算具有以下优点。

有利于提高员工的“投入—产出”意识。传统的预算编制方法，主要是由专业人员完成的，零基预算是以“零”为起点观察和分析所有业务活动，并且不考虑过去的支出水平，因此，需要动员企业的全体员工参与预算编制，这样使得不合理的因素不能继续保留下去，从投入开始减少浪费，通过成本—效益分析，提高产出水平，从而能使投入产出意识得以增强。

有利于合理分配资金。每项业务经过成本—效益分析，对每个业务项目是否应该存在、支出金额若干，都要进行分析计算，精打细算，量力而行，能使有限的资金流向富有成效的项目，所分配的资金能更加合理。

有利于发挥基层单位参与预算编制的创造性。零基预算的编制过程，企业内部情况易于沟通和协调，企业整体目标更趋明确，多业务项目的轻重缓急容易得到共识，有助于调动基层单位参与预算编制的主动性、积极性和创造性。

有利于提高预算管理水平。零基预算极大地增大了预算的透明度，预算支出中的人头经费和专项经费一目了然，各级之间争吵的现象可能缓解，预算会更加切合实际，会更好地起到控制作用，整个预算的编制和执行也能逐步规范，预算管理水平会得以提高。

总之，尽管零基预算法和传统的预算方法相比有许多好的创新，但在实际运用中仍存在一些“瓶颈”：由于一切工作从“零”做起，因此，采用零基预算法编制工作量大、费用相对较高；分层、排序和资金分配时，可能有主观影响，容易引起部门之间的矛盾；任何单位工作项目的“轻重缓急”都是相对的，过分强调当前的项目，可能是有关人员只注重短期利益，忽视本单位作为一个整体的长远利益。

10.3.2 财务控制

财务控制是指对企业的资金投入及收益过程和结果进行衡量与校正，目的是确保企业目标及为达到此目标所制订的财务计划得以实现。财务控制必须以确保单位经营的效率性和效果性、资产的安全性、经济信息和财务报告的可靠性目的。因此，财务控制分析是管理控制工作的重要方面。

1. 财务比率分析

财务比率分析是指将财务报表中的相关项目进行对比，以此来揭示企业财务状况的一种方法。单个地去考虑反映经营成果的某个数据，往往不能说明任何问题，只有根据它们之间的内在关系，相互对照分析才能说明某个问题。比率分析就是将企业资产负债表和收益表上的相关项目进行对比，形成一个比率，从中分析和评价企业的经营成果和财务状况，有助于发现或找出企业经营过程中存在的问题。常用的财务比率有以下几类。

1) 流动比率

流动比率是企业的流动资产与流动负债之比。它反映了企业偿还需要付现的流动债务的能力。一般而言，企业资产的流动性越大，偿债能力就越强；反之，偿债能力则弱，这样会影响企业的信誉和短期偿债能力。因此，企业资产应具有足够的流动性。资产若以现金形式表现，其流动性最强。但要防止为追求过高的流动性而导致财务资源的闲置，以避免使企业失去本应得到的收益。其计算公式为

$$流动比率=\frac{流动资产总计}{流动负债总计}\times 100\%$$

2) 速动比率

速动比率是速动资产与流动负债之比。速动资产是流动资产和存货之差，是指可以在短时间内变现的资产，包括货币资金、交易性金融资产和各种应收、预付款项等；而存货、待摊费用、一年内到期的非流动资产和其他流动资产等为非速动资产。由于流动资产中存货的变现能力是最差的，因此在分析企业短期偿债能力时就有必要计算剔除存货后的流动比率，这就是速动比率。其计算公式为

$$速动比率=\frac{速动资产}{流动负债}\times 100\%$$

该比率和流动比率一样是衡量企业资产流动性的一个指标。当企业有大量存货且这些存货周转率低时，速动比率比流动比率更能精确地反映客观情况，国外有些公司将该比率视为“酸性实验率”。

3) 资产负债比率

资产负债比率是企业负债总额与资产总额之比。它反映了企业所有者提供的资金与外部债权人提供的资金的比率关系，即反映了在总资产中多大比例的资金来源是通过借债筹集的，也可以衡量企业在清算时保护债权人利益的程度。只要企业全部资金的利润率高于借入资金的利息，且外部资金不在根本上威胁企业所有权的行使，企业就可以充分地向债权人借入资金以获取额外利润，其计算公式为

$$资产负债率=\frac{负债总额}{资产总额}\times 100\%$$

依据稳健原则，公式中负债既包括长期负债，也包括短期负债。这是由于从长期来看，短期负债作为一个整体，企业总是要长期占用的，可以视同长期资金来源。公式中资产总额则是扣除累计折旧后的净额。不同的企业，利益关系人对资产负债率的评价是不同的。债权人所关心的是债权的安全，因此认为这个指标越低越好；投资人所关心的是投资收益的高低，在资产收益率高于负债利率的情况下，为了获得杠杆利益，投资人认为资产负债率越高越好；企业经营者对于资产负债率的态度则比较复杂，经营者要在负债经营的收益与风险之间进行权衡，选择合适的资产负债率。

上述 3 个比率及其分析可以帮助我们了解企业的偿债能力等财务状况，是评价企业偿债能力的指标。

4) 销售利润率

销售利润率是净利润与销售收入(或营业收入)的百分比。销售利润率反映每一元销售

收入带来净利润的多少，表示销售收入的收益水平，其计算公式为

$$销售利润率=\frac{净利润}{销售收入(营业收入)}\times100\%$$

企业在增加销售收入的同时，必须相应地获得更多的净利润，才能使销售净利率保持不变或有所提高。通过分析销售净利率的升降变动，可以促使企业在扩大销售的同时，注意改进经营管理，提高盈利水平。销售净利率受行业特点影响较大，因此，在利用这个指标时应结合不同行业的具体情况进行分析。

5) 成本费用利润率

成本费用利润率是企业一定期间的利润总额与成本费用总额的比率，反映了企业在当期发生的所有成本费用所带来的收益的能力，该指标越高，表明企业为取得利润而付出的代价越小，成本费用控制得越好，盈利能力越强。其计算公式为

$$成本费用利润率=\frac{利润总额}{成本费用总额}\times100\%$$

其中，成本费用总额包括主营业务成本、主营业务税金及附加、营业费用、管理费用、财务费用。如果能够获得其他业务支出数据的，还应当包括其他业务支出数据。应当指出的是，在分析时可将成本费用与营业利润进行对比，计算成本费用营业利润率指标。如果利润中还包括其他业务利润，而其他业务利润与成本费用也没有内在联系，分析时，还可将其他业务利润扣除。

6) 资本金利润率

资本金利润率是利润总额占资本金(实收资本、注册资金)总额的百分比，是反映投资者投入企业资本金的获利能力的指标。企业资本金是所有者投入的主权资金，资本金利润率的高低直接关系到投资者的权益，是投资者最关心的问题。当企业以资本金为基础，吸收一部分负债资金进行生产经营时，资本金利润率就会因财务杠杆原理的利用而得到提高，提高的利润部分虽然不是资本金直接带来的，但也可视为资本金有效利用的结果。它还表明，企业经营者精明能干，善于利用他人资金，为本企业增加赢利。反之，如果负债资金利息太高，使资本金利润率降低，则应视为财务杠杆原理利用不善的表现。资本金利润率的计算公式为

$$资本金利润率=\frac{利润总额}{资本金总额}\times100\%$$

对资本金利润率进行分析，首先应确定基准资本金利润率，并将其作为衡量资本收益率的基本标准。所谓基准资本金利润率是指基准利润总额与资本金的比值。基准利润总额是指企业在特定条件和一定的资本规模下，至少应当实现的利润总额。若实际资本金利润率低于基准资本金利润率，就是危险的信号，表明企业的获利能力严重不足，投资者就会转移投资。

以上 3 个比率是评价企业赢利能力的指标，反映了企业利润与销售额或全部资金等相关因素的比例关系，即反映了企业在一定时期从事某种经营活动的盈利程度及其变化情况。

7) 存货周转率

存货周转率是销货成本与平均存货余额的比例关系，它能反映库存数量是否合理，能表明投入库存的流动资金的使用情况。在流动资产中，存货所占的比重较大，存货的变现

能力将直接影响企业资产的利用效率，因此，必须特别重视对存货的分析。存货的变现能力一般用存货的周转率来反映。存货周转率是衡量和评价企业购入存货、投入生产、销售收回等各环节管理状况的综合性指标，具体包括存货周转次数和存货周转天数。存货周转次数是销售成本与平均存货余额的比值；存货周转天数是用时间表示的存货周转率指标。其计算公式为

$$存货周转率=\frac{销货成本}{平均存货余额}\times100\%$$

式中，

$$平均存货=\frac{期初存货余额+期末存货余额}{2}\times100\%$$

一般而言，存货周转速度越快，存货的占用水平越低，资产流动性越强，存货转换为现金或应收账款的速度越快。提高存货周转率可以提高企业资产的变现能力。但是，存货周转率过高，可能说明企业存货水平过低或销售价格过高等。因此，对于存货周转率的分析，应结合企业存货的构成和销售价格情况作出恰当判断。

8) 应收账款周转率

应收账款周转率是企业一定时期内主营业务收入净额同应收账款平均余额的比率。应收账款周转率就是反映公司应收账款周转速度的比率，它说明一定期间内公司应收账款转为现金的平均次数。其计算公式为

$$应收账款周转率=\frac{赊销收入净额}{平均应收账款余额}\times100\%$$

式中，

$$平均应收账款余额=\frac{期初应收账款余额+期末应收账款余额}{2}\times100\%$$

一般而言，应收账款周转率越高越好，表明公司收账速度快，平均收账期短，坏账损失少，资产流动快，偿债能力强，资产的利用效率越高。

以上两个比率是用来分析企业营运能力的指标，它们反映了企业经营效率的高低和各种资源是否得到了充分利用。

值得注意的是，虽然良好的财务控制能够达到上述目标，但无论控制的设计和运行多么完善，它都无法消除其本身固有的局限，为此必须对这些局限性进行研究和预防。其局限性主要有 3 个方面：①受成本效益原则的局限；②财务控制人员因判断错误、忽略控制程序或人为作假等，致使财务控制失灵；③管理人员的行政干预，致使建立的财务控制制度形同虚设。由于财务管理存在于企业经济活动的方方面面，因此，其对企业生产经营的影响非常大。财务控制有一套完整的体系，它由财务控制环境、会计系统和控制程序 3 部分组成。财务控制环境指建立或实施财务控制的各种因素，主要因素为管理单位和相关人员对财务控制的态度、认识和行为。因此，比率的使用应有其他控制手段进行补充。

2. 经营审计

审计是对反映企业资金运动过程及其结果的会计记录及财务报表进行审核、鉴定，以判断其真实性和可靠性，从而为控制和决策提供依据。经营审计是经济性、效率性、建设性的审计，经营审计要对企业生产、经营、管理的全过程进行审计。其任务是揭露经营管

理过程中存在的问题和薄弱环节，探求堵塞漏洞、解决问题的有效途径，提出改善经营管理、提高经济效益的措施。根据审查主体和内容的不同，可将审计划分为 3 种主要类型：①由外部审计机构的审计人员进行的外部审计；②由内部专职人员对企业财务控制系统进行全面评估的内部审计；③由外部或内部的审计人员对管理政策及其绩效进行评估的管理审计。

1) 外部审计

外部审计是由外部机构(如会计师事务所〉选派的审计人员对企业财务报表及其反映的财务状况进行独立的评估。为了检查财务报表及其反映的资产与负债的账面情况与企业真实情况是否相符，外部审计人员需要抽查企业的基本财务记录，以验证其真实性和准确性，并分析这些记录是否符合公认的会计准则和记账程序。

2) 内部审计

内部审计提供了检查现有控制程序和方法能否有效地保证达成既定目标而执行既定政策的手段。例如，制造质量完善、性能全面的产品是企业孜孜以求的目标，这不仅要求利用先进的生产工艺、工人提供高质量的工作，而且对构成产品的基础——原材料提出了相应的质量要求。这样，内部审计人员在检查物资采购时，就不仅限于分析采购部门的账目是否齐全、准确，而且试图测定材料质量是否达到要求。

根据对现有控制系统有效性的检查，内部审计人员可以提供有关改进公司政策、工作程序和方法的对策建议，以促使公司政策符合实际，使工作程序更加合理、作业方法被正确掌握，从而更有效地实现组织目标。

内部审计有助于推行分权化管理。从表面上来看，内部审计作为一种从财务角度评价各部门工作是否符合既定规则和程序的方法，加强了对下属的控制，似乎更倾向于集权化管理。但实际上，企业的控制系统越完善，控制手段越合理，越有利于分权化管理。因为主管们知道，许多重要的权力授予下属后，自己可以很方便地利用有效的控制系统和手段来检查下属对权力的运用状况，从而可以及时发现下属工作中的问题，并采取相应措施。内部审计不仅评估了企业财务记录是否健全、正确，而且为检查和改进现有控制系统的效能提供了一种重要手段，因此有利于促进分权化管理的发展。

虽然内部审计为经营控制提供了大量的有用信息，但在使用中也存在局限性，主要表现在以下几个方面。

(1) 内部审计可能需要很多的费用，特别是如果需要进行深入、详细的审计。

(2) 内部审计不仅要搜集事实，而且需要解释事实，并指出事实与计划的偏差所在。要能很好地完成这些工作，而又不引起被审计部门的不满，需要对审计人员进行充分的技能训练。

(3) 即使审计人员具有必要的技能，仍然会有许多员工认为审计是一种“密探”或“检查”工作，从而在心理上产生抵触情绪。如果审计过程中不能进行有效的信息和思想沟通，那么可能会对组织活动带来负激励效应。

3) 管理审计

外部审计主要核对企业财务记录的可靠性和真实性，内部审计在此基础上对企业政策、工作程序与计划的遵循程度进行测定，并提出必要的改进企业控制系统的对策建议管理审计虽然也可组织内部的有关部门进行，但为了保证某些敏感领域能得到客观评价，企业通常聘请外部的专家来进行。

管理审计的方法是利用公开记录的信息，从反映企业管理绩效及其影响因素的若干方面将企业与同行业其他企业或其他行业的著名企业进行比较，以判断企业经营与管理的健康程度。反映企业管理绩效及其影响的因素主要有以下几种：

(1) 经济功能。检查企业产品或服务对公众的价值，分析企业对社会和国民经济的贡献。

(2) 企业组织结构。分析企业组织结构是否能有效地达到企业经营目标。

(3) 收入合理性。根据盈利的数量和质量(指盈利在一定时期内的持续性和稳定性)来判断企业盈利状况。

(4) 研究与开发。评价企业研究与开发部门的工作是否为企业的未来发展进行了必要的新技术和新产品的准备，管理当局对这项工作的态度如何。

(5) 财务政策。评价企业的财务结构是否健全合理，企业是否有效地运用财务政策和控制来达到短期和长期目标。

(6) 生产效率。保证在适当的时候提供符合质量要求的必要数量的产品，这对于维持企业的竞争能力是相当重要的。因此，要对企业生产制造系统在数量和质量的保证程度以及资源利用的有效性等方面进行评估。

(7) 销售能力。它影响企业产品能否在市场上顺利实现，这方面的评估包括企业商业信誉、代销网点、服务系统以及销售人员的工作技能和工作态度。

(8) 对管理当局的评估，即对企业的主要管理人员的知识、能力、勤奋、正直、诚实等素质进行分析和评价。

管理审计在实践中遭到许多批评，其中比较重要的意见认为，这种审计过多地评价组织过去的努力的结果，而不致力预测和指导未来的工作，以至于有些企业在获得了极好的管理审计评价后不久就遇到了严重的财政困难。尽管如此，管理审计不是在一两个容易测量的活动领域进行比较，而是对整个组织的管理绩效进行评价，因此，可以为指导企业在未来改进管理系统的结构、工作程序和结果提供有用的参考。

10.3.3 综合控制

随着企业面临的经营环境日益复杂，现代企业需要进行控制的组织层面越来越高，控制活动的范围越来越广，这就需要企业采用综合的控制方法对企业运营的整个活动过程进行控制，下面将介绍两种最具代表性的综合控制方法。

1. 标杆管理控制

标杆管理(benchmarking)，又称基准管理。标杆管理起源于20世纪70年代末80年代初，在美国学习日本的运动中，首先开辟标杆管理先河的是施乐公司，后经美国生产力与质量中心系统化和规范化。标杆管理的概念可概括为，不断寻找和研究同行一流公司的最佳实践，并以此为基准与本企业进行比较、分析、判断，从而使自己企业得到不断改进，进入或赶超一流公司，创造优秀业绩的良性循环过程。其核心是向业内或业外的最优秀的企业学习，通过学习，企业重新思考和改进经营实践，创造自己的最佳实践。美国生产力与质量中心对标杆管理的定义是，标杆管理是一个系统的、持续性的评估过程，通过不断地将企业流程与世界上居领先地位的企业相比较，以获得帮助企业改善经营绩效的信息。其理论基础是由于大多数组织在某些活动、功能、流程等方面具有相似或相通之处，因而企业可以寻找和确定某些方面或整体绩效出类拔萃的组织和最佳实践，以改进自身的绩效。

标杆管理本质上是一种面向实践、面向过程的以方法为主的管理方式，其基本思想是系统优化、不断完善和持续改进。而且标杆管理可以突破企业的职能分工界限和企业性质与行业局限，它重视实际经验，强调具体的环节、界面和流程，因而更具有特色。同时，标杆管理也是一种直接的、中断式的、渐进的管理方法，其思想是企业的业务、流程、环节都可以解剖、分解和细化。企业可以根据需要，或者寻找整体最佳实践，或者发掘优秀“片断”进行标杆比较，或者先学习“片断”再学习“整体”，或者先从“整体”把握方向，再从“片断”具体分步实施。标杆管理是一种有目的、有目标的学习过程。通过学习，企业重新思考和设计经营模式，借鉴先进的模式和理念，再进行本土化改造，创造出适合自己的全新最佳经营模式。

1) 标杆管理的三要素

标杆管理的要素是界定标杆管理定义、分类和程序的基础。标杆管理主要有以下 3 个要素：

(1) 标杆管理实施者，即发起和实施标杆管理的组织。

(2) 标杆伙伴，也称标杆对象，即定为“标杆”被学习借鉴的组织，是任何乐于通过与标准管理实施者进行信息和资料交换，而开展合作的内外部组织或单位。

(3) 标杆管理项目，也称标杆管理内容，即存在不足，通过标杆管理向他人学习借鉴以谋求提高的领域。

2) 标杆管理的实施步骤

标杆管理的具体实施内容要因行业而异、因企业而异，因为不同行业、不同企业有不同的衡量标准。我们要根据企业自身所处的行业发展前景，结合企业发展战略，考虑成本、时间和收益，来确定企业标杆管理的计划。企业坚持系统优化的思想，追求企业总体的最优，根据获益的可能性确定标杆管理的内容、环节和先后次序，逐层深化。另外，标杆管理一定要注重实施的可操作性。以下简单地描绘一下通常的标杆管理实施步骤。

(1) 确定学习的内容、学习的对象和学习的目标。企业实施标杆管理，首先要确定学习的内容(标杆项目)和学习的对象(标杆企业)，并确定实施标杆管理需要达到什么样的目标(标杆目标)。标杆项目的选择会因标杆类型的不同而不同，也会因企业的优势和劣势的不同而不同。分析最佳模式与寻找标杆项目是一项比较烦琐的工作，需要开发一套对标研究策略。其中包括①实地考察，搜集标杆数据；②处理、加工标杆数据并进行分析；③与企业自身同组数据进行比较，进一步确立企业自身应该改进的地方，必要时还需要借助外脑咨询和外部专门数据库。在大量搜集有关信息和有相关专家参与的基础上，针对具体情况确定不同的比较目标：可以在企业内部寻找绩效好、效率高的部门作为比较目标，也可以在行业内寻找其他先进企业作为比较目标，甚至将不同行业的先进企业作为比较目标。另外，在分析对比同行业中的企业时，不仅需要参考行业第一，而且还要参照一些与自身相近的企业，来全面而准确地确定威胁与机会、优势与劣势。从而够制定出可操作的、可实现的分步实施目标。

(2) 制订实现目标的具体计划与策略，是实施标杆管理的关键。一方面，要创造一种环境，使企业中的人员能够自觉和自愿地进行学习和变革，以实现企业的目标。另一方面，要创建一系列有效的计划和行动，通过实践，赶上并超过比较目标，这是打造企业核心竞争力的关键所在。因为标杆本身并不能解决企业存在的问题，企业必须根据这些具体的计划采取切实的行动，实现既定的目标。

(3) 比较与系统学习。将本企业指标与标杆指标进行全面比较，找出差距，分析差距产生的原因；然后提出缩小差距的具体行动计划与方案。在实施计划之前，企业应当培训全体员工，让员工了解企业的优势和不足，并尽量让员工参与具体行动计划的制订；只有这样，才能最终保证计划的切实实施。而且，标杆管理往往涉及业务流程再造，需要改变一些人旧有的行为方式，甚至涉及个人的利益。因此，企业方面要解除思想上的阻力，另一方面，更为重要的是创建一组最佳的实践和实现方法，以赶上并超过标杆对象。

(4) 评估与提高。实施标杆管理是一个长期的渐进过程。在每一轮学习完成时，都需要重新检查和审视对标研究的假设和标杆管理的目标，以不断提升实施效果。标杆管理只有起点没有终点，企业应当在持续学习中不断把握机遇、提升优势，避免危机、发扬优势。

知识链接

标杆管理活动5阶段

施乐公司的罗伯特·开普(Robert Cape)，是标杆管理的先驱和最著名的倡导者。他将标杆管理活动划分为5个阶段，每阶段有2个或3个步骤。

(1) 计划：确认对哪个流程进行标杆管理，确定用于作比较的公司，决定收集资料的方法并收集资料。

(2) 分析：确定自己目前的做法与最好的做法之间的绩效差异，拟定未来的绩效水准。

(3) 整合：就标杆管理过程中的发现进行交流并获得认同，确立部门目标。

(4) 行动：制订行动计划，实施明确的行动并监测进展情况。

(5) 完成：处于领先地位，全面整合各种活动，重新调整标杆。

不过，上面的步骤只是标杆学习的一个流程，企业在实施标杆管理的过程中，应当从整个企业系统出发，持续循环地实施标杆学习。

3) 标杆管理的局限性及其突破方向

虽然作为一种管理方法或技术，标杆管理可以有效地提升企业(产业或国家)的竞争力，但是企业实施标杆管理的实践已证明，仅仅依赖标杆管理未必就一定能够将竞争力的提高转化为竞争优势，有的企业甚至陷入了“标杆管理陷阱”之中，这就意味着标杆管理还存在局限之处。

(1) 标杆管理导致企业竞争战略趋同。标杆管理鼓励企业相互学习和模仿，因此，在奉行标杆管理的行业中，可能所有的企业都企图通过采取诸如提供更广泛的产品或服务以吸引所有的顾客细分市场等类似行动来改进绩效，在竞争的某个关键方面超过竞争对手。模仿使得从整体上看企业运作效率的绝对水平大幅度提高，然而企业之间相对效率差距却日益缩小。普遍采用标杆管理的结果必然使各个企业战略趋同，各个企业的产品、质量、服务甚至供应销售渠道大同小异，市场竞争趋向于完全竞争，造成企业在运作效率上升的同时，利润率却在下降。以美国印刷业为例，在1980年，利润率维持在7%以上，在普遍实施标杆管理之后，到1995年已降至4%～6%，并且还有继续下降的趋势。所以说，标杆管理技术的运用越广泛，其有效性就越受到限制。

(2) 标杆管理陷阱。科技的迅速发展，使得产品的科技含量和企业使用技术的复杂性日益提高，模仿障碍提高，从而对实施标杆管理的企业提出了严峻的挑战：能否通过相对简单的标杆管理活动获得、掌握复杂的技术和跟上技术进步的步伐？如果标杆管理活动不能使企业跨越与领先企业之间的“技术鸿沟”，单纯为赶超先进而继续推行标杆管理，则会使企业陷入繁杂的“落后—标杆—又落后—再标杆”的“标杆管理陷阱”之中。例如,IBM、通用电器公司和柯达等公司在复印机刚刚问世时，曾标杆复印机领先者施乐公司，结果IBM和通用电器陷入了无休止的追赶游戏之中，无法自拔，最后不得不退出复印机市场。

标杆管理局限性的突破方向。关于如何突破标杆管理的局限性，人们已经进行了许多研究。从企业竞争的角度，可以总结为企业应该由“效率—成本”竞争模式转向“战略—价值”竞争模式。不难理解，价格和成本之间的差就是企业的盈利空间。企业改善绩效可以有两个选择：以提高运作效率、降低成本为取向的“效率—成本”模式或者以高差异化—高附加价值—高价格为取向的“战略—价值”模式(当然，能在降低成本的同时提升产品附加值是最理想的状态，但通常二者不可兼得)。标杆管理的选择在于前者，因此，尽管在远离效率极限时标杆管理带来的利益非常显著，然而，一旦企业运作效率接近当前技术水平下的效率极限，企业想继续改善绩效，只能转向决定利润的另外一端——通过为顾客创造独特价值而赢得某种程度的市场垄断势力，使顾客愿意支付较高价格，从而企业可以获得高于行业平均水平的利润。

总之，标杆管理局限性的突破方向不在于标杆管理自身的完善，而在于超越标杆，把价值创造作为企业的根本战略抉择，才能获得持久竞争优势。

2. 平衡计分卡控制

平衡计分卡(balanced score card，简称 BSC)，是 1992 年由哈佛大学商学院教授罗伯特·S·卡普兰(Robert S. Kaplan)和复兴国际方案总裁戴维·P·诺顿(David P. Norton)设计的，这种方法已被世界上许多企业采用并取得了惊人的效果，其应用领域涉及各行各业，包括工厂、银行、政府机构和信息产业。平衡计分法最突出的特点是，其将企业的愿景、使命和发展战略与企业的业绩评价系统联系起来，它把企业的使命和战略转变为具体的目标和评测指标，以实现战略和绩效的有机结合。平衡计分卡以企业的战略为基础，并将各种衡量方法整合为一个有机的整体，它既包含了财务指标，又通过顾客满意度、内部流程、学习和成长的业务指标，来补充说明财务指标，这些业务指标是财务指标的驱动因素。这样，就使组织能够一方面追踪财务结果，另一方面密切关注能使企业提高能力并获得未来增长潜力的无形资产等方面的进展，这样就使企业既具有反映“硬件”的财务指标，同时又具备能在竞争中取胜的“软件”指标。

一个合理的平衡计分卡既可以反映企业的策略，又可以将企业的策略转化为一系列相互联系的指标(这些指标由长期决策目标和达到这些目标的途径共同决定)，并明确了结果指标和产生这些结果的执行动因间的因果关系。而且平衡计分卡可以反映财务与非财务衡量方法之间的平衡、长期目标与短期目标之间的平衡、外部和内部的平衡、结果和过程平衡、管理业绩和经营业绩的平衡等多个方面。所以，平衡计分卡能反映组织综合经营状况，使业绩评价趋于平衡和完善，利于组织长期发展。

可以说，平衡计分卡不仅是一种管理手段，同时也体现了一种管理思想。

(1) 只有量化的指标才是可以考核的，必须将要考核的指标进行量化。

(2) 组织愿景的达成要考核多方面的指标，不仅是财务要素，还应包括客户、业务流程、学习与成长。自平衡计分卡方法提出之后，其对企业全方位的考核及关注企业长远发展的观念受到学术界与企业界的充分重视，许多企业尝试引入平衡计分卡作为企业管理的工具。

1) 平衡计分卡的基本内容

平衡计分卡不仅仅是一种新的绩效评价系统，更重要的它是企业管理过程的核心组织框架，并且只有在平衡计分卡被从衡量系统改造为管理系统时，它才具有更大的威力。平衡计分卡的 4 个方面及其相互间的关系如图 10.5 所示。

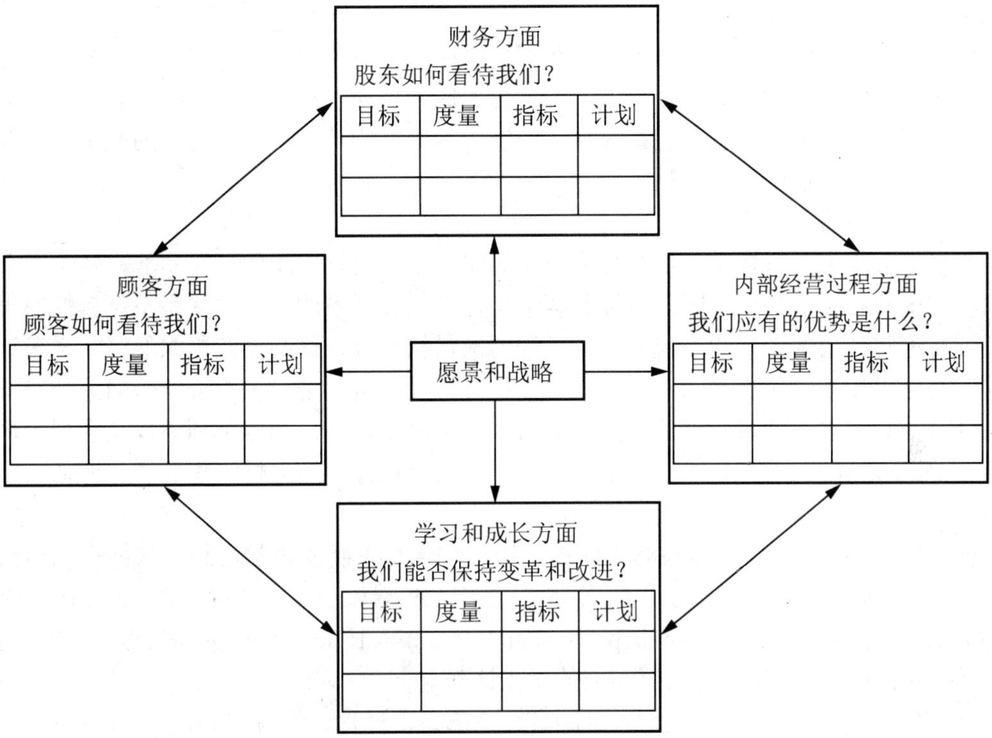

图 10.5 平衡计分卡控制图

财务方面：其目标是解决“股东如何看待我们？”这一类问题。告诉企业管理者他们的努力是否对企业的经济收益产生了积极的作用，可以说财务方面是其他 3 个方面的出发点和归宿。组织在其他 3 个方面的成功必须转化为财务上的最终成功，产品质量、完成订单时间、生产率、新产品开发和客户满意度方面的改进只有转化为销售额的增加、经营费用的减少和资产周转率的提高，才能为组织带来利益。因此，计分卡的财务方面列示了组织的财务目标，并将财务目标转化为财务指标，财务指标包括销售额、利润额、资产利用率等，并衡量战略的实施和执行是否在为最终的经营成果的改善做出贡献。

顾客方面：其目标是解决“顾客如何看待我们？”这一类问题。通过顾客的眼睛来看一个企业，从时间(交货周期)、质量、服务和成本几个方面关注市场份额及顾客的需求和满意程度。计分卡中客户方面，体现了企业对外界变化的反映，管理者们确认了组织将要参与竞争的客户和市场部分，并将目标转换成一组指标。客户指标包括市场份额、送货准时率、客户获得率、客户满意度、产品退货率、合同取消数、顾客获利水平等。

内部经营过程方面：其目标是解决“我们应有的优势是什么？”这一类问题，报告企业内部效率，关注导致企业整体绩效更好的过程、决策和行动，特别是对顾客满意度有重要影响的企业过程。内部过程是企业改善其经营业绩的重点。计分卡中的内部经营过程方面，为吸引和留住目标市场上的客户，满足股东对财务回报的要求，管理者需关注对客户满意度和实现组织财务目标影响最大的那些内部过程，并为此设立衡量指标，如生产率、生产周期、成本、合格品率、新产品开发速度、出勤率等。在这一方面，计分卡重视的不是单纯的现有经营过程的改善，而是以确认客户和股东的要求为起点、满足客户和股东要求为终点的全新的内部经营过程。

学习和成长方面：其目标是解决“我们能否保持变革和改进？”这一类问题，将注意力引向企业未来成功的基础。计分卡中的学习和成长方面确认了组织为了实现长期的业绩而必须进行的对未来的投资，包括对雇员的能力、组织的信息系统等方面的衡量，涉及人员、信息系统和市场创新等问题。

2) 平衡计分卡的流程

平衡计分卡中的目标和评估指标来源于组织战略，它把组织的使命和战略转化为有形的目标和衡量指标。计分卡中的目标和衡量指标是相互联系的，这种联系不仅包括因果关系，而且还将结果的衡量和引起结果的过程的衡量相结合，最终反映组织战略。平衡计分卡是一套从上述 4 个方面对公司战略管理的绩效进行财务与非财务综合评价的评分卡片，不仅能有效克服传统的财务评估方法的滞后性、偏重短期利益和内部利益以及忽视无形资产收益等诸多缺陷，而且是一个科学的集公司战略管理控制与战略管理的绩效评估于一体的管理系统，其基本原理和流程简述如下：

(1) 以组织的共同愿景与战略为内核，运用综合与平衡的哲学思想，依据组织结构，将公司的愿景与战略转化为下属各责任部门(如各事业部)在财务(financial)、顾客(customer)、内部经营过程(internal processes)、学习和成长(learning&growing)4 个方面的系列具体目标(成功的因素)，并设置相应的 4 张计分卡。

(2) 依据各责任部门分别在财务、顾客、内部经营过程、学习和成长 4 种计量可具体操作的目标，设置对应的绩效评价指标体系。这些指标不仅与公司战略目标高度相关，而且是以先行(leading)与滞后(lagging)两种形式，同时兼顾和平衡公司长期和短期目标、内部与外部利益，综合反映战略管理绩效的财务与非财务信息。

(3) 由各主管部门与责任部门共同商定各项指标的具体评分规则。一般是将各项指标的预算值与实际值进行比较，对应不同范围的差异率，设定不同的评分值。以综合评分的形式，定期(通常是一个季度)考核各责任部门在财务、顾客、内部经营过程、学习和成长 4 个方面的目标执行情况，及时反馈，适时调整战略偏差，或修正原定目标和评价指标，确保公司战略得以顺利与正确地实行。

3) 平衡计分卡的实施条件

平衡计分卡代表了国际上最前沿的管理思想，可以从财务、顾客、内部经营过程、学习和成长这 4 个方面对企业进行全面的测评和控制，然而，由于每一个企业由于其经营范围不同，所以会得出不同的计分卡，即使同一类型的企业，也会由于具体战略目标的不同而得到不同的计分卡。因此，实施平衡积分卡方法要考虑企业的具体条件，一般要求如下：

(1) 管理质量高。企业管理质量要求较高，管理达到程序化、规范化、精细化，使企业战略的每层次都能有效实施，最后达到预期的目标。

(2) 信息度高。企业应提供自动化的方法，对纳入平衡计分卡解决方案中的所有数据进行收集与摘要；并使用现有的营运、分析及通信工具，使信息准确、可靠、及时、快捷。

(3) 员工素质水平高。员工素质水平的情况影响平衡计分卡实施的效果，特别是高层和中层员工的素质水平尤其关键。

(4) 对企业战略的合理分解，是平衡计分卡成功实施的关键。企业战略要进行层层分解，转化成一系列可衡量、可实施的具体目标，并在实施中期作合理的调整与修正。

在具体企业实施平衡计分卡方法的实践中，一般而言具有以下特征的企业实施平衡计分卡能提高成功率和有效性。①战略导向型企业。其引进了战略管理理念，对战略的制定与分解及有效实施都有较为丰富的经验，这为平衡计分卡奠定了良好的基础。②竞争激烈、竞争压力大的企业。在这些企业中，实施平衡计分卡有助于实施的决心与力度的加强，并有利于提高企业的整体实力和竞争优势。③注重管理民主化的企业。其为实施平衡计分卡提供了畅通的渠道。平衡计分卡的实施和对企业战略进行分解都要求企业具备民主化。只有如此，才能使战略分解合理，使实施过程中员工所遇到的问题能够及时反馈到高层，并得到解决。④成本管理水平高的企业会注重企业成本的有效控制和解决财务指标的有效确定，并使企业力求在客户、内部业务流程、学习与成长的管理中得到突破。

本章小结

控制是管理的基本职能之一，本章主要介绍了控制的基本含义、控制的过程、控制的方法等内容。控制的基本含义主要介绍了控制的概念、控制的基本原理和要求、控制的类型。控制的过程主要介绍了控制的三个基本阶段，即制定控制标准、衡量实际绩效、采取管理行动来纠正偏差或不适当的标准。控制方法主要介绍了预算控制、财务控制和综合控制中常用的标杆管理、平衡计分卡等内容。

名人名言

抓住主要矛盾，其他问题就可以迎刃而解了。——毛泽东

不会从失败中寻求教训的人通向成功的道路是遥远的。——法国政治家　拿破仑

一个公司在两种情况下最容易犯错误，第一是有太多的钱的时候，第二是面对太多的机会，一个CEO看到的不应该是机会，因为机会无处不在，一个CEO更应该看到灾难，并把灾难扼杀在摇篮里。

——阿里巴巴创始人　马云

习　题

一、复习题

1. 选择题

(1) 管理是通过(　　)促使能量和物质进行流动。

A. 机构体制　　B. 政策和法规　　C. 人　　D. 信息

(2) 控制工作得以开展的前提条件是(　　)。

A. 建立控制标准　　B. 分析偏差原因　　C. 采取矫正措施　　D. 明确问题性质

(3) 一般而言，预算控制属于(　　)。

A. 反馈控制　　B. 前馈控制　　C. 现场控制　　D. 实时控制

(4) 下面的论述中哪一个是现场控制的优点？(　　)。

A．防患于未然

B．利于提高工作人员的工作和自我控制能力

C．适用于一切领域中的所有工作

D．不易造成管理者、预备管理者的心理冲突

(5) 对于建立控制标准，哪一种说法不恰当？(　　)。

A．标准应便于衡量

B．标准应有利于组织目标的实现

C．建立的标准不可以更改

D．建立的标准应当尽可能与未来的发展相结合

(6) 为了对企业生产经营进行控制，必须以绩效标准作为衡量的依据，这个标准(　　)。

A．应该有弹性，以适应情况的变化

B．越高越好，从严要求

C．一旦制定便不能改动

D．应尽量具体，最好用数量来表示

(7)“根据过去工作的情况，去调整未来活动的行为。”这句话是对下述哪种控制的描述？(　　)。

A．前馈控制　　B．反馈控制　　C．现场控制　　D．实时控制

(8) 外科实习医生在第一次做手术时需要有经验丰富的医生在手术过程中对其进行指导，这是一种(　　)。

A．预先控制　　B．事后控制　　C．随机控制　　D．现场控制

(9) 在常用的控制标准中，“合格率”属于(　　)。

A．时间标准　　B．数量标准　　C．质量标准　　D．成本标准

(10) 下面关于控制工作的描述，哪一种更合适？(　　)。

A．控制工作主要是制定标准以便和实际完成情况进行比较

B．控制工作主要是纠正偏差，保证实际组织的目标

C．控制工作是收集信息、修改计划的过程

D．控制工作是按照标准衡量实际完成情况和纠正偏差以确保计划目标的实现，或适当修改计划，使计划更加适合于实际情况

2．判断题

(1) 控制过程一般可以分为3个步骤：a.衡量实际绩效；b.将绩效与标准进行比较；c.采取行动来纠正偏差。(　　)

(2) 一般而言标准必须从计划中产生，计划必须先于控制。(　　)

(3) 只要控制工作做得好，完全可以防止管理失误。(　　)

(4) 反馈控制最大的缺点是，在管理者实施纠偏措施之前，偏差已经产生，损失已经造成，对工作没有任何意义，所以我们没有必要进行反馈控制。(　　)

(5) 严格的控制，会使实际工作过程缺乏灵活性，极大地限制人的工作的积极性。(　　)

(6) 如果没有计划和控制系统，就无法实现组织中的沟通，组织中信息流就会中断。(　　)

(7) 任何预算都需用数字形式来表述。(　　)

(8) 管理审计是一种对企业所有管理工作及其绩效进行全面系统评价和鉴定的方法。(　　)

(9) 平衡计分卡的控制指标包括财务、客户、内部经营过程、学习和成长。(　　)

3. 问答题

(1) 什么是控制？
(2) 控制有哪些类型？
(3) 什么是有效控制，有效控制的原理有哪些？
(4) 控制由哪3个步骤组成？
(5) 什么是预算，预算工作容易出现哪些危险倾向？
(6) 什么是可变预算？
(7) 零基预算有哪些优缺点？
(8) 常用的财务比率有哪几类？
(9) 什么是标杆管理，怎样突破其局限性？
(10) 什么是平衡计分卡？

4. 讨论题

(1) 企业怎样实现有效控制？
(2) 控制职能与管理的其他职能的关系是什么？
(3) 企业实施平衡计分卡控制就一定有效吗？

二、案例应用分析

B公司的实际问题

B公司是一家专业生产印刷机械的高新技术企业，其某型产品被国家认定为“国家重点创新产品”，并获中国包装总公司科技进步奖。该公司近年来发展迅速，年销售额平均增长速度在110%，销售网点遍布全国，市场份额稳步增长。

但是B公司在规模扩张、快速发展的同时，企业也面临着许多问题：内部治理结构不完善，独断决策，缺乏制约与平衡；风险评估的固有模式弊端渐显，缺乏足够理性判断与风险决策能力，不能积极采取应对风险的措施；公司内部职责划分模糊，内部控制手段执行力差；信息系统标准不一，难以实现一体化控制，降低了沟通效率；公司一直以来是主要依靠高层个人的亲历亲为进行监督，个别评估居多而缺乏持续健全的监督机制，内部审计职能弱化，也没有采用定期聘请外部检查人员评估的手段。尤其在过去的两年，由于外部环境激烈变化，经济形势复杂多变，材料价格大幅上升，企业未能采取积极措施而反应迟缓，导致公司经营面临危机。

不难发现，如果B公司内部控制体系没有和企业发展同步进行，不能适应进入价值经营阶段后公司成长的需要、制定有效的风险防范措施、及早建立内部控制体系，企业发展之路将风险重重。

问题：

(1) 你怎么看待材料中提到的B公司面临的问题？
(2) 假如你是公司的经理，你该如何实施有效控制？

(资料来源：http://money.163.com/10/0701/10/6AGH13FN00253G87.html.)

阅读材料

兰州石化公司强化安全基础管理透视

2011年元旦前夕，兰州石化公司再次集中安全、设备、工艺等专业技术力量，对前一个阶段冬季安全大检查查出的330项问题整改情况进行复查。检查结果表明，301项问题已经得到整改，28项问题正在加紧整改。兰州石化不断创新安全基础管理思路，从排查隐患、完善制度、强化应急预案演练入手，夯实安全基础管理，推动企业科学、和谐发展。

层层排查除隐患

2010 年年初开始，兰州石化开展了为期 3 个月的“三大排查”，排查安全隐患、专业管理“短板”、管理薄弱环节和需要帮扶人员，涉及装置、管理方式、人员素质等企业生产经营的方方面面，班组、车间、分厂、公司机关层层查找。查出的问题经过汇总整理、论证分类，按照“车间问题半年解决、分厂问题年内解决、公司级问题两年解决”的思路，制定了方案，小问题立即整改，大问题立项治理。与此同时，兰州石化采取近 300 项整改措施，消除管理薄弱环节，建立了机关基层结对子帮扶制度，逐步消除专业管理“短板”。

创新岗检模式是兰州石化强化安全基础管理的一大亮点。新的岗检模式形成了公司季检、分厂月检、车间周检的岗位责任检查制，实现了员工不间断巡检、干部走动式管理，确保装置时刻处在监控状态。尤其是通过危险化学品标准化专项检查和问题整改，兰州石化通过了甘肃省安全标准化二级企业达标审核，成为甘肃省首批通过达标的单位。

2010 年 10 月中旬起，兰州石化开展了冬季安全生产大检查，集中检查了防火、防爆、防中毒等“八防”安全措施落实情况。在此基础上，这个公司还借助第三方力量开展安全管理现状评估，邀请杜邦公司的安全代表来到现场，查找安全管理中存在的深层次问题。

完善制度筑防线

在兰州石化合成橡胶厂 ABS 装置污水岗位现场，一位供应商李某检修送料机时，出现违章作业。除了作业被停止外，李某还接到了 1000 元的罚单，理由是他的行为违背了兰州石化新近出台的“十大不可违背安全条款”。“十大不可违背安全条款”被有些员工称为“保命条款”、不可触动的“高压线”，是兰州石化总结了近 10 年来各类事故而制定出来的制度，包括“未正确系挂安全带、任何人不得进行高处作业”等 10 个方面，与集团公司 6 条《禁令》一样成为反违章的“利器”。兰州石化将条款内容、释义、相关事故案例编制成手册、卡片，发给员工学习执行。

兰州石化还修订了突发事件应急总体预案和专项预案，建立“1 项公司总体预案 + 13 项专项预案”的应急预案体系，完善了动火作业、进入受限空间作业、高处作业等管理规定，制订了防硫化亚铁自燃事故管理、属地化管理等制度，进一步健全了安全管理制度体系。

安全教育形式多

2010 年 11 月 19 日上午 8:30，兰州石化炼油厂催化二车间年 300 万吨重催装置现场，一阵尖锐的可燃气体报警声响起，催化二班 22 名员工迅速行动起来，操作人员朱德民等人前去阻止附近区域的动火作业……这是催化二班模拟危险化学品泄漏预案演练的情景。

前不久，兰州石化举办第四届安全操作技能大赛，模拟有毒气体泄漏的关阀、停泵等应急处置，提高员工对突发事件的判断和处置能力。兰州石化每年开展一次公司级应急预案演练，二级分厂每年举行两次、车间每季度开展一次、班组每月开展一次演练，并统一了演练评审和考核标准，确保演练质量和效果。

兰州石化不断加强典型事故案例分析，制作了 36 期安全事故教育专题片，在内部电视台播出；在局域网上创建事故案例共享平台，提高员工安全意识。同时，积极组织员工编排以安全生产为主要内容的小品、快板等节目，寓教于乐，把注重安全从喊口号变成实际行动。

(资料来源：冯作文.兰州石化公司：强化安全基础管理透视. 中国石油石化. 2011(5).)

第11章 管理创新

教学目标

通过对本章的学习，学生应了解创新是管理水平和管理效益不断提高的根本途径，也是使组织保持生存和不断发展壮大的根本要求。本章旨在分析创新的类别、内容及过程，以提示创新的规律，指导创新职能的履行，如从制度结构、层级结构以及文化结构等3个层面分析知识经济对企业组织创新可能产生的影响。

教学要求

知识要点	能力要求	相关知识
管理的创新职能	(1) 管理创新的内容及管理创新阻力的克服 (2) 理解3种主要的管理创新实施方法	(1) 创新及其作用 (2) 创新职能的基本内容 (3) 创新过程及其管理 (4) 业务流程的再造
企业技术创新	(1) 技术创新的内涵、技术创新的源泉、怎样进行技术创新 (2) 技术创新理论，如何进行技术创新	(1) 技术创新的内涵和贡献 (2) 技术创新的源泉 (3) 技术创新的战略及其选择 (4) 技术创新与产品开发
企业组织创新	(1) 知识经济条件下的企业制度创新、层级结构创新、文化创新的方向及出现的具体方式 (2) 企业制度创新	(1) 企业制度创新 (2) 企业层级结构创新 (3) 企业文化创新

竞争优势的秘密是创新，在历史上的任何时候都是如此，创造力对于创新是必要的，公司文化应该是提倡创造力，然后将其转变成创新，而这种创新将有利于竞争的成功。

——美国《未来学家》

基本概念

创新职能　技术创新　企业制度创新　层级结构创新　文化创新　管理创新　知识经济

导入案例

发现“不拉马的士兵”

一位年轻有为的炮兵军官上任伊始，到下属部队视察其操练情况。他在几个部队都发现同样的问题。在一个单位操练中，总有一名士兵自始至终站在大炮的炮管下面，纹丝不动。军官不解，究其原因，得到的答案是操练条例就是这样要求的。军官回去反复查阅军事文献，终于发现，长期以来，炮兵的操练条例仍因循非机械化时代的规则。站在炮管下的士兵的任务是负责拉马的缰绳(在那个时代，大炮是由马车运载到前线的)，以便在大炮发射后调整由于后坐力产生的距离偏差，减少再次瞄准所需要的时间。现在大炮发射的自动化和机械化水平很高，已经不再需要这样一个角色了，但操练条例一直没有调整，因此才出现了“不拉马的士兵”。军官的发现使上级对条例作了符合实际的调整，并使他获得了国防部的嘉奖。

案例点评

因循守旧、墨守成规是管理的最大敌人，创新则是企业生机勃勃的根本和源泉。

创新是不断提高管理水平和管理效益的根本途径，也是使组织保持生存和不断发展壮大的根本要求。本章旨在分析创新的类别、内容及过程，以提示创新的规律，指导创新职能的履行。

11.1 管理的创新职能

11.1.1 创新及其作用

创造是革新的前导，革新是创造的继续，创造与革新的整个过程及其成果则表现为创新。所以，创新是通过创造与革新达到更高目标的创造性活动，是管理的一项基本要求。

1. 创新的含义

从哲学的范畴看，创新是一种否定，是积极的、辨证的否定，是“扬弃”旧事物、生成新事物的过程。

管理领域所说的创新，是指一种思想和原则以及在这种思想和原则指导下组织所从事的不断适应环境变化、满足社会需求的实践活动。

2. 创新的作用

创新是组织适应环境变化的基本过程。任何组织系统都不断地与外界环境发生物质、信息和能量的交换，而系统与环境的这种联系，通常是处于不平衡的状态，组织系统要求得与环境的动态适应和平衡，就必须通过不断地创新去实现。创新是保持组织活力，提高组织竞争力的保证。

创新的重要功能是增强组织获取资源、利用资源的能力，以使社会需要的认识能力、员工满意度、组织士气、信心不断提高；组织也因此获得相对于竞争者的综合比较优势，增强其应对竞争的实力。

创新管理的成果具有以下特征：①首创性；②未来性；③变革性；④先进性；⑤时间性。因此，创新的关键在于一个“新”字，是以新思想、新观念和新成果为组织输入活力的活动。

知识链接

管理创新

“创新”(innovation)是指形成创造性思想并将其转换为有用的产品、服务或作业方法的过程。所谓管理创新，就是按照现代企业经营管理的客观规律，结合具体的实际情况，客观实际地分析企业内部资源和外部环境，对企业的生产要素和各项职能在内容和形式上作出适当的调整和新的组合，以实现管理效益的最大化。管理之所以要创新，是因为外部环境的变化、消费者需求的个性化和多样化以及环境的变化对企业既定的制度、技术、文化的要求，只有管理创新才能使企业得到发展。

3. 管理的创新与维持

任何社会经济技术系统，一旦开始存在，都会首先追求其自身的存在，延续其寿命，实现其发展。因此，维持是相对于创新的另一种组织活动状态。作为组织两种基本的存在状态，维持与创新对组织的生存和发展都是必不可少的。维持是实现创新的成果，创新为更高层次的维持提供依托。卓越的管理是创新与维持有机统一的管理。

任何管理工作，都应围绕着系统运转的维持和创新而展开。只有创新没有维持，系统便会呈现无时无刻无所不变的混乱状态；而只有维持没有创新，系统则会缺乏活力，最终将被环境所淘汰。

4. 创新的类型

按不同的依据，从不同的角度，可以将创新分为以下不同的类型：

(1) 从创新的程度看，创新可分为局部创新和整体创新。

(2) 从组织的处境看，创新可分为防御性创新和积极进攻性创新。

(3) 从创新的组织工作看，创新可分为自发的创新和有组织的创新。

(4) 从创新对应的组织寿命周期阶段看，创新可分为初创时期的创新、运营时期的创新等。

11.1.2 创新职能的基本内容

1. 目标创新

目标创新是企业创新的重要组成部分，企业在各个时期的具体经营目标都要适时地根据市场环境和消费需求的特点及变化趋势进行整合，每一次调整都是一种创新。而作为创新管理的目标，创新是指企业创新活动所要达到的目的和结果，它反映并体现企业创新的水平和发展方向。它既可能是创新主体希望达到的最终结果，也可能是企业状态变革的一系列选择的结果。创新目标引导创新行动，没有目标的行动是盲目的行动。创新行动的进展逐步逼近创新管理的目标。

2. 制度创新

任何一个企业的生存与发展都与制度密切相关。美国经济学家道格拉斯•诺斯(Douglass C. North)认为，对经济发展起决定作用的是制度因素。一个有效率的制度，即使没有先进的设备或技术，也可以刺激劳动者创造出更多的价值。但是，再先进的设备或技术，如果存在于低效率的环境中，也无法高效率地为经济增长做出贡献，由此可见制度创新对经济发展的重要作用。制度创新主要是从社会经济角度来分析企业系统中各成员间的正式关系的调整和创新。

3. 组织创新

组织创新是对组织的要素和组织运行过程的各个环节进行合理的协调和组织，对组织管理过程与管理方式进行革新以增进组织对环境变化的适应性。组织创新是组织在全球化、市场化、信息化和现代化的时代变革背景下的必然选择。

管理故事

小天鹅的“末日管理”

无锡小天鹅公司是一个以国有资本为主体的股份制企业。几年来，企业内部推行“末日管理”，以建立全球性“横向比较”的信息体系手段，以全员化、立体化、规范化的营销管理体系为支柱，以强有力的人才开发机制为保证，从追求卓越到追求完善，小天鹅人的危机意识已成为全体员工的共同意识。

(1) 竞争就是争取消费者。小天鹅运用特殊的比较法参与竞争，将传统的“纵比”改为“横比”，比出了“危机”：①与国际名牌比，找出与世界水平的差距，争创国际品牌；②与国内同行比，学习兄弟企业的长处，保持国内领先；③与市场的需求比，目光紧紧瞄准用户，把握市场命脉；④以己之短比人之长，努力避免一得自矜，警钟长鸣。

(2) 参与竞争就是提高市场占有率。市场占有率既是企业成功的条件，又是企业成功的标志。占有了市场就是争取了消费者。小天鹅认为，企业出产不仅仅是产品，同时也是质量和信誉，是广大消费者给我们发了工资和奖金。今天的小天鹅不仅完成了这个观念上的转变，而且已经实现了按订单生产，成了“无仓库企业”。小天鹅又提出“24小时，365天运行才是真正经营”的经营理念，实行双班制生产，推行24小时热线服务，进一步提高了小天鹅的市场应变能力和效率，确保了市场占有率。

(3) 建立面对市场的全员化、立体化、规范化的营销管理体系。全员化就是多让职工参与营销；立体化就是企业内部在生产、科技、营销、人事等方面面对市场发扬团队精神，参与市场竞争；规范化就是把行之有效的营销方式制度化，包括以下几个方面：①小天鹅的企业精神：“为国贡献，团结拼搏，进取敬业，全心服务，文明礼貌。”②小天鹅的规范管理：人事管理推行《职工就业规则》，对职工的权利和义务都作了详尽而明确的规定；财务管理实行裁决顺序和签字原则，明确总经理、副总经理和部长的权限，对公司日常事项的决定作了详细的规定。③实行成品零库存的制度，如果产品三天卖不掉，宁可停产。

(4) 注重服务。小天鹅在服务上推出了“金奖产品信誉卡”的承诺，将服务监督权交给用户，把服务公约公布于众，坚持做到“1，2，3，4，5”的特色服务，即“上门服务带一双鞋，进门两句话，带好三块布(一块修机布，一块垫机布，一块擦机布)，做到四不准(不准抽用户一根烟，不准喝水，不准乱收费，不拿用户礼品)，五年保修，随叫随到，如有逾期甘愿受罚"，并为用户办理了责任保险，并坚持"名品进名店"，与全国经联会、贸联会、新联会、华联和交电系统的一百多家商界台柱子商场建立了正常友好的业务往来。

(5) 实施名牌战略，扩大经济规模，提高竞争力。经营只是今天，创新才是明天，随着市场经济的深入，末日管理又有了新的拓展，推行战略联盟，壮大销售同盟军，也壮大了小天鹅自己。为实现自己的"旭日目标"，小天鹅采取了如下做法①与同行联盟。小天鹅只有波轮全自动，没有滚筒，也没有双缸，从这点看，小天鹅要抢占市场份额的确有难度，偏偏上海惠而浦公司、长春罗兰电器有限公司、宁波新乐电器有限公司有设备，有产品也乐于接受定牌，扩大批量，小天鹅紧紧抓住这个机遇，成功地与他们进行了战略联盟，达到了双赢。②与相关产品联盟。洗衣机和洗衣粉休戚相关，小天鹅与广州宝洁公司建立了伙伴式的营销联盟。宝洁公司在他们生产的"碧浪"洗衣粉包装袋上印上了"一流产品推荐"的字样，并标明了小天鹅的商标。小天鹅洗衣机在他们产品的销售中为宝洁公司分发碧浪洗衣粉试用样品。③与国外大公司联盟。小天鹅公司与德国西门子公司合资组建了博西威家电有限公司生产滚筒洗衣机，又与松下公司合资生产绿色冰箱，与MOTOROIA、NEC分别结盟成立实验室，使小天鹅的产品始终与世界先进技术保持同步。

11.1.3 创新过程及其管理

1. 创新的过程

成功的创新要经历发现和寻找机会、提出设想和方案、迅速实施行动、坚持不懈这几个阶段的努力。

(1) 发现和寻找机会。创新之所以要打破原有的秩序，是因为其内部存在的或出现了某种不协调的现象。创新活动正是从发现和利用旧秩序内部的这些不协调现象开始的。

(2) 提出设想和方案。敏锐地观察到了旧秩序中的不协调现象之后，还要透过现象找到原因，并据此分析和预测不协调现象的未来变化趋势，估计它们可能给组织带来的积极或消极后果，并提出消除不协调和使系统在更高层次实现平衡的创新构想。

(3) 迅速实施行动。创新成功的秘密主要在于迅速行动。

(4) 坚持不懈。创新的过程是一个不断尝试、不断失败、不断提高的过程。因此，创新者在开始行动以后，为取得最终的成功，必须坚定不移地继续坚持下去。要在创新中坚持下去，创新者必须有足够的自信心，有较强的忍耐力。

管理系统还需要建立起合理的评价和奖惩制度。创新的原始动机也许是个人的成就感、自我实现的需要，但是如果创新的努力不能得到组织和社会的承认，不能得到公正的评价和合理的报酬，则继续创新的动力就会渐渐失去。所以，物质的和精神的激励也是维持组织不断出现创新成就的保证。

2. 创新管理

美国经济学家熊彼得(Schumpeter)在《经济发展理论》一书中提出了管理创新的概念。按照他的定义，创新是指"企业家实行对生产要素的新的结合"，它涉及人类的各种活动，包括观念与思维方式创新、制度与体制创新、管理模式创新、技术与知识创新、产品创新、市场创新等，由此构成了具体的管理创新体系。创新正日益成为企业生存与发展的不竭源泉与动力。

管理创新的内涵包括以下几个方面：

(1) 选择企业战略是企业管理创新的首要任务。战略是企业的灵魂。企业如果没有战略，就会始终处于被动的地位。要想在日益激烈的市场竞争中处于不败之地，关键是进行战略研究、战略选择与战略创新。

(2) 增强竞争优势是企业管理创新的核心内容。增强竞争优势包括提升企业的核心竞争力和协同竞争。提升竞争力指通过采用新技术，开发新产品，开拓新市场，拥有独特的人力、产品、技术、服务、流程、企业文化等优势资源。协同竞争指通过一定程度的合作和资源共享来寻求竞争优势，也就是实现“双赢”。

(3) 竞争战略及合作模式创新。由人才竞争转向知识管理、创新人才两极竞争。人才竞争更多的是理念性的诉求，但现在开始转向务实的知识管理和创新人才竞争。知识管理是对现有和潜在知识的获取、存储、学习、共享使用和创新的管理过程。通过知识管理，可以降低成本、提高效率，提高组织成员的素质和能力，从而提高组织的持续发展能力和企业核心竞争力，让企业拥有更高层次上的竞争力。

特别提示

善于发现，在研究问题的基础上进行创新，你必能成功。

管理故事

瞻前顾后——计程车行业的诞生

20世纪初，美国大众还以马车为主要交通工具。当时的马车夫都是漫天喊价，没有个标准可遵循，所以常与客人发生争吵。亚伦(Aarcm)出生于大富翁家庭，但也因为车费问题与马车夫发生了争执，而遭到了一顿辱骂和毒打。在愤怒之际，他决定创办一个新行业取代马车行业。冷静后，他找来各国有关交通工具的资料，详细地研究，从人力、三轮车，到骡马、轿子，他比较过，觉得都不足以超越马车，最后他想到正在迅速发展的汽车，并预测到这是一个非常有发展前途的行业。亚伦很快拟订了汽车代替马车的计划，针对马车缺点，他制订出了计程车行业的最重要特点——按里程收费，不能任由司机乱开价。亚伦理想中的汽车，要比马车灵活，甚至小街小巷都能开进去。但当时美国生产的汽车既难看又笨重，根本不适合做一般人用的交通工具，即使勉强用，也不会比马车更受欢迎。于是亚伦跑遍了欧洲国家，最后选定了法国生产的一种四缸十六匹马力的汽车。这种车子几乎比美国车小了1/3。亚伦一次订购了24辆，当时来看，是个大手笔。汽车运回美国后，亚伦进行了统一标识。为了标明这些汽车是出租的，他想在每部车上写上“出租汽车”字样，但在字的含义里，要让人一看就明白是按路程远近计算的，不是由司机乱开价钱。当时在英文里，找不到适当的字来表述这个意思。后来，亚伦记起在法国时看到的一个单词“taximeter”，它的意思是以公尺的长度来计算出租马车车费。他想，如果把这个字借用过来，再加敞顶小汽车(cab)不就行了吗？于是，计程车(taximetercab)这个单词第一次在美国出现了。这个字用了不久，亚伦觉得写起来太麻烦，而且作为他的汽车标志，不够动人，也不容易使人记忆，干脆把后面的meter删掉了，缩写成taxicab。还要解决的困难，就是计程车表，如果没有这个东西，计程车就等于名不符实了。据说，这个表是由亚伦提出构想，请他的一个修钟表的朋友发明的，而他这位朋友也因此变成了大富翁。

11.1.4 业务流程的再造

业务流程再造(Business Process Reengineering，BPR)是20世纪90年代由美国麻省理工

大学教授迈克尔·哈默(MichaelHammer)和 CSC 管理顾问公司董事长詹姆斯·钱皮(James Champy)提出的，1993 年，在他们联手著出的《公司重组——企业革命宣言》一书中，哈默和钱皮指出，200 年来，人们一直遵循亚当·斯密的劳动分工的思想来建立和管理企业，即注重把工作分解为最简单和最基本的步骤；而目前应围绕这样的概念来建立和管理企业，即把工作任务重新组合到首尾一贯的工作流程中去。他们给 BPR 下的定义：“为了飞跃性地改善成本、质量、服务、速度等现代企业的主要运营基础，必须对工作流程进行根本性的重新思考并彻底改革。”它的基本思想就是必须彻底改变传统的工作方式，也就是彻底改变传统的自工业革命以来按照分工原则把一项完整的工作分成不同部分、由各自相对独立的部门依次进行工作的工作方式。

知识链接

1990 年著名管理学家 Michael Hammer 在 Reengineering Work: Don't Automate，But Obliterate 一文中首次提出了 BPR 的概念。1993 年，Michael Hammer 和 James Champy 在 Reengineering The Corporation 一书中正式对 BPR 做了如下定义：企业流程再造工程是对企业的业务流程作根本性的思考和彻底重建，其目的是在成本、质量、服务和速度等方面取得显著的改善，使得企业能最大限度地适应以顾客(customer)、竞争(competition)、变化(change)为特征的现代企业经营环境。

1. 业务流程再造的背景

企业再造理论的产生有深刻的时代背景。20 世纪六七十年代以来，信息技术革命使企业的经营环境和运作方式发生了很大的变化，而西方国家经济的长期低增长又使得市场竞争日益激烈，企业面临着严峻挑战。有些管理专家用 3C 理论阐述了这种全新的挑战。

(1) 顾客(customer)——买卖双方关系中的主导权转到了顾客一方。竞争使顾客对商品有了更大的选择余地；随着生活水平的不断提高，顾客对各种产品和服务也有了更高的要求。

(2) 竞争(competition)——技术进步使竞争的方式和手段不断发展，发生了根本性的变化。越来越多的跨国公司越出国界，在逐渐走向一体化的全球市场上展开各种形式的竞争，美国企业面临着日本、欧洲企业的竞争威胁。

(3) 变化(change)——市场需求日趋多变，产品寿命周期的单位已由“年”趋于“月”，技术进步使企业的生产、服务系统经常变化，这种变化已经成为持续不断的事情。因此，在大量生产、大量消费的环境下发展起来的企业经营管理模式已无法适应快速变化的市场。

面对这些挑战，企业只有在更高水平上进行一场根本性的改革与创新，才能在低速增长时代增强自身的竞争力。

在这种背景下，结合美国企业为挑战来自日本、欧洲的威胁而展开的实际探索，1993 年哈默和钱皮出版了《再造企业》(Reengineering the Corpration)一书，书中认为，“20 年来，没有一种管理思潮能将美国的竞争力倒转过来，如目标管理、多样化、Z 理论、零基预算，价值分析、分权、质量圈、追求卓越、结构重整、文件管理、走动式管理、矩阵管理、内部创新及一分钟决策等”。1995 年，钱皮又出版了《再造管理》。哈默与钱皮提出应在新的企业运行空间条件下，改造原来的工作流程，以使企业更适应未来的生存发展空间。这一全新的思想震动了管理学界，一时间“企业再造”、“流程再造”成为大家谈论的热门话题，哈默和钱皮的著作以极快的速度被大量翻译、传播，与此有关的各种刊物、演讲会也盛行一时，在短短的时间里该理论便成为全世界企业及学术界研究的热点。IBM 信用公司通过流程改造，实行一个通才信贷员代替过去多位专才并减少了九成作业时间的故事更是广为流传。

2. 业务流程再造的程序

企业“再造”就是重新设计和安排企业的整个生产、服务和经营过程，使之合理化。通过对企业原来生产经营过程的各个方面、每个环节进行全面的调查研究和细致分析，对其中不合理、不必要的环节进行彻底的变革。在具体实施过程中，可以按以下程序进行。

(1) 对原有流程进行全面的功能和效率分析，发现其存在的问题。

根据企业现行的作业程序，绘制细致、明了的作业流程图。一般而言，原来的作业程序是与过去的市场需求、技术条件相适应的，并由一定的组织结构、作业规范作为其保证。当市场需求、技术条件发生的变化使现有作业程序难以适应时，作业效率或组织结构的效能就会降低。因此，必须从以下方面分析现行作业流程的问题。

① 功能障碍：随着技术的发展，技术上具有不可分性的团队工作(TNE)，个人可完成的工作额度就会发生变化，这就会使原来的作业流程或者支离破碎增加管理成本、或者核算单位太大造成权、责、利脱节，并会造成组织机构设计的不合理，形成企业发展的瓶颈。

② 重要性：不同的作业流程环节对企业的影响是不同的。随着市场的发展，顾客对产品、服务需求的变化，作业流程中的关键环节以及各环节的重要性也在变化。

③ 可行性：根据市场、技术变化的特点及企业的现实情况，分清问题的轻重缓急，找出流程再造的切入点。为了对上述问题的认识更具有针对性，还必须深入现场，具体观测、分析现存作业流程的功能、制约因素以及表现的关键问题。

(2) 设计新的流程改进方案并进行评估。

为了设计更加科学、合理的作业流程，必须群策群力、集思广益、鼓励创新。在设计新的流程改进方案时，可以考虑以下方面。

① 将现在的数项业务或工作组合，合并为一。

② 工作流程的各个步骤按其自然顺序进行。

③ 给予职工参与决策的权力。

④ 为同一种工作流程设置若干种进行方式。

⑤ 工作应当超越组织的界限，在最适当的场所进行。

⑥ 尽量减少检查、控制、调整等管理工作。

⑦ 设置项目负责人(casemaneger)。

对于提出的多个流程改进方案，还要从成本、效益、技术条件和风险程度等方面进行评估，选取可行性强的方案。

(3) 制定与流程改进方案相配套的组织结构、人力资源配置和业务规范等方面的改进规划，形成系统的企业再造方案。企业业务流程的实施，是以相应组织结构、人力资源配置方式、业务规范、沟通渠道甚至企业文化作为保证的，所以，只有以流程改进为核心形成系统的企业再造方案，才能达到预期的目的。

(4) 组织实施与持续改善。实施企业再造方案，必然会触及原有的利益格局。因此，必须精心组织，谨慎推进。既要态度坚定，克服阻力，又要积极宣传，达成共识，以保证企业再造的顺利进行。企业再造方案的实施并不意味着企业再造的终结。在社会发展日益加快的时代，企业总是不断面临新的挑战，这就需要对企业再造方案不断地进行改进，以适应新形势的需要。

3. 业务流程再造的方法

BPR 作为一种重新设计工作方式、设计工作流程的思想，是具有普遍意义的，但在具体做法上，必须根据本企业的实际情况来进行。美国的许多大企业都不同程度地进行了 BPR，其中有一些主要方法如下。

1) 合并相关工作或工作组

如果一项工作被分成几个部分，而每一部分再细分，分别由不同的人来完成，那么每一个人都会出现责任心不强、效率低下等现象。而且，一旦某一环节出现问题，不但不易于查明原因，更不利整体的工作进展。在这种情况下，企业可以把相关工作合并或让整项工作由一个来完成，这样，既提高了效率，又使工人有了工作成就感，从而鼓舞了士气。如果合并后的工作仍需几个人共同担当或工作比较复杂，则成立团队，由团队成员共同负责一项从头到尾的工作，还可以通过建立数据库、信息交换中心，来对工作进行指导。在这种工作流程中，大家一起拥有信息，一起出主意、想办法，能够更快、更好地作出正确判断。

2) 工作流程的各个步骤按其自然顺序进行

在传统的组织中，工作在细分化了的组织单位间流动，一个步骤未完成，下一步骤开始不了，这种直线化的工作流程使得工作时间大为加长。如果按照工作本身的自然顺序，是可以同时进行或交叉进行的。这种非直线化工作方式可大大加快工作速度。

3) 根据同一业务在不同工作中的地位设置不同工作方式

传统的做法是，对某一业务按同一种工作方式处理，因此要对这项业务设计出在最困难、最复杂中的工作中所运用的处理方法，把这种工作方法运用到所有适用于这一业务的工作过程中。因此，可以根据不同的工作设置出对这一业务的若干处理方式，这样就可以大大提高效率，也使工作变得简捷。

4) 模糊组织界线

在传统的组织中，工作完全按部门划分，为了使各部门工作不发生摩擦，又增加了许多协调工作。因此，BPR 可以使严格划分的组织界线模糊甚至超越组织界线。例如，P&G 根据超级市场信息网传送的销售和库存情况，决定什么时候生产多少、送货多少，并不一味依靠自己的销售部门进行统计，同样，这也就减省了很多协调工作。

特别提示

世界经济发展的历史和国外管理理论的研究表明，当代经济的发展取决于竞争优势，决定竞争优势的主导因素是人才和科技的管理优势，而决定人才、科技管理优势的是管理创新。按照管理的职能可以将管理创新分成组织结构创新、管理模式创新和管理制度创新等。这些类型的创新相互交错，互相作用，共同推进企业的成长。

管理故事

波音公司的流程再造

1997 年，波音公司(以下简称波音)历史上第一次出现亏损，民用飞机生产上的问题造成的亏损达 1.78 亿美元，1998 年营业亏损更达 2.66 亿美元。当年年底，波音在华尔街的巨大压力下宣布大幅裁员，同时对民用飞机集团高层管理进行重大改组，撤换了总裁伍达德(Woodard)，由原信息、空间及防御集团总裁穆拉利(Mulally)接替。在很短的时间内，穆拉利和他的团队就扭转了民用飞机集团的局面。1999 年，波音创下按时交付 620 架飞机和 20 亿美元营业利润的纪录，波音股票也上涨了 20%。今年波音民用飞机部分的营销收入预计为 360 亿美元，营销利润率可望达到 10%。

穆拉利领导下的波音之所以赢利，就是遵循了波音“携手合作”的宗旨。

“携手合作”是波音 1989 年研发波音开发 777 系列飞机时提出的口号。在此之前，波音已经感受到公司变大以后各部门分割、各程序系列化所带来的困惑。每个人干的只是某种行当中的一小块，大家不能分享知识与资源，其结果就是生产程序臃肿，效率不高。在穆拉利领导研发 777 系列的时候，管理层决定打破原来的工作模式。这种飞机有 300 多万个部件，参与工作的工程师就有两万多人，设计过程全部使用计算机。穆拉利等人当时提出了“携手合作生产优选新型飞机”的口号，邀请客户和供应商参与设计过程。开始的时候波音员工对此并不习惯。他们习惯于把活干完了再拿给别人看，而不习惯外人看着自己工作并在旁指指点点。此外，他们还担心外人看出自己的弱点，担心外人把他们的设计拿走。但后来的事实证明，用户的参与给波音带来了很大的好处，他们在 777 飞机的设计和生产过程中提出了数千条大大小小的建议。更为重要的是，从研发 777 开始，波音认识到，不但倾听客户的意见非常有用，而且所谓“优选”必须由客户说了算。在以后开发新一代 737 的过程中，“携手合作”有了进一步的发展，波音将航空公司的代表请进公司，在波音办公大楼里为他们设立了办公室，设计人员与客户一起工作，以便随时听取他们的意见，对设计进行改进。本来波音有理由给这种全新的飞机取一个新名字，但后来还是听从客户的意见沿用旧的名字，为的是保持 737 的品牌。波音后来说，实际上 737 飞机是波音和航空公司用户共同研制的。穆拉利在接受采访时说：“我所做的就是使民用飞机集团重新回到以客户为中心的方向上来。为了使波音按期交货，我们把客户请到公司的会议上来一起商量，同时动员每一位员工为按时交货而努力。每一架飞机交付，我们都要庆祝，每一个为定期交货做出贡献的人，都要受到鼓励。”

除了重新发扬“携手合作”的宗旨外，穆拉利还领导工程师们在改善生产流程、提高效率方面下了很大工夫。他说，作为一名工程师，过去他想的只是如何使飞机飞得快、飞得高、飞得远。在当了民用集团总裁之后，他首先要考虑如何缩短飞机交付周期的时间和降低每一架飞机的成本，最终使公司提高利润和扭亏为盈。他说，提高效率和降低成本的关键是减少和简化飞机的零部件，以便简化生产和组装过程，从而使更多的人知道怎样生产和安装，在这方面计算机发挥了重要作用。在设计和生产每一个新的部件之前，工程师们都要通过计算机系统进行模拟试验。由于工艺的改善，近几年波音民用飞机的生产率每年提高 15%～20%。长远地说，波音希望在 4～5 年内使飞机的零部件减少 15%，使生产率每年提高 4%～5%。

11.2 企业技术创新

无论是产品本身，还是生产这些产品的人和物资设备，或是被加工的原材料以及加工这些原材料的工艺，都以一定的技术水平为基础，并以相应的技术水平为标志。本节着重说明什么是技术创新、是什么促使技术创新的产生及如何进行技术创新。

管理故事

青岛澳柯玛的发展道路

澳柯玛电器公司成立于1989年，由于盲目引进设备，该企业一开始就背上了沉重的包袱，加上产品质量问题严重，产品缺乏竞争力，使企业刚上马就陷入了困境。到1990年4月份，企业欠债2 600万元，濒临破产。但澳柯玛公司依靠自我挖潜改造，经过几年扎扎实实的发展，1995年实现产量65.6万台，销售收入10.26亿元，利润总额2.38亿元，资产总额9.74亿元，资本金利润率291.17%。1995年与1990年相比，产量、销售收入、利润总额的年平均发展速度分别是237%、256%、606%。澳柯玛公司走的是一条自我挖潜改造的内涵式发展道路，经历四部曲。

第一步是采用新技术、新工艺开发新产品。企业亏损的直接原因是产品滞销。企业为了生存下去必须生产出市场认可的产品。为此，公司总经理卖掉了专车，挽留了技术骨干，开始研究开发新产品。经过努力，终于研究出了1990年第一代产品150L家用冰柜，产品投放市场后，深受用户喜爱，当年企业扭亏为盈。

第二步是改造先天不足的引进生产线，提高机械自动化程度，劳动生产率成倍提高。澳柯玛把仅有的资金投入到原有生产线的改造上，通过小改小革，填平补齐，使企业产量迅速扩大，生产能力由1990年的8 409台到1993年的2万台、1994年的23万台、1995年的65.6万台，连年翻番。

第三步是加快新产品开发步伐，产品向多品种、多规格系统化发展。市场对冰柜的需求是多层次的，澳柯玛公司不断开发研究新产品，每年都有几十种新产品问世。

第四步是抓住有利时机，在市场需求量扩大的情况下，大胆决策，发展规模经济。为扩大企业规模、降低成本，澳柯玛公司在原有10 000平方米厂房的基础上充分利用每一分空间，通过增大生产面积，扩大生产能力，使10 000平方米的厂房具备了100万台/年的冰柜生产能力。

(资料来源：《创造性思维案例选编》，经济管理出版社，2000年)

11.2.1 技术创新的内涵和贡献

美籍奥地利经济学家熊彼得1912年在《经济发展理论》中指出，社会进步并非来自于资源的最优化配置，而是因为创新改变了资源产出。他把创新定义为企业家的职能，并认为企业家之所以能成为企业家，并不是因为其拥有资本，而是因为他拥有创新精神并实际地组织了创新。在其理论中，创新是对“生产要素的重新组合”，包括5个方面：生产一种新的产品；采用一种新的生产方法；开辟一个新的市场；控制原材料和半成品的一种新的来源；实现一种新的工业组织。后人将创新分为制度创新和技术创新。

德鲁克也认为，创新能改变资源的产出量，特别是优化资源的产出量。

技术发明是在新知识、新理论创造基础上一种全新技术的出现，创新可能是全新技术的开发，也可能是原有技术的改善，甚至可能仅是几种未经改变的原来技术的一种简单的重新组合。发明是创新的子概念。

综上所述，技术创新一方面通过降低成本而使企业产品在市场上更具价格竞争优势，另一方面通过增加用途、完善功能、改进质量以及保证使用而使产品对消费者更具特色吸引力，从而在整体上推动企业竞争力不断提高。

11.2.2 技术创新的源泉

美国学者德鲁克将诱发企业创新的不同因素归纳成7种不同的创新来源。

意外的成功或失败使不治之症得以治愈，对百思不得其解的问题突然茅塞顿开，一些业务虽未给予关注、投入较少却悄无声息地迅速发展，这是意外的成功。

(1) 企业内外的不协调。当企业对外部环境或内部经营条件的假设与现实相冲突，或当企业经营的实际状况与理想状况不相一致时，便出现了不协调的状况。这可能是变化的结果，也可能是某种将要发生的变化的征兆。

(2) 宏观或行业经济景气状况与企业经营绩效不符是经常出现的。假设和实际的不协调也是一种常见的不协调类型。

(3) 过程改进，即需要对现已存在的过程进行改善，把原来的某个薄弱环节去掉，代之以利用新知识、新技术重新设计的新工艺、新方法，以提高效率、保证质量、降低成本。

(4) 行业和市场结构的变化一旦出现变化，企业必须迅速对之做出反应，在生产、营销以及管理等诸方面组织创新和调整，否则就有可能影响企业在行业中的相对地位，甚至事业经营上的灾难，引发企业的生存危机。如果企业及时应变，则这种结构的变化给企业带来的将是众多的创新机会。但面对同一市场和行业结构的变化，企业可能做出不同的创新和选择，关键是要迅速地组织创新行动，至于创新努力的形式和方向则可以是多重的。

(5) 人口结构的变化。其能决定劳动市场的供给，影响企业的生产成本；作为最终用户的人口数量确定了市场的结构及其规模，从而为企业的技术创新提供了契机。

(6) 观念的改变对事物的认知和观念决定着消费者的消费态度，消费态度决定着消费者的消费行为，消费行为决定着一种具体产品在市场上的受欢迎程度。消费层次与需要结构，带来消费品市场的全方位的变化。

(7) 新知识的产生以新知识为基础的创新是最为企业重视和欢迎的。但无论在创新时间、失败的概率或成功的可能性预期及对企业家的挑战程度上，这种创新也是最为变化莫测、难以驾驭的。知识创新有最为漫长的前置期。

11.2.3 技术创新的战略及其选择

1. 技术创新战略

企业的技术创新最根本的目标是要提高企业的盈利水平。但它绝不仅仅是提高销售额或者改进产品性能，也不仅仅是新产品或服务的问题，更重要的是要使竞争地位发生改观，希望在一种新的、更有利的某一点重新建立竞争优势。要做到这一点，企业绝不能仅仅为顾客创造某种价值，还必须有建立长期竞争优势的技术创新战略，否则，技术创新就是战术性的，而不是战略性的。例如，企业不仅追逐某种额外的销售额或者利润，还要有长期战略成功的谋划。有许多企业，它们虽然是技术创新的完成者，但由于没有从战略高度考虑技术创新，最终导致企业战略或者商业失败，非但没有从技术创新取得更多的效益，反而失去竞争优势。

2. 企业技术创新战略制定

创新基础的选择。解决在何种层次上组织创新的问题。基础研究具有较大的风险，而且要求企业能够提供长期的、强有力的资金及人力上的支持。应用性研究只需企业利用现有的知识和技术去开发一种新产品或者探寻一种新工艺，所需时间相对较短、资金要求相对较少、创新的风险也相对较小，研究成果的运用对于企业生产设施调整所需的基础性投资的要求相对较低。当然，对企业竞争优势的贡献程度也相对要小一些。

创新对象的选择。材料主要从外部获取，因此材料创新主要是在外部进行的。产品与工艺创新主要是由企业完成的，外部一般很难替代企业从事这项工作，促使产品形成特色及增强成本优势，但机器设备的制造都需要利用企业不可能同时拥有的专门的技术、人员和其他生产条件，而且企业即使拥有这些条件生产，但由于数量有限，不可能达到规模经济的要求，生产成本可能很高，因此企业一般都从外部获取各种机器设备，其创新活动借助外部的力量来完成。但通过外部进行的手段创新较易为竞争者所察觉。因此，某些关键生产手段技术创新的内部组织就成为必然的选择。

创新水平的选择。创新水平后备支撑主要是在行业内相对于其他企业而言的，需要解决的主要是在组织企业内部技术创新时，是采取一个领先于竞争对手的“先发制人”的战略，还是实行“追随他人之后”，但目的还是“超过他人”的“后发制人”的战略。

创新方式的选择。利用自己的力量独家进行开发，或者与外部的生产、科研机构联合起来共同开发。独自开发与联合研究要求企业具备不同的条件，需要企业投入不同程度的努力，当然企业的受益也会不同。影响企业对开发方式的选择的，不仅是企业自身的资源可支配状况以及开发对象的特点要求，对市场经济条件下竞争与合作的必要性认识的不同可能也是其深层次的原因。

11.2.4 技术创新与产品开发

科学技术是第一生产力，科学技术已经变成了一种企业变革的力量，一种经营创新的力量。科技进步是创新的成果，科技创新加速了企业其他方面的变革。今天，企业在市场上的所有竞争的本质表现都是科学技术的竞争，谁掌握了最新的科学技术，谁就插上了腾飞的羽翼，占尽市场先机，享尽市场风光。

产品创新是市场竞争的必然结果，是企业巩固自己市场领先地位的必然选择。产品创新不是消极地满足市场的需要和适应市场的变化，而是主动地开发、创造出新产品，制造顾客新的需求，开拓、创造新的市场，这样就能使自己赢得更多的顾客，永远走在市场的前列。

1. 技术创新

100多年前马克思提出了科技是生产力的观念，1978年邓小平进一步提出了“科技是第一生产力”的论断，这表明科技已经成了一种变革的力量、一种创新的力量。

世界近代史表明，一国经济发展到一定水平后，其经济增长的主要动力来自于技术创新。

技术创新是国际社会通用的一种经济学概念，其基本含义是指将一种新产品、新工艺、新服务引入到市场的过程。技术创新可以是建立在一个新的科学发现的基础之上，采用新工序、新工艺或对各种要素的新组合，如变电站的四遥技术、管理中的信息化和输配电线路故障的测报系统等的革新。技术创新也可以是企业以获利为目的进行创造性地经营某种商品的新方法，或者是进行有创造性的改造、综合。例如，日本人通过吸收外来的原有技术并对其进行日本式的改造或新综合，结果使之成为一项具有竞争力的新技术，并通过这种技术或产品迅速占领市场。由此使日本人得出“综合就是创造”这一著名论断。

技术创新的主要特征在于体现技术与经济的结合，它异于科学上的发明与发现，突出强调新技术的首次商业性应用。

企业技术创新过程可分为 4 个基本阶段，即技术创新概念的产生和形成；先进技术的获得(自己开发或引进，或引进加开发)；技术实施(工程化)；实现商业化(获得经济效益)。电力企业从发电、输电到配电，大量新技术的开发、引进并应用到各个发供电领域都要经历以上 4 个步骤，但是，最主要的是各级领导重视组织人力和资金的投入，并有目的、有计划地组织实施，技术创新才能出成果出效益。

2. 产品创新

从技术创新的实现形态来看，技术创新分为产品创新与工艺创新。产品创新在技术创新中占有十分重要的地位，成为企业生存和发展的一个关键。通常知名企业都是以品牌产品为衬托的，因此，产品创新成为企业领先的重要法宝。

产品创新是市场竞争之必然。所谓产品创新是指为更好地满足顾客需求而推出具有新功能、新结构、新外观的产品。以计算机为例，英特尔公司运算速度更高的芯片属于功能创新；东芝公司生产出笔记本电脑属于结构创新；苹果电脑公司推出彩色外壳及富有个性的 PC 机属于外观创新。产品创新是一个全方位、多层次的概念。

产品创新的关键在于确立产品的创新意识。索尼公司创始人盛田昭夫认为：“企业的本能就是要使自己的产品过时、变旧。如果我们自己不这样做，我们的竞争对手就会迫使我们的产品成为过时的东西。”

产品创新应着眼于开发具有特定销售目标的产品，以给目标顾客带去更多功能、更大价值的满足感。我国海尔集团近几年来不断推出新产品，如“大王子”冰箱适合中国北方市场，而“小王子”冰箱适合中国南方的需要，市场占有率始终名列前茅，正是这种产品开发思想的体现。

要不断保持产品创新，就必须保持产品开发速度的领先。知识经济时代，企业最佳策略就是要抢在别人前面淘汰自己的产品。成功企业的经验证明，谁能领先在市场上推出新产品、及时地更新换代，谁就能在相当长的时间里成为市场领先者。世界发达国家特别注重进行产品的更新换代。例如，日本已经成为产品技术吸收转化最快的国家。该国计划用 20 年时间淘汰约 10%的传统产品，20 世纪的产品有 70%已经被淘汰。据世界经济论坛基金会的一项报告反映：“日本已取代美国成为世界上竞争力最强的国家，原因是其对未来适应力强、生产和技术革新快。”鉴于此，我国企业要密切注视国际市场动态，敢于将充足的资金和最新技术应用于产品，并建立起一整套具有高效率的产品开发组织结构，把技术创新、产品创新、人员和市场营销人员及生产部门进行混合编队，使公司结构与人员组成具有足够的应变能力；同时也保证整体开发、营销能力与效率的提高，以适应产品不断更新换代的需要。

特别提示

产品创新是指以产品为对象的创新活动。产品创新对企业发展有深远意义，一方面，由于企业经营的对象是产品，产品是企业和市场之间的纽带；另一方面，由于市场需求的不断变化，要求企业必须不断进行产品创新。

管理故事

春兰集团的产品创新

春兰集团的空调先后获得了中国、美国、德国等国家的质量认证，并获得了消费者的肯定。春兰集团在产品创新方面的做法主要有以下两个方面。

(1) 确立创新观念，注重科技投入。春兰集团的管理层在创业之初就认识到，一个企业只有及时发展和创造以高新技术为内涵的名牌产品，才能获得发展优势。而创造名牌产品就必须加快科技进步，加大科技投入，不断提高科技水平和管理水平。为此，春兰集团每年都投入巨额资金应用于高科技开发。春兰集团职工的工资总额只占总成本的0.5%，但科技开发投入占10%。1997年，春兰集团建成了中国企业界第八家博士后工作站。近期投资13亿建立的春兰研究院成为中国最大的企业研究院，该院负责研究春兰5～10年以后的新产品，跟踪世界同行最先进的41项高科技项目。

(2) 重视产品的设计。春兰集团认为，要使产品在消费者心目中扎根，产品设计要紧跟世界潮流。春兰的产品设计是追求整个产业的高科技，结合消费者的需要跟踪世界先进水平，先后研究出一个个高科技项目，如变频空调、智能空调、清新空调、静音空调、全自动洗衣机、电子保健冰箱等，在市场中取得了很好的效果。

11.3 企业组织创新

知识经济正向我们悄然走来。本章从制度结构、层级结构及文化结构这3个层面分析知识经济对企业组织创新可能产生的影响。

11.3.1 企业制度创新

成员在企业活动的不同时空提供努力，若想使之有效，则必须对其行为进行引导和整合。行为的可预测性是行为引导和整合的基本前提。企业是通过制度结构化、层级结构化以及文化结构化来使成员的行为具有一定程度的可预测性，从而实现对这些成员行为的引导与整合的。知识及其运用的产品化、产品及其生产过程的知识化说明知识经济的到来，表现出以下特点：知识要素在企业生产经营活动中的相对重要性大大提高(资本市场融资容易，但生产过程渐趋复杂，知识成为第一要素)；生产者与最重要的生产要素的重新结合(物质能与劳动者分离，但知识不可能与人脑分离)；由于信息技术被广泛运用，知识创新和传播的速度大大加快(影响着企事业生产过程的组织方式，影响着不同知识所有者的相对重要性，而决定着企业参与者在这个过程中的相互关系，影响企业组织的结构化或再结构化)。

1. 工业社会的企业制度结构特征及其原因

企业是通过规范作为类群的参与者在企业活动中权利关系的制度来引导和整合这些成员的行为的：企业经营活动组织权力的分配、经营成果的分配、权利关系及相对地位的确定，使得参与者类群在不同模式的企业制度下有着不同的行为规律。不同参与者是通过提供企业经营所必需的某种要素来实现他们对企业的贡献的。稀缺资源从资本转向知识，将导致知识参与者在企业权利关系中地位的提高。过程源动力的特点决定了资本的所有者在过程开始之初就拥有着选择过程运行的方向、组织过程的推进、处理过程的结果的各种权力。工业社会资本最重要、最稀缺，资本很容易换回其他生产要素，生产过程是资本与劳动结合的过程。资本具有流动性，但劳动分工使工人的操作范围更加狭窄，作业技能更趋专门化，从而流动更加困难的特点，使资本相对于工人的地位进一步得到确认。知识，特别是管理知识是作为资本的附属而存在的。

2. 知识经济条件下的企业制度发展

知识在现代企业经营中相对作用的加强，使得权力的行使以及对成果分配的控制正在逐渐变成知识工作者的“专利”。工业社会是以操作知识的发展为基础的。生产工具、机器、工艺的改进促进了劳动分工的不断细化。生产率提高的同时操作技能和专业知识更加狭窄、更加专门化(哈耶克(Hayek)：分工使人们只知道与自己工作有关的那部分知识，没有人有能力获得这些知识的全部)，使其劳动高度相互依赖。因而，对不同人在企业中分工劳动的协调变得至关重要。有关协调的知识正变为关键的经济资源，甚至是今天唯一重要的资源，传统的生产要素已变为第二位。假如有知识人们便可很容易地得到传统的生产要素。相对稀缺性加强了协调知识拥有者的相对地位。资本所有者难以拥有这种知识，只能委托拥有相关知识的经营管理人员去协调，后者地位不断得到加强。管理人员的职能就是运用协调知识去组织和管理企业成员的分工劳动。管理人员通过其协调劳动不仅决定着自己所拥有的协调知识的运用效率，而且决定着作为其协调对象的企业生产者的效果。因此，企业的制度结构正从“资本的逻辑”转向我们所称的“知识的逻辑”。权力派生知识的供应，利益由知识的拥有者所控制正逐渐成为后工业社会或知识社会的基本特征。

3. 高层组织制度创新

企业领导制度变革，法人治理结构是一次重大创新。公司的组织机构一般由股东大会(或股东代表大会)、董事会(或董事—监事会或监事)及经理组成，最终所有权、法人财产权、经营权、监督权互相分离，分属于不同的机构，各个机构之间既互相联系，又互相制约，形成一个统一的有机整体。这样有利于领导专家化、企业领导集团化、企业领导民主化，也有利于协调众多投资者之间的关系。近年来在形式上有所创新，如职工股权计划，60年代初由一位名叫凯尔索(Kelso)的律师在美国提出，让职工成为企业所有者，才能协调劳资关系，消除企业内部的纠纷，提高劳动生产率。由公司提供一部分股份，或拿出现金，转交给一个专门设立的职工信托基金会，购进股票。它多或少地打破了资本家、董事、经理人员等对企业高层管理的垄断，顺应了职工的高层次需求，缓和了劳资矛盾。这在一定程度弥补了股份公司治理结构的缺陷。再如职工参与制，20世纪初在西方发达国家出现。企业的职工享有根据法律、合同的规定，推选代表参加公司经营管理的权利，方式主要是咨询、谈判和参加生产经营目标的制定。与职工股权计划一样，使职工注入通常被董事、经理们独占的企业高层管理领域。

4. 中层组织制度创新

中层管理层起到承上启下的作用，如事业部、分公司、分厂，或者IBU(独立经营单位)、SBU(战略经营单位)，总的创新趋势是从H型结构、U型结构向M型结构发展。H型是松散型结构，总公司只进行财务管理和人力资源的分配，利润中心独自开展业务，难以获得协同效应。U型结构是一种集中的、按职能划分部门的结构。中层组织由按职能划分的若干部门组成，自主权小，只能算成本中心或收入中心，权力集中在公司最高决策者手中。

这种结构在市场环境多变的情况下暴露出了缺陷。M型结构中，基本单位是半自主的利润中心，按产品的商标或地区设立，每个利润中心内部通常按U型结构组织，在利润中心之上的总部则负责整个公司的重大资源配置、活动安排，负责对各利润中心进行监督和战略协调。这种结构运用集权控制、分权运行的思想，采取集中制定政策与分权运行管理的办法，既获得了比较明显的协调效应，又充分发挥了中层组织的积极性和创造性，是企业中层组织制度的成功创新。近10年来，“企业内企业”，增强大企业自身的活力，适应激烈的市场竞争，如IBM的“风险组织”实验，索尼公司的“模拟公司制”和韩国的“公司内破产制”。

5. 基层组织制度创新

执行层是一切管理活动的落脚点，基层组织的状况最终决定着生产经营目标能否实现。企业从高度集权、权威由职位决定、垂直交流、严格的岗位责任制、物质奖励和惩处为主要控制手段，转变为高度分权、灵活领导，角色与责任规定明确、灵活多变，横向交流、注重团队讨论、借助目标认同，工作满足来激励员工。

11.3.2 企业层级结构创新

1. 工业社会的企业层级结构及其特征

工业经济中的企业试图通过层级结构来规范作为单个成员的参与者在企业活动中的关系和行为。随着企业规模越来越大，在合理分工的基础上对劳动进行指挥和协调，政府中的层级结构被逐渐移植到工业经济中来。层级结构表现出以下特征：

(1) 直线指挥，分层授权：有效管理幅度有限，工作与权力进行了层层分解和委托，形成金字塔，每一个层次都根据直线上级的要求完成任务行使权力。层级组织的基本特征便是利用直线指挥与分层授权来规范成员间的关系，影响他们在企业活动中的行为表现。

(2) 分工细致，权责明确：分工不仅体现在与产品制造过程相关的生产劳动中，而且体现在与生产过程协调有关的管理劳动中。分工使熟练程度和劳动生产率不断提高。严格规定了组织成员应该履行的职责，而且明确了相应职务的工作人员为履行职责而可以行使的权力。

(3) 标准统一，关系正式：在泰勒理论的影响下，在生产过程的不同环节和岗位上，生产者按照标准的方法来完成作业。管理中也按一套标准的程序和方法来操作。同时，企业政策的一致性，规则由企业最高权力机构统一制定、统一推行，使企业组织能以整齐划一的方式表现其行为，不具有个人感情的色彩。层级组织中成员之间的关系是职务或岗位所规定的角色关系，而非个人关系。组织框架图和说明书明确角色，大家应以理智而非以感情的方式来完成其职责。组织所倚重的是角色间的正式关系，而非个人间的非正式关系。

2. 知识经济与企业层级结构的改造

传统层级结构保证了企业行动的迅速、效率的提高和企业活动的有序性，但其有一定的环境条件和假设作为背景。例如，消费者的诸多需求尚未得到充分满足，需求基本无差异，消费需求及影响企业经营的其他环境因素基本稳定，或变化具有连续性特征从而可以预测。这决定了企业可以组织大规模生产、标准化生产，可预测性则使得企业内部生产及其管理的改善主要依赖于经验的累积和总结。生产操作工人可以凭借记忆而且管理中枢也主要利用组织记忆，借助细致的分工和统一指挥对组织生产过程中工人的标准化作业进行调整。

但知识经济时代背景发生了改变：消费者日趋成熟，具有多样化和个性化的特点；环境日益复杂，不稳定，变化无法控制，难以预测。个性需求是企业推动标准化和一致性政策的基础；频繁的市场变化要求企业活动的内容与方式要及时作出调整。活动内容与方式的调整要求相关的权力从管理中枢向下分散。弹性、分权的企业是不可能完全以组织记忆为基础来组织运行的，必然要求相关的成员和部门在知识积累的基础上进行知识创新。企业必须是有利于企业成员学习和知识创新的组织。

无论是层级结构、扁平式结构或是其他形式，其组织结构中上下级之间都是权力关系，或者说是行政控制关系；企业外部是市场关系、契约关系，而企业内部是官僚关系、权力关系，这是一对矛盾。市场关系比官僚关系更有效率，这给予我们一个启示，如果能以契约关系代替权力关系，即签订正式的代理契约，将会给企业组织结构带来全新的变革。

企业层级结构的契约化改造应立足于项目管理方式。知识经济是建立在知识和信息的生产、分配和使用之上的经济，知识经济时代的企业组织必须是有利于企业成员学习和知识创新的组织。项目管理就是这样的一种新兴的组织结构，其在高科技企业(尤其是 IT 企业)中的广泛应用明确地告诉我们知识经济时代将是项目管理蓬勃发展的时代。

在项目管理的组织结构中，存在一系列的委托代理关系，总经理处于这一委托代理链的最末端。一方面，他代表企业向项目投资、委托项目经理进行实施，项目经理向总经理提供项目收益。项目围绕企业的经营目标而设立，每一个项目都代表着一个具体的商业目的。因此，从契约经济学的观点看，总经理与项目经理之间的契约关系是“经营者—任务承接者”的关系。另一方面，项目运作是通过团队来完成任务，而不是像层级结构中通过组合各部门的职能来完成的。采用项目方式所引起的重大变革除了将权力关系转换为契约关系外，也将原先通过职能部门完成的任务交由团队完成。

这种由契约关系连接而成的组织结构超越了层级结构，也超越了矩阵结构，它是网络式的，其主要特征是构成上是由各工作单位组成的联盟，而非严格的等级排列；企业成员在网络组织中的角色不是固定的，而是动态变化的；企业成员在网络结构中的权力地位不是取决于其职位，而是来自他们拥有的不同知识。由于网络结构中的各个工作单元都是一个权力中心，因此可以及时进行应对市场变化的调整；由于每个工作单元都与其他单元保持广泛的联系，从而不仅促进了知识与经验的交流，而且使得各单元的适应性调整有充分的知识和信息的基础。因此，网络结构是适应型的、学习型的组织结构。

特别提示

管理创新是顺应知识经济要求的必然选择。知识经济时代，新知识、新技术层出不穷，企业所处的环境更加动荡多变，只有坚持管理创新，才能高瞻远瞩地控制企业发展的节奏，与市场大环境同步。

管理故事

GE 公司的管理创新

美国 GE 公司是由托马斯·阿尔瓦·爱迪生(Thomas Alva Edison)在 1892 年创建的，GE 公司的航空发动机厂在辛辛那提市的北面，现有员工 8000 人左右。在这家 8000 人的发动机总装厂里，只有厂长和职工两个阶层，中间没有任何管理层。在一般工厂里常见的车间、班组、工会、人事、财务、计划、技术等部门在这里被全部取消，而代之以各种工作团队。在生产过程中必需的管理职务，如财务管理、班组长等由工人轮流担任。临时性的工作就由各部门临时抽调老工人完成，完成以后即解散。

GE 公司原来从董事长到基层工人之间有 24～26 个层次，实行“零层管理”方法后，GE 公司的层次减到 5 层或 6 层。这样做至少有两个优点：一是大大精简了工厂的组织机构；二是使生产过程中所有的员工都是平等的。“零层管理”是由 20 世纪 80 年代进行的扁平化运动的创新带来的，通过扁平化运动打破了公司内部各负其责的工作方式，代之以事件来贯穿各部门的工作。例如，营销部门接到一张订单，那么有关这张订单的所有工作，从接待、生产制造、运输、安装调试都由该部门负责。这样减少了部门之间的相互扯皮，也缩减了机构和人员。

GE 公司总裁杰克·韦尔奇(Jack Welch)说：“一个公司就像一座大楼，它分为若干层，而每一层又开了许多小房间，我们就是要把这些隔层尽量打掉，让整个房子变成一个整体。”

11.3.3 企业文化创新

1. 知识经济时代企业文化所面临的变革

企业文化创新面临的挑战主要有以下几个方面：

(1) 知识经济的兴起对企业文化的挑战。知识经济问题是中国乃至世界经济发展面临的新课题。展望 21 世纪，科技进步将比 20 世纪更为显著，信息技术的革命性变革将会给人类经济和社会的发展带来巨大的挑战。

(2) 世界经济一体化对企业文化的挑战。近年来，世界各国经济相互依存、相互渗透不断加深，经济区域化和全球化成为一股不可阻挡的潮流，这股潮流也使得企业风险更趋于国际化。

(3) 经济市场化的加速推进对企业文化的挑战。随着我国改革开放的深入，社会主义市场经济的建立也明显加快了进程，国有企业市场化、政府行为市场化的力度将加大，难度也将加大；改革将更加注重综合配套性，既包括经济领域，也会触及政治体制，尤其是与传统体制密切相连的既得利益集团的阻力和数以千万计的职工下岗造成的阻力会使改革的风险更大。

2. 知识经济与企业文化创新

正在到来的知识经济将改变工业社会企业文化的基础，从而使企业文化带来以下 4 个方面的调整：

(1) 企业文化将成为知识经济条件下企业管理重要的甚至是主要的手段。“文化”将成为保证和促进网络化层组结构条件下企业组织活动一体化的粘合剂。

(2) 企业文化将是人们自觉创造的结果，而不是企业生产经营中的一种副产品。

(3) 作为人们自觉行为结果的企业文化不仅是记忆型，而且是学习型的，或者更准确地说，主要不是记忆型的，而是学习型的。

(4) 企业文化将在强调主导价值观与行为准则的同时，允许异质价值观和行为准则的存在。学习型的企业文化必然是多元的。

3. 中外企业文化的冲突分析

文化是一个群体在价值观念、信仰、态度、行为准则、风俗习惯等方面所表现出来的区别于另一群体的显著特征。正是这种文化在群体上的差异性导致了跨国经营中的文化冲突。

对一些中外合资企业的调查表明，由于文化差异的存在，中外双方在交流与合作中常存在以下问题：

(1) 对双方的政治、经济、法律，尤其是社会文化环境缺乏足够的了解，文化敏感性差，双方往往依据自身的文化对来自对方的信息作出分析和判断，从而产生了不少误解和冲突。

(2) 对对方的公司文化及管理方式缺乏了解或完全照搬外方模式，造成“水土不服”现象；或双方各持己见，互不相让，造成“双重指挥系统”现象。

(3) 双方对合作中可能出现的困难的程度没有足够的思想准备，文化适应能力、解决文化冲突的技能都较差，同时未能建立起相互信任和理解的协调机制。

(4) 由于语言上的障碍，严重影响了双方的准确交流，加之翻译的水平还不尽如人意，因而造成了许多误解。再者，由于高含蓄文化(如中国、日本文化)中许多信息的传递不是用明确的语言、文字或符号，而是通过肢体语言、上下文的联系、场景等进行的，这些因文化差异而引起的文化冲突对于跨国公司经营活动的影响是多方面的。

① 文化冲突影响了跨国公司经营管理者与当地员工之间的和谐关系，产生“非理性反应”。

② 文化冲突导致跨国公司市场机会的损失和组织机构的低效率。

③ 文化冲突使跨国公司全球战略的实施陷入困境。目前，大多数跨国公司普遍采取矩阵式的组织机构，文化冲突和缺乏集体意识，导致组织程序紊乱，信息阻塞，各部门职责不分、相互争夺地盘、海外子公司与母公司的离心力加大，使得母公司对子公司的控制难上加难，从而造成跨国公司结构复杂、运转不灵、反应迟钝、大大不利于全球战略的实施。

4. 文化创新需要注意的几个问题

(1) 企业文化创新必须首先转变观念。企业文化创新是指整个企业价值观、企业精神、企业目标、企业制度、企业道德、企业文化礼仪等的转变。在这一转变过程中，核心问题是企业价值观的转变。而这一转变实现的关键在于企业管理者。

(2) 应突出企业特质，特色是企业的生命。

(3) 企业文化创新过程中要注意避免“走过场”。

(4) 企业文化创新过程中，要避免出现“从众行为”。正确的做法是立足于自己的实际情况，取他人之长，补己之短。

特别提示

面对当今日益呈现的全球信息化、网络化及经济全球化趋势，企业要想在科学技术日新月异、经济环境瞬息万变的环境中生存发展，必须有超越其他企业的创新力。

管理故事

花旗银行的企业文化创新

成立于1812年的美国花旗银行，历经两个世纪的潜心研究，已成为当今世界规模最大、声誉最响的全能金融集团。花旗银行之所以出现长盛不衰的奇迹，除了它始终奉行开拓创新的发展战略外，还和它卓越的企业文化所产生的“文化生产力”分不开。

以人为本是企业文化的核心。花旗银行自创业初始就确立了“以人为本”的战略，十分注重对人才的培养和使用。它的人力资源政策主要是不断创造出“事业留人、待遇留人、感情留人”的亲情化企业氛围，让员工与企业同步增长，让员工在花旗有“成就感”、“家园感”。花旗银行现任 CEO 的年薪高达 1.52 亿美元，遥居美国 CEO 的前列。再以花旗银行上海分行为例，各职能部门均设有若干副经理职位，一般本科毕业的大学生 3 年即可提升为副经理，硕士研究生一年就可提升为副经理，收入为国内银行同等职级的几倍甚至几十倍。不过，花旗银行的副经理确切地说更像技术职称，其主要作用是加强人的成就感，对人才进行及时激励。

(2) 客户至上是企业文化的灵魂。花旗银行企业文化的最优之处就是把提高服务质量和以客户为中心作为银行的长期策略，并充分认识到实施这一战略的关键是要有吸引客户的品牌。

(3) 寻求创新是企业文化的升华。在花旗银行，大至发展战略，小到服务形式都在不断进行创新。他们认为大胆的决策是企业突破性发展的关键，如果你能预见未来，你就拥有未来。他们还认识到，“企业最大的问题是如何突破常规的方式，常规弥漫在整个银行业，常规智慧几乎总是错的”。可见，企业必须永无止境、永不间断地进行创新。

本章小结

本章主要介绍了管理的创新职能、企业技术创新、企业组织创新。管理创新职能主要介绍了创新及其作用、创新职能的基本内容、创新过程及其管理、业务流程的再造。企业技术创新主要介绍了技术创新的内涵和贡献、技术创新的源泉、技术创新的战略及其选择、技术创新与产品开发。企业组织创新主要介绍了企业制度创新、企业层级结构创新、企业文化创新等内容。

名人名言

面对变化，唯有创新，谁继续以往的做事方式，注定带来灾难乃至灭亡。 ——德鲁克

不创新，就死亡。 ——艾柯卡

创新应当是企业家的主要特征，企业家不是投机商，也不是只知道赚钱、存钱的守财奴，而应该是一个大胆创新、敢于冒险、善于开拓的创造型人才。 ——熊彼特

一个人是否具有创新能力，是“一流人才和三流人才之间的分水岭”。 ——美国哈佛大学校长普西

创新是一个民族进步的灵魂，是国家兴旺发达的不竭动力。想象力能带领我们超越以往范围的把握和视野。 ——安东尼·罗宾斯

习　　题

一、复习题

1. 选择题

(1) 有关创新与维持的关系说法正确的是(　　)。

A．维持是创新基础上的发展

B．创新是维持的逻辑延续

C．维持是为了实现创新的成果

D．创新则为更高层次的维持提供依托和框架

(2) 产品创新(　　)。

A．是企业技术创新的核心内容

B．受制于技术创新的其他方面

C．影响其他技术创新效果的发挥

D．往往要求企业利用新的机器设备和新的工艺方法

(3) 就系统的外部而言，有可能成为创新契机的变化主要有(　　)。

A．技术的变化　　B．人口的变化

C．宏观经济环境的变化　　D．文化与价值观念的转变

(4) 关于层级结构说法正确的是(　　)。

A．直线指挥、分层授权保证了企业行动的迅速

B．分工细致、权责明确促进了效率的提高

C．标准统一、正式的角色关系则保证了企业活动的有序性

D．层级结构发挥作用并得以成功是以一定的环境条件和假设作为前提条件的

(5) 工业社会中企业文化 的功能与特点包括(　　)。

A．企业文化是作为企业经营的一种副产品而出现的

B．企业文化作为一种主要手段而发挥作用

C．企业文化基本上反映了企业组织的记忆

D．企业文化是多元的

2. 填空题

(1) 成功的创新要经历__________、__________、__________、__________几个阶段的努力。

(2) 层级组织的基本特征是利用__________与__________来规范成员间的关系，影响他们在企业活动中的行为表现。

(3) 组织所倚重的是角色间的__________，而非个人间的非正式关系。

(4) 满足个性化的消费需求，要求企业生产组织更具__________；活动内容与方式的适应性调整则要求相关的权力从管理中枢__________。

(5) 新形势下的企业组织必须是有利于企业成员的__________和__________的组织。

(6) 企业文化对企业员工的影响主要表现在__________、__________以及__________等3个方面。

3. 简答题

(1) 创新与维持有什么样的关系？

(2) 知识经济表现出那些基本特点？

(3) 作为工业企业的主要组织形式，层级结构曾表现出那些主要特征？

4. 论述题

(1) 简述创新的过程。

(2) 知识经济将给企业文化带来哪些方面的调整？

二、案例应用分析

中山华帝燃气具股份有限公司

——凭借创新能力，领跑“中国创造”。

据悉，华帝股份一直关注并服务于体育事业。在北京奥林匹克运动会组织委员会成立之初，华帝就开始介入并申请成为奥运会燃气具的供应商。此间，华帝还凭借领先的技术优势连续两届成为我国九运会与十运会火炬的制造商。华帝在专业技术方面拥有世界上领先的低氮燃烧、仿真技术，智能控制、防熄火保护等行业高端技术，使其研制的火炬成为历届全运会科技含量高的火炬产品，也为能够成功跻身奥运会燃气具赞造商奠定了坚实的基础。

不可否认，华帝拥有的多项专利技术确立了其行业内技术标杆的地位。同时，在产品研发创新方面，华帝通过不断研发高科技含量、有独特卖点的产品来提升品牌形象，这也使之顺利成为奥运会历史上第一家燃气具供应商，领跑“中国创造”。

强大的技术实力与创新能力是所有企业获得市场竞争力的最佳法宝。目前，华帝不断通过自主研发创新，已打造出了一条“高品质、高质量、高技术”的三高式产品发展模式。目前，华帝已经入选“中华之最”，成为中国产销量最大的燃气用具生产企业及中国燃气炉生产零配件配套能力最强的企业。

华帝股份成为北京 2008 年奥运会燃具独家供应商，意味着其技术实力与创造能力得到了世界级的认可。华帝因此成了中国燃气具行业领跑“中国创造”的先锋。华帝将通过实施奥运战略，依托北京奥运会，提高企业的研发与创新能力，创造优质产品，把北京奥运会“科技奥运、绿色奥运、人文奥运”的三大理念与企业文化相融合，丰富品牌内涵，占领中国燃气具行业的“制高点”，进而把中国燃气具行业的主角发展成为“中国创造”的世界级名角。

问题：

请你谈谈中山华帝燃具股份有限公司是如何凭借创新能力，领跑“中国创造”的？

阅读材料

东芝公司的产品创新

日本的东芝电气公司 1952 年前后曾一度积压了大量的电扇卖不出去，70 000 多名职工为了打开销路，费尽心机地想了不少办法，进展依然不大。有一天，一个小职员向当时的董事长石坂提出了改变电扇颜色的建议。在当时，全世界的电扇都是黑色的，东芝公司生产的电扇自然也不例外。这个小职员建议把黑色改为浅色。这一建议引起了石坂董事长的重视。经过研究，公司采纳了这个建议。第二年夏天，东芝公司推出了一批浅蓝色电扇，大受顾客欢迎，市场上还掀起了一阵抢购热潮，几个月之内就卖出了几十万台。从此以后，在日本及在全世界，电扇就不再都是一副“黑色面孔”了。此例具有很强的启发性。只是改变了一下颜色，大量积压滞销的电扇，几个月之内就销售了几十万台。这一改变颜色的设想，效益竟如此巨大。而提出它，即不需要有渊博的科技知识，也不需要有丰富的商业经验。“为什么东芝公司其他的几万名职工就没人想到，没人提出来？”“为什么日本以及其他国家有成千上万的电气公司，以前都没人想到、没有提出来？”。这是因为，自有电扇以来其都是黑色的，而彼此仿效，代代相袭，渐渐地形成了一种惯例、一种传统，似乎电扇只能是黑色的，不是黑色的就不称其为电扇。这样的惯例、常规、传统反映在人们的头脑中，便形成一种心理定式、思维定式。时间越长，这种定势对人们的创新思维的束缚力就越强，要摆脱它的束缚也就越困难，越需要作出更大的努力。东芝公司这位小职员提出的建议，从思考方法的角度来看，其可贵之处就在于，它突破了“电扇只能漆成黑色”这一思维定式的束缚。

参 考 文 献

[1] 赵惠芳，李沛强．管理学．杭州：浙江大学出版社，2011.
[2] 傅国华．管理学管理．北京：中国农业大学出版社，2011.
[3] 邢以群．管理学．2 版．杭州：浙江大学出版社，2005.
[4] 邢以群．管理学．北京：高等教育出版社，2007.
[5] 周三多．管理学．2 版．北京：高等教育出版社，2005.
[6] 周三多．管理学——原理与方法．4 版．上海：复旦大学出版社，2004.
[7] 张呈琮．人力资源管理概论．杭州：浙江大学出版社，2010.
[8] 郭咸纲．西方管理思想史．北京：经济管理出版社，2002.
[9] [美]F・W・泰勒．科学管理原理．韩放，译．北京：团结出版社，1999.
[10] [美]丹尼尔・雷恩．管理思想的演变．北京：中国社会科学出版社，2000.
[11] 段武军．创新管理学．北京：海潮出版社，2005.
[12] 周健临．管理学．上海：上海财经大学出版社，1996.
[13] 杨文士．管理学．3 版．北京：中国人民大学出版社，2009.
[14] 王利平．管理学原理．3 版．北京：中国人民大学出版社，2009.
[15] 卢润德．管理学．北京：机械工业出版社，2010.
[16] 吴照云．管理学通论．北京：中国社会科学出版社，2007.
[17] 杨洁．管理学．2 版．北京：中国社会科学出版社，2006.
[18] [美]斯蒂芬・P・罗宾斯．管理学．北京：中国人民大学出版社，1996.
[19] [美]加雷恩・琼斯．当代管理学．3 版．赵淑芳，译．北京：人民邮电出版社，2005.
[20] [美]彼得・德鲁克．管理的实践．齐若兰，译．北京：机械工业出版社，2005.
[21] [美]海因茨・韦里克，[美]哈罗德・孔茨，马春光．管理学精要：国际化视角．7 版．北京：机械工业出版社，2009.
[22] [美]查尔斯 W・L・希尔，李维安，等．管理学．北京：机械工业出版社，2009.
[23] 梁士伦，姚泽有．管理学．北京：机械工业出版社，2006.
[24] 冯拾松．管理学原理．北京：机械工业出版社，2011.
[25] 徐国良，王进．企业管理案例精选精析．北京：经济管理出版社，2000.
[26] 周三多，贾良定．管理学，上海：复旦大学出版社，2010.
[27] 余敬，刁凤琴．管理学案例精析．北京：中国地质大学出版社，2006.
[28] [美]斯蒂芬・罗宾斯．管理学．北京：中国人民大学出版社，1997.

北京大学出版社本科财经管理类实用规划教材（已出版）

财务会计类

序号	书名	标准书号	主编	定价	序号	书名	标准书号	主编	定价
1	基础会计学	7-5038-4892-6	李秀莲	30.00	16	会计规范专题	7-81117-887-6	谢万健	35.00
2	基础会计学	7-301-19403-4	窦亚芹	33.00	17	企业财务会计模拟实习教程	7-5655-0404-4	董晓平	25.00
3	会计学	7-81117-533-2	马丽莹	44.00	18	税法与税务会计	7-81117-497-7	吕孝侠	45.00
4	会计学原理(第 2 版)	7-301-18515-5	刘爱香	30.00	19	税法与税务会计实用教程	7-81117-598-1	张巧良	38.00
5	会计学原理习题与实验(第 2 版)	7-301-19449-2	王保忠	30.00	20	初级财务管理	7-301-20019-3	胡淑姣	42.00
6	会计学原理与实务（第 2 版）	7-301-18653-4	周慧滨	33.00	21	财务管理学	7-5038-4897-1	盛均全	34.00
7	会计学原理与实务模拟实验教程	7-5038-5013-4	周慧滨	20.00	22	财务管理学实用教程（第 2 版）	7-301-21060-4	骆永菊	42.00
8	会计实务	7-81117-677-3	王远利	40.00	23	财务管理理论与实务	7-301-20042-1	成　兵	40.00
9	高级财务会计	7-81117-545-5	程明娥	46.00	24	财务管理学原理与实务	7-81117-544-8	严复海	40.00
10	高级财务会计	7-5655-0061-9	王奇杰	44.00	25	财务管理理论与实务（第 2 版）	7-301-20407-8	张思强	42.00
11	成本会计学	7-301-19400-3	杨尚军	38.00	26	公司理财原理与实务	7-81117-800-5	廖东声	36.00
12	成本会计学	7-5655-0482-2	张红漫	30.00	27	审计学	7-81117-828-9	王翠琳	46.00
13	成本会计学	7-301-20473-3	刘建中	38.00	28	审计理论与实务	7-81117-955-2	宋传联	36.00
14	管理会计	7-81117-943-9	齐殿伟	27.00	29	会计综合实训模拟教程	7-301-20730-7	章洁倩	33.00
15	管理会计	7-301-21057-4	彤芳珍	36.00					

工商管理、市场营销、人力资源管理、服务营销类

序号	书名	标准书号	主编	定价	序号	书名	标准书号	主编	定价
1	管理学基础	7-5038-4872-8	于干千	35.00	19	市场营销学	7-81117-676-6	戴秀英	32.00
2	管理学基础学习指南与习题集	7-5038-4891-9	王　珍	26.00	20	市场营销学（第 2 版）	7-301-19855-1	陈　阳	45.00
3	管理学	7-81117-494-6	曾　旗	44.00	21	市场营销学新论	7-5038-4879-7	郑玉香	40.00
4	管理学原理	7-5655-0078-7	尹少华	42.00	22	国际市场营销学	7-5038-5021-9	范应仁	38.00
5	管理学原理与实务（第 2 版）	7-301-18536-0	陈嘉莉	42.00	23	市场营销理论与实务（第 2 版）	7-301-20628-7	那　薇	40.00
6	管理学实用教程	7-5655-0063-3	邵喜武	37.00	24	现代市场营销学	7-81117-599-8	邓德胜	40.00
7	管理学实用教程	7-301-21059-8	高爱霞	42.00	25	消费者行为学	7-81117-824-1	甘瑁琴	35.00
8	通用管理知识概论	7-5038-4997-8	王丽平	36.00	26	商务谈判（第 2 版）	7-301-20048-3	郭秀君	49.00
9	现代企业管理理论与应用	7-5038-5024-0	邸彦彪	40.00	27	商务谈判实用教程	7-81117-597-4	陈建明	24.00
10	管理运筹学（第 2 版）	7-301-19351-3	关文忠	39.00	28	消费者行为学	7-5655-0057-2	肖　立	37.00
11	统计学原理	7-301-21061-1	韩　宇	38.00	29	客户关系管理实务	7-301-09956-8	周贺来	44.00
12	统计学原理	7-5038-4888-9	刘晓利	28.00	30	公共关系学	7-5038-5022-6	于朝晖	40.00
13	统计学	7-5038-4898-8	曲　岩	42.00	31	公共关系理论与实务	7-5038-4889-6	王　玫	32.00
14	应用统计学(第 2 版)	7-301-19295-5	王淑芬	48.00	32	公共关系学实用教程	7-81117-660-5	周　华	35.00
15	管理定量分析方法	7-301-13552-5	赵光华	28.00	33	公共关系理论与实务	7-5655-0155-5	李泓欣	45.00
16	新编市场营销学	7-81117-972-9	刘丽霞	30.00	34	跨国公司管理	7-5038-4999-2	冯雷鸣	28.00
17	市场营销学	7-5655-0064-0	王槐林	33.00	35	质量管理	7-5655-0069-5	陈国华	36.00
18	市场营销学实用教程	7-5655-0081-7	李晨耘	40.00	36	跨文化管理	7-301-20027-8	晏　雄	35.00

序号	书　名	标准书号	主　编	定价	序号	书　名	标准书号	主　编	定价
37	企业战略管理	7-5655-0370-2	代海涛	36.00	50	人力资源管理经济分析	7-301-16084-8	颜爱民	38.00
38	企业文化理论与实务	7-81117-663-6	王水嫩	30.00	51	人力资源管理原理与实务	7-81117-496-0	邹　华	32.00
39	企业战略管理	7-81117-801-2	陈英梅	34.00	52	人力资源管理实用教程（第2版）	7-301-20281-4	吴宝华	45.00
40	企业战略管理实用教程	7-81117-853-1	刘松先	35.00	53	人力资源管理：理论、实务与艺术	7-5655-0193-7	李长江	48.00
41	产品与品牌管理	7-81117-492-2	胡　梅	35.00	54	员工招聘	7-301-20089-6	王　挺	30.00
42	东方哲学与企业文化	7-5655-0433-4	刘峰涛	34.00	55	服务营销理论与实务	7-81117-826-5	杨丽华	39.00
43	运营管理	7-5038-4878-0	冯根尧	35.00	56	服务企业经营管理学	7-5038-4890-2	于干千	36.00
44	生产运作管理（第2版）	7-301-18934-4	李全喜	48.00	57	服务营销	7-301-15834-0	周　明	40.00
45	运作管理	7-5655-0472-3	周建亨	25.00	58	会展服务管理	7-301-16661-1	许传宏	36.00
46	组织行为学	7-5038-5014-1	安世民	33.00	59	现代服务业管理原理、方法与案例	7-301-17817-1	马　勇	49.00
47	组织行为学行为教程	7-301-20466-5	冀　鸿	32.00	60	服务性企业战略管理	7-301-20043-8	黄其新	28.00
48	流程型组织的构建研究	7-81117-519-6	岳　澎	35.00	61	服务型政府管理概论	7-301-20099-5	于干千	32.00
49	人力资源管理（第2版）	7-301-19098-2	颜爱民	60.00					

经济、国贸、金融类

序号	书　名	标准书号	主　编	定价	序号	书　名	标准书号	主　编	定价
1	政治经济学原理与实务	7-81117-498-4	沈爱华	28.00	18	国际贸易结算及其单证实务	7-5655-0268-2	卓乃坚	35.00
2	宏观经济学原理与实务（第2版）	7-301-18787-6	崔东红	57.00	19	国际金融	7-5038-4893-3	韩博印	30.00
3	宏观经济学	7-5038-4882-7	蹇令香	32.00	20	国际金融实用教程	7-81117-593-6	周　影	32.00
4	微观经济学原理与实务	7-81117-818-0	崔东红	48.00	21	国际商务	7-5655-0093-0	安占然	30.00
5	微观经济学	7-81117-568-4	梁瑞华	35.00	22	金融市场学	7-81117-595-0	黄解宇	24.00
6	西方经济学实用教程	7-5038-4886-5	陈孝胜	40.00	23	金融工程学理论与实务	7-81117-546-2	谭春枝	35.00
7	西方经济学实用教程	7-5655-0302-3	杨仁发	49.00	24	财政学	7-5038-4965-7	盖　锐	34.00
8	西方经济学	7-81117-851-7	于丽敏	40.00	25	保险学原理与实务	7-5038-4871-1	曹时军	37.00
9	现代经济学基础	7-81117-549-3	张士军	25.00	26	东南亚南亚商务环境概论	7-81117-956-9	韩　越	38.00
10	国际经济学	7-81117-594-3	吴红梅	39.00	27	证券投资学	7-301-19967-1	陈汉平	45.00
11	发展经济学	7-81117-674-2	赵邦宏	48.00	28	金融学理论与实务	7-5655-0405-1	战玉峰	42.00
12	管理经济学	7-81117-536-3	姜保雨	34.00	29	货币银行学	7-301-15062-7	杜小伟	38.00
13	计量经济学	7-5038-3915-3	刘艳春	28.00	30	国际结算（第2版）	7-301-17420-3	张晓芬	35.00
14	外贸函电	7-5038-4884-1	王　妍	20.00	31	国际贸易规则与进出口业务操作实务（第2版）	7-301-19384-6	李　平	54.00
15	国际贸易理论与实务（第2版）	7-301-18798-2	缪东玲	54.00	32	金融风险管理	7-301-20090-2	朱淑珍	38.00
16	国际贸易（第2版）	7-301-19404-1	朱廷珺	45.00	33	国际贸易实务	7-301-20919-6	张　肃	28.00
17	国际贸易实务（第2版）	7-301-20486-3	夏合群	45.00	34	国际贸易理论、政策与案例分析	7-301-20978-3	冯　跃	42.00

法律类

序号	书　名	标准书号	主　编	定价	序号	书　名	标准书号	主　编	定价
1	经济法原理与实务	7-5038-4876-6	杨士富	32.00	5	劳动法学	7-81117-495-3	李　瑞	32.00
2	经济法实用教程	7-81117-547-9	陈亚平	44.00	6	金融法学理论与实务	7-81117-958-3	战玉锋	34.00
3	国际商法理论与实务	7-81117-852-4	杨士富	38.00	7	国际商法	7-301-20071-1	丁孟春	37.00
4	商法总论	7-5038-4887-2	任先行	40.00					

电子商务与信息管理类

序号	书　名	标准书号	主　编	定价	序号	书　名	标准书号	主　编	定价
1	网络营销	7-301-12349-2	谷宝华	30.00	4	网络营销	7-301-16556-0	王宏伟	26.00
2	数据库技术及应用教程(SQL Server版)	7-301-12351-5	郭建校	34.00	5	网络信息采集与编辑	7-301-16557-7	范生万	24.00
3	电子商务概论	7-301-12343-0	庞大连	35.00	6	电子商务案例分析	7-301-16596-6	曹彩杰	28.00

序号	书　名	标 准 书 号	主　编	定价	序号	书　名	标 准 书 号	主　编	定价
7	管理信息系统	7-301-12348-5	张彩虹	36.00	20	电子商务概论	7-301-16717-5	杨雪雁	32.00
8	电子商务概论	7-301-13633-1	李洪心	30.00	21	电子商务英语	7-301-05364-5	覃　正	30.00
9	管理信息系统实用教程	7-301-12323-2	李　松	35.00	22	网络支付与结算	7-301-16911-7	徐　勇	34.00
10	电子商务法	7-301-14306-3	李　瑞	26.00	23	网上支付与安全	7-301-17044-1	帅青红	32.00
11	数据仓库与数据挖掘	7-301-14313-1	廖开际	28.00	24	企业信息化实务	7-301-16621-5	张志荣	42.00
12	电子商务模拟与实验	7-301-12350-8	喻光继	22.00	25	电子化国际贸易	7-301-17246-9	李辉作	28.00
13	ERP 原理与应用教程	7-301-14455-8	温雅丽	34.00	26	商务智能与数据挖掘	7-301-17671-9	张公让	38.00
14	电子商务原理及应用	7-301-14080-2	孙　睿	36.00	27	管理信息系统教程	7-301-19472-0	赵天唯	42.00
15	管理信息系统理论与应用	7-301-15212-6	吴　忠	30.00	28	电子政务	7-301-15163-1	原忠虎	38.00
16	网络营销实务	7-301-15284-3	李蔚田	42.00	29	商务智能	7-301-19899-5	汪　楠	40.00
17	电子商务实务	7-301-15474-8	仲　岩	28.00	30	电子商务与现代企业管理	7-301-19978-7	吴菊华	40.00
18	电子商务网站建设	7-301-15480-9	臧良运	32.00	31	电子商务物流管理	7-301-20098-8	王小宁	42.00
19	网络金融与电子支付	7-301-15694-0	李蔚田	30.00	32	管理信息系统实用教程	7-301-20485-6	周贺来	42.00

物流管理与工程类

序号	书　名	标 准 书 号	主　编	定价	序号	书　名	标 准 书 号	主　编	定价
1	物流工程	7-301-15045-0	林丽华	30.00	20	现代物流管理学	7-301-17672-6	丁小龙	42.00
2	现代物流决策技术	7-301-15868-5	王道平	30.00	21	物流运筹学	7-301-17674-0	郝　海	36.00
3	物流管理信息系统	7-301-16564-5	杜彦华	33.00	22	供应链库存管理与控制	7-301-17929-1	王道平	28.00
4	物流信息管理	7-301-16699-4	王汉新	38.00	23	物流信息系统	7-301-18500-1	修桂华	32.00
5	现代物流学	7-301-16662-8	吴　健	42.00	24	城市物流	7-301-18523-0	张　潜	24.00
6	物流英语	7-301-16807-3	阚功俭	28.00	25	营销物流管理	7-301-18658-9	李学工	45.00
7	第三方物流	7-301-16663-5	张旭辉	35.00	26	物流信息技术概论	7-301-18670-1	张　磊	28.00
8	物流运作管理	7-301-16913-1	董千里	28.00	27	物流配送中心运作管理	7-301-18671-8	陈　虎	40.00
9	采购管理与库存控制	7-301-16921-6	张　浩	30.00	28	物流项目管理	7-301-18801-9	周晓晔	35.00
10	物流管理基础	7-301-16906-3	李蔚田	36.00	29	物流工程与管理	7-301-18960-3	高举红	39.00
11	供应链管理	7-301-16714-4	曹翠珍	40.00	30	交通运输工程学	7-301-19405-8	于　英	43.00
12	物流技术装备	7-301-16808-0	于　英	38.00	31	国际物流管理	7-301-19431-7	柴庆春	40.00
13	现代物流信息技术	7-301-16049-7	王道平	30.00	32	商品检验与质量认证	7-301-10563-4	陈红丽	32.00
14	现代物流仿真技术	7-301-17571-2	王道平	34.00	33	供应链管理	7-301-19734-9	刘永胜	49.00
15	物流信息系统应用实例教程	7-301-17581-1	徐　琪	32.00	34	现代企业物流管理实用教程	7-301-17612-2	乔志强	40.00
16	物流项目招投标管理	7-301-17615-3	孟祥茹	30.00	35	供应链设计理论与方法	7-301-20018-6	王道平	32.00
17	物流运筹学实用教程	7-301-17610-8	赵丽君	33.00	36	物流管理概论	7-301-20095-7	李传荣	44.00
18	现代物流基础	7-301-17611-5	王　侃	37.00	37	供应链管理	7-301-20094-0	高举红	38.00
19	逆向物流	7-301-19809-4	甘卫华	33.00					